국역 심경주해총람
보급판
(下)

국역 심경주해총람 (下) 보급판

양장판 초판 발행 2014년 9월 20일
보급판 초판 발행 2019년 10월 27일

옮긴이 / 이광호 · 엄연석 · 한정길 · 장동우
펴낸이 / 궁리나
편 집 / 정윤미, 황병기
디자인 / 스토리하우스

펴낸곳 / 도서출판 동과서
서울시 영등포구 국회대로 53길 23, 태성빌딩 402호

등록번호 / 제22-405호

D.K.S. Publishing Co.
23, Gukhoe-daero 53-gil, Yeongdeungpo-gu,
Seoul, 150-038 Rep. of KOREA

전화 / (02)333-7533
팩스 / (02)6280-2353

*보급판은 양장판의 표지와 제목 등을 교체한 것으로 본문은 양장판과 동일합니다. 소량제작으로 독자의 수요에 발빠르게 보답해 나갈 것입니다.

값 39,000원

ISBN 978-89-6525-144-6 (94140)
ISBN 978-89-6525-142-2 (세트)

국역 심경주해총람
보급판
(下)

심경원문: 진덕수(眞德秀) 편저 · 원주
심경부주: 정민정(程敏政) 부주
주해: 이황 · 이함형 · 송시열 · 이익 · 정약용 외 33인

조목, 김부륜, 이덕홍, 정구, 조호익, 조익, 이휴운, 박세채, 정제두, 정만양 , 정규양, 윤봉구, 한원진, 임상덕, 강규환, 김원행, 임성주, 김종덕, 이만운, 정 위, 정필규, 김호운, 윤병이, 민백우, 정유곤, 이시수, 이항로, 김재락, 이돈우, 이 진상, 이능윤, 김영수, 이복

국역: 이광호 · 엄연석 · 한정길 · 장동우

동과서

心經

원저자

*** 진덕수(眞德秀 1178~1235)**

송대 건녕부 포성인이다. 자(字)는 경원(景元) 또는 경희(景希), 호는 서산(西山), 시호는 문충(文忠)이다. 영종(寧宗) 경원(慶元) 5년에 진사가 된 후, 이종(理宗) 때 예부시랑, 직학사원으로 발탁되었다. 단평(端平) 원년에는 입조하여 호부상서가 되었으나 이후 한림학사로 옮겼다. 당시 시정에 대하여 많은 건의를 하여 주소(奏疏)가 수십만 자에 이른다. 학문은 주희를 종지로 하였다. 『대학연의(大學淵義)』를 편수하였는데, 『대학장구』의 보좌가 될 만하다고 일컬어진다. 정주이학을 다시 흥성시키는 데 많은 힘을 쏟았다. 저서에 『진문충공집』이 있다.

*** 정민정(程敏政 1445~1499)**

명대 휘주부(徽州府) 휴령인이다. 자는 극근(克勤)이며, 정신(程信)의 아들이다. 선조의 세거지가 황돈(篁墩)이었으므로 황돈을 호로 삼았다. 성화(成化) 2년에 진사가 된 이후, 편수(編修)를 제수 받고 좌유덕(左諭德)을 역임하였으며, 홍치(弘治) 중에는 관직이 예부우시랑 겸 시독학사(侍讀學士)에까지 이르렀다. 저서에 『신안문헌지(新安文獻志)』와 『황돈집(篁墩集)』이 있다.

*** 이황(李滉 1501~1570)**

조선 중기 명종 선조 때 유학자이다. 자는 경호(景浩), 호는 퇴계(退溪), 본관은 진성(眞城), 시호는 문순(文純)이다. 1528년(중종 23)에 생원시에 합격하고 성균관에 들어가 공부하다 1534년(중종 28)에 문과에 급제하였다. 1533년 다시 성균관에 들어갔을 때, 『심경부주(心經附註)』를 접하여 크게 전심하였다. 『심경부주』에 관하여 여러 제자들과 토론을 거친 후 1566년 이 토론의 총 결론에 해당하는 「심경후론(心經後論)」을 저술하였다. 저서로는 『계몽전의(啓蒙傳疑)』, 『주자서절요(朱子書節要)』, 『송계원명이학통록(宋季元明理學通錄)』, 『사단칠정분리기서(四端七情分理氣書)』, 『성학십도(聖學十圖)』, 『퇴계전서(退溪全書)』 등이 있다.

*** 이함형(李咸亨 1550～1586)**

조선 중기 명종 선조 때 유학자이다. 자는 평숙(平叔), 호는 천산재(天山齋), 본관은 전주(全州)이다. 1569년 퇴계 문하에 들어가 성리학을 연구하면서 간재(艮齋) 이덕홍(李德弘)과 함께 퇴계로부터 『심경(心經)』에 관한 강론을 들으며 내용을 정리하여 『심경강록(心經講錄)』을 저술하였다. 이 저술은 『심경』의 서문과 찬(贊), 심학도(心學圖)와 본문의 난해한 구절에 대하여 상세하게 해설하였다. 1570년에는 아버지 참판공이 동지부사로 연경에 사행(使行)할 때 수행하였다. 유저로는 『심경표제』 1책, 『천산재집』이 있다.

*** 송시열(宋時烈 1607～1689):**

조선 중기 숙종 때 유학자이다. 자는 영보(英甫), 호는 우암(尤庵), 본관은 은진(恩津), 시호는 문정(文正)이다. 1633년(인조 10) 경릉참봉으로 출사한 이후 세자사부, 이조판서, 의정부좌의정, 우의정, 영중추부사 겸 영경연사를 역임하였다. 주자학의 대가이자 노론의 영수였으며, 예송논쟁 때는 송준길, 김수항과 함께 서인의 주요 이론가였다. 김장생에게서 『근사록(近思錄)』, 『심경(心經)』, 『가례(家禮)』를 배웠으며 이이(李珥)의 학통을 계승하여 기호학파(畿湖學派)의 주류를 이루었다. 『심경』과 관련해서는 숙종의 명을 받아 기호학파의 이론을 반영한 『심경석의(心經釋疑)』를 편찬하였다. 저서로는 『우암집(尤庵集)』, 『주자대전차의(朱子大全箚疑)』, 『정서분류(程書分類)』, 『논맹문의통고(論孟問義通攷)』, 『송자대전(宋子大全)』이 있다.

*** 이익(李瀷 1681~1763)**

조선 후기 영조 때 유학자이다. 자는 자신(自新), 호는 성호(星湖), 본관은 여주(驪州)이다. 1705년(숙종 31) 증광과에 합격하였으나 형 이잠(李潛)이 당쟁에 희생된 이후 학문연구와 후학 교육에 전념하였다. 허목, 윤휴, 유형원의 학풍을 계승하여 성리학과 실학의 대가가 되었으며, 이후 안정복, 이중환, 신후담, 채제공, 이가환, 정약용 등으로 그의 학풍이 계승되어 수많은 문인들을 배출하며 성호학파가 형성되었다. 『심경』과 관련해서는 정민정의 『심경부주』가 일관된 체계가 없다고 비판하며 『심경』에 관한 자신의 견해를 정리한 『심경질서(心經疾書)』가 있다. 저서에 『성호사설(星湖僿說)』, 『성호문집(星湖文集), 『이자수어(李子粹語)』, 『성호질서(星湖疾書)』, 『곽우록(藿憂錄)』 등이 있다.

*** 정약용(丁若鏞 1762~1836)**

조선 후기 정조 때 실학자이다. 자는 미용(美庸), 호는 다산(茶山), 시호는 문도(文度), 본관은 나주(羅州)이다. 1789년(정조 13) 대과에 급제하여 관직에 진출한 이후 승정원의 가주서, 예문관 검열, 사간원과 홍문관의 요직과 승정원 동부승지, 금정찰방, 곡산부사, 형조참의를 역임하였다. 주자학의 형이상학을 비판하고 공자, 맹자의 수사학(洙泗學)적 실천유학을 회복하고자 하였다. 이이, 유형원, 이익의 경세론적 태도를 계승한 사회경제사상서로서 『경세유표(經世遺表)』, 『목민심서(牧民心書)』, 『흠흠신서(欽欽新書)』를 지었다. 『심경』과 관련해서는 마음의 내부를 다스려 현자가 되는 길을 찾고자 1815년 『심경밀험(心經密驗)』을 저술하였다. 저서로는 『여유당전서(與猶堂全書)』, 『논어고금주(論語古今註)』, 『맹자요의(孟子要義)』, 『춘추고징(春秋考徵)』, 『상서고훈(尙書古訓)』, 『주역사전(周易四箋)』 등이 있다.

역자

* **이광호(李光虎)** 서울대에서 철학박사학위를 취득하고, 태동고전연구소 연구교수, 한림대학교 교수와 태동고전연구소장, 연세대 철학과 교수를 역임하였다. 저작으로는 『중국 문명의 다원성과 보편성』(공저, 2014), 『인문학 명강』(공저, 2013), 『이퇴계 학문의 체용적 구조에 관한 연구』(박사논문, 1993)가 있으며, 『퇴계와 율곡, 생각을 다투다』(2013), 『이자수어』(2010), 『근사록집해』(2004), 『성학십도』(2001) 등의 역서가 있다. SBS해외파견교수로(1997) 선정되고, 주자학상(2008), 퇴계학술상(2013) 등을 수상하였다.

* **엄연석(嚴連錫)** 서울대에서 철학박사학위를 취득하고, 현재 한림대학교 태동고전연구소 교수로 재직하고 있다. 저서로는 『조선전기역철학사』(2013)가 있고, 「예기 텍스트의 개념지도 분석을 통한 사회적 덕목으로서 신뢰연구」(2012), 「퇴계의 역학사상에서 상수와 의리의 가역적 전환문제」(2011), 「정이 역전의 역학 이론이 관한 연구」(박사논문, 1999) 등의 논문이 있다.

* **한정길(韓正吉)** 연세대에서 철학박사학위를 취득하고, 연세대 국학연구원 연구교수를 역임하였으며 현재 대진대학교 인문학연구소 학술연구교수로 재직중이다. 저서로는 『영·정조대 문예중흥기의 학술과 사상』(공저, 2014), 『조선의 주자학과 실학』(공저, 2009), 「유학에서의 정통과 이단」(2010), 「왕양명의 '미발' 관과 양지체용론」(2009), 「왕양명의 마음의 철학에 관한 연구」(박사논문, 1999), 등의 논문이 있으며, 역서로 『전습록』(2001)이 있다.

* **장동우(張東宇)** 연세대에서 철학박사학위를 취득하고, 연세대 국학연구원 연구교수를 역임하였으며 현재 대진대학교 인문학연구소 학술연구교수로 재직중이다. 저서로 『중국고대 상복의 제도와 이념』(공저, 2007)이 있으며, 「유가의 예학을 읽는 하나의 독법」(2014), 「조선시대 『가례』 연구의 진전」(2013), 「조선시대 가례 연구를 위한 새로운 시각과 방법」(2011) 등의 논문이 있다.

일러두기

1. 이 『국역 심경주해총람』은 진덕수(眞德秀)가 편찬한 『심경』과 여기에 주석을 단 정민정(程敏政)의 『심경부주』, 그리고 『심경부주』에 관한 조선학자들의 대표적인 주석들을 편집하여 번역하였다.
2. 『심경부주』에 관한 조선학자들의 주석 가운데 이황과 이함형이 짓고 기록한 『심경강록(心經講錄)』, 송시열의 『심경석의(心經釋疑)』, 이익의 『심경질서(心經疾書)』, 정약용의 『심경밀험(心經密驗)』은 전체를 수록하여 번역하였고, 나머지 주석서들은 중요한 부분을 발췌하여 수록하고 번역하였다. 수록한 학자들의 인명은 【부록】의 [표5]에서 확인할 수 있다.
3. 번역의 저본은 숙종의 명을 받아 진덕수(眞德秀)의 『심경』과 여기에 주석을 단 정민정(程敏政)의 『심경부주』에 이황의 『심경후론(心經後論)』을 추가하여 송시열이 편찬한 판본으로 송희준이 편집한 『심경주해총편』(제1권)(학민문화사, 1998)을 기본으로 하여, 해당 학자들의 문집을 참고하였다.
4. 번역은 한글 전용을 원칙으로 하고, 인명(人名), 고유명사, 서명(書名), 추상적 개념, 철학 전문용어 등 한자표시가 필요할 때는 한글을 앞에 쓰고 한자를 괄호 안에 병기하였다.
5. 인물의 경우는 가능한 한 이름을 사용하고, 자나 호를 사용할 때는 괄호로 처리하였다.
6. 주석은 각주(脚註)로 하였으며, 주석의 내용은 인용원전에 대한 전거, 인명, 방증 자료, 역사적인 개념, 전문용어 등을 중심으로 해설하였다.
7. 각 장의 제목은 핵심 주제를 드러내면서 오늘날의 독자가 이해하기 쉽도록 바꾸었다.
8. 번역문과 주석에 이용한 부호
   - ·(중간점) : 동일한 개념 또는 용어를 병렬할 때 사용하였다.
   - 『 』 : 서명(書名)을 표시할 때 사용하였다.
   - 「 」 : 편장이나 논문 또는 단편 논술 등을 표시할 때 또는 그 외 주석의 대상이 된 부분을 표시할 때 사용하였다.

“ ”	: 인용문 또는 대화체를 표시할 때 사용하였다.
‘ ’	: 재인용, 간단한 인용 또는 전문용어를 강조할 때 사용하였다.
[ ]	: 해석 또는 번역한 한자를 표시할 때 사용하였다.
( )	: 한자어에 대한 동일한 한자를 표시할 때나 소주(小註)를 표시할 때 사용하였다.
,	: 병렬적인 구절을 단락지어주는 사이쉼표로 사용하였다.
:	: 한자 원문에서 대화나 인용문에서 언급한 내용을 의미하는 왈(曰)이나 운(云) 등의 뒤에 찍었다.
;	: 단문 사이에 쓰여 쉼표보다는 길고 마침표보다 짧은 중간 정도의 쉼을 표시하기 위하여 한자원문에 찍었다.
…	: 중간부분을 생략할 때 사용하였다.

차 례

【부록】

心經

제16장: 예와 음악은 잠시도 몸에서 떠나서는 안 된다[禮樂不可斯須去身]

○ 「악기」에서 군자가 말하였다. "예와 음악은 잠시라도 몸에서 떠나서는 안 된다. 음악의 도리를 극진히 하여 마음을 다스리면 평이하고 정직하며 자애롭고 신실한 마음이 성대하게 생겨나게 된다. 평이하고 정직하며 자애롭고 신실한 마음이 생겨나면 즐겁고, 즐거우면 편안하고, 편안하면 오래 가고, 오래 가면 하늘과 같이 되고, 하늘과 같이 되면 신과 같이 된다. 하늘과 같이 되면 말하지 않아도 미덥고, 신과 같이 되면 성내지 않아도 위엄이 있으니, 음악의 도리를 극진히 하여 마음을 다스린 것이다. 예를 극진히 하여 몸을 다스리면 장엄하고 공경스러우며, 장엄하고 공경스러우면 위엄이 있게 된다. 속마음이 잠시라도 화평하지 않고 즐겁지 않으면 비루하고 속이려는 마음이 들어오게 된다. 겉모양이 잠시라도 장엄하지 않고 공경스럽지 않으면 가볍게 여기고 업신여기는 마음이 들어오게 된다. 그러므로 음악이라는 것은 안에서 움직이는 것이요, 예라는 것은 밖에서 움직이는 것이다.

음악이 화평함을 지극히 하고, 예가 공순함을 지극히 하여 마음이 화평하고 몸가짐이 공순하면 백성들은 그 안색을 우러러보고 나서 함께 다투지 않을 것이며, 그 몸가짐을 바라보고 나서 백성들은 가볍게 여기고 업신여기는 마음을 일으키지 아니할 것이다. 그러므로 덕의 광휘가 안에서 움직여서 백성들이 받들어 듣지 않음이 없으며, 도리가 밖으로 드러나 백성들이 받들어 따르지 않음이 없다. 그러므로 '예와 음악의 도리를 극진히 하여 그것을 들어서 천하에 시행하면 어려움이 없을 것이다'라고 하였다."[1)]

○ 「樂記」君子曰, "禮樂不可斯須去身. 致樂以治心, 則易直子諒之心, 油然生矣. 易直子諒之心生則樂, 樂則安, 安則久, 久則天, 天則神. 天則不言而信, 神則不怒而威, 致樂以治心者也. 致禮以治躬則莊敬, 莊敬則嚴威. 中心[2)]斯須不和不樂, 而鄙詐之心入之矣. 外貌斯須不莊不敬, 而易慢之心入之矣. 故樂也者, 動於內者也, 禮也者, 動於外者也. 樂極和, 禮極順. 內和而外順, 則民瞻其顏色, 而弗與爭也. 望其容貌而民不生易慢焉. 故德輝動於內而民莫不承聽, 理發諸外而民莫不承順. 故曰, '致禮樂之道, 擧而錯之天下, 無難矣.'"

『강록』16-A

○ 「군자왈(君子曰)」: '군자가 말하였다[君子曰]'는 표현은 『좌전』에도 많이 있다. 그 뜻은 당시에 품행이 단정한 군자의 말이 이와 같았다는 것이다. 「직(直)」: 곧게 잘라서 비뚤어지거나 굽은 것이 없다는 뜻이다. 『논어』에서는 온량(溫良)을 '평이하고 정직함[易直]'으로 풀이하였다.[3)] 「안색(顏色)」: 안면을 가리켜서 말한 것이

1) 『禮記』, 「樂記」.

2) 【교감】: 『예기』에는 '心中'으로 되어 있다.

다. 「용모(「容貌」) : 몸 전체를 들어서 말한 것이다. 「덕휘동어내(德輝動於內)」 : 화순함이 가운데 쌓여서 아름다운 빛이 밖으로 나타나는 것이다. ○ 이덕홍의 기록에서 말하였다. "위에서는 백성들이 다투지 않고 업신여기지 않는다고만 말했을 따름이니 그 효과는 오히려 얕다. 아래에서는 백성들이 받들어 듣고 받들어 순종하지 않음이 없음을 말했으니 그 효과는 더욱 깊고도 멀다." 「조(錯)」 : 이것을 들어서 저기에 보태는 것이다.(『강록』)

○ 「君子曰」 : 『左傳』亦多有之. 其意謂, 當時正人君子之言如此云云也. 「直」 : 直截無邪曲之謂. 『語』訓溫良曰'易直'. 「顔色」 : 指顔面而言. 「容貌」 : 擧一身而言. 「德輝動於內」 : 和順積中, 英華發外. ○ 李錄云, "上只言民不爭不慢而已, 則其效猶淺. 下言民莫不承聽承順, 則其效愈深且遠矣." 「錯」 : 擧斯而加諸彼.(『講錄』)

『발휘』16-B

○ 진씨(陳氏)[4]가 말하였다. "'치(致)는 그 이치를 연마(硏磨)하고 궁구하는 것이다. 음악은 안에서 나오기 때문에 마음을 다스리는 것으로 말하였다. 음악이 사람을 감화시키는 것이 하늘과 같으면서도 또 귀신과 같은 경지에 이르니, 음악으로 본원을 궁구하고 변화를 아는 신묘함을 파악할 수 있다." ○ 또 말하였다. "예는 몸가짐에서 이루어지는 것이므로 몸을 다스리는 것으로써 말하였다. 이것은 성실함을 드러내고 거짓을 제거하는 마음이 잠시라도 끊어져서

---

3) 『논어』, 「學而」의 "자공이 말하였다. '부자는 온순하고 어질고 공손하고 검소하고 겸양하여 이것을 얻으시는 것이니, 부자의 구하심은 일반인의 구하는 것과는 다를 것이다'(子貢曰, '夫子溫良恭儉讓以得之, 夫子之求之也, 其諸異乎人之求之與?')"의 구절에 대한 주자주에 나온다. 주자주의 원문은 다음과 같다. "온은 화평하고 두터움이요, 양은 평이하고 정직함이요, 공은 장엄하고 공경함이요, 검은 절제함이요, 량은 겸손함이다. 이 다섯 가지는 부자의 성대한 덕의 광휘가 사람들에게 접한 것이다.(溫, 和厚也. 良, 易直也. 恭, 莊敬也. 儉, 節制也. 讓, 謙遜也. 五者, 夫子之盛德光輝接於人者也.)"

4) 진씨(陳氏, 1260~1341) : 이름은 호(澔), 자는 가대(可大), 호는 운주(雲住)이다. 강서(江西) 도창(都昌) 사람으로, 송말원초(宋末元初)의 저명한 이학가이자 교육가이다. 평생토록 벼슬하지 않고 은거하면서 강학과 저술에 종사하였으며, 『역(易)』, 『예(禮)』, 『서(書)』에 능통하였다. 저서에 『예기집설(禮記集說)』이 있다.

는 안 됨을 말한 것이다." ○ 또 말하였다. "(음악은) 안에서 움직이는 것이므로 마음을 다스릴 수 있고, (예는) 밖에서 움직이는 것이므로 몸을 다스릴 수 있다. 화평함을 지극하게 하고 공순함을 지극하게 하니) 잠시 동안이라도 화평하지 않거나 공순하지 않음이 없다. 예와 악으로써 사람과 사물을 감동시키는 그 효과가 이와 같다. 덕을 광휘로써 말한 것은 곧 덕의 아름다운 꽃이 밖으로 발현된 증거이며, 이(理)가 밖으로 드러나는 것은 몸을 움직이고 여러 일을 처리하는 것이 예에 맞는 것이니, 군자가 예와 악의 도리를 극진히 하면 천하를 다스리는 데 무슨 어려움이 있겠는가?" ○ 장재(張載)가 또 말하였다. '말에는 가르침이 있고 행위에는 법도가 있다. 낮에는 하는 일이 있으며 밤에는 얻는 것이 있다. 숨 쉬는 사이에도 기르는 것이 있고, 눈 깜빡이는 사이에도 보존하는 것이 있다.'[5] 주자가 말하였다. "이 말은 매우 좋다. 군자는 하루 종일 부지런히 노력하여 식사하고 숨 쉬는 사이에도 틈을 두어서는 안 된다. 또 하루 종일 독서할 필요는 없으니, 때로 고요히 앉아 마음을 보존하고 본성을 기르는 것도 좋다. 천지는 춘하추동 사계절로 운동하면서 사물을 생성한다. 봄에 낳고 여름에 성장하는 과정 중에 (천지의 생의는) 본디 쉬지 않는다. 가을과 겨울에 시들고 떨어지는 사이에도 (천지의 생의는) 단지 그 가운데 저장되어 있기 때문에 다음 해에 다시 소생한다. 만약 가을과 겨울에 이르러 (천지의 생의가) 그쳐서 끊어진다면 돌아오는 봄에 다시 생의를 가질 근거가 없게 될 것이다. 배우는 자가 항상 이 마음을 일깨워 없어지지 않도록 한다면 나날이 발전함이 있을 것이다." ○ 주자가 말하였다. "성현의 가르침은 한 마디 한 구절이라도 덕에 들어가는 문호가 아님이 없다. 이른바 '예와 악은 잠시도 몸에서 떠나서는 안 된다'는 부류의 말은 더욱 마음에 절실하고 참된 것이라서 종신토록 마음에 새겨 잊지 않고 간직하여 살펴야 한

---

5) 『張載集』, 「正蒙·有德篇」.

다." ○ 또 말하였다. "마음은 평온하여 어렵고 험난함이 없어야 한다. 그래서 '화평하지 않고 즐겁지 않으면 비루하고 속이려는 마음이 들어오게 되고, 장엄하지 않고 공경스럽지 않으면 가볍게 여기고 업신여기는 마음이 들어오게 된다.'고 하였다." ○ 질문하였다. "아홉 가지 몸가짐[九容][6]은 수양의 본원이 되는 곳이므로 실로 용모에서 보존하고 기르고자 하며, 또 일에 따라 성찰하고자 합니다." 대답하였다. "이것이 바로 본원을 함양하는 것이다. 여기에서 보존하여 기르지 않으면 다시 어디에서 보존하고 기르겠는가?"(『발휘』)

○ 陳氏曰, "'致'謂研窮其理也. 樂由中出, 故以治心言之. 樂之感化人心, 至於天而且神, 可以識窮本知變之妙矣." ○ 又曰, "禮自外作, 故以治躬言之. 此言著誠去僞之心, 不可少有間斷." ○ 又曰, "動於內則能治心矣. 動於外則能治躬矣. 極和極順, 則無斯須之不和不順矣. 所以感人動物, 其效如此. 德以輝言, 乃英華發外之驗; 理發諸外, 是動容周旋之中禮. 君子極致禮樂之道, 其於治天下乎, 何有!" ○ (張子)又曰, '言有教, 動有法, 晝有爲, 宵有得, 息有養, 瞬有存.' 朱子曰, "此語極好. 君子終日乾乾, 不可食息間. 亦不必終日讀書, 或靜坐存養亦是. 天地之生物, 以四時運動, 春生夏長, 固是不息, 及至秋冬凋落, 亦只藏於其中, 故明年復生. 若使至秋冬已絶, 則來春無緣復有生意. 學者常喚令此心不死, 則日有進." ○ 朱子曰, "聖賢之教無一言一句不是入德門戶. 如所謂禮樂不可斯須去身者, 尤爲心切眞當, 佩服存省, 以終其身也." ○ 又曰, "心要平易無艱深險阻. 所以說'不和不樂, 則鄙詐之心入之矣. 不莊不敬, 則易慢之心入之矣.'" ○ 問, "九容, 本原之地, 固欲存養於容貌之間, 又欲隨事省察." 曰, "卽此便是涵養本原. 這裏不是存養, 更於甚處存養!"(『發揮』)

『석의』16-C

○ 「군자왈(君子曰)」: '군자가 말하였다[君子曰]'는 표현은 『좌전』에도 많다. 대체로 당시의 군자의 말이 이와 같았다는 말이다. 「이직(易

---

6) 『禮記』, 「玉藻」. "足容重, 手容恭, 目容端, 口容止, 聲容靜, 頭容直, 氣容肅, 立容德, 色容莊."

直)」: '이(易)'는 평이하고 탄이하다는 뜻이며, '직(直)'은 솔직 담백하여 음험함과 간사함이 없다는 뜻이다. 「중심(中心)」: 『예기』에는 '심중(心中)'으로 되어 있다. 「용모(容貌)」: 몸 전체를 들어서 말한 것이다. 「덕휘동어내(德輝動於內)」: 화순함이 가운데 쌓여서 덕의 아름다운 빛이 밖으로 나타나는 것이다. 「조(錯)」: 이것을 들어서 저기에 보태는 것이다. ○ 위에서는 백성들이 다투지 않고 업신여기지 않는다고만 말했을 뿐이므로 그 효과는 오히려 얕지만, 아래에서는 백성들이 받들어 듣고 순종하지 않음이 없음을 말했으니 그 효과는 더욱 깊고도 멀다.(『석의』)

○ 「君子曰」: 『左傳』亦多有此例. 蓋曰'當時君子之言如此也.' 「易直」: '易', 平易坦易也, '直', 白直無險詖. 「中心」: 『記』作'心中'. 「容貌」: 擧一身而言. 「德輝動於內」: 和順積中, 英華發外. 「錯」: 擧斯而加諸彼. ○ 上只言民不爭不慢, 則其效猶淺. 下言民莫不承聽承順, 則其效愈深且遠矣.(『釋疑』)

『표제』16-D

○ 「치악(致樂)」: '치(致)'는 그 이치를 궁구하는 것을 가리킨다.(『예기』) 「자량(子諒)」: 주자는 말하였다. "'자량'은 『한시외전』에서는 '자량(慈良)'이라고 적었다."(『발휘』)(『표제』)

○ 「致樂」: 致, 謂究窮其理也.(『禮記』) 「子諒」: 朱子曰, "子諒韓詩外傳作'慈良'."(『發揮』)(『標題』)

『강록간보』16-E

○ 「직(直)」: 주자는 "솔직 담백하여 음험함과 간사함이 없다는 것이다"고 말하였다. 「조(錯)」: '두다[措]'와 같다.(『강록간보』)

○ 「直」: 朱子曰, "白直無險陂也." 「錯」: 措同.(『講錄刊補』)

『경의』16-F

○ 누군가 말하였다. "'예는 밖에서 움직이는 것이다'라고 하였는데, 예가 어떻게 밖에 있는 것입니까?" 대답하였다. "음악은 밖에서 와서 그 마음을 움직이는 것이고, 예는 안에서 나와서 그 밖으로

드러나는 것이다. 음악은 표현하고 펴는 것을 위주로 하고, 예는 단속하는 것을 위주로 한다. 마음은 화평하고 평이하기를 바라고, 몸은 거두어 삼가기를 바란다. 그래서 '음악으로 마음을 다스리고 예로 몸을 다스린다'고 한 것이지, 예가 밖에 있다고 본 것은 아니다."(『경의』)

○ 或曰, "'禮者, 動於外者也'云云, 禮豈在外者哉?" 曰, "樂者自外而動其中也. 禮者自內而見於外者也. 樂主發舒, 禮主拘束. 心要和易, 身要收飭, 故云'樂以治心, 禮以治躬', 非以禮爲在外也."(『經義』)

『관계』16-G

○ 「비사지심(鄙詐之心)」: 마음은 본래 비루하게 속이려거나 소홀하고 교만함이 없으나, 형기의 욕망이 외물의 영향을 받아 이끌려 들어와 마음의 자리를 빼앗는다. 그것이 본래 없었다는 점에서 '들어온다[入]'고 말하였다.(『관계』)

○ 「鄙詐之心」: 心本無鄙詐易慢, 而形氣之欲感於物累, 引入而奪心位. 自其本無而謂之入耳.(『窾啓』)

『원주』16-1

○ 공씨(孔氏)[7]가 말하였다. "이직자량(易直子諒)은 화이하고, 정직하며, 자애롭고, 신실함이다."[8]

○ 孔氏曰, "和易正直子愛諒[9]信."

『석의』16-1-A

○ '공씨'는 당나라 공영달이다.

---

7) 공씨(孔氏, 574~648) : 이름은 영달(穎達), 자는 충원(沖遠) 또는 중달(仲達), 시호는 헌(憲)으로 당나라 기주(冀州) 형수(衡水) 사람이다. 수나라 양제(煬帝) 초년 명경과(明經科)에 합격하여 하내군박사(河內郡博士)를 제수 받았다. 당나라 건국 후 국자박사(國子博士)와 국자좨주(國子祭酒) 등을 역임했다. 당시 유명한 경학자인 유작(劉焯)에게 배웠다. 저서에 『오경정의(五經正義)』가 있다.

8) 『禮記注疏』 권39, 「樂記」.

9) 공영달 소에는 '諒'이 '誠'으로 되어 있다.

○ 「孔氏」 : 唐孔穎達也.(『釋疑』)

『표제』16-1-B

○ 「화이정직(和易正直)」 : 주자가 말하였다. "『예기』에서는 평이하고 곧으며 자애롭고 신실한 마음이라고 말하였다. '이(易)'는 평이하고 탄이한 것이다. '곧음'은 음험하고 간사함이 없이 정직한 것을 말한다."(『논어』)(『표제』)

○ 「和易正直」 : 朱子曰, "『記』言易直子諒之心. 易, 平易坦易. 直, 如曰直無險詖."(『論語』)(『標題』)

『강록간보』16-1-C

○ 김종덕(金宗德)의 생각: "본주에서 정씨 앞에 인용되어 있으니 아마도 한나라의 공씨(孔氏)인 듯하다." 「자애량신(子愛諒信)」 : '자량(子諒)'은 「심경찬(心經贊)」의 주석[10]에도 보이는데, 이곳에서의 해석과는 다르다.(『강록간보』)

○ 按 : "本註引在鄭氏上, 恐是漢孔氏." '子愛諒信', 子諒, 見贊註, 與此釋不同.(『講錄刊補』)

『원주』16-2

○ 정현이 말했다. "치(致)는 깊이 살핀다는 것과 같다. 유연(油然)은 새롭게 생겨나 보기 좋은 모양이다. 착한 마음이 생기면 이기적인 욕심이 적어지고, 이기적인 욕심이 적어지면 즐거워진다."[11]

○ 鄭氏曰, "致猶深審也. 油然, 新生好貌也. 善心生則寡於利欲, 寡於利欲則樂矣."

『원주』16-3

10) 「心經贊」의 주석 : 『강록』에 보인다. "자량은 자량으로 읽는다. 『예기』에서 나온 말이다.(子諒讀爲慈諒, 語出『禮記』)"

11) 『禮記注疏』 권39, 「樂記」.

○ 또 말하였다. "음악은 안에서 나오기 때문에 마음을 다스리며, 예는 밖으로부터 만들어지기 때문에 몸을 다스린다."

○ 又曰, "樂由中出, 故治心. 禮自外作, 故治躬."

『원주』16-4

○ 또 말하였다. "비열하고 속이려는 마음이 들어온다는 것은 이기적인 욕망이 생기는 것을 말한다."[12]

○ 又曰, "鄙詐入之謂利欲生."

『부주』16-1

○ 정자가 말하였다. "배움은 채찍질로 독려하여 안으로 가까이 해서 자기에게 붙게 해야 한다. 그러므로 (『논어』에서) '절실하게 묻되 가까운 일에서 생각한다면 인은 그 가운데 있게 된다.'[13] '말이 충실하고 믿음직하며, 행동이 독실하고 공경스러우면 야만의 나라에서라도 통할 것이다. 말이 충실하고 믿음직하지 않으며, 행동이 독실하고 공경스럽지 않으면 자기 고장에서일지라도 통할 수 있겠는가? 서있을 때는 그 말들이 자기 앞에 빽빽이 이어져 있는 듯하고, 수레에 있을 때에는 그 말들이 멍에에 기대어 있는 듯해야 해야 할 것이니, 그런 뒤에야 통할 것이다'[14]라고 하였으니, 바로 이것이 배움이다. 자질이 아름다운 사람은 다 밝히게 되면 찌꺼기가 온통 변화하여 천지와 한 몸이 된다. 그 다음 등급의 사람은 장엄하고 공경스러운 태도로 마음을 다잡아 길러야 하지만, 지극한 데 이르면 하나가 된다."[15]

---

12) 『禮記義疏』 권52, 「樂記第十九之三」.

13) 『論語』, 「子張」.

14) 『論語』, 「衛靈公」.

○ 程子曰, "學只要鞭辟近裏, 著己而已. 故'切問而近思, 則仁在其中矣.' '言忠信, 行篤敬, 雖蠻貊之邦, 行矣. 言不忠信, 行不篤敬, 雖州里, 行乎哉! 立則見其參於前也, 在輿則見其倚於衡也, 夫然後行.' 只此是學. 質美者, 明得盡, 查滓便渾化, 却與天地同體. 其次惟莊敬持養, 及其至則一也."

『강록』16-1-a

○ 「편벽근리(鞭辟近裏)」: '채찍질로 재촉하여 안으로 가까이 하다'의 뜻이다. 「'절문(切問)'에서 '중의(中矣)'까지」: 자하의 말이다. 마음이 보존되고 이치에 익숙해지므로 인이 그 가운데 있게 된다. 「'언충신(言忠信)에서 부연후행(夫然後行)'까지」: 자장이 행(行)에 대해서 묻자(덕이 몸에 부합하고 행동은 통하지 않음이 없음을 행이라고 한다), 공자께서 대답하신 말씀이다. ○ 이덕홍의 기록에서 물었다. "심학은 마음 가운데 하나의 물(物)이라도 있으면 잘못이라고 여기는데, '말이 충실하고 믿음직하며 행동이 독실하고 공경스러워서 잊지 아니하고 늘 생각하여 앞에 빽빽하게 이어져 있는 듯이 하고 멍에에 기대어 있는 듯이 한다'고 말한다면 이것이야말로 치우쳐서 얽매이는 병통이 아닙니까?" 대답하여 말하였다. "이런 까닭에 정자는 '뜻을 두어서도 안 되고, 뜻을 두지 않아서도 안 된다.'고 하였다." 「삼(參)」: '둘이 앉아 있거나 둘이 마주보고 있을 때',[16] 내가 가서 끼어들어 셋이 되는 것이다. 이(離)는 두 사람이 마주 보는 것이다. 「형(衡)」: 멍에이다. 「질미자(質美者)」: 안연(顏淵)과 같은 이가 바로 그런 사람이다. 「명득진(明得盡)」: 사물을 궁구하여 내면의 도리를 다 밝힌다는 뜻이다. ○ 이덕홍의 기록에서 말하였다. "명(明)은 앎에 속하니, 앎이 밝은 것이다." 「혼화각(渾化却)」: 이덕홍의 기록에서 말하였다. "'혼화각'은 찌꺼

15) 『二程遺書』 권11, 「師訓」.

16) 『禮記』, 「曲禮上」.

기가 온통 변화하여 없어지는 것을 말한다. 찌꺼기가 온통 변화하는 것은 실천의 효과이다. '각(却)'은 어조사이다. 항간에서 '각여천지(却與天地)'로 붙여 읽는 것은 옳지 않다."「천지동체(天地同體)」: 이치가 있고 사욕이 없기 때문에 천지와 그 몸을 같이 한다는 뜻이다.「장경(莊敬)」: 이덕홍의 기록에서 말하였다. "'장(莊)'은 몸가짐을 주로 하고, '경(敬)'은 마음을 주로 함을 말한 것이다. 그러나 상호적인 것으로 보아야 한다."(『강록』)

○「鞭辟近裏」: 채텨뵈안 안흐로 갓가이.「切問 止 中矣」: 子夏之語. 心存而理熟, 故仁在其中矣.「言忠信 止 夫然後行」: 子張問行(德符於身而行無不違曰行), 夫子答之之辭也. ○ 李錄問, "心學以心中有一物爲非, 而曰'言忠信行篤敬, 念念不忘, 使參前倚衡', 則莫是偏繫之病否?" 答曰, "夫如是, 故程子曰, '不可著意, 又不可不著意.'"「參」: '離坐離立', 我往相參爲參也.「離」: 兩人相對也.「衡」: 멍에.「質美者」: 如顏子, 是也.「明得盡」: 格物以盡其理. ○ 李錄云, "明屬知, 知之明也."「渾化却」: 李錄云, "言査滓渾化而無也. 査滓渾化, 乃行之之效. 却, 語助辭, 俗讀云却與天地云云, 非是."「天地同體」: 有理無欲, 乃與天地同其體.「莊敬」: 李錄云, "言莊主容, 敬主心. 然互相看乃得."

『석의』16-1-b

○「절문(切問)」: 자하의 말이다. 마음이 보존되고 이치에 익숙해지므로 '인이 그 가운데 있다'고 하였다.「형(衡)」: '늘'이다.「삼전의형(參前倚衡)」: 어떤 사람이 물었다. "충실하고 믿음직하며 돈독하고 공경스러워 늘 잊지 않고 생각하여 앞에 있고 멍에에 기대어 있는 것처럼 한다면 그것은 치우치고 얽매이는 병통이 아닙니까?" 대답하였다. "이런 까닭에 정자는 '뜻을 두어서도 안 되고, 또 뜻을 두지 않아서도 안 된다.'고 하였다."「질미자(質美者)」: 안연과 같은 분이다.「명진(明盡)」: 앎이 밝은 것이다.「사재(査滓)」: 기질이 거칠고 탁한 것이다.「혼화(渾化)」: 실천의 효과이다.「각(却)」: 어조사이다. 위로 붙여서 읽기도 하고, 아래로 붙여서 읽기도 한

다. 「기차(其次)」 : 중궁(仲弓)과 같은 분이다. 「장경(莊敬)」 : '장(莊)'은 몸가짐을 주로 한 것이고, '경(敬)'은 마음을 주로 한 것이다. 그러나 상호적인 것으로 보아도 괜찮다.(『석의』)

○ 「切問」 : 子夏語. 心存而理熟, 故曰'仁在其中.' 「衡」 : 늗. 「參前倚衡」 : 或問, "忠信篤敬, 念念不忘, 參前倚衡, 則莫是偏繫之病否?" 曰, "如是, 故程子曰, '不可著意, 又不可不著意.'" 「質美者」 : 如顔子也. 「明盡」 : 知之明. 「查滓」 : 氣質之粗濁者. 「渾化」 : 行之效. 「却」 : 語辭. 或屬上讀, 或屬下讀. 「其次」 : 如仲弓也. 「莊敬」 : 莊主容, 敬主心. 然互相看亦得.(『釋疑』)

『질서』16-1-c

○ 「편벽(鞭辟)」 : 몰아서 길을 열어 나가는 것이다. 「근리(近裡)」 : 놓아버린 마음을 거두어들이는 것이다. 놓아버린 것은 안으로 돌이켜야만 한다. 「착기(著己)」 : 가슴 속에 두어 몸을 떠나지 않게 하려는 것과 같다. 「'절문근사(切問近思)'에서 '삼전의형(參前倚衡)'까지」 : 안으로 가까이 하여 자기에게 친근하도록 하는 절도이다. 「질미위상(質美爲上), 장경차지(莊敬次之)」 : 안으로 가까이 하여 자기에게 붙게 하는 데에 어려움과 쉬움, 먼저와 나중이 있음을 말한 것이다.(『질서』)

○ 「鞭辟」 : 謂驅以辟上之也. 「近裡」 : 謂收放心也. 放者, 須回向裡也. 「著己」 : 如要在腔子而不離於軀殼也. 「自'切問近思' 至 '參前倚衡'」 : 爲近裡著己之節度也. 「質美爲上, 莊敬次之」 : 謂近裡著己之有難易先後也.(『疾書』)

『표제』16-1-d

○ 「'절문(切問)'에서 '기중(其中)'까지」 : 『논어』 「자장(子張)」편 문장의 주자주에서 말하였다. "네 가지는 힘써 행하여 인을 하는 데는 미치지 못한다. 그러나 여기에 종사하면 마음이 밖으로 달리지 않아 보존하는 것이 저절로 익숙하게 되므로 '인이 그 가운데 있다.'고 한 것이다." 「'언충(言忠)'에서 '후행(後行)'까지 : 『논어』 「위령공」편 문장의 주자주에서 "'기(其)'는 충신독경(忠信篤敬)을 가리켜 말

한 것이다"고 하였다. ○ 주자가 말하였다. "'독(篤)'에는 무겁고 두터우며 깊이 침잠한다는 뜻이 있다. 공경스럽지만 독실하지 않으면 구속하는 병통이 있다."[17] ○ 남헌장씨가 말하였다. "독실하게 공경한다는 것은 경에 돈독한 것이다."[18] ○ 쌍봉요씨가 말하였다. "무릇 일에 있어 세밀하게 살펴 가볍게 처리하지 않는 것이 독실함의 의미이고, 조심하고 삼가며 두려워하여 오히려 그것을 잃을까 염려하는 것이 경의 의미이다. 독실함은 독실함이고, 경건함은 경건함이다."[19] ○ 수몽(守夢)[20]이 말하였다. "요씨의 설은 주자·장식의 설과 같지 않다"(『근석』)(『표제』)

○ 「切問 止 其中」 : 「子張」篇文注曰, "四者未及乎力行而爲仁也. 然從事於此, 則心不外馳而所存自熟. 故曰'仁在其中矣.'" 「言忠 止 後行」 : 「衛靈公」篇文注. '其'者, 指忠信篤敬而言. ○ 朱子曰, "'篤'有重厚深沈之意. 敬而不篤, 則有拘迫之患." ○ 南軒張氏曰, "篤敬者, 敦篤於敬也." ○ 雙峰饒氏曰, "凡事詳審不輕發, 是篤底意思. 戒謹恐懼猶恐失之, 是敬底意思. 篤自篤, 敬自敬." ○ 守夢曰, "饒說與朱張之說不同."(『近釋』)(『標題』)

『부주차의』16-1-e

○ 「삼전의형(參前倚衡)」 : 『석의』에서 혹자가 질문하였다. "충신독경을 늘 생각하여 잊지 않아서 앞에 빽빽이 이어져 있는 듯이 하고, 멍에에 기대어 있는 듯이 한다면 이것은 지나치게 얽매이는 병통이 아니겠습니까?" 대답하였다. "이런 까닭에 정자는 '뜻을 두어서도 안 되고, 뜻을 두지 않아서도 안 된다'고 말하였다"고 기록하고 있다. 한원진(韓元震)의 생각: "'늘 생각하여 잊지 않아서 앞에 빽빽이 이어져 있는 듯이 하고, 멍에에 기대어 있는 듯이 한다'는

17) 『朱子語類』 권45, 「論語二十七·衛靈公篇」.

18) 張栻, 『論語解』 권8.

19) 『論語集註大全』 세주(細注)에 보인다.

20) 수몽(守夢) : 조선 선조 때의 문신인 정엽(鄭曄, 1563~1625)의 호이다. 정엽의 자는 시회(時晦), 호는 수몽(守夢) 또는 설촌(雪村)이다. 황주 판관 때 왜군을 격퇴하였고, 이후 원자(元子)의 사부(師傅)가 되어 학제(學制)를 상정(詳定)하였다. 저서에 『수몽집(守夢集)』, 『근사록석의(近思錄釋疑)』가 있다.

것은 말과 행동에 나가서 말한 것이다. 말할 때는 충실하고 믿음직함을 잊지 아니하고, 행할 때는 독실함과 공경스러움을 잊지 않아서 항상 눈앞에 보이는 것이 있는 것처럼 한다고 했을 뿐이다. 만약 말하지도 아니하고 행하지도 않는 때라면 그 마음은 본래 고요하며, 본래 사려가 없으니 다시 무슨 치우치고 얽매이는 것이 병이 되겠는가?"(『부주차의』)

○ 「參前倚衡」: 『釋疑』或問, "忠信篤敬, 念念不忘, 參前倚衡, 則莫[21]是偏繫之病否?" 曰, "如是, 故程子曰, '不可著意, 亦不可不著意.'" 按, "'念念不忘, 參前倚衡', 是就言行上言. 其言則不忘乎忠信, 行則不忘乎篤敬, 常若有見乎前云爾. 若其未言未行之時, 則其心固寂然矣, 固無思無慮矣, 又何偏係之爲病哉?"(韓元震, 『附註箚疑』)

『강록간보』16-1-f

○ 「'절문(切問)'에서 '중의(中矣)'까지」: 자하의 말이다. ○ 주자가 말하였다. "여기에 종사하면 마음이 밖으로 달리지 않아 보존하는 것이 저절로 익숙하게 되므로 '인이 그 가운데 있다'고 한 것이다." 「삼(參)」: 「곡례」에서 '둘이 앉아 있거나, 둘이 마주보고 서 있을 때 거기에 가서 끼어들지 말라'는 구절에 대한 주석에서, '두 가지가 서로 붙어 있는 것을 리(離)라고 말하고, 세 가지가 서로 이루어 주는 것을 '삼(參)'이라고 한다'[22]고 하였다. 「기차(其次)」: 중궁과 같은 부류이다. 「장경(莊敬)」: 김종덕(金宗德)의 생각: "'절실하게 묻고 가까운 일에서 생각한다'는 이하는 앎을 극진히 하는 공부이다. '충신독경(忠信篤敬)' 이하는 힘써 실천하는 공부이다. '바로 이것이 학문[只此是學]'이라는 것은 지와 행을 겸하여 말한 것이다. 대개 이 치지와 역행 두 가지 일로써 안으로 가까이 하여 자신에게 붙는 공부를 하는 것이지, 자질이 아름다운 사람은 행(行)의 측면을 빠뜨리고 그 다음 등급의 사람은 지(知)의 측면을

21) 【교감】: 『부주차의』에는 '其'로 되어 있으나, 『석의』에 근거하여 '莫'으로 바로잡았다.

22) 『禮記大全』, "方氏曰, '兩相麗之謂離, 三相成之謂參.'"

빠뜨리는 것이 아니다. 그러나 자질이 아름다운 사람이 앎을 극진히 하면 바로 온통 변화되어 천지와 하나가 된다. 그 다음 등급의 사람은 다잡아 기르는 것이 익숙하게 되어야 비로소 이런 경지에 도달하게 된다."(『강록간보』)

○ 「切問 止 中矣」, 子夏語. ○ 朱子曰, "從事於此, 則心不外馳而所存自熟, 故曰仁在其中矣." '參', 「曲禮」'離坐離立, 毋往參焉'註. '兩相麗之謂離, 三相成之謂參.' '其次', 如仲弓之類. '莊敬', 按: "切問近思以下, 致知工夫也. 忠信篤敬以下, 力行工夫也. '只此是學'者, 兼知行而言也. 蓋以此兩端做近裏著己之功, 非質美者遺却行一邊, 其次遺却知一邊也. 而質美者知之盡, 便渾化而與天地爲一, 其次持養之熟, 始到此地位爾."(『講錄刊補』)

『부주』16-1-1

○ 물었다. "'편벽(鞭辟)'은 무슨 뜻입니까?" 주자가 말하였다. "이것은 낙양의 말로서 어떤 곳에서는 '편약(鞭約)'이라고도 한다. 대개 이것은 안으로 채찍질하며 독려하는 것이다. 오늘날 사람들은 모두 안으로 채찍질하며 독려하지 아니하고 마음이 온통 밖으로만 향하니, 마치 한 척의 배가 물속에 뒤집혀 있어서 반드시 되돌려놓아야만 사용할 수 있는 것과 같으니, 그대들은 용감하고 맹렬하게 힘을 기울여야 할 것이다."[23]

○ 問: "鞭辟如何?" 朱子曰, "此是洛中語, 一處說作鞭約. 大抵是要鞭督向裏去. 今人皆不是[24]鞭督向裏, 心都向外, 恰似一隻船, 覆在水中. 須是去翻將轉來便得使, 吾輩須勇猛著力."

『부주』16-2

○ 이단백[25]이 물었다. "매번 일상적으로 일을 대면할 때는 마음

---

23) 『朱子語類』 권45, 「論語二十七衛靈公篇」.

24) 『강록』에는 '皆是'로 되어 있다.

25) 이단백(李端伯) : 이름은 유(籲), 자는 단백(端伯)으로 구씨(緱氏)사람이다. 자질이 영특하였고, 이정의 학설을 존숭하였다. 진사에 급제하였고, 원우(元祐: 1086~1094) 연간에 비서성(秘書省) 교서랑(校書郞)이 되었으며, 일찍이 이정선생의 말 일편을 기록하여 「사설

을 잡아 보존하는 뜻을 알 수 있습니다. 그러나 아무 일이 없을 때는 어떻게 익숙하도록 보존하고 기를 수 있습니까?" (명도선생이) 말하였다. "옛날 사람은 귀로 음악을 듣고 눈으로 예를 보며, 일상생활을 하는 주변의 소반이나 주발, 안석과 지팡이에 스스로를 경계하는 글을 새겨놓고, 움직일 때나 쉴 때나 모두 다 기를 바를 가지고 있었다. 지금은 이런 것을 모두 없애고 오직 이치와 의리로 마음을 기르는 것만이 남아 있을 뿐이다. 그러나 이렇게 함양하려는 뜻을 오랫동안 보존하면, 자연히 익숙하게 될 것이다. '경(敬)으로써 안을 곧게 한다'[26]는 것이 마음을 함양하는 뜻이다. 말이 장엄하지 않고 공경스럽지 않으면 비열하여 속이려는 마음이 생기게 된다. 몸가짐이 장엄하지 않고 공경스럽지 않으면 게으르고 느슨한 마음이 생기게 된다."[27]

○ 李端伯問, "每日常遇事, 卽能知操存之意. 無事時, 如何存養得熟?" 曰, "古之人, 耳之於樂, 目之於禮, 左右起居, 盤盂几杖, 有銘有戒, 動息皆有所養. 今皆廢此, 獨有理義之養心耳. 但存此涵養意, 久則自熟矣. 敬以直內, 是涵養意. 言不莊不敬, 則鄙詐之心, 生矣. 貌不莊不敬, 則怠慢之心生矣."

『질서』16-2-a

○ 음악은 화평함과 즐거움을 위주로 하고, 예는 장엄하고 공경함을 위주로 한다. 말이 장엄하지 않고 공경스럽지 않음은 말이 예에 맞지 않는 것이다. 몸가짐이 장엄하지 않고 공경스럽지 않음은 동작이 예에 맞지 않은 것이다. 무릇 소리가 귀를 기르고, 채색이 눈

(師說)」이라고 하였다. 이천이 보고 칭찬하였으며, 주자도 그가 기록한 것이 방대하다고 하였다.

26) 『周易』, 「坤卦文言」.

27) 『二程遺書』 卷1, 「端伯傳師說」.

을 기르는 것은 지금은 모두 없어졌다. 그러므로 단지 말과 동작으로 비유하였다. ○ 「악기」에서는 '들어온다[入]'고 말하고, 정자는 '생긴다[生]'고 하였으나, 그 실질은 동일하다. '생긴다'는 것은 처음에는 없었다가 지금은 있는 것이다. 그러므로 그것을 '들어온다'고 말하는 것도 가능하다. ○ 말은 속에서 나오기 때문에 잘못하면 비열하고 속이게 되며, 몸가짐은 겉에서부터 꾸미기 때문에 잘못하면 게으르고 느슨하게 된다.(『질서』)

○ 樂主和樂, 禮主莊敬. 言不莊不敬, 言之非禮也. 貌不莊不敬, 動之非禮也. 凡聲音之養耳, 彩色之養目, 則今皆無之. 故只以言動爲喩. ○ 『記』云'入', 程子云'生', 其實一也. 生者, 始無而今有. 故謂之'入'亦可矣. ○ 言由中出, 故其失鄙詐, 貌自外飾, 故其失怠慢.(『疾書』)

『부주』16-3

○ 또 말하였다. "옛날에는 옥을 몸에서 떼지 않았으며, 이유 없이 거문고와 비파를 거두지 않았다. 아동이 되면서부터 학교에 들어가고, 사십에 벼슬에 나아갔으니, 그 때문에 가르치고 기르는 것이 다 갖추어졌다. 이치와 의리로 그 마음을 길렀고, 예와 음악으로 그 혈기를 길렀다. 그러므로 재주가 높은 사람은 성현이 되었고, 낮은 사람도 좋은 선비가 되었으니 기르는 것이 지극했기 때문이다."[28]

○ 又曰, "古者玉不去身, 無故不徹琴瑟. 自成童入學, 四十而出仕, 所以敎養之者, 備矣. 理義以養其心, 禮樂以養其血氣, 故其才高者爲聖賢, 下者亦爲吉士, 由養之至也."

『부주』16-4

○ 이천선생은 『예기』 「표기」의 '군자가 장엄하고 공경스러우면

---

28) 『二程外書』 卷7, 「胡氏本拾遺」.

날마다 강해지고, 안일하고 방자하면 날마다 구차해진다'는 말을 매우 좋아했다. 대체로 보통사람의 실상은 방자하면 날마다 광달(曠達)한 데로 나아가고, 스스로 단속하면 날마다 법도에 나아가게 된다.29)

○ 伊川先生甚愛「表記」'君子莊敬日强, 安肆日偸'之語. 蓋常人之情, 纔放肆, 則日就曠蕩, 自檢束, 則日就規矩.

『석의』16-4-a

○ 「개상인지정(蓋常人之情)」: 이하는 여본중(呂本中)30)의 설이다.(『석의』)

○ 「蓋常人之情」」: 以下呂本中說.(『釋疑』)

『표제』16-4-b

○ 「상인지정(常人之情)」: 이하는 여본중의 설이다.(『질의』) 박세채(朴世采)의 생각: "『대학연의』는 정자의 말이라고 보았으나 그런 것 같지 않다."(『표제』)

○ '常人之情'以下呂本中說.(『質疑』) 按: "『大學衍義』以爲程子語, 恐不然."(『標題』)

『비망록』16-4-c

○ 장엄하고 공경하는 것은 점검하고 단속한다는 뜻이다. 규구는 법도를 일컫는다. 사람이 움직이고 쉬는 데 있어 예로 점검하고 단속하지 않는다면 그 사람은 태만하고 나태하지 않으면 반드시 광달할 것이니, 그가 잘 배우지 못했기 때문이다. 염두에 두지 않을

29) 『二程外書』 卷12, 「呂氏雜志」.

30) 여본중(呂本中, 1084～1145) : 남송 수주(壽州) 사람이다. 초명은 대중(大中), 자는 거인(居仁), 호는 동래선생(東萊先生), 시호는 문청(文淸)이다. 고종(高宗) 소흥(紹興) 6년(1136) 진사 출신으로, 기거사인(起居舍人)을 거쳐 중서사인(中書舍人) 겸 시강(侍講), 권직학사원(權直學士院)을 지냈다. 양시(楊時)와 유초(游酢), 윤돈(尹焞)을 사사했다. 저서에 『춘추집해(春秋集解)』, 『동몽훈(童蒙訓)』, 『강서시사종파도(江西詩社宗派圖)』, 『자미시화(紫薇詩話)』, 『사우연원록(師友淵源錄)』, 『동래선생시집(東萊先生詩集)』 등이 있다.

수 있겠는가?(『비망록』)

○ 莊敬是檢束之意, 規矩是法度之謂. 人之動息, 不禮以檢束, 則其人不怠惰, 必曠蕩, 以其不善學故也. 可不念哉?(『備忘錄』)

『부주』16-4-1

○ 물었다. "강하다는 것은 의지가 강하다는 것입니까?" 주자가 말하였다. "의지도 강하고 기력도 강한 것이다. 요즘 사람은 방자하면 날마다 하루하루 더 게을러지는데 어떻게 강할 수 있겠는가? 이천이 말하기를 '사람이 장엄하고 공경스러우면 날마다 법도가 있는 데로 나아간다'고 하였으니, 장엄하고 공경하면 저절로 고생을 참아낼 수 있으며, 자기도 모르게 날마다 법도가 있는 데로 나아가게 된다."31)

○ 問, "强是志强否?" 朱子曰, "志也强, 氣力也强. 今人放肆, 則日怠惰一日, 那得强? 伊川云, '人莊敬則日就規矩', 莊敬自是耐得辛苦, 自不覺其日就規矩也."

『질의』16-4-1-a

○ 「일태타일일(日怠惰一日)」 : 날마다 태만하고 게으름이 날로 심해지는 것을 말한다.(『질의』)

○ '日怠惰一日', 猶言日日怠惰甚於一日也.(『質疑』)

『강록』16-4-1-b

○ 「일태타일일(日怠惰一日)」 : '날마다 한날에서 더 게을러지나니'의 뜻이다. '耐'는 참는다는 '忍'과 같다.(『강록』)

○ '日怠惰一日', '날마당 ᄒᆞᆫ날에셔 더 怠惰ᄒᆞᄂᆞ니'. 「耐」 : 猶忍也.(『講錄』)

『석의』16-4-1-c

○ 「일태타일일(日怠惰一日)」 : '날마다 한날에서 더 게을러지나니'의 뜻이다. '내(耐)'는 '인(忍)'과 같다.(『석의』)

○ '日怠惰一日', 날마다 ᄒᆞᆫ날에셔 더 怠惰ᄒᆞᄂᆞ니. '耐', 猶忍也.(『釋疑』)

---

31) 『朱子語類』 卷87, 「禮四小戴禮」.

『부주』16-5

○ 또 말하였다. "배우는 사람이 얻는 바가 있는 것은 반드시 경(經)을 말하고 도를 논하는 데서만은 아니다. 일을 행할 때 용모를 움직이고 두루 행하는 것이 예에 맞는 데에서도 얻게 된다."32)

○ 又曰, "學者有所得, 不必在談經論道間. 當於行事, 動容周旋中禮, 得之."

『비망록』16-5-a

○ 대저 경을 말하고 도를 논하는 것은 재능과 지식이 있는 자가 할 수 있는 일이다. 용모를 움직이고 두루 행하는 것이 예에 맞는 것은 실천이 쌓여서 습관이 본성으로 변화됨을 얻은 사람이 아니면 할 수 없다. 그러므로 가볍고 무거운 것으로 말하면 행하는 것이 아는 것보다 무겁지만, 경을 말하고 도를 논하는 것을 좋지 않다고 생각한 것은 아니다. 그러나 한갓 말만 하고 내실이 없다면, 바로 이것이 병통이 된다. 그래서 여러 성현들이 가르침을 내린 것은 배우는 사람들이 일을 행하는 데에서 구하여 얻도록 하기 위함이었다.(『비망록』)

○ 大抵談經論道, 有才識者, 能之矣. 至於動容周旋中禮, 非得於踐實積累習與性成者, 不能也. 然則以輕重言之, 行重於知, 非以談經論道爲不好. 但徒言無實, 則是其爲病痛. 所以列聖賢垂戒, 欲使學者所得求之於行事也.(『備忘錄』)

『부주』16-6

○ 또 말하였다. "나태한 마음이 한번 생기는 것, 그것이 바로 자기를 해치고 자기를 버리는 것이다."33)

○ 又曰, "懈意一生, 便是自暴自棄."

---

32) 『二程外書』 卷10.

33) 『二程遺書』 卷6.

『관계』16-6-a

○ 「자포자기(自暴自棄)」 : 가기를 해침이 가장 심한 사람은 '예의는 나쁜 일로서 거짓된 꾸밈에서 나오는 것이요 진실한 감정이 아니다'라고 말한다. 그 다음 가는 사람은 예도 아니고 의도 아닌 것을 억지로 예의라고 말한다. 그 다음 가는 사람은 '예의는 좋기는 하지만 자기에게 이롭지 않아 할 수 없다'고 말한다. 자기를 버림이 가장 심한 사람은 예의를 행해야 함을 모르는 사람이다. 그 다음 가는 사람은 예의는 좋은 것임을 알면서도 '나는 행할 수 없다'고 말한다. 또 조금은 예의를 빌려서 문식으로 뒤덮어 버릴 줄 알지만 진실하게 예의를 실천하지는 못하는 이가 있다. 대체로 자기를 버리는 것은 자기를 해치는 것보다는 조금 나은 것 같다. 그러나 자기를 버리는 것이 바로 자기를 해치는 것이니, 그 해로움이 더욱 심하다.(『관계』)

○ 「自暴自棄」 : 自暴之最者, 曰'禮義惡事, 出於矯僞, 而非眞情.' 其次以非禮不義, 硬說是禮義. 其次則曰'禮義雖好而不利於己, 不可爲也.' 自棄之最者, 不知禮義之可行. 其次知禮義之可好而曰我不能行. 又有稍知假借禮義, 蓋覆文飾, 不能眞實做去. 較自棄似優於自暴, 然自棄者便是自暴, 而爲害尤甚.(『窾啓』)

『비망록』16-6-b

○ 대개 사람이 가장 두려워해야 할 것은 '해(懈)'라는 한 글자이다. 나태하면 만사가 폐기되어 무너지므로 비록 평소에 얻은 바가 있더라도 모두 물거품이 될 것이니, 어찌 애석하지 않겠는가?(『비망록』)

○ 蓋人之所最怕, 是'懈'之一字. 懈則萬事廢壞, 雖有平日所得, 皆歸於泡流, 豈不惜哉?(『備忘錄』)

『부주』16-6-1

○ 주자가 말했다. "맹자는 '말할 때 예와 의를 비방하는 것을 자기를 해친다[自暴]고 한다'[34]고 하였다. 말할 때 예와 의를 비방하는 것은 오로지 예와 의가 좋지 않다고 말하는 것이다. 세상에는

이러한 사람들이 있어서 남이 좋은 일을 하는 것을 미워하여 '사람들이 별별 짓들을 다한다'고 말한다. 이러한 경우에는 그 스스로 이렇게 거칠고 사납게 되어 다시는 그와 말이 통하지 않는다. 자기를 버리는 경우에 이르게 되면 의리는 좋은 것이라고 스스로 말하고 또 남이 말하는 것을 듣기도 하지만, 단지 나는 하지 못하니 네가 어떻게 하든 거기에 맡긴다고 한다. 이것이 바로 자기를 버리는 것이니, 끝내는 함께 일을 할 수 없다. 그러므로 이천은 '자기를 해치는 사람은 믿지 못하겠다고 거부하며, 자기를 버리는 사람은 못하겠다고 끊어 버린다'35)고 하였으니, 자기를 해치는 것은 굳센 악이고, 자기를 버리는 것은 부드러운 악이다."36)

○ 朱子曰, "孟子云, '言非禮義謂之自暴.' 言非禮義, 是專道禮義是不好. 世上有這般人, 惡人做好事, 只道人做許多模樣. 這是他自恁地麤暴了, 更不通與他說. 到得自棄底, 也自道義理是好, 也聽人說, 只是我做不得, 任儞如何. 這箇是自棄, 終不可與有爲. 故伊川說, '自暴者拒之以不信, 自棄者絶之以不爲', 自暴是剛惡, 自棄是柔惡."

『질의』16-6-1-a

○ 「주허다모양(做許多模樣)」: 이 단락을 논하면서 이함형에게 말하였다. "'별별 짓을 다한다'는 것은 그대도 이런 비방을 면하지 못할 것이다. 내 나이 스물 셋에 성균관 하재(下齋)에 머물렀는데, 마음속에 품고 있는 것이 밖으로 드러나지 않을 수 없었다. 많은 사람들이 그것을 미워하여 모함과 비방이 그치지 않았다. 형세가 서로 용납하기 어려운 상황에서 두 달을 머물다가 나왔는데, 그 비방이 지금까지도 그치지 않고 있다. 그대가 여러 사람들 사이에 있는 것을 보면 외관이 남과 다른데, 예컨대 입을 가리고 대답하는 일은 옛사람들이 어른이 등 뒤나 옆에서 말할 때의 예절이지, 글을 배울 때의 일은 아니다. 이와 같은 모양을 취할 필요는 없다. 그대

---

34) 『孟子』, 「離婁上」.
35) 『伊川易傳』, 「革卦」 上六
36) 『朱子語類』 卷13, 「學七力行」.

가 서울에 있을 때 이러한 태도를 취했었는지 알지 못하겠다. 지금 만약 서울로 돌아간다면 사람들이 분명히 그것을 지목하여 '아무개가 아무개를 보러 갔다 와서 이러한 짓을 한다'고 말할 것이니, 어찌 한갓 그대만을 용납하기 어렵겠는가? 나를 구실로 삼을 것이니, 그와 같이 남과 다르게 해서는 안 된다." ○ 「임이(任儞)」 : '이(儞)'의 음은 이(爾)이고 너라는 뜻이다. 진나라 사람이 옆 사람을 부르는 칭호이다. 네가 하는 데 맡길 따름이라고 말한 것이다.(『질의』)

○ 「做許多模樣」: 因論此段, 謂李咸亨曰, "'做許多模樣', 公其不免此謗也. 某年二十三, 居館下齋, 中心所存, 不能不見於外. 人多惡之, 誣謗不已, 勢難相容, 居二朔而出來, 其謗至今不絶. 見公在衆人之中, 觀瞻異於他人, 如掩口之事, 此古人負劒辟咡詔之之禮, 非學書時事也. 不須如此做模樣. 未知公在京, 做如此容儀否? 今若歸京, 人必目之曰, '某往見某而來如此做模樣', 豈徒公之難容? 以予爲口實, 不可恁地異於人也." ○ 「任儞」: 儞音爾, 汝也. 秦人呼旁人之稱. 言任汝作爲而已.(『質疑』)

『강록』16-6-1-b

○ 「주허다모양(做許多模樣)」: 이덕홍의 기록에서 말하였다. "별별 짓을 다한다는 것이다." ○ '남이 좋은 일을 하는 것을 미워한다'고 운운한 곳을 논함에 따라 (퇴계) 선생께서 말씀하셨다. "남더러 별별 짓을 다한다고 말하는데, 그대도 그러한 비방을 면하지 못할 것이다. 내가 기묘년에 사람들이 패하는 것을 보고 당시에는 비록 흠모하는 마음을 그칠 수 없었으나 고향에 머물고서는 묻고 배울 것이 없다고 스스로 생각하였다. 그러므로 내 나이 22세에 여러 사람들이 참혹한 화를 당한 뒤에 분연히 상경하여 성균관 하재(下齋)에 머물렀는데, 마음속에 품고 있는 것이 밖으로 드러나지 않을 수 없었다. 많은 사람들이 그것을 미워하여 모함과 비방이 그치지 않았다. 형세가 서로 용납하기 어려운 상황에서 두 달을 머물었다가 나왔으나 그 비방이 지금까지도 그치지 아니하고 이와 같은 지

경에까지 이르렀다. 그대의 몸가짐을 내가 처음 보고 지적하였더니 그대는 대부분 그것을 고쳤다. 그러나 여러 사람들 가운데 있을 때 외관이 남과 다르니 그렇게 해서는 안 된다. 마음을 써서 빨리 고치도록 해야 한다. 입을 가리고 대답하는 일은 옛사람들이 어른이 등 뒤나 옆에서 말할 때 어린아이가 입김이 어른에게 닿을까 염려해서 그렇게 하였을 따름이지[37] 글을 배울 때의 일은 아니다. 이와 같이 여러 가지 모양을 취할 필요는 없다. 궁벽한 시골에 있으면서도 오히려 용납하기 어려운데 하물며 서울의 여러 사람이 머무는 곳이겠는가? 그러나 그대가 서울에서 이러한 태도를 취했었는지 알지 못하겠다. 지금 만약 서울로 돌아간다면 사람들이 반드시 지목하여 '아무개가 아무개를 보러 갔다 와서 이와 같이 별별 짓을 다한다'고 말할 것이니, 어찌 한갓 그대만을 용납하기 어렵겠는가? 나를 구실로 삼을 것이니, 그와 같이 남과 다르게 해서는 안 된다. 비록 그렇게 하지 않더라도 배운 것이 어디 가겠는가? 그대는 나의 손자 안도(安道)를 보았는가? 여러 사람들과 다른 행동을 하지도 않았는데 성균관 내에서 그를 지목하여 시끄럽게 떠들어대었고, 그의 친구 또한 안도와 같은 부류로 여겨서 소인으로 배척되는 지경에까지 이르렀다. 그렇게 크게 다르지 않은데도 이와 같았거늘, 하물며 그대임에랴? 아주 신중해야 한다." 「도득자기저(到得自棄底)」: 이덕홍의 기록에서 말했다. "'자기를 버리는데 이르러서는'의 뜻이다." 「임이(任爾)」: 음은 '니'로서 너라는 뜻이다. 진나라 사람들이 옆에 있는 사람을 부르는 칭호이다. ○ 이덕홍의 기록에서 말하였다. "'네가 아무렇게 하든 맡기겠다고 하나니'의 뜻이다."(『강록』)

○ 「做許多模樣」: 李錄云, "許多훈 模樣을 做道." ○ 因論'惡人做好事云云'處, 先生謂曰, "道人做許多模樣, 公其不免此謗也. 某見己卯之人見敗, 當時雖欽慕不能已, 已自念鄉居, 無所問學. 故年二十二, 當諸人悕酷之後, 奮然

37) 『禮記』 卷1, 「曲禮上」.

上京, 居館下齋, 中心所存, 不能不見於外, 人多惡之, 誣謗不已. 勢難相容, 居二朔而出來, 其謗至今不絶, 以致如此. 公之儀容, 某初見言之, 公多改之. 然衆人之中, 觀瞻異於他人, 不可如此, 須加意速改. 掩口之事, 此古人負劒辟咡詔之, 童子恐其口氣上觸尊者, 故爲之耳, 非學書時事也. 不須如此做許多模樣. 居於僻鄕, 猶難容, 況於京華衆人處乎! 但未知公在京, 如此做容儀否. 今若歸京, 人必目之曰, '某往見某而來, 如此做許多模樣', 豈徒公之難容? 以余爲口實, 不可恁地異於人也. 雖不恁地做, 所學何所不至? 公見余孫安道乎? 不作異衆之行, 舘中指目而嘵嘵, 其友人亦與安道同, 而至斥爲小人. 不甚異而猶如此, 況公乎! 切宜愼之!" 「到得自棄底」: 李錄云, "自棄厓到得ᄒᆞ야ᄂᆞᆫ." 「任儞」: 音니, 汝也. 秦人呼旁人之稱. ○ 李錄云, "言네아ᄆᆞ례나호말 任ᄒᆞ라ᄒᆞᄂᆞ니."(『講錄』)

『석의』16-6-1-c

○ 「주허다모양(做許多模樣)」: 별별 짓을 다한다는 의미이다. ○ '모양'은 진실성이 없이 짐짓 어떤 태도를 헛되이 꾸미는 것이다. 「도자기(到自棄)」: '스스로를 버리는데 이르렀다'는 뜻이다. 「임이여하(任儞如何)」: '이(儞)'의 음은 니이다. ○ 선을 행하는 것은 너에게 맡기지만 나는 선을 행할 수 없다는 말이다.(『석의』)

○ 「做許多模樣」: 許多ᄒᆞᆫ 模樣을 做ᄒᆞ다. ○ 模樣, 謂無其實而虛作儀形. 「到自棄」: 自棄에 到ᄒᆞ야ᄂᆞᆫ. 「任儞如何」: 儞니. ○ 言任汝爲善, 而我則不能.(『釋疑』)

『강록간보』16-6-1-d

○ 「도득자기저(到得自棄底)」: '자기를 버리는 것[自棄]과 같은 데 이르면'이라고 말하는 것과 같다. 「임이(任儞)」: '이'는 '내리(乃里)'의 반절이며, 너라는 뜻이다. 진나라 사람이 옆 사람을 부르는 칭호이다. ○ 그대가 어떻게 하든 너에게 맡긴다는 말이다.(『강록간보』)

○ 「到得自棄底」: 猶言至如自棄者云. 「任儞」: 儞, 乃里切. 汝也. 秦人呼旁人之稱. ○ 言任汝作爲如何而已.(『講錄刊補』)

『부주』16-6-2

○ 물었다. "전에 말씀하실 때 '자포(自暴)'를 '스스로 거칠고 사납다'고 풀이한 것은 지금 『맹자집주』에서 '포는 해친다는 뜻이다'고 한 것과 같지 않습니다." (주자가) 말하였다. "'해친다'고 풀이한 것이 옳으니, '그 백성을 해침이 심하다'고 한 것과 같다. '말할 때 예와 의를 비방하는 것을 자포라고 한다'는 것은 요즘 사람들이 도학을 매도하려는 것과 마찬가지이다. 여러 가지 좋은 일을 하는 사람을 두고 별별 짓을 다한다고만 말하는 것은 이러한 도리가 사람들마다 본래 지니고 있음을 알지 못하여 이렇게 비난하는 것이니, 이는 그 스스로 이 도리를 해치는 것이다."[38)]

○ 問, "向所說'自暴', 作'自麤暴', 與今『集註』'暴, 害也', 不同." 曰, "害底是, 如'暴其民甚.' '言非禮義謂之自暴', 如今人要罵道學一般. 只說道這許多做好事之人, 自做許多模樣. 不知這道理是人人合有底, 他自恁地非議, 是他自害了這道理."

『부주』16-6-3

○ 또 말하였다. "요즘 사람들은 공부를 하려고 하지 않는데, 공부하기가 어렵다고 느낀 뒤에 하려고 하지 않는 이가 있고, 스스로 할 수 없음을 알아서 공공연히 남에게 양보하는 이가 있다. 이는 마치 물건을 도로 물리는 것과 비슷하니 매매허가를 받은 것을 도로 물리기를 달게 여기고 자기는 원하지 않는 것이다."[39)]

○ 又曰, "今人不肯做工夫, 有是覺得難, 後遂不肯做, 有自知不可爲, 公然遜與他人. 如退產相似, 甘伏批退, 自己不願要."

『강록』16-6-3-a

ㅇ 「유시(有是)」 : 비평하여 말하였다. "'이런 이도 있으며'의 뜻이다. 「퇴산(退産)」 : 비평하여 말하였다. "'퇴산(退産)'의 설은 또 『주자어류』 121권 제12판에도 보이는데, '사람이 교역할 때 매매허가를

38) 『朱子語類』 권56, 「孟子六·離婁上」.

39) 『朱子語類』 권8, 「學二·總論爲學之方」.

받은 소장을 도로 물리기를 바라고(情願又帳은 批ᄒᆞ야 退ᄒᆞ야지라 하고의 뜻이다.) 다른 사람이 사가기를 기다리는 것과 같다. 요즘 사람들은 진정으로 학문을 물리기를 바라는 경우가 많다.'40)(이것은 요겸(廖謙)의 기록이고, 다섯 가지 주(註) 가운데 이 말은 습개경(襲蓋卿)의 기록이다.) ○ 습개경(襲蓋卿)은 상령(常寧) 사람으로 명경(明經)으로 급제하였고, 주자를 찾아가서 스승으로 섬기면서 의리지학을 밝혔다. 간원(諫垣)에 들어가서 우정언(右正言)이 되었고, 곧은 도로써 임금을 섬겼다. 이름은 몽석(夢錫)이다.(『일통지』에 나온다.) ○ 요겸(廖謙)의 자는 익중(益仲)이요, 과거에 급제하였으며, 주자 문하의 본보기가 되는 문인이다. 「비퇴(批退)」 : 중원 사람들은 물건을 사고 팔 때 반드시 관에 알려서 허락을 받고 물건을 사고팔아야 했다. '비퇴(批退)'란 어떤 사람이 관에 알려서 매매허가를 받은 뒤에 또 '나는 사고 싶지 않으니 소장을 도로 물려서 다른 사람이 사가기를 기다리고자 한다.'고 고하는 것이다. ('장(帳)'은 세속에서 말하는 '소장'으로서 바로 당초에 교역을 호소한 문서이다.) 「批」 : 비는 뎌기다의 뜻이다.(『강록』)

○ 「有是」 : 批云, "이러니도이시며." 「退産」 : 批云, "退産之說, 又見『語類』百二十一第十二板云, 如人交易, 情願批退帳(情願又帳, 批ᄒᆞ야 退ᄒᆞ야지라 하고), 待別人典買. 今人情願批退學底多."(此는 廖謙錄이 五註中本語, 襲蓋卿錄) ○ 襲蓋ㄱ常寧人, 以明經擢第, 卽往師朱文公, 明義理之學. 入諫垣爲右正言, 以直道事君. 名夢錫.(出『一統志』) ○ 廖謙, 字益仲, 登第, 朱門例門人. 「批退」 : 中原人賣買, 必呈官而許以賣買. 或有人呈官受批而後, 又告之曰, '某不欲買, 願批退帳, 待別人之買也.'(帳, 如俗所謂訴志也. 乃當初交易之訴志也.) 「批」 : 뎌기다.(『講錄』)

『질의고오』16-6-3-b

○ 「유시(有是)」 : '유(有)'자는 해석할 때 '주(做)'자 아래에 두어야 한다. 「퇴산(退産)」 : 『주자어류』의 '교역'이라는 말에 따르면, '물산

---

40) 『朱子語類』 권121, 「朱子十八·訓門人九」.

(物産)'을 가리키는 것인데 여기에서 '재산(財産)'이라고 본 것은 잘못인 듯하다. 오호라! 학문을 물리기를 바라는 사람을 어떻게 막을 수 있겠는가?(『질의고오』)

○ 「有是」 : '有'字, 釋當在'做'字下. 「退産」 : 按『語類』交易之語, 則謂物産者, 是作財産者, 恐非. 嗚呼, 願批退學問底人, 何可限也?(『質疑考誤』)

『석의』16-6-3-c

○ 중국 사람들은 재산을 교역할 때 반드시 관에 알려서 뜻을 세우고서야 교역을 했다. 그러므로 그 재산을 물리고자 하는 사람도 뜻한 바를 관에 알려서 허락을 받은 뒤에 물렸다. 퇴산(退産)의 설은 여기에서 나왔다. ○ 이 단락은 『주자어류』 습개경록(襲蓋卿錄)에서 나왔다. 또 요겸록(廖謙錄)에서는 "사람이 교역할 때 매매허가를 도로 물리기를 바라고, 다른 사람이 사가기를 기다리는 것과 같다. 요즘 사람들은 학문을 도로 물리고자 하는 경우가 많다"고 하였다. 「장(帳)」 : 세속에서 말하는 소장이다. 「감복비퇴(甘伏批退)」 : 기꺼운 마음으로 스스로 원하지 않음을 말한 것이다.(『석의』)

○ 中原人交易財産, 必告官, 立旨而爲之. 故若欲退其産者, 亦呈所志于官, 而受其批然後退. 退産之說, 出於此. ○ 此段出『語類』襲蓋卿錄. 又廖謙錄云, "如今交易, 情願批退帳, 待別人典買. 今人情願批退學問底多." 「帳」 : 如俗所謂訴志也. 「甘伏批退」 : 謂甘心自謂不願也.(『釋疑』)

『표제』16-6-3-d

○ 「'여퇴(如退)'에서 '비퇴(批退)'까지」 : 중국 사람들은 물건을 사고 팔 때 반드시 관에 알려서 계약서를 쓰기 때문에 만약 그 물건을 물리고자 하면 다시 관에 알려서 그 허가를 받은 뒤에 물렸다. 그래서 '비퇴'라고 하였다.(『어록』)(『표제』)

○ 「如退 止 批退」 : 中原人賣買, 必告官質文, 故若欲退其産, 亦呈于官而受其批然後退之, 故曰批退.(『語錄』)(『標題』)

『질서』16-6-3-e

○ 퇴산(退産)은 재산을 교역하는데 또 자신은 물러나고 다른 사람이

사가는 데 맡기는 것인 듯하다. 그 물리는 것도 문서상으로 허락을 받아야 믿을 수 있다고 생각했기 때문에 매매허가를 받은 것을 도로 물려달라고 애원한 것이다.(『질서』)

○ 退産, 恐是交易財産, 又自還退任他人典買也. 其退也, 亦必有自批題券文上以爲信, 故曰伏批退也.(『疾書』)

『강록간보』16-6-3-f

○ 「'퇴산(退産)'에서 '비퇴(批退)'까지」: 김종덕(金宗德)의 생각: "'산'은 생업이다."(『강록간보』)

○ 「退産 止 批退」: 按: "産, 生業也."(『講錄刊補』)

『부주』16-7

○ 장자(張子)가 말하였다. "도에 마음을 침잠하고 있다가도 문득 다른 생각에 이끌려 가는 것은 이 기(氣)가 옛날의 습관에 얽매여 벗어나지 못해서 끝내 진전됨이 없이, 옛날의 습관을 즐기기만 할 뿐이기 때문이다. 옛 사람들이 벗과 거문고 비파와 책을 얻고자 한 것은 마음을 항상 이 도에 두고자 해서였다."[41)]

○ 張子曰, "有潛心於道, 忽忽爲他慮引去者, 此氣也, 舊習纏繞, 未能脫灑, 畢竟無益, 但樂於舊習耳. 古人欲得朋友與琴瑟簡編, 常使心在於此."

『석의』16-7-a

○ 「필경무익(畢竟無益)」: 비록 도에 마음을 침잠하고 있을지라도 끝내 도움이 없을 것이라는 뜻이다.(『석의』)

○ 「畢竟無益」: 謂雖潛心於道, 而終無所益也.(『釋疑』)

『표제』16-7-b

○ 「심재어차(心在於此)」: '차'자는 '도'를 가리킨다.(『질의』)(『표제』)

○ 「心在於此」: '此'字指'道'.(『質疑』)(『標題』)

---

41) 『張子全書』 권14, 「性理拾遺」.

『밀험』16-7-c

○ 정이천이 말하였다. “학자가 터득하는 것은 반드시 경전을 이야기하고 도를 논하는 가운데에만 있는 것이 아니다. 일을 행할 때에 용모를 움직이고 일을 처리하는 것이 예에 맞게 할 때에도 얻어진다.” ○ 장횡거가 말하였다. “옛 사람들이 벗과 거문고 비파와 책을 얻고자 한 것은 마음을 항상 도에 두고자 해서였다.” ○ 정약용(丁若鏞)의 생각: “사람이 벗과 거문고와 책 사이에서는 바르게 단속하여 스스로를 지켜나가기가 쉽지만, 소경·귀머거리·벙어리·절름발이·걸인·비천한 사람·어리석은 사람을 만나서도 장중하고 공경하는 낯빛을 잃지 않고 예의로 대우하기란 어렵다.”(『밀험』)

○ 伊川曰, “學者有所得, 不必在談經論道間. 當於行事, 動容周旋中禮得之.” ○ 橫渠曰, “古人欲得朋友與琴瑟簡編, 常使心在於此.” ○ 案 : “人在朋友琴書之間, 能雅飭自持, 易. 遇瞽者聾者啞者躄者丐者鄙賤者愚惷者, 不失莊敬之色, 待之以禮, 難.”(『密驗』)

『비망록』16-7-d

○ 이복(李馥)의 생각: “조치도(趙致道)는 「성기도(誠幾圖)」에서 ‘곧게 나온 것은 선이 되고, 옆으로 나온 것은 악이 된다.’[42]고 하였다. 그렇다면 여기에서 ‘마음을 침잠한다[潛心]’의 ‘심(心)’은 「성기도」의 곧게 나온 것이고, ‘다른 생각[他慮]’의 ‘려(慮)’는 또한 「성기도」의 옆으로 나온 것이다. ‘이 기(此氣)’의 ‘기(氣)’는 ‘심려’를 통틀어 말한 것이다. 이끌어가는 것이 잘못된 것이 아니라 실로 이끌려가는 것이 잘못된 것이니, 두려워하지 않을 수 있겠는가?” / 「‘고인(古人)’에서 ‘어차(於此)’까지」 : 대개 선비가 학문을 하는 방법은 한 가지가 아니다. 벗에게 나아가 의혹을 변별하고, 거문고와 비파를 타면서 마음을 다스리며, 책을 얻어서 근본을 배양하니, 이것이 옛 사람의 학문이다. 그러나 오늘날로 말하면 성인과 멀리 떨어져 있어서 이 학문이 진작되지 않고 있다. 이른바 벗이란 비록 있다

42) 『心經』, 「誠意章」에 보인다.

고 해도 들을 만한 것이 없으며, 이른바 음악은 전해지는 것이 없어서 지금으로서는 상고할 수 없다. 비록 음악에 관하여 말하는 이가 있더라도 그 요령을 얻어서 세상의 가르침을 담고 있는 것을 아직 보지 못하였다. 극진한 마음으로 아끼고 좋아하여 평생토록 가슴에 간직할 만한 것은 오직 책뿐이다. 여기에서 읽기를 그치지 아니하고 깊이 궁구하며 힘써 탐색할 수 있다면 벗이 바로 여기에 있고, 거문고와 비파 또한 여기에 있을 것이다. 진실로 책을 내가 입신(立身)하는 터전으로 삼아 마음을 침잠하고 뜻을 다한다면 성현의 천만 마디의 말이 모두 마음을 열어서 지혜를 쌓고, 기질을 변화시키는 곳이 아님이 없을 것이다. 책을 통하여 마음으로 터득하면 의리가 분명히 드러나 천하의 의심을 결단할 수 있을 것이요, 책을 통하여 몸으로 징험하면 속마음에 푹 배여 들어 융화되는 기쁨을 얻을 수 있을 것이다. 어찌 반드시 벗과 거문고 비파 그리고 책의 세 가지를 모두 갖추기를 기다린 뒤에야 학문을 닦고 마음을 다스리는 것이 되겠는가? 횡거의 이 단락은 대체로써 말한 것이니, 배우는 자는 말을 가지고 뜻을 해치지 않는 것이 좋을 것이다.(『비망록』)

○ 按: "趙致道「誠幾圖」, '直出者爲善, 旁出者爲惡.' 然則此'潛心'之心, 是「圖」之直出者也. '他慮'之慮, 亦「圖」之旁出者也. '此氣'之氣, 總心慮而言. 非引去者爲非, 實被引去者爲非也. 可不懼哉?" 「古人 止 於此」: 夫士之爲學, 非一端, 就朋友辨其疑, 操琴瑟治其心, 取簡編培其本, 此古人之學也. 然以今日言之, 去聖遠而斯學不振. 所謂朋友者, 雖有之, 未之有聞, 所謂樂, 無傳, 今不可考. 雖或云云, 未見其得其要領而寓世敎也. 但極心愛好, 爲終身佩服者, 惟簡編而已. 能於此讀之不已, 深窮力索, 則朋友卽在此, 琴瑟亦在此. 誠以簡編爲吾之立身之地, 而潛心致志, 則聖賢千言萬語, 無非開心益智, 變化氣質處也. 以之心得, 則義理昭晰, 可決天下之疑; 以之體驗, 則中心浹洽, 可至融化之悅矣. 奚必待三者悉備, 而後爲修學爲治心哉? 橫渠此截, 以大體言, 學者不以辭害意, 可矣夫.(『備忘錄』)

『부주』16-8

○ 주자가 말하였다. "성현의 가르침은 한마디 한 구절이 덕에 들어가는 문이 아님이 없다. 이른바 '예와 음악은 잠시라도 몸에서 떠나서는 안 된다'는 말은 더욱 깊고 절실하여 참으로 평생토록 가슴속에 새겨두고 살펴야 한다."[43]

○ 朱子曰, "聖賢之教, 無一言一句, 不是入德門戶. 如所謂'禮樂不可斯須去身'者, 尤爲深切, 眞當佩服存省, 以終其身也."

『부주』16-9

○ "'음악으로써 마음을 다스리고, 예로써 몸을 다스린다'는 것을 묻습니다." 대답하였다. "마음은 평이해야 하니 이해하기 어렵거나 험난하여 막힘이 없어야 한다. 따라서 '화평하지 않고 즐겁지 않으면 비루하고 속이려는 마음이 들어오게 되고, 장엄하지 않고 공경스럽지 않으면 가볍게 여기고 업신여기는 마음이 들어오게 된다'고 말하였다."[44]

○ 問, "樂以治心, 禮以治躬." 曰, "心要平易, 無艱深險阻. 所以說'不和不樂, 則鄙詐之心入之矣, 不莊不敬, 則易慢之心入之矣.'"

『부주』16-10

○ 남헌장씨가 말하였다. "이계수(李季修)[45]가 묻기를 '이른바 경에 관한 설은 마땅히 힘을 기울여서 참으로 나태해서는 안 되지만, 날이 저물어 편히 쉬는 것도 마땅히 때를 따라야 합니다'고 하기에, 나는 '날이 저물면 들어가 편히 쉬는 것이 바로 경이

---

43) 『晦庵集』 권58, 「答陳叔向」.

44) 『朱子語類』 권87, 「禮四·小戴禮」.

45) 이계수(李季脩) : 출처가 없다. 『남헌집(南軒集)』에 그에게 보낸 두 통의 편지글이 있는 것으로 보아 장남헌(張南軒)의 문인일 것이다.

다. 날이 저물어 편히 쉬는 것이 나태한 것이 아님을 알아야 경의 이치를 논할 수 있다'고 생각한다."46)

○ 南軒張氏曰, "李季修問, '所謂敬之說, 當用力, 誠不可怠惰, 而嚮晦宴息, 亦當隨時.' 某以爲'嚮晦入宴息, 乃敬也. 知嚮晦宴息之爲非怠惰, 乃可論敬之理矣.'"

『강록』16-10-a

ㅇ 「향회연식(嚮晦宴息)」 : 『주역』 수괘(隨卦)의 상사(象辭)에서 "연못 안에 우뢰가 있는 것이 수괘의 상이니, 군자는 이것을 본받아 날이 저물면 들어가 편히 쉰다"고 하였다. 수괘는 진괘(震卦)가 아래에 있어 우레가 되고 태괘(兌卦)가 위에 있어 연못이 된 상으로 우레가 연못 속에 감추어져 있으니, 스스로 기르는 것이다. 군자는 그 상을 취하여, 저물어 밤이 되어 어두워질 때면 들어가 편안한 곳에서 스스로 쉬면서 기른다. 대개 고요한 때 기르는 것이 깊고 두터우면 움직일 때 발하는 것이 저절로 성대하고 빛을 발할 수 있다. ○ 신옥(申沃)47)은 이계수의 말이 옳고, 남헌의 말이 틀렸다고 생각하였다. 내가 반복하여 깨우쳐주었으나 끝내 생각을 돌리지 않았다. 서울에 돌아가서도 세 차례나 자기의 견해를 자신한다는 글을 보내왔다. 나도 '군자는 종일토록 부지런히 힘쓰다가 저녁에는 두려워하며'48), '은밀한 곳에서도 부끄러워하지 않고 자기 홀로를 삼간다'49)는 말을 인용하여 그를 깨우쳤다. 또 '비록 제사를 받들거나 손님을 맞이하지 않고 밤에 머무를 때에 공경의 겉모습은 다를지라도 또한 버려두고 공부하지 않아서는 안 된다'고 말하고, 아울러 서산의 <야기잠(夜氣箴)>50)을 제시한 뒤에야 계숙은

46) 『南軒集』 권27, 「答李季修」.

47) 신옥(申沃) : 조선 선조(宣祖) 때의 문신. 본관은 평산(平山). 곡성 현감(谷城縣監)을 역임하였으며, 이황(李滉)과 학문을 논하는 편지를 주고받았다.

48) 『周易』, 「乾卦」.

49) 『中庸或問』.

생각을 돌렸다. ○ 이덕홍의 기록에서 말했다. "<숙흥야매잠>에서 '밤이 깊어 잠잘 때에는 손발을 가지런히 거두어 생각을 일으키지 말고, 심신을 잠들게 하라'고 말한 것이 바로 이 뜻이다."(『강록』)

○ 「嚮晦宴息」: 隨之象曰, "澤中有雷, 隨. 君子以, 嚮晦入宴息." 隨卦震下雷兌上澤, 雷藏澤中, 自養也. 君子取其象, 當暮夜向晦之時, 入而安處, 以自息養焉. 蓋靜之所養深厚, 則動之所發自能盛大而輝光. ○ 申沃以李季修之言爲是, 以南軒之言爲非. 某反覆曉諭, 終不回意. 歸京書示三數自信己見. 某又以'君子終日乾乾, 夕惕若', '不愧屋漏, 謹其獨'之語, 引以諭之. 且曰, '夜處雖不爲奉祭祀見賓客之際, 敬之體段殊異, 亦不可棄而不做功.' 幷示西山<夜氣箴>而后, 啓叔乃回意. ○ 李錄云: "<夙興夜寐箴>曰, '夜久斯寢, 齊手斂足, 不作思惟, 心身歸宿', 卽此義也."(『講錄』)

『질의고오』16-10-b

○ 「향회연식(嚮晦宴息)」: 『역』의 '수괘'의 상에서 '연못 가운데 우레가 있는 것이 수괘이니, 군자는 이를 본받아서 저녁에 들어가 편히 쉰다'고 말하였다. 이것이 바로 때에 따르는 도리인 것이다.(『질의고오』)

○ 「嚮晦宴息」: 『易』隨卦象曰, '澤中有雷, 隨. 君子以, 嚮晦入宴息.' 此卽隨時之義也.(『質疑考誤』)

『석의』16-10-c

○ 「향회연식(嚮晦宴息)」: 우레가 연못 속에 감추어져 있듯이 때에 따라 쉬다가, 하늘을 본받아 일을 행하는 것이 바로 공경을 행하는 것이다.(『석의』)

○ 「嚮晦宴息」: 雷藏澤中, 隨時休息, 體天行事, 乃所爲敬也.(『釋疑』)

『표제』16-10-d

○ 「향회연식(嚮晦宴息)」: 『주역』 수괘(隨卦)의 상사(象辭)에서 '연못 가운데 우레가 있는 것이 수괘의 상이니, 군자는 이것을 본받아 날이 저물면 들어가 편히 쉰다'고 말하였다. 정이천(程伊川)의 『역

50) <야기잠(夜氣箴)> : 『西山文集』 권33에 나온다.

전』에서는 "군자가 낮에는 스스로 힘써 노력하여 쉬지 않고, 어두워지게 되면 안에 들어가 머물며 편안히 쉬면서 그 몸을 안정시키고, 기거함을 때에 따라 알맞게 한다"고 하였다.(『주역』)(『표제』)

○ 「嚮晦宴息」 : 隨之象曰, "澤中有雷, 隨. 君子以嚮晦入宴息." 『傳』, "君子晝, 則自强不息, 及向昏晦, 則入居於內, 宴息以安其身, 起居隨時, 適其宜也."(『易』)(『標題』)

『질서』16-10-e

○ 날이 저물어 편히 쉬는 때의 경(敬)은 <숙흥야매잠>에서 구해야 한다.(『질서』)

○ 向晦宴息之敬, 當於<夙夜箴>求之.(『疾書』)

『강록간보』16-10-f

○ 「향회연식(嚮晦宴息)」 : 신계숙에게 답하여 말하였다. "당시 장남헌에게 질문한 사람은 '연식(宴息)'을 '안일하다'는 의미로 잘못 생각하여 '부지런히 힘써서 쉬지 않는다'는 것과 두 가지 일로 구분되는 것으로 보았기 때문에 장남헌은 그 잘못을 바로잡고 그 말을 뒤집은 것이다. … 대개 태만하고 게으르면 욕망이 타오르고 감정이 넘쳐흘러서 편안하지 못하고 쉬지 못한다. 공경할 수 있으면 마음이 맑고 기가 안정되어 편안히 기르고 쉴 수 있다. 그러므로 사람이 편안히 쉬는 것도 공경으로써 해야지 태만하고 게으른 것으로 해서는 안 된다는 것을 알 수 있다면 경(敬)의 이치를 함께 논할 수 있다. 군자는 낮에 밖에 머물 때는 종일토록 부지런히 힘써서 스스로 열심히 일하여 쉬지 않으며, 밤에 집에 머물 때는 두려워하고 염려하면서 속이지 않고, 잘 때도 시체처럼 반드시 누워 있기만 한 것은 아니니 경건하지 않은 적이 없다. 그러나 속이지 않고 시체처럼 하지 않는 것은 부지런히 힘써서 쉬지 않는 것에 비하면 편안히 쉬는 것이다. 그래서 공자께서 『역』을 지을 때 우레가 연못 속에 감추어져 있는 형상에 근거하여 이 때에 따르는[隨時] 의리를 드러낸 것이지, 밤에 집에 머물

때 공경하지 않고 편안함만을 추구해도 된다는 것을 말한 것은 아니다. <야기잠>에서 이미 '반드시 그 마음을 가지런히 하고 그 몸을 엄숙하게 하라'고 말하고 나서, 이어서 '그 몸을 편안히 하여 아침에 조회하여 듣고 낮에 방문하는 토대로 삼는다'고 말하였다. <야매잠>에서는 '정명한 정신을 북돋고, 손과 발을 가지런히 거둔다'고 말하고 나서 이어서 '밤기운으로 기를 지어다, 정(貞) 다음에는 원(元)으로 돌아갈지니'라고 말하였다. 이제 이러한 것으로 살펴보면 어두워진 후에 과연 다시 경을 쓰지 않겠는가? …" 하였다.(『강록간보』)

○ 「嚮晦宴息」: 答申啓叔曰, "當時問於南軒者, 誤認宴息爲安逸, 與'乾乾不息', 判作兩截事看. 故南軒正其誤而反其語云云. 蓋怠惰則欲熾情流, 而不宴不息, 能敬則心淸氣定, 而可以安養調息. 故人能知宴息亦以敬而非以怠惰, 則可與論敬之理矣. 君子晝居於外, 則終日乾乾, 自强不息, 夜處於內, 則惕厲不欺, 寢亦不尸, 無時而不敬也. 但不欺不尸比於乾乾不息, 則爲安爲息, 故孔子贊『易』, 因雷藏澤中之象, 而發此隨時之義, 非謂此時可不以敬, 而惟安之求也. <夜氣箴>旣說'必齊其心, 必肅其躬', 然後乃曰'安其身, 所以爲朝聽晝訪之地.' <夜寐箴>旣說'振拔精明, 齊手斂足', 然後乃曰, '養以夜氣, 貞則復元.' 今以此等揆之, 嚮晦之後, 果不復用敬耶? 云云."(『講錄刊補』)

『부주』16-11

○ 동래여씨가 말하였다. "경(敬)이라는 한 글자는 참으로 형용하기 어렵다. 옛사람이 이른바 '마음이 장중하면 몸이 펴지고, 마음이 엄숙하면 얼굴이 공경스러워진다'[51]고 하였는데, 이 두 마디 말은 깊이 체인해야 하다."[52]

○ 東萊呂氏曰, "敬之一字, 固難形容. 古人所謂'心莊則體舒, 心肅則容敬', 此兩語當深體也."

51) 『禮記』 권55.

52) 『東萊集』 권10, 「與學者及諸弟」.

『부주』16-11-1

○ 서산진씨가 말하였다. "'장(莊)'은 엄하면서 신중한 것을 뜻하고, '숙(肅)'은 고요하면서 공경스러운 것을 뜻하니, 기상이 참으로 같지 않다. 마음이 엄격하고 신중하면 몸이 편안하고 펴지게 되며, 마음이 경솔하고 방자하면 몸이 조급하고 어지럽게 된다. 체험해보면 알 수 있다."53)

○ 西山眞氏曰, "莊, 謂嚴而重, 肅, 謂靜而恭, 氣象固不同也. 心嚴重則體安舒, 心輕肆則體躁擾. 以身驗之, 斯可見矣."

『비망록』16-11-1-a

- 경솔하고 방자한 것은 엄하고 신중한 것과 상반되고, 조급하고 어지러운 것은 편안하고 펴지는 것과 상대된다. 마음이 엄격하고 신중하지 않으면 반드시 경솔하고 방자하게 되며, 몸이 편안하고 펴지지 않으면 반드시 조급하고 어지럽게 된다. 그 마음이 어떠한가에 따라 외부의 몸이 편안하기도 하고 어지럽기도 한 것이 이와 같이 현격하게 차이가 나니 마음을 삼가지 않을 수 없다.(『비망록』)
- 輕肆, 嚴重之反, 躁擾, 安舒之對. 心不嚴重, 則必輕肆; 體不安舒, 則必躁擾. 因其心之所在, 外體安擾, 若是其懸絶, 心不可不謹也.(『備忘錄』)

『부주』16-12

○ 절효서공54)은 처음에 호안정55) 선생을 좇아 배웠는데, 스스로

53) 『西山讀書記』 권18, 「敬」.

54) 서절효(徐節孝, 1028~1103) : 이름은 적(積), 자는 중거(仲車), 시호는 절효(節孝)로, 초주(楚州) 산양(山陽) 사람이다. 세 살 때 아버지가 돌아가셨고 지극한 효성으로 어머니를 섬겼다. 아버지의 이름이 석(石)이었던 관계로 평생토록 석기(石器)를 사용하지 않았다. 어머니가 돌아가시자 려묘(廬墓) 삼년을 하였다. 눈이 내리는 밤에도 묘 옆에 엎드려 곡소리가 끊이지 않았다. 처음에는 호원(胡瑗)을 좇아 배웠는데 나쁜 의복과 음식도 부끄럽게 여기지 않았다. 뒤에 조정의 신하들이 그의 효성과 청렴을 추천하여 초주교수(楚州敎授)가 되었다.

55) 호안정(胡安定, 993~1059) : 이름은 원(瑗), 자는 익지(翼之)이며 북송 태주(泰州) 해릉

말하기를 "선생을 처음 뵙고 물러날 때 머리 모양이 조금 기울어지자 안정 선생이 갑자기 매서운 목소리로 '머리 모양은 곧아야 한다'[56]고 말하였다. 나는 이로 인하여 스스로 생각해보니, 머리 모양만 곧아야 할 것이 아니라 마음도 곧아야 했다. 이로부터 감히 비뚤어진 마음을 갖지 못하였다."[57]

○ 節孝徐公, 初從安定胡先生學, 自言"初見先生, 退, 頭容少偏, 安定忽厲聲云, '頭容直.' 某因自思, 不獨頭容直, 心亦要直也. 自此不敢有邪心."

○「정민정의 생각」15 :『예기』에서 '예와 악은 잠시라도 몸에서 떠나면 안 된다'고 한 것은 바로 공자가 "군자는 밥 먹는 사이에도 인을 어김이 없으니, 아무리 황급한 때라도 반드시 여기에 있으며, 아무리 어려운 상황이라도 반드시 여기에 있다"[58]고 말한 것이다. 성인의 학문의 기초가 반드시 여기에 신경을 쓰는 것은 몸가짐을 제어함이 내면을 기르는 것이기 때문이다. 이제 그와 관련된 일을 조금 발췌하여 덧붙여서 스스로를 경계하고자 한다. 모두 18조목[59]을 얻었다.

○「按」 經云, 禮樂不可斯須去身, 卽孔子所謂"君子無終食之間違仁, 造次必於是, 顚沛必於是"者. 聖學之基, 必謹於此, 蓋制於外, 所以養其中也. 今稍摘其事以附, 用自警焉. 凡得十八條.

(海陵) 사람이다. 안정선생(安定先生)으로 불린다 경술(經術)로 범중엄(范仲淹)의 초빙을 받아 소주부학(蘇州府學) 교수(敎授)를 지냈다. 태학박사(太學博士)·국자감직강(國子監直講)·태상박사(太常博士) 등을 역임했다. 손복(孫復), 석개(石介)와 함께 '송초삼선생(宋初三先生)'이라 불렸다. 가정(嘉靖) 10년(1531) 공묘(孔廟)에 배향되어 선유호자(先儒胡子)로 일컬어졌다. 저서에『논어설(論語說)』,『홍범구의(洪範口義)』,『주역구의(周易口義)』,『춘추구의(春秋口義)』,『황우신악도기(皇祐新樂圖記)』등이 있다.

56) 머리 모양은 곧아야 한다 :『예기』,「玉藻」에 나오는 '아홉 가지 몸의 자세[九容]' 가운데 하나이다. "足容重, 手容恭, 目容端, 口容止, 聲容靜, 頭容直, 氣容肅, 立容德, 色容莊."

57)『宋名臣言行錄』後集 卷14,「徐積節孝先生」.

58)『論語』,「里仁」.

59)『부주』16-12부터『부주』16-29까지 18조목이다.

『경의』15-1

○ 주자가 '예의 악, 악의 예'[60]라고 말한 것은 뭉뚱그려[渾淪] 말한 것이다. 그러나 '엄숙하면서도 태연하고, 조화로우면서도 절제한다'[61]고 한 것은 또한 예를 위주로 하면서 악을 이면에 겸한 것이다. 대체로 예와 악을 나누어 말한다면 본래 상대적으로 거론하여 말할 수 있지만, 오로지 예를 위주로 말한다면 반드시 엄숙함과 조화로움을 겸한 뒤에야 비로소 예의 전체를 다할 수 있다. 그러므로 음악은 본디 예의 밖에 있는 것이 아니다. 만약 예에 종사하여 저 이른바 천리의 절문(節文)과 인사의 의칙(儀則)을 다할 수 있다면 악의 공용(功用)이 저절로 그 가운데 있게 된다. 이것이 공자가 안연을 가르치면서 '극기복례' 한 구절만을 말한 까닭이고, 이천에게 '몸가짐을 제어함이 그 내면을 기르는 것이다'는 말이 있게 된 것이다.(『경의』)

○ 朱子所謂'禮之樂, 樂之禮'者, 渾淪之說也. 而所謂'嚴而泰, 和而節'者, 則又以禮爲主, 而兼樂在裏面. 蓋若分言之, 則固可以對擧互言, 而若專主禮言之, 則須兼嚴與和, 然後始可以盡禮之全體. 然則樂固未始在禮之外也. 若從事於禮, 有以盡夫所謂天理之節文, 人事之儀則者, 則樂之功用自在其中. 此孔子之所以敎顔子, 只說'克己復禮'一句, 而伊川有'制於外, 所以養其中'之語者也.(『經義』)

『부주』16-13

○ 원성유씨[62]가 일찍이 사마온공이 『삼국지』에 조조가 유언한 일

60) 『朱子語類』 권22, "예의 조화로운 면이 바로 예의 음악이요, 음악에 절도가 있는 곳이 바로 음악의 예이다.(禮之和處便是禮之樂, 樂有節處便是樂之禮.)"

61) 『論語』, 「學而」, '禮之用, 和爲貴'절에 대한 주자주. 내가 생각건대, 엄숙하면서도 태연하고, 조화로우면서도 절제하는 것은 이치가 저절로 그러한 것이요, 예의 전체이다. 조금이라도 차질이 있으면 그 중정함을 잃어서 각각 한편에 기울게 될 것이니, 그 행할 수 없음이 똑같은 것이다.(愚謂嚴而泰和而節, 此理之自然, 禮之全體也. 毫釐有差, 則失其中正而各倚於一偏, 其不可行均矣.)

62) 유원성(劉元城, 1048~1125) : 이름은 안세(安世), 자는 기지(器之)이며 대명부(大名府) 원

을 읽은 것을 들어 손님에게 이야기를 하자, 손님이 말하였다. “사마온공의 식견이 아니라면 여기에 미치지 못했을 것이다.” 유씨가 말하였다. “이것은 다름 아니라, 바로 하나의 ‘성(誠)’자일 따름이다. 사마온공 노선생은 글을 읽을 때 반드시 의관을 갖추고, 바르게 앉아서 얼굴빛을 장엄하게 하여 감히 게으름을 피우지 않고, 오직 뜻을 성실하게 하여 글을 읽었다. 성실함이 지극한 이는 쇠와 돌이라도 쪼갤 수 있는데, 하물며 이 허랑하고 방탕한 일이야 한번 보기만 하면 곧 해결되는 것이다.”[63]

○ 元城劉氏, 嘗擧司馬公讀『三國志』曹操遺令事, 以語客. 客曰, “非溫公識見不及此.” 劉氏曰, “此無他, 乃一‘誠’字爾. 老先生讀書, 必具衣冠, 正坐莊色, 不敢懈怠, 惟以誠意讀之. 誠之至者, 可以開金石, 況此虛蕩之事, 一看卽解散也.”

『강록』16-13-a

○ 「조조유령사(曹操遺令事)」 : 간략하게 말하면 다음과 같다. “조조가 죽음에 임하여 궁안의 사람들을 불러서 향과 신을 나누어주고는 팔아서 생활 밑천으로 삼으라고 하면서 말했다. ‘내가 죽거든 너희들은 동작대의 능을 마주 대하는 곳에서 아침저녁으로 바라보면서 노래를 부르고 춤을 추어라. …’ 다른 사람들은 그것을 읽고 그 실정을 알지 못하였다. 온공이 읽고서 그 거짓을 알아차리고는 말하였다. ‘조조는 생전에 출입할 때 경계를 내리고 벽제(辟除)하여 이미 천자의 일을 행하였으니 한나라를 찬탈한지도 이미 오래된 것이다. 그러나 천명을 두려워하고 나쁜 평판을 꺼렸기 때문에 죽

성(元城) 사람이다. 신종(神宗) 희녕(熙寧) 6년(1073) 진사가 되었고, 관직은 간의대부(諫議大夫)에까지 이르렀다. 낯빛을 바르게 하고 조회에 임하였으며, 아는 것은 말하지 않음이 없었다. 그래서 사람이 그를 ‘전상호(殿上虎)라고 하였다. 소동파(蘇東坡)는 원우(元祐: 1086~1094) 년간의 인재를 평하면서 “기지는 참으로 무쇠 같은 사람으로 따라갈 수 없다”고 하였다. 저서에 『원성어록(元城語錄)』, 『진언집(盡言集)』, 『행록(行錄)』 등이 있다.

63) 『元城語錄解』 卷中.

음에 임해서 이와 같이 하늘을 속이고 사람들을 속임으로써 후세에 징벌을 면하고자 하였다. 대개 자기를 천자로 생각하였다면 궁궐 안 사람들의 생존은 걱정할 바가 아니다. 그러므로 이와 같이 속인 것이다.'" ○ 「탕(蕩)」 : 비평하여 말하였다. "'탕(蕩)'은 어떤 판본에는 '위(僞)'자로 되어 있다."(『강록』)

○ 「曹操遺令事」 : 略曰, "曹操臨終, 召宮人, 分香屨與之, 令賣以資生, 曰, '吾死, 汝等可於銅雀臺對陵處, 朝夕瞻望歌舞云云.' 他人讀之, 不識其情. 溫公讀而識其詐, 曰, '曹操生時, 出警入蹕, 已行天子事, 簒漢已久. 但畏天命, 憚惡名, 故臨終以此, 欺天罔人, 欲以免誅於後世也. 蓋以己爲天子, 則宮人之存活, 非所憂也. 故設矯詐如此.'" 「蕩」 : 批云, "'蕩'一作'僞'." (『講錄』)

『질의고오』16-13-b

○ 「조조유령사(曹操遺令事)」 : 원성유씨가 말하였다. "온공이 어느 날 나에게 '조조가 유언을 남긴 일은 어떻습니까?'"라고 말하였다. 내가 대답하였다. "조조는 평생토록 간사하게 처신했는데 여기에 이르러 간사함이 다 없어졌다. 그래서 죽을 때에 자상하게 일러주어 이런 유언을 하였다." 온공이 말하였다. "그렇지 않다. 이것은 조조의 은미한 뜻이다. '영을 남기는 것[遺令]'는 것은 세속의 이른바 '죽을 때 부탁하는 것[遺囑]'으로, 반드시 긴요한 말을 가려서 자손들에게 부탁하는 것이다. 조조가 죽은 뒤의 일 가운데 왕위를 선양하는 일보다 큰 것이 있겠는가? 지금 조조의 자상한 백 마디의 유언이 아래로 향을 나누어주고 신발을 파는 일과 집안의 노비들에 이르기까지 매우 상세하게 처리하지 않음이 없으면서도, 왕위를 선양하는 일에 대해서는 한 마디 말이 없다. 그 뜻은 마치 '왕위를 선양하는 일은 본래 자손들이 행하는 것이니, 나는 그것을 하게 한 적이 없다'고 말하는 듯하니, 이것은 실제로 천하를 자손에게 남겨 주면서도 그 자신은 한나라의 신하라는 이름을 누리려는 것이다. 이러한 유언의 뜻을 천만년이 지나도록 깨닫는 사람이

없었는데, 지난밤에 우연히 그것을 간파하였다." 온공은 기뻐하는 얼굴빛을 띠는 듯하더니, 또 나에게 경계하여 말하였다. "식견이 있는 선비가 아니면 그것을 말해줄 수 없다. …"(『질의고오』)

○ 「曹操遺令事」: 元城劉氏曰, "溫公一日語某曰, "曹操遺令之事, 何如?" 某曰, "曹公平生姦, 至此盡矣. 故臨死諄諄, 作此令也." 公曰, "不然. 此乃操之微意也. 遺令者, 世所謂遺囑, 必擇緊要言語, 付囑子孫. 操身後之事, 有大於禪代者乎? 今操之遺令, 諄諄百言, 下至分香賣履之事家人婢妾, 無不處置詳盡, 無一語及禪代之事. 其意若曰'禪代自是子孫所爲, 吾未嘗敎爲之', 是實以天下遺子孫, 身享漢臣之名. 此遺令之意, 歷千百年, 無人識得, 昨夕偶窺破之." 公似有喜色, 且戒某曰, "非有識之士, 不足以語之, 云云."(『質疑考誤』)

『석의』16-13-c

○ 「조조유령사(曹操遺令事)」: 온공이 읽고서 그 거짓을 알아차리고는 말하였다. "조조는 생전에 출입할 때 경계를 내리고 벽제(辟除)를 하여 이미 천자의 일을 행하였으니 한나라를 찬탈한 지 이미 오래된 것이다. 그러나 천명을 두려워하고 나쁜 평판을 꺼렸기 때문에 죽음에 임해서 이와 같이 하늘을 속이고 사람들을 속였다. 대개 자기를 천자로 생각하였다면 궁궐 안 사람들의 생존은 걱정할 바가 아니다. 그러므로 이와 같이 속인 것이다." ○ 송시열(宋時烈)의 생각: 온공은 일찍이 조조가 유언을 남긴 일을 논하면서 말하였다. "이것은 조조의 은밀한 뜻이다. '령을 남기는 것(遺令)'은 세속의 이른바 '죽을 때 부탁하는 것(遺囑)'이다. 죽을 때 부탁하는 일은 반드시 그 긴요한 말을 택해야지 미세하여 긴요하지 않은 일들까지 부탁할 겨를이 없다. 조조가 죽은 뒤의 일 가운데 왕위를 선양하는 것보다 큰 것이 있겠는가? 지금 조조의 자상한 백 마디 말이 아래로는 향을 나누어주고 신발을 파는 일과 집안의 노비들에 이르기까지 상세하게 처리하지 않음이 없으면서도 왕위를 물려주는 일에 대해서는 한 마디 말이 없다. 그 뜻은 대개 '왕위를 물려주

는 일은 내가 일찍이 그것을 하라고 이른 적이 없다'고 말하는 것이니, 이것은 실제로 천하를 자손에게 물려주면서 그 자신은 한나라의 신하라는 이름을 누리려는 것이다." ○ 송시열(宋時烈)의 생각: "이것은 바로 주자가 말하는 바의 '귀를 막고 종을 훔치는 것'으로, 그 죄가 더욱 크다. 그런데 사마온공은 '은미한 뜻이다'고 말하였으니, 지나치게 용서하는 실수를 범했다고 할 수 있다." 「허탕(虛蕩)」: '탕(蕩)'은 어떤 판본에는 '위(僞)'자로 되어 있다." (『석의』)

- 「曹操遺令事」: 溫公讀而識其詐, 曰, "曹操生時, 出警入蹕, 已行天子事, 纂漢已久. 但畏天命而憚惡名, 故臨終以此, 欺天罔人. 蓋以己爲天子, 則宮人之存活, 非所憂也. 故設矯詐如此云." ○ 按: 溫公嘗論曹操遺令事, 曰, "此操之微意也. 遺令, 世所謂遺囑也. 遺囑之事必擇其緊要言語, 至若微細不緊要之事, 則不暇矣. 操身後之事, 有大於禪代者乎? 今操諄諄百言, 下至分香賣履之事·家人婢妾, 無不處置詳盡, 而無一語及禪代之事. 其意蓋曰, '禪代之事, 吾未嘗教爲之', 是實以天下遺子孫, 而身享漢臣之名." ○ 又按: "此正朱子所謂'掩耳盜鍾', 其罪尤大者, 而溫公乃曰'微意也', 可謂失於太恕矣." 「虛蕩」: '蕩'一作'僞'.(『釋疑』)

『관계』16-13-d

- 「내일성자(乃一誠字)」: 온공은 성실함을 행하는 데 종사하면서도 성실함이 극진했던 사람은 아니다. 조조의 유언에 대해서는 그 간사함을 엿보았으면서도, 촉이 정통이 되는 점에 대해서는 자세히 살피지 못했다.(『관계』)
- 「乃一誠字」: 溫公從事於誠, 而非誠之至者也. 於曹操遺令, 則覷其奸, 於蜀之爲正統, 則不能諦得.(『竊啓』)

『부주』16-14

○ 사상채가 말하였다. "명도 선생은 종일토록 단정히 앉아 있는 모습이 마치 진흙으로 빚은 사람 같다가도 사람을 만날 때에는

온통 온화한 기운으로 가득 찼으니, 『논어』에서 이른바 '멀리서 바라보면 엄숙하지만 가까이 다가가면 온화하다'[64]고 말한 경우이다."[65]

○ 上蔡謝氏曰, "明道先生, 終日端坐, 如泥塑人, 及至接人, 則渾是一團和氣, 所謂'望之儼然, 卽之也溫'.

『강록』16-14-a

ㅇ 「일단(一團)」 : 이덕홍의 기록에서 말하였다. "'일단(一團)'은 '일단(一段)'과 같다. 그러나 일단(一段)은 각각 나누어서 말한 것이고, 일단(一團)은 하나로 합하여 말한 것이다."(『강록』)

ㅇ 「一團」 : 李錄云, "一團猶一段. 但一段以分爲各段而言, 一團以合爲一圓而言."(『講錄』)

『석의』16-14-b

ㅇ 「일단(一團)」 : '일단(一段)'이라는 말과 같다. 「소위(所謂)에서 야온(也溫)까지」 : 『근사록』에 따르면 이 10글자는 엽채(葉菜)의 주석인데 여기에서는 이어서 썼으니 고쳐서 바로잡아야 한다.(『석의』)

ㅇ 「一團」 : 猶言'一段'. 「所謂 止 也溫」 : 據『近思錄』, 此十字是葉氏註語, 而於此連書, 當改正.(『釋疑』)

『경의』16-14-c

ㅇ 「종일단좌, 여니소인(終日端坐, 如泥塑人)」 : 이것은 예로서 몸을 다스리는 것이다. 「일단화기(一團和氣)」 : 이것은 악으로 마음을 다스려 밖으로 드러난 것이다. 진흙으로 빚은 듯이 단정히 앉아 있기만 하고 화락함으로 마음을 다스림이 없다면, 속박되어 생기가 없어지는 병통이 생겨서 쇠하게 될 것이다. 반면에 단지 화락함에만 힘쓰고 장엄함으로 몸을 다스리지 않는다면 제멋대로 방달(放達)하는 병통이 생겨서 방탕하게 될 것이다. 사상채의 이 말은 명도선

64) 『論語』, 「子張」.

65) 『上蔡語錄』 卷2.

생의 학문이 예악의 근본에 통달하여 안과 밖의 공부가 각각 그 극진함에 나아갔음을 말한 것이다.(『경의』)

○ 「終日端坐, 如泥塑人」 : 此則禮以治躬者也. 「一團和氣」 : 此則樂以治心而達於外者也. 端坐如泥塑而已, 而無和樂之治心, 則有拘迫枯槁之患, 而失之銷矣. 只務和樂而無莊嚴之治身, 則有恣易疎蕩之病, 而失之流矣. 此明道先生之學, 達禮樂之本, 而內外工夫, 各造其極者也.(『經義』)

『강록간보』16-14-d

○ 「니소(泥塑)」 : 흙으로 물건의 모양을 형상화하는 것이다.(『운회』) 「'소위(所謂)'에서 '야온(也溫)'까지」 : 김종덕(金宗德)의 생각: "이 두 구절은 『근사록』 엽채의 주석 가운데 있다. 조목(趙穆)[66]은 일찍이 정민정이 잘못 인용한 것으로 생각했으나 『상채어록』과 『이락연원록』에서 모두 이 두 구절을 이어서 쓰고 있으니, 아마도 사상채의 본래 말이 이와 같았는데 『근사록』에서 깎아냈기 때문에 엽채가 주에서 그것을 인용한 듯하다. 정민정은 사상채 본래의 말에 의거해서 수집하여 기록하였으니, 잘못이 있는 것은 아니다."(『강록간보』)

○ 「泥塑」 : 土象物(『韻會』) 「所謂 止 也溫」 : 按: "此二句在『近思錄』葉註中. 趙月川嘗以爲篁墩誤引, 而『上蔡語錄』『淵源錄』, 皆連書此二句, 恐上蔡本語如此, 而『近思錄』刪之, 故葉氏引之於註. 篁墩則倚本語摭錄, 非有誤也."(『講錄刊補』)

『부주』16-14-1

○ 명도 선생이 배우는 이에게 말하였다. "그대가 보기에는 내가 이와 같지만, 나는 각별히 공부에 힘을 쓰고 있는 중이다."[67]

---

66) 조목(趙穆, 1524~1606) : 본관은 횡성(橫城), 자는 사경(士敬), 호는 월천(月川) 또는 동고(東皐)로 이황(李滉)의 문인이다. 집안이 가난했으나 평생을 학문 연구에만 뜻을 두어 대학자로 존경을 받았다. 문장과 글씨에 뛰어났으며 예천(醴泉)의 정산서원(鼎山書院), 예안(禮安)의 도산서원(陶山書院), 봉화의 문암서원(文巖書院) 등에 제향되었다. 저서로 『월천집(月川集)』, 『곤지잡록(困知雜錄)』이 있다.

○ 先生謂學者曰, “賢看顥如此, 顥煞用工夫.”

『강록』16-14-1-a

○ 「쇄용(煞用)」 : 이덕홍의 기록에서 말하였다. “‘煞’의 음은 쇄이며, ‘殺’의 속자이다.”(『강록』)

○ 「煞用」 : 李錄云: “‘煞’音쇄, ‘殺’字之俗.”(『講錄』)

『석의』16-14-1-b

○ 「쇄용(煞用)」 : ‘煞’은 ‘쇄’로 ‘가장’이라는 말이다. ‘殺’자와 같다.(『석의』)

○ 「煞用」 : 煞쇄, 言ᄀ장, ‘殺’字同.(『釋疑』)

『강록간보』16-14-1-c

○ 「쇄용(煞用)」 : ‘쇄(煞)’와 ‘쇄(殺)’는 거성으로 같다. ‘가장’ 또는 ‘특별히’라는 뜻이다.(『강록간보』)

○ 「煞用」 : 煞, 殺去聲同. 最也, 另也.(『講錄刊補』)

『부주』16-15

○ 명도선생이 말하였다. “나는 매우 공경스럽게 글자를 쓰는데, 글자를 잘 쓰려고 해서가 아니라, 이렇게 하는 것이 바로 학문이고, 이렇게 하는 것이 바로 놓아버린 마음[放心]을 구하는 것이기 때문이다.”68)

○ 明道先生曰, “某書字甚敬, 非是欲字好, 只此是學, 只此求放心.”

『질서』16-15-a

○ 주자가 「서자명(書字銘)」에서 “붓 대롱 꽉 잡아 붓에 먹을 적시고 종이를 펼쳐서 글씨를 쓴다. 그 가운데 정신을 집중하여 점을 찍고 획을 그려 나가는데, 뜻을 놓아버리면 거칠어지고 예쁘게 쓰고

67) 『伊洛淵源錄』 권3, 「明道先生」.

68) 『二程遺書』 권3, 「謝顯道記憶平日語」.

자 하면 미혹되니, 반드시 일삼음이 있어서 그 덕을 신명스럽게 하네"[69]라고 하였는데, 이것은 명도의 뜻을 충분히 발휘한 것이다.(『질서』)

○ 朱子「書字銘」云, "握管濡毫, 伸紙行墨. 一在其中, 點點畫畫. 放意則荒, 取姸則惑. 必有事焉, 神明其德." 足以發揮矣.(『疾書』)

『강록간보』16-15-b

○ 「'명도(明道)'에서 '심경(甚敬)'까지」: 김돈서(金惇敍)에게 답하여 말하였다. "명도는 본디 글자를 잘 쓰고자 한 것도 아니고, 글자를 막 쓰고자 한 것도 아니다. 다만 글자를 쓰는 데 공경스러웠을 따름이다. 이것이 바로 '반드시 일삼음이 있되 미리 기대하지 말고, 마음에 잊지도 말고 조장하지도 말라'는 것이 일에 드러난 것이니, 글자를 쓰는 일만 그런 것이 아니다. 보내온 편지글에서 '배우는 사람이 서예에 능숙할 필요는 없게 하려는 것이다'고 말하였는데, 이것은 정자의 뜻이 아니다. 또 '의도적으로 좋지 않게 쓴다'고 하였는데, 그것은 정자의 뜻과 거리가 아주 멀다."(『강록간보』)

○ 「明道 止 甚敬」: 答金惇敍曰, "明道固非要字好, 亦非要字不好. 但敬於寫字而已. 此卽必有事焉而勿正, 心勿忘勿助長之見於事者, 不獨寫字爲然也. 來喩謂'欲使學者, 不必工於書藝', 此非程子之意. 又云'故爲不好', 其去程子之意遠矣."(『講錄刊補』)

『밀험』16-15-c

○ 명도가 말하였다. "나는 매우 공경스럽게 글자를 쓰는데, 글자를 잘 쓰려고 해서가 아니라, 이렇게 하는 것이 바로 학문이고, 이렇게 하는 것이 바로 놓아버린 마음[放心]을 구하는 것이기 때문이다." ○ 정약용(丁若鏞)의 생각: 일찍이 옛사람들의 편지를 본적이 있는데 무릇 명성과 덕망이 다른 사람의 사표가 되는 사람은 그 글자의 획이 반드시 모두 장중하여 거칠거나 경박한 기운이 없었다. 나는 일생토록 본받기를 원했으나 글을 쓰게 될 때마다 바빠서

---

69) 『晦庵集』 권85, 「書字銘」.

또 그렇게 할 수 없었다. 무릇 글씨란 마음의 깃발이다. '마음속에 정성을 다하면 밖으로 드러나게 된다'[70]는 것이 이것보다 현저한 것이 없다. 하물며 한번 종이에 먹물을 적셔 놓으면 백년이 되어도 없어지지 않으니 두려워하지 않을 수 있겠는가?(『밀험』)

○ 明道曰, "某書字甚敬, 非是欲字好, 只此是學, 只此求放心." ○ 案: 嘗閱古人簡牘, 凡名德之爲人師表者, 其字劃必皆莊重, 無荒雜浮輕之氣. 余一生願學每臨書忽忽, 又不能然. 大抵書者, 心之旗也. 誠於中, 形於外, 莫顯於此. 況一濡於紙, 百世不滅, 可不懼哉?(『密驗』)

『부주』16-16

○ 남전여씨[71]가 말하였다. "횡거선생은 종일토록 방안에서 단정히 앉아서 책들을 옆에 두고 고개를 숙여 읽고 우러러 생각하여 얻은 것이 있으면 그것을 기록하셨다. 어떤 때에는 한 밤중에 일어나 앉아 촛불을 밝히고 글을 쓰셨다. 도에 뜻을 두고 생각을 정밀하게 하기를 잠시도 그친 적이 없었고, 잠시도 잊어버린 적이 없으셨다."[72]

○ 藍田呂氏曰, "橫渠先生, 終日危坐一室, 左右簡編, 俯而讀, 仰而思, 有得則識之. 或中夜起坐, 取燭以書. 其志道精思, 未始須臾息, 亦未嘗須臾忘也."

---

70) 『대학』 전 6장에 나오는 말.

71) 여감전(呂藍田, 1046~1092) : 북송 경조(京兆) 남전(藍田, 섬서성) 사람이다. 이름은 대림(大臨), 자는 여숙(與叔)이며, 여대균(呂大鈞)의 동생이다. 처음에 장재(張載)에게 배웠고 나중에 정이(程頤)에게 배웠다. 사좌량(謝良佐), 유조(游酢), 양시(楊時)와 함께 '정문사선생(程門四先生)'으로 일컬어진다. 주자는 일찍이 그의 글이 천병만마가 배불리 먹고 굳세게 맞서는 것처럼 설득력이 있다고 칭찬하였다. 태학박사(太學博士), 비서성정자(秘書省正字)를 지냈다. 저서에 『역장구(易章句)』, 『대역도상(大易圖象)』, 『맹자강의(孟子講義)』, 『대학중용해(大學中庸解)』 등이 있었지만 산실되었고, 지금은 『고고도(考古圖)』와 『속고고도(續考古圖)』, 『석문(釋文)』이 사고전서에 수록되어 있다. 문집에 『옥계집(玉溪集)』이 있다.

72) 『橫渠易說』, 「橫渠先生行狀」.

『질서』16-16-a

○ 밤에 일어나 촛불을 밝혔다는 것은 주자의 이른바 '신묘하게 계합한 것을 빨리 썼다'[73]고 한 것이 이것이다. 정자는 그것을 듣고 '자후는 무르익지 않음이 이와 같았다'고 하였다.(『질서』)

○ 夜起取燭, 朱子所謂'妙契疾書', 是也. 程子聞之云, '子厚如是不熟'.(『疾書』)

『부주』16-17

○ 구산 양씨가 말하였다. "적림[74]이 이천이 서쪽지방으로 떠나는 것을 전송하면서 도중에 승방에서 유숙을 하였는데, 앉을 자리가 불상을 등지게 되자 선생이 의자를 돌려서 불상을 등지지 말라고 하였다. 그러자 적림이 말하였다. '저 불도들이 불상을 공경하니까 우리 역시 공경해야 한다는 것이지요?' 선생이 말하였다. '다만 사람의 모습을 하고 있으니 업신여기지 말아야 한다.' (구산이) 이 말을 칭찬하여 말하였다. '공자가 처음 '허수아비를 만든 사람은 장차 후손이 없을 것이다!'[75]고 말한 것은 사람을 본떠서 장례에 썼기 때문이다. 대개 사람을 본떠서 장례에 쓴다면 그 유폐는 반드시 산사람을 장례에 쓰는 데까지 이르게 될 것이다. 군자는 그 경(敬)을 쓰지 않는 바가 없어서 사람과 비슷한 것을 보아도 소홀히 여기지 않으니, 사람에 대해서 소홀히 여기지 않음을 알 수 있다. 만약 사람과 비슷한 것에 대해 가볍고 소홀하게 여기는 마음이 싹튼다면 그 유폐는 반드시 사람을 가볍고 소홀하게 여기는 데 이르게 될 것이다.'"[76]

○ 龜山楊氏曰, "翟霖送伊川西遷, 道宿僧舍, 坐處背塑像, 先生令轉椅勿背.

73) 『晦庵集』 권85, 「橫渠先生」.

74) 적림(翟霖) : 출처 미상.

75) 『孟子』, 「梁惠王上」.

76) 『龜山集』 권12, 「語錄3」.

霖曰, '豈以其徒敬之, 故亦當敬邪?' 先生曰, '但具人形貌, 便不當嫚.' 因賞此語曰, '孔子云始作俑者, 其無後乎 爲其象人而用之也. 蓋象人而用之, 其流必至於用人. 君子無所不用其敬, 見似人者不忽, 於人可知矣. 若於似人, 而萌輕忽之心, 其流必至於輕忽人.'"

『강록』16-17-a

○ 「서천(西遷)」 : 이덕홍의 기록에서 말하였다. "부주(涪州)로 귀양갈 때이다." 「의(椅)」 : 중원 사람들은 앉을 때 반드시 의자를 사용한다. ○ 물었다. "의자를 돌려놓았다는 것은 선생이 앉아 있었던 의자입니까? 만약 적림이 앉아 있었던 것이라면 선생 앞에서도 의자를 놓고 앉을 수 있습니까?" 선생이 답하여 말하였다. "적림이 앉아 있었던 의자이기 때문에 돌려놓으라고 명하였다. 대개 당시에는 앉을 때 모두 의자를 사용했기 때문이다." ○ 또 말하였다. "선현이 사람과 비슷한 것을 보아도 이와 같이 소홀히 여기지 않았는데, 근래에 진주의 선비가 불상을 끌어다가 머리를 베어버렸다고 하니 어찌 그것이 옳겠는가?" 함형이 대답하여 말했다. "개성부의 유생이 송악에서도 그와 같이 하여 자신의 사사로운 분노를 터뜨렸다고 합니다." 선생은 선비의 기풍이 날로 잘못되어 감을 깊이 탄식하셨다. 「기이(豈以)」 : 이덕홍의 기록에서 말하였다. "'기(豈)'는 '기불(豈不)'의 뜻이다." 「인상(因賞)」 : 이덕홍의 기록에서 말하였다. "'인상(因賞)'은 완미하여 가상하게 여겼음을 말한다."(『강록』)

○ 「西遷」 : 李錄云, "謫涪州時." 「椅」 : 中原人, 坐必設椅. ○ 問, "轉椅者指先生所坐之椅與? 若以爲霖坐, 則於先生前, 亦可設椅而坐乎?" 先生答云, "霖之坐椅, 故令轉之. 蓋彼時坐, 皆用椅故也." ○ 又曰, "先賢見似人者, 不忽如此, 而近間晉州士人曳佛像斬頭, 其可乎?" 咸亨對曰, "開城府儒生於松岳, 亦恁他以發其私憤." 先生深歎士風之日非. 「豈以」 : 李錄云, "豈, 豈不也." 「因賞」 : 李錄云, "因賞謂玩味而嘉尙之也."(『講錄』)

『석의』16-17-b

○ 「서천(西遷)」 : 부주(涪州)로 귀양간 것이다. 「의(椅)」 : 앉는 걸상이다. 「기이(豈以)」 : 기(豈)는 기불(豈不)의 뜻이다. 「인상차어(因賞此語)」 : 이것은 구산이 이천의 말을 감탄하여 칭찬한 것이다. (『석의』)

○ 「西遷」 : 謫涪州. 「椅」 : 坐床也. 「豈以」 : 豈, 豈不也. 「因賞此語」 : 此龜山歎賞伊川語也.(『釋疑』)

『표제』16-17-c

○ 「상(賞)」 : 완미하여 가상하게 여김을 말한다. 박세채(朴世采)의 생각: "이것은 양구산이 업신여겨서는 안 된다는 정자의 말을 찬미한 것을 말한다."(『표제』)

○ 「賞」 : 謂玩味而嘉尚之. 按: "此謂龜山賞程子不當嫚之語也."(『標題』)

『부주』16-18

○ 정자가 말하였다. "여여숙이 유월 중에 구씨(緱氏)[77]에 와서 한가롭게 머무는 동안 내가 늘 그를 지켜보았는데 반드시 엄숙하게 똑바로 앉아 있는 모습을 볼 수 있었으니 돈독하다고 할만하다. 배우는 자는 공경스러운 태도를 지녀야 하지만, 구속하여 핍박해서는 안 되니, 구속하여 핍박하면 오래도록 지속하기 어렵다."[78]

○ 程子曰, "呂與叔六月中, 來緱氏, 閒居中, 某常窺之, 必見其儼然危坐, 可謂敦篤矣. 學者須恭敬, 但不可令拘迫, 拘迫則難久也."

『강록』16-18-a

○ 「구씨(緱氏)」 : 산의 이름이다. 땅에도 이러한 이름이 있다. 아마도 낙양(洛陽)에서 가까운 용문(龍門)에 있었던 듯하다. 그래서 정선생

77) 구씨(緱氏) : 산의 이름으로 하남성(河南省) 언사현(偃師縣)에 있다.
78) 『二程遺書』 권18, 「劉元承手編」.

이 매번 거기에 갔었다. 「拘迫」 : 이덕홍의 기록에서 말하였다. "만약 구속하여 잡아매게 되면 몸이 피로해져서 상하게 되어 싫증을 내고 괴로워하게 될 것이다. 너무 박절하면 심신이 번거롭고 바빠서 편안하지 않기 때문에 오래도록 지속하기 힘들다."(『강록』)

○ 「緱氏」 : 山名. 地亦有此名. 疑在龍門, 距洛陽近, 故程先生每往焉. 「拘迫」 : 李錄云, "如拘縶, 則氣體勞傷生厭苦; 太迫切, 則心神煩促而不寧帖, 所以難久也."(『講錄』)

『석의』16-18-b

○ 「구씨(緱氏)」 : 산의 이름으로 낙양에 있다. 「구박(拘迫)」 : 만약 구속하여 잡아매게 되면, 몸이 피로해져서 상하게 되고, 싫증을 내고 괴로워하게 된다. 너무 박절하면 심신이 번거롭고 바빠서 편안하지 않기 때문에 오래도록 지속하기 힘들다.(『석의』)

○ 「緱氏」 : 山名, 在洛陽. 「拘迫」 : 如拘縶, 則氣體勞傷而生厭苦; 太迫切, 則心神煩促而不寧帖, 所以難久也.(『釋疑』)

『부주』16-18-1

○ 주자가 말하였다. "배우는 사람이 늘 이 마음을 거두어 살펴서 해가 떠오르는 것처럼 한다면 온갖 사악함이 저절로 그치게 된다. 마음은 본래 저절로 환하게 밝고 광대하니, 자신이 약간의 힘을 써서 그것을 거두어 살피고 돌보기만 하면 된다. 수고롭게 힘쓸 필요가 없다. 수고롭게 힘을 쓰면 도리어 옳지 않다."79)

○ 朱子曰, "學者常用提省此心, 使如日之升, 則羣邪自息. 他本自光明廣大, 自家只著些子力去提省照管他, 便了. 不要苦著力, 苦著力反不是."

『석의』16-18-1-a

○ 「타본자(他本自)」 : '타(他)'는 마음을 가리킨다. 아래도 마찬가지다.(『석의』)

○ 「他本自」 : 他, 指心. 下同.(『釋疑』)

---

79) 『朱子語類』 권12, 「學六·持守」.

『부주』16-19

○ 또 말하였다. "주공염(朱公掞)[80]이 낙양에 있을 때 서실이 있었는데 양쪽에 각각 하나의 들창을 내었고 들창마다 서른여섯 개의 창살 칸이 있었다. 한쪽에는 천도의 요체를 쓰고 다른 한쪽에는 인의의 도를 썼으며, 가운데에는 하나의 목패에다 '경(敬)하지 않음이 없다[毋不敬]'과 '생각에 사특함이 없다[思無邪]'는 글을 써놓고 그 가운데 자리를 잡았으니, 이 뜻이 역시 좋았다."[81]

○ 又曰, "朱公掞在洛, 有書室, 兩旁各一牖, 牖各三十六槅. 一書天道之要, 一書仁義之道, 中以一榜書'毋不敬''思無邪', 中處之, 此意亦好."

『석의』16-19-a

○ 「격(槅)」 : 창살의 사이이다.(『석의』)

○ 「격(槅)」 : 창살ᄉ이라(『釋疑』)

『표제』16-19-b

○ 「유(牖)」 : 벽을 뚫어 교창(交窓)[82]을 만든 것이다.(『운회(韻會)』)(『표제』)

○ 「牖」 : 穿壁以爲交窓也.(『韻會』) (『標題』)

『부주』16-20

○ 주자가 말하였다. "윤화정(尹和靖)이 서실 이름을 '삼외재(三畏齋)'라고 하였는데 '천명을 두려워하고, 대인을 두려워하고, 성

---

80) 주공염(朱公掞, 1037~1049) : 이름은 광정(光庭), 자는 공염(公掞)으로 하남(河南) 언사(偃師) 사람이다. 경지(景之)의 아들이자, 정호(程顥)의 문인이다. 열 살에 문장을 지을 줄 알았고, 가우(嘉祐) 2년에 진사에 급제하였고, 만년주부(萬年主簿)에 발탁되었다. 원우(元祐) 연간에 간관이 되어 언로에 이름을 떨쳤으며, 집현원의 학사로서 노주(潞州)의 지사가 되었다. 광정(光庭)에서 정호(程顥)를 좇아 배웠다. 일찍이 호원(胡瑗)에게서 배웠는데, 호원이 학문을 하는 근본이 충신(忠信)에 있다고 하였으므로 종신토록 그것을 행하였다.

81) 『二程遺書』 권2상.

82) 교창(交窓) : 실내를 밝게 하기 위해 설치하는 광창(光窓)의 일종으로, 창살을 효(爻)자 모양으로 짜기 때문에 교창이라 한다.

인의 말씀을 두려워한다'83)는 뜻을 취한 것이다. 만년에는 한 조각의 종이에 성현이 보여주신 기질을 다스리고 마음을 기르는 요체를 손으로 써서 벽에 붙여놓고 스스로를 경계하였다. 나는 가만히 생각해보니, 앞선 현인이 게을리 하지 않고 수양에 힘써서 죽은 다음에야 그만두었으니 그 마음의 밝고 밝음을 알 수 있을 듯하다."84)

○ 朱子曰, "和靖尹公, 一室名'三畏齋', 取'畏天命·畏大人·畏聖人之言'之意. 晩歲片紙手書聖賢所示治氣養心之要, 粘之屋壁, 以自警戒. 熹竊念, 前賢進修不倦, 死而後已, 其心炯炯, 猶若可識."

『부주』16-21

○ 주자가 말하였다. "진재경(陳才卿)85)이 '정선생은 이처럼 근엄하신 데 무슨 까닭에 여러 문인들은 모두 근엄하지 않습니까?'고 물었다. 내가 대답하였다. '이는 정선생은 그분대로 근엄하셨고, 여러 문인들은 그들대로 근엄하지 않은 것이니 정선생과 무슨 상관이 있겠는가?' 내가 이 말을 한 까닭은 바로 재경이 깊이 생각하여 자득하기를 바란 것이다. 자기에게 돌이켜보아 마치 침으로 자신의 몸을 찌르는 것과 같이 하여 두려워하고 분발해서 어디서나 스스로 이러한 마음을 가지고 그러한 까닭을 생각하기를 바란 것이다."86)

○ 朱子曰, "陳才卿問, '程先生如此謹嚴, 何故諸門人, 皆不謹嚴?' 某答云,

---

83) 『論語』, 「季氏」.

84) 『晦庵集』 권81, 「書和靜先生遺墨後」.

85) 진재경(陳才卿) : 이름은 문울(文蔚), 자는 재경(才卿), 호는 극재(克齋)로 상요(上饒) 사람이다. 주자의 문인으로 연산(鉛山)에서 강학하였으며, 저술은 그 스승의 뜻을 이었다. 높은 풍취와 우아한 지조는 세상 사람들의 추앙을 받았다. 죽어서는 태학에서 제사를 지냈다. 저서로 『극재집(克齋集)』 17권이 있다.

86) 『朱子語類』 권114, 「朱子十一 訓門人二」.

'是程先生自謹嚴, 諸門人自不謹嚴, 干程先生何事?' 某所以發此者, 正欲才卿深思而得, 反之於己, 如針之箚身, 皇恐發憤, 無地自存, 思其所以然之故.'"

『강록』16-21-a

○ 「잡(箚)」 : 비평하여 말하였다. "'箚'는 죽(竹)과 합(洽)의 반절로 '찌르다'는 뜻이다." ○ 한음(漢音)을 따라서 읽었기 때문에 '복'이라고 하였다. 「분(憤)」 : '분(憤)'은 '분(忿)'자와 조금 다르다.(본성이 발한 것이다.) 『논어』에서 공자가 '분발하지 않거든 일깨워 주지 않고, 표현하려고 애쓰지 않으면 틔워주지 않는다'[87]고 말한 주석에서 '분은 마음으로는 통하기를 구하지만 아직 능숙하지 못함을 말하며, 비는 입으로는 말하고자 하지만 아직 능숙하지 못함을 말하는 것이다'고 하였는데, 이때의 '분(憤)'자로 보아야 한다.(『강록』)

○ 「箚」 : 批云, "箚, 竹洽切. 刺着也." ○ 從漢音讀故曰'福'. 「憤」 : 憤與忿字, 小不同.(性之發也.) 『論語』子曰, '不憤不啓, 不悱不發'註, '憤, 心求通而未能之謂, 悱, 口欲言而未能之謂', 當以此憤字看.(『講錄』)

『석의』16-21-b

○ 「잡(箚)」 : 죽(竹)과 합(洽)의 반절로 '찌르다'는 뜻이다. 한음은 '차'이다. 「분(憤)」 : '분(憤)'은 '분(忿)'자와 같지 않으니, 본성이 발한 것이다.(『석의』)

○ 「箚」 : 竹洽切, 刺也. 漢音차. 「憤」 : '憤'與'忿'字, 不同. 性之發也.(『釋疑』)

『질서』16-21-c

○ 정자의 문인 가운데 근엄하지 않은 사람은 아마도 '주행기(周行己)'[88]와 같은 이들을 가리키는 듯하다.(『질서』)

---

87) 『論語』, 「述而」.

88) 주행기(周行己, 1067～1125) : 자는 공숙(恭叔), 부지(浮沚)선생으로 일컬어지며, 영가(永嘉)사람이다. 육전(陸佃)과 龔原의 '신학(新学)'을 배웠고, 원우(元佑) 2년(1087)에 태학박사(太學博士) 여대림(呂大臨)으로 부터 '관학(關學)'을 익혔다. 원우 5년(1090)에 또 낙양으

○ 程門不謹嚴, 恐指'周行己'之類.(『疾書』)

『부주차의』16-21-d

○ 「'憤', 『釋疑』'憤與忿字, 不同, 性之發也.'」 : 한원진(韓元震)의 생각: "『석의』의 설은 분(忿)을 본성이 발한 것이 아니라고 생각하는 것 같은데 옳지 않은 것 같다. '두려워하고 분발한다'고 할 때의 이 분(憤)은 '화를 내는 바가 있다[有所忿懥]'89)고 할 때의 분(忿)과 더불어, 하나는 바른 것이고 하나는 잘못된 것이어서 같지 않음이 있다고 말하면 괜찮지만, 곧바로 분(憤)은 분(忿)과 같지 않다고 하면 옳지 않은 듯하다. 대개 이 두 글자는 똑같이 사단의 수오(羞惡)와 칠정의 노오(怒惡)가 되는데, 어찌 성이 발한 것과 성이 발한 것이 아니라는 차이가 있겠는가?"(『부주차의』)

○ 「'憤', 『釋疑』'憤與忿字, 不同. 性之發也.'」 : 按, "『釋疑』之說似若以忿爲非性發者, 然恐未安. 謂此'皇恐發憤'之憤, 與'有所忿懥'之忿, 一正一反有不同, 則可矣, 而直以爲憤與忿不同, 則恐未可矣. 蓋此二字, 同爲四端之羞惡, 七情之怒惡, 有何性發非性發之不同哉?"(『附註箚疑』)

『관계』16-21-e

○ 「황공발분(皇恐發憤)」 : 정선생의 근엄함을 배우면서도 근엄하지 않은 제자가 많은 것이 어찌 자기 반성에 힘쓰지 않고 부질없이 인욕을 따르려고자 한 것이 아니겠는가? 진실로 자신을 다스리는 데 성실하고 돈독한 이에게 어찌 이런 일이 있겠는가?(『관계』)

○ 「皇恐發憤」 : 學於程先生之謹嚴, 而多有不謹嚴, 豈不務反己而徒欲徇人欲也? 苟誠篤於自治者, 豈有是乎?(『窾启』)

○ 「정민정의 생각」16 : 윗 문장에서 기록한 정씨 문하의 고제자로 양시, 여대림, 주공염, 윤화정이 행한 신독의 일은 근엄하다고 할 수 있다. 그런데 진재경이 이러한 질문을 한 데에는 당시에 반드시 가리키는 바가 있었을 것이지만 지금으로서는 상고할 수 없다.

로 가서 정이(程頤)로부터 가르침을 받았다.

89) 『大學』 전7장.

○ 「按」 程門高弟, 如上文所記楊·呂·朱·尹愼獨之事, 可謂謹嚴矣. 陳氏乃有此問, 當時必有所指, 今不可考矣.

『표제』16-1

○ 「'당시(當時)'에서 '고의(考矣)'까지」 : 내 생각, "아마도 후사성(侯師聖)·주공숙(周恭叔)과 같은 사람들을 가리키는 것 같다. 일이 『이락연원록(伊洛淵源錄)』에 보인다."(『표제』)

○ 「當時 止 考矣」 : 按, "豈指侯師聖·周恭叔之類歟. 事見『淵源錄』."(『標題』)

『부주』16-22

○ 선생이 병중에도 사람들을 접하여 응대하기를 게을리하지 않자 주변에서 조금 절제하시라고 청하였더니, 선생은 사나운 목소리로 "자네들이 게으르니 나에게 게으르라고 하는구나"고 말하였다.[90]

○ 先生病中, 接應不倦, 左右請少節之, 先生厲聲曰, "爾懶惰, 教我也懶惰."

『강록』16-22-a

○ 「청소절지(請少節之)」 : 접대를 조금 줄여서 정신을 기르기를 청한 것이다.(『강록』)

○ 「請少節之」 : 請少損節接待以養神也.(『講錄』)

『석의』16-22-b

○ 「청소절지(請少節之)」 : 접대를 줄이는 것이다.(『석의』)

○ 「請少節之」 : 損接待也.(『釋疑』)

『부주』16-22-1

○ 주자가 말하였다. "나는 평소에 게으름을 피울 수 없었기 때문에 비록 병이 심하더라도 한결같은 마음으로 진취적으로 일을 하

90) 『朱子語類』 권107, 「朱子四孝宗朝丙辰後」

고자 했다. 요즘 사람들이 게으른 까닭은 참으로 겁약해서가 아니라, 먼저 일을 두려워하는 마음이 있기 때문이다. 그래서 하나의 일을 만나게 되면 바로 어렵다고 미리 생각해서 하지 않기 때문에 겁약한 것이 습성이 되고 하는 일이 있을 수 없게 된 것이다."[91)]

○ 朱子曰, "某平生不會懶, 故雖甚病, 亦一心欲向前做事. 今人所以懶, 未必眞箇怯弱, 自是先有畏事之心, 纔見一事, 便料其難而不爲, 所以習成怯弱, 而不能有所爲也."

『부주』16-23

○ 료진경(寥晋卿)[92)]이 무슨 책을 읽어야 하는지를 청하였다. 주자가 말하였다. "그대는 마음을 놓아버린 지 이미 오래되었으니 우선 정신을 수렴하는 것이 좋겠다. 『예기』「옥조(玉藻)」에서 아홉 가지 용모에 대해 언급한 것[93)]을 자세히 체인하여 얻어지는 것이 있기를 기다렸다가 책을 읽는 것이 좋다.[94)] 「변간론(辨姦論)」에서 말하기를 '일하는 것이 인정에 가깝지 않은 자는 크게 간악한 짓을 하지 않는 경우가 드물다'[95)]고 하였다. 매번 이 구절이 지나치다고 의심했는데, 지금은 역시 이러한 사람이 있음을 알게 되었다. 내가 지난해에 강서를 지나가다가 육자수(陸子壽)[96)]와 마주 앉아 이야기를 나누고 있었는데 유순수(劉淳

---

91) 『朱子語類』 권120, 「朱子十七·訓門人八」.

92) 료진경(廖晉卿) : 주자의 문인이다.

93) 『禮記』, 「玉藻」에 보인다. 그 내용은 다음과 같다. "군자의 용모는 여유가 있고 단아하며, 존경하는 사람을 보게 되면 더욱 공경한다. 발의 모습은 신중하고, 손의 모습은 공손하며, 눈의 모습은 똑바로 보고, 입의 모습은 진중하며, 목소리의 모습은 차분하고, 머리의 모습은 똑바르며, 기운의 모습은 엄숙하고, 서 있는 모습은 유덕자의 기상이 있으며, 얼굴의 모습은 장중하다. 앉아 있을 때는 시동(尸童)처럼 하고, 사사로이 거처하거나 사람들과 이야기를 나눌 때에는 온화하다.(君子之容, 舒遲, 見所尊者, 齊遬, 足容重, 手容恭, 目容端, 口容止, 聲容靜, 頭容直, 氣容肅, 立容德, 色容莊, 坐如尸, 燕居告溫溫.)"

94) 『朱子語類』 120: 64.

95) 蘇洵, 『嘉祐集』 권9에 나온다.

96) 육자수(陸子壽, 1132~1180) : 이름은 구령(九齡), 자는 자수(子壽), 호는 복재(復齋)이며,

叟)97)가 홀로 뒤편 구석진 곳으로 가서 도가의 앉는 법을 배우다가 나에게 '바로 나와 육장(陸丈)의 말이 들을 만하지는 못하더라도 또한 나이가 몇 살 더 많은데 어찌된 까닭에 이렇게 괴이한 짓을 하는가!'라는 꾸지람을 들었다."98)

○ 寥晉卿請讀何書. 曰, "公心放已久, 可且收斂精神. 「玉藻」九容處, 子細體認, 待有意思, 却好讀書. 「辨姦論」謂, '事之不近人情者, 鮮不爲大姦慝.' 每常嫌此句過當, 今見得亦有此樣人. 某向年過江西, 與陸子壽對語, 而劉淳叟獨去後面角頭, 學道家打坐, 被某罵云, '便是某與陸丈言不足聽, 亦有數年之長, 何故恁地作怪!'"

『강록』16-23-a

○ 「구용(九容)」 : 비평하여 말하였다. "발의 모습은 신중하고, 손의 모습은 공손하며, 눈의 모습은 똑바로 보고, 입의 모습은 진중하며, 목소리의 모습은 차분하고, 머리의 모습은 똑바르며, 기품의 모습은 엄숙하고, 서 있는 모습은 유덕자의 기상이 있으며, 얼굴의 모습은 장중해야 한다." 「변간론(辨姦論)」 : 비평하여 말하였다. "소노천(蘇老泉)이 지은 「변간론」이다." ○ 또 주자가 료진경(廖晉卿)과 말할 때 반드시 이러한 말이 있었기 때문에 이처럼 고한 것이다. ○ 「변간론」은 소순(蘇洵)99)이 왕개보(王介甫)100)가 죄수의 머리 모

무주(撫州) 금계(金谿) 사람이다. 처음에 학록(學錄)으로 올랐다가, 건도(乾道) 4년에 진사(進士)에 급제하였다. 어려서는 총명하면서도 단정하고 무게가 있었다. 책을 보면 막힘이 없었으며, 백가의 서적을 주야로 되풀이하여 보아도 싫증내지 않았다. 저서에 『복재문집(復齋文集)』이 있다.

97) 유순수(劉淳叟) : 이름은 요부(堯夫)이다. 오랫동안 주자를 좇아 배웠으나 뒤에는 매우 낭패를 보아서 주자는 그를 언급할 때마다 필히 꾸짖었다.

98) 『朱子語類』 권120, 「朱子十七.訓門人八」.

99) 소순(蘇洵, 1009~1066) : 자는 명윤(明允), 호는 노천(老泉)으로 미주(眉州) 미산(眉山)(지금의 四川省 眉山) 사람이다. 북송의 문학가로서 그 아들 소식(蘇軾), 소철(蘇轍)과 더불어 '삼소(三蘇)'로 불린다. 모두 당송팔대가(唐宋八大家)의 반열에 들어갔다. 소순은 산문에 장기가 있었고, 정론(政論)을 더욱 잘 펴서 의론이 분명했고, 필력도 웅건했다. 문집

양을 하고 상중에 있는 사람과 같은 얼굴을 하는 등의 일을 크게 간악하다고 여겨서 지은 것이다. 소순(蘇洵)은 특별히 기록할 만한 사업이 없었다. 그리고 그의 언론은 매번 권모술수를 위주로 하였으니 그 학문이 순수하지 못함을 알 수 있다. 「후면각두(後面角頭)」 : 앉아 있는 뒤쪽의 모서리이다. 「학도가타좌(學道家打坐)」 : '도가의 앉아 있기를 배우거늘'의 뜻이다. 「'모여(某與)'에서 '작괴(作怪)'까지」 : 나와 육장의 그 말은 들을 만한지 못하더라도 나이는 그대보다 몇 살 더 많은데 어떻게 자세가 괴이한가!(『강록』)

○ 「九容」 : 批云, "足容重, 手容恭, 目容端, 口容止, 聲容靜, 頭容直, 氣容肅, 立容德, 色容莊." 「辨姦論」 : 批云, "蘇老泉作「辨姦論」." ○ 且朱子與廖晉卿語時, 必有如此之語, 故告之如此. ○ 「辨姦論」, 蘇洵以王介甫囚首喪面等事爲大姦慝而作. 洵別無事業之可紀. 然其言論每主於權謀術數, 可知其學之未純. 「後面角頭」 : 所坐後面之隅也. 「學道家打坐」 : 道家의 안즘앗기늘 學ᄒᆞ거늘 「某與 止 作怪」 : 某與陸丈, 其言則不足聽. 然年則加於汝數年, 何故妾爲怪耶!(『講錄』)

『석의』16-23-b

○ 「변간론(辨姦論)」은 소노천(蘇老泉)이 지은 것이다. 간악함은 왕개보(王介甫)를 가리킨다. 「후면각두(後面角頭)」 : 뒤쪽의 모서리에 앉아 있는 것이다. 「학도가타좌(學道家打坐)」 : '도가의 앉는 자세를 배우거늘'의 뜻이다. ○ 타(打)는 겹치는 것이다. 도가에 가부좌가 있는데, 곧 '타좌(打坐)'이다.(『석의』)

○ 「辨姦論」 : 蘇老泉所作. 姦指王介甫. 「後面角頭」 : 所坐後面之隅也. 「學道家打坐」 : 道家의 안즘안세롤 學ᄒᆞ거늘 ○ 打疊也. 道家有跏趺坐, 卽打坐也.(『釋疑』)

으로는 『가우집(嘉祐集)』이 있다.

100) 왕개보(王介甫, 1021~1086) : 이름은 안석(安石), 자는 개보(介甫), 호는 반산(半山)으로 무주임천(撫州臨川) 사람이다. 북송의 걸출한 정치가, 사상가, 문학가, 개혁가로서 당송고문팔대가(唐宋古文八大家) 가운데 한 사람이다. 저서에 『임천선생문집(臨川先生文集)』, 『왕문정공집(王文正公集)』이 있다.

『표제』16-23-c

○ 「변간론(辨姦論)」 : 이 말은 유순수(劉淳叟)가 한 짓을 가리킨다. 「謂事에서 姦慝까지」 : 내 생각, "이것은 「변간론」의 말을 가리킨다." (『표제』)

○ 「辨姦論」 : 此語指淳叟所爲.(『考誤』) 「謂事 止 姦慝」 : 按, "此指卞姦論中語."(『標題』)

『강록간보』16-23-d

○ 「변간론(辨姦論)」 : 내 생각, "『어류』에서 변간론 이하는 그 자체로 별도의 조목으로서, 윗 문장 료진경의 질문과는 관계가 없다."(『강록간보』)

○ 「辨姦論」 : 按, "『語類』辨姦論以下, 自爲別條, 與上文廖問不相關."(『講錄刊補』)

『관계』16-23-e

○ 「타좌(打坐)」 : 타(打)는 행하는 것이다. 예를 들면 '대화를 하다[打話]', '올라타다[打乘]'의 '타(打)'와 같은 것이다.(『관계』)

○ 「打坐」 : 打, 爲也. 如'打話'·'打乘'之打.(『窾啓』)

『부주』16-24

○ 진재경(陳才卿)이 하루는 선생을 모시고 식사를 하였는데, 선생이 말하였다. "단지 『주역』가운데 음식을 절제하라는 '절음식(節飮食)' 세 글자를 사람들이 일찍이 행하지 못하였다."101)

○ 陳才卿一日侍食, 先生曰, "只『易』中'節飮食'三字, 人不曾行得."

『강록』16-24-a

○ 「절음식(節飮食)」 : 『주역』 이괘(頤卦) 대상전에 나온다.(『강록』)

○ 「節飮食」 : 出『易』頤卦大象.(『講錄』)

『석의』16-24-b

---

101) 『朱子語類』 권114, 「朱子十一訓門人二」.

○ 「절음식(節飮食)」 : 『주역』 이괘(頤卦)의 말이다. 주자가 말하였다. "몸을 기르는 데 절실한 일이다."(『석의』)

○ 「節飮食」 : 『易』頤卦語. 朱子曰, "養身之切務."(『釋疑』)

『강록간보』16-24-c

○ 이굉중(李宏仲)에게 답하여 말하였다. "음식을 적당하게 조절하는 것은 기를 기르는 방법이고, 의리를 원칙으로 삼는 것은 덕을 기르는 방법이다."(『강록간보』)

○ 答李宏仲曰, "口腹節適, 所以養氣. 義理準則, 所以養德."(『講錄刊補』)

『부주』16-25

◯ 섭하손(葉賀孫)[102]이 질문을 하는데 목소리가 뒤에 가서 낮아지자 선생은 듣지 않고 말하였다. "그대 선향(仙鄕)의 사람들은 어찌된 까닭에 목소리가 모두 이와 같이 서두를 꺼내고 난 뒤 뒤로 가면서 우물우물하는가? 공자가 말하기를 '(군자는) 그의 말은 들어보면 엄정하다'[103]고 했는데, 그대가 그렇게만 한다면 결국엔 도리를 보는 것이 분명하지 않아 점차 아득하고 어두운 데로 빠지고 모호해져서 정대광명한 곳에 이르지 못할 것이다. 말하는 것은 모름지기 한 글자 한 글자 한 구절 한 구절을 분명히 말해서 시비를 볼 수 있어야 한다."[104]

◯ 葉賀孫請問, 語聲末後低, 先生不聞, 因云, "公仙鄕人, 何故聲氣都恁地說得箇起頭, 後面懶將去. 孔子曰, '聽其言也厲', 公只管恁地, 下稍, 見道理不分明, 將漸入於幽暗, 含含胡胡, 不能到得正大光明之地. 說話須是

---

102) 섭하손(葉賀孫) : 자는 미도(味道)이고 처주(處州)사람으로서 온주(溫州)에서 살았다. 고학(古學)에 뜻을 두었고, 주자를 사사(師事)하였다. 가정(嘉定) 년간에 진사에 급제하였고, 조악주(調鄂州)의 교수가 되었으며, 태학박사(太學博士) 겸 숭정원설서(崇政殿說書)에 제수되었다. 일찍이 주문공어록(朱文公語錄)을 편집하였다. 시호는 문수(文脩)이며, 서산(西山)선생으로 불린다.

103) 『論語』, 「子張」.

104) 『朱子語類』 권114, 「朱子十一 訓門人二」.

一字是一字, 一句是一句, 便要見得是非."

『강록』16-25-a

○ 「도임지(都恁地)」 : 이덕홍의 기록에서 말하였다. "꾸짖은 것이다." 「함함호호(含含胡胡)」 : 분명하지 않다는 뜻을 강조하여 말한 것으로 골골돌돌(鶻鶻突突)과 같은 의미이다.(『강록』)

○ 「都恁地」 : 李錄云, "吐也." 「含含胡胡」 : 甚稱不分明之意, 如鶻鶻突突之謂.(『講錄』)

『석의』16-25-b

○ 「선향(仙鄕)」 : 귀향(貴鄕)이라는 말과 같다. 당시의 속어이다. 「함함호호(含含胡胡)」 : 매우 분명하지 않음을 말한 것이다.(『석의』)

○ 「仙鄕」 : 猶言貴鄕. 蓋時俗語也. 「含含胡胡」 : 甚不分明之謂.(『釋疑』)

『표제』16-25-c

○ 「선향인(仙鄕人)」 : 하손(賀孫)의 말만 이럴 뿐 아니라, 그 선향 사람들의 어세가 이와 같이 낮고 분명치 않은 경우가 많았기 때문에 선생은 '그대 선향 사람들은 어찌하여 이런 것이 많은가?'라고 말하였다.(『질의』) ○ 박세채(朴世采)의 생각: "선향은 '선리(仙里)'라는 말과 같은 것으로 높여 부르는 말이지, 구설에서 말하는 '온주(溫州)의 천태선산 아래에 거주하였기 때문에 선향이라고 일컬었다'고 하는 뜻이 아니다. 『어류』에서 '두문경(竇文卿)'을 풀이할 때도 '선향(仙鄕)'이라는 말이 있다. 그런데 문경은 단양 사람이니, 그 내용이 잘못되었음이 분명하다."(『표제』)

○ 「仙鄕人」 : 非止賀孫之言如此, 其仙鄕人語勢多類此低微, 故先生云'公仙鄕人何故多如此耶?'(『質疑』) ○ 按: "仙鄕猶言'仙里', 尊稱之辭, 非舊說所謂'居溫州天台仙山下, 故稱仙鄕'之意也. 『語類』訓'竇文卿', 亦有'仙鄕'之語, 而文卿乃丹陽人, 其誤明矣."(『標題』)

『강록간보』16-25-d

○ '그대의 선향 사람들'이라고 말하였는데, 이것은 대개 하손(賀孫)의

말만 이럴 뿐 아니라, 그 선향 사람들의 어세가 이와 같이 낮고 분명치 않은 경우가 많았기 때문에 선생은 '그대의 선향 사람들은 어찌하여 이런 것이 많은가?'라고 한 것이다. ○ 처주(處州)와 온주(溫州)는 역대로 내려오면서 지역 경계에 서로 출입이 있었고, 주의 경계가 천태산에 속한 곳을 선진굴택(仙眞窟宅)으로 삼았기 때문에 그것을 '선향'이라고 불렀다.(『강록간보』)

ㅇ 言'公之仙鄕人也', 蓋非止賀孫之言如此, 其仙鄕人語勢多類此低微, 故先生云'公之仙鄕人, 何故多如此耶?' ○ 處州溫州, 歷代沿革, 地相出入, 以州境有屬天台山, 爲仙眞窟宅, 故謂之'仙鄕'.(『講錄刊補』)

『관계』16-25-e

ㅇ 「선향(仙鄕)」: 지금 사람들은 선향(仙鄕)과 선장(仙庄)을 공경하는 말로 여긴다. 신선의 신령스러운 주거지[仙眞靈宅]이기 때문에 '선향'이라고 불렀다는 것은 옳지 않은 듯하다.(『관계』)

ㅇ 「仙鄕」: 今人以仙鄕仙庄爲敬辭. 仙眞靈宅, 故謂之仙鄕, 恐未然.(『窾啓』)

『부주』16-26

○ 배우는 사람 가운데 매번 서로 읍양을 마치자마자 왼손을 소매 속에 움츠려 넣는 이가 있었다. 선생이 말하였다. "그대는 늘 한쪽 손을 움츠리는데 어째서인가? 행동거지의 법도가 아닌 듯하다."105)

○ 有學者每相揖畢, 輒縮左手袖中. 先生曰, "公常常縮著一隻手, 是如何? 也似不是擧止模樣."

『강록』16-26-a

ㅇ 「축착(縮著)」: '움츠리다'는 뜻이다. 「거지모양(擧止模樣)」: 이덕홍의 기록에서 말하였다. "이 거지(擧止)하는 모양이 아닌 듯하다. '거지모양(擧止模樣)'은 행동거지의 의칙(儀則)이란 말과 같다."(『강록』)

105) 『朱子語類』 권121, 「朱子十八·訓門人九」.

○ 「縮著」 : 움치다. 「擧止模樣」 : 李錄云, "이 擧止ᄒᆞᄂᆞᆫ 模樣이 안닌 듯ᄒᆞ다. 擧止模樣, 猶言動止之儀則也."(『講錄』)

『석의』16-26-b

○ 「축착(縮著)」 : '움츠리다'는 뜻이다. 「似不에서 模樣까지」 : 거지(擧止)의 모양이 아닌 듯하다.(『석의』)

○ 「縮著」 : 움치다. 「似不 止 模樣」 : 擧止의 模樣이 안닌 듯ᄒᆞ다.(『釋疑』)

『부주』16-27

◯ 선생을 모시고 앉아 있다가 피곤하여 조는 이가 있자 선생이 그를 꾸짖었다. 심경자가 말하였다. "불교에서 말하기를, '늘 이 뜻을 다잡아 굳세고 강하게 하면 앉는 것도 저절로 똑바르게 되고 정신도 흐릿하고 노곤하지 않지만, 일단 제멋대로 내버려 두면 멍하니 무너져버리고 만다'고 합니다." 선생이 말하였다. "참으로 옳다."106)

◯ 有侍坐而困睡者, 先生責之. 沈敬子107)曰, "僧家言, 常常提起此志, 令堅强, 則坐得自直, 亦不昏困, 纔一縱肆, 則嗒然頹放矣." 曰, "固是."

『강록』16-27-a

○ 「탑연(嗒然)」 : 『장자』에 나온다. 남곽자기(南郭子綦)가 안석에 기대여 앉아서 하늘을 우러러 탄식하는데 멍하여 마치 그 짝을 잃어버린 듯하였다. ◯ 『韻會』에서 말했다. "탑연(嗒然)은 몸을 축 늘어뜨리고(이것은 심경자가 말한 뜻이다.) 품은 생각을 잊어버리는 것(이것은 장자가 말한 뜻으로 무심한 모양이다.)이다."(『강록』)

○ 「嗒然」 : 出『莊子』. 南郭子綦, 隱几而坐, 仰天而歎, 嗒然似喪其耦. ◯ 『韻會』云, "嗒然, 解體(此沈子之言義), 忘懷(此莊子之言義, 無心之貌)."(『講錄』)

『석의』16-27-b

---

106) 『朱子語類』 권121, 「朱子十八·訓門人九」.

107) 沈敬子 : 未詳.

○ 「탑연(嗒然)」 : '嗒'의 음은 탑이다. 『운회』에서는 '嗒然은 몸을 푸는 것[解體]이다'라고 하였다. 『장자』에 탑연하여 그 짝을 잃은 듯하다[嗒然似喪其偶]'고 하였는데, 주에서 '(탑연은) 무심한 모양이다'라고 하였다.(『석의』)

○ 「嗒然」 : 嗒音 탑. 『韻會』 '嗒然, 解體.' 『莊子』'嗒然似喪其偶', 註'無心之貌.'(『釋疑』)

『부주』16-28

○ 선생이 창문에 풀칠을 해서 붙이는 것을 보면서 말하였다. "조금이라도 가지런하지 않음이 있으면 곧 그 도리가 아니다." 주계역(朱季繹)[108]이 "보기 좋게 하려면 밖에서 풀칠을 해야 합니다"라고 말하자, 황직경(黃直卿)이 말하기를 "이것은 스스로를 속이는 단서이다"라고 하였다.[109]

○ 先生看糊窓云, "有些子不齊整, 便不是也道理." 朱季繹云, "要好看却從外糊", 黃直卿云, "此自欺之端也."

『질의』16-28-a

○ 「'요호(要好)'에서 '단야(端也)'까지」 : 계역의 생각은 대개 밖에서 풀칠을 하여 다른 사람이 그 가지런하지 않음을 보지 못하게 하려는 것이다. 이것은 허물은 덮고 잘못을 가리는 일이기 때문에 '스스로를 속이는 단서'라고 하였다.(『질의』)

○ 「要好 止 端也」 : 季繹之意, 蓋謂從外糊, 使人不見其不齊整. 是掩過匿非之事, 故曰'自欺之端'.(『質疑』)

『강록』16-28-b

○ 「'요호(要好)'에서 '단야(端也)'까지」 : 주계역의 말을 사람에게 비유하면 예로써 그 밖을 꾸며서 다른 사람을 기쁘게 하는데 힘쓰지

---

108) 朱季繹 : 未詳.

109) 『朱子語類』 권120, 「朱子十七·訓門人八」.

만, 내면에는 그 실질이 없는 것이다. 이것은 거짓을 꾸며서 이름을 구하려는 것이므로 황직경은 그것을 배척하여 "스스로를 속이는 것이다."라고 하였다. 화순함이 안에 쌓이면 영화(榮華)가 저절로 밖으로 발휘되며, 이치가 안에 가득 차면 절문(節文)이 밖으로 드러나는데, 어찌하여 오로지 그 바깥만을 꾸미겠는가?(『강록』)

○ 「要好 止 端也」: 朱之言, 譬之於人, 禮以飾其外, 務以悅人, 而中無其實. 是飾詐要名之類, 故黃斥之曰, "自欺也." 和順積中, 英華自發於外, 理實於中, 節文者見於外, 何專飾其外哉?(『講錄』)

『석의』16-28-c

○ 「'요호(要好)'에서 '단야(端也)'까지」: 주계역의 뜻은 대개 밖에서 풀칠을 하여 다른 사람이 그 가지런하지 않음을 보지 못하게 하려는 것이다. 이는 허물을 덮고 잘못을 가리는 일이기 때문에 '스스로를 속이는 단서'라고 하였다.(『석의』)

○ 「要好看 止 端也」: 季繹之意, 蓋謂從外糊, 使人不見其不齊整. 是掩過匿非之事, 故曰'自欺之端'.(『釋疑』)

○ 「정민정의 생각」17 : 선현은 스승이나 학우들과의 일상적인 생활에서 조금이라도 감히 자기 멋대로 하지 않음이 이와 같았다. 동료끼리 함께 지내면서 마음속에 조심스럽게 스스로 경계하지 않는 사람은 참으로 이른바 자포자기한 사람이니, 이런 사람과는 함께 일할 수 없다.

○ 「按」 先正於師友尋常日用之間, 一毫不敢自肆如此, 類聚而觀, 有不惕然自警于心者, 眞所謂自暴自棄之人, 不可與有爲矣.

『질의』17-1

○ 「선정(先正)」: 『서경』의 주에서 "앞선 시대의 관장을 일컫는다"고 하였다.(『질의』)

○ 「先正」: 『書』註, "先世長官之稱."110)(『質疑』)

110) 『尙書注疏』, 「說命下」의 '先正'에 대한 주.

『강록』17-2

ㅇ 「선정(先正)」: 선현이라는 말과 같다.(『강록』)

ㅇ 「先正」: 猶言先賢.(『講錄』)

『석의』17-3

ㅇ 「선정(先正)」: 선현이라는 말과 같다.(『석의』)

ㅇ 「先正」: 猶言先賢.(『釋疑』)

『부주』16-29

○ 서산진씨(西山眞氏)가 말하였다. "옛날의 군자는 예와 악을 몸과 마음을 다스리는 근본으로 삼았기 때문에 잠시라도 그것을 떠날 수 없었다. (致樂의) '치(致)'란 그 지극함을 다하는 것을 말한다. 악의 음률은 화평하고 중정하다. 그러므로 악의 도리를 극진히 하여 마음을 다스리면 평이하고 정직하며 자애롭고 신실함이 성대하게 생겨나서 스스로 그만둘 수 없다. '생기면 즐겁게 된다'는 것은 선한 단서가 싹틈에 자연히 기뻐한다는 것이다. '즐겁게 되면 편안해진다'는 것은 즐거워한 연후에 편안해진다는 것이다. '편안해지면 오래 가게 된다'는 것은 편안한 연후에야 오래갈 수 있다는 것이다. '오래 가게 되면 하늘과 같이 된다'는 것은 온통 하늘이 이룬 것이 되어 작위하는 바가 없다는 것이다. '하늘과 같이 되면 곧 신과 같이 된다'는 것은 변화에 일정한 방소가 없어서 헤아려 생각할 수 없다는 것이다. 하늘이 비록 무슨 말을 하겠는가마는 사람이 스스로 믿는 것은 그것이 어긋나지 않기 때문이다. 신이 비록 성내지 않더라도 사람이 스스로 두려워하는 것은 그것을 헤아릴 수 없기 때문이다. '생기고 즐거워하고 오래가고 편안하다'는 것은 맹자가 말한 바의 '착하고 미덥고 아름답고 크다'[111]는 것과 같다.

111) 『孟子』, 「盡心下」. "可欲之謂善, 有諸己之謂信, 充實之謂美, 充實而有光輝之謂大."

하늘과 같으면서 또 신과 같은 경지에 이르면 크게 감화시키게 된다. 예는 공손하고 검소하며 물러나고 겸손함을 근본으로 삼으면서도 절문과 도수의 상세함이 있다. 그러므로 예를 극진히 하여 몸을 다스리면 자연히 장엄하고 공경스럽게 되며, 공경스러우면 자연히 위엄이 있게 된다. 대저 예와 악은 하나이다. 그런데 예로 몸을 다스리는 것은 위엄에 이르러 그치니, 음악으로 마음을 다스림이 하늘과 같고 또 신과 같은 데 이를 수 있는 것과 같지 않다. 어째서인가? 대개 하늘이란 자연스러운 것을 말한다. 몸을 다스려 위엄에 이르게 되면 이것 또한 자연스러운 것으로, 그 효험이 같지 않은 적이 없다. 그러나 악은 사람에게 있어서 기질을 변화시키고 찌꺼기를 녹여버릴 수 있다. 그러므로 예로써 몸가짐을 순화시키고 악으로써 속마음을 화평하게 하는 것이니, 이것이 안과 밖을 서로 기르는 공부이다. 그러나 안에서 기르는 것이 실제로 주인이 되기 때문에 성인 문하의 가르침은 세우는 것은 예로써 하지만 완성은 악으로써 하니, 예를 기록한 사람이 그 효험을 미루어 밝힌 것이 또한 이와 같이 지극하다. 여기에서 또 말하기를 '몸과 마음에 주인이 없으면 사특함이 쉽게 올라타게 된다. 속마음이 잠시라도 화평하고 즐겁지 않으면 비루하고 속이려는 마음이 들어오게 되고, 겉모양이 잠시라도 장엄하고 공경스럽지 않으면 가볍게 여기고 업신여기는 마음이 들어오게 된다.'고 하였으니, 선과 악이 서로 줄어들고 늘어남은 마치 물과 불이 그런 것처럼 이것이 성하면 저것이 쇠한다. 비루하고 속이며 가볍게 여기고 업신여기는 것은 모두 본래 있는 것이 아닌데도 그것을 마음이라고 부르는 것은 화평하고 즐거움이 있지 않으면 비루하고 속이는 것이 들어와 주인이 되며, 장엄하고 공경스러움이 세워지지 않으면 가벼이 여기고 업신여김이 들어와 주인이 되기 때문이다.

대저 이미 안에서 주인이 되었다면 마음이 아니고 무엇이겠는가? 이는 마치 더러운 진흙이 물은 아니지만 휘저어 탁하게 하면 이것도 역시 물인 것과 같다. 이것이 예와 악이 잠시라도 몸에서 떠나서는 안 되는 까닭이다."112)

○ 西山眞氏曰, "古之君子, 以禮樂爲治身心之本, 故斯須不可去之. '致'者, 極其至之謂也. 樂之音和平中正, 故致此以治心, 則易直子諒, 油然而生, 自不能已. '生則樂', 善端之萌, 自然悅豫也. '樂則安', 樂之然後安也. '安則久', 安之然後能久也. '久則天', 渾然天成, 無所作爲也. '天則神', 變化無方, 不可度思也. 天雖何言, 人自信之, 以其不忒也, 神雖不怒, 人自畏之, 以其不測也. '先樂久安', 猶孟子所謂'善信美大'也. 至於天且神, 則大而化之矣. 禮以恭儉退遜爲本, 而有節文度數之詳, 故致此以治身, 則自然莊敬, 敬則自然嚴威. 夫禮樂一也. 以禮治身, 至于嚴威而止, 不若樂之治心, 能至于天且神, 何也? 蓋天者, 自然之謂. 治身而至于嚴威, 則亦自然矣, 其效未嘗不同也. 但樂之於人, 能變化其氣質, 消融其査滓, 故禮以順之於外, 而樂以和之於中, 此表裏交養之功. 而養於中者, 實爲之主, 故聖門之教, 立之以禮, 而成則以樂, 記禮者推明其效, 亦若是其至也. 於是又言, '身心無主, 則邪慝易乘. 中心斯須而不和樂, 則鄙詐入之, 外貌斯須而不莊敬, 則易嫚入之.' 善惡之相爲消長, 如水火然, 此盛則彼衰也. 鄙詐易嫚, 皆非本有, 而謂之心者, 和樂不存, 則鄙詐入而爲之主, 莊敬不立, 則易嫚入而爲之主. 夫旣爲主於內, 非心而何? 猶汙泥非水也, 撓而濁之, 是亦水矣. 此禮樂所以不可斯須去身也."

『강록』16-29-a

○ 「무방(無方)」: 방소가 없다는 뜻이다. 「도수(度數)」: 잠시 음악을 가지고 말하자면 천자는 팔, 제후는 오, 대부는 삼, 선비는 이(二)와 같이, 모든 예에도 도수가 있지 않음이 없다. 「부예악(夫禮樂)」

112) 『大學衍義』 권29, 「誠意正心之要一崇敬畏·操存省察之功」.

: '夫'자는 어조사이다. '그'라고 해석한다.(『강록』)

○ 「無方」 : 無方所也. 「度數」 : 姑以樂言之, 如天子八, 諸侯五, 大夫三, 士二, 凡禮亦無不有度數也. 「夫禮樂」 : '夫'字, 語辭. 釋曰, '그'.(『講錄』)

『석의』16-29-b

○ 「무방(無方)」 : 방소와 형체가 없다는 뜻이다. 「천수하언(天雖何言)」 : 『논어』의 '하늘이 무엇을 말하리오!'의 뜻이니, 진씨는 이것에 근본하여 말하였다.(『석의』)

○ 「無方」 : 無方體也. 「天雖何言」 : 『論語』'天何言哉', 眞氏本此而言.(『釋疑』)

『경의』16-29-c

○ 「내칙」편에서 '열세 살에 음악을 배우고 시를 읊으며, 스물에 처음으로 예를 배운다'고 하였는데, 이것은 음악이 예의 앞에 있는 것이다. 공자는 '예로 서고 음악으로 이룬다'고 말하였는데, 이것은 예가 음악의 앞에 있는 것이다. 「악기」에서는 또 안과 밖으로 나누어 말하였다. 대개 예와 악 이 두 가지는 실로 앞뒤로 말할 수 없고, 안과 밖을 번갈아 길러서 잠시라도 떠나서는 안 되는 것이다. 어려서도 예와 악으로 몸과 마음을 다스리며, 어른이 되어도 예와 악으로 몸과 마음을 다스린다. 처음 배우는 사람에서부터 성인에 이르기까지 이 두 가지 공부에 불과할 따름이다.(『경의』)

○ 「內則」'十三學樂誦詩, 二十始學禮', 此則樂在禮先. 孔子曰'立於禮, 成於樂', 此則禮在樂先. 「樂記」則又分內外言之. 蓋此兩者, 固不可以先後言, 而內外交養不可斯須去者也. 幼也, 亦以禮樂治身心, 長也, 亦以禮樂治身心. 自始學至聖人, 不過此兩端工夫而已.(『經義』)

제17장: 군자는 감정을 반성하여 뜻을 온화하게 한다[君子反情和志]

◯ 군자는 감정을 반성하여 그 뜻을 온화하게 하고, 선한 부류를 따라서 그 행실을 이루며, 간사한 소리와 어지러운 색이 총명에 머물지 않게 하고, 음란한 음악과 사특한 예법이 마음에 접하지 않게 하며, 게으르고 교만하며 간사하고 치우친 기운을 신체에 베풀지 아니하여 이목구비와 마음의 지각과 몸의 각 부분이 모두 화순하고 정직함을 따르게 함으로써 그 의로움을 행한다.113)

◯ 君子反情以和其志, 比類以成其行, 姦聲亂色, 不留聰明, 淫樂慝禮, 不接心術, 惰慢邪僻之氣, 不設於身體, 使耳目鼻口心知百體, 皆由順正, 以行其義.

『강록』17-A

○ 「백체(百體)」: 온몸을 들어 말한 것이다.(『강록』)

○ 「百體」: 擧一身而言.(『講錄』)

113) 『禮記』 권38, 「樂記」.

『석의』17-B

○「백체(百體)」: 온몸을 들어 말한 것이다.(『석의』)

○「百體」: 擧一身而言.(『釋疑』)

『경의』17-C

○ '감정을 반성하여 뜻을 온화하게 함'은 마음을 다스리는 것이고, '선한 부류를 따라서 그 행실을 이룸'은 몸을 다스리는 것이다. '간사한 소리와 어지러운 색을 총명에 머물지 않게 하면', 듣고 보는 것이 모두 바른 소리와 바른 색이 된다. '음란한 음악과 사특한 예법을 마음에 접하지 않게 하면', 받아들이고 접하는 것이 모두 바른 음악과 바른 예법이 된다. '게으르고 교만한 기운'은 음악이 방탕한 데로 흐른 것이고, '간사하고 치우친 기운'은 예법이 간사한 데로 흐른 것이다. '몸에 베풀지 않으면', 베푸는 것이 화평하고 정대하게 된다. 좋아하고 미워함을 잃지 않고 지나치게 방탕한 것만 경계한다면 성정은 그 바름을 얻고 뜻도 화평해질 것이다. 머물러 두지 않고 접하지 않으며, 또 베풀지 않으면, 악한 부류에 들지 않아 행실이 이루어지게 된다. '머물러 두지 않으며, 접하지 않음'은 밖으로부터 들어오는 것을 막는 것이니, 곧 공자가 말한 '예가 아니면 보거나 듣지 말라'는 것이다. '베풀지 않는다'는 것은 안으로부터 나오는 것을 삼가는 것이니, 곧 공자가 말한 '예가 아니면 말하거나 움직이지 말라'는 것이다. 대개 이와 같이 한다면 밖으로는 몸의 각 부분이 모두 화순하고 정직함을 따르기에 행하는 것이 의로우며, 안으로는 마음의 의지가 모두 화순하고 정직함을 따르기에 보존하는 것이 의롭게 된다. 예와 악을 극진히 논하면서 의로움으로 결론을 맺은 것은 대개 그 마음을 다스리고 몸을 다스리는 것이 하나의 의로움을 이루는 것에 지나지 않기 때문이다. 앞 장에서는 예와 악을 나누어 말하였으나, 이 장에서 그것들을 혼륜하여 말한 것은 대개 도리를 평이하게 말하면 실로 안과 밖으로 나눌 수 있지만, 공부를 세밀히 미루어 보면 서로 의존

하여 이루어지지 않은 적이 없기 때문이다. 또 앞 장에서는 마음을 다스리고 몸을 다스리는 효과를 극진히 논하였고, 이 장에서는 오로지 간사함을 막고 자기를 이겨내는 일만을 말하였다. 대개 앞 장에서 말한 것은 천리를 보존하는 것에 중점이 있는 반면, 아래 장에서 말한 것은 인욕을 막는 것에 중점이 있으니, 반드시 두 장을 꿰뚫어 체득하고 음미한 뒤에 예와 악의 오묘함을 다하고, 몸을 닦고 마음을 바르게 하는 공부를 극진히 할 수 있다.(『경의』)

○ '反情和志', 所以治心也. '比類成行', 所以治躬也. '姦聲亂色, 不留聰明', 則所聞見皆正聲正色也. '淫樂慝禮, 不接心術', 則所容接皆正樂正禮也. '惰慢之氣', 樂而流於放肆者也. '邪僻之氣', 禮而流於回曲者也. '不設於身', 則所設者和平正大也. 好惡不失, 爣蕩惟戒, 則情得其正而志亦和矣. 不留不接而又不設, 則不入惡類而行得成矣. '不留不接', 防其自外入也, 卽孔子所謂'非禮勿視聽'也. '不設', 謹其自內出也, 卽孔子所謂'非禮勿言動'也. 夫如是, 則外而百體, 皆由順正而所行者義也. 內而心志, 皆由順正而所存者義也. 極論禮樂而結之以義者, 蓋其所以治心治躬者, 不過成一箇是而已. 上章則分禮樂言之, 而此章則渾淪言之者, 蓋平說道理, 則固可以分屬內外, 而細推工夫, 則未嘗不相須以成也. 又上章則極論治心治躬之效, 此章則專言閑邪克己之事. 蓋上章所言, 重在存天理, 下章所言, 重在遏人欲, 須通兩章體玩然後, 可以盡禮樂之妙, 極修正之功也.(『經義』)

『원주』17-1

○ 공영달이 말하였다. "'반정'은 정욕을 돌이켜 제거하는 것이다. '비류'는 선한 부류에 견주는 것이다."114)

○ 孔氏曰, "'反情', 反去情欲也. '比類', 比擬善類也."

『강록』17-1-A

○ 공영달의 주석은 동회택진씨(東滙澤陳氏)의 주석만큼 정밀하고 절실

114) 『禮記義疏』 권51, 「樂記」.

하지는 못하다. 진씨의 설을 따르는 것이 옳다.(『강록』)

○ 孔氏注, 精切不似東滙澤陳氏注. 當從陳氏爲是.(『講錄』)

『석의』17-1-B

○ 「공씨(孔氏)」 : 이 주석은 동회의 설만큼 정밀하고 절실하지는 못하다.(『석의』)

○ 「孔氏」 : 此註不如東匯精切.(『釋疑』)

『관계』17-1-C

○ 「반정(反情)」 : '정'은 본성의 발현으로 본래 선하지 않음이 없다. 욕구도 선하게 될 수 있으니, 모두 내 몸에 본래 있는 것이다. 만약 '정욕을 돌이켜 제거한다면' 흙이나 나무로 만든 사람처럼 될 것이니, 공영달의 설에는 병통이 있다.(『관계』)

○ 「反情」 : '情'者, 性之發, 本無有不善. 欲, 亦可以爲善, 皆吾身之所固有. 若'反去情欲', 則爲土木人, 孔氏說有病.(『窾啓』)

『부주』17-1

◯ 장재가 말하였다. "농담도 생각에서 나오는 것이며, 장난도 의도적인 것에서 나온다. 소리로 발현되고 온몸에 나타났는데, 자기 마음이 아니라고 한다면 밝지 못한 것이고, 다른 사람이 자기를 의심하지 않기를 바란다면 될 수 없다. 지나친 말은 본래 마음에서 나온 것이 아니요, 지나친 행동은 진실[誠]에서 나온 것이 아니다. 말에서 실수하고 행동에서 미혹되어 잘못하고서도, 자기의 당연한 일이라고 생각하는 것은 스스로를 속이는 것이요, 다른 사람이 자기를 따르기를 바라는 것은 남을 속이는 것이다. 어떤 사람들은 마음에서 나온 것인데도 자기의 장난으로 허물을 돌려버리고, 생각에서 잘못한 것을 자신의 진실이라고 하여 자신을 속인다. 자기에게서 나온 것을 경계하고 자기에게서 나오지 않은 것에 허물을 돌릴 줄을 알지 못하여,

오만을 키우고 또 잘못을 이루게 되니, 우매함이 이보다 심한 것이 있겠는가!"115)

○ 張子曰, "戲言, 出於思也. 戲動, 作於謀也. 發於聲, 見乎四支, 謂非己心, 不明也. 欲人無己疑, 不能也. 過言, 非心也. 過動, 非誠也. 失於聲, 繆迷其四體, 謂己當然, 自誣也. 欲他人己從, 誣人也. 或者謂出於心者, 歸咎爲己戲, 失於思者, 自誣爲己誠, 不知戒其出汝者, 歸咎其不出汝者, 長敖且遂非, 不知孰甚焉."

『강록』17-1-a

○ 「장재동명(張子東銘)」: 이 동명(東銘)은 사람들이 어렵다고 여겨서 그다지 깊이 생각하지 않는데, 그대는 그러한 허물을 본받지 말고 익숙히 읽고 정밀하게 생각하라. ○ 선생이 또 비평하여 말하였다. "이것의 처음 이름은 「폄우(砭愚)」였다. 돌로 침을 만들어 병을 치료하는 것을 '폄(砭)'이라고 하는데, 이 명문(銘文)으로 어리석은 병을 치료하여 제거하기 때문에 그것을 명명하여 「폄우」라고 하였다. 또 「서명(西銘)」을 「정완(訂頑)」이라고 하였다. 사람의 손과 발이 풍습(風濕)을 받아 기혈이 흘러 통할 수 없으면 통증과 가려움을 알지 못하는데, 그것을 '완비(頑痺)'라고 한다. 어질지 못한 사람은 외물과 자신의 몸이 서로 통하지 않으니, 또 그것을 '완(頑)'이라고 한다. 「서명」의 글은 인(仁)의 본체를 밝혀서 사람들로 하여금 사심(私心)을 제거하여 외물과 자신의 몸이 서로 통하도록 한 것이니, 이것은 그 완고함을 바로잡는 것이다. 그러므로 그것을 명명하여 「정완」이라고 하였다. 이천은 이렇게 이름을 짓는다면 논쟁의 단서를 일으킬 것이라고 여겨서 「동명」과 「서명」으로 이름을 고쳤다." ○ 『서명고증』에서 말하였다. "(폄우와 정완의) 두 이름은 모두 자못 은미하고 오묘하여 장차 학자들이 어지럽게 변론하여 따지는 폐단을 초래하게 될 것이다. 그러므로 정자는 논

115) 『張子全書』 권3, 「正蒙乾稱篇第十七」.

쟁의 단서를 열게 될 것이라고 여겨서 그것을 「동명」과 「서명」으로 고쳤다." 「혹자(或者)」 : 앞에서 말한 것보다 우매함이 더 심한 사람이다. 앞의 사람은 '자기 마음이 아니다'라고 여기고, '자기의 당연한 일'이라고 생각할 따름이지만 아직은 고칠 수 있는 희망이 있다. 그러나 이 '혹자'에 이르러서는 그것을 '자기의 장난'이요 '자신의 진실'이라고 여기니, 다시 고칠 의사가 없다. 이 때문에 우매함이 심하게 된 것이다.(『강록』)

○ 「張子東銘」 : 此銘人以爲難, 略不致思, 公毋效尤, 熟讀精思. ○ 先生又批云, "此初名「砭愚」. 以石爲針, 治病謂之砭, 以此銘治去愚病, 故名之曰「砭愚」. 又以「西銘」爲「訂頑」. 人手足被風濕, 氣血不得流通, 則不知痛痒, 謂之'頑痺'. 不仁之人, 物我不通, 亦謂之'頑'. 「西銘」一書, 明仁體, 使人去私心通物我, 是訂正其頑也. 故名之曰「訂頑」. 伊川以爲以此名之, 則是起辨爭之端, 改名以東西銘." ○ 『西銘考證』曰, "二名皆頗隱奧, 將致學者辨詰紛然之弊. 故程子以爲啓爭端, 而改之爲「東銘」「西銘」云." 「或者」 : 有甚於前所云者. 前面人以爲'非己心', 謂'己當然'而已, 猶有可改之望. 至此'或者', 則以之爲'己戱', 爲'己誠', 更無可改之意, 所以爲甚也.(『講錄』)

『석의』17-1-b

○ 「동명」의 처음 이름은 「폄우」이다. 침으로 병을 치료하기 때문에 그것을 '폄'이라고 하였고, 이 명문으로 어리석은 병을 치료하여 제거하기 때문에 그것을 명명하여 「폄우」라고 하였다. 또 「서명」을 「정완(訂頑)」이라고 하였는데, 그 완고함을 바로잡는다는 뜻이다. 대개 「정완」은 인(仁)의 본체를 밝혔고, 「폄우」는 지혜(智)의 방도를 밝혔다. 이천이 그것을 보고 '이것은 논쟁의 단서를 일으킬 것이다'고 하자, 횡거는 마침내 「서명」과 「동명」으로 이름을 고쳤다. 아마도 동쪽과 서쪽의 벽에 붙여 놓았기 때문에 이렇게 이름을 붙였을 것이다. 「'혹자(或者)'에서 '기성(己誠)'까지」 : '자기의 장난으로 허물을 돌리는 것'은 곧 윗글에서 '자기의 마음이 아니다'라고 말한 것이고, '자신의 진실이라고 하여 자신을 속이는

것'은 곧 윗글에서 '자기의 당연한 일'이라고 말한 것이다. 그러나 윗글에서는 그 이치를 평이하게 말한 반면, 여기에서는 사람 가운데 간혹 이와 같은 자가 있음을 말하여 반복해서 그것을 미루어 밝혔다. 「출여자(出汝者)」 : '농담'과 '장난'이다. 「불출여자(不出汝者)」 : '지나친 말'과 '지나친 행동'이다. ○ 윗글의 '알지 못한다[不知]'의 뜻은 여기까지이다. 「장오(長敖)」 : '자기의 장난으로 허물을 돌리는 것'을 말한다. 「수비(遂非)」 : '자신의 진실이라고 하여 자신을 속이는 것'을 말한다. 「부지(不知)」 : '지(知)'는 거성이다.(『석의』)

○ 「東銘」 : 初名「砭愚」. 以鍼治病謂之'砭', 以此銘治去愚病, 故名之曰「砭愚」. 又以「西銘」爲「訂頑」, 訂正其頑也. 蓋「訂頑」明仁體, 「砭愚」明智術. 伊川見之曰, '是起爭端', 橫渠遂改以「西銘」「東銘」. 疑貼於東西壁, 故以是名之也. 「或者 止 己誠」 : '歸咎爲己戱', 卽上文爲'非己心'之謂也. '自誣爲己誠', 卽上文爲'己當然'之謂也. 然上文則平說其理, 此則謂人或有如此者, 而反覆推明之也. 「出汝者」 : 戱言, 戱動. 「不出汝者」 : 過言, 過動. ○ 上文'不知'之義, 止此. 「長敖」 : 謂'歸咎爲己戱'. 「遂非」 : 謂'自誣爲己誠'. 「不知」 : 知, 去聲.(『釋疑』)

『표제』17-1-c

○ 주자가 말하였다. "「동명(東銘)」은 바로 오늘날 법률 서적에서 말하는 '고실(故失)'[116]이란 두 글자와 같다."[117](『성리』) ○ 의재심씨(毅齋沈氏)가 말하였다. "의도적인 마음을 가지고 익살을 부리는 것을 '희(戱)'라고 하고, 의도적인 마음이 없이 실수를 범하는 것을 '과(過)'라고 한다. 본래는 의도적인 마음이 있었으나 무심한 것으로 덮어버리면 고의를 장난으로 여겨서 오만을 키우는데 이르게 된다. 본래는 무심했으나 의도적인 마음이 있었던 것처럼 속인다면 지나친 것을 진실된 것으로 여겨 잘못을 저지르는 데 이르게

116) 고실(故失) : 법률용어로서 '故'는 고의로 사람의 죄에 차이를 두는 것이며, '失'은 실수로 사람의 죄에 차이를 두는 것이다.

117) 『朱子語類』 권98, 「張子書之一」.

되니, 이것은 어리석음이 심한 것이다.” 「과언과동(過言過動)」: 애공이 말하였다. “감히 묻건대, ‘자신을 공경한다[敬身]’는 말은 무슨 뜻입니까?” 공자가 대답하였다. “군자가 말을 잘못되게 하더라도 백성들은 그 말을 변명의 구실로 삼고, 행동을 잘못되게 하더라도 백성들은 그 행동을 본보기로 삼습니다. 군자는 말을 할 때 잘못된 구실이 되지 않게 하고, 행동할 때 잘못된 본보기가 되지 않게 해야 합니다.”(『예기』)[118](『표제』)

○ 朱子曰, “「東銘」正如今法書所謂‘故失’兩字.”(『性理』) ○ 毅齋沈氏曰, “有心謔浪之謂‘戱’, 無心差失之謂‘過’. 本有心而掩之以無心, 則以故爲戱而至於長傲. 本無心而誣之以有心, 則以過爲誠而至於遂非, 是愚之甚者也.” 「過言過動」: 哀公曰, “敢問何謂敬身?” 孔子對曰, “君子過言, 則民作辭; 過動, 則民作則. 君子言不過辭, 動不過則.”(『禮記』)(『標題』)

『질서』17-1-d

○ 「동명」의 설은 매우 난해하지만, 역시 살필 수 있는 조리가 있다. 대개 희롱은 결국 생각에서 나온다. 경솔하게 희롱하면서도 그런 사실을 자각하지 못하기 때문에 ‘자기의 마음이 아니다’고 말하는데, 이것은 밝지 못한 것이다. 그러나 이와 같은 것은 오히려 오만을 키울 걱정은 없다. 그런데 혹 희롱을 무방하다고 생각하여 제멋대로 방자하게 행하면서 단지 자기의 장난으로 허물을 돌리는 사람의 경우는 이른바 ‘자기에게서 나온 것을 경계할 줄 모른다’는 것이다. 그러면 과실은 결국 마음에서 나오지 않게 되고, 오히려 죄인 줄 알아서 용감하게 고치려고 하지 않고 도리어 스스로 업신여겨 ‘내 일은 그런 것이 마땅하다’고 말하니, 이것은 ‘스스로를 버리는 것’으로써 진보가 있을 수 없다. 그러나 이와 같은 것은 오히려 비행(非行)을 저지를 걱정은 없다. 그런데 혹 과실을 도리가 당연한 것이라고 여겨서 도리어 자기는 진실하다고 속이는 사람의 경우는 이른바 ‘자기에게서 나오지 않은 것에 허물을 돌릴

118) 『禮記』, 「哀公問」.

줄을 알지 못한다'는 것이다. 만약 희롱하는 자가 그것을 경계하고, 과실을 범한 자가 그것에 허물을 돌린다면 어찌 오만함을 키우고 잘못된 일을 저지를 걱정이 있겠는가?(『질서』)

○ 「東銘」之說, 甚艱晦, 然亦有條理可尋. 盖戲者, 畢竟出於思. 率爾爲之, 亦不自覺其然. 故謂非己心, 此不明也. 如此猶無長傲之患. 其或以戲爲無妨, 而任情肆行, 只歸咎爲己戲者, 所謂'不知戒其出汝'者也. 過者畢竟不出於心, 猶不肯知罪而勇改, 反自視蔑然, 謂吾事宜然, 是爲'自棄', 不可以有進矣. 然如此者, 猶無遂非之患, 其或以過爲道理當然, 而反自誣己誠者, 所謂'不知歸咎其不出汝'者也. 若戲者戒之, 過者歸咎之, 則焉有長傲遂非之患?(『疾書』)

『강록간보』17-1-e

○ 「혹자이하(或者以下)」: 김종덕(金宗德)의 생각: '남이 의심하지 않기를 바라고', '남이 자기를 따르기를 바라는 것'은 오히려 남을 꺼려하여 꾸미는 뜻이 있는 것이며, '자기의 장난으로 허물을 돌리고', '자기는 진실하다고 스스로를 속이는 것'은 곧 태연하게 스스로를 끊어버리는 말이다."(『강록간보』)

○ 「或者以下」: 按: "'欲人無疑', '欲人從己', 猶有忌人粧點之意. '歸咎己戲', '自誣己誠', 乃是恬安自絶之言."(『講錄刊補』)

『관계』17-1-f

○ 「동명(東銘)」: 위의 한 단락은 스스로를 버린 사람이고, 가운데 한 단락은 스스로 멋대로 하는 사람이며, 아래 한 단락은 오만함을 키우고 잘못을 저지르는 두 가지 단서를 통합하여 말한 것일 뿐이다. '우매함이 이보다 심한 것이 있겠는가'는 매우 지혜롭지 못함을 말한 것이다.(『관계』)

○ 「東銘」: 上一截, 自棄底人; 中一截, 自暴底人; 下一截, 統言之長傲遂非二端而已. '不知孰甚', 言不智之甚也.(『窽啓』)

『비망록』17-1-g

○ 농담은 마음에서 말미암아 입으로 나오며, 장난도 마음에서 말미암아 몸으로 드러난다. 작은 것은 '생각'이라고 하고, 큰 것은 '꾀'

라고 한다. 생각에서 나온 것은 단지 언사(言辭)의 실수일 뿐이지만, 만약 꾀에서 나온 것이라면 온 몸이 모두 예절을 잃게 된다. 예컨대 요즈음의 연극배우들이 귀신이나 마귀와 같은 모양을 하는 것이 모두 이것이니 차마 그것을 할 수 있겠는가? 그러나 말과 행동은 서로 원인이 되어 함께 생겨나므로 농담을 하면서 장난을 하지 않는 경우도 없고, 또 장난을 하면서 농담을 하지 않는 경우도 없다. 한 번 흘러가서 돌아올 줄 모르니 사람을 버리게 되는 것이 무엇이 이보다 심하겠는가? 장재(張載)는 일찍이 농담은 해로움이 없다고 생각하다가, 어느 날 문득 '희롱은 모두 의도적인 마음이 있어서 하는 것이다'고 말하고는 드디어 「동명」을 지으니, 이것은 천고에 희롱을 좋아하는 자를 위해 절실하게 경계한 것이다.(『비망록』)

○ 戲言由於心而發於口, 戲動亦由於心而發於肢體. 小底謂思, 大底謂謀. 出於思者, 只言辭之失矣. 若夫出於謀者, 全身皆失儀. 如今之畫劇俳優作鬼魔樣者, 皆是也, 可忍以爲之乎? 然蓋言動相因而相發, 未有戲言而不戲動, 又未有戲動而不戲言. 一流之而不知反, 則爲棄人孰甚焉. 張先生嘗以戲言爲無傷, 一日忽曰'戲有皆心爲之也', 遂作「東銘」, 是爲千古好戲者, 切戒也.(『備忘錄』)

『부주』17-1-1

○ 주자가 말하였다. "횡거는 배우는 힘이 남보다 뛰어났고, 허물을 고치는 데는 더욱 용감하였지만, 유독 희롱만은 해로움이 없다고 생각하였다. 어느 날 문득 '무릇 사람의 과실은 알지 못하는 데서 나와 행하는 경우가 있으나, 희롱의 경우에는 모두 의도적인 마음이 있이 행하는 것이니 그 폐해가 더욱 심하다'고 하고는 마침내 「동명」을 지었다."119)

○ 朱子曰, "橫渠學力絕人, 尤勇於改過, 獨以戲爲無傷, 一日忽曰, '凡人之過, 猶有出於不知而爲之者, 至戲則, 皆有心爲之也, 其爲害尤甚', 遂作「東銘」."

---

119) 張光祖, 『言行龜鑑』, 卷1.

○ 「정민정의 생각」18 : 농담과 장난은 비록 간사한 소리나 어지러운 색과는 차이가 있다. 그러나 한결같이 방탕한데로 흘러도 단속할 줄을 모른다면 그 감정을 반성하고 뜻을 화평하게 하여 화순하고 정직한 영역에 이를 수 있기를 구하더라도 어려울 것이다. 이것이 장재가 그것을 통렬히 끊어버린 까닭이니 배우는 이는 더욱 스스로 경계하지 않으면 안 된다.

○ 「按」 : 戱言戱動, 雖與姦聲亂色有間. 然一向流蕩而不知檢, 則求其能反情和志, 以底于順正之域, 不可得矣. 此張子所以痛絕之, 而學者尤不可不自警也.

『부주』17-2

○ 또 말하였다. "농담은 일을 해칠 뿐만 아니라, 뜻 또한 기운에 휩쓸리게 되니, 농담을 하지 않는 것도 기운을 지키는 한 가지 방법이다."120)

○ 又曰, "戱謔, 不惟害事, 志亦爲氣所流, 不戱謔亦是持氣之一端."

『강록』17-2-a

○ 「지기(持氣)」 : 이덕홍의 기록에서 말하였다. 질문하였다. "뜻을 지킨다고 하지 않고 기운을 지킨다고 말한 것은 무엇 때문입니까?" (퇴계가) 대답하여 말하였다. "맹자가 '그 뜻을 지켜서 기운을 난폭하게 하지 말라'고 한 것은 기운도 역시 지키지 않을 수 없음을 밝힌 것이다. 이곳에서는 희롱하는 말과 희롱하는 행동을 말하였기 때문에 기운으로써 말한 것이지 별다른 뜻이 있는 것은 아니다."(『강록』)

○ 「持氣」 : 李錄云, "問不言持志, 而曰'持氣'者, 何歟?" 答曰, "孟子曰'持其志, 無暴其氣'云者, 所以明其氣亦不可不持也. 此處言戱言戱動, 故以氣言, 非別有他意也."(『講錄』)

『석의』17-2-b

120) 『張子全書』 권6, 「學大原上」.

○ 「지기(持氣)」 : ‘기(氣)’는 아마도 ‘지(志)’자의 오자인 듯하다.(『석의』)

○ 「持氣」 : ‘氣’, 疑‘志’字之誤.(『釋疑』)

『질서』17-2-c

○ 뜻이 기운에 휩쓸리게 되지 아니할 수 있는가? 여기서의 ‘부(否)’자는 쓸데없이 끼어든 글자이다. 혹 이 구절을 스스로 성찰하는 말이라고 생각해 보았으나 시종 말의 맥락이 닿지 않는다.(『질서』)

○ 志能不爲氣所流否? 此‘否’字當衍. 或以此句爲自省語, 然終始語脈不着.(『疾書』)

『부주』17-2-1

◯ 서산진씨가 말하였다. “한유(韓愈)[121]가 장적(張籍)[122]에게 보낸 글[123]에서 ‘옛날에 공자도 오히려 농담을 하셨다’[124]고 하였고, 『시경』에서는 ‘농담을 잘하였으나 지나치지는 않았다네’[125]라고 하였고, 『예기』에서는 ‘당기기만 하고 늦추지 않는 것은 문왕이나 무왕도 행할 수 없다’[126]고 하였으니, 어찌 도를 행하는 데 해가 되겠는가? 그런데 장자(張子)가 그렇게 말한 것은 무엇 때문인가? ‘소 잡는 칼’이라는 말은 공자가 단지 자유(子游)에게 말한 것으로 바른

121) 한유(韓愈, 768~824) : 자는 퇴지(退之)이고, 창려(昌黎)사람이다. 덕종(德宗) 정원(貞元) 8년(792)에 진사가 되었다. 국자좨주(國子祭酒)·병부시랑(兵符侍郞)·이부시랑(吏部侍郞)·경조윤(京兆尹)을 역임하였다. 시호는 문(文)이다. ‘당송팔대가(唐宋八大家)’ 가운데 한 사람으로 유가 사상을 존중하고 도교와 불교를 배격하였으며, 송나라 이후 도학(道學)의 선구자가 되었다. 저서에 『창려선생집(昌黎先生集)』 40권과 『외집(外集)』 10권, 『유문(遺文)』 1권 등이 있다.

122) 장적(張籍, 766추정~830추정) : 자는 문창(文昌)이고 화주(和州) 오강(烏江)에서 살았다. 덕종(德宗) 정원(貞元) 15년(799)에 진사가 되었고, 태상시태축(太常寺太祝)·수부원외랑(水部員外郞)·국자사업(國子司業)을 역임하였다. 악부시(樂府詩)로 이름이 났으며, 현전하는 시 418수 가운데 70~80수가 악부시여서 서사(敍事)에 치중할 수밖에 없었지만 악부시가 아닌 것도 대부분 민간의 고통을 반영하는 데 성공했다. 왕건(王建)과 이름을 나란히 해 ‘장왕(張王)’으로 병칭되었다. 저서에 『장사업집(張司業集)』이 있다.

123) 『五百家注韓昌黎文集』 卷14, <重答張籍書>.

124) 『論語』 권17, 「陽貨」.

125) 『詩經』 권5, 「國風·衛風」.

126) 『禮記註疏』 권43, 「雜記下」.

말이 아니다. 그러므로 '농담이었다'[127]고 말하였다. 위나라 무공(武公)[128]의 농담은 '잘하였다'고 하였고, '지나치지 않았다'고 하였으니 조화롭고 절도가 있었음을 알 수 있다. '백일 동안의 노고 뒤에 납향 제사를 지내, 하루 동안 즐기게 하니 임금의 은택이다'[129]고 한 것은 대개 이 날에 백성들이 마음껏 즐겨 그 노고를 풀도록 한 것이지 문왕이나 무왕이 스스로 즐긴 것이 아니다. 장자(張子)와 같은 이는 뜻을 잡아 지키고 기운을 기르는 공부가 엄격하여 농담과 장난이 그것을 해칠까 염려하였기 때문에 이미 「동명」을 짓고 또 이런 말을 한 것이다. 배우는 이는 참으로 그것을 체득하여 농담할 때 뜻이 기운에 휩쓸리지 않을 수 있은 뒤에야 장자의 말이 참으로 약이 되는 말임을 알게 될 것이니, 공자와 무공의 말로 핑계를 대서는 안 된다."[130]

○ 西山眞氏曰, "韓子與張籍書云, '昔者, 夫子猶有所戲.' 『詩』曰, '善戲謔兮, 不爲虐兮.' 『記』曰, '張而不弛, 文武不能也', 惡害其爲道哉. 而張子乃云爾, 何邪? 蓋'牛刀'之言, 夫子特以發子游而非正言, 故曰'戲爾.' 武公之戲, 曰'善' 曰'不爲虐', 則和而有節, 可知. '百日之蜡, 一日之澤', 蓋是日也, 恣民之燕樂, 以休其勞, 非文武自爲戲也. 若張子則持志養氣之功嚴, 惟恐戲言戲動以害之, 故旣爲「東銘」, 又發此語. 學者誠以身體之, 當戲謔時, 志能不爲氣所流否, 然後知張子眞藥石之言, 未可以夫子武公自諉也."

『강록』17-2-1-a

○ 「운이(云爾)」 : '이렇게 말하면'의 뜻이다. 「하야(何邪)」 : 글자는 같으나 뜻이 같지 않으면, 음이 변화되니 '他(거성과 상성)'와 '邪(입성과 평성)의 류가 된다. 다른 것도 이에 준한다. 문장과 뜻이 모

---

127) 『論語』, 「陽貨」.

128) 위무공(衛武公, 미상~BC758) : 춘추 시대 위(衛)나라의 임금이다. 이름은 화(和)이고, 강숙(康叔)의 9세손이다. 형 공백(共伯)을 죽이고 등극했다. 정치를 잘 하여 백성을 조화롭게 단결시켰다. 42년 견융(犬戎)이 주유왕(周幽王)을 죽이자 병사를 끌고 가 왕실을 도와 견융을 평정하는 공을 세웠다. 부평왕(周平王)의 명령으로 공(公)이 되었다. 재위 기간은 55년인데, 일설에는 95년이라고도 한다.

129) 『禮記』, 「雜記下」.

130) 『西山讀書記』 권4, 「氣」.

두 끊어지면 구(句)가 되고, 뜻은 끊어지지 않지만 문장이 끊어지면 '두(讀)'가 된다. 「'백일(百日)'에서 '지택(之澤)'까지」 : 『예기』에서 이르기를, 공자와 자공이 사제(蜡祭)를 구경하다가 공자가 말했다. "사(賜)야, 즐거우냐?" 자공이 대답하였다. "온 나라 사람들이 모두 미친 듯하나, 저는 그것이 즐거운지를 알지 못하겠습니다." 공자가 말하였다. "백일 동안의 노고 뒤에 납향 제사를 지내, 하루 동안 즐기게 하니 임금의 은택이다. 네가 알 수 있는 것이 아니다. 활시위를 팽팽하게 하고 늦추지 않으면 문왕(文王)과 무왕(武王)도 다스릴 수 없다. 활시위를 늦추어 풀어놓고 팽팽하게 하지 않는 것을 문왕과 무왕은 하지 않는다. 한 번은 팽팽하게 하고 한 번은 늦추어 풀어놓는 것이 문왕과 무왕의 법도이다."131) ○ 옛날에는 설날 전에 날을 잡아 마을의 사당과 나라의 수도에 있는 사직에서 사제를 행하였다.(사(蜡)는 온갖 사물의 신(神)이다.) 그 날에는 백성들에게 잔치를 베풀어 즐기는 것을 허락하였다. ○ 이덕홍의 기록에서 말하였다. "선왕이 백성들의 한 해 동안의 수고를 위로하여 이 날에 이르러 잔치를 베풀어 마음껏 기뻐하며 즐기도록 하였다. 그러므로 '백일의 사제에 하루 동안 우리 임금의 은택이다'라고 말한 것이다. '희학(戲謔)'도 역시 백성들의 즐거움이다. 「위(諉)」 : '핑계를 댄다'는 말이다."(『강록』)

○ 「云爾」 : 이리니ᄅ믄. 「何邪」 : 字同而義不同, 則變音, 爲他(去, 上)邪(入, 平)之類. 他倣此. 文義俱絶爲句, 意不絶而文絶爲讀. 「百日 止 之澤」 : 『禮記』 孔子與子貢觀於蜡. 孔子曰, "賜也, 樂乎?" 對曰, "一國之人, 皆若狂, 未知其樂也." 子曰, "百日之蜡, 一日之澤, 非爾所知也. 張而不弛, 文武不能也. 弛而不張, 文武不爲也. 一張一弛, 文武之道也." ○ 古者歲前卜日, 行蜡祭于里社及國都社稷.(蜡, 百物之神) 其日許民以燕樂. ○ 李錄云, "先王閔其民終歲勞苦, 至是日, 許之以燕恣其歡樂, 故言'百日之蜡, 一日吾君之澤'云也. 戲謔, 亦民之燕樂. 「諉」 : 托辭."(『講錄』)

---

131) 『禮記』, 「雜記下」.

『석의』17-2-1-b

○ 「기왈장이물이(記曰張而不弛)」 : 자공이 사제를 구경하는 데, 공자가 말하였다. "사(賜)야 즐거우냐?" 대답하여 말하였다. "온 나라 사람들이 모두 미친 듯하나, 저는 그것이 즐거운지를 알지 못하겠습니다." 공자가 말하였다. "백일 동안의 노고 뒤에 납향 제사를 지내, 하루 동안 즐기게 하니 임금의 은택이다. 네가 알 수 있는 것이 아니다. 활시위를 팽팽하게 하고 늦추지 않으면 문왕(文王)과 무왕(武王)도 다스릴 수 없다." ○ 송시열(宋時烈)의 생각: "사향 제사를 드릴 때에 두더지를 먹도록 하기 위해서 고양이를 맞이하여 제사를 지내고, 밭 돼지를 먹게 하기 위해서 호랑이를 맞이하여 제사를 지낸다. 소씨(蘇氏)는 '고양이를 맞이할 때는 고양이의 시동이 되고, 호랑이를 맞이할 때는 호랑이의 시동이 되니 광대가 하는 짓과 가까웠다. 이 때문에 자공은 온 나라 사람들이 모두 미친 듯하다고 말했다'고 생각했다." 「백일」 : 백일(百日)은 농사를 짓는 기간이다. 봄부터 여름까지 백여 일이 되는데, '백일'이라고 말한 것은 큰 수를 든 것이다. 임금은 이 날에 백성들로 하여금 하루 동안의 기쁨을 누리게 했는데, 이것이 바로 은택이다. 「사(蜡)」 : 음은 '사'이다. 『예기』「교특생」에서 말하기를 '사(蜡)라는 것은 찾는 것이다'132)고 하였다. 12월에 만물의 신을 찾아서 함께 제사를 올렸다. 「위(諉)」 : 핑계를 댄다는 말이다. 여(女)와 에(恚)의 반절이다.(『석의』)

○ 「記曰張而不弛」 : 子貢觀於蜡. 孔子曰, "賜也, 樂乎?" 對曰, "一國之人, 皆若狂, 未知其樂也." 子曰, "百日之蜡, 一日之澤, 非爾所知也. 張而不弛, 文武不能也." ○ 按: "蜡祭時, 爲其食田鼠, 迎猫而祭之, 爲其食田豕, 迎虎而祭之. 蘇氏以爲迎猫則爲猫之尸, 迎虎則爲虎之尸, 近倡優所爲. 是以子貢言一國之人皆若狂." 「百日」 : 百日, 耕作之時, 自春至夏百餘日, 而云'百日'者, 擧大數也. 君於是日, 使民爲一日之歡, 是乃恩澤也. 「蜡」 : 音

132) 『禮記』, 「郊特牲」.

사. 「郊特牲」曰, "蜡也者索也." 歲十二月, 索萬物之神而合饗之也. 「諉」: 托辭. 女恚切(『釋疑』)

『표제』17-2-1-c

○ 「유유소희(猶有所戲)」: 공자가 무성에 갔을 때 거문고 소리를 듣고 말하였다. "닭을 잡는 데 어찌 소 잡는 칼을 쓰는가?" 또 말하였다. "언(偃)의 말이 옳다. 앞의 말은 농담한 것일 뿐이다."(『논어』) 「'시왈(詩曰)'에서 '학혜(虐兮)'까지」: 「위풍·기욱」편의 전에서 '무공의 덕을 찬미한 것이다'고 하였다. 「'기왈(記曰)'에서 '능야(能也)'까지」: 「잡기」편 문장의 주석이다. '장(張)'은 현을 당기는 것이고, '이(弛)'는 현을 늦추는 것이다.(『예기』) 「차어(此語)」: 수몽(守夢)은 "(장재의 이른바) '농담은 일을 해칠 뿐만이 아니다'는 한 단락을 가리킨다고 하였다."(『근석』)(『표제』)

○ 「猶有所戲」: 子之武城, 聞弦歌曰, "割鷄, 焉用牛刀?" 又曰, "偃之言是也. 前言戲之耳."(『論語』) 「詩曰 止 虐兮」: 「衛風」「淇澳」篇傳, '美武公之德也.' 「記曰 止 能也」: 「雜記」篇文註. '張', 張絃也. '弛', 落弦也.(『禮記』) 「此語」: 守夢曰, "指'戲謔不惟害事'一段."(『近釋』)(『標題』)

『부주』17-3

○ 사상채가 말하였다. "말을 교묘하게 하고 얼굴빛을 잘 꾸미는 것은 그것을 아는 것 또한 어렵다. 『예기』에서는 '마음은 믿음직스럽고자 하고, 말은 교묘하게 하고자 한다'[133]고 하였고, 『시경』에서는 중산보(仲山甫)[134]의 덕을 칭찬하여 '거동을 아름답게 하고 얼굴빛을 아름답게 한다'[135]라고 하였다. 그렇다

133) 『禮記』, 「表記」.

134) 중산보(仲山甫) : 중산보(仲山父)로도 쓴다. 주(周)나라 선왕(宣王) 때의 현대부(賢大夫)로, 이름은 전해지지 않으며, 번(樊)에 봉해져 번중(樊仲) 또는 번중산보(樊仲山父), 번목중(樊穆仲), 번후(樊侯)로도 불린다. 선공을 잘 보좌해 신백(申伯)과 함께 임금을 보좌한 어진 재상으로 알려져 있다. 윤길보(尹吉甫)가 일찍이 『시경(詩經)』 대아(大雅)에 「증민(蒸民)」을 써서 그 덕을 찬미하였다.

면 『예기』에서 말하는 '말은 교묘하게 하고자 한다'는 것도 인(仁)이 드문 것인가? 중산보의 덕도 인(仁)이 드문 것인가? 공자가 '공손하게 표현하였다'[136]고 말한 것에 이르러서는 말이 또한 교묘한 것이며, '얼굴빛을 펴시어 즐거운 듯이 하였다'[137]고 한 것은 얼굴빛 또한 아름다운 것이니, 어찌 그 말을 잘하고 얼굴빛을 선하게 하는 것을 가지고 곧바로 인이 드물다고 생각한 것이겠는가? 소인에 이르러서는 대개 남의 단점을 들추어내는 것을 '정직[直]'하다고 생각하였으니[138] 말이 어찌 교묘한 적이 있었겠으며, 비록 안은 유약할지라도 얼굴빛은 사나우니[139] 얼굴빛을 어찌 잘 꾸민 적이 있었겠는가? 그렇다면 어떤 것이 말을 교묘하게 하는 것이고, 어떤 것이 얼굴빛을 잘 꾸미는 것인가? 만약 말을 하면서 비루하고 사리에 어긋나는 것을 멀리해야 함[140]을 알 수 있다면 이것을 알 것이다. 이것은 마땅히 배우는 사람이 깊이 생각하고 힘써 찾아야 하는 것이지 언어로 말할 수 있는 것이 아니다."[141]

○ 上蔡謝氏曰, "巧言令色, 知之亦難. 『禮』曰, '情欲信, 辭欲巧', 『詩』稱仲山甫之德曰, '令儀令色'. 然『禮』所謂'辭欲巧', 亦鮮仁乎? 仲山甫之德, 亦鮮仁乎? 至於聖人所謂'孫以出之', 辭亦巧矣. '逞顏色怡怡如也', 色亦令矣. 豈以好其言語, 善其顏色, 直以爲鮮仁也哉. 至於小人, 蓋嘗訐以爲直矣, 言何嘗巧, 雖內荏而色厲, 色何嘗令? 然則何者爲巧言, 何者爲令色? 若能知出辭氣可遠鄙倍, 則知之矣. 此宜學者深思而力索, 不可以言語道."

---

135) 『詩經』, 「大雅·烝民」.
136) 『論語』, 「衛靈公」.
137) 『論語』, 「鄕黨」.
138) 『論語』, 「陽貨」.
139) 『論語』, 「陽貨」.
140) 『論語』, 「泰伯」.
141) 朱子, 『論語精義』 권1상. * 『西山讀書記』 권18, 「敬上」.

『강록』17-3-a

○ 「교언영색(巧言令色)」 : 요임금이 싫어했던 것으로 「고요모」에 나온다. 공자는 "말을 교묘하게 하고 얼굴빛을 잘 꾸미는 사람은 인(仁)이 드물다"고 말하였다.(오로지 드물다고 말하였으니, 절대로 없음을 알 수 있다.) 「성인소위(聖人所謂)」 : 공자의 말로서 『논어』에 나온다. 「알이위직(訐以爲直)」 : '알(訐)'은 '거(居)'와 '알(謁)'의 반절이다. 남의 숨겨진 사생활을 공격하여 드러내는 것이다. 「내임(內荏)」 : '임(荏)'은 유약하다는 뜻으로, 안으로 물욕에 굴복하는 것이다. 「비(鄙)」 : 비루함이다. 「倍(배)」 : 이치를 어기는 것이다.(『강록』)

○ 「巧言令色」 : 堯之所惡, 出「皐陶謨」. 孔子曰, "巧言令色鮮矣仁."(專言鮮則絶無可知.) 「聖人所謂」 : 孔子語也, 出『論語』. 「訐以爲直」 : '訐', 居謁切. 攻發人之陰私. 「內荏」 : '荏', 柔也. 內屈於物欲也. 「鄙」 : 凡陋. 「倍」 : 背理.(『講錄』)

『석의』17-3-b

○ 「비(鄙)」 : 범범하고 비루함이다. 「배(倍)」 : 이치를 어기는 것이다.(『석의』)

○ 「鄙」 : 凡陋. 「倍」 : 背理.(『釋疑』)

『표제』17-3-c

○ 「손이출지(孫以出之)」 : 「위령공」편의 문장이다.(『논어』) 「'영안(逞顔)'에서 '여야(如也)'까지」 : 「양화」편 문장의 주석이다. 「알이위직(訐以爲直)」 : 「양화」편 문장의 주석이다. 「내임색려(內荏色厲)」 : 「향당」편 문장이다.(『논어』) 「'출사(出辭)'에서 '배패(鄙倍)'까지」 : 「태백」편 문장의 주석이다.(『표제』)

○ 「孫以出之」 : 「衛靈公」篇文.(『論語』) 「逞顔 止 如也」 : 「陽貨」篇文註 「訐以爲直」 : 「陽貨」篇文註. 「內荏色厲」 : 「鄕黨」篇文.(『論語』) 「出辭 止 鄙倍」 : 「泰伯」篇文註.(『標題』)

『강록간보』17-3-d

○ 「배(倍)」 : 이치를 어기는 것이다. ○ 김종덕(金宗德)의 생각: "이 아래에 '안색을 바르게 한다'는 한 구절이 있어야 할 듯하다."(『강록간보』)

○ 「倍」 : 背理. ○ 按: "此下恐當有'正顔色'一句."(『講錄刊補』)

『부주』17-3-1

○ 주자가 말하였다. "용모와 말투는 바로 배우는 사람이 잡아 길러서 힘을 써야 하는 곳이다. 그러나 교묘하게 하고 아름답게 하여 다른 사람의 이목을 기쁘게 하려는 데만 뜻을 두면 마음이 밖으로 치달려서 인(仁)이 드물게 된다. 만약 용모와 말투에서 잡아 길러서, 말할 때 조급하고 망령됨을 금하고, 움직일 때 반드시 따뜻하고 공손하여 단지 자신의 안을 곧게 하고 밖을 방정하게 하는 실제 일을 체득하기만 한다면, 이것이 바로 자기를 닦는 공부요, 인을 구하는 요체이니 다시 무엇을 근심하겠는가? 그러므로 공자가 안연에게 자기를 이기고 예로 돌아가는 조목을 알려준 것이 보고 듣고 말하고 행동하는 데 불과하였고, 증자가 임종시에 하신 선한 말도 용모와 안색과 말투 이 세 가지를 벗어나지 않았다. 공자가 말한바 '공손하게 말하였다'는 것과 '말을 교묘하게 하려고 했다'는 것은 또한 한 가지 일이다. '중산보의 덕이 부드럽고 아름다우며 오직 법칙에 맞아서 거동이 보기 좋았고 얼굴빛이 보기 좋았다'142) 고 하는 것은 대현이 이룬 덕행이 여기에까지 나아간 것이다. 공자가 '얼굴빛을 펴시고 즐거운 듯이 하셨다'는 것은 성인이 용모를 움직이고 두루 행함이 예법에 맞은 일이니, 또 중산보가 미칠 바가 아니다. 소인에 이르러서는 남의 단점을 들추어내는 것을 정직하다고 여기고, 얼굴빛은 사납지만 안은 유약한 것은 비록 말을 교묘하게 하고 얼굴빛을 잘 꾸미는 것과 다르지만 실정을 속이고 거짓을 꾸미는 마음을 살펴보면 실제로 말을 교묘하게 하고 얼굴빛을 잘 꾸미는 것보다 더하기 때문에 성인이 미워하였다. 사상채가 여기에서 그 까닭을 분명히 말하려고 하지 않은 것은 장차 배우는 사람

142) 『詩經』, 「大雅·崧高」.

으로 하여금 깊이 구하여 얻도록 하고자 한 것이다. 그러나 요즘에 배우는 사람은 어둡고 막막하여 아무것도 알 수 없는 가운데서 돌이켜 구하기 때문에 잃어버림이 더욱 깊어졌다. 그러므로 그것을 상세히 논하여 배우는 사람들로 하여금 지나치게 생각하고 힘써 탐색하는 수고로움이 없이도 힘을 쓰는 기미를 살필 수 있게 하였다."143)

○ 朱子曰, "容貌辭氣之間, 正學者持養用力之地. 然有意於巧令, 以悅人之觀聽, 則心馳於外而鮮仁矣. 若是就此持養, 發禁躁妄, 動必溫恭, 只要體當自家直內方外之實事, 乃是爲己之功求仁之要, 復何病乎? 故夫子告顔淵以克己復禮之目, 不過視聽言動之間, 而曾子將死之善言, 亦不外乎容貌顔色辭氣三者而已. 夫子所謂'孫以出之', '辭欲巧'者, 亦其一事也. '仲山甫之德, 柔嘉維則, 令儀令色', 則大賢成德之行, 而進乎此者. 夫子之'逞顔色, 怡怡如也', 乃聖人動容周旋中禮之事, 又非仲山甫之所及矣. 至於小人, 訐以爲直, 色厲而內荏, 則雖與巧言令色者不同. 然考其矯情飾僞之心, 則實巧言令色之尤者, 聖人惡之. 上蔡於此, 不肯明言其所以然者, 將使學者深求而得之也. 然今學者, 反求之於冥漠不可知之中, 失之愈深. 故詳論之, 使學者無淫144)思力索之苦, 而有以審夫用力之幾焉."

『강록』17-3-1-a

ㅇ 「유가(柔嘉)」 : 아름답다는 뜻이다. 「진호차자(進乎此者)」 : '차(此)'는 위에서 말한 '공손하게 말하였다'고 운운하고 중산보의 덕행이 여기에까지 더해진 것을 가리킨다. 「음(淫)」 : '지나치다'는 뜻이다.(『강록』)

ㅇ 「柔嘉」 : 아름답다. 「進乎此者」 : 此指上面所謂'遜以出之云云', 仲山甫之德行加於此者. 「淫」 : 過也.(『講錄』)

『석의』17-3-1-b

ㅇ 「체당(體當)」 : 체득과 같다. 「진호차(進乎此)」 : '차(此)'는 위에서 말한 '겸손하게 말하였다고 운운하고 중산보의 덕행이 여기에까지

143) 『晦庵集』 권67, 「巧言令色說」.

144) 【교감】 : '淫'은 '深'으로 된 판본도 있다.

더해진 것을 가리킨다.(『석의』)

○ 「體當」 : 猶體得. 「進乎此」 : 此指上面所謂'遜以出之'云云, 仲山甫之德行加於此者.(『釋疑』)

『표제』17-3-1-c

○ 「체당(體當)」 : 체험하고 체득하여 감당하는 것과 같다.(『어록』) 「유가유칙(柔嘉維則)」 : 「증민」편의 문장으로 「시경집전」에서는 '가(嘉)는 아름다운 것이다'고 하였다.(『시』)(『표제』)

○ 「體當」 : 猶體驗體得堪當.(『語錄』) 「柔嘉維則」 : 「烝民」篇文, 「傳」, 嘉, 美也.(『詩』)(『標題』)

『강록간보』17-3-1-d

○ 「'체당(體當)'에서 '실사(實事)'까지」 : 김종덕(金宗德)의 생각: "'체당'은 체험하여 감당한다는 말과 같다. 정자는 『주역』 「문언전」의 '언사(言辭)를 닦아서 성실함을 세운다'는 것의 뜻을 논하여, "그 말과 문장을 다스리는 것은 바로 자기의 성실한 뜻을 세우는 것이니, 이는 곧 자기 스스로 '경하여 안을 곧게 하고, 의롭게 하여 밖을 바르게 한다'는 실제 일을 체험하여 감당하는 것이다"145)고 말하였다. 주자가 말하였다. "정자가 '체당' 운운한 것은 단지 말한 것이 평이한가 조급하고 거짓된가를 보기만 하면 바로 그 덕의 두터움과 엷음 기른 바의 깊고 얕음을 알게 된다는 것이다."146) 또 말하기를, "이것은 곧 겉과 속이 서로 응하는 것이다. 경하여 안을 곧게 하고, 의롭게 하여 밖을 바르게 하는 것이 곧 성실함을 세우는 것이다."147)라고 한 것은 이 조목의 뜻과 서로 발휘하여 밝히고 있다."(『강록간보』)

○ 「體當止實事」 : 按: "體當猶言體驗堪當. 程子論『易』「文言」'修辭立誠'之意曰, "修其言辭, 正爲立己之誠意, 乃是體當自家'敬以直內, 義以方外'之實事." 朱子曰, "程子所謂'體當'云云者, 只觀發言之平易躁妄, 便見其德之厚

---

145) 『二程遺書』 권1, 「端伯傳師說」.

146) 『晦庵集』 권39, 「答范伯崇」.

147) 『朱子語類』 권95, 「程子之書一」.

薄, 所養之淺深矣." 又曰, "便是表裏相應, 敬以直內, 義以方外, 便是立誠", 與此條意, 互相發明."(『講錄刊補』)

『비망록』17-3-1-e

○ 「'용모(容貌)'에서 '인의(仁矣)'까지」 : 대저 도는 있지 않은 곳이 없다. 그러나 군자가 중요하게 여기는 것은 용모와 말투 이 두 가지에 있다. 증자가 말하였다. "용모를 움직이는 데서 사나움과 거만함을 멀리 하고, 말투로 표현하는 데서 비루함을 멀리한다."148) 주자가 말하였다. "편벽되고 지나친 공경으로는 사나움과 거만함을 멀리할 수 없고, 교묘한 말과 꾸미는 언사로는 비루함을 멀리할 수 없다."149) 그러므로 용모에 있어서는 장중과 공경을 위주로 하여 그것을 지키고, 말투에 있어서는 성실함과 미더움에 힘써 그것을 표현한다. 이것이 잡아 기르고 힘쓰는 방법이다. 여기에 마음을 두어 다른 생각에 이끌려가지 않으면 행동은 어느덧 공경스럽고, 말은 분명 미덥게 되어 교언영색으로 돌아가는 것에서 멀어질 것이며, 인을 행하는 것도 여기에서 구한다. 「'소인(小人)'에서 '우자(尤者)'까지」 : 들추어내는 것을 정직하다고 여기고 겉은 엄하면서도 속은 유약한 것은 대체로 강한 악의 부류이고, 말을 교묘하게 하고 얼굴빛을 잘 꾸미는 것은 부드러운 악의 부류이다. 비록 차이가 있다고 해도 모두 똑같이 악이라는 점에서는 동일이다. 그러나 교묘하게 하고 아름답게 하는 사람은 실정을 속이고 거짓을 꾸미는 데 힘써서 무릇 남과 시비를 바꾸어 어지럽히고, 허실을 어지럽게 뒤섞어서 매번 스스로 빠지면서 남을 빠뜨린다. 이것은 좌구명이 부끄러워한 것이며, 사씨가 '도둑질하는 것보다 심하다'고 말한 것이다.(『비망록』)

○ 「容貌 止 仁矣」 : 夫道無乎不在. 然君子所重, 在容貌辭氣此二者也. 曾子曰, "動容貌, 斯遠暴慢矣, 出辭氣, 斯遠鄙倍矣." 朱子曰, "便辟足恭, 不能

148) 『論語』, 「泰伯」.

149) 『朱子語類』 권35, 「論語十七泰伯篇」.

遠暴慢, 巧言飾辭, 不能遠鄙倍." 然則在容貌主莊敬以持之, 在辭氣務誠信以出之. 是爲持養用力之方, 留心於此而不爲他慮所引去, 則動輒敬, 言必信, 遠於巧令之歸, 而爲仁亦於此求之矣. 「小人 止 尤者」: 訐直厲荏, 蓋强惡之類; 巧言令色, 是柔惡之類. 雖曰有間, 然均是爲惡則一矣. 而但巧令者, 務矯情飾僞, 凡與人變亂是非, 紛錯虛實, 每自陷而陷人. 此左丘明之所恥, 謝氏謂甚於穿窬也.(『備忘錄』)

○ 「정민정의 생각」19 : 성현이 논한 '말을 교묘하게 하고 얼굴빛을 아름답게 한다'고 하는 것은 '간사한 소리와 음란한 얼굴빛'에 관해 논한 곳과 참조해 보아야 한다.

○ 「按」: 聖賢所論'巧言令色', 與'姦聲亂色'處, 宜參觀.

『부주』17-4

○ 주자가 말하였다. "'예가 아니면 보지도 말고 듣지도 말라'는 것은 이른바 '간사한 소리와 어지러운 색을 총명에 머물지 않게 하고, 음란한 음악과 사특한 예를 마음에 접하지 않게 한다'는 것이지, '귀가 듣는 것이 없고 눈이 보는 것이 없다'는 것이 아니다."150)

○ 朱子曰, "'非禮勿視勿聽', 卽所謂'姦聲亂色不留聰明, 淫樂慝禮不接心術', 非是'耳無所聞, 目無所視.'"

『비망록』17-4-a

○ 공자의 이른바 '예가 아니면 보지 말고, 예가 아니면 듣지 말라'는 것은 대강으로 말한 것이다. 주자의 이른바 '간사한 소리와 어지러운 색, 음란한 음악과 사특한 예(禮)'는 그 곡절을 들어서 상세히 하여 공자가 말하지 않은 뜻을 미루어 밝힌 것이다. 그것이 미래의 학자들에게 도움이 되는 것이 더욱 절실하고 지극하다. 마지

150) 『朱子語類』 권41, 「論語二十三·顏淵篇上」.

막 두 구절은 마음에 주인으로 삼는 것이 있으면 외물을 보고 듣는 것이 구애되는 것이 아님을 말하였다. 대개 이른바 '비록 오랑캐의 나라라고 할지라도 통할 것이다'151)는 뜻이다.(『비망록』)

○ 夫子所謂'非禮勿視, 非禮勿聽', 以大概而言. 朱子所謂'姦聲亂色, 淫樂慝禮', 擧其曲折而詳細之, 推明夫子言外之意. 其有補於來學, 尤切至矣. 末二句謂心有所主, 則外物之視聽, 非所拘也. 蓋所謂'雖蠻貊之邦, 行矣'之意矣.(『備忘錄』)

『부주』17-5

○ 남헌장씨가 말하였다. "옛 사람은 의관을 갖추고 거동하는 사이에 의도적으로 자랑하여 잡으려 하지 않고 다만 자연의 법칙을 따라 이와 같이 하였을 뿐이다. 평소 구습에 따라 나태하고 해이해졌기 때문에 힘써서 억지로 스스로를 잡아야 한다. 밖이 엄숙하지 않으면서 안으로 경(敬)할 수 있다고 하는 것이 가능하겠는가?"152)

○ 南軒張氏曰, "古人衣冠容止之間, 不是要作意矜持, 只是循他天則, 合如是. 爲尋常因循怠弛, 故須著勉强自持. 外之不肅而謂能敬於內, 可乎?"

『부주』17-6

○ 또 말하였다. "예로부터 성현이 하학(下學)을 논한 곳을 상세히 고찰해보면 의관을 바르게 하고 용모를 엄숙하게 하는 것을 우선으로 삼지 않음이 없었으니, 대개 반드시 이와 같이 한 뒤에야 보존하는 바를 얻어서 사특하고 편벽한 데로 흐르지 않기 때문이다. 『주역』에서 말하는 '사특함을 막고 성실함을 보존한다'153)는 것이나, 정씨가 '밖을 제어하여 마음속을 기른다'154)

---

151) 『論語』, 「衛靈公」.

152) 『南軒集』 권25, 「寄呂伯恭」.

고 한 것이 바로 이것이다."[155]

○ 又曰, "詳考從古聖賢論下學處, 莫不以正衣冠肅容貌爲先. 蓋必如此, 然後得所存而不流於邪僻, 『易』所謂'閑邪存其誠', 程氏所謂'制之於外, 以養其中者', 此也."

『강록』17-6-a

- 「종고(從古)」 : '예로부터'이니, '예로부터 지금에 이르기까지'라고 말하는 것과 같다. ○ 또 옛날이 끝나는 것을 '종고(終古)'라고 한다.(『강록』)
- 「從古」 : 녜로부터, 猶言'自古而至今也'. ○ 又古之所終曰'終古'.(『講錄』)

『질서』17-6-b

- 남헌은 여기에서 사특함을 막는 것을 의관을 바르게 하고 용모를 엄숙하게 하는 등의 밖을 제어하는 일로 여겼다. 그러나 정자는 "하나됨을 주인으로 삼으면, 사특함을 막는다는 것을 말할 필요가 없다"[156]고 하였다. 주일(主一)이란 동정을 관통하는 것이다. 예컨대 용모를 움직이고 사려를 가지런히 하는 것이 모두 사특함을 막는 절도이다. 만약 그것을 밖을 제어하는 공부에만 속하게 하면 아마도 한쪽으로 치우쳐 마땅하지 않음을 면하지 못할 것이다. 다시 살펴보아야 한다.(『질서』)
- 南軒於此, 以閑邪爲正衣冠肅容貌等制外之事. 然程子曰, "主一, 則不須言閑邪." 主一者, 通貫動靜. 如動容貌整思慮, 皆是閑邪節度. 若但屬之於制外工夫, 則恐未免偏枯不該. 更詳之.(『疾書』)

『강록간보』17-6-c

- 이것은 주자가 여백공에게 답한 글인데, 황돈은 남헌의 설로 생각하였다.(『강록간보』)

---

153) 『周易』, 「乾卦-文言傳」.

154) 『二程外集』 권9, 「四箴并序」.

155) 『晦庵集』 권33, 「答呂伯恭」.

156) 『二程遺書』 권15, 「入關語錄」.

○ 此朱子答呂伯恭書, 而篁墩以爲南軒說.(『講錄刊補』)

『밀험』17-6-d

○ 남헌이 말하였다. "옛날의 성현들이 하학을 논할 경우에 의관을 바르게 하고 용모를 엄숙하게 하는 것을 우선으로 삼지 않은 적이 없다." ○ 정약용의 생각: 밖을 제어하여 마음속을 기르는 것은 옛 사람들이 마음을 다스리는 요법이었다. 면류관에는 구슬을 꿴 술을 달아서 보는 것을 제어하였으며, 신발에는 신코를 두어서 움직이는 것을 제어하였으며, 갓에는 갓끈드림을 달고, 허리띠에는 관대를 차고, 소매 자락을 크게 하고, 옷깃을 길게 한 것은 모두 운동을 불편하게 하여 모름지기 단정히 앉고 바르게 선 연후에야 모든 것이 순조롭게 돌아가도록 하였으니, 이것은 성인의 은미한 뜻이다. 지금은 좁은 소매, 짧은 바지, 뾰족한 신발, 작은 모자를 착용하여 기거하고 움직이니 비록 도리에 어긋나지 않고자 해도 그렇게 될 수 있겠는가?(『밀험』)

○ 南軒曰, "古聖賢論下學處, 莫不以正衣冠肅容貌爲先." ○ 案 : 制之於外, 以養其中, 此是古人治心之要法. 冕有旒以制其視, 屨有絇以制其動, 冠有緌, 帶有紳, 侈其袂, 長其裾, 皆令運動不便, 須端坐正立然後, 諸物歸順, 此聖人之微意也. 今以夾袖短襦尖鞋小帽, 以居以動, 雖欲勿悖, 得乎?(『密驗』)

『비망록』17-6-e

○ 의관을 바르게 하고 용모를 엄숙하게 하는 것은 배우는 자가 단속하고 가지런히 하는 것 중에 가장 먼저 해야 할 일이다. 배우는 자만 그런 것이 아니라, 비록 덕을 성대하게 닦은 군자라도 스스로 마땅히 이와 같이 해야 한다. 요즈음에는 예가 무너지고 풍속이 변하여, 도리어 꾸밈은 있으나 질박하지 않다고 생각하여 비웃고, 때로는 허한 것을 실한 것으로 생각하여 비판하니, 이것은 실로 무지의 소치이다. 몸에 돌이키는 것도 캐어 밝히는데 하나의 도움이 될 수 있다. 그러나 대개 의관을 바르게 하고 용모를 엄숙하게 하는 것은 역시 마음속에서 말미암아 밖으로 드러난 것이다.

밖으로 바르고 엄숙하면 마음에 보존하는 것이 반드시 그것과 부합한다. 그래서 정자는 "밖을 제어하여 마음속을 기른다"157)고 말하였다. 『가어(家語)』에서는 "자상백자(子桑伯子)가 의관을 하지 않고 있었는데, 공자는 사람의 도를 동물과 같게 하고자 한다고 비판하였다"158)고 말하였다.(『비망록』)

○ 正衣冠肅容貌, 學者檢勅整齊之爲先頭事也. 不惟學者爲然, 雖盛德君子, 自當如是. 以今日, 則禮壞俗渝, 反以爲文而非質而哂之, 或以爲虛而爲實而譏之, 皆不識之致也. 在反躬, 亦可爲採考之一助矣. 然大抵正衣冠肅容貌, 是亦由於中而著於外者也. 外而正肅, 則中之所存, 與之相符也, 必矣. 故程子曰"制之於外, 以養其內也", 『家語』云"伯子不衣冠而處, 夫子譏其欲同人道於牛馬."(『備忘錄』)

『부주』17-7

○ 서산진씨가 말하였다. "군자가 스스로를 기르는 것은 다름이 아니라 안과 밖으로 서로 공부를 다하는 것일 따름이다. 그러므로 간사한 소리와 어지러운 색을 총명에 남겨두지 않는 것은 그 밖을 기르는 것이요, 음란한 음악과 사특한 예(禮)를 마음에 닿지 않게 하는 것은 안을 기르는 것이다. 밖에서 소리와 색의 유혹이 없다면 안도 역시 바르게 될 것이요, 안에서 음란하고 사특한 유혹이 없다면 밖도 역시 바르게 될 것이다. 게으르고 업신여기는 기운은 안에서 나오는 것이요, 사특하고 편벽한 기운은 밖에서 들어오는 것이니, 이 두 가지를 신체에 베풀지 않아야 한다. 이렇게 하면 밖으로 이목구비와 사지백체(四肢百體), 안으로 마음의 지각이 모두 화순하고 바른 데에서 말미암아 그 의로움을 실천하여 스스로를 기르는 공부를 다하게 된다."159)

157) 『二程文集』 권9, 「視箴」.

158) 『論語集註』, 「雍也」 제1장에 대한 朱子注.

159) 『大學衍義』 권29, 「誠意正心之要一崇敬畏操存省察之功」.

○ 西山眞氏曰, "君子之所以自養者無他, 內外交致其功而已. 故姦聲亂色不留聰明者, 所以養其外也; 淫樂慝禮不接心術者, 所以養其內也. 外無聲色之誘, 則內亦正矣; 內無淫慝之惑, 則外亦正矣. 惰嫚之氣, 自內出者也; 邪僻之氣, 自外入者也, 二者不得設於身體. 如是則外而耳目鼻口四肢百體, 內而心知, 皆由順正, 以行其義, 自養之功, 畢矣."

『비망록』17-7-a

○ 소리와 색의 유혹은 밖으로부터 들어오는 것이고, 음란함과 사특함의 미혹은 안으로부터 나오는 것이다. 모두 마음을 놓고 구하지 않고, 이끌고 사역하는 것이 일정하지 않은 것은 진실로 이 때문이다. 마땅히 경하여 안을 보존하고, 의롭게 하여 밖을 제어함으로써 안과 밖이 함께 나아가면 저절로 유혹의 폐단이 없어져서, 무릇 움직이고 고요하며 말하고 행하는 것이 바르지 않음이 없게 된다. 이른바 보존하고 기르며 반성하고 살피는 것이 어찌 이것을 벗어나겠는가? 요컨대, 경과 의 두 글자는 겉과 속을 번갈아 바르게 하는 묘책이다.(『비망록』)

○ 聲色之誘, 自外而入者也. 淫慝之惑, 自內而出者也. 皆放心不求, 帥役未定, 良以是也. 當敬以存其內, 義以制其外, 內外幷進, 則自無誘惑之弊, 而凡動靜云爲, 無不正矣. 所謂存養省察, 豈外是哉. 要之敬義二字爲表裏交正之的訣也.(『備忘錄』)

『부주』17-8

○ 동회택진씨가 말하였다. "'반정(反情)'은 성정의 바름을 회복하는 것이다. 성정이 바름을 잃지 않으면 뜻이 화평하지 않음이 없다. '비류(比類)'는 선악의 부류를 나누는 것이다. 악한 부류에 들어가지 않으면 행동이 이루어지지 않음이 없다. '머물지 않고, 닿지 않고, 베풀지 않는다'고 한 것은 『논어』에서 말하는 네 가지 '하지 말라'고 하는 것과 같이 모두 성정의 바름을 회

복하고 선악의 부류를 구별하는 일이다. 이와 같이 하면 온몸이 명령에 순종하여 의(義)를 좇을 것이다. 이 한 구절은 바로 배우는 이가 몸을 닦는 중요한 방법이다."160)

○ 東匯澤陳氏曰, "'反情'復其情性之正也. 情不失其正, 則志無不和. 比類, 分次善惡之類也. 不入於惡類, 則行無不成. 曰'不留不接不設', 如『論語』四勿之謂, 皆反情比類之事. 如此則百體從令而義之與比矣. 此一節, 乃學者修身之要法."

『강록17-8-a』

- 「동회택(東匯澤)」: 「우공」에 '동회택은 팽려가 된다'고 하였다.(물이 모여들고 머물러서 흐르지 않는 것을 '회(匯)'라고 한다.) ○ 진호(陳澔)가 『예기』를 주석했으니 아마도 이 사람인 듯하다. 「비(比)」: '비(比)'는 좇는다는 뜻이다.(『강록』)
- 「東匯澤」: 「禹貢」東匯澤爲彭蠡(水之所聚渟而不流曰'匯'). ○ 陳澔注『禮記』, 疑此人. 「比」: '比', 從也.(『講錄』)

『강록』17-8-b

- 「여비(與比)」: '비(比)'는 좇는다는 뜻이다.(『석의』)
- 「與比」: '比', 從也.(『釋疑』)

『표제』17-8-c

- 「의지여비(義之與比)」: 「이인」편의 문장이다.(『논어』)(『표제』)
- 「義之與比」: 「里仁」篇文.(『論語』)(『標題』)

『질서』17-8-d

- '반정비류(反情比類)'에 대한 공씨의 주석은 잘못되었다. 진씨의 설이 바르고 마땅하다.(『질서』)
- 反情比類, 孔註非, 陳說正當.(『疾書』)

『비망록』17-8-e

- 공씨가 말하였다. "'반정(反情)'은 정욕을 돌이켜 제거하는 것이다.

160) 『禮記大全』 권18. 「樂記」.

'비류(比類)'는 선한 부류에 견주는 것이다." 대저 선과 악은 서로 용납하지 않으며, '이(理)'와 '욕(欲)'은 매양 서로 싸우니, 정욕을 돌이켜 제거하면 이치가 바로 여기에 있게 되어 어디를 가나 바르지 않음이 없다. 그러므로 뜻이 화평하지 않음이 없다. 선한 부류에 견주면 자신이 지향하는 목표가 있어서 선한 것을 좋아하고 악한 것을 미워함을 알 수 있기 때문에 행실이 이루어지지 않음이 없다. 그러므로 사람이 기로에서 선을 행하여 그 바른 길을 얻는 것은 일을 처음 시작하는 바른 방법이 된다.(『비망록』)

○ 孔氏曰, "'反情, 反去情欲也. 比類, 比擬善類也.'" 夫善惡不相容, 理欲每相勝, 反去情欲, 則理卽在此, 無往而不正矣. 故志無不和也. 比擬善類, 則己志向有在而能知好善惡惡, 故行無不成也. 然則人之爲行善於岐而得其正路, 爲發軔之正法也.(『備忘錄』)

제18장: 군자는 도(道)를 얻는 것을 즐거워한다[君子樂得其道]

○ 군자는 도를 얻는 것을 즐거워하고 소인은 욕심을 채우는 것을 즐거워한다. 도로써 욕심을 제어하면 즐거우면서도 어지럽지 않으며, 욕심으로써 도를 잊으면 미혹되어 즐겁지 않다.161)

○ 君子樂得其道, 小人樂得其欲. 以道制欲, 則樂而不亂, 以欲忘道, 則惑而不樂.

『강록』18-A
- 「락이불란(樂而不亂)」: '즐거워하여 어지럽지 아니하고'이다.(『강록』)
- 「樂而不亂」: 樂ᄒᆞ야 亂티아니코(『講錄』)

『석의』18-B
- 「락이불란(樂而不亂)」: '즐거워하여 어지럽지 아니하고'이다.(『석의』)
- 「樂而不亂」: 樂ᄒᆞ야 亂티아니코.(『釋疑』)

161) 『禮記』, 「樂記」.

『원주』18-1

○ 정현(鄭玄)이 말하였다. "'도'는 인의를 가리키고, '욕'은 음란하고 사특함을 가리킨다."162)

○ 鄭氏曰, "'道'謂仁義, '欲'謂淫邪也."

『원주』18-2

○ 정자가 말하였다. "사람이 욕심이 없을 수 없지만, 그것을 제어함이 있어야 한다. 욕심을 제어함이 없이 그것을 따르기만 한다면 사람의 도리가 무너져 금수로 들어갈 것이다."163)

○ 程子曰, "人雖不能無欲, 然當有以制之. 無以制之, 而惟欲之從, 則人道廢而入於禽獸矣."

『부주』18-1

○ 여여숙이 말하였다. "일찍이 조정의 한 선비가 오랫동안 백순(정명도)을 만나지 못하다가, (만나게 되자) 말하였다. '백순이 이처럼 총명한데 무슨 이유로 오래도록 끝내 머리를 돌리려고 하지 않는가?' 백순이 대답하였다. '머리를 잘못 돌릴까 두렵기 때문일 뿐이다.'"164)

○ 呂與叔曰, "嘗有一朝士, 久不見伯淳, 謂曰, '以伯淳如此聰明, 因何許多時, 終不肯回頭來?', 伯淳答云, '蓋恐回頭錯耳.'"

『강록』18-1-a

ㅇ 「'인하(因何)'에서 '두래(頭來)'까지」 : '무슨 일로 인하여 오래도록 마침내 머리를 돌리려하지 아니하느뇨.'이다. 대개 그 뜻은 재질이

162) 『禮記集說』 권96.

163) 『西山讀書記』 권4, 「治情」.

164) 『二程遺書』 권2상, 「元豐己未呂與叔東見二先生語」.

이처럼 아름다운데 애석하게도 조금 굽혀서 세속을 좇음이 없었으니, 이것이 아직 선을 다하지는 못했다는 것을 말한다.(『강록』)

○ 「因何 止 頭來」 : 므슴 일로 因ᄒᆞ야셔 오라도록 ᄆᆞᄎᆞᆷ내 머리를 도로혀디 아니ᄒᆞᄂᆞ뇨. 蓋其意謂才質之美如此, 可惜無少貶以從俗, 此爲未盡善耳.(『講錄』)

『석의』18-1-b

○ 「'인하(因何)'에서 '두래(頭來)'까지」 : '무슨 일로 인하여 오래도록 마침내 머리를 돌리려하지 아니하느뇨'이다. ○ 재질이 이처럼 아름답고 예법을 지키는데 조금도 굽힘이 없어서, 머리를 돌려 세속을 좇으려고 하지 않으니, 이것이 아직 선을 다하지는 못한 것임을 말한 것이다.(『석의』)

○ 「因何 止 頭來」 : 므슴 일로 因ᄒᆞ야셔 오라도록 ᄆᆞᄎᆞᆷ내 머리를 도로혀디 아니ᄒᆞᄂᆞ뇨. ○ 謂才質之美如此, 而守禮法無少貶, 不肯回頭以從俗, 此爲未盡善云耳.(『釋疑』)

『질서』18-1-c

○ 조사(朝士)는 벼슬을 하는 사람이다. 명도와 같이 총명한 사람이 어찌 머리를 돌려 벼슬을 하는데 힘쓰지 않는지를 말한 것으로, 그 뜻은 양화가 공자를 깨우친 것과 같다.165) 명도의 답변은 곧 '벼슬하는 것은 자신에게 의로움이 있는데 그치지만, 학문을 왜곡하여 시세에 따른다면 나의 도는 이미 잘못된 것이다'고 말하는 것과 같다.(『질서』)

○ 朝士, 仕宦者也. 謂以明道之聰明, 何不回頭以仕宦爲務, 其意如陽貨之喩孔子也. 明道之答, 若曰'仕止自有其義, 曲學循時, 則吾道已錯矣.'(『疾書』)

○ 「정민정의 생각」20 : '욕심을 채우는 것을 즐거워한다'는 것은 그 뜻이 방종하는 데 안주하고 명분으로 단속하는 것을 천하게 여기는데 불과하다. 그러나 이른바 '(성인이라도) 생각하지 않으면 광인이

165) 『論語』, 「陽貨」

된다'[166]는 것은 실로 여기에 근거한다. 이제 네 조목을 주워 모아서 덧붙이니 배우는 이가 통렬하게 경계하지 않으면 안 될 것이다.

○ 「按」: 樂得其欲者, 其意不過安放縱而賤名檢. 然所謂'罔念作狂', 實基於此. 今摭附四條, 學者不可不痛以爲戒.

『부주』18-2

○ 어떤 사람이 이천을 위로하여 말하였다. "선생은 예를 삼가신 지가 사오십 년이니 또한 매우 힘들고 괴로우시겠습니다." 선생이 말하였다. "나는 날마다 편안한 곳을 밟고 있는데 무슨 노고가 있겠는가? 다른 사람은 날마다 위태로운 곳을 밟고 있으니, 이것이 바로 힘들고 괴로운 것이다."[167]

○ 有人勞伊川曰, "先生謹於禮四五十年, 亦甚勞且苦矣." 先生曰, "吾日履安地, 何勞苦之有? 他人日踐危地, 乃勞苦也."

『질서』18-2-a

◦ 군자가 소인을 보는 것도 역시 소인이 군자를 보는 것과 같다. 소인은 날마다 불안한 곳을 밟으면서도 망령된 짓이 있음을 알지 못하니, 군자가 그것을 보면 어찌 힘들고 괴로움이 심하지 않겠는가?(『질서』)

◦ 君子之視小人, 亦猶小人之視君子. 彼日踐不安之地而無知妄作在, 君子觀之, 豈非勞苦之甚耶?(『疾書』)

『부주』18-3

○ 주공염(朱公掞)[168]이 어사가 되어 홀을 단정히 들고 바르게 서

---

166) 『書經』, 「多方」. "오직 성인이라도 선을 생각하지 않으면 광인이 되고, 오직 광인이라도 선을 생각할 수 있으면 성인이 된다.(惟聖罔念作狂, 惟狂克念作聖.)"

167) 『二程遺書』 권1, 「端伯傳師說」.

168) 주공염(朱公掞, 1037~1049) : 이름은 광정(光庭), 자는 공염(公掞)으로 하남(河南) 언사(偃師) 사람이다. 경지(景之)의 아들이자, 정호(程顥)의 문인이다. 열 살에 문장을 지을 줄

있어 엄숙하고 의젓하여 범할 수 없었다. 반열이 엄숙해 하자, 소자첨(蘇子瞻)169)이 사람들에게 말하였다. "어느 때나 이놈의 '경(敬)'자를 깨뜨려버릴까?"170)

○ 朱公掞爲御史, 端笏正立, 嚴毅不可犯. 班列肅然, 蘇子瞻語人曰, "何時打破這'敬'字."

『강록』18-3-a

○ 「타파저경자(打破這敬字)」: '경(敬)'에 무슨 형상과 그림자가 있어서 깨뜨리길 바랄 수 있겠는가? 바로 그 사람을 지목하여 반열의 엄숙함을 깨뜨려버리고 싶은 뜻을 말한 것일 뿐이다.(『강록』)

○ 「打破這敬字」: '敬'有甚形影, 而可欲打破? 正指其人而言欲打去班列之意耳.(『講錄』)

『석의』18-3-b

○ 「타파저경자(打破這敬字)」: '경자를 타파하려뇨'이다. ○ 정문의 학문은 경(敬)을 종지로 삼았는데, 거리낌 없이 행동하기를 좋아하는 소식(蘇軾) 학파가 가장 미워하는 것이 되었다. 대개 이 경을 위주로 하는 학문을 깨뜨리고자 한 것이다.(『석의』)

○ 「打破這敬字」: 경자를 타파하려뇨. ○ 程門之學以敬爲宗旨, 最爲蘇學樂放肆者之所惡. 蓋欲打破此主敬之學也.(『釋疑』)

알았고, 가우(嘉祐) 2년에 진사에 급제하였고, 만년주부(萬年主簿)에 발탁되었다. 원우(元祐) 연간에 간관이 되어 언로에 이름을 떨쳤으며, 집현원의 학사로서 노주(潞州)의 지사가 되었다. 광정(光庭)에서 정호(程顥)를 좇아 배웠다. 일찍이 호원(胡瑗)에게서 배웠는데, 호원이 학문을 하는 근본이 충신(忠信)에 있다고 하였으므로 종신토록 그것을 행하였다.

169) 소자첨(蘇子瞻, 1037~1101) : 이름은 식(軾), 자는 자첨(子瞻) 또는 화중(和仲)이고, 호는 동파(東坡)이며, 미주(眉州) 미산(眉山) 사람이다. 소순(蘇洵)의 아들이고 소철(蘇轍)의 형으로 대소(大蘇)라고도 불렸다. 당송팔대가(唐宋八大家)의 한 사람이다. 인종(仁宗) 가우(嘉祐) 2년(1057) 진사에 급제하였고, 항주지주(杭州知州)·정주지주(定州知州)·예부상서(禮部尙書) 등을 역임하였다. 저서에 『동파칠집(東坡七集)』, 『동파지림(東坡志林)』, 『동파악부(東坡樂府)』, 『구지필기(仇池筆記)』, 『논어설(論語說)』 등이 있다.

170) 『二程外書』 권11, 「時氏本拾遺」.

『부주』18-4

○ 왕신백(王信伯)171)이 말하였다. "이천 선생이 어느 날 우연히 진소유(秦少游)를172) 만나서 '하늘이 만약 안다면 하늘조차 수척하리라'173)라는 것은 그대의 글인가?'고 물었다. 소유는 이천이 자기를 칭찬한다고 생각하고는 두 손을 모으고 공손히 인사를 하였다. 그러자 이천이 말하기를 '하늘은 존엄한 것인데 어떻게 하찮게 여겨서 모욕할 수 있겠는가?'라고 하자, 소유는 얼굴빛을 붉혔다."174)

○ 王信伯曰, "伊川先生一日偶見秦少游, 問'天若知也, 和天瘦'是公詞否, 少游意伊川稱嘗之, 拱手遜謝, 伊川云, '上穹尊嚴, 安得易而侮之', 少游面色騂然."

『강록』18-4-a

○ 「'천약(天若)'에서 '천수(天瘦)'까지」 : '하늘을 만약 알진댄 또한 하늘조차 수척하리라'는 뜻이다. 사람의 길흉화복은 미리 알 수 없

171) 왕신백(王信伯, 1082~1153) : 이름은 빈(蘋), 자는 신백(信伯), 호는 진택(震澤)으로 복건성 복청(福淸) 사람이다. 벼슬은 비서성정자(秘書省正字)와 저작랑(著作郞), 통판(通判) 등을 역임했다. 정이(程頤)와 양시(楊時)를 사사했다. 저서에 『논어집해(論語集解)』, 『신백집(信伯集)』이 있다.

172) 진소유(秦少游, 1049~1100) : 이름은 관(觀), 자는 소유(少游) 또는 태허(太虛), 호는 회해거사(淮海居士)로 양주(揚州) 고우(高郵) 사람이다. 젊어서 소식(蘇軾)을 좇아 배웠다. 신종(神宗) 원풍(元豊) 8년(1085) 진사로 문과에 급제하였고, 태학박사(太學博士)·비서성정자겸국사원편수관(秘書省正字兼國史院編修官) 등을 역임하였다. 고문(古文)과 시에 능했고, 특히 사(詞)에 뛰어났다. 소식의 문하에 있으면서 황정견(黃庭堅), 장뢰(張耒), 조보지(晁補之) 등과 함께 '소문사학사(蘇門四學士)'로 일컬어졌다. 저서에 『회해집(淮海集)』 40권, 『후집(後集)』 6권, 사집(詞集)으로 『회해장단구(淮海長短句)』 3권 등이 있다.

173) 진소유가 총애하던 기생 누동옥(婁東玉)에게 준 「수룡음(水龍吟)」이라는 사에 "패옥 소리 울리며 작별한 후에, 슬퍼라 아름다운 기약 어긋나 다시 만나기 어렵네.(玉佩丁東別後, 悵佳期參差難)"라고 하였고 또 "하늘이 안다면 하늘도 수척해질 것이니, 꽃 아래 겹문과 버드나무 가의 깊은 골목에 머리를 돌릴 수 없네.(天還知道, 和天也瘦, 花下重門, 柳邊深巷, 不堪回首)"라고 하였다.

174) 『二程外書』 권12, 「傳聞雜記」.

으므로 하늘에 구함이 없다. 만약 그것을 알아 해로움을 피하고 이로움을 추구하여 하늘에 기도하여 아뢴다면 하늘 또한 따라서 수척해진다는 것이니, 이것은 하늘을 업신여기는 말로서, 마치 소동파가 승가탑(僧伽塔)이라는 제목의 시문에서 말하기를 '(회수에 배를 타고 지나가는 사람은 여기에 이르러 순풍을 타고 갈 수 있기를 빈다.) 밭을 가는 농부는 비를 바라지만 쑥을 베는 사람은 갠 날씨를 바라며, 가는 사람은 순풍을 얻지만 오는 사람은 원망한다'175)고 운운한 것과 같다. 매번 이르는 사람마다 구하는 것이 있으면 신도 또한 피곤하게 여긴다는 뜻이다. 「상궁(上穹)」 : 하늘이다.(『강록』)

○ 「天若 止 天瘦」 : 天을 만약 알딘댄 또흔 天이조차 瘦ᄒᆞ리라. 人吉凶禍福未可預知, 故無求於天. 若知之避害趨利, 祈告於天. 天亦隨而瘦, 此是侮天之語, 猶東坡題僧伽塔曰, "(淮水過舟者, 到此, 祈得順風以行) 耕田欲雨刈欲晴, 去得順風來者怨"云云. 每到有求, 神亦倦之意耳. 「上穹」 : 天也.(『講錄』)

『석의』18-4-b

○ 「'천약(天若)'에서 '천수(天瘦)'까지」 : '하늘이 만일 알진댄 하늘조차도 수척하리라'는 뜻이다. ○ 진소유(秦少游)가 기녀에게 준 사에서 "패옥 소리 울리며 작별한 후에 슬퍼라, 아름다운 기약 어긋나 다시 만나기 어렵네."라고 하였고, 또 "하늘이 도리어 안다면 하늘도 수척해질 것이니, 꽃 아래 겹문과 버드나무 가의 깊은 골목에 머리를 돌릴 수 없네."176)라고 하였다. 「상궁(上穹)」 : 하늘이다. 「성연(騂然)」 : 부끄러워 얼굴을 붉히는 모양이다.(『석의』)

○ 「天若 止 天瘦」 : 천이 만일 알새신댄 하늘도조차 수ᄒᆞ리라. ○ 秦少游贈妓詞曰, "玉佩丁東別後悵, 佳期參差難", 又"天還知道, 和天也瘦, 花下重門, 柳邊深巷, 不堪回首." 「上穹」 : 天也. 「騂然」 : 羞赧貌.(『釋疑』)

---

175) 『東坡詩集註』 권23.

176) 『淮海集』 長短句卷上, 「水龍吟贈」.

『질서』18-4-c

○ 진관(秦觀)이 기생인 유초청(柳梢青)에게 준 사에서 '하늘이 안다면 하늘도 수척해질 것이다'고 말하였는데, 이것은 이하(李賀)의 시에서 '하늘이 만약 안다면 하늘도 마땅히 늙을 것이다'고 말한 것과 같은 뜻이다. 소식의 문하와 친한 사람이 이미 정씨와 원수지간이 된 것을 보면, 그 책망이 반드시 소식이 주공염에서 했던 것처럼 갑자기 불손한 말을 하리라는 것도 이상할 것이 없다. 그러나 그것에 대하여 얼굴을 붉혀서 부끄러움을 아는 것은 불선을 보고도 마음껏 책망하지 않은 선생의 덕 있는 모습이 그를 감복시킴이 있었기 때문이 어찌 아니겠는가? 그렇지 않았다면 저에게 보탬이 되지 않고 자기에게 손해만 끼쳤을 것이다. 이것은 또 세상을 살면서 사람을 대할 때 살펴서 생각해볼 만한 것이다.(『질서』)

○ 秦觀贈妓柳梢青詞云, '天還有知, 和天也瘦', 此如李賀詩所謂'天若有知天應老'之意也. 觀蘇門狎客已與程氏作仇, 其有責喩必將如子瞻之於公掞而遽發不遜之語, 固無所怪. 然而爲之騂然知恥者, 豈非觀之不善, 不至索性, 而先生之德容, 有以服之耶. 不然則不有益於彼而徒致損於己. 此又處世接物之所省念.(『疾書』)

『밀험』18-4-d

○ 주공염(朱公掞)이 어사가 되어 홀(笏)을 단정히 들고 바르게 서 있자 소자첨(蘇子瞻)이 사람들에게 말하였다. "어느 때나 이놈의 '경(敬)'자를 깨뜨려 버릴까?" ○ 진소유(秦少游)의 사(詞)에 '하늘이 만약 안다면 하늘도 수척하리라'라고 하였는데 정이천이 말하였다. "하늘은 존엄한 것인데 어떻게 하찮게 여기고 모욕할 수 있겠는가." ○ 정약용의 생각: 소씨와 진씨는 모두 총명하고 매우 특출한 사람들인데 다만 그 본령이 바르지 못하여 한 마디 말의 실수를 천고에 씻지 못한다. 지금 과거(科擧) 공부하는 학문은 그 평생토록 익히는 것이 모두 음란하고 간사하고 기만적이고 망령된 설들이니, 그것이 사람의 마음을 무너뜨리는 것이 또 어찌 다만 소씨

나 진씨의 부류에 그칠 뿐이겠는가?(『밀험』)

○ 朱公掞爲御史, 端笏正立, 蘇子瞻語人曰, "何時打破這敬字?" ○秦少游詞云, '天若知也, 和天瘦', 伊川云, "上穹尊嚴, 安得易而侮之." ○ 案 : 蘇氏·秦氏皆聰明絶特之人, 特其本領不正, 一言之失, 千古不洗. 今科擧之學, 其平生所習, 皆淫邪詭妄之說, 其壞人心術, 又豈特蘇·秦之類哉?(『密驗』)

『부주』18-5

○ 장자가 말하였다. "정(鄭)나라와 위(衛)나라 음악은 구슬프고 애처로워 사람의 마음을 붙들어 매고, 또 게으른 생각을 품게 하며, 그리하여 교만하고 음탕한 마음에 이르게 한다. 비록 진귀한 기호품이나 기이한 재화라도 처음에 사람의 마음을 미혹시킴이 이보다 절실하지 않으니, 그로부터 무한한 기호가 생겨난다. 그래서 공자는 반드시 그것을 내쳤으니,[177] 역시 성인도 경험하신 것이다. 다만 성인은 사물에 동요되지 않을 수 있었을 뿐이다."[178]

○ 張子曰, "鄭衛之音悲哀, 令人意思留連, 又生怠惰之意, 從而致驕淫之心. 雖珍玩奇貨, 其始惑人也亦不若是切, 從而生無限嗜好, 故孔子必放之, 亦是聖人經歷過. 但聖人能不爲物所移耳."

『강록』18-5-a

○ 「유련(留連)」 : 맹자가 말하였다. "물길을 따라 내려가 돌아오는 것을 잊어버린 것을 '류(流)'(留와 같다.)라고 하고, 물길을 거슬러 올라가 돌아오는 것을 잊어버린 것을 '련(連)'이라고 한다." 「방지(放之)」 : 공자가 "정나라의 소리를 내쳐라. 정나라의 소리는 음탕하다"고 말한 것을 가리킨다.(『강록』)

177) 『論語』, 「衛靈公」. "放鄭聲, 遠佞人. 鄭聲淫, 佞人殆."

178) 『張子全書』 권14, 「近思録拾遺」.

○ 「留連」 : 孟子曰, “從流下而忘返謂之‘流’(與留同), 從流上而忘返謂之‘連’.”
「放之」 : 孔子曰, “放鄭聲, 鄭聲淫.”(『講錄』)

『부주』18-6

○ 무이호씨(武夷胡氏)[179]가 말하였다. “좌씨는 ‘공손오가 거(莒)나라로 달아난 것은 기씨를 좇아간 것이다’[180]라고 했는데, 남녀 사이에는 사람의 커다란 욕망이 있다. 욕망을 줄이는 것은 마음을 기르는 요체이니 욕망이 있으면서도 행하지 않기는 어려운 일일 수 있다. 그러나 욕망은 색욕에서 일어나 음란한 데에 빠진다. 색욕은 본성에서 나오니 눈이 보는 것은 똑같이 아름답다고 여기는 것이 있으니 가릴 수 없다. 음란함은 기운에서 나오는데 그 뜻을 잡지 않으면 방만하여 제멋대로 내달려 하지 않는 짓이 없다. 무릇 뜻이 기운을 추종하여 음란한 욕망을 제멋대로 행하면서 그것을 통솔하지 못하여 집안과 나라를 버리고 달아나 돌아보지 않는 지경에까지 이르니, 이것은 천하에 크게 경계할 일이다. 『춘추』에서 삼가 그 일을 기록하였으니, 공손오에게 무슨 벌이 되겠는가? 후인들로 하여금 거울로 삼아서 반드시 그 뜻을 잡게 한 것이니, 몸을 닦고 욕망을 막는 방도이다.”[181]

---

179) 무이호씨(武夷胡氏, 1074~1138) : 이름은 안국(胡安國), 자는 강후(康侯), 시호는 문정(文定)으로 송나라 건주(建州) 숭안(崇安) 사람이다. 철종(哲宗) 소성(紹聖) 4년(1097)에 진사가 되었고, 태학박사(太學博士)·제거호남(提擧湖南)·성도학사(城都學事) 등을 역임했다. 고종(高宗)대에 장준(張浚)의 천거로 중서사인(中書舍人) 겸 시강(侍講)에 제수되어 「시정론(時政論)」 21편을 올렸다. 얼마 뒤 병을 이유로 사직했지만 거절되고, 시독(侍讀)을 겸하면서 『춘추』를 전강(專講)했다. 왕안석(王安石)이 『춘추』를 폐하여 학관(學官)에 끼지 못해 『춘추』의 학문이 쇠퇴한 것을 탄식하고, 20년을 연구하여 『춘추호씨전(春秋胡氏傳)』 30권을 저술했다. 그 밖의 저서에 『자치통감거요보유(資治通鑑擧要補遺)』 100권, 『문집』 15권이 있다. 사량좌(謝良佐)는 일찍이 그의 자질을 ‘엄동설한에 온갖 초목이 말라 죽지만, 송백(栢獨)만이 홀로 빼어났다’고 평한 바 있다.

180) 『春秋左氏傳』 文公 8年條.

○ 武夷胡氏曰, "左氏'公孫敖奔莒, 從己氏也', 男女, 人之大欲存焉. 寡欲者, 養心之要, 欲而不行, 可以爲難矣. 然欲生於色而縱於淫, 色出於性, 目之所視, 有同美焉, 不可掩也. 淫出於氣, 不持其志, 則放辟趨蹶, 無不爲矣. 夫以志徇氣, 肆行淫欲, 而不能爲之帥, 至於棄其家國, 出奔而不顧, 此天下之大戒. 『春秋』謹書其事, 於敖與何誅? 使後人爲鑑, 必持其志, 修身窒欲之方也."

『강록』18-6-a

○ 「'공손(公孫)'에서 '씨야(氏也)'까지」 : 노나라 종실에 중손(仲孫), 숙손(叔孫), 계손(季孫)이 있었다. 공손(公孫)은 바로 중손오(仲孫敖)이다. 공자(公子) 경(慶)이 거(莒)에서 친영(親迎)을 하려 할 때, 공손오는 사신으로 주나라에 가게 되었다. 경은 공손오로 하여금 기씨(己氏)를 데리고 오게 했다. 공손오는 그녀의 아름다움을 보고 기뻐하여 드디어 아내로 삼았다. 사랑에 빠져서 주(周)나라로 가지 않고, 또 노(魯)나라로 돌아가지도 않았다. 노나라 사람들이 질책하자 부득이하여 노나라로 돌아갔다가 뒤에 기씨(己氏)를 잊지 못하여 거(莒)나라로 달아났다. 「'목지(目之)'에서 '미언(美焉)'까지」 : 『맹자』에 나온다. '동미(同美)'는 해석하면, '한 가지로 아름답다'는 말이다.(『강록』)

○ 「公孫 止 氏也」 : 魯宗室有仲孫叔孫季孫. 公孫乃仲孫敖也. 公子慶將親迎於莒, 公孫敖以使往周. 慶使敖率己氏而來. 敖及見悅其美, 遂娶焉. 溺愛不往周, 又不還魯. 魯人責之, 故不得已來魯, 後不忘己氏奔莒. 「目之 止 美焉」 : 出『孟子』, '同美'. 釋云ᄒᆞᆫ가지로아름답다.(『講錄』)

『석의』18-6-b

○ 「'공손(公孫)'에서 '씨야(氏也)'까지」 : 공손오(公孫敖)는 노(魯)나라 종실의 중손오(仲孫敖)이다. 노나라 대부(大夫) 양중(襄仲)이 거(莒)나라에서 기씨(己氏)를 아내로 맞아들이는데 공손오가 그 일로 거

181) 『春秋胡傳附錄纂疏』 권14, 「文公上」.

나라에 사신으로 가서 청하여 데려오게 되었다. 공손오가 보고는 아름답게 여겨 그와 정을 통했다. 뒤에 사람들의 배척과 비난을 받자 그녀를 돌려보내고, 얼마 되지 않아 나라와 가정을 버리고는 그녀를 좇아갔다. 「색출어성(色出於性)」: 고자가 '식색은 본성이다'고 말한 것은 기질을 가리켜 말한 것이다.(『석의』)

○ 「公孫 止 氏也」: 公孫敖魯宗室仲孫敖也. 魯大夫襄仲娶己氏於莒, 而敖以事使莒, 請領來. 敖見而美之, 仍與之通. 後被人貶議, 送還之, 未幾, 棄國家而從之. 「色出於性」: 告子曰, '食色, 性也'. 指氣質而言.(『釋疑』)

『질서』18-6-c

○ 공손오의 일은 『좌전』 문공 8년 조에 보인다. 이익(李瀷)의 생각: "『주자어류』 「춘추」권에서 말하였다. "'색욕은 본성에서 나오고, 음란함은 기에서 나온다'는 호씨의 설은 사상채에게서 연원한 것이다. 여기에서 특별히 나눈 것은 옳지 않다. 대체로 사람의 몸에서 나온 도리는 똑같이 모두 본성이다. 색욕은 참으로 본성이다. 그러나 예로써 절제하고, 의로써 통제하지 못하면 그것이 바로 악이다. 그러므로 맹자는 여기에서 다만 '군자는 본성이라고 말하지 않는다'고 하였으니 그 말이 저절로 병통이 없다."[182](『질서』)

○ 公孫敖事, 見『左傳』文公八年. 謹按: "『朱子語類』「春秋」卷曰, "胡氏'色出於性, 淫出於氣', 其說原於上蔡. 此殊分得不是. 大凡出於人身上道理, 同皆是性. 色固性也. 然不能節之以禮, 制之以義, 便是惡, 故孟子於此, 只云, '君子不謂性也', 其語便自毋病."(『疾書』)

『부주』18-7

○ 치당호씨(致堂胡氏)[183]가 말하였다. "'술만은 량을 한정함이 없

182) 『朱子語類』 권83, 「春秋·經」.

183) 치당호씨(致堂胡氏, 1098~1156) : 송나라 건녕(建寧) 숭안(崇安) 사람으로 이름은 인(寅), 자는 명중(明仲)이며, 학자들은 치당선생(致堂先生)이라 부른다. 휘종(徽宗) 선화(宣和) 3년(1121)에 진사(進士)가 되었다. 관직은 예부시랑겸직학사원(禮部侍郎兼直學士院)까지 올랐다. 양시(楊時)를 좇아 배웠으며, 시호는 문충(文忠)이다. 저서에 『논어상설(論語詳

으시되 어지러운 데까지 이르지는 아니하셨다'[184]고 하니, 어지럽다는 것은 안으로는 심지를 혼미하게 하고, 밖으로는 위엄스러운 거동을 잃어버리게 하는 것이니, 심하면 반백이 말한 '음란의 근원이 모두 술에 있게 된다'는 것이다.[185] 성인은 술을 마시는데 정해진 량이 없었고 어지러운 행태도 없었으니, 대개 '마음이 하고자 하는 바를 좇아도 법도를 넘지 않는다'는 것이다. 이 때문에 이와 같을 수 있었던 것이지만, 배우는 사람은 그렇지 못하니 마땅히 경계할 줄 알아야 한다."[186]

○ 致堂胡氏曰, "唯酒無量, 不及亂, 亂者, 內昏其心志, 外喪其威儀, 甚則班伯所謂'淫亂之原皆在於酒也'. 聖人飮無定量, 亦無亂態. 蓋從心所欲不踰矩, 是以如此, 學者未能然, 當知戒可也."

『강록』18-7-a

○ 「무량(無量)」: 세상에서 그것을 '술을 마시는 데 한정이 없었다'고 말하는 것은 옳지 않다. 몇 잔으로 량을 한정하지 않고 오직 기운에 맞게 마실 따름인 것이다. 비평하여 말하였다. "반백(班伯)은 반표(班彪)의 숙부이다. 이것은 반백이 성제(成帝)에게 간언한 말로서, 서전(敍傳)에 보인다."(『강록』)

○ 「無量」: 世以謂飮之無限, 非是. 不以幾器爲限量, 惟適於氣而已耳. 「班伯」: 批云, "班伯. 彪之叔父, 此伯諫成帝之語, 見敍傳."(『講錄』)

『석의』18-7-b

○ 「'반백(班伯)'에서 '어주(於酒)'까지」: 반백은 반표(班彪)의 숙부이다. '음란(淫亂)' 이하는 반백이 성제(成帝)에게 간언한 말이다.(『석의』)

○ 「班伯 止 於酒」: 伯, 彪之叔父. '淫亂'以下, 伯諫成帝辭.(『釋疑』)

說)』, 『독사관견(讀史管見)』, 『비연집(斐然集)』이 있다.

184) 『論語』, 「鄕黨」.

185) 『前漢書』 권100상.

186) 『西山讀書記』 권4, 「治情」.

『질서』18-7-c

○ 『한서』에 성제(成帝)가 술잔을 가득 채워 끌어당기자, 반백(班伯)이 휘장을 둘러친 병풍에 그려진 주왕이 취하여 달기(妲己)라는 여인에게 기대어 있는 모습을 보면서 말하였다. "음란함을 경계해야 하니, 그 근원은 모두 술에 있다." 임금이 말하였다. "오랫동안 반생(班生)을 보지 못하였는데, 또 다시 바른 말을 듣게 되었다"고 한 것이 바로 그 일이다. 대개 여색과 음란함은 오히려 혹 스스로 살피고 스스로 다스릴 수 있다. 오직 술은 뜻을 방탕하게 하니, 뜻이 방탕하게 되면 장차 하지 못할 것이 없게 된다. 그러므로 "그 근원은 술에 있다"고 말하였다.(『질서』)

○ 『漢書』成帝引滿擧白, 班伯見幄坐屛風畵紂醉踞妲己, 乃曰, "淫亂之戒, 其原皆在酒." 上曰, "久不見班生, 又復聞讜言", 卽其事也. 蓋女色淫昏, 猶或可以自省自靖. 惟酒蕩志, 志蕩則將無所不至矣. 故曰'其原在酒.'(『疾書』)

『부주』18-8

○ 주자가 말하였다. "「악기」에서 '좋아하고 미워하는 것이 안에서 조절됨이 없고, 지각이 밖에서 유혹되어 자신의 몸에 돌이키지 못하면 천리가 없어지게 된다'고 하였다. 이것은 감정(情)이 쏠리고 본성이 상실되는 것을 말한 것이다. 좋아하고 미워하는 감정에는 본래 자연스러운 절도가 있다. 그런데 오직 스스로 깨닫지 못하고 함양하는 바가 없어서 대본이 서지 못한다. 이 때문에 자연의 법칙이 안에서 밝혀지지 않고, 외물이 또 좇아 유혹하니, 이것이 (감정이) 흘러 넘쳐서 방일하게 되어도 스스로 알지 못하는 것이다. 진실로 여기에서 그렇게 되는 이유를 깨달아 자신의 몸에 돌이켜 구할 수 있다면 감정의 지나친 흐름을 거의 제어할 수 있을 것이다. 그렇지 않고 오직 감정에 따르기만 한다면 인욕이 활활 타오르고 천리는 없어져 사라지

는 것에 오히려 무슨 어려움이 있겠는가? 이 한 구절은 바로 천리와 인욕의 기틀로 그 사이에서 잠시도 멈추는 것을 용납하지 않는 곳이다."187)

○ 朱子曰, "「樂記」云, '好惡無節於內, 知誘於外, 不能反躬, 天理滅矣.' 此言情所以流而性之所以失也. 情之好惡, 本有自然之節. 惟其不自覺知, 無所涵養而大本不立. 是以天則不明於內, 外物又從而誘之. 此所以流濫放逸, 而不自知也. 苟能於此, 覺其所以然者, 而反躬以求之, 則其流庶乎其可制也. 不能如是而惟情是徇, 則人欲熾盛而天理滅息, 尙何難之有哉. 此一節, 正天理人欲之機, 間不容息處."

『강록』18-8-a

- 「각지(覺知)」 : 비평하여 말하였다. "각지(覺知)는 『예기대전』에 '지각(知覺)'으로 되어 있다."『강록』
- 「覺知」 : 批云, "覺知『禮記大全』作'知覺'."(『講錄』)

『석의』18-8-b

- 「지유어외(知誘於外)」 : 지각이 외물에 유혹됨을 말한 것이다. 「각지(覺知)」 : 『大全』에 '지각(知覺)'으로 적혀 있다.(『석의』)
- 「知誘於外」 : 謂知覺見誘於外物也. 「覺知」 : 『大全』作'知覺'.(『釋疑』)

○ 「정민정의 생각」21 : 「악기(樂記)」는 천리와 인욕에 대하여 극한까지 미루어 말하였으나 주자의 가르침이 더욱 경계가 되고 절실하다. 배우는 사람이 도로써 욕망을 통제하지 못하고 욕망 때문에 도를 잃어버린다면 정자(程子)가 말한 '사람의 도리가 무너지고 금수와 같은 지경에 빠진다'188)는 것이 바로 초래될 것이다.

○ 「按」 : 「樂記」於天理人欲推極言之, 而朱子之訓, 尤爲警切. 學者不能以道制欲, 而以欲忘道, 則程子所謂'人道廢而入于禽獸'者, 可立致矣.

---

187) 『晦庵集』 권67, 「樂記動靜說」.

188) 『西山讀書記』 권4, 「治情」.

제19장: 모든 사람에게는 남의 불행을 보고 참지 못하는 마음이 있다 [人皆有不忍人之心]

○ 맹자가 말하였다. "모든 사람에게는 남의 불행을 보고 참지 못하는 마음이 있다. 선왕께서는 남의 불행을 보고 참지 못하는 마음을 가지고 있어서 이에 남의 불행을 참지 못하는 정치를 하셨으니, 남의 불행을 보고 참지 못하는 마음으로 남의 불행을 참지 못하는 정치를 시행한다면 천하를 다스리는 것을 손바닥 위에서 움직이듯 할 수 있다. 모든 사람에게는 남의 불행을 보고 참지 못하는 마음이 있다고 말하는 까닭은, 이제 사람이 어린 영아가 우물에 빠지려고 하는 것을 언뜻 본다면 모두 깜짝 놀라서 측은히 여기는 마음을 가지게 되는데, 이것은 어린아이의 부모와 사귀기 위해서도 아니며, 마을 사람과 친구들에게 명예를 구하려고 해서도 아니며, 그 비난소리가 싫어서 그렇게 한 것도 아니다. 이로 말미암아 본다면 측은히 여기는 마음이 없으면 사람이 아니며, 부끄러워하는 마음이 없으면 사람이 아니며, 사양하는 마음이 없으면 사람이 아니며, 시비를 구별하는 마음이 없으면 사람이

아니다. 측은히 여기는 마음은 인(仁)의 단서이고, 부끄러워하는 마음은 의(義)의 단서이며, 사양하는 마음은 예(禮)의 단서이고, 시비를 가리는 마음은 지(智)의 단서이다. 사람이 이 사단을 가지고 있음은 사체(四體)를 가지고 있음과 같다. 이 사단을 가지고 있으면서 스스로 할 수 없다고 말하는 사람은 스스로를 해치는 사람이며, 자기 임금이 무능하다고 말하는 사람은 임금을 해치는 사람이다. 무릇 나에게 있는 사단을 모두 넓혀서 채울 줄을 알면 마치 불이 처음 타오르고 샘물이 처음 솟아 나오는 것과 같을 것이니, 진실로 그것을 채울 수만 있다면 사해를 보호할 수 있을 것이요, 진실로 그것을 채우지 못한다면 부모를 섬길 수도 없을 것이다."[189)]

◯ 孟子曰, "人皆有不忍人之心. 先王有不忍人之心, 斯有不忍人之政矣, 以不忍人之心, 行不忍人之政, 治天下可運於掌上. 所以謂人皆有不忍人之心者, 今人乍見孺子將入於井, 皆有怵惕惻隱之心, 非所以內交於孺子之父母也, 非所以要譽於鄕黨朋友也, 非惡其聲而然也. 由是觀之, 無惻隱之心, 非人也. 無羞惡之心, 非人也. 無辭讓之心, 非人也. 無是非之心, 非人也. 惻隱之心, 仁之端也. 羞惡之心, 義之端也. 辭讓之心, 禮之端也. 是非之心, 智之端也. 人之有是四端也, 猶其有四體也. 有是四端而自謂不能者, 自賊者也, 謂其君不能者, 賊其君者也. 凡有四端於我者, 知皆擴而充之矣. 若火之始然, 泉之始達, 苟能充之, 足以保四海. 苟不充之, 不足以事父母."

『강록』19-A

○ 「소이위인개유운운(所以謂人皆有云云)」 : 이것은 맹자가 사람의 마음

---

189) 『孟子』, 「公孫丑上」.

이 본성과 감정(情)을 통괄한다는 것을 잘 형용한 것이다. ○ 물었다. "'이 사단을 가지고 있으면서 스스로 할 수 없다고 말하는 사람은 스스로를 해치는 사람이다'고 한 것은 말한 것이 이미 극진하다. 그런데 이어서 '자기 임금이 무능하다고 말하는 사람은 임금을 해치는 사람이다'고 말한 것은 무엇 때문인가?" 대답하였다. "두루 비추다가 우연히 언급하였을 뿐이다. 그러나 사람이 자기를 닦은 뒤에 그것을 미루어 행하되 먼저 해야 할 것은 임금을 섬기는 일이다. 당시의 사람들이 대부분 우리 임금이 무능하다고 생각하였기 때문에 맹자는 일찍이 그 말이 잘못되었음을 말한 적이 있는데, 이제 이 말을 하면서 함께 그것을 언급하였을 뿐이다." ○ 또 말하였다. "'확(擴)'은 미루어 넓히는 것이고, '충(充)'은 그 량을 채우는 것이다. 이(理)는 형체도 없고 한정도 없다. 그러므로 인의예지의 성(性)도 한량이 없으며, 그것이 발하여 작용하는 것도 한량이 없다. 측은한 마음이 발하는 것은 하나의 일에서 그 도를 다할 뿐만 아니라, 천하의 일 가운데 측은해야 할 것에 대해 하나하나 미루어 넓혀서 그 무한한 량을 가득 채우고자 하는 것이다. 부끄러워하는 마음과 사양하는 마음, 그리고 시비를 분별하는 마음도 그러하니, 측은한 마음이 발한 하나의 단서를 가리키는 것이 아니라 단지 하나의 단서에 나아가서 그것을 미루어 채우는 것이다. 맹자가 말하였다. '사람은 모두 차마 하지 못하는 바를 가지고 있는데, 그것을 차마하는 바에까지 통달하는 것이 인(仁)이고, 사람들은 모두 하지 않는 바가 있는데 그것을 하는 바에까지 이르게 하는 것이 의(義)이다. 사람이 남을 해치려고 하지 않는 마음을 확충할 수 있다면 인을 이루다 쓸 수 없을 것이다. 사람이 도둑질하지 않으려는 마음을 확충할 수 있다면 의를 이루다 쓸 수 없을 것이다. 사람이 천대받지 않는 실질을 확충할 수 있다면 어디를 가든 의를 행하지 않음이 없을 것이다. 선비가 말을 해서는 안 되는데 말하는 것은 말로써 유혹하는 것이며, 말을 해야 하는데 말하지 않는 것은 말하지 않는 것으로 유혹하는 것이다. 이것은 모두 도둑질과 같은 것이다. 확충의 설을 알고자 하면 이러한 곳에서 자세히 살펴서 취해야 한다. ○ 비평하여 말하였다. "이(理)에 정해진 양이 없고 오직 기에 정해진 량이 있으니, 형체가 있기 때문이다." 「불인지심(不忍之心)」 : 이덕형의 기록에서 말하였다. "주자는 '불인지심이 바로 측은지심이다'고 하였다.' 또 '인은 세 가지 덕을 포함하며, 측은은 세 가지 단서를 관통한다. 그러므로 이것으로 인하여 모두를 들어서 말하였다'." 「오기성(惡其聲)」 : 이덕형의 기록에서 말하였다. "'오기성(惡其聲)'은 구제하지 않았다고 비난하는 소리이지, 어린 아이의 울음소리가 아니다." 「사단(四端)」 : 이덕형의 기록에서 말하였다. "물었다. '혹은 사단을 정이라고 하고, 혹은 칠정을 정이라고 합니다. 정은 성이 발한 것입니다. 이미 칠을 정이라고 한다면 이른바 사단은 과연 무엇을 말하는 것입니까? 사람의 정에 두 갈래가 있는 것입니까?' 말하였다. '정이 발하는 것은 혹은 리를 위주로 하기도 하고, 혹은 기를 위주로 하기도 한다. 기가 발한 것은 칠정이 이것이고, 리가 발한 것은 사단이 이것이다. 어찌 두 갈래가 있어서 그러한 것이겠는가?' 말하였다. '이(理)는 본래 형체가 없으나, 만약 이 기가 없다면 어찌 홀로 발하는 리가 있겠습니까?' 대답하였다. '그렇다. 천하에 이 없는 기가 없고, 기 없는 이가 없다. 사단은 이가 발하면서 기가 그것을 따르고, 칠정은 기가 발하면서 이가 그것을 탄 것이다. 이(理)이기는 하지만 기가 따르지 않는다면 만들어낼 수 없고, 기이지만 이가 타지 않는다면 이욕에 빠져서 금수가 된다. 이것은 바꿀 수 없는 정해진 이치이다. 만약 혼륜해서 말한다면 미발지중은 대본이고, 칠정은 대용이다. 예컨대, 정이천의 「호학론」과 『중용』 수장이 이것이다. 『맹자』의 이 장은 오직 이를 위주로 말한 것이다.' 또 물었다. '이미 칠정과 사단을 말하였는데, 또 인심과 도심이라고 한 것은 무엇 때문입니까?' 대답하였다. '인심은 칠정이 이것이고, 도심은 사단이 이것이다. 두 개의 도리가 있는 것이 아니다. 나머지 상세한 것은 「기명언(奇明彦)에게 답한 문목」에 나와 있다.'" ○ 말하였다. "칠정과 사단에 '중(中)'이 있고 '부중(不中)'이 있는 것은 무엇 때문입니까?" 대답하였다. "절도에 맞으면 중이고, 절도에 맞지 않으면 부중이다." 또 물었다. "그렇다면 절도에 맞고 절도에 맞지 않는 까닭은 어째서입니까?" 대답하여 말했다. "일찍이 주자의 「장경부(張敬夫)에게 답한 글」을 본적이 있다. 거기에서 다음과 같이 말하였다. '나는 사물에 감하는 것은 마음이요, 그것이 움직이는 것은 정이라고 생각한다. 정은 본성에 근원하고 마음의 주재를 받는다. 마음이 그것을 주재하면 그 움직임이 절도에 맞지 않음이 없을 것이니, 어찌 인욕이 있겠는가? 오직 마음이 주재하지 아니하고 정이 스스로 움직이기 때문에 인욕으로 흘러서 매번 그 바름을 얻지 못하는 것이다. 그렇다면 천리와 인욕의 갈림과 절도에 맞음과 절도에 맞지 않음의 구분은 단지 마음이 주재하는가 주재하지 않는가에 달려 있는 것이지, 정이 그것을 병들게 할 수 있는 것이 아님도 이미 분명하다. 비록 '절도에 맞는다'고 할지라도 이것 역시 정이다. 그러나 절도에 맞게 하는 까닭은 바로 마음이다. 이제 어린아이가 우물에 빠지려는 것을 문득 보는 것은 마음이 느끼는 것이다. 반드시 깜짝 놀라서 측은한 마음이 생기는 것은 정이 움직이는 것이다. 사귐을 맺고, 명예를 구하고, 비난하는 소리를 싫어하는 것은 마음이 주재하지 아니하여 그 바름을 잃은 것이다.' 이 설은 명백하고 정확하다. 배우는 사람이 깊이 음미하고 익숙하게 살핀다면 오래되어서는 그것을 알게 될 것이다. 달리 화두를 세울 필요는 없다." ○ 물었다. "예전에 장근(張謹)이 측은의 가르침을 기록하면서 '측은은 기이고, 측은해하는 까닭이 이(理)이다'고 하였는데, 덕홍이 분별하여 질문하였다. '대저 사단은 이의 발이요, 그것이 발하여 측은, 수오, 사양, 시비가 되는 것은 기이다. 어째서인가? 이(理)는 본래 형체가 없으나, 이 기가 없다면 이(理)

는 만들어낼 수 없다. 그러므로 인이 기를 타고 발하는 것을 일컬어 '측은이다'라고 하였다. 이 때문에 선생께서는 그대의 측은에 대한 물음이 이것을 알지 못하고 물은 것이라고 의심해서 기로써 가르친 것이지, 측은이 바로 기라고 생각한 것은 아니다. 이제 그대가 그것을 기록하여 '측은은 기이고, 측은해하는 까닭이 이(理)이다'고 한다면 은연중에 기를 위주로 하는 뜻이 있게 된다. 나는 그 설을 뒤집어 놓았다고 생각한다. 예전에 선생께서 '사단은 이(理)가 발하면서 기가 그것을 따르고, 칠정은 기가 발하면서 이(理)가 그것을 탄다'고 말씀하신 가르침을 받았다. 그렇다면 사단과 칠정에서 이와 기의 선후는 확실하여 바꿀 수 없다. 이제 만약 기쁨과 성냄을 말하면서 '기뻐하고 성내는 것은 기이고, 기뻐하고 성내는 까닭은 이(理)이다'고 말한다면 오히려 가능하다. 만약 측은을 말하면서 '측은은 기이고, 측은해하는 까닭은 이(理)이다'고 말한다면 나는 장차 그것을 보게 될 사람이 사단은 본래 기에서 나와서 이(理)로써 이루어지는 것이라고 의심할까 두렵다. 비유하여 논한다면 어떤 사람이 말을 타고 길을 가는데 그것을 가리키는 사람이 사람이라고 해야 하는가? 아니면 말이라고 해야 하는가? 만약 그것을 사람이라고 한다면 옳지만, 만약 그것을 말이라고 한다면 옳지 않다. 어째서 그렇게 말하는가? 이제 말을 타고 가는데 사람이 말을 주재하고 말이 사람에게 복종한다면 가는 것은 비록 말이지만 가게 하는 것은 사람이다. 그렇다면 말이 사람을 가게 하는 것이 아니라, 실제로 사람이 가는 것이다. 만약 그대의 설명대로라면 사람이 말의 주인이 되지 않고 말이 실제로 그것의 주인이 되는 것이다. 그대는 어찌 저 불을 보지 못하였는가? 불은 본래 형체가 없으나 섶나무를 빌려서 형체와 그림자를 만들어 낸다. 그렇다면 밝은 것은 비록 불일지라도 그것을 밝힐 수 있는 것은 섶나무이다. 그런데 그것을 말하는 사람들이 모두 불이라고 생각하고 섶나무라고 생각하는 것을 들어보지 못한 것은 무엇 때문인가? 빌리는 것은 비록 섶나무이지만 주장하는 것은 불이기 때문이다. 이제 그대가 이것을 옳다고 생각한다면 불의 밝음을 보고 반드시 섶나무라고 생각한 연후에 그치게 될 것이다. 나는 그러므로 '만약 측은은 이(理)의 발이고, 그 발하는 것은 기이다'고 하면 괜찮지만, 만약 '측은은 기이고, 측은해하는 까닭이 이(理)이다'고 한다면 아마도 옳지 않을 것이라고 말한 것이다. 내가 다른 날 들은 것이 이것과 다른 듯하기에 망령되이 바로 잡아 보았다. 만약 나를 믿지 못하겠다고 생각하면 선생에게 질문해보기 바란다. 그대는 어떻게 생각하는가?" 답하여 말하였다. "선생이 이것을 가르친 것은 진북계(陳北溪)가 주자에게 질문한 설이다." ○ 함형이 삼가 생각건대, "이덕홍의 설은 의심이 없을 수 없습니다. 사람과 말, 불과 섶나무는 판연히 다른 두 가지의 물건이라, 이와 기에 은미한 분별이 있는 것과 다릅니다. 대개 한데 섞어서 말한다면 이기는 하나의 물건이요, 나누어서 말한다면 이(理)가 있은 이후에 이기가 있습니다. 뒤에 오는 여러 현인들이 처음 이기론을 밝힌 것은 이(理)에는 어둡고 한갓 기만 보고는 황홀하여 분변하지 못함으로 해서 드디어 성명의 바름을 잃어버릴까 염려한 때문입니다. 이덕홍의 설이 장근의 기록을 비판한 것은 맞지만, 사람과 말, 불과 섶나무를 인용해서는 안 됩니다. 저는 채절재(蔡節齋)가 성정을 이기에 견준 것처럼 잘못될까 두려운데, 어떻습니까? 감히 가르침을 바랍니다." (선생이) 비평하여 말하였다. "'측은은 기이고, 측은할 수 있는 까닭은 이(理)이다.' 이것은 참으로 진북계의 설이다. 사문에 질정하여도 배척되지 않는다. 그러나 나는 또 측은은 기라는 한마디 말이 너무 '기(氣)'자를 주장하여 이(理)의 경계 구분을 침범함이 없지 않다고 의심한 적이 있다. 굉중(宏仲)이 그것을 비판한 것도 이치가 없지는 않은 듯하다. 그러나 굉중의 설에도 잘못이 있다. 대개 이(理)가 발하여 사단이 되는데, 의지하여 발하는 것은 기이고, 그럴 수 있는 까닭은 실제로 이(理)가 하는 것이다.

이제 굉중이 '소이능(所以能)' 세 글자를 기(氣)에 귀속시켰는데, 그 잘못이 자못 북계의 설보다도 심하다. 이(理)가 기를 타고 다니는 것을 주자도 사람이 말을 타고 드나드는 것으로 비유하였다. 굉중의 사람과 말에 비유한 설은 여기에 근본한 것으로 그 설은 병통이 없다. 불과 섶나무로 비유한 것도 사람과 말의 비유와 같은 것으로 불가능하지 않다. 그러나 또 '소이능(所以能)' 세 글자를 섶나무에 귀속시킨 것도 옳지 않다. 대저 의리의 정미한 곳을 논설할 경우에 특히 경솔해서는 안 된다. 터럭만큼의 조그마한 차이가 천리나 되는 엄청난 잘못을 가져오기 때문이다. 주자의 사람이 말을 타는 설은 『성리대전』「태극도설서」 제21장의 소주에 보인다." (덕홍이 또 물었다. "'소이능(所以能)' 세 글자에 병통이 있는 까닭은 무엇입니까?" 대답하였다. "'능(能)'은 기이며, '소이(所以)'는 이(理)이다. '능'자를 기에 돌리는 것은 가하지만, '소이'자를 기에 돌리는 것은 매우 옳지 않다.") 「지개확충(知皆擴充)」: 이덕홍의 기록에서 말하였다. "사단이 발동을 알아서 모두 그것에 나아가 확충함을 말한 것이다. '지(知)'는 지행(知行)의 지(知)이니, 즉(卽)은 지(知)이고, 확충은 행(行)에 속한다. 그러므로 황씨는 '그 이치를 알아서 미루어 헤아린다 운운'하였다."(『강록』)

○ 「所以謂人皆有云云」: 此卽孟子善形容人心統性情者也. ○ 問, "'有是四端而自謂不能者, 自賊者也', 斯已說盡. 繼而言, '謂其君不能者, 賊其君', 何歟?" 答曰, "旁照偶及之耳. 然人修己而後, 推行之先者, 事君也. 時人多以爲吾君不能, 故孟子嘗言其非而今發此語, 幷及之耳." ○ 又曰, "'擴', 推而廣之也. '充', 滿其量也. 理無形無限. 故仁義禮智之性, 無限量, 其發而爲用, 亦無限量. 惻隱之發, 不但盡其道於一事, 於天下之事, 所當惻隱者, 欲其一一推廣而充滿其無限之量也. 羞惡辭讓是非, 亦然, 非指惻隱之發一端, 只就一端, 推而充之也. 孟子曰, '人皆有所不忍, 達之於其所忍, 仁也. 人皆有所不爲, 達之於其所爲, 義也. 人能充無欲害人之心, 而仁不可勝用也. 人能充無穿踰之心, 而義不可勝用也. 人能充無受爾汝之實, 無所往而不爲義也.

士未可以言而言，是以言餂之也，可以言而不言，是以不言餂之也. 是皆穿踰之類也.' 欲知擴充之說，就此等處，仔細看取." ○ 批云，"理無限量，惟氣有限量，有形故也."「不忍之心」：李錄云，"朱子曰，'不忍之心，卽惻隱之心.' 又曰，'仁包三德，惻隱貫三端，故因此悉擧之.'"「惡其聲」：李錄云，"'惡其聲'，卽不救之惡聲也，非赤子啼聲也."「四端」：李錄云，"問，'或以四端爲情，或以七情爲情. 情者，性之發也. 旣以七爲情，則所謂四者，果何謂邪? 人之情有二致歟?' 曰，'情之發，或主於理，或主於氣. 氣之發，七情是也. 理之發，四端是也. 安有二致而然耶?' 曰，'理本無形，若無是氣，則奚有獨發之理乎?' 曰，'然. 天下無無理之氣，無無氣之理. 四端，理發而氣隨之，七情，氣發而理乘之. 理而無氣之隨，則做出來不成. 氣而無理之乘，則陷利欲而爲禽獸. 此不易之定理. 若渾淪言之，則以未發之中爲大本，以七情爲大用. 如程子「好學論」『中庸』首章是也. 『孟子』此章，則獨主理而言.' 又問'旣謂七情四端，又謂之人心道心者，何歟?' 曰，'人心七情是也，道心四端是也. 非有兩箇道理也. 餘詳見「答奇公明彦問目」." ○ 曰，"七情四端，有中有不中者，何也?" 曰，"以節則中，不以節則不中." 又問，"然則其所以爲中節不中節者，奈何?" 答曰，"嘗觀朱子「答張敬夫書」曰，'某謂感於物者，心也，其動者，情也. 情根乎性而宰乎心. 心爲之宰，則其動也，無不中節矣，何人慾之有? 惟心不宰而情自動，是以流於人欲而每不得其正也. 然則天理人欲之判，中節不中節之分，特在乎心之宰與不宰，而非情之能病之，亦已明矣. 雖曰'中節'，然是亦情也. 但其所以中節者，乃心爾. 今夫乍見孺子入井，此心之感也. 必有怵惕惻隱之心，此情之動也. 內交要譽惡其聲，心不宰而失其正也.' 此說明白的當. 學者深味而熟察之，則久乃見之，不須別立話頭也." ○ 問，"向者張謹錄惻隱之誨曰，'惻隱氣也. 所以惻隱理也.'" 德弘辨而質之曰，"夫四端，理之發，其發而爲惻隱爲羞惡爲辭讓爲是非者，氣也. 何者? 理本無形，無是氣，則理做出來不成，故謂仁之升氣而發者，曰'惻隱.' 是以先生當君惻隱之問，疑不知此而發是問也，以氣敎之，非以爲惻隱直是氣也. 今君記之曰，'惻隱氣也. 所以惻隱理也'，隱然有主乎氣之意. 愚竊以爲倒著其說. 向蒙先生見敎曰，'四端，理發而氣隨之. 七情氣發而理乘之.' 然則其於四端七情理氣之先後，確乎其不可易也．今也，若謂喜怒而曰，‘喜怒氣也，所以喜怒理也’，則猶之可也．若謂惻隱而曰，‘惻隱氣也，所以惻隱理也.’，則吾恐將使見之者，疑四端本出於氣，而成之以理也．譬而論之，有人乘馬，而行于塗，指之者，可以謂人乎？可以謂馬乎？若謂之人，則可．若謂之馬，則不可．何以言之？方其乘馬而行，人主乎馬，而馬服於人，則行者雖馬，而行之者，人也．然則非馬之行人，實人之行也．若如公說，則人不主馬，而馬實主之也．子盍觀夫火乎？火本無形，而假薪而做得形影．然則明者雖火，而其所以能明之者，薪也．然而謂之者，皆以爲火．而未聞以爲薪者，何也？假之者，雖薪而其所以主張者，火故也．今公以此爲是，則見火之明而必以爲薪，然後已矣．愚故曰，‘若謂惻隱，理之發．其發之者，氣也’，則可．若曰‘惻隱氣也．所以惻隱理也’，恐或不可．鄙人他日之聞，似異於此，故妄訂．若是謂余不信，請質先生．不審賢契以爲何如?” 答曰，“先生教此，陳北溪質朱先生之說云.” ○ 咸亨謹按，“李說不能無疑．人馬火薪，判然二物，非若理氣之微有分別．盖混淪言之，理氣一物，分而言之，則有理而後有是氣．後來諸賢始發理氣之論，慮其昧於理而徒見氣，恍惚難辨，遂失性命之正故也．李說非張錄，則得矣．但不當引人馬火薪也．愚恐同歸於蔡節齋以性情比理氣之非是，如何？敢冀指誨.” 批云，“惻隱氣也．其所以能是惻隱，理也．此固北溪說也．質之師門，而不見斥．然某亦嘗疑惻隱氣也一語，太主張氣字，不無侵過理界分了．宏仲非之，似不爲無理．但宏仲說，亦有差．盖理發爲四端，所資以發者，氣耳，其所以能然，實理之爲也．今宏仲乃以‘所以能’三字，歸之氣，其失殆甚於北溪之說矣．理之乘氣而行，朱子亦以人乘馬出入比之．宏仲人馬之說，本諸此，其說無病矣．其以火薪爲比，亦人馬之類，未爲不可．但又以‘所以能’三字，歸之薪，亦不可也．大抵論說義理精微處，最不可輕易．豪釐有差，謬以千里故也．朱子人乘馬之說，見『性理大全』「太極圖說序」二十一張小註．(德弘又問，“‘所以能’三字，何以有病?” 曰，“‘能’，氣也．‘所以’，理也．以‘能’字歸之於氣，則可，以‘所以’字歸之於氣，則甚不可也.”) 「知皆擴充」：李錄云，“言知四端之發，而皆卽之以擴充之也．‘知’，知行之知．‘卽’，知，‘擴充’屬行，故黃氏曰，‘知其理而推測云云.’”(『講錄』)

『석의』19-B

○ 「불인지심(不忍之心)」 : 주자는 '곧 '측은히 여기는 마음'이라고 하였다. 「오기성(惡其聲)」 : 어린 영아를 구하지 않았다는 비난 소리이다. 「사단(四端)」 : 감정이 발하는 것은 혹은 이(理)를 위주로 하기도 하고, 혹은 기를 위주로 하기도 한다. 기의 발동은 칠정이 이것이고, 이(理)의 발동은 사단이 이것이다. 천하에는 이(理) 없는 기가 없고, 기 없는 이(理)가 없다. 사단은 이(理)가 발하면서 기가 그것을 따르고, 칠정은 기가 발하면서 이(理)가 그것을 탄다. 이(理)이지만 기가 따르지 않는다면 만들어낼 수 없고, 기이지만 이(理)가 타지 않는다면 한갓 미쳐서 망령된 물건이 될 뿐이니, 이것은 바꿀 수 없는 정해진 이치이다. 만약 혼륜해서 말한다면 미발지중을 대본(大本)이라고 하고, 칠정을 대용(大用)이라고 한다. 예컨대, 정자의 「호학론(好學論)」과 『중용』의 수장 같은 것이 이에 해당한다. 『맹자』의 이 문장은 유독 이(理)를 주로 하여 말하였으니, 인심은 칠정이 이것이고, 도심은 사단이 이것이다. 두 가지의 도리가 있는 것이 아니다. ○ 신 송시열이 생각건대, "문성공 퇴계는 일찍이 칠정은 마음의 움직임을 통괄하여 말한 것이고, 사단은 그 가운데서 선(善) 한 쪽을 가려서 말한 것이라고 보았다. 대개 사단이나 칠정을 막론하고 발동하는 것은 기이고, 발하는 까닭은 이(理)이다. 이제 '사단은 이(理)가 발동하면서 기가 따르는 것이고, 칠정은 기가 발동하면서 이(理)가 타는 것'이라고 한다면, 이것은 이와 기 두 가지 물건이 혹은 앞서고 혹은 뒤서고 하여 두 갈래로 상대하여 각자 나오는 것이다. 이것이 어찌 마음에 두 가지 근본이 있는 것이 아니겠는가?"190) ○ 신 송시열이 또 생각건대, "문성공 퇴계의 이 설은 참으로 옳다. 그러나 주자의 설을 살펴보면 '측은과 수오에는 절도에 맞는 것과 절도에 맞지 않는 것이 있다'고 말한 것이 있고, 또 '측은은 선이지만 측은해서는 안 될 곳에

190) 퇴계계열과 율곡계열의 사단칠정론에 대한 견해의 차이가 분명하게 드러난다.

측은 한 것은 악이다'고 말하였으니, 반드시 이 뜻으로 충족시킨 뒤에야 비로소 완전히 갖추어진다. 대개 성현이 본성을 말하는데, 오로지 본연의 성을 가리키는 경우가 있고, 기질의 성을 겸하여 가리키는 경우가 있다. 이미 기질의 성이 있다면 그 발동에도 어찌 선과 불선의 차이가 없겠는가? 이제 문성공이 맹자의 말로 인하여 오로지 선(善) 한쪽만을 말한 것은 바로 정자가 논한 것처럼 맹자가 갖추지 못한 것이다. 주자가 측은과 수오에 선악이 있음을 함께 말한 것은 바로 주자가 말한바 '정자가 엄밀하다'고 한 것과 같다. 이것은 후학이 알지 않을 수 없는 것이다." 「지개확충(知皆擴充)」: 사단의 선함을 알아서 그것을 확충함을 말한 것이다. ○ 일설에는 "확충할 줄을 알면"으로 풀이하기도 한다. ○ 송시열(宋時烈)의 생각: "주자는 여기에 대해서도 두 가지 설을 제시하였다. 알아서 확충할 수 있다는 것이 문세가 매우 순조롭다. 또 말하기를 '지(知)자는 단지 확충에만 연관하여 말하였다'고 하였다.(『석의』)

○ 「不忍之心」: 朱子曰, "卽惻隱之心." 「惡其聲」: 聲卽不救赤子之惡聲. 「四端」: 情之發, 或主於理, 或主於氣. 氣之發, 七情是也. 理之發, 四端是也. 天下無無理之氣, 無無氣之理. 四端, 理發而氣隨之, 七情, 氣發而理乘之. 理而無氣之隨, 則做出來不成. 氣而無理之乘, 則徒爲狂妄底物, 此不易之定理. 若渾淪言之, 則以未發之中爲大本, 以七情爲大用. 如程子「好學論」『中庸』首章是也. 『孟子』此章, 則獨主理而言. 人心七情是也, 道心四端是也. 非有兩箇道理也. ○ 臣按, "文成公嘗以爲七情, 則統言心之動, 四端, 則就其中擇善一邊而言. 盖無論四端七情, 發者氣也. 所以發者理也. 今若曰, '四端理發而氣隨之, 七情氣發而理乘之', 是理氣二物, 或先或後, 而相對爲兩岐, 各自出來矣. 此豈非心有二本乎?" ○ 臣又按, "文成公此說固是. 然考朱子說, 則有曰, '惻隱羞惡也, 有中節不中節', 又曰, '惻隱是善, 於不當惻隱處, 惻隱卽是惡', 必須以此意足之, 然後方爲完備. 盖聖賢言性, 有專指本然之性者, 有兼指氣質之性者. 旣有氣質之性, 則其發亦豈無善不善之異乎? 今文成公, 因孟子之言而專言善一邊, 則正如程子所論, 孟子之不備. 朱子兼言惻隱

羞惡之有善惡, 則正如朱子所謂'程子爲密'. 此後學之所不可不知者也." 「知皆擴充」: 言知四端之善而擴充之也. ○ 一云, "擴充홀 줄을 알면." ○ 按: "朱子於此亦有兩說, 能知而擴充, 則其勢甚順. 又曰, "'知'字只帶擴充說"(『釋疑』)

『질서』19-C

○ 사단과 칠정을 이기로 나누는 설에 대해서는 퇴계와 고봉 사이에 수많은 의론이 있었다. 이율곡에게 이르러서 도리어 또 오로지 고봉의 처음 학설만을 고수하여서 "사단은 칠정 가운데 선한 한쪽 측면이다"고 하였다. 근세에는 혹 '사단에도 중절과 부중절이 있다'고 한 주자의 설을 인용하여 율곡의 학설을 충족하여 온전한 정론이라고 주장하는 경우도 있다. 대저 율곡이 퇴계와 다른 까닭은 칠정은 선악을 겸하는 반면 사단은 선만이 있다는 것 때문이다. 지금 또 주자의 설로써 그것을 충족시킨다면 사단도 선악을 겸하고, 칠정도 선악을 겸하니, 그 이른바 '칠정 가운데 선(善) 한쪽이라는 것'은 과연 무엇을 가리켜서 그렇다고 말한 것인가? 상세한 내용은 「사칠신편(四七新編)」에 있다.(『질서』)

○ 四七分理氣之說, 退溪高峯有許多議論. 至李栗谷却又專守高峯初說曰, "四端是七情中善一邊也." 近世或有引朱子四端亦有中節不中節之說, 以足栗谷之說以爲渾全定論. 夫栗之所以異於退者, 以其七兼善惡而四但有善也. 今又足之以朱子說, 則四亦兼善惡, 七亦兼善惡, 其所謂'七情中善一邊'者, 果何指而云然. 詳在「四七新編」.(『疾書』)

『원주』19-1

○ 주자가 말하였다. "사람이 마음으로 삼는 것은 이 네 가지를 벗어나지 않는다. 그러므로 측은한 마음을 이어서 그것을 다 세어서, '사람이 만약 이것이 없다면 사람이라고 할 수 없다'는 것을 말하였으니, 그것이 반드시 있어야 함을 밝힌 것이다."[191]

191) 『孟子集註』, 「公孫丑章句上」에 대한 朱子注.

○ 朱子曰, "人之所以爲心, 不外乎是四者. 故因其惻隱而悉數之, 言'人若無此則不得謂之人', 所以明其必有也."

『석의』19-1-a

ㅇ 「인기측은이실수(因其惻隱而悉數)」: 주자가 말하였다. "인은 세 가지 덕을 포함하고, 측은은 세 가지 단서를 관통한다. 그러므로 이것을 이어서 다 열거하였다."(『석의』)

ㅇ 「因其惻隱而悉數」: 朱子曰, "仁包三德, 惻隱貫三端, 故因此悉擧之."(『釋疑』)

『원주』19-2

○ 또 말하였다. "'확(擴)'은 미루어 넓힌다는 뜻이고, '충(充)'은 채우는 것이다. 사단은 나에게 있어서 곳에 따라 드러난다. 모두 이것에 나아가 미루어 넓혀서 부여받은 국량을 채울 줄을 안다면 그것은 날로 새로워지고 또 새로워져서 장차 스스로 그만둘 수 없게 될 것이다. 이것으로 말미암아 드디어 확충할 수 있으면 비록 사해를 보존하는 것이라도 가능할 것이다."192)

○ 又曰, "'擴', 推廣之意. '充', 滿也. 四端在我, 隨處發見. 知皆卽此推廣之, 以滿其所賦之量, 則其日新又新, 將有不能自已者. 能由此而遂充之, 雖保四海可也."

『원주』19-3

○ 또 말하였다. "이장에서 사람의 본성과 감정, 마음의 본체와 작용을 논한 것은 가장 상세하고 정밀하다. 읽는 사람은 그것을 깊이 음미해야 한다."193)

192) 『孟子集註』, 「公孫丑章句上」에 대한 朱子注.
193) 『孟子集註』, 「公孫丑章句上」에 대한 朱子注.

○ 又曰, "此章所論, 人之性情, 心之體用, 最爲詳密. 讀者, 宜深味之."

『원주』19-4

○ 정자가 말하였다. "사람은 모두 이 마음을 가지고 있으나 오직 군자만이 그것을 확충할 수 있다. 그렇게 하지 못하는 사람은 모두 스스로를 버리는 것이다. 그러나 채우느냐 채우지 못하느냐는 또한 나에게 달려 있을 뿐이다."194)

○ 程子曰, "人皆有是心, 惟君子爲能擴而充之. 不能然者, 皆自棄也. 然其充與不充, 亦在我而已矣."

『부주』19-1

○ 구산양씨가 말하였다. "『맹자』 한 권은 단지 사람의 마음을 바로잡고자 하는 것이니, 사람으로 하여금 마음을 보존하고 본성을 함양하며 그 놓아버린 마음을 거두어들이게 하였다. 인의예지를 논하는 데 이르러서는 곧 측은, 수오, 사양, 시비의 마음을 그것의 단서로 삼았다. 그릇된 학설의 해악을 논하는 데서는 '그 마음에서 생겨나 그 정사를 해친다'고 하였다. 임금을 섬기는 것을 논하는 데서는 임금의 마음 가운데 잘못된 것을 바로잡고자 하였다. 천만 가지의 온갖 변화를 단지 마음으로부터 말을 하였으니 사람이 마음을 바로잡을 수만 있다면 일을 함에 어려움이 없을 것이다."195)

○ 龜山楊氏曰, "『孟子』一部, 只是要正人心, 教人存心養性, 收其放心. 至論仁義禮智, 則以惻隱羞惡辭讓是非之心, 爲之端. 論邪說之害, 則曰'生於其心, 害於其政.' 論事君, 則欲格君心之非. 千變萬化只說從心上來, 人能正心, 則事無足爲者矣."

---

194) 『孟子集註』, 「公孫丑上」에 대한 朱子注.

195) 『龜山集』 권12, 「語録三·餘杭所聞」.

『강록』19-1-a

○ 「일부(一部)」 : 한 책 전체의 뜻을 총괄하여 거론하는 것이다. 「사무족위(事無足爲)」 : '일이 족히 함이 없이 하니라'의 뜻이다. 가슴 속에 주재가 정해지면 하기 어려운 일이 없음을 말한 것이다. ○ 이덕홍의 기록에서 말하였다. "이것을 인용하여 사해를 충분히 보호할 수 있다는 뜻을 논증하였다."(『강록』)

○ 「一部」 : 統擧一書之義. 「事無足爲」 : 일이 足히 ᄒᆞ오미 업시ᄒᆞ니라. 言胸中主宰得定, 則無事之難爲也. ○ 李錄云, "引以證足以保四海之義." (『講錄』)

『석의』19-1-b

○ '사무족위(事無足爲)'는 일을 하는데 어려움이 없음을 말한 것이다. (『석의』)

○ 「事無足爲」 : 言事無難爲者也.(『釋疑』)

『부주』19-1-1

○ 주자가 말하였다. "사단은 공자가 아직 말하지 못했던 것이다. 사람들은 단지 맹자에게 양주와 묵적을 물리친 공이 있음만 말하고, 그가 사람의 마음에 대하여 밝혀낸 커다란 공이 이와 같음을 알지 못한다. 양주와 묵적을 물리친 것은 변방을 막은 공이요, 사단을 밝혀낸 것은 바로 사직을 편안하게 한 공이다."196)

○ 朱子曰, "四端乃孔子所未發. 人只道孟子有闢楊墨之功, 不知他就人心上發明大功如此. 闢楊墨, 是扞邊境之功. 發明四端, 乃寧社稷之功."

『부주』19-2

○ 주자가 말하였다. "공자는 마음을 말하지 아니하고 단지 실제 일에 나아가 말하였다. 맹자가 처음으로 마음을 말하였다."197)

○ 朱子曰, "孔子不說心, 只就事實上說. 孟子始說心."

---

196) 『朱子語類』 권53, 「孟子三·公孫丑中」.

197) 『西山讀書記』 권3, 「心」.

『질서』19-2-a

○ 『대학』에서 "뜻을 성실하게 하고 마음을 바르게 한다"고 하였는데, 이것은 공자의 말을 증자가 이어서 기술한 것이다. 맹자는 공자의 말을 인용하여 "'잡으면 보존되고 놓으면 잃어버린다'는 것은 오직 마음을 말한 것일진져"라고 하였다. 공자가 어찌 일찍이 마음을 말하지 아니하였겠는가? 다만 들은 것을 기록한 사람에게 상세함과 소략함이 있어서 『논어』에 우연히 실리지 않았을 뿐이다.(『질서』)

○ 『大學』云"誠意而正心", 此孔子之言而曾子述之. 孟子引孔子之言曰, "'操存舍亡', 惟心之謂歟." 孔子何嘗不說心? 特記聞者有詳略而『論語』偶不載耳.(『疾書』)

『부주』19-2-1

○ 서산진씨가 말하였다. "공자가 비록 마음을 말하지 않았지만 사람들에게 '말은 충실하고 믿음직스러우며, 행실은 돈독하고 공경스러우며, 머물 때는 공손하고 일을 할 때는 공경한다'는 것에 힘을 쓰게 하였으니, 이른바 '마음을 보존하고 놓아버린 마음을 거두는 것'이 진실로 그 가운데 있다. 또 '네 가지 금지사항'과 '세 가지 경계'와 '네 가지를 끊은 것'은 바로 마음상의 공부이다. 또 '네 가지 금지사항'과 '세 가지 경계'에서 예가 아닌 줄 알아서 하지 않는 것은 마음이며, 마땅히 경계해야 하기 때문에 경계하는 것도 마음이다. 공자께서 끊으신 네 가지 의·필·고·아는 마음의 병이다. 인을 좋아하고 불인을 미워하는 것은 마음이 바른 것이니, 그렇다면 공자가 일찍이 마음을 말하지 않은 것은 아니며, 다만 그 본체를 지적하여 말하지 않았을 뿐이다. 이것이 공자와 맹자가 도를 같이 하는 까닭이다."198)

○ 西山眞氏曰, "孔子雖不言心, 然教人於'言忠信行篤敬居處恭執事敬'上用功, 則所謂'存心收放心', 固在其中矣. 又'四勿''三戒''絕四', 正心上工夫. 又'四勿''三戒', 知其非禮而勿之者, 心也, 其當戒而戒之, 亦心也. 子絕四, 意

198) 『西山讀書記』 권3, 「心」.

必固我, 心之病也. 好仁惡不仁者, 心之正也, 則孔子未嘗不言心, 特不指言其本體耳. 此孔孟所以同道也."

『부주』19-3

○ '마음을 보존하는 것'에 대하여 물었다. (주자가) 말하였다. "'마음을 보존하는 것'은 종이 위에 써진 것에 있는 것이 아니라, 자신의 마음이 어떤 것인지를 체득하는 것이다. 성현이 말씀하신 것이 매우 분명하지만 맹자는 뒷사람들이 알지 못할까 염려해서 또 사단을 말하였으니, 여기에서 완미하고 탐색하는 것이 더욱 좋다."199)

○ 問, '存心.' 曰, "'存心'不在紙上寫底, 且體認自家心是何物. 聖賢說得極分曉, 孟子恐後人不識, 又說四端, 於此尤好玩索."

『강록』19-3-a

○ 「어차우호완색(於此尤好玩索)」: 이덕홍의 기록에서 말하였다. "'호(好)'자는 의미가 적다는 것은 어떻습니까?" 비평하여 말하였다. "의미가 많다."(『강록』)

○ 「於此尤好玩索」: 李錄云, "'好'字少味何也?" 批云: "多味."(『講錄』)

『부주』19-4

○ 물었다. "사람의 마음이 함닉된 지 오래되어 사단이 사사로운 이익과 욕심에 가려져서 처음 공부할 때는 또한 끊어짐을 면하지 못합니다." (주자가) 말하였다. "참으로 옳다. 그러나 의리의 마음이 조금이라도 이긴다면 이익과 욕심에 대한 생각은 곧 사라진다. 이것은 마치 측은한 마음이 이기면 잔학한 뜻이 저절로 사라지고, 부끄러운 마음이 이기면 탐욕스럽게 음모를 꾸미

199) 『朱子語類』 권12, 「學六·持守」.

면서도 부끄러움이 없는 뜻이 저절로 사라지고, 공경스러운 마음이 이기면 교만하고 나태한 뜻이 저절로 사라지고, 시비를 구별하는 마음이 이기면 모호하고 구차하며 아둔하고 어둡게 얽매인 뜻이 저절로 사라지는 것과 같다."[200]

○ 問, "人心陷溺之久, 四端蔽於利欲之私, 初用工亦未免間斷." 曰, "固是. 然義理之心纔勝, 則利欲之念便消. 如惻隱之心勝, 則殘虐之意自消, 羞惡之心勝, 則貪冒無恥之意自消, 恭敬之心勝, 則驕惰之意自消, 是非之心勝, 則含胡苟且頑冥昏繆之意自消."

『강록』19-4-a

∘ 「구차(苟且)」: 이덕홍의 기록에서 말하였다. "사람이 일에 이치가 없고 의로움이 없음을 알면서도 구습을 그대로 따라 고식적으로 하는 것을 일컫는 것을 말한다. 풀어서 말하기를 '아직 그러나마나'로 한다. 『논어』의 풀이에서 '(그런 대로 갖추었다는) 구완(苟完)[201]의 '구(苟)'로서 구차하고 소략하다는 뜻이다'고 운운하였으니 이와 같음을 알 수 있다."(『강록』)

∘ 「苟且」: 李錄云, "言人知事之無理無義, 因循姑爲之稱. 釋云, '아직 그러나마나.' 『語』解, '苟完之苟, 聊且粗略之意'云, 則可知如此也."(『講錄』)

『질서』19-4-b

∘ 이익과 욕심에 가리기 때문에 처음에는 모호하고 구차하다가 갈수록 깊이 고질이 되고 끝내는 아둔하고 어둡게 얽매여도 자각하지 못하는 지경에 이르게 되는 것으로, 어리석어서 일을 깨닫지 못함을 말하는 것이 아니다.(『질서』)

∘ 蔽於利欲, 故始則含胡苟且, 轉輾深痼, 終至頑冥昏繆而不自覺也, 非愚騃不曉事之謂也.(『疾書』)

---

200) 『朱子語類』 권53, 「孟子三·公孫丑中」.

201) 『論語』, 「子路」.

『부주』19-4-1

○ 북계진씨가 말하였다. "네 가지의 단서는 일상에서 늘 발견된다. 단지 사람들이 이치를 보는 것이 밝지 않기 때문에 아득하여 알지 못하는 것이다."202)

○ 北溪陳氏曰, "四者端緖, 日用間常常發見. 只是人看理不明, 故茫然不知得."

『강록』19-4-1-a

○ 「북계(北溪)」: 진씨의 이름은 순(淳)이고 용계(龍溪) 사람이다. 주자가 장(漳)의 군수로 있을 때 진순은 군재(郡齋)에 와서 배웠다. 주자는 '남쪽으로 와서 나는 안경(安卿) 한 사람을 얻었다'고 하였는데, 안경(安卿)은 진순(陳淳)의 자이다. 순은 읽지 않은 책이 없었으며, 탐구하지 않은 사물이 없어서 의리가 관통하고 도리와 단서를 통찰하였다. 배우는 자들이 북계선생이라고 불렀다. 뒤에 안계(安溪)의 주부(主簿)가 되었다.(『일통지』에 나온다.) ○ 오초려(吳草廬)의 무리 가운데 그를 비난하는 것이 있었으나 갖추기를 권유한 말이었다.(『강록』)

○ 「北溪」: 陳氏, 名淳, 龍溪人. 朱熹守漳時, 淳從遊郡齋. 熹曰, '南來吾得一安卿.' 安卿, 淳字也. 淳無書不讀, 無物不格, 義理貫通, 洞見條緖, 學者稱爲北溪先生, 後授安溪主簿.(出『一統志』) ○ 吳草廬輩或有非之, 然責備之言也.(『講錄』)

『석의』19-4-1-b

○ 「북계(北溪)」: 이름은 순(淳)이고, 자는 안경(安卿)이며, 주자문하의 고제이다.(『석의』)

○ 「北溪」: 名淳, 字安卿, 朱門高弟.(『釋疑』)

『부주』19-5

○ 또 말하였다. "학문의 도는 다름 아니라 그 놓아버린 마음을 구

---

202) 『北溪字義』 권상, 「仁義禮智信」.

하는 것일 따름이다"고 하고, 또 "'나에게 있는 이 사단을 모두 확충할 줄 안다'고 한 맹자의 말은 매우 좋다. 사람의 한 마음은 밖에 있는 것은 취하여 들이고자 하고, 안에 있는 것은 또 미루어 내고자 한다. 『맹자』 이 한 권의 책은 이 뜻이 아닌 것이 없다."203)

○ 又曰, "學問之道無他, 求其放心而已." 又曰, "'有是四端於我者, 知皆擴而充之', 孟子之言甚善. 人之一心, 在外者, 要取入來, 在內者, 又要推出去. 『孟子』一部書, 無非此意."

『부주』19-5-1

○ 서산진씨가 말하였다. "거두어서 들어오게 하는 것은 대본이 세워지는 것이요, 미루어 나가게 하는 것은 달도가 행해지는 것이다. 거두지 않으면 이것을 체가 없다고 하고, 미루지 않으면 이것을 용이 없다고 한다. 태극에 움직임과 고요함이 있는 것과 사람의 마음에 적연함과 감응이 있는 것은 똑같을 뿐이다."204)

○ 西山眞氏曰, "收之使入者, 大本之所以立. 推之使出者, 達道之所以行. 不收是謂無體, 不推是謂無用. 太極之有動靜, 人心之有寂感, 一而已矣."

『부주』19-6

○ 면재황씨가 말하였다. "사람에게 이 기(氣)가 있지 않음이 없으니 이 이(理)가 있지 않음이 없고, 이 체가 있지 않음이 없으니 이 용이 있지 않음이 없다. 이것이 하늘이 나에게 부여한 것이며 사람이 사람답게 되는 까닭이다. 천하 사람들이 하늘과 땅 사이에서 갈팡질팡하니 또한 일찍이 내 몸에 돌이켜 생각해 본 적이 있는가? 배고프면 먹고 목마르면 마시며, 이익을 좇고 해로움을 피할 줄은 알지면 하늘이 나에게 부여해 주고 사람이

203) 『西山讀書記』 권3, 「心」.
204) 『西山讀書記』 권3, 「心」.

사람답게 되는 까닭에 대해서는 도리어 알지 못하는 것은 무엇 때문인가? 맹자는 이 사람들이 어리석어 깨닫지 못함을 안타깝게 여겼다. 그래서 그들을 위하여 반복하여 열어 보여주었다. 이미 어린 영아가 우물에 빠지려는 것을 보고 드러나는 단서로 깨우치고, 또 불이 타오르고 샘이 솟아나기 시작하는 것을 가지고 알려주었다. 이 이치를 알아 확충한다면 사해도 충분히 보존할 수 있으며, 확충하지 못한다면 부모조차도 섬기지 못한다. 채우고 채우지 못하는 사이에 공부의 효용의 현격한 차이가 바로 이와 같으니, 사람을 가르친 뜻이 또한 절실하다. 세상의 배우는 사람 중에 『맹자』 일곱 편의 글을 읽지 않은 사람이 없다. 그러나 그 말의 절실함을 아는 이가 없음은 어째서인가? 습속에 빠지고 이욕에 어두워진데다 이미 그것을 가르쳐줄 밝은 스승과 좋은 벗이 없고, 또 성실한 마음과 굳센 의지로 그것을 구함이 없으니, 비유하면 크고 밝은 태양이 하늘에 있어도 눈먼 사람이 보지 못하는 것과 같다. 어찌 너무 가련하지 않은가?"205)

○ 勉齋黃氏曰, "人莫不有是氣, 則莫不有是理, 莫不有是體, 則莫不有是用. 此天之所以予我, 而人之所以爲人者也. 天下倀倀然於覆載之間, 亦嘗反諸吾身而思之乎? 飢食而渴飮, 趨利而避害, 則知之矣, 至於天之予我, 而人之所以爲人者, 乃反不知焉, 何哉? 孟子憫斯人之愚而莫之覺也. 故爲之反覆開示之. 旣啓之以孺子入井之端, 又告之以火然泉達之始. 知是理而充之, 則足以保四海, 不充之, 則不足以事父母. 充不充之間, 而功用之邃絕乃如此, 其敎人之意, 亦切矣. 世之學者, 未有不讀七篇之書者也. 而莫有知其言之爲切者, 何哉? 習俗之所汩, 利欲之所昏, 旣無明師良友以示之, 又無誠心堅志以求之, 譬如大明當天而瞽者莫之見也. 豈不甚可憫也哉."

205) 『勉齋集』 권2, 「講義漢陽軍學」.

『강록』19-6-a

○ 「막불(莫不)」: '아님이 없으니'의 뜻이다. 「창창(倀倀)」: '창창(倀倀)'의 음은 '탕'이다. ○ 이덕홍의 기록에 말하였다. "천하의 사람들은 하늘과 땅 사이에서 갈팡질팡한다. '창창(倀倀)'은 길을 잃은 모양이다."(『강록』)

○ 「莫不」: 아니미 업세ᄂᆞᆫ. 「倀倀」: '倀倀', 音탕. ○ 李錄云, "天下之人, 倀倀然於兩間. 倀倀, 失路之貌."(『講錄』)

『석의』19-6-b

○ 「창창(倀倀)」: '탕'이며, 길을 잃은 모양이다. 혹자는 "호랑이에게 죽은 사람의 귀신이 호랑이를 따라다니는 것이다"고 하였다.(『석의』)

○ 「倀倀」: 탕. 失路貌. 或云, "死於虎者之鬼, 隨虎而行也."(『釋疑』)

『밀험』19-6-c

○ 시연(始然)은 불이 처음 붙는 것이며, 시달(始達)은 샘이 처음 솟는 것이다. 측은함은 인이 시작되는 곳이다. 처음 불이 붙은 것을 넓히고 채워서 활활 타오르는 데까지 이르면 용광로가 된다. 샘이 처음 솟아나는 것을 넓히고 채워서 도도한 데까지 이르면 강하가 된다. 측은한 것을 확충하여 정성스러운 데까지 이르면 인이 천하를 뒤덮게 된다. '단(端)'은 시초이지, 안에서 나오는 단서가 아니다.(『밀험』)

○ 始然者, 火之始也, 始達者, 泉之始也. 惻隱者, 仁之始也. 始然者, 擴而充之, 至於炎炎, 則熾爐也. 始達者, 擴而充之, 至於滔滔, 則江河也. 惻隱者, 擴而充之, 至於肫肫, 則仁覆天下也. '端'者, 始也, 非內出之緒.(『密驗』)

제20장: 직업은 신중하게 선택해야 한다[矢人函人]

○ 맹자가 말하였다. "화살을 만드는 사람이 어찌 갑옷을 만드는 사람보다 어질지 않겠는가? 그러나 화살을 만드는 사람은 오직 사람을 해치지 못할까 염려하고, 갑옷을 만드는 사람은 오직 사람을 해칠까 염려한다. 무당이나 장인도 그러하다. 그러므로 기술은 삼가지 않을 수 없다. 공자는 말하기를 '어진 마을이 아름다우니 선택하여 인에 머물지 않는다면 어찌 지혜롭다고 하겠는가?'고 하였다. 대저 인은 하늘의 존귀한 벼슬이고, 사람의 편안한 집이다. 아무도 그것을 막지 않는데도 어질지 않다면 이는 지혜롭지 못한 것이다. 어질지 않고 지혜롭지 않으며, 예도 없고 의로움도 없으면 남에게 부림을 받는다. 남에게 부림을 받으면서 부림 받는 것을 부끄럽게 여기는 것은 활을 만드는 사람이 활 만드는 것을 부끄럽게 여기고 화살을 만드는 사람이 화살을 만드는 것을 부끄럽게 여기는 것과 같다. 만일 그것을 부끄럽게 여긴다면 인을 실천하는 것만 못하다. 인은 활을 쏘는 것과 같다. 활을

쏘는 사람은 자기를 바르게 한 뒤에 쏘며, 쏘아서 맞추지 못해도 자기를 이긴 사람을 원망하지 아니하고 자기에게 돌이켜 구할 뿐이다."206)

○ 孟子曰, "矢人豈不仁於函人哉. 矢人惟恐不傷人, 函人惟恐傷人. 巫匠亦然, 故術不可不愼也. 孔子曰, '里仁爲美, 擇不處仁, 焉得智.' 夫仁, 天之尊爵也, 人之安宅也. 莫之禦而不仁, 是不智也. 不仁不智, 無禮無義, 人役也. 人役而恥爲役, 由弓人而恥爲弓, 矢人而恥爲矢也. 如恥之, 莫如爲仁. 仁者如射. 射者正己而後發, 發而不中, 不怨勝己者, 反求諸己而已矣."

『강록』20-A

- 「시인함인(矢人函人)」: 먼저 화살을 만드는 사람, 갑옷을 만드는 사람, 무당과 장인을 말한 것은 시에서 감흥을 일으키는 것과 같으니, 그것으로 사람이 반드시 인의를 가려서 행해야 하는 방법을 깨우쳐 주었다. 「택불처인(擇不處仁)」: 공자는 마을을 가려서 머물라고 하였는데, 맹자는 그것을 인용하여 사람이 기술을 가려서 배워야 함을 밝혔다. 「여치지(如恥之)」: '만일에 부끄러울진댄'의 뜻이다. 「저(諸)」: '어(於)'와 뜻이 같다. 「불인부지(不仁不知)」: 이덕홍의 기록에 말하였다. "『맹자집주』의 '어질지 않기 때문에 지혜롭지 않으며, 지혜롭지 않기 때문에 예의가 없다'고 한 뜻은, 마땅히 『부주』의 첫 번째 조항에서 볼 수 있어야 한다."(『강록』)
- 「矢人函人」: 先言矢人函人巫匠者, 猶詩之興也, 以曉人必擇仁義而爲之術. 「擇不處仁」: 孔子言擇里而居焉, 孟子引之以明人擇術而學焉也. 「如恥之」: 만일에 붓그릴딘댄. 「諸」: 於意同. 「不仁不智」: 李錄云, "本註'不仁故不智, 不智故無禮'之義, 當於『附註』第一條, 看得可也."(『講錄』)

---

206) 『孟子』, 「公孫丑上」.

『석의』20-B

○ 「시인함인(矢人函人)」: 먼저 화살을 만드는 사람, 갑옷을 만드는 사람, 무당과 장인을 말한 것은 시에서 감흥을 일으키는 것과 같다. 「택불처인(擇不處仁)」: 공자는 마을을 가려서 머물라고 하였는데, 맹자는 그것을 인용하여 사람이 기술을 가려서 배워야 함을 밝혔다. 「불인부지(不仁不知)」: 『맹자집주』의 '어질지 않기 때문에 지혜롭지 않으며, 지혜롭지 않기 때문에 예가 없고 의로움이 없다'는 것은 『부주』 첫 번째 조항과 참조하여 보라.(『석의』)

○ 「矢人函人」: 先言矢人函人巫匠者, 猶詩之興也. 「擇不處仁」: 孔子言擇里而居焉, 孟子引之以明人擇術而學也. 「不仁不智」: 本註'不仁故不智, 不智故無禮無義', 與『附註』第一條參看.(『釋疑』)

『표제』20-C

○ 「시인함인(矢人函人)」: 먼저 화살을 만드는 사람, 갑옷을 만드는 사람, 무당과 장인을 말한 것은 시에서 감흥을 일으키는 것과 같다. 그것으로써 사람이 반드시 인의를 가려서 행해야 하는 방법을 깨우쳐 주었다.(『질의』)(『표제』)

○ 「矢人函人」: 先言矢人函人巫匠者, 猶詩之興也. 以曉人必擇仁義而爲之術. 『質疑』(『標題』)

『차의』20-D

○ 「시인함인(矢人函人)」: 공자가 말하였다. "가려서 인에 머무르지 않는다면 어찌 지혜롭다고 하겠는가?" 곧 이 장은 지혜가 네 가지 덕을 포함할 수 있음을 보여주기에 충분하다. 맹자는 이미 "인은 하늘의 존귀한 벼슬이고, 사람의 편안한 집이다"고 하였는데, 이 인은 곧 총체적인 인이다. 계속하여 "아무도 그것을 막지 않는데도 어질지 않다면, 이는 지혜롭지 못한 것이다"고 하였다. '지혜롭지 않으면 어질지 않다'는 것은 지혜가 인을 통괄할 수 있음을 보여준다. 이미 인을 통괄할 수 있다면 의와 례는 그 가운데 있다. 잘 모르겠지만 어떠한가?(『차의』)

○ 「矢人函人」 : 子曰, '擇不處仁焉得智', 卽此章足以見智之能包四德也. 孟子既曰, '仁者天之尊爵也, 人之安宅也', 則是仁卽統體之仁也, 而繼之曰, '莫之禦而不仁是不智也', '不智則不仁', 可見智之能統仁也. 既能統仁, 則義禮在其中矣. 未知何如?(『箚疑』)

『경의』20-E

○ 사람의 측은지심은 곧 하늘이 사물을 낳는 마음이다. 그래서 천지 사이에 가득찬 것은 사물을 낳는 마음 아닌 것이 없으며, 몸속에 가득 찬 것에는 측은한 마음 아닌 것이 없다. 사물을 낳는 마음 아닌 것이 없으므로 크면서도 형통하고 형통하면서 이롭고 이로우면서 곧다. 끊임없이 순환하여 낳고 낳는 의지가 멈춘 적이 없다. 측은한 마음 아닌 것이 없으므로 부끄러워하고 싫어하며 사양하고 시비를 가리는 것이 번갈아 쓰임이 되지만, 그러나 측은지심은 두루 통하지 않음이 없다. 어떻게 측은지심이 두루 통하지 않음이 없음을 아는가? 대개 하늘은 '낳는 것'을 위대한 덕으로 삼는데, 사람은 하늘의 덕을 얻어서 덕으로 삼으니 이른바 '인'이다. 인의 이치는 온전하고 순수하여 마음속에 가득차 있으며 사체의 몸에 두루 퍼져 있다. 그것이 아직 발하지 않았을 때는 공평하고 측은해하며 감응하고 통하여 두루 유행하는 이(理)는 이미 거기에 다 갖추어져 있으니, 이른바 '인의 성이요, 측은함의 본체'이니, 곧 주자가 "측은해하는 마음이 있으면 바야흐로 움직일 수 있다"[207]고 한 것이다. 그것이 사물에 감응하여 움직일 때는 성하게 일어나는 것이 마치 봄날의 기운이 처음 올라가고 봄날에 초목이 막 생겨나는 것처럼 공평하고 측은해 하며, 감통하여 두루 유행하는 작용이 이로부터 행해지니, 이것이 이른바 '측은해 하는 감정이고 인의 작용'이라는 것이다. 비록 감하는 것이 같지 않고 발동하는 데 각기 주로 삼는 것이 있어서 측은·수오·사양·시비라는 명칭이 있지만, 처음 발현하여 왕성한 것은 애초에 측은한 마음의 작용 아닌

207) 『朱子語類』 권53, 「孟子三·公孫丑中」.

것이 없다. 그리고 비록 이미 드러난 뒤일지라도 이른바 '측은해하는 마음'은 (수오·사양·시비의) 세 가지 가운데서 은밀하게 유행하지 않은 적이 없다. 이것이 주자가 "움직이는 곳이 곧 측은이다"208)고 운운한 것이다. 대개 하늘에는 네 가지 덕이 있으며, 원(元)은 (형·리·정의) 세 가지 덕을 통괄한다. 사람에게는 네 가지 본성이 있는데 인이 (의·예·지의) 세 가지 본성을 포괄한다. 성에는 사단이 있는데 '측은'이 (수오·사양·시비의) 세 가지 단서를 관통한다. 본성은 하늘에서 나오고, 정은 본성에서 발현하니 하나의 이치일 뿐이다.(『경의』)

○ 人之惻隱之心, 卽天之生物之心也. 故滿兩間者, 無非生物之心也, 滿腔子者, 無非惻隱之心也. 無非生物之心, 故元而亨, 亨而利, 利而貞, 循環無窮, 而生生之意, 未嘗止息. 無非惻隱之心, 故羞惡也, 辭讓也, 是非也, 迭相爲用, 而惻隱之心, 無不周通. 何以知惻隱之心, 無不周通也? 蓋天以生爲大德, 而人得天之德以爲德, 所謂'仁'也. 仁之理, 渾然粹然, 充滿乎方寸, 普洽乎四體. 其未發也, 公平惻怛感通周流之理, 已畢具焉. 所謂'仁之性也, 惻隱之體也', 卽朱子所謂"有惻隱之心, 方會動"者也. 及其感物而發也, 藹然如春日之初升, 春草之方生, 而公平惻怛感通周流之用, 由是而行, 所謂'惻隱之情也, 仁之用也'. 雖其所感不同, 發各有主, 而有惻隱羞惡辭讓是非之名目, 然其始發而藹然者, 則未始非惻隱之作用, 而雖其已著之後, 所謂'惻隱'者, 未嘗不隱然流行於三者之中也. 此朱子所謂"動處便是惻隱"云云者也. 蓋天有四德, 而元統三德. 人有四性, 而仁包三性. 性有四端而惻隱貫三端. 性出於天, 情發於性, 一理而已.(『經義』)

『원주』20-1

○ 주자가 말하였다. "인, 의, 예, 지는 모두 하늘이 부여한 바의 천연의 고귀한 것이지만 인은 천지가 사물을 낳는 마음으로서 가장 먼저 얻었고 네 가지를 아울러 통괄하는 것이니, (『주역』

208) 『朱子語類』 권53, 「孟子三·公孫丑中」.

건괘(乾卦) 문언전(文言傳)의) 이른바 '원이란 선의 으뜸'이라는 것이다. 그러므로 '존귀한 벼슬'이라고 하였다. (그것은) 사람에게서는 본심 전체의 덕이 되어 천리의 자연스러운 편안함이 있고 인욕에 빠지는 위태로움이 없으니, 사람은 늘 그 가운에 처해야 하며 잠시라도 떨어져서는 안 된다. 그러므로 '편안한 집'이라고 하였다."[209]

○ 朱子曰, "仁義禮智, 皆天所與之良貴, 而仁者, 天地生物之心, 得之最先而兼統四者, 所謂'元者, 善之長也', 故曰'尊爵'. 在人則爲本心全體之德, 有天理自然之安, 無人欲陷溺之危, 人當常處其中, 而不可須臾離者也. 故曰'安宅'."

『원주』20-2

○ 또 말하였다. "이것은 또한 사람의 부끄러워하는 마음에 근거하여 그것을 이끌어서 인에 뜻을 두게 한 것이다. 지, 예, 의를 말하지 않은 것은 인이 전체를 갖추고 있어서 인을 실천할 수 있으면 나머지 세 가지는 그 가운데 있기 때문이다."[210]

○又曰, "此亦因人愧恥之心而引之, 使志於仁也. 不言智禮義者, 仁該全體, 能爲仁, 則三者在其中矣."

『강록』20-2-a

- 「양귀(良貴)」: 자연의 고귀함이다. 「원자선지장(元者善之長)」: 『주역』 건괘 문언전에 나온다. 하늘에서는 '원(元)'이라고 하고, 사람에 있어서는 '인(仁)'이라고 한다.(『강록』)
- 「良貴」: 自然之貴. 「元者, 善之長」: 出『易』乾卦文言. 在天曰'元', 在人曰'仁'.(『講錄』)

---

209) 『孟子集註』, 「公孫丑章句上」에 대한 朱子注.
210) 『孟子集註』, 「公孫丑章句上」에 대한 朱子注.

『표제』20-2-b

○ 「양귀(良貴)」 : 사람이 귀하게 여기는 것은 진실로 귀한 것이 아니다. 주석에서 사람이 귀하게 여기는 것은 '벼슬자리'를 말하는 것이다고 하였다. '양(良)'은 본연의 선이다.(『맹자』)(『표제』)

○ 「良貴」 : 人之所貴者, 非良貴也. 註人之所貴, 謂爵位. '良'者, 本然之善也. 『孟子』(『標題』)

『부주』20-1

○ "인이 사단을 겸한다는 뜻을 묻습니다." 주자가 말하였다. "상채가 명도선생을 뵙고 역사서를 들고 외우자 명도는 '그것이 사물을 음미하다가 뜻을 잃어버리는 것이다'라고 하였다. 상채는 땀이 흘러 등허리를 적셨고 얼굴이 붉어졌다. 명도는 '이것이 바로 측은하게 여기는 마음이다'고 하였다. 자 말해보라. 상채가 허물을 듣고 부끄러워 황공해한 것은 본래 부끄러워하는 마음인데 어떻게 도리어 측은함이라고 말했는가? 이는 측은하게 여기는 마음이 있어야 감동할 수 있고, 감동해야 비로소 부끄러움이 있고 공경함이 있고 시비의 분별이 있으니, 감동하는 곳은 바로 측은함이다. 만일 감동할 줄 모르면 사람이 되지 못한다. 천지가 낳고 낳는 이치에는 이 감동의 뜻이 일찍이 그친 적이 없다."211)

○ 問, "仁兼四端意." 朱子曰, "上蔡見明道先生, 擧史書成誦, 明道謂其玩物喪志. 上蔡汗流浹背, 面發赤色. 明道云, '此便是惻隱之心.' 且道, 上蔡聞過慚惶, 自是羞惡之心, 如何却說惻隱? 是有惻隱之心, 方會動, 動了, 始有羞惡, 有恭敬, 有是非, 動處, 便是惻隱. 若不會動, 却不成人. 天地生生之理, 這些動意, 未嘗止息."

---

211) 『朱子語類』 권53, 「孟子三·公孫丑中」.

『강록』20-1-a

○ 「완물상지(玩物喪志)」 : 이덕홍의 기록에서 말하였다. "마음이 저리로 흘러서 돌아올 줄 모른다면 반드시 뜻을 잃어버리는 근심이 있게 된다." 「차도(且道)」 : '아무나 말해보라'는 뜻이다. ○ 이덕홍의 기록에서 말하였다. "'도'는 말하다는 뜻이다. '차도(且道)'에서부터 '여각설측은(如却說惻隱)'까지는 모두 선생이 문제삼는 말이다. 이미 명도와 사상채의 일을 인용하고, 이어서 그 문인에게 문제삼아 말하기를 '그대들은 또 말해보라. 정자는 무엇 때문에 부끄러워하는 마음을 측은함으로 생각하였는가?'고 하였다. 그런데 문인들 가운데 대답하는 사람이 없자 이에 말하기를 '이는 측은히 여기는 마음이 있어야…' 운운한 것이다. 그러므로 토를 달기를 '且道하나 上蔡聞過慚惶하니 自是羞惡之心이어늘 如何却說惻隱고. 是有惻隱之心이 方會動라사'로 해야 한다. 이 아래 몇 마디 말에서 측은함이 세 가지 정을 관통해 있음을 볼 수 있다." 이덕홍의 기록에서 말하였다. 「회동(會動)」 : '회(會)'는 해(解)와 같다."(『강록』)

○ 「玩物喪志」 : 李錄云, "心流於彼, 而忘返, 則必有喪志之患矣." 「且道」 : 아므나 니ᄅᆞ라. ○ 李錄云, "道, 言也. 自'且道'止'如却說惻隱', 皆先生難辭. 旣引程謝之事, 因難於其門人曰, '公等且(且猶姑也)言之, 程子何以以羞惡之心爲惻隱乎?' 旣而門人無答之者, 乃言曰, '是有惻隱之心云云' 故吐, '道ᄒᆞ나 惶ᄒᆞ니 心이어늘 隱고 心이 動라사.' 此下數言可見惻隱之貫三情也." 「會動」 : 李錄云, "'會'猶解也."(『講錄』)

『석의』20-1-b

○ 「완물상지(玩物喪志)」 : 마음이 사물에 빠져서 그 뜻을 잃어버렸다는 의미이다. 「차도(且道)」 : '또 일러 보아라'는 뜻이다. ○ '도'는 말하다는 뜻이다. 주자는 이미 명도와 사상채의 일을 인용하고, 이어서 그 문인에게 문제삼아 말하기를 '그대들은 또 말해보라. 정자는 무엇 때문에 부끄러워하는 마음을 측은함으로 생각하였는가?'고 하였다. 그런데 문인들 가운데 대답하는 사람이 없자 이에

말하기를 '이는 측은히 여기는 마음이 있어야…' 운운한 것이다. 이 아래 몇 마디 말에서 측은히 여기는 마음이 세 가지 단서를 관통해 있음을 볼 수 있다. 「회동(會動)」 : '회(會)'는 '할 수 있다' '알다'와 같다.(『석의』)

○ 「玩物喪志」 : 心溺於物, 故喪其志. 「且道」 : 또 니ᄅᆞ라. ○ 道, 言也. 朱子旣引程謝之事, 因難於其門人曰, '公等且言之, 程子何以以羞惡之心爲惻隱乎?' 旣而門人無答之者, 乃言曰, '是有惻隱之心云云' 此下數語可見惻隱之貫三端. 「會動」 : 會猶'能'也'知'也.(『釋疑』)

『강의』20-1-c

○ 상채가 명도의 훈계를 듣고 자기도 모르게 얼굴이 붉어진 것은 역사서를 읽고 사물을 완미하는 병통 때문이었다. 그러나 허물을 듣고 부끄러워하는 것은 수오에 가까운데 명도가 오히려 측은이라고 말한 것은 수오지심이 반드시 측은으로부터 발동하는 것임을 밝힌 것이다. 그러므로 '측은'이라는 두 글자는 수오·사양·시비보다 앞에 있게 되며, 이것이 발하고서 비로소 수오가 있으니, 그것이 움직이기 시작하는 곳은 반드시 단서가 발하기 시작하는 처음에 말미암는다. 진실로 똑같은 도리가 아니라면 맹자가 어찌하여 그것을 함께 말하였겠는가?(『강의』)

○ 上蔡之一聞明道之訓, 而不覺, 面發騂者, 以其讀史玩物之病, 而聞過慚惶, 近於羞惡, 則明道之却說是惻隱者, 以明其羞惡之心, 必由惻隱而動也. 是以'惻隱'二字爲羞惡辭讓是非之先, 而其發也, 始有羞惡, 則其會動處, 必自於發端之初也. 苟非同一揆, 則孟子亦奚以幷言之乎?(『講義』)

『수득록』20-1-d

○ 인은 네 가지 덕을 통괄하기 때문에 측은은 네 가지 정에 통하지 않음이 없다. 만약 수오·공경·시비에서 그 기상과 의미를 상세히 살펴본다면 은연중에 측은함을 띠고 나오는 것이 있음을 볼 수 있다. 마땅히 공경해야 할 곳에서는 저절로 공경에 감하는 것이 있어서 공경하지 않고자 해도 스스로 할 수 없는 점이 있다. 시비를

가려야 할 때는 저절로 시시비비에 감하는 것이 있어서 비록 그것에 반대하고자 해도 스스로 차마하지 못하는 것이 있다. 수오 또한 그렇다. 이것은 또한 의도적으로 억지로 하는 것이 아니라, 본래 감하는 것이 있는 것이니, 측은해 하는 곳이 아니겠는가? 어찌 저 사계절이 번갈아 운행하면서 나아가는 것을 보지 아니하는가? 비록 각각 같지 않지만 만약 원(元)의 기가 봄에 생겨나지 않는다면, 형리정(亨利貞)의 기가 무엇에 말미암아 행해지겠는가? 천지가 사물을 낳고 낳는 이치가 아님이 없으니, 잠시도 쉬는 때가 없다. 사람은 태어날 적에 모두 이 이치를 얻어서 태어났다. 그런데 때로는 어둡고 몽매하여 목석과 같이 완고해서 차마하지 못하는 것을 차마하는 것은, 무엇 때문인가? 오호라! 기품이 그것을 구속하고, 물욕이 그것을 어둡게 했을 뿐이다. 사람이 진실로 뜻을 독실히 하고 힘써 배워서, 그 편벽하고 거친 것을 변화시키고, 그 사특하고 더러운 것을 깨끗하게 씻을 수 있다면 그 처음의 낳고 낳는 덕으로서 하늘이 나에게 부여해준 것은 여전히 그대로 있으면서 무성할 것이니, 사단이 어찌 느끼고 움직이는 데 따라 나오지 않을 수 있겠는가?(『수득록』)

○ 仁統四德, 故惻隱莫不貫通於四情之中. 如羞惡恭敬是非, 詳審其氣象意思, 則可見隱然有帶得惻隱而來者. 當合恭敬地, 自有所感於敬, 而雖欲不恭, 自有所不能也. 當是非, 自有所感於是是非非, 而雖欲反之, 自有所不忍也. 羞惡亦然. 此皆非作意强之, 而自有所感者. 其非惻隱處耶? 盍觀夫四時迭運所就? 雖各不同, 若非元之氣發生於春, 亨利貞, 何由而行乎? 莫非天地生生之理, 無時停息也. 人之有生, 皆得此理而生. 而其或冥然瞢然頑如木石, 忍於其所不忍者, 何哉? 嗚呼! 氣稟以拘之, 物欲以昏之耳. 人苟能篤志力學, 變化其偏駁, 蕩滌其邪穢, 則其初生生之德, 天所賦予於我者, 依然自在而藹然, 四端安得不隨感動出來耶?(『隨得錄』)

『관계』20-1-e

○ 「각설측은(却說惻隱)」: 인은 사람의 생명의 이치이니, 감하는 것이

있으면 먼저 움직인다. 그래서 정자는 일찍이 "몸속에 가득찬 것이 측은한 마음이다"[212]고 하였다. 상채(上蔡)는 언뜻 뜻을 잃는다는 주의를 듣자 바로 놀라서 애통해 하는 마음을 가졌으니, 수오지심의 단서가 이것으로 인하여 발현하였다. 그래서 명도는 그 근본을 캐내어 그것을 측은에 돌렸다.(『관계』)

○ 「却說惻隱」: 仁者, 人之生理, 有所感, 則便先動, 故程子嘗云, "滿腔子, 是惻隱之心." 上蔡乍聞喪志之戒, 便有怵愓傷痛之心, 而羞惡之端, 因此發出. 故明道採其本而歸之惻隱.(『窽啓』)

『비망록』20-1-f

○ 누군가 말하였다. "역사서는 대개 고금에 걸쳐 사리를 두루 통하여 그 성패득실에 있어 그 실제적인 일을 분명히 보여주어 사람이 취하는 것이 매우 빠르다. 명도 선생이 '사물을 완상하다 뜻을 잃는다'고 말한 것은 무엇 때문입니까? 상채가 땀을 흘려 등허리를 적신 것이 수오지심인 것은 의심이 없는 것 같습니다. 측은을 특별히 말하여 비록 '감동할 수 있다'고 할지라도, 측은·수오는 같은 것으로 볼 수 없는 것 아닙니까?" 대답하였다. "대저 역사서는 나라의 정벌과 여탈(與奪), 임기응변의 계략과 지략을 주로 하여 사사로운 것을 쓰는데 전념하며 상도가 아닌 것을 반복하며 위세를 부리는 데 힘을 쓰니 경전의 전적과는 판이하게 다르다. 만약 경전을 버리고 역사서를 취하면 배우는 자가 마음을 전념하여 도를 추구하는 학문에 해로움이 실로 적지 않을 것이다. 그래서 '사물을 완상하다가 뜻을 잃어버린다'고 말하였다. 선생이 한때 '여러 제자들이 완상하고 좋아하는 것은 모두 뜻을 빼앗는 것이다'고 말한 것 또한 이런 것이다. 비록 그러하나 군자가 도가 이루어지고 덕이 확립된 후에 거듭 허물을 보고서 두루 캐어내고 원칙을 살펴서 한결같이 좋아하는데 이르지 않는다면 어찌 불가함이 있겠는가? 또 상채가 부끄러워하는 것을 수오라고 말하지 않고 측은이라

212) 『二程遺書』 권3, 「謝顯道記憶平日語」.

고 하였다. 대저 인은 사람의 마음이다. 인이 발하여 측은해하는 마음이 되며, 사단을 관통한다. 사단이 발현하는 것은 모두 거기에서 유래한다. 그래서 부끄러운 것을 '측은'이라고 가리키는 것은 그 움직이는 곳에 근원한 것이다. 그것을 비가 내려 물이 되는 것에 비유하면 공중에서 흘러내릴 때는 '우(雨)'라고 하고, 땅에 떨어진 뒤에는 그것을 '수(水)'라고 한다. 이것으로 두루 비추어보면 잘 모르겠지만, 어떠한가?(『비망록』)

○ "或曰, "史書蓋通古今達事理, 其於成敗得失, 明見實事, 人之取, 則爲甚捷. 明道先生謂'玩物喪志', 何以耶? 上蔡汗流浹背, 其爲羞惡之心, 恐無疑. 特言惻隱, 雖曰'會動', 夫惻隱羞惡, 莫是爲未可作一樣看否耶?" 曰, "夫史書, 主國之征伐與奪機謀術智, 專於用私, 反覆不常, 威權爲務, 與經籍判然爲異. 若舍此而取彼, 則其有害於學者專心求道之學, 固不尠. 故曰'玩物喪志'. 先生嘗謂, '子弟凡百, 玩好皆奪志者', 亦此類也. 雖然, 君子道成德立後, 一再看過, 以備採考則, 不至一向好着, 則何不可之有乎? 又上蔡慚惶, 不謂之羞惡, 而謂惻隱. 夫仁, 人心也. 仁之發爲惻隱, 貫乎四端. 四端之發, 皆由焉. 故指慙惶謂惻隱, 是原其動處也. 譬諸雨降而爲水, 自空流下時謂'雨', 待墜地而後謂之'水'. 以是旁照, 或未知如何?"(『備忘錄』)

『부주』20-2

○ 남헌장씨가 말하였다. "화살을 만드는 사람과 갑옷을 만드는 사람, 무당과 장인은 모두 사람이지만 바라는 바가 서로 다른 것은 그들이 부리는 기술이 그렇기 때문이다. 그러므로 사람이 스스로 어질지 않은 곳에 처하여 시기하여 해치고 잔인해져서 살인을 좋아하는 데까지 이르렀어도 돌아보지 아니하니, 대저 어찌 홀로 남과 다르겠는가! 오직 그가 처한 바가 매번 인욕 가운데 있어서 습관에 편안해하는 것이 무럭무럭 자라나서 여기에까지 이른 것이다. 그의 본성은 본래 같지만 습관은 하늘과 땅만큼 다르니 두려워하지 않을 수 있겠는가?"213)

○ 南軒張氏曰, “矢人與函人, 巫與匠俱人也, 而其所欲之異者, 以其操術然也. 故夫人自處不仁, 爲忌忮爲殘忍, 至於嗜殺人而不顧, 夫豈獨異於人哉! 惟其所處, 每在乎人欲之中, 安習滋長, 以至於此. 其性本同, 而其習胥壤之異, 可不畏與?”

『부주』20-2-1

○ 신안진씨가 말하였다. “이 장에서는 존귀한 벼슬과 편안한 집으로써 인을 논하였는데 그 이치가 매우 정미하며, 사람들이 인을 실천하도록 권면하였는데 그 뜻이 매우 절실하고 지극하다. 이미 ‘아무도 막지 않았는데도 어질지 않다’고 말하고, 또 ‘자기에게 돌이켜 구한다’고 하였으니, 모두 다 그 기틀이 남에게 있지 않고 자기에게 있음을 말한 것이다. 인은 참으로 의, 예, 지를 포괄한다. 그러나 사람이 인을 실천하지 못하는 것은 시비를 분별하는 마음이 밝지 못하고 부끄러워하는 마음이 바르지 못한 데에서 연유할 따름이다. 그러므로 맹자는 먼저 ‘이는 지혜롭지 못한 것이다’고 말하여 사람들이 시비를 분별하는 지혜로써 인을 실천하는 기술을 택하기를 바랐고, 이어서 ‘만일 그것을 부끄럽게 여긴다면(如恥之)’이라고 하여 사람들이 부끄러워하는 의로움으로써 인을 실천하는 기틀을 결단하기를 바랐던 것이다.”

○ 新安陳氏曰, “此章以尊爵安宅論仁, 其理甚精微, 勉人爲仁, 其意甚切至. 旣言‘莫之禦而不仁’, 又言‘反求諸己’, 皆言其機在我不在人也. 仁固包義禮智. 然人所以不爲仁者, 由於是非之心不明與羞惡之心不正耳, 故孟子先言‘是不智也’, 欲人以是非之智, 而擇爲仁之術. 繼言‘如恥之’, 欲人以羞惡之義, 而決爲仁之機也.”

『강록』20-2-1-a

○ 「신안(新安)」: 진씨는 이름이 력(櫟)이고 휴령(休寧) 사람으로, 성품이 강건하고 바르며 부모에게 효도하고 형제간에 우애가 있었다. 세살 때 할머니 오씨가 『효경』과 『논어』를 입으로 가르쳐주자 금

213) 『孟子說』 권2, 「公孫丑上」.

방 외웠다. 다섯 살 때에는 경전과 역사서를 섭렵하였고, 열다섯이 되어서는 동네 사람들이 모두 그를 스승으로 여겼으며, 드디어 성현의 학문에 힘을 기울여 푹 잠기어 음미하고 탐색하여 고금을 관철하였다. 연우(延祐) 초년에 향시에 합격하였으나 다시 예부의 회시에는 나가지 않고 집에서 가르치면서 수십 년 동안 문밖을 나가지 않았다. 력이 살았던 집을 '정우(定宇)'라고 하였는데, 그를 따르는 사람들은 이 때문에 그를 '정우선생'이라고 불었다.(『일통지』에 나온다.)(『강록』)

○ 「新安」 : 陳氏櫟, 休寧人, 性剛正孝友. 三歲祖母吳氏口授『孝經』『論語』, 輒成誦. 五歲涉獵經史, 十五鄕人皆師之, 遂致力聖賢之學, 涵濡玩索, 貫穿古今. 延祐初試, 鄕闈中選, 乃不復赴禮部, 敎授於家, 不出門戶者, 數十年. 櫟所居堂曰'定宇'. 其徒因稱之'定宇先生'.(出『一統志』)(『講錄』)

『석의』20-2-1-b

○ 「위기기(爲忌忮)」 : '기(忮)'는 '기'이다. 이름은 력(櫟)이고 호는 정자당(定字堂)[214]이다.(『석의』)

○ 「爲忌忮」 : 忮, 기. 名櫟, 號定字堂.(『釋疑』)

『밀험』20-2-1-c

○ 주자가 말하였다. "움직여야 비로소 수오(羞惡)·공경(恭敬)·시비(是非)가 있으니 움직이는 곳이 바로 측은이다." ○ 「안(案)」 : '인(仁)은 사단(四端)을 겸한다'는 말은 본래 바른 뜻이 있었다. 맹자는 인의예지를 합하여 인의(仁義)를 말하였으며(맹자는 "예의 실상은 이 두 가지를 조절하고 꾸민 것이며, 지의 실상은 이 두 가지를 아는 것이다."라고 하였다.)[215], 유자(有子)[216]는 효도와 공손을 합하여 인을 말하였으니[217](맹자는 어버이를 섬기는 것이 인이며,

---

214) 【교감】 : 『講錄』에는 '定宇'로 되어있는데, 『釋疑』에는 '定字'로 되어 있다. 『中國歷代人名大辭典』(上海古籍出版社, 1999)에는 '定宇'로 되어 있는 것으로 보아서 『釋疑』가 잘못된 것 같다.

215) 『孟子』, 「離婁章句上」에 나온다.

216) 유자(有子) : 공자의 제자인 유약(有若)을 가리킨다.

형을 따르는 것이 의라고 했다.)[218] 인은 사단을 겸할 수 있다. 대개 인이란 사람다움이니 사람과 관계를 맺는 것이다. 의와 예·지 역시 사람과 관계 맺는 것이기 때문에 결국에는 인으로 돌아간다. 만약 그것이 발하여 움직이는 처음을 논한다면, 측은히 여기는 마음으로 움직이는 것이 있고 부끄러워하는 마음으로 움직이는 것도 있으니, 반드시 같은 것은 아니다.(『밀험』)

○ 朱子曰, "動了, 始有羞惡, 有恭敬, 有是非. 動處, 便是惻隱." ○「案」: 仁兼四端, 本有正義. 孟子以仁義禮智合作仁義說.(孟子曰, '禮之實節文斯二者, 智之實知斯二者.') 有子以孝悌合作仁說.(孟子以事親爲仁, 從兄爲義.) 仁可以兼四端也. 蓋仁者, 人也, 所以與人也. 義與禮智, 亦所以與人, 故終歸於仁. 若論其發動之始, 則有以惻怛動者, 有以羞恥動者, 不必同也.(『密驗』)

217) 『論語』, 「學而」에서 유약이 "孝弟也者, 其爲仁之本與"라고 한 말을 가리킨다.
218) 『孟子』, 「離婁章句上」에 나온다.

제21장: 대인이란 갓난아이의 마음을 잃지 않는 사람이다

[大人者, 不失其赤子之心者也]

○ 맹자가 말하였다. "대인이란 갓난아이[赤子]의 마음을 잃지 않는 사람이다."219)

○ 孟子曰, "大人者, 不失其赤子之心者也."

『품질』21-A

- 주자가 말하였다. "'대인의 마음'은 온갖 변화에 두루 통하고 '갓난아이'의 마음은 순일하여 거짓이 없을 뿐이다. 그러나 대인이 대인답게 되는 까닭은 바로 그가 사물에 유혹되지 않아서 그 순일하여 거짓이 없는 본연의 마음을 온전히 함이 있기 때문이다. 따라서 그것을 확충하면 알지 못하는 것이 없고, 할 수 없는 것도 없어서 그 위대함을 다하게 된다."220)(『품질』)
- 朱子曰, "'大人之心', 通達萬變, '赤子之心', 則純一無僞而已. 然大人之所以爲大人, 正以其不爲物誘, 而有以全其純一無僞之本然. 是以擴而充之, 則無所不知, 無所不能, 而極其大也."(『稟質』)

219) 『孟子』, 「離婁下」.

220) 『孟子集註』, 「離婁章句下」, 朱子註

『강록』21-B

○ 「'불실적(不失赤)'에서 '자야(者也)'까지」 : '그 갓난아이의 마음을 잃지 않는 자이니라'의 뜻이다.(『강록』)

○ 「不失赤 止 者也」 : 그 赤子의 ᄆᆞ음을 일티 아닌 者이니라.(『講錄』)

『석의』21-C

○ 「'불실적(不失赤)'에서 '자야(者也)'까지」 : 정자가 말하였다. "'희노애락이 아직 발하지 않은 것을 중이라고 한다.' '갓난아이의 마음'이란 발하였으나 중에서 멀지 않은 것이다."(『석의』)

○ 「不失赤 止 者也」 : 程子曰, "'喜怒哀樂之未發謂之中.' '赤子心'者, 發而不遠于中."(『釋疑』)

『원주』21-1

○ 주자가 말하였다. "대인은 지혜가 만물에 두루 미치지만 갓난아이는 아는 것이 전혀 없으니 그 마음이 아주 다를 듯하다. 그러나 사물에 유혹되지 않아서 순일하여 거짓이 없음은 일찍이 같지 않은 적이 없다. 그러므로 대인이 되는 까닭이 다만 여기에 있다고 말하였다."

○ 朱子曰, "大人智周萬物, 赤子全未有知. 其心疑若甚不同矣. 然其不爲物誘而純一無僞, 則未嘗不同也. 故言其所以爲大人者, 特在於此."

『관계』21-1-A

○ 「전미유지(全未有知)」 : 갓난아이라고 어떻게 아는 것이 전혀 없을 수 있겠는가? 친한 사람을 보면 좋아할 줄 알고, 낯선 사람을 보면 두려워할 줄 알며, 배고픔을 느끼면 울고, 기쁨을 느끼면 반드시 웃는다. 하늘로부터 부여받은 양지가 본래 그러한 것이니, 아는 것이 없는 가운데 앎의 이치가 거기에 있음을 알겠다. 『장구』의 설명이 매우 좋은데 받아들이지 않고 도리어 이 설을 취한 것은 무엇 때문인가? 그러나 대인이 두루 아는 것에 비하면 오히려 앎

이 없는 것이다.(『관계』)

○ 「全未有知」: 赤子如何得全未有知? 見親, 則知所愛, 見疎, 則知所畏, 知飢便啼, 知喜必笑. 良知之所受乎天者, 自如也者, 知其無所知之中, 知之理存焉. 『章句』極好而不入, 反取此說, 何也? 然比之大人周知, 却爲無知.(『窾啓』)

『비망록』21-1-B

○ 이복(李馥)의 생각: 정복심이 지은 「심학도해」에서 말하였다. "'갓난아이의 마음'은 아직 인욕에 빠지지 않은 양심이고, '대인의 마음'은 의리가 충분히 갖추어진 본심이다." 이 장에서 '갓난아이의 마음이 순일하여 거짓이 없다'고 한 것은 진실로 인욕에 빠지지 않았기 때문이며, '대인의 마음이 순일하여 거짓이 없다'는 것은 그 의리가 충분하기 때문이다. 그렇다면 갓난아이가 '순일하여 거짓이 없음'은 자연적으로 그러한 것이고, 대인이 '순일하여 거짓이 없음'은 채우고 넓힐 수 있어서 그런 것이다. 채우고 넓히는 것은 배우지 않고서는 할 수 없다. 그러므로 사람이 귀하게 여기는 것으로서 배움만 한 것이 없다.(『비망록』)

○ 按: 程林隱復心所著「心學圖解」曰, "'赤子心', 是人欲未汩之良心, '大人心', 是義理具足之本心." 此章'赤子心, 純一無僞', 誠以人欲未汩故也, '大人心, 純一無僞', 以其義理充足故也. 然則赤子之'純一無僞', 是自然而然, 大人之'純一無僞', 是得於充廣而然. 其充廣, 非學不能. 是故人之所貴, 莫如學.(『備忘錄』)

『부주』21-1

○ 누군가가 물었다. "잡설에서 갓난아이의 마음을 이발이라고 하였는데 맞습니까?" 정자가 대답하였다. "이발이기는 하지만 도에서 벗어난 것이 멀지는 않다." "대인이 갓난아이의 마음을 잃지 않는다는 것은 어떻습니까?" 대답하였다. "그 순일하여 도에 가까움을 취한 것이다." 말하였다. "갓난아이의 마음과 성인의 마음은 어떻습니까?" 대답하였다. "성인의 마음은 밝은 거울과

같고 고요한 물과 같다."221)

○ 或問, "雜說中, 以赤子之心爲已發, 是否?" 程子曰, "已發而去道未遠也." "大人不失其赤子之心, 如何?" 曰, "取其純一近道也." 曰, "赤子之心與聖人之心, 若何?" 曰, "聖人之心, 如明鏡如止水."

『강록』21-1-a

ㅇ 「잡설(雜說)」 : 아마도 그 당시의 문인들이 스승과 문답한 말을 기록하여 책으로 만들고 '잡설'이라고 부른 듯하다.(『강록』)

ㅇ 「雜說」 : 意其時門人, 記其問答之語爲書, 名曰'雜說'.(『講錄』)

『석의』21-1-b

ㅇ 「잡설(雜說)」 : 아마도 정씨의 문인들이 스승과 문답한 말을 기록하고 '잡설'이라고 부른 듯하다. 이것은 생각건대 여대림과 문답한 말일 것이다.(『석의』)

ㅇ 「雜說」 : 意程門人, 記其問答之語, 名曰'雜說'. 此盖與呂大臨問答之說也.(『釋疑』)

『표제』21-1-c

ㅇ 「잡설(雜說)」 : 윤돈이 일찍이 주공섬이 논한 잡설을 얻어서 선생에게 바쳤다. 선생께서 말씀하셨다. "내가 있는데 어찌하여 꼭 이것을 보려고 하는가?"222)(『언행록』) 박세채(朴世采)의 생각: 『외서』 주공섬 소서에 "이 편은 「사훈」·「입관」 등의 편과 서로 섞여 있다"고 하였는데, 아마도 주공섬이 자신이 직접 들은 것을 기록하고, 다시 여러 사람이 기록한 것을 뽑아서 그 뒤에 붙인 듯하다. 이것이 아마도 이른바 '잡설'일 것이다.(『표제』)

ㅇ 「雜說」 : 尹焞嘗得朱公掞所論雜說, 呈先生. 先生曰, "某在何必觀此?"(『言行錄』) 按: 『外書』朱公掞小叙云, "此篇與「師訓」「入關」等篇, 相雜." 疑朱

221) 『二程遺書』 권18, 「劉元承手編」.

222) 『宋名臣言行錄』, 外集 권3. "尹焞年二十, 始登先生之門. 嘗得朱公掞所論雜說, 呈先生問, '先生此書可觀否?' 先生留半月. 一日請曰, '前日所呈雜說, 如何?' 先生曰, '某在, 何必觀此? 若不得頤心, 只是記得他意.' 焞自此不敢復讀."

公自記所聞, 又抄諸人所記, 以附其後. 此恐所謂'雜說'也.(『標題』)

『밀험』21-1-d

○ 정자가 말하였다. "갓난아이의 마음은 이미 발하였으나 도에서 벗어난 것이 멀지는 않다." ○ 내 생각: 갓난아이의 마음은 지극히 평화로워서 격렬함이 없으며, 지극히 순수하여 거짓이 없다. 그가 부모를 사랑하는 것이 지극히 돈독하여 인을 어김이 멀지 않다. 옛날에 자식이 부모를 섬길 때에 반드시 다박머리의 먼지를 털어서 붙이는데, 다박머리를 부착하는 것은 갓난아이를 상징하는 의식이다. 성인이 사람을 가르칠 때에 갓난아이처럼 부모를 사랑하기를 요구한 까닭에 다박머리를 부착하는 제도가 생기게 되었다. (『밀험』)

○ 程子曰, "赤子心已發, 而去道未遠." ○ 案: 赤子之心, 至和而無激, 至純而無僞. 其愛親也至篤, 其違仁不遠也. 古者, 子事父母, 必拂髦而著之. 髦者, 赤子之儀也. 聖人敎人, 要愛親, 如赤子, 故有髦之制.(『密驗』)

『심경설』21-1-e

○ 질문하였다. "『강록』에서는 단지 성인의 마음만을 말하고, 대인과도 구별이 있어야 하는데 말하지 않았습니다. 그것이 구별되는 까닭을 알지 못하겠는데, 그것은 어떻게 구별됩니까?" 대답하였다. "대인의 마음은 단지 '순일하여 거짓이 없음'을 일컫는다. 성인의 마음은 반드시 '밝은 거울이나 고요한 물과 같다'고 말해야 한다. 이것을 보면 나아간 바에 얕고 깊음의 구별이 없을 수 없다." 말하였다. "대인의 마음은 물이나 거울을 가지고 말할 수 없는 것입니까?" 대답하였다. "맑은 거울이나 고요한 물은 찌꺼기가 모두 깨끗해져서 온갖 이치가 다 비친다는 뜻이다. '힘쓰지 않아도 절도에 맞고, 사색하지 않아도 도리를 얻는다'[223]는 것과, '마음이 하고 싶은 대로 해도 법도를 넘어서지 않는다'[224]고 한 것이 여기

223) 『中庸』, 제20장.

224) 『論語』, 「爲政」.

에 해당할 수 있다. 대인은 비록 순일하여 거짓이 없으며 지혜가 만물에 두루 미친다고 해도 이러한 경지에까지 도달하지는 못할 것이다."(『심경설』)

○ 問, "『講錄』只言聖人之心, 與大人亦當有別, 而不言. 其所以別, 未知. 其別如何?" 曰, "大人之心, 則只稱'純一無僞'. 聖人之心, 則必曰'如明鏡止水'. 觀此, 則不能無所造淺深之別." 曰, "大人之心, 不可以水鏡言耶?" 曰, "明鏡止水, 是渣滓淨盡, 萬理畢照之意. 惟'不勉而中, 不思而得', '從心所欲, 不踰矩'者, 可以當之. 大人雖純一無僞, 智周萬物, 恐不能及於此."(『說』)

『관계』21-1-f

○ 「적자심이발(赤子心已發)」 : 이것은 갓난아이에게 미발의 마음이 없다고 말하는 것이 아니다. 맹자가 말한 바의 갓난아이의 마음은 단지 그 순수하고 한결같아 거짓이 없음을 취한 것이지만, 순수하고 한결같아 거짓이 없음도 단지 발현한 뒤에 인식되기 때문에 이발이라고 한 것이다. 정말로 미발(未發)이 없다면 어떻게 이발(已發)이 되겠는가? 이렇다면 상성(上聖)의 자질도 명경지수와 같으나, 단지 밝게 비추고 따뜻하게 감싸지 못할 뿐이다. 여기에서 맹자의 뜻은 또 미발처에 온갖 선이 다 구비되고, 사물에 유혹되지 않고, 기질에 가려지지 않아서 그 본체의 바름을 온전히 하는 것을 겸하여 가리킨 듯하다. 대인이 지혜와 사려가 밝게 통하고 앎이 만물에 두루 미치는 것도, 갓난아이(赤子) 때에 가지지 못했던 이(理)를 뒤에 보태는 것이 아니다. 그렇다면 대인이 되지 못하는 자는 갓난아이의 마음을 잃어버린 것이요, 대인이 된 사람도 단지 갓난아이의 마음을 잃어버리지 않은 것일 뿐이다. ○ 「성인지심」 : 그 대체를 따르면 대인이 되니, 대인이 곧 성인이다. 어찌 구별이 있을 수 있겠는가?(『관계』)

○ 「赤子心已發」 : 此非謂赤子無未發之心也, 孟子所言赤子之心, 只取其純一無僞, 而純一無僞, 亦只於發後認取, 故云耳. 苟無未發, 何以爲已發? 若是, 上聖之姿, 亦如明鏡止水, 特未能照徹包縕. 在這裏, 孟子之意, 似亦兼指未發處, 萬善具足, 不爲物誘, 不爲氣蔽, 而全其本體之正者. 大人智慮通達, 知周萬物, 亦非後來添得赤子時所未有之理, 則不得爲大人者, 失其赤子之心者也. 爲大人者, 亦但不失赤子之心而已. ○「聖人之心」: 從其大體爲大人, 大人卽聖人也. 安得有別?(『竅啓』)

『비망록』21-1-g

○ 갓난아이의 마음은 단지 순일하여 거짓이 없기 때문이다. 그래서 "도를 벗어남이 멀지 않다"고 하였고, "순일하여 도에 가깝다"고 하였다. 오직 성인의 마음만이 온통 천리라서 뭇 사물이 이르면 밝게 비추지 않음이 없다. 그래서 "밝은 거울과 같고, 고요한 물과 같다"고 하였으나, 그 갓난아이의 마음을 보존하는 것은 결코 물리치지 않을 것이다.(『비망록』)

○ 赤子之心, 但以其純一無僞, 故曰, "去道未遠", 曰, "純一近道". 唯聖人之心, 渾然天理, 凡事至物來, 無不照澈, 故曰, "如明鏡如止水." 然存其赤子之心, 則必不辭矣夫.(『備忘錄』)

『부주』21-1-1

○ 누군가 물었다. "정자가 갓난아이의 마음을 이발이라고 한 것은 무엇 때문입니까?" 주자가 말하였다. "보통사람의 마음은 미발(未發)이 있지 않은 때가 없고, 또 이발(已發)이 있지 않은 때가 없으니, 어른이건 아이건 어질건 어리석건 구별이 없다. 그러나 맹자가 가리키는 바의 '갓난아이의 마음'이 순일하여 거짓이 없는 것은 그것이 발한 뒤에야 볼 수 있다. 만약 아직 발하지 않았다면 순일하여 거짓이 없다는 말로 다시 그것을 형용하기에 충분하지 않다." 물었다. "정자는 '밝은 거울과 고요한 물'을 말하였는데, 참으로 성인의 마음은 갓난아이의 마음과 다릅니다. 그렇다면 그것은 미발이 되는 것입니까?" 대답하였다. "성인의 마음이 아직 발하지 않았을 때에는 물이나 거울의 체가 되고, 이미 발한 뒤에는 물이나 거울의 용이 되니, 또한 다만 미발만을 가리켜 말한 것은 아니다."

○ 或問, "程子以赤子之心爲已發, 何也?" 朱子曰, "衆人之心, 莫不有未發之時, 亦莫不有已發之時, 不以老稚賢愚而有別也. 但孟子所指赤子之心純一無僞者, 乃因其發而後可見. 若未發則純一無僞, 又不足以名之也," 曰, "程子明鏡止水之云, 固以聖人之心異乎赤子之心矣. 然則此其爲未發者邪?" 曰, "聖人之心, 未發則爲水鏡之體, 旣發則爲水鏡之用, 亦非獨指未發而言也."

『발휘』21-1-1-a

○ 주자가 말하였다. "대인은 편하고 명백하여 일마다 이해할 수 있어서, 단지 그대로 공명정대하게 일을 해 나아가 별다른 간교함이나 곡절이 전혀 없으니, 이것이 바로 갓난아이의 마음이다."(『발휘』)

○ 朱子曰, "大人坦然明白, 事事理會得, 只恁地白直做將去, 都無許多姦巧曲折, 便是赤子之心."(『發揮』)

『차의』21-1-1-b

○ 『부주』에서 "정자는 갓난아이의 마음을 이발로 보았다"고 하였는데, 이것은 대개 갓난아이의 마음이 순일하여 거짓이 없음은 반드시 발현한 이후에 볼 수 있기 때문에 그렇게 말한 것이다. 그러나 개인적인 생각으로 논해보자면, 이 갓난아이의 마음은 미발과 이발을 겸하는 것으로 말한 듯하다. 일반인의 마음은 혼란스럽고 어지러워 잠시 동안도 미발이 있음을 알지 못한다. 오직 갓난아이의 마음에서만 미발의 경지를 볼 수 있으며, 그 미발의 체도 반드시 순수하게 선하다. 그러므로 그 발현한 곳마다 모두 순일하여 거짓이 없다. 대인은 이 미발의 순수한 본체를 확대하고, 그 이발의 거짓이 없는 작용을 채운다. 그렇다면 (갓난아이의 마음을) 단지 이발이라고만 말한 것은 그 설명이 치우친 것 같은데 어떠한가? 주자의 『집주』에서 이미 "사물에 유혹되지 않고 순일하여 거짓됨이 없다"고 말하였으니, '순일'이라는 글자는 아마도 오로지 이발처만을 가리켜서는 안될 듯하다.(『차의』)

○ 『附註』"程子以赤子之心爲已發", 此蓋赤子之心, 純一無僞, 必於發而後可見, 故云然也. 然以妄見論之, 此赤子心, 似兼未發已發言也. 衆人之心, 昏擾雜亂, 未見有霎時未發. 唯赤子心, 可見未發境界, 而其未發之體, 亦必粹然純善矣. 故其發處, 皆純一無僞. 大人者, 擴此未發粹然之體, 而充其已發無僞之用矣. 然則, 只言已發, 似說得偏, 未知何如? 朱子『集註』旣曰, "不爲物誘, 而純一無僞", 則'純一'字, 恐未可專指已發處也.(『箚疑』)

『부주』21-2

○ 주자가 말하였다. "갓난아이는 아는 것도 없고 할 수 있는 것도 없다. 대인은 아는 것도 없고 할 수 있는 것도 없는 이 마음을 잃지 않는 사람이다. 만일 이 마음을 잃어버려서 작은 기교와 계략을 부리거나 자잘한 이해를 계산한다면 곧 소인이 되고 만다. 대인의 마음에는 이렇게 많은 일이 없다."225)

○ 朱子曰, "赤子無所知無所能. 大人者, 是不失其無所知無所能之心. 若失了此心, 使些子機關, 計些子利害, 便成箇小底人了. 大人心下, 沒許多事."

『강록』21-2-a

○ 「기관(機關)」: 이덕홍이 기록하여 말하였다. "'기'는 함정의 일종이고, '관'은 문관의 관으로써, 모두 다 마음이 교묘하게 꾀를 내는 곳이다." ○ 「몰(沒)」: 이덕홍이 기록하여 말하였다. "'없다'는 뜻이다."(『강록』)

○ 「機關」: 李錄云, "'機', 陷穽之類, '關', 門關之關, 皆言心之用巧費計處." ○ 「沒」: 李錄云, "'無'也."(『講錄』)

『석의』21-2-b

○ 「기관(機關)」: '기'는 쇠뇌이고 '관'은 문관의 나무로써, 모두 다 마음이 교묘하게 꾀를 내는 곳이다. ○ 「몰(沒)」: '없다'는 뜻이다.(『석의』)

○ 「機關」: '機', 弩牙, '關', 門關木, 皆言心之用巧費計處. ○ 「沒」: 無也.(『釋疑』)

---

225) 『孟子集註』, 「離婁下」 赤子之心章 細注.

『발휘』21-2-c

○ 또 말하였다. "갓난아이는 지각이 없이 순일하여 거짓이 없는 것이며, 대인은 지각을 가지고 순일하여 거짓이 없는 것이다."(『발휘』)

○ 又曰, "赤子是無知覺底純一無僞, 大人是有知覺底純一無僞."(『發揮』)

『질서』21-2-d

○ 사람은 갓난아이 때 이미 양지양능(良知良能)을 가지고 있다. 지금 "갓난아이는 아는 것도 없고 할 수 있는 것도 없다"고 말한 것은 무슨 까닭인가? 아는 것도 없고 할 수 있는 것도 없다는 것은 이른바 '하는 것이 없다'는 것과 같다. 무릇 알고 할 수 있는 어떤 것도 의도하는 바가 있어서 그러한 것은 모두 올바른 천리가 아니다. 갓난아이에게 어찌 그런 것이 있겠는가? 대인이란 사람이 어찌 단지 '아는 것도 없고 능한 것도 없음'을 잃지 않은 사람일 뿐이겠는가? 그는 또 양지와 양능을 잃지 않고, 겸하여 만물을 두루 알고 만사에 두루 유능한 사람이다. 이것이 갓난아이와 대인의 차이점이다.(『질서』)

○ 人在孩提, 已有良知良能. 今曰"赤子無所知能", 何哉? 無所知能者, 如所謂'無所爲'也. 凡一知一能, 有所爲而然者, 皆非天理之正也. 赤子奚有焉? 大人者, 豈但不失其'無所知無所能', 亦且不失其良知良能, 兼之周知萬物, 遍能萬事. 此赤子大人之別也.(『疾書』)

『차록』21-2-e

○ 생각건대, '이렇게 많은 일'은 '기관'과 '이해'를 가리켜 말한 것이다. 대인은 모든 변화에 통달하여 일삼는 것이 모두 바르니, 작은 기교와 계략이나 자잘한 이해가 미세하게도 싹트는 일이 없다. 어찌 이렇게 많은 일이 있을 수 있겠는가?(『차록』)

○ 竊謂'許多事', 指'機關''利害'而言. 大人通達萬變, 所事皆正, 則如些子機關些子利害, 無絲毫之萌矣. 惡得有許多事耶?(『箚錄』)

『비망록』21-2-f

○ 갓난아이는 마음이 붉고 몸도 붉어서 순수하게 참된 모습을 말한

다. 그가 처음 태어날 때 다섯 가지 본성이 이미 갖추어져 있으나 아직은 기의 변화가 유행에 미치지 못한 듯이 혼연하다. 그러나 아는 것이 없는 가운데 저절로 앎의 이치가 있으며, 할 수 있는 것이 없는 가운데 저절로 할 수 있는 뜻이 있다. 만약 그렇지 않고 아는 것과 할 수 있는 것이 전혀 없다면 목석(木石)과 무엇이 다르겠는가? 다만 성장하고 나서도 잡아 지켜서 따를 수 없는 것은 물욕이 그것을 해치기 때문이다. 그러나 오직 대인만은 이것을 초월해 있어서 그 '아는 것이 없고 할 수 있는 것이 없는 마음'에 따라서 이를 미루어 부연하고 스스로 터득해서, 그 '아는 것'은 참된 앎이 되고, '할 수 있는 것'은 참된 능력이 되어 보통 사람들보다 탁월하게 되었다. 만약 저 '아는 것도 없고 할 수 있는 것도 없는 마음'이 기교와 계략에 빠지고 이해에 매몰된다면 아는 것과 할 수 있는 것은 이미 갓난아이의 본모습이 아니어서 하등(下等)의 무리로 돌아갈 따름이다. 누군가 말하였다. "'대인의 마음에는 이렇게 많은 일이 없다'는 것은 무엇을 말한 것입니까?" 대답하였다. "'몰(沒)'은 없다는 것이다. '허다사'는 대개 나아가고 피할 것을 계산하고 비교하는 것을 말한다. 정자는 '사람은 사려하는 것이 많으면 저절로 편안할 수가 없다. 대저 대인의 마음은 잠잠하게 텅 비고 고요하여 미세하게라도 사사로움에 얽매임이 없으며, 덕성을 함양하여 그 본연의 체를 보존할 수가 있다. 만약 조금이라도 마음이 외물과 접촉하여 어지러워지면 점차 혼미해져서 부여받은 것을 잃어버리게 된다'고 하였다. 그래서 '대인의 마음에는 이렇게 많은 일이 없다'고 한 것이니 학문에 뜻을 둔 사람이라면 깊이 활용하고 몸소 음미해야 한다."(『비망록』)

○ 赤子是心赤體赤, 純然眞狀之謂. 厥生之初, 五性已具, 尙渾然如氣化之未及流行, 而無所知中, 自有所知之理, 無所能中, 亦自有所能之意. 若不然, 而都無所知所能, 與木石奚異哉? 但及其長而不能持循者, 物欲害之也. 然惟大人者, 超於是, 而因其'無所知無所能之心', 推衍自得, 而其'所知'爲眞知,

'所能'爲眞能, 卓然於衆人矣. 若夫'無所知無所能之心', 陷於機關, 沒於利害者, 所知所能, 已非赤子之本色, 而歸於下流而已. 或曰, "'大人心下, 沒許多事', 何謂也?". 曰, "'沒', 無也. '許多事', 蓋計較趨避之謂. 程子曰, '人多思慮, 不能自寧. 夫大人之心, 湛然虛靜, 無毫髮尤私之累, 及可以涵養德性, 而存其本然之體矣. 若一與外物交亂于中, 則浸浸然, 歸於昏迷, 而失其所賦矣.' 所以謂'大人心下沒許多事', 凡志學者, 所當深用體玩也."(『備忘錄』)

『부주』21-2-1

○ 쌍봉요씨가 말하였다. "갓난아이는 배가 고프면 젖을 찾는데 이것은 바로 욕망이다. 그러나 배가 고프면 울고, 기쁘면 웃는 것은 모두 참된 정으로 교묘함과 거짓이 전혀 없다. 대인은 단지 이 순일하여 거짓이 없는 마음을 지켜서 채워 넓힐 뿐이니, 이른바 '몽매한 가운데 바름을 기르는 것이 성인이 되는 공부이다'[226)]라는 것이다."

○ 雙峯饒氏曰, "赤子如飢要乳, 便是欲. 但飢便啼, 喜便笑, 皆是眞情, 全無巧僞. 大人只是守此純一無僞之心, 而充廣之, 所謂'蒙以養正, 聖功也.'"

『강록』21-2-1-a

- 「몽이양정성공(蒙以養正聖功)」: 『주역』「몽괘」에 나온다. 어릴 적에 바르게 기르는 것이 성인이 되는 공부이다.(『강록』)
- 「蒙以養正聖功」: 出『易』「蒙卦」. 蒙養以正, 作聖之功也.(『講錄』)

『석의』21-2-1-b

- 「몽이양정성공(蒙以養正聖功)」: 『주역』「몽괘」의 '어릴 적에 바르게 기르는 것이 성인이 되는 공이다[蒙養以正, 聖功也]'에 대하여 (정이천과 주자는) '성인이 되는 공부'라고 풀이하였다.(『석의』)
- 「蒙以養正聖功」: 『易』「蒙卦」, '蒙養以正, 聖功也.' 註作聖之功也.(『釋疑』)

---

226) 『周易』, 「蒙卦」彖傳에 나온다.

제22장: 사람에게 어찌 인(仁)과 의(義)의 마음이 없겠는가?

[存乎人者, 豈無仁義之心哉]

○ 맹자가 말하였다. "우산의 나무가 한때 아름다웠으나 큰 나라의 교외에 있어서 도끼와 자귀로 베어내니 아름다울 수가 있겠는가? 이는 밤낮으로 자라나고 비와 이슬이 적셔주어서 싹이 돋아나지 않는 것이 아니었지만, 소와 양이 또 이어서 그것을 뜯어먹으니 이 때문에 저와 같이 헐벗게 되었다. 사람들은 그 헐벗은 모습을 보고는 재목이 있었던 적이 없다고 생각하는데, 이것이 어찌 산의 본성이겠는가? 비록 사람에게 보존된 것인들 어찌 인의의 마음이 없겠는가? 사람이 그 양심을 버리는 것도 도끼와 자귀로 나무를 아침마다 베어내는 것과 같으니, 아름다울 수가 있겠는가? 밤낮으로 자라나는 양심과 새벽의 맑은 기운도 그 좋아하고 싫어하는 것이 남들과 서로 가까운 것이 얼마 되지 않으니, 이것은 아침과 낮에 행하는 것이 그것을 질곡하여 없애기 때문이다. 반복하여 질곡시키면 그 밤의 맑은 기운이 보존될 수 없고, 밤의

맑은 기운이 보존될 수 없으면 금수와의 거리가 멀지 않게 된다. 사람들은 그 금수와 같은 모습을 보고 일찍이 훌륭한 재질이 있었던 적이 없다고 생각하는데 이것이 어찌 사람의 실정이겠는가? 그러므로 만약 그 기르는 것을 얻는다면 성장하지 않는 사물이 없고, 만약 기르는 것을 잃는다면 소멸하지 않는 사물이 없는 것이다. 공자가 말하기를, '잡으면 보존되고 놓으면 없어져서 나가고 들어오는데 일정한 때가 없어서 그 방향을 알지 못하는 것은 오직 마음을 일컬은 것이다'라고 하였다."227)

○ 孟子曰, "牛山之木, 嘗美矣, 以其郊於大國也, 斧斤伐之, 可以爲美乎? 是其日夜之所息, 雨露之所潤, 非無萌蘖之生焉, 牛羊又從而牧之, 是以若彼濯濯也. 人見其濯濯也, 以爲未嘗有材焉, 此豈山之性也哉? 雖存乎人者, 豈無仁義之心哉? 其所以放其良心者, 亦猶斧斤之於木也, 旦旦而伐之, 可以爲美乎? 其日夜之所息, 平旦之氣, 其好惡與人相近也者幾希, 則其朝晝之所爲, 有梏亡之. 梏之反覆, 則其夜氣不足以存, 夜氣不足以存, 則其違禽獸不遠矣. 人見其禽獸也, 而以爲未嘗有才焉者, 是豈人之情也哉? 故苟得其養, 無物不長, 苟失其養, 無物不消. 孔子曰, '操則存, 舍則亡, 出入無時, 莫知其鄕, 惟心之謂與?'"

『강록』22-A

ㅇ 「우산(牛山)」 : 제(齊)나라 도읍의 동쪽에 있는 산이다. ○ 「교(郊)」 : 도읍의 밖이 '교(郊)'이며(십리의 바깥이다), 교외가 '목(牧)'이고, 목외가 '야(野)'이고, 야외가 '림(林)'이다. ○ 「탁탁(濯濯)」 : 빛나고 깨끗한 모습이다. 산에 풀과 나무가 없는 것을 '탁탁하다'고 한다.

227) 『孟子』, 「告子上」.

○ 「인의지심(仁義之心)」 : 이덕홍이 기록하여 말하였다. "'덕에는 네 가지가 있는데 인의만을 말한 것은 무엇 때문입니까?' 대답하였다. '이 두 가지를 들면 그 나머지는 그 가운데 있기 때문이다. 주자가 '예(禮)는 인(仁)이 드러난 것이고, 지(智)는 의(義)가 감추어진 것이다'228)고 하였는데 여기에서 그 뜻을 볼 수 있다.'" ○ 「부족이존(不足以存)」 : 기(氣)로써 이(理)를 담아야 보존될 것이 보존되어서 인의(仁義)의 양심을 얻게 된다. 기가 만약 질곡되어 없어지면 이(理)도 그것에 따라서 없어진다. ○ 「성정(性情)」 : 이덕홍이 기록하여 말하였다. "'산에 대해서는 성(性)으로 말하고, 사람에 대해서는 정(情)으로써 말한 것은 무엇 때문입니까?' 대답하였다. '성은 정의 뿌리이고, 정은 바로 성의 싹과 줄기이다. 성을 말하면 정은 그 가운데 있고, 정을 말하면 성은 그 가운데 있기에 번갈아 말한 것이다. 그러나 산에는 정이 없지만, 사람은 성과 정을 갖추고 있기 때문에 산에 대해서는 반드시 성으로써 말하였고, 사람에 대해서는 반드시 정으로써 말하였다.'"(『강록』)

○ 「牛山」 : 齊都之東山. 「郊」 : 邑外爲'郊'(十里之外), 郊外爲'牧', 牧外爲'野', 野外爲'林'. ○ 「濯濯」 : 光潔貌. 山無草木曰, '濯濯믜다.' ○ 「仁義之心」 : 李錄云, "問'德有四而特言仁義者, 何歟?' 答曰, '擧斯二者, 而其餘在其中耳. 朱先生曰, '禮, 仁之著, 智, 義之藏也.' 於此可見其義.'" ○ 「不足以存」 : 氣以盛理, 所存乃存, 得仁義之良心也. 氣若梏亡, 理隨之而亡矣. ○ 「性情」 : 李錄云, "問, '於山則以性言, 於人以情言者, 何耶?' 答曰, '性卽情之本根, 情乃性之苗脈. 言性而情在其中, 言情而性在其中, 互相發也. 然山無情而人具性情, 故於山必以性言, 於人必以情言.'"(『講錄』)

『석의』22-B

○ 「우산(牛山)」 : 제(齊)나라 도읍의 동쪽에 있는 산이다. 「교(郊)」 : 도읍의 바깥이다. 「탁탁(濯濯)」 : 풀과 나무가 없어서 빛나고 깨끗한 모습이다. 「인의지심(仁義之心)」 : 네 가지 덕 가운데 다만 인의

---

228) 『朱子全書』 권48, 「性理7」.

(仁義)를 말한 것은 이 두 가지를 들면 예(禮)와 지(智)는 그 가운데 있기 때문이다. 주자는 "예는 인이 드러난 것이고, 지는 의가 감추어진 것이다"229)고 말하였다. 「'호오(好惡)'에서 '상근(相近)'까지」 : 사람의 마음이 똑같이 그러한 것은 바로 인의의 양심이다. 「곡망(牿亡)」 : 양심을 질곡하여 없애는 것이다. 「성정(性情)」 : 산에 대해서는 성(性)으로써 말하고, 사람에 대해서는 정(情)으로써 말하였는데 성은 곧 정의 뿌리이고, 정은 바로 성의 싹과 줄기이다. 성을 말하면 정은 그 가운데 있고, 정을 말하면 성은 그 가운데 있기에 번갈아 말한 것이다. 그러나 산에는 정이 없지만 사람은 성과 정을 갖추고 있기 때문에 산에 대해서는 성(性)으로써 말하였고, 사람에 대해서는 정(情)으로써 말하였다.(『석의』)

○ 「牛山」 : 齊都之東山. 「郊」 : 邑外. 「濯濯」 : 無草木而光潔也. 「仁義之心」 : 四德特云仁義, 擧斯二者而禮智在其中矣. 朱子曰, "禮, 仁之著, 智, 義之藏." 「好惡 止 相近」 : 卽人心之所同然, 乃仁義之良心也. 「牿亡」 : 牿亡其良心也. 「性情」 : 於山以性言, 於人以情言, 性卽情之本根, 情乃性之苗脉. 言性而情在其中, 言情而性在其中, 互言之也. 然而山無情而人具性情, 故於山以性言, 於人以情言.(『釋疑』)

『심법』22-C

○ 나 조익(趙翼)의 생각: 이 장은 산의 나무로 사람의 선한 마음을 비유하여 구절마다 서로 대응시켰는데, 그 말이 매우 친절하다. 사람에게 본디 선한 마음이 있는 것은 산의 나무가 본래 아름다운 것과 같으며, 사람의 양심이 물욕에 의해 버려지는 것은 산의 나무가 도끼와 자귀에 베어지는 것과 같다. 비록 베어지고 버려진 뒤에도 그 근본은 여전히 남아 있기 때문에 밤낮이 바뀌면서 언제나 다시 생겨난다. 그러므로 비와 이슬이 적셔주면 싹이 돋아난다. 새벽에 아직 사물과 접하기 이전에 그 기가 텅 비고 고요할 때 양심이 발현된다. 단지 싹이 돋아나자마자 소와 양이 또 그것을 뜯

229) 『朱子全書』 권48, 「性理7」.

어먹기 때문에 싹이 다시 돋아나지 않아서 저와 같이 헐벗은 것이다. (양심이) 드러나는 것이 얼마 되지 않는데 아침과 낮에 행하는 것이 다시 그것을 질곡하여 없애면 밤의 맑은 기운일지라도 그 양심을 다시 보존하지 못하여 금수와 멀지 않게 될 것이다. 그러므로 산이 헐벗고 사람이 금수와 같은 것이 어찌 본래 그러한 것이겠는가? 이 두 단락의 말에서 사람에게는 본래 선한 마음이 있었으나, 물욕에 해를 당하고 그것을 상실하여 선하지 않게 되었다는 것은 매우 분명해졌다. 또 모든 사물은 기르면 성장하고 기르지 못하면 소멸하는 것을 말함으로써 양심을 기르지 못하여 소멸되는 것은 실제 이치가 반드시 그런 것임을 보여주었다. 대저 이미 버리고 또 질곡하여 없애고 그것을 반복하니, 이것이 양심이 길러지지 못하는 까닭이다. 그렇다면 그것을 기르는 방법은 오로지 그 버리는 것과 질곡하여 없애는 것을 제거하여 하루 종일 행하는 것이 해로움이 없도록 하는 것이다. 진실로 해로운 것이 없으면 그 밤낮으로 자라는 것이 저절로 채워지고 성대해질 것이니, 산의 나무가 도끼와 자귀로 베어지지 않고 소와 양에 뜯기지 않으면 저절로 번성하고 무성해지는 것과 같다. 마지막에 다시 공자의 말을 인용하여 마음이라는 것이 보존하기 어렵고 잃어버리기 쉽다는 것을 말함으로써 양심을 기르는 요체가 잡아서 버리지 않는데 있음을 말하였다. 대개 마음은 살아 있는 것으로서 발하여 움직이는데 일정함이 없기 때문에 반드시 잡아야 보존되고, 버려두면 없어진다. 드나드는데 일정한 때가 없고 일정한 방향이 없다고 한 것은 곧 그것이 신명하여 예측할 수 없고 발현하여 움직이는 것이 무상함을 형용한 것이다. 잡아서 보존하면 물욕에 빠지지 않아 본연의 선함이 늘 보존되지만, 버려서 없어지면 단지 물욕에 흘러서 거듭 질곡되어 없어지는 것은 모두 이 때문이다. 그러므로 물욕의 해로움을 제거하고 그 양심을 기르는 것으로는 마음을 잡는 것보다 더 좋은 방법이 없다. 대개 '마음'은 지각을 말하는데, 지각은 본래 선하다. 그 본연의 선이 곧 양심이며, 인의의 마음이다. 그러므로 지각하는 마음과 양심은 두 가지가 아니다. 곧 지각의 본래 선한 것이 양심이다. 지각은 비록 본래 선하지만 물욕에 빠지면 그 선함은 없어지게 되니, 이것이 이른바 '그 양심을 잃어버린다'는 것이다. 오직 물욕에 매몰되지 않는다면 그 본래의 선은 없어진 적이 없다. 그러므로 잡아서 보존하는 것은 지각이고, 지각이 보존되면 선도 이에 보존된다.(『심법』)

○ 愚謂此章, 以山木譬人之善心, 節節相對, 其言極親切. 人之本有善心, 如山木本美, 人之良心爲物欲所放, 如山木爲斧斤所伐. 雖旣伐旣放之後, 其根本猶在, 故日夜之間, 常發生焉, 故雨露之潤, 萌蘖生焉. 平旦未與物接, 其氣虛靜之時, 良心發見. 但萌蘖纔生, 而牛羊又牧之, 故無復萌蘖之生, 而若彼濯濯也. 發見無幾, 而旦晝之所爲, 又梏亡之, 則雖夜氣不復存其良心, 而不遠於禽獸矣. 然則山之濯濯, 人之禽獸, 豈其本然哉? 此兩段言, 人本有善心, 而爲物欲所害, 失之而爲不善, 甚爲分曉. 又言凡物得養則長, 失養則消, 以見良心失養而消, 實理所必然也. 夫旣放之, 又梏亡之, 而反復之, 此良心所以失養也. 然則其養之之道, 惟去其放之者梏亡之者, 使其旦晝之所爲無所害也. 苟無所害, 則其日夜之所息, 自當充盛, 如山木無斧斤之伐牛羊之牧, 自當繁茂矣. 末復引孔子之言, 言心之爲物, 難保而易失, 以見養之之要, 在操而不舍也. 蓋心是活物, 發動無常, 故須操乃存, 舍則亡去. 出入無時無鄕, 卽形容其神明不測, 發動無常也. 操而存, 則不汨於物, 而本然之善常存, 舍而亡, 則只有流於物欲, 而已梏亡反復, 皆由於此也. 然則所以去物欲之害, 以養其良心, 莫善於操之一法也. 蓋'心'者, 知覺之謂, 知覺本善. 其本然之善, 卽是良心, 卽是仁義之心也. 然則知覺之心與良心, 非二也. 卽知覺之本善者, 是良心也. 知覺雖本善, 汨於物欲, 則其善亡, 所謂'放其良心'是也. 惟不汨於物, 則其本然之善, 未嘗亡, 故操而存者, 知覺也, 而知覺存, 則善斯存矣.(『心法』)

『질서』22-D

○ 사람은 지각을 가지고 있으나 산은 그렇지 못하다. 산에 있는 나

무의 싹은 사람 마음의 좋아하고 싫어함과 같다. 싹이 트는 곳에서는 다만 성을 말해야 하지만, 좋아하고 싫어하는 곳에서는 또 정을 말해야 한다.(『질서』)

○ 人有知覺而山則不然. 山木之萌蘖, 如人心好惡也. 於萌蘖處只須言性, 而好惡處又須言情.(『疾書』)

『강록간보』22-E

○ 「부족이존(不足以存)」: 김종덕(金宗德)의 생각: "아침과 낮에 행하는 것이 이 양심을 질곡시키고, 반복하여 질곡시키면 정신이 소모되고 기운이 흩어져서 양심을 보존할 수 없다."(『강록간보』)

○ 「不足以存」: 按, "朝晝所爲, 梏此良心, 梏之反復, 則神耗氣散, 不足以存得良心也."(『講錄刊補』)

『원주』22-1

○ 주자가 말하였다. "'양심'이란 본연의 착한 마음이니, 곧 이른바 '인의의 마음'이다. '새벽의 기운'은 아직 사물과 접하지 않았을 때의 맑고 밝은 기운이다. '좋아하고 싫어함이 남과 서로 가깝다'는 것은 사람의 마음이 똑같이 옳다고 여기는 것을 얻었음을 말한 것이다. '기희(幾希)'는 많지 않다는 뜻이다. '곡(梏)'은 수갑이다. '반복'은 이리저리 구르는 것이다. 사람이 양심을 이미 잃어버렸더라도 밤과 낮 사이에 그래도 반드시 생장하는 바가 있다. 그러므로 새벽에 아직 사물과 접하지 않아서 그 기운이 맑고 밝을 때에 이 마음이 반드시 여전히 발하여 나타나는 것이 있다. 그러나 그 발하여 나타나는 것이 지극히 미미한데, 낮에 행한 선하지 않은 일들이 또 바로 따라서 그것을 질곡하여 없앤다. 이는 마치 산의 나무가 이미 베어지더라도 여전히 싹이 돋아나지만 소와 양이 또 그것을 뜯어먹는 것과 같다. 낮의 행하는 것이 이미 치열해지면 반드시 밤에 자라나는 것을

해치게 되고, 밤에 자라나는 것이 엷어지고 나면 낮에 행한 것을 더욱 이길 수 없게 된다. 이 때문에 갈수록 서로 해쳐서 새벽의 기운도 맑을 수 없어서 그 인의의 양심을 보존할 수 없는 지경에까지 이르게 된다."[230]

○ 朱子曰, "'良心'者, 本然之善心, 卽所謂'仁義之心'也. '平旦之氣', 謂未與物接之時淸明之氣也. '好惡與人相近', 言得人心之同然也. '幾希', 不多也. '梏', 械也. '反覆', 展轉也. 言人良心, 雖已放失, 然其日夜之閒, 亦必有所生長. 故平旦未與物接, 其氣淸明之際, 此心必猶有發見者. 但其發見至微, 而旦晝所爲之不善者, 又已隨而梏亡之. 如山木旣伐, 猶有萌蘖, 而牛羊又牧之也. 晝之所爲旣熾, 則必有以害其夜之所息, 夜之所息旣薄, 則愈不能勝其晝之所爲. 是以展轉相害, 至於平旦之氣亦不能淸, 而不足以存其仁義之良心也."

『강록』22-1-A

○「소동연(所同然)」: 이덕홍이 기록하여 말하였다. "소동연(所同然)의 연(然)은 '옳은가[然]·옳지 않은가[否]'의 '연(然)'이다. 사람의 마음이 똑같이 옳다고 여기는 것은 반드시 이치에 합당한 것이다. 그러므로 인의의 마음을 사람의 마음이 똑같이 옳다고 여기는 것으로 간주하였다."(『강록』)

○「所同然」: 李錄云, "然, 卽'然否'之'然'. 盖人心之所同以爲然者, 必是當於理者. 故以仁義之心爲人心之所同然者."(『講錄』)

『석의』22-1-B

○「동연(同然)」: 연(然)은 '옳은가[然]·옳지 않은가[否]'의 '연(然)'이다. 사람의 마음이 똑같이 옳다고 여기는 것은 바로 의리이다.(『석의』)

○「同然」: 然, 卽'然否'之'然'. 人心同以爲然者, 卽義理也.(『釋疑』)

『차기』22-1-C

---

230) 『孟子集註』,「告子章句上」.

○ ‘연(然)’은 ‘옳은가[然]·옳지 않은가[否]’의 ‘연(然)’이다. 대개 사람의 마음이 똑같이 옳다고 여기는 것은 반드시 이치에 합당하다. 그러므로 인의의 마음을 사람의 마음이 똑같이 옳다고 여기는 것으로 간주하였다.(『차기』)

○ ‘然’, 卽‘然否’之‘然’. 蓋人心之所同以爲然者, 必當於理, 故以仁義之心爲人心之所同然者.(『箚記』)

『발휘』22-1-D

○ 주자가 말하였다. “새벽의 맑은 기운은 단지 많은 시간 동안 사물과 접하지 않은 상태로 밤 동안에 자라난 것이니 깨어나자마자 바로 이 자연의 청명한 기운을 얻게 된다. 이 마음은 본래 이렇게 텅 비고 고요한데, 잠깐 동안 사물과 접하게 되면 예전처럼 다시 물욕에 빠지게 된다. 물욕에 빠진 것이 깊어지면 비록 밤 동안에 휴식하더라도 이 기운이 다시 보존되지 않는다. 따라서 종신토록 어두운데 빠지고 점점 방탕한 데로 흘러서 위태로워도 회복되지 않는 경우가 있게 된다.”231)(『발휘』)

○ 朱子曰, “平旦之氣, 只是夜間息得, 許多時節, 不與事物接, 才醒來便有得這些自然清明之氣. 此心自恁地虛靜, 少間才與物接, 依舊又汩沒了. 只管汩沒多, 雖夜間休息, 是氣亦不復存. 所以有終身昏沈, 展轉流蕩, 危而不復者.”(『發揮』)

『강록간보』22-1-E

○ 「동연(同然)」: 김종덕(金宗德)의 생각: “이 단락은 『맹자』의 본주인데, 서산이 요약하여 기록하면서 곡절이 지나치게 생략되었으므로, 반드시 본문에 나아가서 탐구하고 살펴보아야 문장의 의미를 제대로 알 수 있다.”(『강록간보』)

○ 「同然」: 按, “此段是孟子本註, 而西山節約入錄, 殊欠曲折, 須就本文究觀, 可見文義.”(『講錄刊補』)

---

231) 『朱子語類』 권59, 「孟子九·告子上」.

『원주』22-2

○ 또 말하였다. "공자는 마음은 붙잡으면 여기에 있고, 놓으면 잃어버려서 그 나가고 들어오는 데 일정한 때가 없고 또 일정한 거처가 없음을 말하였다. 맹자는 그것을 인용하여 마음이 신명하고 헤아릴 수 없어서 위태롭게 움직이고 편안하기 어려움이 이와 같으니 잠시라도 기르는 것을 잃어버려서는 안 됨을 밝혔다."232)

○ 又曰, "孔子言心操之則在此, 捨之則失去, 其出入無定時, 亦無定處. 孟子引之, 以明心之神明不測, 危動難安, 如此, 不可頃刻失其養也."

『원주』22-3

○ 정자가 말하였다. "마음에 어찌 출입이 있겠는가? 역시 잡고 놓아버리는 것으로써 말하였을 뿐이다. 그것을 잡는 방법은 경(敬)하여 안을 곧게 하는 것일 따름이다."233)

○ 程子曰, "心豈有出入? 亦以操舍而言耳. 操之之道, 敬以直內而已."

『원주』22-4

○ 내가 스승에게서 들었는데, "이 장에서 지적하는 것은 가장 중요하고 절실하니 배우는 사람은 마땅히 익숙히 음미하고 깊이 성찰하여야 한다"고 하였다.

○ 愚聞之師, 曰, "此章之指, 最爲要切, 學者宜熟玩而深省之."

『부주』22-1

○ 범순부(范純夫)의 딸이 『맹자』의 '조존장(操存章)'을 읽고는 "맹자는 마음을 알지 못하였으니, 마음에 어찌 나가고 들어오는

232) 『孟子集註』, 「告子章句上」

233) 『二程遺書』 권18. * 『孟子集註』 「告子章句上」

것이 있겠는가?"라고 하였다. 이천(伊川) 선생이 그것을 듣고 "이 여인은 비록 맹자를 알지는 못하였지만 도리어 마음은 알 수 있었다"고 말하였다.234)

○ 范純夫之女, 讀『孟子』'操存章', 曰, "孟子不識心, 心豈有出入?" 伊川先生聞之曰, "此女雖不識孟子, 却能識心."

『부주』22-1-1

○ 누군가가 이천이 '순부(純夫)의 딸이 도리어 마음은 알 수 있었다'고 말한 한 단락에 대해서 물었다. 주자가 말하였다. "마음은 도리어 알기 쉽지만, 단지 맹자의 뜻은 알지 못했다. 마음은 죽은 것이 아니므로 모름지기 생동하는 것으로 보아야 한다. 그렇지 않으면 이것은 석씨가 선정(禪定)에 들어 좌선하는 모양과 같다. '보존한다'는 것은 단지 일에 응하고 사물에 접할 적에 일마다 이치에 꼭 들어맞는 것이 바로 보존하는 것이다. 만일 여기에서 단지 우뚝하게 지키기만 한다면 갑자기 일이 내 앞에 이를 경우에는 잡은 것이 곧 흩어져 버리니, 이것이 바로 '놓으면 없어진다'는 것이다."235)

○ 或問伊川言'純夫女却能識心'一段, 朱子曰, "心却易識, 只是不識孟子之意. 心不是死物, 須把做活看. 不爾則是釋氏入定坐禪樣. '存'者, 只是於應事接物之時, 事事中理, 便是存. 若只是兀然守在這裏, 忽有事至吾前, 操底便散了, 却是'舍則亡'也."

『관계』22-1-1-a

◦ 「사사중리변시존(事事中理便是存)」: 일에 응하고 사물에 접함이 이치에 꼭 들어맞는 것은 확실히 (마음을) 보존하는 것이다. 그러나 사물이 아직 이르지 않았는데도 지각이 어둡지 않고, 사려가 아직 싹트지 않았는데도 경계하고 두려워하는 마음을 잃지 않는 것도

234) 『二程外書』 권11

235) 『朱子語類』 권59, 「孟子九·告子上」.

역시 (마음을) 보존하는 것이다. 일이 내 앞에 이르자 잡은 것이 흩어지는 것은 확실히 (마음을) 잃어버린 것이다. 그러나 사물이 이미 지나간 뒤에 우두커니 앉아서 잊고, 단지 그렇게 어두워 전혀 비추어 보지 못하는 것도 역시 (마음을) 잃어버린 것이다. 선가(禪家)의 입정(入定)은 이미 움직일 때 보존하는 것이 전혀 없으며, 고요할 때 보존하는 것도 역시 참으로 보존하는 것이 아니라 마른 나무나 타버린 재와 같은 것이니, 항상 잃어버릴 따름이다.(『관계』)

○ 「事事中理便是存」 : 應事接物中理處, 固是存. 而事物未至, 知覺不昧, 思慮未萌, 戒懼無失者, 亦是存. 事至吾前, 操底便散, 固是亡. 而事物旣往, 嗒然坐忘, 只恁昏昧, 全沒照管, 亦是亡. 禪家入定, 旣無動時之存, 而靜時之存, 亦非眞存, 枯木死灰, 常亡而已.(『竂启』)

『부주』22-1-2

○ 또 말하였다. "순부의 딸은 마음은 알았지만 맹자는 알지 못하였다. 이 여자는 실제로 수고롭게 물리치지 않았음이 분명하다. 그러므로 '나가고 들어옴이 없다'고 말하여, 다른 사람들의 마음에 나가고 들어옴이 있음을 알지 못하였다. 이는 마치 병이 없는 사람이 남의 질통(疾痛)을 알지 못하는 것과 같다."236)

○ 又曰, "純夫女知心而不知孟子. 此女當是實不勞擾. 故云'無出入', 而不知人有出入. 猶無病者, 不知人之疾痛也."

『강록』22-1-2-a

○ 「노양(勞擾)」 : 안온하지 않고 순조롭지 않음을 말한다.(『강록』)

○ 「勞擾」 : 不安穩, 不利順之謂.(『講錄』)

『석의』22-1-2-b

○ 「노양(勞擾)」 : '노(勞)'는 수고롭게 움직이는 것이며, '양(擾)'은 쫓아내는 것이다.(『석의』)

○ 「勞擾」 : '勞', 勞動也. '擾', 追逐也.(『釋疑』)

---

236) 『朱子語類』 권59, 「孟子九·告子上」.

『질서』22-1-2-c

○ 마음의 출입에 '보존하고 버린다'는 글자를 붙인 것은 맹자가 일반인을 따라 가르침을 세운 것이다. 혹 마음의 모습이 응당 이와 같아야 한다고 생각하는 것은 옳지 않다. 성인의 마음은 발하지 않았을 때는 만상이 빽빽하다가, 발하여 사물에 응함에 있어서는 조금도 어긋나지 않으니, 어찌 일찍이 그 방향을 알지 못한 적이 있겠는가? 그래서 병이 없는 사람이 남의 질통을 알지 못하는 것으로 비유하였다. 『주자어류』에 십여 개의 조목이 있어서 모두 증험할 수 있으며, 이제 『주자대전』 가운데도 많이 수록되어 있다.(『질서』)

○ 心之出入, 帖存舍字, 孟子從衆人立教也. 或以爲心之體段, 合當如此者, 非也. 聖人之心, 未發萬象森然, 發而應物, 毫毛不差, 何嘗莫知其鄕耶? 故以無病者不識人之疾痛爲喩, 『語類』有十數條, 皆可證, 今『大全』中亦多收載.(『疾書』)

『부주』22-2

○ 난계범씨(蘭溪范氏)[237]가 말하였다. "군자의 학문은 마음에 근본한다. 마음이 거기에 있지 않으면 대쪽의 글을 보아도 보이지 않고, 시를 외는 소리를 들어도 들리지 않는다. 이것은 귀로 듣고 입으로 말하는 학문에도 오히려 먹혀들지 않는데, 하물며 이치를 궁구하고 앎을 지극히 하는 학문임에랴? 이 때문에 배우는 사람은 먼저 마음을 보존해야 한다. 마음이 보존되면 근본이 세워지고, 근본이 세워진 뒤에 배움을 말할 수 있다. 대개 배움이란 깨달음이다. 깨달음은 마음에서 말미암으니 마음이 또 보존되지 않는다면 무슨 깨달음이 있겠는가? 맹자는 '사람이 금수와 다른 것은 거의 드문데 일반인들은 그것을 버리고 군자는 그것을 보존한다'[238]고 하였다. 이 마음이 보존되지 않

237) 范蘭溪: 范浚이다. 旣出.

으면 장차 어리석고 치우치고 어긋나서 감정에 자극되고 욕망에 따라서 스스로 사물과도 구별되지 못할 것이니, 오히려 어떻게 깨닫겠는가? 그러나 마음은 비록 움직이지 않은 적이 없지만 이른바 '지극히 고요한 것'이 있으니, 저 마음속에서 어지러운 것은 들뜬 생각이요, 사특한 생각이며, 사물과 접촉하여 이끌린 것일 뿐이다. 비록 백가지 생각이 번거롭게 어지럽더라도 이른바 '지극히 고요한 것'은 본래부터 그대로이다. 군자가 마음을 논하면서 반드시 '보존됨과 없어짐'을 말한 것은 마음이 참으로 없어진다는 것이 아니라 '붙잡음과 놓아버림'을 가지고 말하였을 뿐이다. 사람이 그것을 붙잡는 방법을 알 수 있으면 마음은 보존된다. 맹자는 '마음을 기르는데 욕심을 줄이는 것보다 좋은 것이 없다'[239]고 하였는데, 욕심을 줄이는 것으로써 길러서 밖에 유혹되지 않게 하는 것이 바로 마음을 보존하는 시작이다."[240]

○ 蘭溪范氏曰, "君子之學, 本於心. 心不在焉, 則視簡不見, 聽諷不聞. 此其於口耳之學, 猶莫之入也, 況窮理致知乎? 是以學者, 必先存心. 心存則本立, 本立而後, 可以言學. 蓋學者, 覺也. 覺由乎心, 心且不存, 何覺之有? 孟子曰, '人之所以異於禽獸者幾希, 庶民去之, 君子存之.' 是心不存, 殆將晦昧僻違, 觸情從欲, 不能自別於物, 尙安所覺哉? 然心雖未嘗不動也, 而有所謂'至靜', 彼紛紜于中者, 浮念耳, 邪思耳, 物交而引之耳. 雖百慮煩擾而所謂'至靜'者, 固自若也. 君子論心, 必曰'存亡'云者, 心非誠亡也, 以操捨言之耳. 人能知所以操之, 則心存矣. 孟子曰, '養心, 莫善於寡欲.' 養以寡欲, 使不誘於外, 此存心之權輿也."

---

238) 『孟子』, 「離婁下」

239) 『孟子』, 「盡心下」

240) 『香溪集』 권17.

『석의』22-2-a

○ 「시간(視簡)」: 죽간으로 된 책자이다.(『석의』)

○ 「視簡」: 簡冊子也.(『釋疑』)

『질서』22-2-b

○ 난계는 "백가지 생각이 번잡하고 어지럽더라도 이른바 '지극히 고요한 것'은 참으로 그대로이다"고 하였는데, 이것은 호문정이 '온갖 생각이 일어나고 없어지더라도 마음은 참으로 그대로이다'고 한 것과 말은 가깝지만 뜻은 실제로 같지 않다. 온갖 생각이 일어나고 없어지는 것은 마음의 작용으로서, 천하의 일에 느껴서 드디어 통하는 것이다. 움직여서 또 고요하게 되면 그 일어나지도 않고 없어지지도 않는 본체가 여전히 그대로이니, '적연하여 움직이지 않는 것'이 바로 이것이다. 만약 이 온갖 생각이 일어나고 없어지는 것이 들뜬 생각과 사특한 생각이 어지럽게 떠돌다가 이끌려 가는 것이라면 이것은 바로 버려두어 없어지는 병통이니, 어찌 지극히 고요한 것이 그대로인 이치가 있겠는가? 난계의 뜻을 보면 한번 움직이고 한번 고요한 것으로써 말한 것이 아니다. 백가지 생각이 어지럽게 떠도는 가운데 저절로 지극히 고요한 것이 있다는 것은 마치 주자가 비판한 바의 '온갖 생각이 일어나고 없어지는 가운데 따로 하나의 일어나지도 않고 없어지지도 않는 것이 있다'는 것과 같다. 황돈이 이를 변별하지 못하고 섞어서 채록하였으니, 잘못되었다.(『질서』)

○ 蘭溪云, "百慮煩擾, 而所謂'至靜'者, 固自若也." 此與胡文定所謂'百起百滅而心固自若者', 語近而意實不同. 百起百滅, 心之用也, 感而遂通天下之事也. 動而又靜, 則其不起不滅之體, 固依舊自若也, '寂然不動', 是也. 若這百起百滅者, 是浮念邪思紛紜而引去, 則此便是舍亡之病, 豈有至靜者自若之理? 觀蘭溪之意, 非以一動一靜而言也. 其百慮紛紜之中, 自有至靜者存, 如朱子所譏'百起百滅之中, 別有一物不起不滅也.' 篁墩不能辨別, 混以採錄, 錯矣.(『疾書』)

『문답』22-2-c

○ 「불능자별어물(不能自別於物)」 : '물(物)'은 곧 윗 문장의 금수를 가리키는 것으로서 스스로 금수와 구별할 수 없음을 말한 것이다. 어떤 사람이 말하였다. "주자는 '눈과 귀가 사물에 가리면 또 하나의 사물일 뿐이다'고 말하였다. 스스로 사물과 구별되지 않는다는 것은 마음이 보존되지 못하여 감정에 자극되고 욕망을 따르게 되면 눈과 귀가 흘러가 하나의 사물이 된 것과 구별할 수 없음을 말한 것일 뿐이다." 이것은 너무 심각하게 본 것으로서, 난계(蘭溪) 본래의 뜻은 아닌 것 같다.(『문답』)

○ 「不能自別於物」 : 物卽指上文禽獸而言, 言不能自別於禽獸也. 或曰, "朱子云, '耳目蔽於物, 則亦一物耳.' 不能自別於物者, 言心不能存, 而觸情從欲, 則與耳目之流爲一物, 無以別之云耳." 恐看之太深, 而非蘭溪本意也.(『問答』)

『수득록』22-2-d

○ 주자는 말하기를, "'있었다·없어졌다', '나갔다·들어왔다'하는 것은 본래 사람의 마음이다. 그러나 오로지 은미한 본체는 보태어 더해진 적이 없고, 비록 놓아서 없어지더라도 조금도 줄어든 적이 없다. 비록 '나가고 들어오는데 일정한 때가 없다'고 해도 일상생활에서 두드러지지 않은 적이 없다"241)고 하였습니다. 범씨의 말은 번쇄하고 어지러운 수많은 생각은 본래 뜬생각이고 사특한 생각으로서 외물이 유인한 것일 뿐이며, 지극히 고요한 본체는 더하거나 덜어낼 것이 전혀 없다는 뜻이 어찌 아니겠습니까? 그러므로 그 아래에서 "군자가 마음을 논하면서 반드시 '보존됨과 없어짐[存亡]'을 말한 것은 마음이 참으로 없어진다는 것이 아니라, '붙잡음과 놓아버림'을 가지고 말한 것일 뿐이다. 사람이 그것을 붙잡는 방법을 알 수 있으면 마음은 보존된다"고 말한 것에서도 알 수 있듯이, 어지럽고 들뜬 생각 이면에 하나의 마음이 지극히 고요한 상태 그대로 있음을 말한 것이 아닙니다. 이것을 융통성 있게 보면

241) 『晦庵集』 권32, 「問張敬夫」에 나온다.

이치를 해치지는 않을 듯합니다. 그러나 퇴계선생은 「최견숙[242]에게 답한 글」에서 말하였습니다. "한 번 움직이고 한 번 고요한 것은 마음의 체(體)와 용(用)이니, 어지럽고 들뜬 생각 속에 지극히 고요한 그대로의 마음이 따로 있는 것이 아니다."[243] 시(詩)에서 '잔잔한 물은 마음과 같아 고요함이 체(體)가 되며, 움직일 때 물결이 일렁이면 고요함 찾기 어렵네. 요동하여 고요하지 않더라도 고요함이 없진 않으니, 물결 잦아들면 이전처럼 고요하고 깊어지리. 체가 용을 따라 잘못되면 고요함 없는 것 같지만, 성은 끝내 사라지지 않아 근본은 그대로 보존되네. 고요함이란 원래 그대로라고 말하지만, 난계의 이 말 너무 심한 것이 아니겠는가?'" 선생의 뜻을 가만히 살펴보면, 난계의 말은 거의 모호하고 말의 뜻에 분명하지 않은 점이 있다고 여긴 듯합니다. 그러나 '움직일 때 물결이 일렁임'에 대하여 학자들이, 선생의 뜻은 난계가 언급한 '온갖 사려가 어지러운 마음'을 가리킨 것임을 이해하지 못하고, '한 번 움직이고 한번 고요한' 마음의 체용과 연결하여 보아 움직이면 반드시 물결이 일렁이는 것이 심체의 본연이라고 생각한 것은 옳지 않은 점이 있는 듯합니다. 주자는 '황홀하여 두루 움직이는 것이 비록 본심은 아니지만 심체(心體)가 어디에도 막힘이 없음을 알 수 있다'는 여자약의 설에 대해 다음과 같이 답하였습니다. "심체가 본래 단지 이와 같다면 또 어찌 그칠 곳을 알지 못함을 싫어하여 반드시 '경건함을 위주로 하여 그친다'고 말하겠는가?"[244] 대개 격물치지의 공부가 지극해지고 보존하고 기르는 방법이 정밀해져서 이치가 밝혀지고 마음이 바르게 되면, 비록 온갖 변화에 대응할지라도 마치 거울이 사물을 비춤에 아름답고 추한 것이 저절로 비추어지지만 거울의 텅 빈 본체는 밝은 상태 그대로 인 것과

242) 최견숙 : 이황의 문인인 최응룡(崔應龍, 1514~1580)을 가리킨다. 견숙(見叔)은 그의 자이다

243) 『退溪先生文集』 권12, 「答崔見叔問目」에 나온다.

244) 『晦庵集』 권47, 「答呂子約」

같습니다. 마음의 체는 움직이지 않을 수 없으나, 이치에 순응하여 일어나고 이치에 순응하여 소멸된다면 어찌 물결의 일렁임이 있겠습니까? 당일 강론하는 자리에서 여쭈어보지 못한 것을 유감으로 생각하며 이 뜻으로 우러러 질문합니다."(『수득록』)

○ 朱子曰, "存亡出入, 固人心也, 而惟微之本體, 未嘗加益, 雖舍而亡, 然未嘗少損. 雖曰'出入無時', 未嘗不卓然乎日用之間." 范氏之言, 豈非爲百慮煩擾者, 自是浮念耳, 邪思耳, 外物引之耳, 至靜之本體, 無加損之意也耶? 故其下曰, "君子論心, 必曰'存亡'云者, 心非誠亡也, 以操舍言之耳. 人能知所以操之, 則心存矣", 亦可見, 非謂一心至靜自若於紛紜浮念之裏也. 活看, 則似無害理. 而退溪先生答崔見叔書曰, "一動一靜者, 心之體用, 非別有一心至靜自若於紛紜浮念之裏." 詩曰, "止水如心靜爲體, 動時波洶靜難尋, 縱饒不靜非無靜, 浪息依然水靜深. 體隨用失如無靜, 性不終亡本固存, 只說靜爲元自若, 蘭溪無乃太深言."245) 竊觀先生之意, 以蘭溪之言, 殆涉糢糊, 而語意有未明也. 然動時波洶, 學者未達先生之旨, 指蘭溪所謂'百慮煩擾'之心, 而連一動一靜心之體用看, 以爲動必波洶者, 心體之本然, 則似有不然者. 朱子答呂子約'慌忽流轉, 雖非本心, 而可見心體無滯'之說, 曰, "心體本來, 只合如此, 則又何惡其不知所止, 而必曰主敬而止之歟?" 蓋格致之功至, 存養之方密, 理明心正, 則雖酬酢萬變, 如鑑之照物, 妍媸自照, 而鑑空之體瑩然自在矣. 心之體, 不能無動, 而順理而起, 順理而滅, 則何波洶之有哉? 恨未及摳衣於當日函丈之間, 以此意仰質之也.(『隨得錄』)

『집해』22-2-e

○ 『퇴계집』: 질문하였다. "마음은 하나인데 이른바 '어지럽다'는 것은 무슨 마음이며, 이른바 '지극히 고요하다'는 것은 무슨 마음입니까? 그렇다면 가슴속에 두 가지 마음이 있는 것 같다는 이 말은 어떻습니까?" 대답하였다. "이런 이치가 없는 것은 아니다. 그러나 '자약(自若)' 두 글자는 의심스럽다. 다음 두 절구(絶句)로 그 뜻을

245) 『退溪集』 卷5, 「續內集」(范蘭溪云, '百慮煩擾, 至靜者自若.' 崔見叔府伯以爲疑. 某謂非無此理, 但自若二字, 可疑耳, 以二絶論其旨.)

말해 보겠다. '잔잔한 물은 마음과 같아 고요함이 체(體)가 되며, 움직일 때 물결이 일렁이면 고요함 찾기 어렵네. 요동하여 고요하지 않더라도 고요함이 없진 않으니, 물결 잦아들면 이전처럼 고요하고 깊어지리. 체가 용을 따라 잘못되면 고요함 없는 것 같지만, 성은 끝내 사라지지 않아 근본은 그대로 보존되네. 고요함이란 원래 그대로라고 말하지만, 난계의 이 말 너무 심한 것이 아니겠는가?'"(『퇴계집』)(『집해』)

○ 『退溪集』: 問, "心一也, 所謂'紛紜'者, 何心也? 所謂'至靜'者, 何心也? 若爾, 則似有二心於方寸, 此語何如?" 曰, "非無此理, 但'自若'二字, 可疑. 以二絶論其旨. '止水如心靜爲體, 動時波洶靜難尋, 縱饒不靜非無靜, 浪息依然水靜深, 體隨用失如無靜, 性不終亡本固存, 只說靜爲元自若, 若蘭溪無乃太深言.'"(『集解』)

『부주기의』22-2-f

○ 이항노의 생각: 마음은 사람의 신명(神明)으로서 한 몸의 주인이 되어 만사를 주관하는 것이다. 움직일 때건 고요할 때건 잠시라도 보존되지 않아서는 안 되며, 그것을 보존하는 방법 또한 다른 방법으로는 안 된다. 진실로 그것을 잡을 수 있으면 이에 보존되지만, 잡지 않고 놓아버리자마자 이전에 보존되었던 것이 어느새 없어진다. 잡고 놓는 순간은 단지 미세한 차이를 다툴 뿐이지만, 보존됨과 없어짐이 나누어지는 것은 하늘과 땅의 차이만이 아니다. 이 때문에 군자의 마음은 움직일 때나 고요할 때나 잡아 보존하는 곳이 되지 않음이 없으며, 또한 아주 잠깐 동안이라도 놓아서 없어지는 것에 대한 경계를 감히 소홀히 하지 않는다. 지금 범씨는 "마음은 움직이지 않는 적이 없으나, 이른바 지극히 고요함이 있다"고 말하는데, 이른바 '움직임'이라는 것은 무슨 마음을 가리키는 것이며, 또 이른바 '지극히 고요함'이라는 것은 무슨 마음을 가리키는 것인가? 이것은 하나인가, 둘인가? 하나라면 움직임과 고요함은 동시적일 수 없으며, 둘이라면 방촌이 두 주인을 허용하지

않는 것은 어찌할 것인가? 그 말에 또 이르기를, "저 마음속에서 어지러운 것은 들뜬 생각이요, 사특한 생각이며, 사물과 교감하여 끌어들인 것일 뿐이다. 비록 백가지 생각이 번거롭게 어지럽더라도 이른바 '지극히 고요한 것'은 참으로 그대로이다."라고 하였다. 과연 이 말대로라면 들뜬 생각과 사특한 생각은 그 자체로 들뜬 생각과 사특한 생각이며, 지극히 고요한 것은 그 자체로 지극히 고요하여, 저들이 각자 두 마음이 되어 서로 간섭하지 않고 서로 얽히지 않아서 참으로 보존되지 않은 때가 없음을 해치지 않는다. 그런데 어찌 보존되고 없어짐을 말할 수 있으며, 또 어찌 잡기를 기다린 뒤에야 없어지지 않게 되겠는가? 수레에 비유하면 수레바퀴 자국을 따라 가는 것도 바로 이 수레요, 수레바퀴 자국을 따라 가지 않는 것도 역시 이 수레이다. 만약 '수레바퀴 자국을 따르지 않을 때 수레바퀴 자국을 따르는 것이 따로 그대로 있을 뿐이다'고 한다면 어찌 옳겠는가? 그 말에 또 "군자가 마음을 논하면서 반드시 '보존됨과 없어짐'을 말한 것은 마음이 참으로 없어진다는 것이 아니라 '붙잡음과 놓아버림'을 가지고 말하였을 뿐이다"고 하였다. 황돈은 이어서 그것을 해석하여 말하기를 "마음을 보존함이 지극히 고요한 데에 있다"고 하였다. 이것을 가지고 서로 참조해보면 이른바 잡고 놓는 공부는 이미 보존되고 없어지는 실제와는 관련이 없다. 그리고 그것을 잡는다고 말한 것은 단지 그것을 고요함에 적용해야지, 움직임에 적용해서는 안 된다. 이른바 '보존한다'는 것은 고요한 것을 보존하는 데 불과할 뿐, 움직이는 것을 보존할 수는 없다. 그것이 어찌 옳겠는가? 주자의 초년의 미발설에는 다소 이런 뜻이 있었으나, 만년의 개정본은 명백할 뿐만 아니라, 호문정(胡文定)의 체와 용을 일으키고 없앤다[起滅體用]는 설을 변론하여 '온갖 일어나고 소멸하는 가운데 일어나지도 않고 소멸하지도 않는 어떤 것이 따로 있는 것이 아니다'고 말하였다. 주자의 가르침이 지남(指南)처럼 밝은데 곤고하고 어두운 후학이 또 무엇을 말하겠는가?(『부주기의』)

○ 恒老按: 心者, 人之神明, 主一身而宰萬事者也. 動與靜, 不可頃刻不存, 而其存之之方, 亦不可他術. 苟能操之, 則斯存矣. 纔不操而捨之, 則昔之存者, 忽焉亡矣. 操舍之頃, 只爭毫髮, 存亡之判, 不翅天壤. 是以君子之心, 一動一靜, 無非着操存之地, 而亦不敢少忽舍亡之戒於瞬息之間也. 今范氏之言曰, "心未嘗不動, 而有所謂至靜." 未知所謂動者, 指何心, 而所謂至靜者, 又指何心耶? 是一耶? 二耶? 一則動靜不可同時, 二則方寸不容兩主, 奈何? 其言又曰, "彼紛紜于中者, 浮念耳, 邪思耳, 物交而引之耳. 雖百慮煩擾而所謂至靜者, 固自若也." 果如是言, 則浮念邪思, 自浮念邪思, 至靜者自至靜, 彼各爲二心, 不相干涉, 不相株累, 固不害, 爲無時不存矣. 尙何存與亡之可言, 又何待於操而後不亡也耶? 譬之於車, 則循塗轍而行, 卽此車也, 不循塗轍而行, 亦此車也. 若曰, '不循塗轍之時, 別有循塗轍者自在云爾', 則奚可哉? 其言又曰, "君子論心, 必曰'存亡'云者, 心非誠亡也, 以操捨言之耳." 篁墩從而釋之曰, "存心在至靜." 以此參互, 則所謂操捨之工, 已不干於存亡之實. 而操之之云, 只當施之於靜, 而不可施之於動矣. 所謂存者, 不過存得靜者, 而不能存得動者矣, 烏乎其可哉? 朱子初年未發說, 微有此意, 而晩年改本不翅明白, 辨胡文定起滅體用之說曰, "非百起百滅之中, 別有一物不起不滅也." 朱子之訓, 炳如指南, 而後學之尙困冥埴, 亦云何哉?(『附註記疑』)

○「정민정의 생각」22 : 범씨가 이 단락에서 '배움이란 깨달음이다', '마음이 참으로 없어진다는 것이 아니라 붙잡음과 놓음을 가지고 말하였다'고 한 것은 모두 정자의 설에 부합함이 있다. 또 '마음을 보존함이 지극히 고요한 데에 있고, 욕심을 줄이는 데서 시작된다'고 한 것은 또 주돈이의 설에 부합함이 있다.

○「按」: 范氏此段, 謂'學者, 覺也', 及謂'心非誠亡, 以操捨言之', 皆有合于程子之說. 又謂'存心在至靜而權輿于寡欲', 亦有合于周子之說.

『강록』22-1

○「권여(權輿)」: 저울대를 만드는 것은 권(權)에서 시작하고, 수레를

만드는 것은 여(輿)에서 시작한다. 그래서 사물의 시작을 말할 때는 반드시 권여'(權輿)'라고 한다.(『강록』)

○ 「權輿」: 造衡始權ᄃᆞ림, 造車始輿수여. 謂物之始, 必曰'權輿'.(『講錄』)

『석의』22-2

○ 「권여(權輿)」: 저울대를 만드는 것은 반드시 권(權)에서 시작하고, 수레는 만드는 것은 반드시 여(輿)에서 시작한다.(『석의』)

○ 「權輿」: 作衡必始於權, 造車必始於輿.(『釋疑』)

『집해』22-3

○ 『한강집』: 『주돈이와 정자의 설에 부합한다. 정자는 말하였다. "배우는 것은 깨닫는 것이다." 또 말하였다. "마음에 어찌 들어오고 나감이 있겠는가? 또한 잡거나 놓는 것을 가지고 말하였을 뿐이다."[246] 주돈이가 말하였다. "중정인의로 그것을 안정시키되 고요함을 위주로 한다."[247] 또 말하였다. "마음을 기르는 것은 욕구를 줄여서 (마음이) 보존되는데 그치지 않는다."[248] 범씨의 설은 실제로 주돈이와 정자의 이런 말과 부합하는 점이 있다.(『집해』)

○ 『寒岡集』: 合于周程之說, 程子曰, "學者, 覺也." 又曰, "心豈有出入? 亦以操舍而言耳" 周子曰, "定之以中正仁義, 而主靜." 又曰, "養心不止於寡而存耳." 范氏之說, 實有合周程此等語.(『集解』)

『부주』22-3

○ 주자가 석자중(石子重)[249]에게 답하는 글에서 말하였다. "공자가 '잡으면 보존되고 놓으면 없어져서 나가고 들어오는 데 일정한 때가 없으니 그 방향을 알지 못한다'는 네 구절을 말하고, '오직 마음을 일컬은 것이다'라는 한 마디로 끝맺은 것은 바로 마음의 체용을 직접 가리켜서 두루 흘러 변화하고 신명하여 헤아

246) 『二程遺書』 권18.

247) 『周敦頤集』, 「太極圖說」

248) 『周敦頤集』, 「養心亭說」

249) 석자중(石子重) : 이름은 돈(𡠗), 호는 극재(克齋). 신창(新昌)사람이다. 주자의 문인이다.

릴 수 없는 오묘함을 말한 것이다. 만일 그 '놓으면 없어진다'고 하는 것이 (마음이) 이렇게 달아나도록 만들었다고 한다면 공자가 심체를 말한 것은 단지 마음의 병통을 말한 것이 될 뿐이니, 성인이 이론을 세워 사물을 규정하는 뜻이 아마도 이와 같지는 않을 것이다. 또 '출입(出入)' 두 글자에는 선도 있고 악도 있으니 모두 놓으면 없어지는 것이 초래한 것이라고 말해서는 안 된다. 또 '마음의 본체는 보존됨과 없어짐[存亡]으로 말할 수 없다'고 하였는데, 이것도 역시 타당하지 않다. 만약 잡아서 보존하는 것이 애초에 본체가 아니라면 보존하는 것은 과연 무슨 물건이며, 그리고 또 어찌 반드시 보존할 필요가 있겠는가? 우연히 기억하건대 호문정(胡文定)[250]이 '일어나지도 않고 없어지지도 않는 것은 마음의 본체이고, 바야흐로 일어나고 바야흐로 없어지는 것은 마음의 작용이다. 늘 잡아서 보존할 수 있다면 비록 하루 동안에 백 번 일어나고 백 번 없어지더라도 마음은 참으로 그대로이다'[251]고 말한 것은 원래 좋은 말이다. 그러나 읽는 이는 이른바 '일어나지도 않고 없어지지도 않는다'는 것이 흙덩어리처럼 꼼짝도 하지 않아서 지각하는 바가 없는 것이 아니요, 또 백 번 일어났다가 백 번 없어지는 가운데 일어나지도 않고 없어지지도 않는 하나의 사물이 따로 있는 것이 아님을 알아야 한다. 다만 이 마음이 환하게 밝아서 전혀 사사

250) 호문정(胡文定, 1074～1138) : 호안국(胡安國)으로 자는 강후(康侯)이고, 시호는 문정(文定)이며, 복건성(福建省) 숭안(崇安) 사람이다. 소흥(紹興)년간에 진사(進士)에 급제하였고, 고종(高宗) 대에 장준(張浚)의 천거로 중서사인(中書舍人) 겸 시강(侍講)에 제수되어 「시정론(時政論)」 21편을 올렸다. 사량좌(謝良佐)는 일찍이 그의 자질을 '엄동설한에 온갖 초목이 말라 죽지만, 송백(栢獨)만이 홀로 빼어났다'고 평하였다. 왕안석(王安石)이 『춘추(春秋)』를 폐하여 학관(學官)의 대열에 끼지 못한 데서 『춘추』의 학문이 쇠퇴한 것을 탄식하고, 이 책을 연구하는 데 20여 년을 보내며 『춘추호씨전(春秋胡氏傳)』 30권을 저술하였다. 그 밖에 『자치통감거요보유(資治通鑑擧要補遺)』 100권, 『문집(文集)』 15권이 있다.

251) 胡寅, 『斐然集』 권25, 「先公行狀」

로운 뜻이 전혀 없다면 이것이 바로 고요하여 움직이지 않는 본체요, 이치에 따라 일어나고 이치에 따라 없어지면 그것이 바로 느껴서 드디어 천하의 일에 통하는 것이므로 그렇게 말한 것이다."252)

○ 朱子答石子重書曰, "孔子言'操存, 舍亡, 出入無時, 莫知其鄕'四句, 而以'惟心之謂'一句結之, 正是直指心之體用, 而言其周流變化神明不測之妙也. 若謂其'舍亡', 致得如此走作', 則孔子言心體, 是只說得心之病矣. 聖人立言命物之意, 恐不如此. 兼'出入'兩字, 有善有惡, 不可皆謂舍亡所致也. 又謂'心之本體不可以存亡言', 此亦未安. 若所操而存者, 初非本體, 則不知所存者果爲何物, 而又何必以其存爲哉? 偶記胡文定公所謂'不起不滅, 心之體, 方起方滅, 心之用. 能常操而存, 則雖一日之間百起百滅, 而心固自若'者, 自是好語. 但讀者當知所謂不起不滅者, 非是塊然不動, 無所知覺也. 又非百起百滅之中, 別有一物不起不滅也. 但此心瑩然, 全無私意, 是則寂然不動之本體, 其順理而起, 順理而滅, 斯乃所以感而遂通天下之故者云爾."

『강록』22-3-a

○ 「'겸출입(兼出入)'에서 '선유악(善有惡)'까지」 : 이덕홍이 기록하여 말하였다. "글자가 '악(惡)'하니. '겸출입(兼出入)'의 '겸(兼)'은 '우(又)'라고 말하는 것과 같다. 대개 자중(子重)은 '놓으면 없어지기 때문에 나가고 들어오는데 일정한 때가 없어서 그 방향을 알지 못한다'고 잘못 생각하였다. 그래서 선생은 여기에서 그 잘못됨을 변별하여, '다만 윗 문장과 같을 뿐만 아니라 아울러 또 아래 문장에서 말한 것도 있으니, 어찌 모두 놓으면 없어지는 것의 소치라고 말할 수 있겠는가? 대개 '출입(出入)' 두 글자가 모두 악한 것이라면 혹시 자중의 설과 같은 것이 옳을 수 있다. 그러나 들어

252) 『晦庵集』 권42, 『答石子重』

오는 것은 보존하는 것이고 선한 것이며 나가는 것은 없어지는 것이고 악한 것인데, 어찌 보존하여 선한 것을 함께 가리켜 놓으면 없어지는 것의 소치라고 할 수 있겠는가?'라고 하였다." 「'우하필(又何必)'에서 '위재(爲哉)'까지」 : '또한 어찌 반드시 그 보존하는 것으로써 하리오'의 뜻이다. 「조이유(操而有)」 : 비평하여 말하였다. "조이유(操而有)의 '유(有)'는 『주자대전』에는 '존(存)'으로 되어 있다." 「방기방멸(方起方滅)」 : 이덕홍이 기록하여 말하였다. "물었다. '(方起方滅의) 멸(滅)도 마음의 작용이라고 말한 것은 어째서입니까?' 대답하였다. '방(方)자를 깊이 음미해 보아라. 마음이 일어나서 바야흐로 고요한 데로 돌아가는 때를 멸(滅)이라고 한 것이지, 적멸(寂滅)의 멸과 같은 것이 아니다.'" ○ 또 말하였다. "바야흐로 일어나는 것은 마음이 처음 움직이는 때이다. 바야흐로 없어지는 것은 마음이 이미 움직였다가 고요한 데로 되돌아가는 때이다." 「'적연부(寂然不)'에서 '하지고(下之故)'까지」 : 『주역』에서는 "생각도 없고 작위도 없어서 고요히 움직이지 않다가 느껴서 드디어 천하의 일에 통한다"[253]고 하였다.(『강록』)

○ 「兼出入 止 善有惡」 : 李錄云: "字이 惡ᄒᆞ니. '兼'猶言'又'也. 盖子重誤謂, 舍亡故出入無時莫知其鄕. 先生於此, 論辨其誤, 以爲不但如上文而已, 兼又有下文所云, 何可謂皆是舍亡所致耶? 盖'出入'兩字皆惡, 則或如子重之說可也. 入爲存爲善, 出爲亡爲惡, 何可並指存而善者爲舍亡之所致耶?" 「又何必 止 爲哉」 : 또ᄒᆞᆫ 엇뎨 반ᄃᆞ시 그 存ᄒᆞ기로써 ᄒᆞ리오. 「操而有」 : 批云, "『朱子大全』有作存." 「方起方滅」 : 李錄云, "問'滅亦謂心之用者, 何耶?' 答曰, '方字最深味之. 心起而方歸於靜之時, 謂之滅, 非如寂滅之滅也.'" ○ 又曰, "方起, 心之初動時. 方滅, 心之旣動而還歸於靜時." 「寂然不 止 下之故」 : 易曰, "無思無爲也, 寂然不動, 感而遂通天下之故."[254] (『講錄』)

---

253) 『周易』, 「繫辭傳上」

254) 원래 『주역』에는 '无思也, 无爲也, 寂然不動, 感而遂通天下之故'로 되어 있다.

『석의』22-3-b

○ 「석자중(石子重)」 : 이름은 돈(墩)이고, 호는 극재(克齋)이며, 주자의 문인이다. 「'겸출입(兼出入)'에서 '유악(有惡)'까지」 : '겸(兼)'에는 '우(又)'자와 '차(且)'자의 뜻이 있다. 대개 석자중은 '놓으면 없어지기 때문에 나가고 들어오는데 일정한 때가 없어서 그 방향을 알지 못한다'고 잘못 생각하였다. 주자는 '들어와서 보존되는 것은 선이고 나가서 없어지는 것은 악인데, 어찌 보존하여 선한 것까지 함께 가리켜서 놓으면 없어지는 것의 소치라고 할 수 있겠는가'라고 생각하였다. 「'우하필(又何必)'에서 '위재(爲哉)'까지」 : '또한 어찌 반드시 그것을 보존하겠는가'의 뜻이다. ○ 꼭 보존할 필요는 없음을 말한 것이다. 「방멸(方滅)」 : "바야흐로 없어지는 것도 마음의 작용이라고 말한 것은 무엇 때문인가?" 대답하였다. "바야흐로 일어나는 것은 마음이 처음 움직이는 때이다. 바야흐로 없어지는 것은 마음이 이미 움직였다가 고요한 데로 되돌아가는 때이다." 「'적연(寂然)'에서 '천하지고(天下之故)'까지」 : 『주역』「계사전」에서는 "생각함도 없고 작위함도 없어서 고요히 움직이지 않다가 느껴서 드디어 천하의 일에 통한다"고 하였다.(『석의』)

○ 「石子重」 : 名墩, 號克齋, 朱門人. 「兼出入 止 有惡」 : 兼有'又'字'且'字意. 盖子重誤謂, 舍亡故出入無時莫知其鄕. 朱子以爲入而存者爲善, 出而亡者爲惡, 何可幷指存而善者皆爲舍亡之所致耶? 「又何必 止 爲哉」 : 또흔 엇디 반드시 써 그 存흐리라. ○ 言不必存也. 「方滅」 : "方滅亦謂心之用者, 何耶?" 答曰, "方起, 心之初動時. 方滅, 心之旣動而還歸於靜之時." 「寂然 止 天下之故」 : 『易』「繫辭」曰, "無思也無爲也, 寂然不動, 感而遂通天下之故."(『釋疑』)

『발휘』22-3-c

○ 또 말하였다. "마음의 체는 참으로 본래 고요하지만 또한 움직이지 않을 수 없다. 그 작용도 참으로 본래 선하지만 또한 선하지 않은 데로 흘러 들어갈 수 있다. 대저 마음이 움직여 선하지 않은 데로

흐르는 것은 실로 마음의 체가 본래 그렇다고 말할 수는 없지만, 또한 '마음'이라고 말하지 않을 수 없다. 다만 사물에 유인되어 그러할 뿐이다. 그러므로 예전 성인은 단지 '잡으면 보존되고 (보존되면 고요하여 그 움직임이 선하지 않음이 없다), 놓으면 없어지니 (여기에서 움직여서 선하지 않은 데로 흐르게 된다) 나가고 들어오는 데 일정한 때가 없어서 그 방향을 알지 못한다.(나가면 없어지고 들어오면 보존된다. 본래 일정한 때가 없고 일정한 장소도 없다. 단지 사람이 잡고 놓는 것이 어떠한가에 달려 있을 뿐이다.) 단지 이 네 구절은 마음의 본체와 작용, 처음과 끝, 참과 거짓, 사특함과 바름이 갖추어지지 않은 것이 없음을 말하였고, 또 이 마음이란 잡지 않는 것이 곧 놓는 것이고, 나가지 않는 것이 바로 들어오는 것으로서 정착할 만한 한가한 곳이 따로 없다는 뜻을 보여주었다."255) (『발휘』)

○ 又曰, "心體固本靜, 然亦不能不動. 其用固本善, 然亦能流而入於不善. 夫其動而流於不善者, 固不可謂心體之本然, 然亦不可不謂之心也. 但其誘於物而然耳. 故先聖只說, 操則存(存則靜, 而其動也無不善矣), 舍則亡(於是乎有動而流於不善者), 出入無時, 莫知其鄕(出者亡也, 入者存也. 本無一定之時, 亦無一定之處, 特係於人之操舍如何耳.) 只此四句, 說得心之體用, 始終眞妄邪正, 無所不備, 又見得此心不操卽舍, 不出卽入, 別無閑處可安頓之意." (『發揮』)

『질서』22-3-d

○ 근세에 '마음의 체용을 곧바로 가리켰다'는 주자의 말을 인용하여 (마음이) 나가고 들어오는 것을 체와 용에 소속시키고 마땅히 이와 같다고 여긴 이가 있는데, 나는 그렇지 않다고 생각한다. 공자가 (잡으면 보존되고, 놓으면 없어져서, 나가고 들어오는데 일정한 때가 없어서, 그 방향을 알지 못한다는) 네 구절을 말하고 나서 '오직 마음을 일컬은 것이다'는 한 구절로 결론을 맺었는데, 네 구

255) 『晦庵集』 권45, 「答游誠之」.

절 가운데 '놓으면 없어진다'는 한 구절은 분명히 마음의 병통이다. 공자는 그것을 마음의 본체로 혼동하여 말하지 않았음이 틀림없다. 주자의 생각은 사람들이 (공자의 말을) 이해하지 못하는 것을 보고 '잡으면 보존되고 놓으면 없어진다[操亡]'는 한 구절은 내버려 두고, 단지 '놓으면 없어짐으로 인하여 이와 같이 출입하게 되었다'는 것만을 말하였다. 그래서 그것을 깨우쳐주기 위하여 '(마음이) 나가는 것은 놓아서 없어지는 데서 기인한다'고 말한 것은 옳다. 그러나 마음이 들어오는 것은 잡아서 보존함으로 인한 것이니, 어떻게 (마음이 나가고 들어오는 것을) 전부 마음의 병통으로 돌릴 수 있겠는가? 그래서 또 '아울러 '출입(出入)' 두 글자에는 선도 있고 악도 있다'고 말한 것이다. 나는 '마음의 체와 용'의 '용(用)'자를 심중하게 볼 필요는 없다고 생각한다. '마음의 병통'이라는 한 구절에 근거하여 '놓으면 없어져서 나가는 것'을 마음 작용의 당연한 일로 여겨서는 안 된다는 것은 분명하다. 주자는 「여자약에게 답한 글」에서 "잡으면 보존되고 놓으면 없어진다는 설에 대해서 여러 사람들이 모두 사람 마음의 사욕이 지어내는 것은 바로 마음을 놓아서 없어진 소치라고 말하면서도, 이른바 보존하는 것도 역시 이것을 잡는 것일 따름이라는 것은 도리어 알지 못한다. 자약은 또 '보존하고 없어짐과 나가고 들어오는 것이 모두 신명하여 헤아릴 수 없는 오묘함이다'고 하였으나, 그 사이에 참됨과 거짓의 구별이 또 불분명하여 두 가지를 모두 잃어버리게 되었다. 요약하면 '보존하고 없어짐과 나가고 들어오는 것'이 모두 신명하여 헤아릴 수 없는 것이 하는 것이지만 그 참됨과 거짓, 사특함과 바름, 시작과 마침, 움직임과 고요함도 분별하지 않을 수 없다."256)고 하였다. 그 설은 흡사 이 단락의 위아래와 서로 부합하는 듯하니, 그 뜻은 변별할 필요도 없이 분명하다. 근세의 의론은 대부분 여자약의 견해처럼 참됨과 거짓을 구분하지 않기 때문

256)『晦庵集』 권47.

에 여기에서 갖추어 논하였다. ○ 누군가 말하였다. "여기에서 말한 '선에도 출입이 있고, 악에도 출입이 있다'는 것은 이전에 논한 것과 같지 않다. 앞뒤의 이설(異說)이 섞여서는 안 되니 다시 자세히 밝혀야 한다."(『질서』)

○ 近世或有引朱子所謂'直指心之體用'一句, 以出入屬之體用, 而爲合當如此者, 予謂不然. 孔子旣言四句, 而'惟心之謂'一句結之, 四句之中, 其'舍亡'一句, 分明是心之病. 孔子必不混謂之心之體也. 朱子之意, 見人之不解者, 乃置其操亡一句, 只謂'因舍亡, 致得如此出入', 故爲之喩之曰'出因舍亡'則然矣.' 其入則因操存, 豈可全歸於心之病也耶? 故又曰'兼'出入'二字, 有善有惡也.' 余謂'心之體用'之'用'字, 不必深看. 據'心之病'一句, 其不可以舍亡而出者爲用之所當然, 明矣. 其<答呂子約書>云, "操舍存亡之說, 諸人皆謂人心私欲之爲, 乃舍之而亡所致, 却不知所謂存者亦操此而已矣. 子約又謂'存亡出入, 皆神明不測之妙, 而於其間區別眞妄, 又不分明, 兩者胥失矣.' 要之, 存亡出入固皆神明不測之所爲, 而其眞妄邪正, 始終動靜, 又不可不辨." 其說恰與此段上下相符, 其意不待辨而躍如矣. 近世議論多主不辨眞妄之說, 如子約之見, 故於此備論之. ○ 或云, "此謂'善有出入, 惡有出入', 與他日所論不同, 卽前後異說不可相攙, 更詳之."(『疾書』)

『강록간보』22-3-e

○ 「'겸출입(兼出入)'에서 '유악(有惡)'까지」: 이만운(李萬運)의 생각: 석자중은 오로지 '놓으면 없어진다'는 것에 대해서만 말하였으니 참으로 옳다고 할 수 없다. 그러나 주자가 (석자중에게) 답한 글도 단지 마음의 본체와 작용이 두루 흘러 변화하고 신명하여 헤아릴 수 없다는 점만을 말하고, 다시 '놓으면 없어진다'는 한쪽은 빠뜨렸다. 그래서 주자는 일찍이 스스로 말하기를 '이 글은 미진하다. 그 뒤에 「유성지에게 답하는 글」에서 그 뜻을 다 갖추어 풀이하였다. …'고 하였다. 주자는 유성지에게 답한 글에서 다음과 같이 말하였다. "마음의 체는 참으로 본래 고요하지만 또한 움직이지 않을 수 없다. 그 작용도 참으로 본래 선하지만 또한 선하지 않은

데로 흘러 들어갈 수 있다. 대저 마음이 움직여 선하지 않은 데로 흐르는 것은 실로 마음의 체가 본래 그렇다고 말할 수는 없지만, 또한 '마음'이라고 말하지 않을 수 없다. 다만 사물에 유인되어 그러할 뿐이다. 그러므로 예전 성인은 단지 '잡으면 보존되고 (보존되면 고요하여 그 움직임이 선하지 않음이 없다), 놓으면 없어지니 (여기에서 움직여서 선하지 않은 데로 흐르게 된다) 나가고 들어오는 데 일정한 때가 없어서 그 방향을 알지 못한다.(나가면 없어지고 들어오면 보존된다. 본래 일정한 때가 없고 일정한 장소도 없다. 단지 사람이 잡고 놓는 것이 어떠한가에 달려 있을 뿐이다.) 단지 이 네 구절은 마음의 본체와 작용, 처음과 끝, 참과 거짓, 사특함과 바름이 갖추어지지 않은 것이 없음을 말하였고, 또 이 마음이란 잡지 않는 것이 곧 놓는 것이고, 나가지 않는 것이 바로 들어오는 것으로서 정착할 만한 한가한 곳이 따로 없다는 뜻을 보여주었다."257)(『강록간보』)

○ 「兼出入 止 有惡」: 按石子重專作舍亡說, 固不可然. 朱子答書, 只以心之體用周流變化神明不測言之, 又闕却舍亡一邊. 朱子嘗自言, 此書未盡, 其後答游誠之書, 意極完備云云. 其書曰, "心體固本靜, 然亦不能不動. 其用固本善, 然亦能流而入於不善. 夫其動而流於不善者, 固不可謂心體之本然, 然亦不可不謂之心也. 但其誘於物而然耳. 故先聖只說, 操則存(存則靜, 而其動也無不善矣), 舍則亡(於是乎有動而流於不善者), 出入無時, 莫知其鄉(出者亡也, 入者存也. 本無一定之時, 亦無一定之處, 特係於人之操舍如何耳.) 只此四句, 說得心之體用, 始終眞妄邪正, 無所不備, 又見得此心不操卽舍, 不出卽入, 別無閑處可安頓之意."(『講錄刊補』)

『부주』22-4

○ 누군가가 우산(牛山)의 나무의 의미를 물었다. 주자가 말하였다. "밤기운[夜氣]은 비와 이슬이 적셔주는 것과 같고, 양심은 싹이

257) 『晦庵集』 권45, 「答游誠之」.

돋아나는 것과 같다. 사람의 양심은 비록 질곡되어 없어짐이 있지만 저 밤기운은 생겨나지 않은 적이 없다. '곡(梏)'은 형틀에 감금되어 거기에서 꼼짝하지 못하는 것과 같고, '망(亡)'은 자신의 물건을 잃어버린 것과 같다."[258] 또 말하였다. "밤낮으로 자라나는 것은 도리어 마음이다. 밤기운이 맑아 사물과 접하지 않은 새벽이 바로 이 양심이 발현하는 곳이다. 오직 발현하는 것이 적고, 낮에 질곡되어 없어지는 것이 돌아가면서 반복되니, 이 때문에 밤기운이 충분히 보존되지 못하는 것이다. 이는 마치 잠에서 한번 깨어 일어나면 예전처럼 아무 일이 없는 것과 같은 것이다."[259] 또 말하였다. "양심이 애초에는 본래 10분(分)이 있었으나, 저 욕심에 의해 갈수록 속박되어 없어지게 되면, 저 욕심이 1분 자라면 내 양심은 9분을 지니는데 그치게 된다. 다음 날 저 욕심이 또 1분 나아가면 내 양심은 또 물러나서 8분을 지니는 데 그친다. 저 욕심은 날마다 나아가고, 내 양심은 날마다 물러간다. 이 장은 매우 정미하니, 맹자가 아니라면 지을 수 없다. 다른 사람은 비록 이러한 뜻을 지니고 있더라도 역시 표현할 수 없다."[260]

○ 或問牛山之木一意. 朱子曰, "夜氣如雨露之潤, 良心如萌蘖之生. 人之良心, 雖是有梏亡而彼未嘗不生. '梏'如被他禁械, 在那裏, 更不容他轉動. '亡'如將自家物失去了." 又曰, "日夜之所息, 却是心, 夜氣淸, 不與物接, 平旦之時, 卽此良心發處. 惟其所發者少, 而朝晝之所梏亡者, 展轉反覆, 是以夜氣不足以存矣. 如睡一覺起來, 依前無狀." 又曰, "良心當初, 本有十分. 被他展轉梏亡, 則他長一分, 自家止有九分. 明日他又進一分, 自家又退, 止有八分. 他日會進, 自家日會退. 此章極精微, 非孟子做不得. 別

258) 『朱子語類』 권59, 「孟子九·告子上」.
259) 『朱子語類』 권59, 「孟子九·告子上」.
260) 『朱子語類』 권59, 「孟子九·告子上」.

人縱有此意, 亦形容不得."

『강록』22-4-a

○ 「'여피타(如被他)'에서 '불용타(不容他)'까지」 : 이덕홍이 기록하여 말하였다. "(如被他～不容他에서) 위의 '타(他)'자는 낮에 행하는 것이고, 아래의 '타(他)'자는 곧 양심이다. 수갑으로 속박하는 일을 가지고 말하면 위의 '타'자는 지은 죄와 같은 것이고, 아래의 '타'자는 바로 자신의 몸이다." ○ 「망유(亡有)」 : 비평하여 말하였다. "'망(亡)'은 '지(止)'로 되어야 한다."(『강록』)

○ 「如被他 止 不容他」 : 李錄云: "上'他'字, 卽旦晝之所爲. 下'他'字, 卽良心. 以械梏之事言之, 則上他如所作之罪, 下他卽其身也." ○ 「亡有」 : 批云, "'亡'當作止."(『講錄』)

『석의』22-4-b

○ 「'여피타(如被他)'에서 '불용타(不容他)'까지」 : (如被他～不容他에서) 위의 '타(他)'자는 곧 낮에 하는 소행이고, 아래의 '타(他)'자는 곧 양심이다. 수갑으로 속박하는 일을 가지고 말하면 위의 '타'자는 질곡을 가리키고, 아래의 '타'자는 바로 자신의 몸이다. 「의전무상(依前無狀)」 : 잠에서 깨어 일어나 다시 잠잘 생각이 전혀 없는 상태는 단지 아직 잠들기 전의 상태와 똑같은 것이다. 양심이 발현하는 때는 비유하자면 잠잘 때와 같고, 양심이 없어진 때는 비유하자면 잠에서 깨었을 때와 같은 것이다.(『석의』)

○ 「如被他 止 不容他」 : 上'他'字, 卽朝晝之所爲. 下'他'字, 卽良心也. 以械梏之事言之, 則上他指桎梏, 而下他卽其身也. 「依前無狀」 : 如睡起來無復有睡意, 只與未睡時一也. 良心發時譬睡時, 良心亡時譬覺時.(『釋疑』)

『부주』22-4-1

○ 인산김씨(仁山金氏)[261]가 말하였다. "이 장은 맹자가 사람들을

261) 인산김씨(仁山金氏) : 김이상(金履祥, 1232～1303)을 가리킨다. 김이상은 자는 길보(吉

구제하는데 절실한 것이다. 산목 한 단락은 양심의 한 단락과 서로 상대가 되고, 기름과 기름을 잃는 것이 또한 상대가 되며, 기름의 득실은 또 잡느냐 놓느냐에 달려 있다. 정자는 또 '경하여 안을 곧게 한다'는 한 구절을 말하여 잡아서 보존하는 방법을 지적하여 보여주었으니 절실하고 요긴하다고 말할 만하다. 배우는 사람은 그것을 읽고 급히 경계하여 살펴야 한다. 이것을 보존할 수 있으면 사람이고 보존하지 못하면 금수이니, 아! 두려워할 만하다."

○ 仁山金氏曰, "此章孟子切於救人. 山木一段與良心一段相對, 養與失養亦相對, 而養之得失又在操舍之間. 程子又發'敬以直內'一句, 指示操存之方, 可謂切要. 學者讀之, 急宜警省. 存得則人, 存不得則禽獸, 吁可畏哉!"

『부주』22-5

○ 물었다. "사람의 마음이 어지럽게 흔들릴 때는 붙잡기가 어렵습니다." 대답하였다. "참으로 붙잡기 어려운 것이다. 오래가지 못하여 또 사물과 한가한 생각에 끌려가게 된다. 맹자의 「우산의 나무」 일장의 뜻을 가장 중요하게 보아야 한다." 또 말하였다. "이것은 다른 사람과는 상관이 없는 일이다. 비록 어렵더라도 역시 스스로 힘써야 한다. 늘 또랑또랑 깨어있어서 방심하여 거꾸러지지 않아야 하고, 물욕이 옴을 느끼게 되면 바짝 긴장하여 그것을 따라 가서는 안 된다. 만약 '마음을 붙잡을 수 없고 저것을 이겨내지 못하겠다'고 말한다면 이것은 스스로를 무너뜨리는 것이다. 다시 무슨 '인을 행하는 것은 자기에게 달려 있지, 남에게 달려 있는 것이겠는가'[262]라고 말하겠는가."[263]

父), 호는 차농(次農), 시호는 문안(文安)이며, 난계(蘭溪) 사람이다. 송말원초 때 학자로, 왕백과 하기에게 배웠다. 원나라가 들어서자 벼슬하지 않고 인산(仁山)에 은거하였기 때문에 사람들이 '인산 선생'이라 불렀다. 저서에 『상서주(尙書注)』, 『논어집주고증(論語集注考證)』, 『맹자집주고증(孟子集注考證)』 등이 있다.

262) 『논어』, 「안연」.

263) 『朱子語類』 권118.

○ 問, "人心紛擾時難把捉." 曰, "眞箇是難持把. 不能久, 又被事物及閑思慮引將去. 孟子「牛山之木」一章, 最要看." 又曰, "這箇不干別人事. 雖是難, 亦須自著力. 常惺惺不要放倒, 覺得物欲來, 便著緊不要隨他去. 若說'把持不得, 勝他不去', 是自壞也. 更說甚'爲仁由己而由人乎哉.'"

『강록』22-5-a

○「한사려(閑思慮)」: '심심한 사려'라는 뜻이다. 「'변착긴(便着緊)'에서 '타불거(他不去)'까지」: 이덕홍이 기록하여 말하였다. "문득 긴장하여 구하여 그것을 따라 가지 말아야 한다"는 뜻이다. 『주자어류』에서는 이 일을 형용하여 말하였다. "한 사람은 문 안에 있고 한 사람은 문 밖에 있어서 서로 끌어당기는데 만약 안에 있는 사람이 힘이 약하면 이기지 못하여 밖으로 끌려 나가서 오직 그 사람을 따를 것이다. 그러나 만약 힘으로 그 사람을 누를 수 있으면 그에게 움직여 끌려가게 되지 않을 것이다. 만약 한번이라도 '붙잡아 지킬 수 없어서 그를 이겨내지 못하겠다'고 말한다면 이 집이 그 사람의 집이 되지 않는 것만도 다행이다."264) 「괴(壞)」: 물건이 저절로 부서지지 않고 훼손된 경우에는 음이 '괴'이지만, 물건이 저절로 부서진 경우에는 음이 '회'이다. 비평하여 말하였다. "여기서는 음이 '괴'이다."(『강록』)

○「閑思慮」: 힘힘ᄒᆞᆫ 思慮. 「便着緊 止 他不去」: 李錄云: "믄득 着緊ᄒᆞ야(緊히 着也ㅣ)要ᄒᆞ야 他를 隨ᄒᆞ야 去티 말디니. 『語類』狀此事曰, '一人在門內, 一人在門外, 互相牽引, 若內人力弱, 則不勝而被其引去, 惟人是從. 若力能制之, 則不爲他轉動引將去. 若一謂'把持不能, 勝他不去'云, 則此室不爲他人之室也, 幸矣.'" 「壞」: 物不自敗而毁之, 則音怪. 物自敗, 則胡怪切. 批云, "此音怪."(『講錄』)

『석의』22-5-b

○「한사려(閑思慮)」: '한(閑)'은 '심심하다'는 뜻이다. 「'변착긴(便着

---

264) 『朱子語類』 권95.

緊)'에서 '타불거(他不去)'까지」 : '문득 긴장하여 그것을 따라 가기를 요구하지 말지니'의 뜻이다. ○ 『주자어류』에서는 이 일을 비유하여 말하였다. "한 사람은 문안에 있고 한 사람은 문밖에 있어서 서로 끌어당기는데 만약 안에 있는 사람이 힘이 약하면 이기지 못하여 끌려가게 될 것이고, 만약 힘으로 그 사람을 누를 수 있으면 그에게 끌려가게 되지 않을 것이다. 만약 붙잡아 지킬 수 없어서 그 사람을 이겨내지 못하겠다고 말한다면 이 집이 그 사람의 집이 되지 않는 것만도 다행이다." 「자괴(自壞)」 : 『운회』에서 말하였다. 물건이 저절로 부서진 경우에는 '회(胡와 怪의 반절)'로 읽으니, '노나라의 성문이 붕괴되었다'는 것과 같은 것이 이것이다.(『석의』)

○ 「閑思慮」 : 閑힘힘타. 「便着緊 止 他不去」 : 믄득 緊히 著ᄒᆞ야 他를 隨ᄒᆞ야가기를 要티 말올디니. ○ 『語類』譬此事曰, "一人在門內, 一人在門外, 互相牽引, 若內人力弱, 則不勝而被其引去, 若力能制之, 則不爲他引去. 若謂把持不得, 勝他不去, 則此室不爲他人之室也, 幸矣." 「自壞」 : 『韻會』, 物自敗, 則胡怪切, 如'魯城門壞', 是也.(『釋疑』)

『부주』22-6

○ 정자가 말하였다. "배우는 사람은 마음의 생각이 어지러워 편안하고 고요하지 못함을 염려하니, 이것은 천하 사람들의 공통된 병이다. 배우는 사람은 단지 이 마음을 세워야 하니, 이 위에서라야 헤아릴 수 있다."265)

○ 程子曰, "學者患心慮紛亂不能寧靜, 此則天下公病. 學者只要立箇心, 此上頭儘有商量."

『강록』22-6-a

○ 「차상두진유상량(此上頭儘有商量)」 : 이 마음을 세울 수 있은 뒤에

265) 『二程遺書』 권15.

야 그 위에서 헤아릴 수 있다는 뜻이다. 비유하면 집을 짓는 것과 같으니, 만약 기초가 되는 땅이 없다면 어찌 집 짓는 일을 헤아릴 수 있겠는가?(『강록』)

○ 「此上頭儘有商量」: 能立箇心, 然後其上頭可以商量. 譬如立屋者, 若無基地, 豈有商量立屋之事乎?

『석의』22-6-b

○ 「'차상(此上)'에서 '상량(商量)'까지」: 비유하면 집을 짓는 것과 같으니, 먼저 기초를 바르게 한 뒤에 집짓는 일을 헤아린다는 뜻이다.(『석의』)

○ 「此上 止 商量」: 譬如立屋者, 先正基址, 然後商量立屋之事矣.(『釋疑』)

◯ 「정민정의 생각」23 : 사람의 마음을 잡아서 보존할 수 없는 것은 대부분 사려가 어지러운 데서 나오기 때문에 선유(先儒)들이 누차 그것을 말하였다. 그러나 잡아서 보존하는 방법을 구하는 데 어찌 다른 기술이 있겠는가? 역시 '고요함으로써 기르고 공경으로써 견지할 뿐이다.' 이제 '잡아서 보존하는 데 관한 논설 11개의 조목[266]을 아래와 같이 주워 모았다. 고요함과 공경에 관해서는 별도로 드러내었다.

◯ 「按」: 人心之不能操存, 多出于思慮紛擾, 故先儒屢言之. 然求其所以操而存者, 豈有他術哉? 亦曰, '靜以養之, 敬以持之而已.' 今摭其論操存之說十一條如左. 靜敬別見.

『부주』22-7

◯ 또 말하였다. "사람이 생각이 많아서 스스로 편안하지 못한 것은 단지 마음의 주인이 정립되지 못한 때문이다. (마음의 주인이 정립되려면) 임금이 되어서는 인에 머무는 것처럼[267] 오직 일에 머물러야 한다. 예를 들면 순임금이 네 명의 흉악한 사

266) 『부주』22-7에서 『부주』22-17까지 열한 조목이다.

267) 『大學』. "爲人君止於仁, 爲人臣止於敬, 爲人子止於孝, 爲人父止於慈, 與國人交止於信."

람[268])을 처벌한 것과 같다. 네 명의 흉악한 사람이 이미 악을 저지르고 나서야 순임금이 이어서 그들을 처벌하였으니 순임금이 어찌 관여하였겠는가? 사람이 일에 머물지 않는 것은 단지 다른 일에 집착하여 사물을 각각 그 사물에 알맞게 맡겨두지 못하기 때문이다. 사물을 그 사물에 알맞게 맡겨두는 것이 바로 사물을 부리는 것이다. 사물에 의해 부림을 당한다면 이것은 사물에게 지배되는 것이다. 사물이 있으면 반드시 법칙이 있으니, 반드시 일에 머물러야 한다."[269])

○ 又曰, "人多思慮, 不能自寧, 只是作心主不定. 惟是止於事, 爲人君止於仁之類. 如舜之誅四凶. 四凶已作惡, 舜從而誅之, 舜何與焉? 人不止於事, 只是攬他事, 不能使物各付物. 物各付物則是役物. 爲物所役則是役於物. 有物必有則, 須是止於事."

『강록』22-7-a

ㅇ 「'유시(惟是)'에서 '어사(於事)'까지」 : 이덕홍이 기록하여 말하였다. "'오직 일에 머물 것이다'의 뜻이다. 일은 그 이치를 겸하여 말한 것이다. 이 한 구절의 의의는 매우 원만하고 활달하니, 배우는 사람이 만일 여기에서 깨닫는 것이 있을 수 있다면 알지 못함을 근심하지 않을 것이다. 또 이 한 단락을 깊이 음미하고 실제로 그것을 체험한다면 오래되어서는 안연(顔淵)이 인(仁)을 어기지 않았던 기상[270])을 저절로 보게 될 것이다." 「순하여언(舜何與焉)」 : 곱고 추함은 거울에 저절로 드러나지만 거울은 곱고 추함 때문에 움직이지 아니하니, 다만 그 형상을 따라 그에 응할 따름이다. 예컨대

---

268) 네 명의 흉악한 사람 : 순임금 때의 네 명의 흉악한 사람으로 공공(共工)·환도(驩兜)·삼묘(三苗)·곤(鯀)을 말한다. 『서경』, 「순전」에 순임금이 "공공(共工)을 유주(幽州)에 유배하고, 환도(驩兜)를 숭산에 안치하고, 삼묘(三苗)를 삼위(三危)로 몰아내고, 곤(鯀)을 우산(羽山)에 가두어 네 사람을 죄주니, 천하가 모두 복종하였다"라고 하였다.

269) 『二程遺書』 권15.

270) 『論語』, 「雍也」. "回也, 其心三月不違仁, 其餘則日月至焉而已矣."

순임금이 네 명의 흉악한 사람을 처벌하고, 16명의 재상을 등용한 것도 역시 이와 같으니 바로 사물을 각각 그 사물에 알맞게 맡긴 것이다. 그러므로 공자는 "노인은 그를 편안히 여기고, 친구는 그를 믿으며, 어린 사람들은 그를 가슴 속에 품는다"271)고 하였다. 「'수시(須是)'에서 '어사(於事)'까지」 : 비평하여 말하였다. "머물 데를 안 뒤에 정함이 있고 고요함이 있고 편안함이 있으니272), 어찌 다시 흔들어 빼앗음이 있겠는가?"(『강록』)

○ 「惟是 止 於事」 : 李錄云, "오직 事에 止홀디라. 事兼言其理. 此一句義極圓闊, 學者若能有見於此, 則不患不知矣. 又於此一段, 深味而實體之, 則久久自見顔子不違仁氣象也." 「舜何與焉」 : 姸媸自形於鏡, 而鏡不爲姸媸所動, 但隨其形而應之而已. 如舜之誅四凶, 擧十六相, 亦如此, 乃物各付物也. 故孔子曰, "老者安之, 朋友信之, 少者懷之." 「須是 止 於事」 : 批云, "知止而后, 有定靜安, 豈復有搖奪乎?"(『講錄』)

『석의』22-7-b

○ 「순하여언(舜何與焉)」 : 곱고 추함은 거울에 저절로 드러나지만 거울은 곱고 추함 때문에 움직이지 아니하니, 다만 그 형상을 따라 그에 응할 따름이다. 순임금이 네 명의 흉악한 사람을 처벌한 것과 같은 것이 바로 이것이다.(『석의』)

○ 「舜何與焉」 : 姸媸自形於鏡, 而鏡不能爲姸媸, 但隨其形而應之而已. 如舜之誅四凶是已.(『釋疑』)

『문답』22-7-c

○ 「'유시(惟是)'에서 '어사(於事)'까지」 : 아래 문장에서 인에 머무르는 것을 네 명의 흉악한 사람을 죽인 것으로 말하였는데, 이것은 문왕과 순임금의 일이다. 그런데 퇴계가 안연이 인을 어기지 않은 기상으로 생각한 것은 무엇 때문인가? 정자는 안연이 '분노를 다른 일에 옮기지 않은 것'을 논하면서 "순임금이 네 명의 흉악한

---

271) 『論語』, 「公冶長」.

272) 『大學』 경문. "知止而后有定, 定而后能靜, 靜而后能安, 安而后能慮, 慮而后能得."

사람을 처벌한 것은 분노할 만한 것이 저쪽에 있으니, 내가 어찌 관여하겠는가? 마치 거울이 사물에 따라 응하는 것과 같으니, 무슨 옮기는 것이 있겠는가?"고 하였다. 대개 안연이 분노를 다른 일에 옮기지 않은 것은 바로 이 단락에서 '사물을 각각 그 사물에 알맞게 맡겨 둔다'는 뜻이다. 그런데 정자의 네 명의 흉악한 사람을 죽였다는 설은 또 그것과 같기 때문에 안연의 기상이라고 생각한 것이다.(『문답』)

○ 「惟是 止 於事」: 下文以止於仁誅四凶言之, 此則文王大舜之事. 而退溪以爲顏子不違仁氣象者, 何耶? 程子論顏子不遷怒曰, "舜之誅四凶, 可怒在彼, 己何與焉, 如鑑之隨物應之, 何遷之有." 蓋顏子之不遷怒, 即此段'物各付物'之意, 而程子誅四凶之說, 又與之同, 故以爲顏子之氣象耶.(『問答』)

『부주』22-7-1

○ 서산진씨가 말하였다. "정자는 또 일찍이 '사람에게 404가지의 병이 있는데 모두 자신에 말미암지 않은 것이다. 단지 이 마음은 모름지기 자신으로 말미암게 해야 한다'[273]고 하였는데, 이것이 바로 마음의 주인이 됨을 말한 것이다."[274]

○ 西山眞氏曰, "程子又嘗言, '人有四百四病, 皆不由自家. 只是心, 須教由自家', 此即做心主之謂也."

『강록』22-7-1-a

○ 「주심상(做心上)」: 비평하여 말하였다. "'上'은 '主'가 되어야 한다."(『강록』)

○ 「做心上」: 批云, "'上'當作主."(『講錄』)

『질서』22-7-1-b

○ 『유마경』에서 말하였다. "일대(一大)가 늘어나고 줄어남에 따라 101가지 병이 생겨난다. 사대가 늘어나고 줄어들면 404가지의 병이

273) 『二程外書』 권12.

274) 『西山讀書記』 권3.

동시에 모두 일어난다." '사대(四大)'란 지수화풍(地水火風)이다. 무릇 피부와 가슴은 지(地)에 속하고, 혈맥은 수(水)에 속하며, 화색(華色)은 화(火)에 속하고, 동작은 풍(風)에 속한다. 전문을 기억하지는 못하지만 대개 이와 같다. 서방의 종교는 오행(五行)은 말하지 않고 단지 사대(四大)만을 논한다 일대가 마땅함을 잃어서 혹 늘어나거나 혹 줄어들면 그 병은 100여 가지가 되니, 사대는 곧 400가지의 병이 된다. 그 100가지의 병이 각각 일대로부터 나오는 것이다. 그래서 100을 하나의 항목으로 삼아서 저와 같이 404가지의 병이라고 운운하였을 뿐이다.(『질서』)

○ 『維摩經』云, "一大增損, 百一病生. 四大增損, 四百四病同時俱作." 四大者, 地水火風也. 凡肌匈屬地, 血脈屬水, 華色屬火, 動作屬風. 不記全文, 大概如此. 西方之敎, 不言五行, 只論四大也. 一大失宜, 或增或損, 其病百數. 四大則爲四百病矣. 其百病, 各從一大出. 故以百爲一項, 若曰彼四百之四病云耳.(『疾書』)

『부주』22-8

○ 또 말하였다. "사람의 마음이 [자신의] 주인으로 정립되지 않으면 마치 하나의 물레방아처럼 돌고 요동하여 잠시도 정지함이 없다. 마음은 느끼는 것이 만 가지이니, 만약 하나의 주인이 되지 못한다면 무엇을 어떻게 할 수 있겠는가? 장천기(張天祺)275)는 일찍이 다음과 같이 말하였다. '[나는] 몇 년 동안 잠자리에 들 때면 생각을 하지 않으리라고 마음먹었다.' 생각을 하지 않으려고 하자마자 이 마음을 억지로 속박해야 하며, 또 마음을

275) 장천기(張天祺) : 휘는 전(戩)이고, 자는 천기(天祺)이다. 어려서는 장중하고 어른스러운 기운이 있어서 뭇 아이들과 가까이 놀지 않았다 장성해서는 학문을 좋아하였고 말을 꾸며서 과거에 나아가는 것을 기뻐하지 않았다. 부형이 돈독하게 타일러서 가난한 것을 깨우치자 억지로 지방장관의 천거에 응하였다. 스물이 되어서는 진사에 급제하였다. 6, 7곳의 읍을 다스렸는데, 성심으로 사람을 사랑하였고, 그들을 구제할 방법을 지니고 있었다. 희령(熙寧) 9년에 세상을 뜨니, 나이 47세였다.

하나의 형상에 맡겨 두어야 한다. 이러한 것은 모두 자연스러운 일이 아니다."[276)]

○ 又曰, "人心作主不定, 正如一箇翻車, 流轉動搖, 無須臾停. 所感萬端, 若不做一箇主, 怎生奈何? 張天祺嘗言, '約數年自上著牀, 便不得思量.' 才不思量後, 須强把這心來制縛, 亦須寄寓在一箇形象. 皆非自然."

『강록』22-8-a

ㅇ「번차(飜車)」: 수차(水車)이다. 진간재(陳簡齋)의 시에 '황량한 시골 마을에 온종일 수차가 운다'고 말한 것이 있다. 우리나라 사람이 표류하여 유구국(琉球國)에 도착하였다가 중원을 거쳐 돌아오는 길에 수차를 제작하는 것을 보고 조정에 알려서 팔도에 령을 내려 만들어 쓰도록 했다. 다른 도의 경우는 어떤지 모르겠지만 분주(汾州)에서는 이상공 현보(李相公賢輔)가 그대로 만들어 시험하였는데 사람이 움직여야 했기 때문에 결국 시행되지 못하였다.「즘생내하(怎生奈何)」: 이덕홍이 기록하여 말하였다. "(怎生奈何는) '아무리 한들 어찌할꼬'의 뜻이다."「상착상(上著牀)」: 이덕홍이 기록하여 말하였다. "중원사람들은 앉거나 누울 때 반드시 평상을 썼기 때문에 '상상(上牀)'이라고 하였으니, 즉 '관녕(管寧)이 평상을 뚫었다'[277)]는 뜻이다."「부득사량(不得思量)」: 이덕홍이 기록하여 말하였다. "장천기(張天祺)의 말은 여기까지이다."「개비자연(皆非自然)」: 별도로 하나의 마음으로 이 마음을 잡아 간직하는 것이다. 따라서 "모두 자연스러운 일이 아니다"라고 하였다.(『강록』)

ㅇ「飜車」: 水車. 陳簡齋詩有云, '荒村終日水車鳴'者. 國人漂到琉球國, 還由

---

276)『二程遺書』권2하.

277) 관녕(管寧)은 동한(東漢) 말기 사람으로, 친구 화흠(華歆)과 함께 난세에 숨어 살며 학문에 힘쓸 것을 다짐한 바 있다. 그런데 화흠이 관리의 행차를 보고 부러워하자, 관녕은 그와 함께 앉았던 자리를 반으로 자르면서, '이제 그대와 나는 서로 나누어지지 않을 수 없다'고 하였다. 그는 나무판에 무릎을 꿇고 앉아 글을 읽으니 40년 동안 변함이 없으므로 무릎이 닿은 자리에 구멍이 뚫렸다는 말이 있다.(『小學』,「敬身第四)

中原, 見其制作, 來告朝庭, 須下八道令所在, 製而用之. 未知他道如何, 汾州李相公賢輔, 因其制而造, 試之, 須人乃動, 故遂不得行. 「怎生奈何」 : 李錄云, "아므려 흔돌 엇딜고" 「上著牀」 : 李錄云, "中原人坐臥, 必於牀, 故'上牀'云, 卽'管寧穿牀'之意也." 「不得思量」 : 李錄云, "張言止此." 「皆非自然」 : 別以一心執持此心, 所以云, "皆非自然."(『講錄』)

『석의』22-8-b

○ 「번차(飜車)」 : 물이 부딪쳐 도는 기구의 이름으로 수차(水車)이다. 진간재(陳簡齋)의 시에 '황량한 시골 마을에 온종일 수차가 운다'는 말이 있다. 「즘생내하(怎生奈何)」 : '아무리 한들 어찌할꼬'의 뜻이다. 「장천기(張天祺)」 : 이름은 전(戩)이고, 횡거(橫渠)의 아우이다. 애써서 힘을 들여 배우는 사람이었다. 「상착상(上著牀)」 : 중원사람들은 앉고 누울 때 반드시 평상을 썼다. 「부득사량(不得思量)」 : 장천기(張天祺)의 말은 여기까지이다. 「기우재일개형상(寄寓在一箇形象)」 : 이 조목은 아래 문장 '군실이 잠을 자지 않았다'는 조목과 같은 뜻이다. 이른바 형상은 하나의 '호(好)'자와 같은 종류이니, 선가에도 이러한 화두가 있다. 혹자는 이르기를, '늘 생각하지 않을 것을 생각하니, 생각하지 않는 것도 역시 하나의 형상이다'고 하였다. 그리고 혹자는 이르기를, '이 마음을 제재하고 속박하는 것은 늘 몸에 있으니 몸도 역시 하나의 형상이다.'고 하였다. 「개비자연(皆非自然)」 : 위에서는 "이 마음을 억지로 속박해야 한다"고 하였고, 아래에서는 "또 마음을 하나의 형상에 맡겨 두게 해야 한다"고 하였으니 두 가지의 일이다. 그러므로 '모두(皆)'라고 하였다.(『석의』)

○ 「飜車」 : 激水器名, 水車. 陳簡齋詩'荒村終日水車鳴'. 「怎生奈何」 : 아므리 흔돌 엇딜고 「張天祺」 : 名戩, 橫渠之弟, 爲苦心極力之學者. 「上著牀」 : 中原人坐臥, 必於床. 「不得思量」 : 張言止此. 「寄寓在一箇形象」 : 此條與下文'君實不寐'條, 只是一意, 所謂形象如一箇好字之類, 禪家亦有此話頭. 或云: '常思不思量, 不思量亦是形象也.' 或云: '制縛此心, 常在軀殼. 軀殼亦是形象也.' 「皆非自然」 : 上云, "須强把這心來制縛", 下云, "亦須寄

寓在一箇形象", 是兩事, 故曰'皆'.(『釋疑』)

『질서』22-8-c

○ 「번차(翻車)」 : 이익(李瀷)의 생각: 『자휘』에서는 물방아를 '번차'라고 한다. 지금 세속에서 물가가 막혀 위에서 떨어지는데 의지하여 수차에 돌아가는 바퀴를 설치하고 물방아와 서로 부딪치게 하여 저절로 방아를 찧게 하는 것은, 바로 그것이 전해져 제작된 것이다. 진여의(陳與義)의 시에 '황량한 시골 마을에 온종일 수차가 운다'고 한 것이 바로 이것이다. 혹 '격수기(激水器)'라고 한 것은 잘못된 것이다. ○ 착(著)은 착준(著罇)의 '착(著)'과 같다. 『주례』에 여섯 종류의 술두루미 가운데 하나로 착준(著罇)이라는 것이 있는데, 다리가 없이 땅에 붙어 있다. 그래서 '착상(著牀)'은 다리가 없는 상이다. 밤에 누워 자는 침상은 좌상과는 달리 다리가 없이 땅에 붙어 있다. 그러므로 '착상(著牀)'이라고 한 것이다. 이익(李瀷)의 생각: 『강목』에 팽총(彭寵), 창두(蒼頭), 자밀(子密) 등은 침상을 함께 묶어 잠을 잤던 은총 때문에 '잠잤던 곳에 함께 가서 착상에 묶어 놓았다'고 하였는데, 이것이 증거 자료가 될 수 있다. '상착상(上著床)'은 밤에 침상으로 나아가는 것을 말한다. 그것은 대개 낮에는 일에 응하고 사물에 접하여 생각하지 아니할 수 없다가, 침상에 든 후로부터는 마음에 생각하는 것이 없게 금지하는 것이다. 그러나 마음이 이미 주인노릇을 할 수 없으면, 비록 단서가 없고자 하더라도 생각하지 아니할 수 있겠는가? 반드시 나의 저 형상에 의탁한 뒤에야 이와 같을 수 있다. 중(中)을 생각하고, 경으로써 안을 곧게 하는 것과 같은 것이 이것이다. 어찌 자연스러운 것[自然]을 말하겠는가?(『질서』)

○ 「翻車」 : 按: 字彙水碓曰'轓車.' 今俗依水涯壅上流, 設水車轉輪, 與碓身交激使自舂, 卽其遺制也. 陳與義詩'荒村終日水車鳴', 是也. 或云, '激水器', 非也. ○ 著, 如著罇之著, 『周禮』六罇之一有著罇, 無足而著之也. 然則著牀, 無足之床也. 夜臥之床, 異於坐床, 無足而著地, 故曰著牀也. 按: 『綱目』彭寵蒼頭子密等, 因寵臥寐, 共縛著床, 謂共就臥所而縛之於著床也. 此可以爲證. 上著床, 謂夜就寢床也. 其意蓋曰朝晝之時, 應事接物, 不能不思, 自其上於著床之後, 則禁制吾心不得有所思量也. 然心旣不能作主, 則雖欲無端, 不思量得乎? 必須托在吾那箇形象而後, 方能如此. 如以中爲念, 以敬直內之類, 是也. 豈自然之謂乎?(『疾書』)

『강록간보』22-8-d

○ 「'강파(强把)'에서 '형상(形象)'까지'」 : 김종덕(金宗德)의 생각: '억지로 제어하고 속박하는 것'과 '형상에 의탁하는 것'은 각각 하나의 병통이다. 대개 생각하지 않으려고 하면 이것은 이 마음을 제약하고 속박하는 까닭이 된다. 또 저 생각하지 않을 것을 생각하는 것은 바로 하나의 형상을 만들어 여기에 맡겨 두는 것이다. 주자는 "생각하지 않을 것을 생각하고, 하나의 형상에 맡겨 두는 것은 모두 자연스러운 일이 아니다"라고 말하였다.(『강록간보』)

○ 「强把 止 形象」 : 按: '强制縛'與'寄寓形象', 各是一項病痛. 蓋才欲不思量, 則此所以制縛了此心也. 又思量箇不思量底, 便是把做一箇形象, 寄寓在此也. 朱子曰, "思量箇不思量底, 寄寓在箇形象, 皆非自然."(『講錄刊補』)

『부주』22-9

○ 또 말하였다. "군실(君實)[278]은 일찍이 생각이 어지러운 것을 근심하여 한밤중에 일어나 새벽이 될 때까지 잠을 자지 못한 적이 있었으니 '자못 스스로 괴롭혔다'고 할만하다. 사람은 대부

278) 군실(君實, 1019～1086) : 사마광(司馬光)을 가리킨다. 자는 군실(君實)이고, 호는 우부(迂夫) 또는 우수(迂叟)며, 시호는 문정(文正)이다. 속수선생(涑水先生)이라고도 하고, 죽은 뒤 온국공(溫國公)에 봉해져 사마온공(司馬溫公)이라고도 한다. 북송 섬주(陜州) 하현(夏縣) 사람이다. 인종(仁宗) 보원(寶元) 원년(1038)에 진사가 되었으며, 지간원(知諫院)·한림학사(翰林學士)·권어사중승(權御史中丞) 등을 역임하였다. 왕안석(王安石)의 신법(新法)을 극력 반대하였다. 철종(哲宗)이 즉위하자 문하시랑(門下侍郞)에 기용되고, 좌복야(左僕射)에 오르면서 조정을 장악했다. 유지(劉摯)와 범순인(范純仁), 범조우(范祖禹), 여대방(呂大防) 등을 기용하면서 신법을 철폐하고 옛 제도를 회복시켰다. 저서에 『자치통감(資治通鑑)』, 『속수기문(涑水紀聞)』, 『사마문정공집(司馬文正公集)』, 『계고록(稽古錄)』 등이 있다.

분 어느 정도의 혈기는 있는데, 이와 같이 한다면 얼마 가지 않아서 다 꺾이고 쇠잔해지지 않겠는가? 그 뒤에 사람들에게 말하기를 '근래에 한 가지 방법을 터득하였으니, 항상 중(中)을 생각한다'고 하였는데, 이는 또 중(中)에 의해 어지러워지는 것이다. 중이 또 무슨 형체가 있으며, 어떻게 생각할 수 있겠는가? 단지 언명(言名) 가운데서 하나의 좋은 글자를 뽑은 것이니, 중(中)에 어지럽혀지는 것보다는 도리어 한 꿰미의 염주를 주는 것이 더 낫다. 밤에는 몸을 편안히 하고 잠을 잘 때는 눈을 붙여야 하는데 괴롭게 무엇을 생각하는지도 모르는 것은 단지 마음을 주인으로 삼지 않기 때문일 뿐이다."[279] 후일에 또 말하였다. "군실은 근년에 와서 병이 점차 뚜렷하게 없어졌다."[280]

○ 又曰, "君實嘗患慮紛亂, 有時中夜而作, 達朝不寐, 可謂'良自苦'. 人都來多少血氣, 若此則幾何而不摧殘以盡也? 其後告人曰, '近得一術, 常以中爲念', 則又是爲中所亂. 中又何形? 如何念得也? 只是於名言之中, 揀得一箇好字, 與其爲中所亂, 却不如與一串數珠之愈也. 夜以安身, 睡則合眼, 不知苦苦思量箇甚, 只是不以心爲主." 他日又曰, "君實近年, 病漸較煞放得下也."

『강록』22-9-a

○ 「양(良)」: '자못'의 뜻이다. 「'각불여(却不如)'에서 '지유야(之愈也)'까지」: '한 꿰미의 구슬'이란 불가의 염주이다. 풀이하여 말하였다. "비평에서는 '한 꿰미의 여러 구슬을 주는 것만 못하다'고 하였다." ○ 이덕홍이 기록하여 말하였다. "이것은 빌린 말이 아니니, 곧 이른바 '일을 당해서는 마음을 그 일에 두고 다른 데로 가지 않는다'는 뜻이다.(『강록』)

---

279) 『二程遺書』 권2상.

280) 『二程外書』 권10

○ 「良」: 주뭇. 「却不如 止 之愈也」: '一串數珠', 僧家念珠也. 釋曰, "批云, '흔 뻬임 數珠乙 줌만 곧디 몯흐니라.'" ○ 李錄云, "此非假借之辭, 卽所謂'當事而存, 靡他其適'之義."(『講錄』)

『석의』22-9-b

○ 「양(良)」: '자못'의 뜻이다. 「도래(都來)」: 대부분의 뜻이다. 「다소(多少)」: '얼마나'의 뜻이다. 「'각부지(却不如)'에서 '유야(愈也)'까지」: '한 꿰미의 수주(數珠)를 줌이 나음만 같지 못하다.'는 뜻이다. ○ 수주(數珠)는 불교의 염주이다. 이 염주를 셀 때 생각이 염주에 있어서 다른 데로 가지 않게 한다. ○ 「교살방득하(較煞放得下)」: '전보다가 크게 놓아버리다'의 뜻이다.(『석의』)

○ 「良」: 주뭇. 「都來」: 大都也. 「多少」: 얼마나. 「却不如 止 愈也」: 한 꿰임 數珠를 주미 나음만 곧디 못흐다. ○ 數珠, 僧家念珠也. 數此珠時, 念在於珠, 使不他適也. ○ 「較煞放得下」: 젼보다가 ᄀ장 노하ᄇ리다.(『釋疑』)

『밀험』22-9-c

○ 정자가 말하였다. "'군실이 일찍이 한밤중에 일어나 아침이 되도록 잠자지 않았으니, 다소간의 혈기가 어찌 꺾이고 쇠약해지지 않았겠는가?" 또 말하였다. "'근래에 한 가지 방법을 터득하였으니, 항상 중(中)을 생각한다'고 하였는데, 이는 다시 중에 의해 어지러워지는 것이다. 중이 또 무슨 형체가 있으며, 어떻게 생각할 수 있겠는가? 도리어 한 꿰미의 염주를 세는 것만 못하다." ○ 나의 생각(정약용): "공자도 일찍이 '밤새도록 잠자지 않고 생각을 하였다'고 하니, 군실을 탓할 수는 없다. 중(中)자 하나를 굳게 잡아 생각하고 생각하면 반드시 잠시도 지탱할 수 없을 것이다. 만약 자신의 집안의 갖가지 일들에서 인륜을 돈독히 하는 방법을 찾고, 그 본분을 다할 방법을 찾는다면, 중(中)자에 어지러워지는 것을 근심하지 않을 것이다. 다시 고경(古經)의 심오한 문장을 가지고 여러 설을 참고하여 그 바른 뜻을 구한다면 중에 어지러워지는 것을 근

심하지 않을 것이다. 하물며 군실은 승상부에 몸을 담아 천하의 일을 생각해야 하니, 중도에 합당한 방법을 찾는다면, 아마도 염주를 셀 겨를이 없을 것이다."(『밀험』)

○ 程子曰, "君實嘗中夜而作, 達旦不寐, 多少血氣, 幾何而不摧殘." 又曰, "'近得一術, 常以中爲念', 則又是爲中所亂. 中又何形, 如何念得? 却不如一串數珠." ○ 案: 孔子亦嘗'終夜不寢以思', 君實不可病也. 硬把一中字, 思來思去, 必不能頃刻支住. 若將自己家中, 種種諸事, 求所以篤於人倫, 求所以盡其本分, 不患其爲中所亂矣. 再將古經深文, 參互衆說, 求其正旨, 不患其爲中所亂矣. 況君實身君相府, 思量天下事, 求所以得中, 恐無暇數珠矣.(『密驗』)

『계문심경강의』22-9-d

○ 「일관수주(一串數珠)」: 수주(數珠)는 불가의 염주이다. 저들이 생각할 때마다 이 염주를 세는 것으로 마음을 다잡는 방법으로 삼은 것은 본래 심법 가운데 좋은 방법은 아니지만 하나의 '중(中)'자를 늘 생각하여 중에 어지러워지는 것보다는, 차라리 하나로 꿴 염주로 잡아 지키는 절도로 삼는 것이 나으니, 오히려 이것이 저것보다 낫기 때문이다.(『계문심경강의』)

○ 「一串數珠」: 數珠, 僧家念珠也. 彼念念數此珠, 以爲操心之法, 本非心法之善者, 與其常念一箇中字, 爲中所亂, 反不如與一串數珠以爲操持之節度, 猶爲彼善於此也.(『溪門心經講義』)

○ 「정민정의 생각」24 : 이 말에서 대현의 덕업의 진보와 나날이 새로워지는 공부는 젊다고 해서 굳세며 늙었다고 해서 쇠하지 않음을 알 수 있다. 배우는 사람은 깊이 살펴야 할 것이다.

○ 「按」: 此言則知大賢德業之進日新之功, 不以壯而健老而衰. 學者所當深省也.

『부주』22-10

○ 또 말하였다. "배우는 것이 괴로워서 마음을 잃어버리는 지경에 이르렀다고 말하는 사람이 있는데, 배움은 본래 마음을 다스리

는 것이거늘 어찌 도리어 마음에 해가 됨이 있겠는가? 나는 기운이 왕성하지 못하지만 병도 앓지 않고 권태로움도 없을 수 있는 것은 단지 섭생(攝生)을 삼가고 마음을 함부로 하지 않기 때문이니, 그 밖의 일에 대해서는 생각이 참으로 한가하고 여유가 있다."[281]

○ 又曰, "有謂因苦學而至失心者, 學本是治心, 豈有反爲心害? 某氣不盛, 然而能不病無倦怠者, 只是一箇愼生不恣意, 其於外事, 思慮儘悠悠."

『강록』22-10-a

ㅇ 「신생불자의(愼生不恣意)」 : 이덕홍이 기록하여 말하였다. "'섭생하며 마음을 함부로 하지 아니하여'의 뜻이다. '섭생을 삼가기 때문에 병들지 아니하고, 마음을 함부로 하지 않기 때문에 권태로움이 없다'는 말이다." 「유유(悠悠)」 : '심심하다'는 뜻이다.(『강록』)

ㅇ 「愼生不恣意」 : 李錄云, "生하며 意乙 恣티아니ᄒᆞ야. 言愼生故不病, 不恣意故無倦怠." 「悠悠」 : 힘힘ᄒᆞ다.(『講錄』)

『석의』22-10-b

ㅇ 「신생불자의(愼生不恣意)」 : '섭생을 삼가고 마음을 함부로 하지 아니함이니'의 뜻이다. ○ 섭생을 해치는 일을 하지 않음을 말한다. 「외사(外事)」 : 음식남녀와 같은 것이다. 「유유(悠悠)」 : '심심하다'는 뜻이다.(『석의』)

ㅇ 「愼生不恣意」 : 生을 愼ᄒᆞ야 意를 恣티아니홈이니. ○ 言不爲傷生之事. 「外事」 : 飮食男女之類. 「悠悠」 : 힘힘타.(『釋疑』)

『부주』22-11

○ 또 말하였다. "사마자미[282]가 「좌망론」을 지었는데, 이것이 이

281) 『二程遺書』 권15.

282) 사마자미(司馬子微) : 이름은 승정(承禎)이고, 태주(台州) 사람이다. 당나라 현종 때의 은사로서, 내방산(內方山)에 은거하여 연단술을 익힌 바 있다. 이태백이 말하기를, "나는

른바 (앉아서 생각이 내달린다는 의미의) 좌치(坐馳)이다."[283]

○ 又曰, "司馬子微, 作「坐忘論」, 是所謂坐馳也."

『석의』22-11-a

○ 「사마자미(司馬子微)」 : 이름은 승정(承禎)이고 연단술을 행하였다. 「좌망(坐忘)」 : 자미(子微)는 「좌망론(坐忘論)」을 지어서 말하였다. "좌망이란 생각을 보존하기 때문에 얻고, 생각을 보존하기 때문에 잊는 것이다. 길을 가면서도 그 가는 것을 드러내지 않는 것이 '좌(坐)'의 뜻이 아니겠는가? 드러나는 것이 있어도 그 드러나는 것을 행하지 않는 것이 '망(忘)'의 뜻이 아니겠는가? 왜 행하지 않는다고 하는가? '마음이 움직이지 않기 때문이다.' 왜 드러내지 않는다고 하는가? '형체가 모두 없어지기 때문이다.' 어떤 사람이 '어떻게 해야 마음이 움직이지 않을 수 있는가?'고 물었으나 천은자(天隱子)는 입을 다물고 대답하지 않았다. 또 '어떻게 해야 형체가 모두 없어질 수 있는가?'고 물었으나 천은자(天隱子)는 눈을 감고 보지 않았다. 이에 물음을 제기했던 그 사람이 도를 깨닫고 물러가면서 말하기를 '도는 과연 나에게 있다'고 하였다. 이에 너와 나 양쪽을 모두 잊어서 전혀 비춰지는 것이 없었다."[284] ○ 송시열(宋時烈)의 생각: 이에 근거하면 '좌(坐)'와 '망(忘)'은 본래 두 가지의 일이지만 좌치(坐馳)의 설로써 보자면 본래 하나의 일이다. 좌치(坐馳)에 대하여 『장자』의 주에서는 "몸은 비록 여기에 앉아 있지만 마음은 밖으로 치달리니, 또 어찌 좌망할 수 있겠는가? (이것은) 좌치(坐馳) 두 글자를 가지고 도리어 좌망을 설명한 것이

예전에 강릉(江陵)에서 천태(天台)의 사마자미(司馬子微)를 만났는데 '나에게 도골선풍이 있어서 신선과 더불어 팔극(八極)의 밖에서 노닐 수 있다'고 말하였다. 이에 「대붕우희유조부(大鵬遇希有鳥賦)」를 지어서 스스로 뜻을 넓혔다"고 하였다.

283) 『二程遺書』 권2상.

284) 『天隱子』, 「坐忘」. "坐忘者, 因存想而得也, 因存想而忘也. 行道而不見其行, 非坐之義乎? 有見而不行其見, 非忘之義乎? 何謂不行? 曰'心不動故.' 何謂不見? 曰'形都泯故.' 天隱子瞑而不視. 或者悟道乃退曰, '道果在我矣. 我果何人哉? 天隱子果何人哉?' 於是彼我兩忘了無所照."

다"[285]고 하였다.(『석의』)

○ 「司馬子微」 : 名承禎, 爲煉丹之術. 「坐忘」 : 子微作「坐忘論」曰, "坐忘者, 因存想而得, 因存想而忘也. 行道而不見其行, 非坐之義乎? 有見而不行其見, 非忘之義乎? 何謂不行? 曰, '心不動故.' 何謂不見? 曰, '形都泯故.' 或問'何由得心不動?' 天隱子黙而不答. 又問'何由得形都泯?' 天隱子瞑而不視. 或者悟道而退曰, '道果在我矣. 於是彼我兩忘了無所照.'" ○ 按: 據此, 則坐與忘自是兩事, 而以坐馳之說觀之, 則自是一事. 坐馳, 『莊子』註, '身雖坐於此而心馳於外, 又安能坐忘乎? 以坐馳二字, 反說坐忘.'(『釋疑』)

『질서』22-11-b

○ 앉음[坐]과 잊음[忘]은 본래 두 가지의 일이다. 그 뜻은 대개 '길을 가면서도 그 가는 것을 드러내지 않는 것이 앉음[坐]이고, 보이는 것이 있되 그 본 것을 행하지 않는 것이 잊음[忘]이다'는 것이다. 정씨는 '가지 않고 앉아 있다는 것은 바로 앉아 있으면서 또 내달리는 것이다'고 하였다. '내 달린다'고 말했으니 그 마음이 잊은 것이 아님은 변별하지 않더라도 분명하다.(『질서』)

○ 坐與忘, 自是兩件事. 其意蓋曰, '行道而不見其行, 則坐也, 有見而不行其見, 則忘也.' 程氏則謂'非行而坐也, 乃坐而亦馳也.' 言馳, 則其心之非忘, 不待辨而明矣.(『疾書』)

『밀험』22-11-c

○ 정자가 말하였다. "사마자미가 「좌망론(坐忘論)」을 지었는데 이것은 이른바 좌치(坐馳)이다." ○ 내 생각: "마음속에 어떤 것도 전혀 두지 않는다는 것이 좌망의 뜻과 서로 가깝다. 다른 점은 경을 위주로 한다는 것이다. 그러나 이 일은 분명하게 밝히기 매우 어렵다." ○ 정좌(靜坐) 중에는 반드시 헤아림이 있어야 한다. 전혀 헤아림이 없을 때에는 역시 좌망이다.(『밀험』)

○ 程子曰, "司馬子微, 作「坐忘論」, 是所謂坐馳也." ○ 案: "心中, 都無一物,

285) 林希逸, 『莊子口義』, 「人間世」. "唯止則虛, 唯虛則明, 便是戒生定, 定生慧之意. 若我纔容心而不能自止, 則身雖坐於此, 而心馳於外, 又安能坐忘乎? 此以坐馳二字, 反說坐忘也."

與坐忘相近. 所異者, 主敬也. 然此事極難分曉." ○ 靜坐須有思量. 若絶無思量時, 亦是坐忘.(『密驗』)

『강록간보』22-11-d

○ 「좌망론(坐忘論)」 : 김종덕(金宗德)의 생각: 사마자미는 「좌망론」에서 "좌망이란 생각을 보존하기 때문에 얻고, 생각을 보존하기 때문에 잊는 것이다. 길을 가면서도 그 행동을 드러내지 않음이 (앉아 있다는) 좌(坐)의 뜻이 아니겠는가? 보이는 것이 있는데도 그 본 것을 행하지 않음이 (잊어버린다는) 망(忘)의 뜻이 아니겠는가?"고 말하였다. 이것에 근거하면 '앉음'과 '잊음'은 본래 두 가지 항목으로 말한 것이지만, 여기에서 '좌망이 바로 좌치이다'고 하였으니, ('좌'와 '망'은) 하나의 일인 것 같다. 『장자』의 주에서는 "몸은 비록 여기에 앉아있지만 마음은 밖으로 내달으니, 또 어찌 앉아서 잊을 수 있겠는가?"라고 하였다.(『강록간보』)

○ 「坐忘論」 : 按: 子微坐忘論曰, "坐忘者, 因存想而得, 因存想而忘也. 行道而不見其行, 非坐之義乎. 有見而不見其見, 非忘之義乎云云." 据此, 則坐與忘, 本作兩項說, 而此云'坐忘卽是坐馳', 則似是一事. 『莊子』註, "身雖坐於此, 而心馳於外, 又安能坐忘乎?"(『講錄刊補』)

『부주』22-11-1

○ 주자가 말하였다. "사람의 마음은 지극히 영명하여 만 가지 변화를 주재하지만 사물이 주재할 수 있는 것이 아니다. 그러므로 잡아 지키려는 뜻이 있자마자 바로 이 마음이 먼저 저절로 움직이게 된다. 이것이 정선생께서 매번 '좌망은 바로 좌치이다'라고 말한 까닭이고, 배우는 사람에게 잡아서 보존하는 방법을 가리켜 보여줄 경우에도 비록 '공경하여 안을 곧게 한다'고 말하면서도, 또 '경(敬)을 가지고 안을 곧게 하려고 하면 곧지 않게 된다'고 말하였던 것이다."286)

○ 朱子曰, "人心至靈, 主宰萬變而非物所能宰. 故才有執持之意, 卽是此心

286) 『晦庵集』 권46, 「答潘叔度」.

先自動了. 此程夫子每言‘坐忘卽是坐馳’, 而其指示學者操存之道, 雖曰‘敬以直內’而又有‘以敬直內, 便不直矣’之云也.”

『석의』22-11-1-a

ㅇ 「경이직내(敬以直內)」: ‘공경하여 안을 곧게 하다’의 뜻이다. 이는 마음이 스스로 공경하면 저절로 곧게 될 수 있음을 말한 것이다. 「이경직내(以敬直內)」: ‘경으로써 안을 곧게 하다’의 뜻이다. ○ 한 마음으로 경을 잡아서 그 마음을 곧게 하는 것을 일컬은 것이니, 이것은 마음으로 마음을 부려서 도리어 어지러움을 드러내기 때문에 ‘곧지 않게 된다’고 말한 것이다.(『석의』)

ㅇ 「敬以直內」: 敬ᄒᆞ여 써 內를 直ᄒᆞ다. 謂心而自敬, 則能自直矣. 「以敬直內」: 敬으로써 內를 直ᄒᆞ다. ○ 謂以一心持敬以直其心, 是以心使心還見紛擾, 故云‘不直’.(『釋疑』)

『부주』22-12

○ 또 말하였다. “사람은 꿈을 꾸는 동안에도 자신이 배운 것의 얕고 깊음을 징험할 수 있다. 예컨대 꿈속에서 거꾸로 넘어지는 것은 바로 심지가 안정되지 못하고, 잡아서 보존하는 것이 견고하지 못한 것이다.”287)

○ 又曰, “人於夢寐間, 亦可以卜自家所學之淺深. 如夢寐顚倒, 卽是心志不定操存不固.”

『석의』22-12-a

ㅇ 「복(卜)」: ‘징험한다’는 뜻이다.(『석의』)

ㅇ 「卜」: 驗也.(『釋疑』)

287) 『二程遺書』 권18.

『부주』22-12-1

○ 주자가 말하였다. "혼과 백이 교감하여 잠을 이루는데, 마음은 그 사이에서 여전히 생각할 수 있기 때문에 꿈을 만들어낸다. 만약 마음과 정신이 안정되어 있다면 꿈속에서도 거꾸로 넘어지는 데까지는 이르지 않을 것이다."288)

○ 朱子曰, "魂與魄交而成寐, 心在其間, 依舊能思慮, 所以做出夢. 若心神安定, 夢寐亦不至顚倒."

『강록』22-12-1-a

○ 「주자왈몽(朱子曰夢)」: 비평하여 말하였다. "'주석에서 ''몽(夢)'은 '혼(魂)'이 되어야 할 듯하다고 하였는데, '혼(魂)'은 양기이다. 사람이 아직 꿈꾸지 않을 때는 정기의 화려함이 밖으로 드러나지만 잠을 자게 되면 그 기운을 음기의 정수인 백(魄)에 감추어둔다."(『강록』)

○ 「朱子曰夢」: 批云, 註'夢疑當作魂', '魂', 陽也. 人未寤時, 精華發外, 至寢蟄, 藏其氣於陰精之魄."(『講錄』)

『석의』22-12-1-b

○ 「혼여백교(魂與魄交)」: '혼(魂)'은 양기이다. 깨어있을 때는 밖으로 드러나고, 잠들어 있을 때는 음기의 정수인 백(魄)에 감추어둔다. (『석의』)

○ 「魂與魄交」: '魂', 陽也. 寤時外發, 至寢時, 蟄藏於陰精之魄.(『釋疑』)

『질서』22-12-1-c

○ 백이 안정되고 혼이 숨으면, 교감하여도 열리지 않는다. 마음은 살아있는 것이라 그 사이에서도 깨어있을 때처럼 생각할 수 있다. 깨어있을 때 엉뚱하고 어지러운 생각이 없다면 잠잘 때에 어찌 다시 이런 것이 있겠는가? 그러나 깨어있을 때 오히려 억지로 안정시키거나 하기 때문에 잠잘 때에 그것을 징험하는 것은 당연하다. (『질서』)

---

288) 『朱子語類』 권114. 『近思錄』 권4, 「存養」.

○ 魄定魂蟄, 則交而不開. 心是活物, 能於其間作思慮一如覺時. 覺時若無胡思亂想, 則寐時豈復有此乎? 然覺時猶或是强制得定, 故宜於寐時卜之.(『疾書』)

『부주』22-13

○ 장자가 말하였다. "마음은 맑을 때는 적고, 어지러울 때가 많다. 마음이 맑을 때는 보고 듣는 것이 분명하며, 사지는 속박하지 않아도 자연히 공손하고 신중하다. 마음이 어지러울 때는 이와는 상반된다. 무엇 때문인가? 대개 마음가짐이 익숙하지 못하여 떠도는 생각이 많고 일정한 마음이 적으며, 습관화된 마음이 아직 완전히 제거되지 않고 진실한 마음이 완전하지 않기 때문이다. 사람은 또 굳셀 필요가 있으니, 굳세면 지키는 것이 안정되고 굽어지지 않아서 용감하게 도에 나아갈 수 있다."289)

○ 張子曰, "心淸時少亂時多. 其淸時, 視明聽聰, 四體不待羈束而自然恭謹. 其亂時反是. 何也? 蓋用心未熟, 客慮多而常心少也, 習俗之心未去, 而實心未完也. 人又要得剛, 剛則守得定不回, 進道勇敢."

『강록』22-13-a

○ 「요득강(要得剛)」 : '강(剛)을 부디 하고자 하니'의 뜻이다. 「회(回)」 : '구부러진다'는 뜻이다.(『강록』)

○ 「要得剛」 : 剛을 브디 ᄒᆞ고져 ᄒᆞ니. 「回」 : ㅣ曲也.(『講錄』)

『석의』22-13-b

○ 「요득강(要得剛)」 : '강(剛)을 부디 하고자 할지니'의 뜻이다.(『석의』)

○ 「要得剛」 : 剛을 브ᄃᆞㅣ ᄒᆞ고져 홀디니.(『釋疑』)

『질서』22-13-c

○ 일정한 마음[常心]이란 항상 보존되어 있는 본심으로서 잠깐 갔다 잠깐 오는 떠도는 생각과는 다르다. 실심이란 실리의 도심으로서

289) 『張載集』, 「經學理窟·學大原下」.

습속에 물든 마음이 아니다. 저것이 한 푼 제거되면 이것이 한 푼 온전해지니, 마치 '기욕(嗜欲)이 깊은 사람은 천기(天機)가 얕다'고 말하는 것과 같다. 요약하면, 이 일정한 마음을 보존하면서 인습의 오염을 모두 제거하면 그것이 바로 실심인 것이다. 이 실심이 안정되게 지켜져서 떠도는 생각에 빼앗기는 일이 없다면 그것이 바로 일정한 마음인 것이다. 아직 이러한 경지에까지 이르지 못했다면 먼저 굳세고 용기가 있어야 한다.(『질서』)

○ 常心者, 恒存之本心, 不比乍去乍來之客慮也. 實心者, 實理之道心, 非汚染習俗之心也. 彼一分去, 則此一分完, 如所謂'嗜欲深者, 天機淺也.' 要之, 這常心存而都去習俗之汚, 則實心而已. 這實心守得定, 無客慮之偸, 則常心而已. 未至於此, 須先剛勇.(『疾書』)

『부주』22-13-1

○ 주자가 말하였다. "횡거가 공부하는 곳을 말한 것이 정밀하고 절실한 것이 이정(二程)보다 더하다. 이정은 품부받은 자질이 뛰어나고 깨끗하여 크게 공부를 하지는 않았으나, 횡거는 품부받은 자질이 치우쳐 순일하지 못하고 협소한 점이 있어서, 그는 크게 공부를 하였다. 이 말을 살펴보면 말한 것이 대단히 정밀하고 절실하다."[290]

○ 朱子曰, "橫渠說做工夫處, 便精切, 似二程. 二程資稟高潔淨, 不大段用工夫, 橫渠資稟有偏駁夾雜處, 他大段用工夫來. 觀此言, 說得來大段精切."

『강록』22-13-1-a

○ 「정절사이정(精切似二程)」: '정밀하고 절실함이 이정보다 더하다'는 뜻이다. ○ '사(似)'는 이것으로 저것을 비교하면 이것이 낫다고 하는 것과 같다. 횡거의 말이 이정보다 정밀하고 절실함이 뛰어남을 말한 것이다.(『강록』)

○ 「精切似二程」: 精切호미 二程도곤 넘다. ○ '似'猶以此較彼則此勝也.

290) 『朱子語類』 권113.

言橫渠之言精切勝於二程.(『講錄』)

『석의』22-13-1-b

○ 「변정절사이정(便精切似二程)」 : 사(似)는 어(於)이다. 이정보다 정밀하고 절실함을 말한 것이다.(『석의』)

○ 「便精切似二程」 : '似', 於也. 言精切於二程.(『釋疑』)

『부주』22-13-2

○ 또 말하였다. "'객려(客慮)'는 떠돌아다니는 생각이고, 습관화된 마음은 종래의 익혀서 익숙해지고 한쪽으로 치우친 마음이며, 실심(實心)은 의리의 마음이다."[291]

○ 又曰, "'客慮'是泛泛底思慮, 習俗之心便是從來習熟偏勝等心, 實心是義理底心."

『강록』22-13-2-a

○ 「범범(泛泛)」 : 비평에서 말하였다. "'떠돌아다닌다(浮泛)'는 뜻이다."(『강록』)

○ 「泛泛」 : 批云, "浮泛."(『講錄』)

『석의』22-13-2-b

○ 「범범(泛泛)」 : '떠돌아다닌다'는 뜻이다.(『석의』)

○ 「泛泛」 : 浮泛也.(『釋疑』)

『부주』22-14

○ 주자가 말하였다. "요즘의 배우는 사람이 공부가 진보하지 않는 것은 다만 마음이 거기에 있지 않기 때문이다. 일찍이 기억하기로 소년 시절 동안(同安)에 있으면서 밤에 종소리를 들었는데, 그 하나의 소리가 끝나기도 전에 이 마음은 벌써 제멋대로 다른 생각을 하려고 달아나고 있었다. 이로 인하여 경계하고 살

---

291) 『朱子語類』 권98.

핀 끝에, 학문을 하는 데는 뜻을 지극히 해야 하는 것을 알게 되었다."[292]

○ 朱子曰, "今日學者不長進, 只是心不在焉. 嘗記少年時在同安, 夜聞鐘聲, 聽其一聲未絶, 此心已自走作. 因是警省, 乃知爲學須是致志."

『강록』22-14-a

ㅇ 「동안(同安)」 : 현의 이름이다. 주자가 주부(主簿)로 부임했던 곳이다. 「치지(致志)」 : 마음을 전일하게 하고 뜻을 지극히 하는 것이다.(『강록』)

ㅇ 「同安」 : 縣名. 朱子以主簿赴任所. 「致志」 : 專心致志.(『講錄』)

『석의』22-14-b

ㅇ 「동안(同安)」 : 현의 이름이다. 주자는 그 곳의 주부가 되었다. 「치지(致志)」 : 『맹자』에 '마음을 전일하게 하고 뜻을 지극히 한다(專心致志)'[293]는 말이 있다.(『석의』)

ㅇ 「同安」 : 縣名. 朱子爲其主簿. 「致志」 : 『孟子』有'專心致志'之語.(『釋疑』)

『질서』22-14-c

ㅇ 하나의 소리가 아직 끝나지도 않았는데 (마음이) 벌써 제멋대로 달아났다는 것은 그 마음이 아주 편안하고 고요하지 못한 것이다. 주자는 초년에 또 다시 이런 점이 있었으나, 그는 이것을 계기로 경계하여 살피고 뜻을 지극히 함으로써 성현의 지위에 이르게 되었으니, 배우는 이에게 귀한 것이 이와 같다. 대개 평소에 범연하고 소홀하여 스스로 깨닫지 못하다가 마음이 듣는 것을 거쳐서야 비로소 마음이 달아나는 것을 아니, 이것은 분명히 주자가 마련해 둔 (공부의) 커다란 기틀임에 틀림없다. 뒤에 배우는 사람은 잡아 보존함이 있어야 하니, 반드시 이러한 것들에서 시험하면 알 수 있다.(『질서』)

---

292) 『朱子語類』 권104.

293) 『孟子』, 「告子上」.

○ 一聲未絶，已自走作，則其心大段不寧靜矣．朱子初年，亦復有此，以其因是而警省致志，得至於聖賢地位，所貴乎學者如是．蓋其平常泛忽，自不能有覺，及越着心聽，方知走作．此必朱夫子斡旋之大機也歟！後之學者，要有操存，必於此類，試之可見.(『疾書』)

『부주』22-15

○ 또 말하였다. “이연평 선생께서 ‘사람 마음속의 아주 나쁜 생각은 도리어 제어하여 굴복시키기 쉽다. 그러나 크게 이해를 따지지도 않으면서 문득 사라졌다 문득 떠오르는 저 생각이 끊이지 않고 서로 이어지는 것은 몰아내기가 가장 어렵다’고 하셨는데, 이제 지내보니 참으로 이와 같다.”[294)]

○ 又曰，“李先生說，‘人心中大段惡念，却易制伏．最是那不大段計利害，乍往乍來底念慮，相續不斷，難爲驅除.’今看得來是如此.”

『강록』22-15-a

○ 「대악념(大惡念)」：비평하여 말하였다. “「연평답문후록」에는 ‘대단악념(大段惡念)’으로 되어 있다.”(『강록』)

○ 「大惡念」：批云，“「延平答問後錄」，作‘大段惡念’.”(『講錄』)

『석의』22-15-b

○ 「부대단계이해(不大段計利害)」：‘대단히 이해를 헤아리는 것이 아니오’의 뜻이다. 「간득래(看得來)」：‘지내어 보니’의 뜻이다. ○ ‘득래(得來)’는 어조사이다.(『석의』)

○ 「不大段計利害」：大段히 利害計ᄒᆞᄂᆞᆫ 거시 아니오. 「看得來」：디내여 보니. ○ ‘得來’，語辭.(『釋疑』)

『부주』22-16

○ 또 말하였다. “사람이 하나의 올바른 생각을 가지고 있음은 본

294) 『延平答問』，「延平答問附錄」.

래 분명하나, 또 옆에서 별도로 하나의 자잘한 생각이 생겨나서 점점 퍼져 나가니 살피지 않을 수 없다."[295]

○ 又曰, "人有一正念, 自是分曉, 又從旁別生一小念, 漸漸放濶去, 不可不察."

『석의』22-16-a

○ 「분효(分曉)」: '분명히 안다'는 뜻이다. 「방활거(放闊去)」: '퍼져 간다'는 뜻이다.(『석의』)

○ 「分曉」: 分明히 아다. 「放闊去」: 펴뎌 가다.(『釋疑』)

『질서』22-16-b

○ 「정념(正念)」: 올바른 생각과 자잘한 생각은 바로 『대학』의 정심과 성의를 말한다. 주자는 "마음[心]은 큰 것이고, 뜻[意]은 작은 것이다. 마음은 이렇게 하고자 하지만 도리어 뜻이 뒤에서 끌어 당겨 간다."[296]고 하였는데, 그것이 바로 마음이 바르지 않게 되는 이유이다. 뜻이 성실해지려면 모름지기 싹이 돋아나는 곳에서 이해해야 한다. 그러므로 "살피지 않을 수 없다"고 한 것이다.(『질서』)

○ 「正念」: 正念小念, 卽『大學』正心誠意之謂也. 朱子曰, "心是大底, 意是小底. 心要如此做, 却被意從後面牽將去." 所以不正也. 意誠須於萌芽處理會, 故曰, "不可不察."(『疾書』)

『부주』22-17

○ 사현도(謝顯道)[297]가 명도선생을 따라서 부구(扶溝)에 갔었는데 명도가 하루는 그에게 말하였다. "그대들은 이곳에서 서로 따

---

295) 『朱子語類』 권104.

296) 『朱子語類』 권16. 亞夫問致知誠意. 曰, "心是大底, 意是小底. 心要恁地做, 却被意從後面牽將去."

297) 사현도(謝顯道, 1050~1103) : 사량좌(謝良佐)를 가리킨다. 호는 상채(上蔡), 자는 현도(顯道)이다. 저서에 『논어설(論語說)』, 『상채어록(上蔡語錄)』 등이 있으며, 정호(程顥) 문하의 수제자 네 사람 중의 한 사람이다.

르지만 단지 나의 언어만을 배운다. 그러므로 그 학문은 마음과 입이 서로 응하지 아니하니, 어찌 그것을 실행하는 것만 하겠는가?" (사현도가) 청하여 물었다. (명도가) 말하였다. "우선 정좌하라."

○ 謝顯道從明道先生於扶溝. 明道一日謂之曰, "爾輩在此相從, 只是學某言語. 故其學心口不相應, 盍若行之?" 請問焉. 曰, "且靜坐."

『강록』22-17-a

- 「사현도조(謝顯道條)」: 상단(上端)을 비평하여 말하였다. "고요함을 위주로 한 것이다." 「부구(扶溝)」: 명도가 주부(主簿)로 부임해 있던 곳이다. ○ 물었다. "정좌(靜坐)는 무릎을 꿇고 앉는 것[危坐]입니까?" 대답하였다. "주자의 문인들이 무릎을 꿇고 앉는 것의 어려움을 논하자, 주자가 말하기를 '옛사람들은 어려서부터 익숙하게 익혔기 때문에 어른이 되어서도 태만함이 없었다. 요즘 사람들은 그렇지 아니하니, 책상다리를 하고 앉는 것[盤坐]이 어찌 해가 되겠는가? 정좌하는데 무릎을 꿇고 앉는 것과 책상다리를 하고 앉는 것을 구분할 필요가 없다'고 하였다." ○ 선생이 또 비평하여 말하였다. "그러나 책상다리를 하고 앉는 것은 무릎을 꿇고 앉는 것만큼 엄숙하지 못하므로 그런대로 괜찮을 뿐이다."(『강록』)
- 「謝顯道條」: 批上端云, "主靜." 「扶溝」: 明道以主簿在任所. ○ 問, "靜坐是危坐否?" 答曰, "朱門人論危坐之難. 朱子曰, '古人自少習熟, 故至長無倦怠. 今人不然, 盤坐何害? 靜坐不須分危坐盤坐.'" ○ 先生又批云, "但盤坐不如危坐之肅然, 故可當耳."(『講錄』)

『석의』22-17-b

- 「부구(扶溝)」: 지명이다. 명도는 그 곳의 주부(主簿)로 있었다. 「정좌(靜坐)」: 주자는 "정좌하는데 무릎을 꿇고 앉는 것과 책상다리를 하고 앉는 것을 구분할 필요가 없다"고 하였다.(『석의』)
- 「扶溝」: 地名. 明道爲其主簿. 「靜坐」: 朱子曰, "靜坐不須分危坐盤坐."

(『釋疑』)

『질서』22-17-c

○ 「합약행지(盍若行之)」 : '어찌 그것을 실행하는 것만 하겠는가'라는 것은 한갓 입으로만 말하지 아니하고 마음에서 터득하는 것을 의미한다. 터득하는 것은 궁리로 말미암으며, 궁리는 정좌에 기초를 두고 있다. 이것은 소학의 절목이 아니라 바로 대학의 상달공부이다.(『질서』)

○ 「盍若行之」 : '盍若行之'者, 謂得之於心, 不徒口說而已. 得之由乎窮理, 窮理基於靜坐. 此非小學之節, 卽大學上達工夫.(『疾書』)

『심경설』22-17-d

○ 「'합약(盍若)'에서 '정좌(靜坐)'까지」 : 질문하였다. "명도 선생이 상채에게 '어찌 그것을 실행하는 것만 하겠는가?'라고 말함에 상채가 더 말씀해 주시기를 요청하자, '우선 정좌하라'고 말하였습니다. 정좌가 바로 그것을 실행하는 일입니까?" 대답하였다. "정좌 공부가 비록 실천하는 데까지는 미치지 못하지만, 마음을 거두어들여 집중하고 안정시켜서 본원을 함양하고자 하는 것이니, 이미 몸에 돌이켜 체험하는 일이다. 대개 배우는 사람이 몸소 행하고 실천하는 일은 동정을 관통하지만, 고요함을 위주로 하는 공부가 그 근본을 세우는 방법이다. 먼저 고요한 곳에 나아가 앉아서 마음을 거두어들이고 체험하는 것이 바로 그것을 실행하는 근본이다."(『심경설』)

○ 「盍若 止 靜坐」 : 問, "明道先生謂上蔡曰, '盍若行之', 及其請益, 則曰, '且靜坐'. 靜坐, 卽是行之之事耶?" 曰, "靜坐之工, 雖未及踐履, 要是收斂凝定, 涵養本原者, 則已爲反躬體驗之事. 蓋學者躬行踐履之事, 通貫動靜, 而主靜工夫, 所以立其本. 先就靜處坐地, 收斂體驗, 是行之之本也."(『說』)

○ 「정민정의 생각」25 : 선유들이 주정(主靜)을 논한 것을 명도선생 이하로부터 모두 9개 조목[298])을 얻었다.

○ 「按」 : 先儒論主靜者, 自明道先生以下, 凡得九條.

『부주』22-18

○ 이천 선생은 매번 사람들이 정좌하고 있는 것을 보면 잘 배우고 있다고 감탄하였다.

○ 伊川先生每見人靜坐, 便歎其善學.

『부주』22-19

○ 소강절 선생이 백원(百原)의 깊은 산중에 서재를 지어놓고 홀로 그 가운데 거처하였다. 왕승지(王勝之)[299]가 항상 달밤에 그를 방문할 때면 그가 등잔불 아래에서 옷깃을 바르게 하고 무릎 꿇고 앉아 있는 것을 보았는데, 밤이 깊어도 그와 같이 하고 있었다.[300]

○ 邵康節先生於百原深山中, 闢書齋, 獨處其中. 王勝之常乘月訪之, 必見其燈下正襟危坐, 雖夜深亦如之.

『강록』22-19-a

○ 「백원산(百原山)」 : 위주(衛州) 공성(共城)에 있으며, 낙양(洛陽)과 멀지 않다. 바로 소강절이 태어난 곳이다. 「벽(闢)」 : '짓다(造)', '열다(開)'의 뜻이다.(『강록』)

○ 「百原山」 : 在衛州共城, 與洛陽不遠. 乃康節所生之處也. 「闢」 : 猶造也, 開也.(『講錄』)

『석의』22-19-b

---

298) 『부주』22-18에서 『부주』22-26까지 9조목이다.

299) 왕승지(王勝之, 1015~1086) : 이름은 익유(益柔), 승지(勝之)는 자로 하남(河南) 사람이다. 어려서 학문에 힘썼으며, 하루에 수천 자의 글을 지었다. 강직하고 기운을 숭상했으며 천하의 일을 논하는 것을 좋아하였다. 부친의 음직(蔭職)으로 전중승(殿中丞)에 이르렀고 시비를 늘어놓아 논한 것이 많았다. 용도각직학사(龍圖閣直學士), 채주(蔡州)·양주(楊州)·호주(亳州)와 강령(江寧)과 응천부(應天府)의 지사를 지냈다. 사마광(司馬光)은 『자치통감(資治通鑑)』을 지으면서 그를 마지막 편에 넣었다.

300) 『朱子語類』 권100.

○ 「백원산(百原山)」: 공성현(共城縣)으로 소강절이 거처했던 곳이다. 「벽(闢)」: '짓다(造)', '열다(開)'의 뜻이다. 「왕승지(王勝之)」: 이름은 익유(益柔)이다.(『석의』)

○ 「百原山」: 共城縣, 康節所居之處. 「闢」: 猶造也, 開也. 「王勝之」: 名益柔.(『釋疑』)

『질서』22-19-c

○ 밤에 고요히 누워 있으면 양심이 반드시 자라남을 볼 수 있다. 낮에 정좌를 하고 있으면 마음이 안정되고 이치가 얻어진다. 이것은 일반인이 공유하는 것을 가지고 학자들이 공부에 힘쓸 것을 깨우친 것이다.(『질서』)

○ 夜而靜臥, 良心必息, 可以見. 晝以靜坐, 心定理得矣. 此以衆人之所共者, 喩學者用功.(『疾書』)

『부주』22-19-1

○ 주자가 말하였다. "소강절을 보건대, 이 사람은 모름지기 일을 아주 잘 처리하였으니, 그의 정신이 한가하고 기운이 안정되어 음성과 형기가 흔들리지 아니하였기 때문에 모름지기 일을 처리하는 것이 정밀하고 분명할 수 있었다. 그는 기질이 본래 맑고 밝은데다 또 기르는 것이 순수하고 두터웠으며, 또 마음을 비뚤어지게 쓴 적이 없었다. 그는 그 마음을 쓰는 것이 모두 긴요한 데 있었으므로 그의 고요함이 지극하였다. 따라서 천하의 사리를 보아낸 것이 이처럼 정밀하고 분명하였다."301)

○ 朱子曰, "看康節, 這人須極會處置事, 被他神閑氣定, 不動聲氣, 須處置得精明. 他氣質本淸明, 又養得純厚, 又不曾枉用了心. 他用那心都在緊要上, 被他靜極了. 所以看得天下事理如此精明."

『강록』22-19-1-a

○ 「성기(聲氣)」: 그 의미를 청하여 묻습니다. 대답하였다. "음성과 형

301) 『朱子語類』 권100.

기(形氣)이다."(『강록』)

○ 「聲氣」: 請問其義, 答云, "聲音形氣."(『講錄』)

『석의』22-19-1-b

○ 「저인수극회처치사(這人須極會處置事)」: '이 사람이 부디 지극하게 잘 일을 처리하니'의 뜻이다. 「성기(聲氣)」: '음성과 신기(神氣)'의 뜻이다. 「타용나심(他用那心)」: '저의 제 마음씀이'의 뜻이다.(『석의』)

○ 「這人須極會處置事」: 이 살름이 브듸 極히 능히 事룰 處置ᄒᆞᄂᆞ니. 「聲氣」: 聲音神氣. 「他用那心」: 제 뎌 ᄆᆞ음쓰미.(『釋疑』)

『부주』22-20

○ 주자가 말하였다. "고요함을 위주로 하는 것은 (『맹자』의) 야기(夜氣) 한 장에서 볼 수 있다."302)

○ 朱子曰, "主靜, 夜氣一章可見."

『문답』22-20-a

○ 「'주정(主靜)'에서 '가견(可見)'까지」: 「야기(夜氣)」 한 장에는 '고요함[靜]'이라는 글자가 없는데 그렇게 말한 것이 무엇을 의미하는지 상세하지 않다. 「태극도」의 '주정(主靜)' 아래의 소주에서 황면재가 '욕심이 없기 때문에 고요하니, 모름지기 내면에서 공부해야 한다. 맹자가 야기(夜氣)를 말한 것도 역시 이와 같다. 낮 동안에도 참으로 보존하지 않을 수 없지만, 아직 사물과 접하지 않은 새벽의 맑고 밝은 때에 보존하여 기를 수만 있으면 낮 동안과는 절로 구별된다'고 말한 것을 본 뒤에야 비로소 주자의 뜻을 알 수 있었다. 이 장은 비록 '고요함[靜]'이란 글자를 벗어나지 않지만, 양심(良心), 아침기운, 야기 등의 설은 모두 고요함을 위주로 하는 것에서 나온 것이니, 본디 황면재의 한 마디 말을 기다리지 않고도 알 수

302) 『朱子語類』 권94.

있다.(『문답』)

○ 「主靜 止 可見」 : 「夜氣」一章, 無一'靜'字, 而云然, 未詳何謂. 及觀「太極圖」'主靜'下小注, 黃勉齋所謂'無欲故靜, 須就裏面下工夫. 孟子言夜氣, 亦是如此. 日間固不可不存, 若於早晨淸明未接物時, 纔存養得, 日間也自別'之說, 然後始知朱子之意矣. 此章雖不出'靜'字, 良心平朝之氣夜氣等說, 皆主靜之所致, 固不待勉齋一語, 而可知矣.(『問答』)

『부주』22-21

○ 물었다. "정자가 늘 사람들에게 정좌하게 하였으니, 어떻습니까?" 대답하였다. "또한 정자는 사람들이 사려가 많은 것을 보았기 때문에 사람들에게 이 마음을 수습하게 한 것일 뿐이다. 처음 배우는 사람도 역시 이와 같이 해야 한다."303)

○ 問, "程子常教人靜坐, 如何?" 曰, "亦是他見人要多慮, 且教人收拾此心耳. 初學亦當如此."

『강록』22-21-a

○ 「타견인요다려(他見人要多慮)」 : 비평하여 말하였다. "어떤 사람은 '요다(要多)'의 '요(要)'자는 잘못된 듯하다고 의심한다. 그러나 이 말은 두 번 나오는데, 『주자어류』의 서우(徐寓)와 유지(劉砥)를 훈계한 곳과 『성리대전』에 모두 '요(要)'자가 있고, '려(慮)'자 위에 '사(思)'자가 있는 경우도 있다." ○ 풀이하여 말하였다. "또한 이는 그가 사람이 모름지기 사려가 많음을 보시고"라는 의미이다. '타(他)'는 정자를 가리키는 말이다. 「서우(徐寓)」 : 자가 거보(居甫)이며 영가(永嘉) 사람이다. 「유지(劉砥)」 : 자가 리지(履之)이며 장락(長樂) 사람이다. 두 사람 모두 주자 문하의 고제자이다. 유지는 그의 형 유려(劉礪)와 함께 『의례경전』을 편수하는데 참여하였다. (『강록』)

303) 『朱子語類』 권115와 권119, 『성리대전』 권47에 나온다.

○ 「他見人要多慮」 : 批云, “或疑‘要多’之‘要’字誤. 此語兩出, 『語類』訓徐寓劉砥處, 及『性理大全』皆有要字, 而‘慮’上或有‘思’字.” ○ 釋云, “또흔 이 他이 사름이 모르미 思慮이 만흐믈 보시고.” 他指程子言. 「徐寓」 : 字居甫, 永嘉人. 「劉砥」 : 字履之, 長樂人. 二人皆朱門高弟, 劉與其兄礪, 參編修『儀禮經傳』.(『講錄』)

『석의』22-21-b

○ 「‘역시타(亦是他)’에서 ‘다려(多慮)’까지」 : 『주자어류』에는 ‘려(慮)’ 위에 ‘사(思)’자가 있다. ○ 또한 이는 그가 사람이 모름지기 사려가 많음을 보시고. ○ ‘타’는 정자를 가리킨다.(『석의』)

○ 「亦是他 止 多慮」 : 『語類』, ‘慮’上有‘思’字. ○ 또흔 이 他ㅣ 사름이 모로미 思慮ㅣ 만호믈 보시고. ○ ‘他’指程子.(『釋疑』)

『부주』22-22

○ 또 말하였다. “연평선생은 일찍이 ‘도리는 낮에 이해해야 하고, 밤에는 고요한 곳에 가서 앉은 곳에서 생각해야만 비로소 터득함이 있을 것이다’고 말씀하신 적이 있다. 내가 이 말에 의거하여 공부를 해보니 참으로 같지 않았다.”304)

○ 又曰, “延平先生嘗言‘道理須是日中理會, 夜裏却去靜處坐地思量, 方始有得.’ 某依此說去做, 眞箇是不同.”

『석의』22-22-a

○ 「좌지(坐地)」 : ‘앉은 곳에서’의 뜻이다. 「진개시부동(眞箇是不同)」 : ‘부동(不同)’은 저절로 구별된다는 뜻이다.(『석의』)

○ 「坐地」 : 안즌 고대셔. 「眞箇是不同」 : 不同, 自別也.(『釋疑』)

『부주』22-23

○ 또 말하였다. “요즘 사람들은 모두 근본에서 이해하려고 하지

304) 『朱子語類』 권104.

않는다. 예컨대 경(敬)자 같은 것을 단지 가지고 말만 하려고 하고 다시 실천하려고 하지 않는다. 근본이 서지 않기 때문에 그 나머지 자잘한 공부가 모여들 곳이 없다. 명도와 연평은 모두 사람들에게 정좌를 가르쳤으니, 보아하니 모름지기 정좌를 해야 한다."[305]

○ 又曰, "今人皆不肯於根本上理會. 如敬字只是將來說, 更不做將去. 根本不立, 故其他零碎工夫無湊泊處. 明道延平皆教人靜坐, 看來須是靜坐."

『강록』22-23-a

ㅇ 「주박(湊泊)」 : 이덕홍이 기록하여 말하였다. "'모여 붙이다'는 뜻이다."(『강록』)

ㅇ 「湊泊」 : 李錄云, "뫼화븓티다."(『講錄』)

『석의』22-23-b

ㅇ 「영쇄(零碎)」 : '잣다'는 뜻이다. ○ 자질구레하다. 「주박(湊泊)」 : '모여 붙이다'는 뜻이다. 「간래수시정좌(看來須是靜坐)」 : '봄에 모름지기 정좌하더라'는 뜻이다.(『석의』)

ㅇ 「零碎」 : ᄌᆞ다. ○ 零零碎碎也. 「湊泊」 : 뫼흐ㅏ븓티다. 「看來須是靜坐」 : 보매 모로미 靜坐홀러라.(『釋疑』)

『부주』22-24

○ 선생께서 백우(伯羽)[306]에게 물었다. "어떻게 공부하는가?" 대답하였다. "우선 정좌를 배워서 사려를 통렬하게 억제하고 있습니다." 말하였다. "통렬하게 억제하는 것도 안 된다. 단지 놓아

---

305) 『朱子語類』 권12.

306) 백우(伯羽) : 동비경(童蜚卿)으로 자는 백우(伯羽)이다. 백우가 일찍이 재호(齋號)를 청하였는데 주자는 '취경당(醉經堂)'이라고 이름을 짓고 손수 글을 써서 그에게 주었다. 또 글로써 과거에 응시하지 않고자 함을 묻자, 주자는 "옛 사람 가운데 가난해서 벼슬을 한 사람이 있었으니, 다른 사람에게 물어서 그 가부를 결정하기가 어렵다"고 하였다.

물리쳐야 한다. 만약 눈을 완전히 감고 앉아 있다면 도리어 사려가 생기게 된다." 또 말하였다. "또 사려가 전혀 없을 수 없으니, 사특한 생각이 없을 뿐이다."307)

○ 先生問伯羽, "如何用工?" 曰, "且學靜坐, 痛抑思慮." 曰, "痛抑也不得. 只是放退可也. 若全閉眼而坐, 却有思慮矣." 又言"也不可全無思慮, 無邪思耳."

『석의』22-24-a

○ 「백우(伯羽)」: 동비경(董蜚卿)의 자(字)이다. 「'통억(痛抑)'에서부터 '방퇴(放退)'까지」: 통억(痛抑)은 '억지로 제어한다'는 뜻이다. 방퇴(放退)는 '놓아 물리치다'는 뜻이다. 「야불가전무사려(也不可全無思慮)」: '그래도 전혀 사려가 없지 못할 것이다'는 뜻이다.(『석의』)

○ 「伯羽」: 董蜚卿字. 「痛抑 止 放退」: 痛抑, 强制之意. '放退', 노하믈리티다. 「也不可全無思慮」: 그려도 젼혀 思慮ㅣ 업디 못ᄒᆞ리라.(『釋疑』)

『부주』22-25

○ 또 말하였다. "마음이 아직 일을 만나지 않았을 때에 고요해야만 일에 직면하여 작용할 때 곧 기력이 있게 된다. 만약 고요해야 할 때 고요하지 아니하여 사려가 산란하다면, 일에 임해서는 이미 먼저 지쳐버리게 된다. 이천은 (『주역』「계사전」의) '고요한 때에 전일하다(靜專)'는 구절을 풀이한 곳에서 말하기를 '전일하지 않으면 곧게 완수할 수 없다'308)고 하였으니, 한가한 때 수렴해야만 일을 하는 데 바로 정신이 있게 된다."309)

○ 又曰, "心未嘗遇事時須是靜, 臨事方用, 便有氣力. 如當靜時不靜, 思慮散亂, 及至臨事, 已先倦了. 伊川解'靜專'處云, '不專一則不能直遂', 閑

307) 『朱子語類』 권118, 「朱子十五·訓門人六」.

308) 『二程遺書』 권11.

309) 『朱子語類』 권12.

時須是收斂, 做事便有精神."

『강록』22-25-a

○ 「우왈심미상일조(又曰心未嘗一條)」 : 비평하여 말하였다. "이것은 황자경(黃子耕)이 기록한 것이다." 「정전(靜專)」 : 『주역』 「계사전」에 나온다. "대저 건(乾)은 고요한 때에는 전일하고, 움직일 때에는 곧으니, 이 때문에 크게 생한다." 이천(伊川)이 풀이하여 말했다. "건은 양이다. 움직이지 아니하면 굳세지 않다. 고요한 때에는 전일하고 움직일 때에는 곧으니, 전일하지 않으면 곧게 이룰 수 없다."310)(『강록』)

○ 「又曰心未嘗一條」 : 批云, "此黃子耕所錄." 「靜專」 : 出『易』「繫辭」. "夫乾其靜也專, 其動也直, 是以大生焉." 伊川疏曰, "乾陽也, 不動則不剛. 其靜也專, 其動也直, 不專一, 則不能直遂."(『講錄』)

『석의』22-25-b

○ 「정전(靜專)」 : 「계사전」에서는 "건(乾)은 고요한 때에는 전일하고, 움직일 때에는 곧으니, 이 때문에 크게 생한다"고 하였다.(『석의』)

○ 「靜專」 : 「繫辭」, "乾其靜也專, 其動也直, 是以大生焉."(『釋疑』)

『부주』22-26

○ 정자가 말하였다. "잡아서 요약하는 것은 경(敬)일 따름이다."311)

○ 程子曰, "操約者, 敬而已矣."

『강록』22-26-a

○ 「정자왈조조(程子曰操條)」 : 상단(上端)을 비평하여 말하였다. "경(敬)을 지키는 것이다." ○ 잡아서 요약함. 맹자가 말하였다. "말이 가까우면서도 뜻이 먼 것은 선한 말이요, 지킴이 간략하면서도 베풂

310) 『二程遺書』 권11.

311) 『二程遺書』 권11.

이 넓은 것은 선한 도(道)이다."[312](『강록』)

○ 「程子曰操條」 : 批上端云, "持敬." ○ 操約. 孟子曰, "言近而指遠者, 善言也. 守約而施博者, 善道也."(『講錄』)

○ 「정민정의 생각」26 : 선유들이 경(敬)을 지키는 것에 관하여 논한 것을 정자 이하로부터 모두 10가의 조목[313]을 얻었다.

○ 「按」 : 先儒論持敬者, 自程子以下, 凡得十條.

『부주』22-27

○ 소백온(邵伯溫)[314]이 물었다. "마음씀이 가장 어려우니 어떻게 잡아 지켜야 합니까?" 정자가 말하였다. "경(敬)이니라."[315] 또 말하였다. "경(敬)은 백 가지 사특함을 이긴다."[316] ○ 주자가 말하였다. "정선생이 후학에 공이 있었던 까닭은 이 경(敬) 한 글자에 힘을 쓴 것이 가장 크다."[317]

○ 邵伯溫問, "心術最難, 如何執持?" 程子曰, "敬." 又曰, "敬勝百邪." ○ 朱子曰, "程先生所以有功於後學者, 最是敬之一字有力."

---

312) 『맹자』, 「진심하」

313) 『부주』22-27에서 『부주』22-36까지 열 조목이다.

314) 소백온(邵伯溫, 1057~1134) : 자는 자문(子文)이며, 낙양(洛陽)사람으로 소옹(邵雍)의 아들이다. 철종(哲宗) 원우(元祐) 2년(1087)에 천거를 받아 대명부조교(大名府助教)에 오르고, 노주장자현위(潞州長子縣尉)로 옮겼다. 휘종(徽宗) 초에 수 천자의 글을 올려서 조종(祖宗)의 제도를 회복하려고 하였으며, 선인(宣仁)의 무고한 비방을 변론하여 원우(元祐)의 당고(黨錮)를 풀어주었다. 사마광(司馬光)을 사사했고, 정이(程頤), 정호(程顥), 여공저(呂公著) 등과 절친했다. 역학(易學)에 뛰어났는데, 특히 부친의 상수학(象數學)을 계승해 발휘한 바가 많았다. 저서에 『역학변혹(易學辨惑)』, 『황극계술(皇極系述)』, 『황극경세서(皇極經世序)』, 『관물내외편해(觀物內外篇解)』, 『하남소씨견문록(河南邵氏見聞錄)』, 『하남집(河南集)』 등이 있다.

315) 『二程遺書』 권22상.

316) 『二程遺書』 권11.

317) 『朱子語類』 권12.

『석의』22-27-a

○ 「소백온(邵伯溫)」: 자는 자문(子文)이고, 소강절(邵康節)의 아들이다.(『석의』)

○ 「邵伯溫」: 字子文, 康節之子.(『釋疑』)

『부주』22-28

○ 또 말하였다. "도에 들어가는 데는 경(敬)만한 것이 없으니, 앎을 이루면서 경(敬)에 머물지 않은 사람은 아직 없었다. 요즘 사람은 마음의 주인이 정립되지 않아 마음을 도적과 같이 생각하면서도 제어하지 못한다. 이것은 일이 마음을 얽매는 것이 아니라 마음이 일에 얽매이는 것이다. 천하에 하나의 사물이라도 마땅히 없어야 할 것은 없으니 미워해서는 안 된다는 것을 알아야 한다."318)

○ 又曰, "入道莫如敬, 未有能致知而不在敬者. 今人主心不定, 視心如寇賊而不可制. 不是事累心, 乃是心累事. 當知天下無一物是合少得者, 不可惡也."

『강록』22-28-a

○ 「불시사루심(不是事累心)」: 불교와 도교에서는 일이 마음을 얽매는 것은 알지만 마음이 일에 얽매는 것은 알지 못한다. 그러므로 모두 적멸과 현묘를 추구한다. 「'당지(當知)'에서 '소득자(少得者)'까지」: 선생께서 비평하여 말하였다. "'소(少)'는 '무(無)'와 같다." ○ (선생께서 비평하여 말한 것을) 풀이하자면, "하나의 물건도 이 합당이 없어야 할 것이 없으니"의 뜻이다. 이는 하나의 사물이라도 없어도 되는 것이 없음을 말한 것이니, 모두 없어서는 안 된다는 것을 일컬은 것이다. '득(得)'자는 꼭 풀이해야 할 필요는 없다.(『강록』)

318) 『二程遺書』 권3.

○ 「不是事累心」: 佛老知事之累心而不知心之累事. 故皆要寂滅玄妙. 「當知止 少得者」: 先生批云, "'少'猶'無'也." ○ 釋(批云) "一物도 이 合當히 업서刀홀者 업스니". 言無一物是可無者, 謂皆不可無也. '得'字不必釋.(『講錄』)

『석의』22-28-b

○ 「불시사루심(不是事累心)」: 불교와 도교에서는 일이 마음을 얽매는 것은 알지만 마음이 일에 얽매는 것은 알지 못한다. 그러므로 모두 적멸과 현묘함을 추구한다. 「'당지(當知)'에서 '소득자(少得者)'까지」: '소(少)'는 '무(無)'와 같다. ○ 하나의 물건도 이 합당이 없이 못할 것이니 가히 미워하지 못할 줄을 알지니라. ○ 천하의 사물은 모두 없어서는 안 된다는 것을 말한 것이다. '득(得)'자는 꼭 풀이해야 할 필요는 없다.(『석의』)

○ 「不是事累心」: 佛老知事之累心而不知心之累事. 故皆要寂滅玄妙. 「當知天止 可惡也」: '少'猶'無'也. ○ 一物도 이 合當히 업시 못홀 者니 可히 惡티 몯홀 줄를 알니니라. ○ 謂天下事物, 皆不可無也. '得'字不必釋.(『釋疑』)

『부주』22-28-1

○ "정자가 '사물에 나아가 이치를 궁구하되 다만 뜻을 성실하게 하는 것을 세워서 사물에 나아간다'[319]고 하고, 또 '도에 들어가는 것은 경(敬)만한 것이 없다.'[320]고 하였습니다. 나는 뜻을 성실하게 하는 공부는 사물에 나아가 앎을 이루어내는 공부의 뒤에 있다고 생각합니다. 이제 먼저 뜻을 성실하게 하는 것을 세우고 나서 비로소 격물을 한다고 말하는 것은 경전의 뜻과 반대되는 것이 아닙니까?" 잠실진씨[321]가 말하였다. "정자의 문하에는 이런 종류가 아주

319) 『二程遺書』 권22상. 又問, "如何可以格物?" 曰, "但立誠意去格物, 其遲速却在人明暗也. 明者格物速, 暗者格物遲."

320) 『二程遺書』 권3.

321) 잠실진씨(潛室陳氏): 남송 온주(溫州) 영가(永嘉) 사람으로 이름은 식(埴), 자는 기지(器之), 호는 잠실선생(潛室先生) 또는 목종(木鐘)이다. 영종(寧宗) 가정(嘉定) 연간에 진사(進

많다. 예컨대 앎을 이루어내는 데 경(敬)을 쓰는 것도 역시 마음을 바르게 하고 뜻을 성실하게 하는 것의 지위를 먼저 침범한 것이다. 대개 '성(誠)'·'경(敬)' 두 글자는 움직임과 고요함, 처음과 마지막을 관통하니 격물치지의 앞에 다시 하나의 경 공부가 있는 것이 아니다. 단지 하나의 주인공을 세우고자 할 뿐이다. 그렇지 않으면 모두 허망하다."

○ 問, "程子謂'格物窮理, 但立誠意以格之.' 又曰, '入道莫如敬.' 愚以爲誠意工夫, 在格致後. 今乃云先立誠意, 始去格物, 毋乃反經意與?" 潛室陳氏曰, "程門此類甚多. 如致知用敬, 亦是先侵了正心誠意地位. 蓋'誠''敬'二字, 通貫動靜始末, 不是於格致之先更有一敬工夫在. 只是欲立箇主人翁耳. 不然皆妄."

『강록』22-28-1-a

○ 「침료(侵了)」: 비평하여 말하였다. "'자(子)'는 '료(了)'자이다."(『강록』)

○ 「侵了」: 批云, "子, 了字."(『講錄』)

『석의』22-28-1-b

○ 「'치지용경(致知用敬)'에서 '지위(地位)'까지」: 마음을 바르게 하고 뜻을 성실하게 할 때 경을 지키는 공부를 해야 하며, 앎을 이룰 때에도 역시 경 공부를 해야 하므로 그렇게 말한 것이다.(『석의』)

○ 「致知用敬 止 地位」: 言正心誠意時, 當用持敬工夫, 而於致知時, 亦當用敬, 故云.(『釋疑』)

『질서』22-28-1-c

○ 앎이 먼저이고 실천이 뒤라는 것은 대개 이와 같다. 그러나 필경은 앎과 실천이 병진하기 때문에 앎도 실천에 의지해야 깊이 나아가게 된다. 격치도 역시 성의에 의뢰하는 바가 없겠는가? 하물며 '경'이라는 한 글자가 동정을 관통한다면 '성의와 정심의 지위를 먼저 침범했다'고 말할 필요가 없다. 진씨의 설은 다시 살펴보아

士)가 되었고, 통직랑(通直郞)으로 치사(致仕)했다. 젊어서 영가(永嘉) 사공파(事功派)의 대표적 인물인 섭적(葉適)에게 배웠고, 나중에 주희에게 수학하였다. 저술로는 『우공변(禹貢辨)』, 『홍범해(洪範解)』, 『왕제장구(王制章句)』, 『목종집(木鐘集)』 등이 있다.

야 한다.(『질서』)

○ 知先而行後者, 大概如此. 然畢竟知行並進, 故知亦賴行而深造也. 格致亦豈無誠意之所資乎? 況'敬'之一字, 通貫動靜, 則不必曰, '先侵了誠正地位.' 陳說更詳之.(『疾書』)

『부주기의』22-28-1-d

○ 이항노(李恒老)의 생각: 마음은 한 몸의 주인이고, 경은 한 마음의 주인이다. 마음의 덕에는 갖추어져 있지 않은 것이 없는데 유독 경(敬)을 주인으로 삼은 것은 무엇 때문인가? 마음의 신명은 화(火)로 상징되는 장부에 머무르는데, 예(禮)와 경(敬)은 화에 속하기 때문에 경이 마음의 주인이 된다. 그래서 화기가 왕성하면 불꽃이 곧아 밝게 비추지만, 화기가 쇠퇴하면 불꽃은 흩어지고 빛은 어두워진다. 경이 돈독하면 마음이 곧아서 생각이 밝으나, 경이 해이해지면 마음은 흩어지고 앎은 어두워진다. 그 모습이 서로 비슷함을 여기에서 증험할 수 있다. 정자의 학문은 천년에 걸쳐 전해지지 않은 실마리를 얻어서, 『대학』을 드러내 밝혔으며, 격물치지의 학설을 펴서 밝혔다. 이것은 진한 이래의 여러 유자들이 가지지 못했던 것이다. 또 이어서 경을 위주로 하는 학설을 제시한 것은 『대학』에서 드러내지 못한 것을 드러낸 것이다. 주자가 이어서 일어나 『장구』를 지어 그 빠진 것과 생략된 것을 보완하였다. 또 『소학』을 편집하여 『대학』을 위한 토대와 기초를 삼았으며, '경(敬)'자의 뜻을 제시하여 밝혀서 나이가 많아 학문을 하지 못한 병통을 채우고 보충한 연후에 성인이 사람을 가르친 시종과 본말이 찬란하게 다시 밝혀져 거의 유감이 없게 되었다. 대개 '경' 한 글자는 안과 밖을 합하고 동정을 아우르며, 성학의 처음과 끝을 일관하지만, 그 생경하고 원숙한 것에는 하늘과 사람의 구분이 있을 뿐이다. 『소학』은 어린 아이들이 경을 연습하는 방법으로서 곧 『대학』의 기본이며 터전이다. 『대학』은 대인이 경을 신묘하게 하는 도리로서 곧 『소학』의 정화이고 열매이며 문채이다. 『소학』은

어린아이 때부터 사내아이와 여자아이의 대답소리를 달리하는 일을 가르치는 것으로부터 물 뿌리고 비질을 하며 어른을 응대하고, 시서(詩書)와 육예(六藝)를 배우는 것이 경을 익히는 일 아님이 없다. 『대학』은 삼강령(三綱領)과 팔조목(八條目)이 하나의 명덕 안에 포함되어 있는데, 그것을 밝히는 공부는 경을 버리고는 할 수가 없다. 격물치지도 경이 아니면 할 수가 없고, 성의와 정심도 경이 아니면 할 수가 없으며, 수신·제가·치국·평천하도 경이 아니면 할 수 없다. 이른바 '뜻을 성실히 한다'는 것은 사물을 궁구하고 앎을 극진히 하고 나서 세상의 일에 대하여 그 선과 악이 어디에 있는지를 알아서 의심이 없게 되면, 또 선은 좋아하여 반드시 행하고, 악은 싫어하여 반드시 버려서 미색을 좋아하고 악취를 싫어하는 것처럼 하여 마음에 부족함이 없음을 말하는 것일 뿐이다. 이 이전에는 성실하지 않다가 여기에서 비로소 성실하게 하는 공부를 함을 말하는 것은 아니다. 이른바 '마음을 바르게 한다'는 것은 선을 좋아하고 악을 싫어하는 감정이 신실하여 거짓이 없으면, 또 당연히 그 공정하고 정직한 본체를 극진히 하여 조금의 얽매임이나 치우치고 기우는 잘못이 없이 마치 텅 빈 거울이나 수평을 이룬 저울처럼 한 뒤에 본체가 바르지 않음이 없고 작용이 고름을 얻음을 말하는 것일 뿐이다. 이 이전에는 경건하지 않다가 여기에서 비로소 경을 행하는 가르침을 보태는 것을 말하는 것은 아니다. 진씨가 '경'자의 뜻을 펴서 밝힌 것은 자못 상세하고 극진하지만, 『소학』과 『대학』이 서로 시종이 된다는 학설에 대해서는 미처 언급하지 못하였다. 그러므로 이것을 기록하여 참고할 내용을 갖추었다.(『부주기의』)

○ 恒老按. 心爲一身之主, 而敬爲一心之主. 心之爲德, 無所不具, 而獨以敬爲主者, 何也? 心之神明, 舍於火臟, 而禮與敬屬火, 故敬爲心之主也. 故火盛, 則炎直而照明, 火衰, 則炎散而光昏. 敬篤, 則心直而思明, 敬弛, 則心散而知昏. 其象相類, 於此可驗也. 程子之學, 得千載不傳之緖, 表章『大學』, 而發明格致之說. 此乃秦漢以來, 諸儒之所未有也. 又從而發揮主敬之說, 則發『大學』之所未發也. 朱子繼興而著『章句』, 以補其所闕所畧. 又纂輯『小學』, 以做『大學』之基本坯墣, 而闡明'敬'字之義, 塡補年過失學之病, 然後聖人敎人之終始本末, 燦然復明, 殆無遺憾. 蓋'敬'之一字, 合內外該動靜, 通貫聖學始終, 而但其生熟有天人之分耳. 『小學』是童蒙習敬之方也, 卽『大學』之基本田地也. 『大學』是大人妙敬之道也, 卽『小學』之華實文彩也. 『小學』, 則自敎以'男唯女兪'以上, 灑掃應對, 詩書六藝, 無非習敬之事也. 『大學』, 則八條三綱, 包在一箇明德裏面, 而明之之工, 舍敬, 則不可得也. 格致也, 非敬不得, 誠正也, 非敬不得, 修齊治平也, 非敬不得. 所謂'誠意'者, 謂旣格物致知, 而於天下之事有以知其善惡之所在而無疑, 則又當好善必爲, 惡惡必去, 如好色惡臭, 而無慊於心云爾. 非謂前此不誠, 而於此始下誠之之工也. 所謂'正心'者, 謂好善惡惡之情, 旣實而無僞, 則又當極其公平正直之體, 而無一毫係累偏倚之失, 如鑑空衡平, 然後體無不正, 而用得□平云爾. 非謂前此不敬, 而於此方加敬之之敎也. 陳氏發明敬字之義, 亦頗詳盡, 而未及於『小學』『大學』互相終始之說. 故錄此以備參考云.(『附註記疑』)

『비망록』22-28-1-e

○ 성과 경 두 글자는 배우는 자가 공부하는 데 있어 갖추지 않는 것이 없다. '그렇지 않으면 모두 허망하다'는 한 구절은 눈을 번쩍 뜨게 하는 곳이다. 옆에 있었던 한 사람이 물었다. "여기에서 이른바 '주인옹'은 마음의 주인을 가리킵니다. '옹'자는 무슨 뜻입니까?" 대답하였다. "생각건대 노련하고 성숙하여 제어하고 조절하기를 잘하는 것일 게다?"(『비망록』)

○ 誠敬二字, 於學者用工, 無所不該. '不然皆妄'一句, 是醒眼處也. 傍有一人有問, "此所謂主人翁, 指心主也. 翁字何意耶?" 曰, "想意, 其老鍊成熟, 而善於制節耶?"(『備忘錄』)

『부주』22-28-2

○ 서산진씨가 말하였다. "한 가지 일에는 한 가지 일의 이치가 있으니 사람이 그 마음을 안정시키고 일의 이치에 따라 응할 수 있

다면 일은 모두 마땅한 바를 얻게 되고 마음도 피로하지 않게 된다. 만약 부산하게 사심으로 일을 처리하면 일은 반드시 그 마땅함을 얻지 못할 것이고 그 마음도 또한 잠시의 평안도 없을 것이다. 사람들은 한갓 일이 마음을 얽매는 것만 알고, 마음이 일에 얽매임은 알지 못한다."322)

○ 西山眞氏曰, "一事有一事之理, 人能安定其心, 順其理以應之, 則事皆得所, 心亦不勞. 若擾擾焉以私心處之, 則事必不得其當, 而其心亦無須臾之寧. 人徒知爲事之累心, 不知乃心之累事也."

『비망록』22-28-2-a

○ 대개 일이라는 것은 크고 작고 정밀하고 거친 것을 통틀어 모두 사람이 그만두지 못하는 것이다. 단지 마음이 제어하는 데 달려 있을 뿐이니, 선과 불선이 거기에서 나온다. 그렇다면 선한 것은 이 마음이 하는 것이요, 선하지 않은 것도 이 마음이 행하는 것이다. 비록 '본성이 선하다', '마음이 선하다'고 말하지만, 그것을 도로써 제어하지 않으면 낭패를 보게 된다. 물과 불에 비유하면 이들은 천하를 크게 구제하지만, 그것에 빠지면 죽게 된다. 그렇다면 만사는 모두 나에게 달려 있는 것이다. 세상에서 간혹 일을 그르친 자가 허물을 일에 돌리려고 하면서 스스로를 책망할 줄 모르니, 실로 매우 무지한 것이다.(『비망록』)

○ 夫事通巨細精粗, 皆人之所不廢也. 只是在心之所制, 而善不善出焉, 則善者是此心之爲也, 不善者亦此心之爲也. 雖曰'性善也', '心善也', 御之不以其道, 則狼敗至矣. 比之水火, 天下之大濟, 唯蹈之者死焉. 夫然則萬事都在我矣. 世之或敗事者, 欲歸咎於事, 而不知自責, 固不識之甚也.(『備忘錄』)

『부주』22-29

○ 또 말하였다. "대체로 사람의 마음은 (동시에) 두 가지 일에 쓸 수 없다. (마음을) 한 가지 일에 쓰면 다른 일이 들어올 수 없

322) 『西山讀書記』 권3.

는 것은 일이 그것의 주인이 되기 때문이다. 일이 그것의 주인이 되어도 생각이 분분하고 어지러운 근심이 없어지는데, 만약 경을 위주로 한다면 또 어찌 이러한 근심이 있겠는가?"[323)]

○ 又曰, "大凡人心不可二用. 用於一事, 則他事不能入者, 事爲之主也. 事爲之主, 尙無思慮紛擾之患, 若主於敬, 又焉有此患乎?"

『강록』22-29-a

○ 「사위지주(事爲之主)」 : 비평하여 말하였다. "위에 '주자(朱子)' 두 글자가 있어야만 한다."(『강록』)

○ 「事爲之主」 : 批云曰, "上當有'朱子'二字."(『講錄』)

『심경설』22-19-b

○ 「사위지주(事爲之主)」 : 질문하였다. "정자가 '일이 주인이 되는 것'과 '경을 위주로 하는 것'을 두 가지 일로 나눈 것은 주자가 '일을 위주로 하는 것은 바로 하나에 집중하는 것이다'고 말한 뜻과 다른 것 같습니다. 어떤지 모르겠습니다." 대답하였다. "'일이 주인이 된다'는 것은 (마음의) 작용이 특히 하나의 일만을 주로 한다는 뜻을 일반적으로 말한 것이다. '경을 위주로 한다'는 것은 일이 있고 일이 없고를 막론하고 모두 '하나에 집중하여 옮김이 없고자 하는' 뜻이다. 이것은 '일이 그 주인이 된다'는 것으로써 '경을 위주로 함'을 밝힌 것이다. 주자가 '일을 위주로 함은 바로 하나에 집중하는 것이다'고 말한 것은 '일을 위주로 함'과 '하나에 집중함'을 합하여 말한 것이다. 오로지 일에는 경건할 것을 생각한다고 말한다면, '일을 위주로 하는 것' 또한 어찌 '하나에 집중하는 공부'가 아니겠는가? 이것은 정자의 설과 약간의 구별이 있지만, 실은 서로 번갈아 밝혀 주는 것이다."(『심경설』)

○ 「事爲之主」 : 問, "程子以'事爲主'與'主敬', 分作兩項事, 似與朱子所謂'主事者乃所以主一'之義, 不同. 未知如何?" 曰, "'事爲主'者, 是泛言作用之特

323) 『二程遺書』 권15.

專主一事之意. '主於敬', 是無論有事無事, 皆要'主一無適'之意. 此則以'事爲之主', 明'主於敬'也. 至於朱子所謂'主事乃所以主一'者, 又以'主事'合'主一'而言. 專言事思敬, 則'主於事'者, 亦豈非'主一'工夫乎? 此與程子說, 微有別焉, 而實互相發也."(『心經說』)

『부주』22-29-1

○ 어떤 사람이 물었다. "'일이 마음의 주인이 된다'는 단락은 아마도 마음이 일의 주인이 되게 해야지 일이 마음의 주인이 되게 해서는 안 될 것 같습니다." (주자가) 대답하였다. "일이 마음의 주인이 된다는 것은 단지 이 마음이 하나의 일에 수렴되어 (다른 데로) 달아나지 않는 것일 뿐이다. 이천이 염주를 사마온공에게 주려고 한 것과 같은 류이다."324)

○ 或問, "'事爲之主'一段, 疑當使心爲事主, 不可使事爲心主." 曰, "事爲之主, 只是此心收在一事上不走作耳. 伊川欲以數珠與溫公之類."

『석의』22-29-1-a

∘ 「왈사위(曰事爲)」: 위에 '주자(朱子)' 두 글자가 있어야 한다.(『석의』)

∘ 「曰事爲」: 上當有'朱子'二字.(『釋疑』)

『부주』22-30

○ 횡거선생이 일찍이 말하였다. "내가 15년 동안 '공손하면서도 편안함'을 공부했으나, 이루지 못했다." 명도선생이 말하였다. "이 학문이 이루어지지 못했으니 얼마간의 병통이 있음을 알겠다."325)

○ 橫渠先生嘗言, "吾十五年學箇'恭而安', 不成." 明道先生曰, "可知是學不成, 有多少病在."

324) 『西山讀書記』 권19.

325) 『二程外書』 권12.

『강록』22-30-a

○ 「유다소병재(有多少病在)」 : 얼마만ㅊ의 병이 있음을 알겠도다. '재(在)'자도 함께 풀이된 것이다.(『강록』)

○ 「有多少病在」 : 언매내흔 病이 이시믈 알리로다. '在'幷入釋.(『講錄』)

『석의』22-30-b

○ 「유다소병재(有多少病在)」 : 얼마만치의 병이 있음을 알겠도다. ○ '재(在)'자도 함께 풀이된 것이다.(『석의』)

○ 「有多少病在」 : 얼메나흔 病이 이시믈 알니로다. ○ '在'幷入釋.(『釋疑』)

『질서』22-30-c

○ '공손하면서도 편안함'은 도달한 최고의 정도를 가지고 말한다면 바로 성인의 일이다. 횡거가 어떻게 행할 수 있겠는가? 그러나 사람의 지위에는 각각 얕고 깊은 분수가 있으니 비록 배우는 사람일지라도 역시 공부의 과정이 전혀 없어서는 안 된다. 횡거와 같은 사람은 오로지 고심하며 억지로 공부를 하여 순서에 편안해 하는 맛이 없었기 때문에 그렇게 말하였을 뿐이다.(『질서』)

○ '恭而安', 若以極致言, 卽聖人事. 橫渠如何行得? 然人之地位, 各有淺深分數, 雖學者, 亦不宜全無功程也. 若橫渠者, 專是苦心强做, 無安序氣味, 故云耳.(『疾書』)

『부주』22-30-1

○ 사씨가 말하였다. "무릇 공손하고 삼가게 되면 반드시 힘써 공부하여 안일하거나 방자하지 않게 되며, 안일하고 방자하게 되면 반드시 방종하여 공손하지 않게 된다. 공손함은 '잊지 말라'는 것과 같고, 편안함은 '조장하지 말라'는 것과 같다. 바로 잊지도 않고 조장하지도 않는 사이에서 자세히 체인해서 취해야 한다."[326]

○ 謝氏曰, "凡恭謹必勉强不安肆, 安肆必放縱不恭. 恭如'勿忘', 安如'勿助長'. 正當勿忘勿助長之間, 子細體認取."

326) 『上蔡語錄』 권1.

『강록』22-30-1-a

○ 「‘공여(恭如)’에서 ‘조장(助長)’까지」 : 맹자가 말하였다. “이는 의가 쌓여서 생겨나는 것이니, (마음에 부끄러움이 없으면 자연히 속에서 발출하게 된다.) 반드시 일삼음이 있으되 기대하지 말아야 한다.(미리 그 효과를 기대하는 것이다.) 마음에 잊지도 말고 조장하지도 말아서 송나라 사람이 그런 것과 같지 않아야 한다. 송나라 사람 가운데 그 곡식 싹이 자라지 않음을 걱정해서 뽑아 올린 자가 있었는데 피곤하고 지친 모습으로 돌아와서 집 사람에게 이르기를 ‘오늘 몹시 피곤하다. 내가 싹이 자라게 도왔노라’하거늘 그 아들이 달려가서 살펴보니 싹은 바로 말라 죽어 있더라는 것이다. 지금 온 천하에 싹이 자라나는 것을 돕지 않는 사람이 적으니 유익함이 없다 해서 놓아버리는 사람은 싹의 김을 매지 않는 자이고, 자라나는 것을 돕는 자는 싹을 뽑아 올리는 자이니 유익하지 않을 뿐 아니라 또한 해치게 된다.” 맹자는 단지 기(氣)를 기르는 것을 말하였지만 이렇게 공부를 하여 오래 되면 자연히 절도에 맞아 편안하게 된다.(『강록』)

○ 「恭如 止 助長」 : 孟子曰, “是集義所生. (心無愧怍, 自然發出於中心.) 必有事焉而勿正.(豫期其效.) 心勿忘, 勿助長也, 無若宋人然. 宋人有閔其苗之不長而揠之者, 芒芒然歸, 謂其人曰, ‘今日病矣. 予助苗長矣.’ 其子趨而往視之, 苗則槁矣. 天下之不助苗長者寡矣, 以爲無益而舍之者, 不耘苗者也. 助之長者, 揠苗者也, 非徒無益而又害之.” 孟子只言養氣, 然如此樣做功夫久之, 則自然中節而安也.(『講錄』)

『석의』22-30-1-b

○ 「‘공여(恭如)’에서 ‘조장(助長)’까지」 : 맹자는 ‘반드시 일삼음이 있되 기약하지 말고 마음에 잊지도 말며 조장하지도 말라’고 하였다. ‘잊는다’는 것은 그 일을 놓아두고 하지 않는 것을 말한다. ‘돕는다’는 것은 공부를 하지 않고 그 효과를 망령되이 구하는 것을 말한다. 맹자는 비록 기를 기르는 것을 말하였지만 이렇게 공부를

하여 오래 되면 자연히 절도에 맞아 편안하게 된다.(『석의』)

○ 「恭如 止 助長」: 孟子, '必有事焉而勿正. 心勿忘, 勿助長也.' '忘', 言舍置其事而不爲也. '助', 言不用工夫而妄求其效也. 孟子雖言養氣, 然如此做工夫久之, 則自然中節而安也.(『釋疑』)

『강록간보』22-30-1-c

○ 「'공여(恭如)'에서 '조장(助長)'까지」: 김종덕(金宗德)의 생각: 아래 단락의 주자의 설은 공경을 배우는 것이 익숙하게 된 후에 편안할 수 있다는 것이다. 사씨는 공경함을 잊지 말듯이 하고, 편안함을 조장하지 말듯이 한다고 운운하였는데, 공경과 편안함을 함께 공부하는 것으로 말한 것은 그 자체로 하나의 뜻이다.(『강록간보』)

○ 「恭如 止 助長」: 按, 下段朱子說是學箇恭熟後, 便能安. 謝氏, 則云恭如勿忘, 安如勿助長云云, 以恭與安幷作工夫說, 自是一義.(『講錄刊補』)

『부주』22-30-2

○ 물었다. "횡거는 단지 꽉 잡으려고 한 때문에 편안하지 못한 것입니까?" 주자가 말하였다. "그는 단지 공손함만 배워서 일찍이 익숙하지 못함을 스스로 체험해 본 것이지, 공손함을 배우고 또 편안함을 배우는 것이 아니다."327)

○ 問, "橫渠只是硬把, 故不安否?" 朱子曰, "他只是學箇恭, 自驗見不曾熟. 不是學箇恭又學箇安."

『강록』22-30-2-a

○ 「경파(硬把)」: '빽빽히 하다'는 뜻이다.(『강록』)

○ 「硬把」: 벅벅기ᄒᆞ다.(『講錄』)

『석의』22-30-2-b

○ 「경파(硬把)」: 경은 '빽빽이 하다'의 뜻이다.(『석의』)

○ 「硬把」: 硬, 벅벅이ᄒᆞ다.(『釋疑』)

327) 『朱子語類』 권34, 권97.

『부주』22-31

○ 또 말하였다. "배우는 사람은 반드시 공경스럽게 이 마음을 지켜야지 너무 급하게 서둘러서는 안 된다. 마땅히 깊고 두텁게 배양하고 그 사이에서 담궈서 기른 뒤에야 스스로 얻을 수 있다. 급박하게 구하는 것은 단지 사사로움일 따름이니, 끝내 도에 통달할 수 없다."328)

○ 又曰, "學者須敬守此心, 不可急迫. 當栽培深厚, 涵養329)於其間, 然後可以自得. 但急迫求之, 只是私己, 終不足以達道."

『석의』22-31-a

○ 「함양(涵養)」 : '양(養)'은 『근사록』에는 '영(泳)'으로 되어 있다.(『석의』)

○ 「涵養」 : 養『近思錄』作泳.(『釋疑』)

『부주』22-31-1

○ 어떤 사람이 물었다. "경을 지키는 데 매우 편안하지 못함을 느낍니다." 주자가 말하였다. "초학자가 어떻게 바로 편안함을 얻을 수 있겠는가? 다만 공자라야 비로소 공손하면서도 편안하다. 처음 경을 지키려면 또 모름지기 힘써 공부해야 한다. 다만 조금이라도 놓아버림이 있음을 느낄 때는 바로 거두어들여 일으켜 세우면 경은 바로 여기에 있게 되니, 늘 서로 접하게 하면 오랜 뒤에는 저절로 익숙해질 것이다."330)

○ 或問, "持敬覺不甚安." 朱子曰, "初學如何便得安? 除是孔子, 方恭而安. 初要持敬, 也須勉强, 但覺見有些子放去, 便收斂提掇起, 敬便在這裏, 常常相接, 久後自熟."

---

328) 『二程遺書』 권2상.

329) 『二程遺書』에는 '養'자가 '泳'자로 되어 있다.

330) 『朱子語類』 권120.

『강록』22-31-1-a

○ 「제시공자(除是孔子)」 : 이는 말고(초학을 제외하고) 공자라야.(『강록』)

○ 「除是孔子」 : 이말오除初學, 孔子이아.(『講錄』)

『석의』22-31-1-b

○ 「제시(除是)」 : 시비를 덜고. 「제철(提掇)」 : '잡아 들다'는 뜻이다.(『석의』)

○ 「除是」 : 是非룰 덜고. 「提掇」 : 잡드다.(『釋疑』)

『부주』22-31-2

○ 묻습니다. "이제 공부를 할 때 통렬하게 스스로 경계하여 책려하지 않고 갑자기 기르고 함영하면 혹 뒤집어짐에 가까울까 걱정입니다." 남헌장씨가 말하였다. "이 마음을 공경스럽게 지켜서 배양하고 담궈서 기르는 것이 바로 공부하는 곳이다. 만약 뒤집어짐에 가깝다면 어찌 배양하고 담궈서 기르는 것이 있겠는가?"331)

○ 問, "今於下工夫之時, 不痛自警策而遽栽培涵泳, 恐或近於放倒." 南軒張氏曰, "敬守此心, 栽培涵泳, 正是下工夫處. 若近於放倒, 則何栽培涵泳之有?"

『부주』22-32

○ 주자가 말하였다. "경은 바로 성인 문하의 가장 중요한 가르침이니 철두철미하게 하여 잠시라도 끊어져서는 안 된다."332)

○ 朱子曰, "敬乃聖門第一義, 徹頭徹尾, 不可頃刻間斷."

『석의』22-32-a

○ 「철두철미(徹頭徹尾)」 : 처음과 끝을 관통한다고 말하는 것과 같다.(『석의』)

---

331) 『南軒集』 권32.

332) 『朱子語類』 권12.

○ 「徹頭徹尾」 : 猶言貫始終也.(『釋疑』)

『부주』22-33

○ 또 말하였다. "경은 인욕을 막아서 대적하는 것이다. 사람이 항상 경하면 천리가 저절로 밝아져서 인욕이 올라올 수 없다."333)

○ 又曰, "敬所以抵敵人欲. 人常敬則天理自明, 人欲上來不得."

『강록』22-33-a

○ 「저적(抵敵)」 : 소가 뿔로 물건을 받는 것을 '저(抵)'라고 한다. 인욕이 이르면 이 마음을 공경하게 지켜서 대적하는 것은 마치 소가 물건을 받아 물건이 나오지 못하는 것과 같다.(『강록』)

○ 「抵敵」 : 牛以角觸物曰'抵'. 猶人欲之來, 敬守此心以敵, 猶牛之觸物, 物不得進.(『講錄』)

『석의』22-33-b

○ 「저적(抵敵)」 : 뿔로 물건을 받는 것을 '저(抵)'라고 한다. 인욕이 옴에 이 마음을 공경하게 지켜서 대적하는 것은 마치 뿔이 물건을 받아 물건이 나오지 못하는 것과 같다.(『석의』)

○ 「抵敵」 : 以角觸物曰'抵'. 猶人欲之來, 敬守此心以敵之, 猶角之觸物, 物不得進.(『釋疑』)

『부주』22-34

○ 또 말하였다. "경은 사람을 붙들고 경계하는 도리이니 사람이 방자하고 게으를 때 경하게 되면 곧 이 마음을 붙잡고 경계하여 일으킬 수 있다. 항상 이렇게 하면 비록 풀어놓고 편벽되고 사특하고 사치한 생각이 조금 있더라도 저절로 물러가 순종할 것이다."334)

---

333) 『西山讀書記』 권19.

334) 『朱子語類』 권12. 『西山讀書記』 권19.

○ 又曰, "敬是箇扶策人底道理, 人當放肆怠惰時, 才敬便扶策得此心起. 常常恁地, 雖有些放僻邪侈意思, 也自退聽."

『강록』22-34-a

- 「부책(扶策)」: 부(扶)는 '더위잡으며'의 뜻이고, 책(策)은 경책(敬策)이다. 사람이 게을러질 때 경으로 채찍질하여 일으키는 것은 마치 말이 가지 않을 때 채찍을 한번 들면 바로 가는 것과 같다.(『강록』)
- 「扶策」: 扶 더위자브며, 策敬策也. 人怠惰, 敬以策起, 如馬之不行, 一擧策輒行.(『講錄』)

『석의』22-34-b

- 「부책(扶策)」: 부지(扶持)하고 경책(警策)하는 것이다.(『석의』)
- 「扶策」: 扶持警策也.(『釋疑』)

『부주』22-35

○ 묻습니다. "평상시 경을 유지하는데 고요한 때는 아주 좋다가 일에 임하게 되면 싫증나고 권태로워집니다. 혹은 일에 임했을 때 힘을 기울이면 어지러움을 느끼게 되거나, 그렇지 않으면 바로 경을 보존해야 할 때 갑자기 생각에 끌려가게 됩니다. 이 세 가지를 어떻게 이길 수 있습니까?" 말하였다. "요즘 사람은 경을 가지고 별개의 한 가지 일로 삼기 때문에 싫증나고 게을러지게 되며, 생각에 이끌려가게 된다. 경은 단지 자신의 마음을 늘 깨어있게 하기만 하면 되는 것이다. (경을 가지고) 별개의 하나의 일로 간주하려고 해서는 안 된다. 또한 어찌 두 손을 받들고 무릎을 꿇고 허리를 굽혀서 흙덩어리처럼 여기에 있은 뒤에야 경을 한다고 지목할 수 있겠는가?"335)

○ 問, "居常持敬, 於靜時最好, 及臨事則厭倦. 或於臨事時著力, 則覺紛擾,

335)『朱子語類』권115.

不然則於正存敬時, 忽忽爲思慮引去. 是三者將何以勝之." 曰, "今人將敬來別做一事, 所以有厭倦, 爲思慮引去. 敬只是自家一箇心常惺惺便是. 不可將來別做一事. 又豈可指擎跽曲拳塊然在此而後爲敬?"

『강록』22-35-a

○ 「문거상(問居常)」 : 이덕홍이 기록하여 말하였다. "이 조목은 양도부(楊道夫)의 의심나는 항목 9조목 가운데 하나이다." 「경기곡권(擎跽曲拳)」 : 『장자』에 나온다.[336] '경(擎)'은 손을 받들어 잡는 것이다. '기(跽)'는 무릎을 꿇고 앉는 것이다. '곡(曲)'은 몸을 굽혀 무릎 꿇고 앉는 것이다. '권(拳)'은 '권(卷)'과 같으니 역시 굽힌다는 뜻이다. 마치 손을 잡고 몸을 굽히는 모양이니, 모두 신하가 임금에게 공경스럽게 절하고 무릎 꿇고 앉은 모양이다.(『강록』)

○ 「問居常」 : 李錄云: "此條, 楊道夫疑目九條之一." 「擎跽曲拳」 : 出『莊子』. '擎', 手捧也. '跽', 跪也. '曲', 躬俯膝跽也. '拳'與'卷'同, 亦曲意. 如拱手曲身之狀, 皆人臣於君恭敬拜跪之狀也.(『講錄』)

『석의』22-35-b

○ 「경기곡권(擎跽曲拳)」 : 『장자』 주석에 '경(擎)은 손을 드는 것이고, 기(跽)는 꿇어앉는 것이다. 권(拳)은 권(卷)과 같으니, 역시 굽힌다는 의미로 모두 공경스럽게 절하고 무릎 꿇고 앉은 모양이다.(『석의』)

○ 「擎跽曲拳」 : 『莊子』註, '擎', 擧手也. '跽', 跪也. '拳'與卷同, 亦曲意, 皆恭敬拜跪之狀也.(『釋疑』)

『비망록』22-35-c

○ 『대학혹문』의 주에서 "'성성(惺惺)'은 마음이 어둡지 않은 것을 일컬은 것이니, 단지 이것이 바로 경이다."[337]고 하고, 또 "이 마음을 불러 깨워 그것이 많은 도리를 비추기를 바란다"[338]라고 하였

---

336) 『장자』에 나온다 : 『莊子』, 「人間世」에 나온다.

337) 『大學或問』. 朱子曰, "惺惺乃心不昏昧之謂, 只此便是敬. 整齊嚴肅, 固是敬. 然心若昏昧, 燭理不明, 雖强把捉, 豈得為敬?"

338) 『大學或問』. 或問, "佛氏亦有此語?" 曰, "其喚醒此心則同, 其爲道則異. 吾儒喚醒此心, 欲他

다. 진순(陳淳)이 말하였다. "대개 마음이 항상 깨어서 여기에 있으면 곧 항상 깨어 있는 상태로 살게 된다. 만약 (마음이 깨어) 있지 않으면 곧 죽은 것이다."339) 대개 경의 공부는 이 마음을 항상 가운데 보존하여 달아나지 않게 하는 것이다. 오로지 빛나고 밝으며 바르고 큰 본체에 부지런히 힘써서 생각함이 이 본체에 있는 것이 바로 경공부를 하는 방법이다. 만약 이것에 힘쓰지 않고 단지 우두커니 꿇어앉아 있는 것을 경공부에 해당시킨다면 이것은 표정만 엄숙하게 하는 것을 면하지 못하는 것이니, 경공부와는 반드시 천리의 차이가 나게 된다.(『비망록』)

○ 『或問』註"'惺惺'乃心不昏昧之謂, 只此便是敬." 又曰"喚醒此心, 欲他照管許多道理." 陳氏曰, "蓋心常惺惺在這裡, 便常惺惺恁地活. 若不在, 便死了." 夫敬之用工, 使此心常存於中, 而不走作. 唯乾乾於光明正大之體, 念焉在兹, 乃其道也. 如或不是之爲務, 只以塊然曲跽而當之, 則是未免色莊者也. 其於敬須千里也."(『備忘錄』)

『부주』22-35-1

○ 서산진씨가 말하였다. "진한 이래 여러 유자들은 모두 경이 학문의 근본임을 알지 못했다. 정자에 이르러 사람들에게 그것을 가리켜 보여주었고, 주자가 또 그것을 발명하여 그 절실하고 지극함을 다하였으니 두 선생이 성문에 공이 있음은, 이것이 가장 큰 것이다."

○ 西山眞氏曰, "秦漢以下諸儒, 皆不知敬爲學問之本. 至程子指以示人, 而朱子又發明之, 極其切至, 二先生有功于聖門, 此其最大者也."340)

『강록』22-35-1-a

○ 「이선생(二先生)」: 묻습니다. "정명도와 이천, 주자를 아우르면 셋이 되는데, 진서산이 둘이라고 한 것은 아마도 '이(二)'字가 잘못된

照管許多道理. 佛氏則空喚醒此心, 無所作為, 異處在此."

339) 『北溪字義』 권상.

340) 『西山讀書記』 권19.

것 같습니다. 그렇지 않습니까?"(『강록』)

○ 「二先生」 : 問, "幷程明道伊川朱子, 則爲三, 而西山云二, 恐二爲誤是否?"(『講錄』)

『석의』22-35-1-b

○ 「이선생(二先生)」 : 정자와 주자이다.(『석의』)

○ 「二先生」 : 程子朱子.(『釋疑』)

『부주』22-35-2

○ 노재허씨[341]가 말하였다. "처음 학문을 할 때에는 먼저 경을 지켜야 한다. 경하게 되면 몸과 마음이 수렴되고, 기운이 거칠고 난폭하지 않게 되며, 맑은 것은 더욱 맑아지고 탁한 것은 더 이상 자라지 않게 되며, 아름다운 것은 더욱 아름다워지고 추한 것은 더 이상 행해지지 않게 된다. 고요한 때에 경하여 항상 천지 귀신이 임재한다고 생각하여 감히 조금이라고 소홀히 하지 않고, 움직이는 때에 경하여 스스로 보고 듣고 표정 짓고 용모를 갖추고 말하고 일하고 의심하고 성내는 것에 이르기까지 하나하나 성찰하여 외물을 쫓아가지 않아서 비록 천만 명의 사람 가운데 있더라도 언제나 자신이 있음을 알아야 하니, 이것이 경을 지키는 대강의 줄거리이다. 『예기』 한 책이 천만 자에 가깝지만 첫 구절에서 '불경(不敬)하지 말라'고 했으니 천하고금의 선이 모두 경(敬)자에서 발생하고, 천하고금의 악이 모두 불경에서 생겨난다. 『소학』에서도 바로 경을 찾아야 하고, 『대학』에서도 역시 경을 찾아야 하며, 자식이 되거나 신하가 되거나 임금이 되거나 아비가 되거나 모두 경을 찾아야 하

341) 노재허씨(魯齋許氏, 1209～1281) : 이름은 형(衡), 자는 중평(仲平), 호는 노재(魯齋), 시호는 문정(文正)으로 회맹(懷孟) 하내(河內) 사람이다. 조복(趙復)의 문인 요추(姚樞)에게 이정(二程)과 주희(朱熹)의 저작을 얻어 소문(蘇門)에 살면서 요추와 함께 도학을 강습하고 실천하였다. 헌종(憲宗) 4년(1254)에 홀필렬(忽必烈)이 불러 경조제학(京兆提學)과 국자좨주(國子祭酒) 등의 요직을 맡았다. 집현전(集賢殿) 대학사(大學士)·영태사원사(領太史院事) 등을 지냈다. 왕필(王弼)의 『역주(易注)』를 보고 학문에 전념했고, 주희의 『사서장구집주(四書章句集注)』를 과시(科試)로 채택하는 데 공헌했다. 주희와 육구연(陸九淵)의 학문을 조화시키려 노력하였다. 저서에 『독역사언(讀易私言)』, 『노재심법(魯齋心法)』, 『노재유서(魯齋遺書)』, 『허문정공유서(許文正公遺書)』, 『허노재집(許魯齋集)』이 있다.

며, 작은 일을 당해서나 큰일을 당해서나 모두 경을 찾아야 한다. 이 한 가지의 일에 먼저 힘을 들일 수 있은 연후에야 학문을 논할 수 있으며, 학문에서는 또 먼저 이(理)를 궁구해야 한다."[342]

○ 魯齋許氏曰, "爲學之初, 先要持敬. 敬則身心收斂, 氣不粗暴, 淸者愈淸而濁者不得長, 美者愈美而惡者不得行. 靜而敬, 常念天地鬼神臨之, 不敢少忽. 動而敬, 自視聽色貌言事疑忿, 得一一省察, 不要逐物去了, 雖在千萬人中, 常知有己, 此持敬之大略也. 『禮記』一書, 近千萬言, 最初一句, 曰, '毋不敬', 天下古今之善, 皆從敬字上起. 天下古今之惡, 皆從不敬上生. 在『小學』便索要敬, 在『大學』也索要敬, 爲子爲臣爲君爲父, 皆索要敬, 以至當小事當大事, 都索要敬. 這一件, 先能著力, 然後可以論學, 學又先要窮理."

『강록』22-35-2-a

○ 「노재(魯齋)」: "'노재'의 의미를 묻습니다." 대답하였다. "허형의 호이다. 노재(魯齋)의 의미는 잘 모르겠다. 그러나 왕백(王柏[343])이 자호를 장소(長嘯)라 지은 것은 제갈량이 무릎을 안고 휘파람을 길게 불었다[344]는 뜻을 취한 것이다. 뒤에 그것이 오만해 보이는 것을 깨닫고 '노재(魯齋)'로 고쳤으니 공자께서 '증삼은 노둔하다'[345]고 말한 뜻을 취한 것이다. 증자는 노둔했지만 도통의 정맥을 얻었으니, 그 노(魯)자가 합당했기 때문이다."(『강록』)

○ 「魯齋」: 問, "'魯齋'之義." 答曰, "許氏之號, 魯齋未詳. 但王柏自號長嘯,

---

342) 『魯齋遺書』 권1.

343) 왕백(王栢, 1197～1274) : 남송 말기 무주(婺州) 금화(金華) 사람. 자는 회지(會之) 또는 백회(伯會)고, 호는 노재(魯齋) 또는 장소(長嘯)며, 시호는 문헌(文憲)이다. 황간(黃幹)의 문인 하기(何基)를 좇아 공부했다. 하기, 김이상(金履祥), 허겸(許謙)과 함께 '금화사선생(金華四先生)' 또는 '북산사선생(北山四先生)'으로 일컬어진다. 저서로는 『시의(詩疑)』, 『서의(書疑)』, 『독역기(讀易記)』, 『독서기(讀書記)』, 『시변설(詩辨說)』, 『함고역설(涵古易說)』, 『오경장구(五經章句)』, 『연기도(研幾圖)』, 『주자지요(朱子指要)』, 『천관고(天官考)』, 『지리고(地理考)』 등이 있다.

344) 제갈량이 남양(南陽) 융중에 은거할 적에 아침저녁으로 항상 무릎을 안고 휘파람을 길게 불며 자신의 원대한 뜻을 펼 날을 기다렸다는 고사에서 나온 것이다.(『三國志』 권35, 「蜀書·諸葛亮傳」 註)

345) 『論語』, 「先進」.

取諸葛亮抱膝長嘯之意. 後來覺其似傲慢, 故改以魯齋, 取孔子曰'參也, 魯' 之義. 曾子以魯而得道統之正, 其魯字可當故也."(『講錄』)

『석의』22-35-2-b

○ 「노재허씨(魯齋許氏)」 : 이름은 형(衡), 자는 평중(平仲)으로 원나라 사람이다. 「색요경(索要敬)」 : 색(索)과 요(要)는 모두 구(求)자와 욕(欲)자의 뜻이다.(『석의』)

○ 「魯齋許氏」 : 名衡, 字平仲, 元人. 「索要敬」 : 索要, 皆求字欲字意.(『釋疑』)

◯ 「정민정의 생각」27 : 허형은 변방의 오랑캐가 처음 중국을 어지럽히던 시기에 태어나서, 스승에게서 전수받은 것이 없었는데도 홀로 정자와 주자의 심학에서 얻은 바가 있었다. 애석하게도 그의 말과 글을 다 볼 수는 없고, 우리가 볼 수 있는 것은 거경궁리와 같은 종류들인데, 모두 지당한 말이다. 그렇다면 사람의 도리와 사물의 법칙은 진실로 세상을 따라 존재하거나 없어지지는 않지만, 호걸다운 선비가 아니라면 또 어찌 백세의 뒤에 떨쳐 일어날 수 있겠는가?

◯ 「按」 : 許氏生裔戎俶擾之秋, 無所師承而獨有得于程朱之心學. 惜乎言語文字不能盡見, 其可見者, 若居敬窮理之類, 皆至論也. 然則民彝物則, 固不與世爲存亡, 而非豪傑之士, 則亦豈能奮起乎百世之下也哉?

『강록』27-1

○ 「'생예(生裔)'에서 '지추(之秋)'까지」 : 금나라와 원나라가 중국을 어지럽히자 의관문물이 모두 양자강 이남으로 옮겨갔다. 허형은 회맹주(懷孟州)에서 태어났다. 풀이해서 말하면 "오랑캐가 처음 요란한 시절에 태어나서"라는 말이다. 「민이물칙(民彝物則)」 : 사람의 떳떳함이며, 사물의 법칙이.(『강록』)

○ 「生裔 止 之秋」 : 金元亂中國, 衣冠文物皆遷大江以南. 許氏生於懷孟州. 釋云, "戎狄이 비로소 요란흔 시저레 나셔." 「民彝物則」 : 民의 彝며 物의 則이.(『講錄』)

『석의』27-2

○ 「예융(裔戎)」 : '예(裔)'는 흉포한 종족의 뜻이다. 「숙요지추(俶擾之秋)」 : '숙(俶)'은 시(始)이다. 금나라 원나라가 중국을 어지럽히자 의관문물이 모두 양자강 이남으로 옮겨갔다. 허형은 회맹주(懷孟州)에서 태어났다.(『석의』)

○ 「裔戎」 : '裔', 荒裔也. 「俶擾之秋」 : '俶', 始也. 金元亂中國, 衣冠文物皆遷大江以南. 許氏生於懷孟.(『釋疑』)

『부주』22-36

○ 정자가 말하였다. "사람의 마음이 항상 살아있도록 하면 두루 유행하여 다함이 없어서 한 모퉁이에 막히지 않는다."[346]

○ 程子曰, "人心常要活, 則周流無窮而不滯於一隅."

『강록』22-36-a

○ 「정자왈인심(程子曰人心)」 : 상단을 비평하여 말하였다. "경은 동과 정을 겸한다."(『강록』)

○ 「程子曰人心」 : 批上端曰, "敬兼動靜."(『講錄』)

○ 「정민정의 생각」28 : 성현이 마음을 논함에 참으로 (마음이) 나가고 들어오며 잡아 보존하는 것을 어렵게 여겼으며, 정자는 또 두루 흘러 막히지 않는 것을 귀하게 여겼다. 대개 마음은 적감(寂感)을 갖추고, 경은 동정(動靜)을 겸하니 좌선하고 생각을 거두어서 고요함에만 몰두하고자 하는 것은 아니다. 이는 바로 미세한 것이 크게 차이나게 됨을 구별한 것이니 배우는 사람은 마땅히 삼가야 할 것이다. 선유들이 경이 동정을 겸함에 관해 논한 것을 모두 11조목[347]을 얻어서 아래와 같이 하나하나 열거하였다.

○ 「按」 : 聖賢論心, 固以出入操存爲難, 而程子又以周流不滯爲貴. 蓋心具

346) 『二程遺書』 권5.

347) 『부주』22-37에서 『부주』22-47까지 열한 조목이다.

寂感, 敬兼動靜, 非欲爲坐禪攝念之一於靜者. 正毫釐千里之辨, 學者所當謹也. 先儒論敬兼動靜者, 凡得十一條, 具列如左.

『강록』28-1

○ 「조행(操行)」 : 비평하여 말하였다. "행(行)은 '존(存)'으로 되어야 한다." 「'정호리(正毫釐)'에서 '지변(之辨)'까지」 : 이른바 '털끝만한 차이가 천리만한 잘못을 가져 온다'는 뜻이다. 성인은 나가고 들어오며 잡고 보존하여 두루 흘러서 막히지 않는 것을 귀하게 여긴다. 만약 고요함에만 몰두하면 반드시 선(禪)으로 들어가게 되니, 단지 털끝만한 차이를 다툴 뿐이다.(『강록』)

○ 「操行」 : 批云, "行當作存." 「正毫釐 止 之辨」 : 所謂'差之豪釐謬以千里也'. 聖人以出入操存周流不滯爲貴. 若一於靜, 必入於禪, 只爭豪釐之間.(『講錄』)

『석의』28-2

○ 「심구적감(心具寂感)」 : 위에 「주자가 석자중(石子重)에게 답한」 조목에 이미 보인다. 「'정호(正毫)'에서 '지변(之辨)'까지」 : 이른바 '털끝만한 차이가 천리만한 잘못을 가져 온다'는 뜻이다. 마음은 두루 흘러서 막히지 않는 것을 귀하게 여긴다. 만약 고요함에만 몰두하면 반드시 선으로 들어가게 되니, 단지 털끝만한 차이를 다툴 뿐이다.(『석의』)

○ 「心具寂感」 : 已見上「朱子答石子重」條. 「正毫 止 之辨」 : 所謂'差之豪釐謬以千里也.' 心以周流不滯爲貴. 若一於靜, 必入於禪, 只爭豪釐之間.(『釋疑』)

『질서』28-3

○ 황돈(篁墩)이 '마음을 논함에 나가고 들어오며 잡고 보존하는 것을 어렵게 여겼다'고 하였는데, 이는 말의 맥락이 이루어지지 않는다.(『질서』)

○ 篁墩云, '論心, 以出入操存爲難', 此不成語脈.(『疾書』)

『강록간보』28-4

○ 「‘호리(毫釐)’에서 ‘지변(之辨)’까지」 : 김종덕(金宗德)의 생각: 성현이 마음을 논함에 (마음이) 들어와 보존되기를 바라고, (마음이) 나가 버려지는 것은 허용하지 않았다. 사람들이 간혹 이것을 잘못 이해하여 선정에 들어가 좌선하는 것과 같은 것으로 생각하였으니, 이것이 바로 털끝만한 차이이다. 그래서 경은 동정을 겸하고 두루 유행하여 막히지 않는다는 것을 가지고 그것을 밝혔다. 퇴계 선생은 「정재기(靜齋記)」에서 바로 이 뜻을 논하였는데, 삼가 후기를 붙여서 다음과 같이 말하였다. “사람의 마음이 고요하지 않으면 어떻게 모든 이치를 포괄하여 만사를 주관하겠는가? 성인이 고요함을 주로 한 것은 천하의 움직임을 통일하기 위한 것이지, 마음이 소멸되어 아무런 쓰임이 없음을 말한 것이 아니다. 배우는 자가 고요함을 추구하는 것은 모든 작용의 근본을 세우려는 것이지, 아득하여 응하지 않고자 함이 아니다. 그러므로 고요함을 주로 하면서도 움직임을 제어할 수 있는 것은 성현이 중화를 이룬 까닭이고, 고요함에 빠져서 사물을 끊어버린 것은 노장과 불교가 편벽하게 된 까닭이다. 배우는 자가 고요함이 움직임에 빠질 것을 알아서 마침내 움직임을 싫어하고 고요함을 추구한다면 거친 것을 버리고 정밀한 것만을 찾고, 기(器)를 버리고 도(道)를 탐구하는 것을 면하지 못하여 부지불식간에 이른바 ‘털끝만한 차이가 천리만큼 큰 잘못을 가지고 온다’는 것에 빠지게 될 것이다.”348) 고요할 때 마음을 보존하여 기르고, 움직일 때 반성하고 살피는 것이 체를 온전히 하고 용을 극대화하는 학문이다. 그러므로 주자는 경자의 공부는 동정을 관통한다고 말하면서도 반드시 고요

348) 『退溪集』 권42, 「靜齋記」. “人心不靜, 則又何以該萬理而宰萬事哉? 且聖人之主靜, 所以一天下之動, 非謂其泯然無用也. 學者之求靜, 所以立萬用之本, 非欲其漠然不應也. 故主靜而能御動者, 聖賢之所以爲中和也. 耽靜而絶事物者, 佛老之所以爲偏僻也. 中和之極, 位天地而育萬物. 偏僻之極, 滅天理而殄人倫. 故程朱門下, 屢以是警切於學者, 而門人之賢者, 往往亦流入於虛無寂滅而不自返. 何哉? 知靜之汨於動, 而遂乃厭動而求靜, 則未免遺粗而索精, 去器而探道, 不知不覺而陷溺至此所謂‘差之毫釐, 謬以千里者’, 甚可畏也.”

함을 근본으로 삼았다. 황돈이 '야기'와 '주정'을 논한 취지도 결국 경에 중점을 돌리고 있으니, 사람에게 보여준 뜻이 깊고 절실하다.(『강록간보』)

○ 「毫釐 止 之辨」 : 按: 聖賢論心, 欲其入而存, 不容其出與舍. 人或錯會了, 認作入定坐禪樣看, 此正毫釐之間也, 故以敬兼動靜周流不滯明之. 先生「靜齋記」, 正論此義, 謹附于後記曰, "人心不靜, 則何以該萬理, 而宰萬事哉? 聖人之主靜, 所以一天下之動, 非謂其泯然無用也. 學者之求靜, 所以立萬用之本, 非欲其漠然不應也. 故主靜而能御動者, 聖賢之所以爲中和, 耽靜而絶事物者, 老佛之所以爲偏僻. 學者知靜之汨於動, 而遂厭動求靜, 則未免遺粗索精, 去器探道, 不知不覺, 而陷溺所謂'差之毫釐, 繆以千里'者也." 靜而存養, 動而省察, 爲全體大用之學. 故朱子謂敬字工夫, 通貫動靜, 而必以靜爲本. 篁墩論夜氣主靜之旨, 而卒亦歸重於敬, 其示人之意, 亦深切矣.(『講錄刊補』)

『부주』22-37

○ 또 말하였다. "여여숙(呂與叔)은 (도가의) 기를 기르는 것이 (성리학에) 도움이 될 것이라고 생각하였다. 대개 전날에 생각이 분분하고 어지럽다가 이제 (마음을) 비우고 고요하고자 한 까닭에 도움이 된다고 생각한 것이다. 전날에 생각이 분분하고 어지러웠던 것은 또 의리도 아니고 또 일 때문도 아닌데, 이와 같다면 단지 미치고 망령된 사람일 뿐이다. 이것을 징계하여 병으로 여긴 까닭에 (마음을) 비우고 고요하고자 한 것이지만, 그 극한에 마른 나무나 꺼진 재처럼 되고자 하는 것은 또한 옳지 않다. 대개 사람은 살아 있는 존재인데 또 어떻게 마른 나무나 꺼진 재처럼 될 수 있겠는가? 이미 살아있다면 반드시 동작이 있고 반드시 생각이 있다. 충성과 믿음이 덕을 진전시킴은 무엇 때문인가? 사특함을 막으면 성실함은 저절로 보존되니, 성실함이 보존되는 것이 바로 충성과 믿음이다. 어떻게 하는

것이 사특함을 막는 것인가? 예가 아니면 보지도 말고 듣지도 말고 말하지도 말고 움직이지도 아니하면 사특함이 막아진다. 이것을 가지고 말하자면 또 언제 몸을 마른 나무와 같이 하고 마음을 꺼진 재와 같이 하겠는가? 또 의필고아(意必固我) 네 가지를 끊은[349] 뒤에는 (그 기상이) 필경 어떠한가? 또 언제 모름지기 마른 나무나 꺼진 재와 같아지겠는가? 경하여 안을 곧게 한다면 반드시 군주는 군주다워질 것이고, 신하는 신하다워질 것이다. 모든 일이 이와 같으니 얼마나 간단 명백한가."[350]

○ 又曰, "呂與叔, 疑養氣爲有助. 蓋爲前日思慮紛擾, 今要虛靜, 故以爲有助. 前日思慮紛擾, 又非義理, 又非事故, 如是則只是狂妄人耳. 懲此以爲病, 故要得虛靜, 其極欲得如槁木死灰, 又却不是. 蓋人活物也, 又安得槁木死灰? 旣活則須有動作須有思慮. 忠信所以進德者, 何也? 閑邪則誠自存, 誠者存, 斯忠信也. 如何是閑邪? 非禮而勿視聽言動, 邪斯閑矣. 以此言之, 又幾時要身如枯木心如死灰? 又如絕四後畢竟如何? 又幾時須如枯木死灰? 敬以直內, 則須君則是君, 臣則是臣. 凡事如此, 大小大直截也."

『강록』22-37-a

ㅇ 「양기(養氣)」 : 노장학에서 마음을 맑게 하고 욕심을 줄이는 것이다. 여여숙은 그것이 성리학에 도움이 될 것이라고 생각하였다. ○ 이덕홍이 기록하여 말하였다. "수양은 황노가(黃老家)들의 일이니 모두 기를 기르는 공부이다. 여여숙의 뜻은 저 기를 기르는 공부를 하면 이(理)를 기르는 공부에도 도움이 될 것이라 생각해서 이러한 물음을 제시한 것이다. 맹자가 비록 호연지기를 기른다고 말하였지만, 그것은 의로움을 쌓아서 생겨나는 것에 불과하니, 어떻게 이것과 같은 부류이겠는가?" 「충신소이진덕(忠信所以進德)」 :

349) 『論語』, 「子罕」. "子絕四, 毋意, 毋必, 毋固, 毋我."

350) 『二程遺書』 권2상.

「곤괘(坤卦)」「문언(文言)」에서 말하기를 "충성과 믿음은 덕을 진전시키는 것이요, 말을 닦아 그 성실함을 세우는 것(성은 실리이다.)은 공업(功業)을 지키는 것이다."[351] 「기시(幾時)」 : '어느 때'라는 말이다. 「'우여절(又如絶)'에서 '여하(如何)'까지」 : '네 가지를 끊은 뒤에 그 기상이 어떠한가?'라고 말하는 것과 같다. 반드시 마른 나무나 꺼진 재와 같지는 않을 것이다. 「대소대직절(大少太直截)」 : 이덕홍이 기록하여 말하였다. "'대소(大小)'는 다소(多少)라고 말하는 것과 같다. 대직절(大直截)은 분명하다는 뜻이 있는 것 같다. 유독 군신부자만이 아니라 뭇 사물에는 각각 정해진 이치가 있어서 사물이 옴에 각각 정해진 이치대로 그에 응하여 사물이 각각 그 사물에 알맞게 맡겨지면 저것은 자연히 나와 관계되지 않아서 자연히 분분하고 어지러운 근심이 없어지게 된다." 풀이하기를 "얼마나 분명한가"라고 하였다. 묻습니다. "이 한 구절의 말은 분명하지 못한 듯하니 다시 상세히 가르쳐 주시는 것이 어떻겠습니까?" 비평하여 말하였다. "말한 것이 이미 분명하니 다시 자세히 생각해 보아라."(『강록』)

○ 「養氣」 : 乃老莊之學, 淸心寡欲. 與叔疑有助於性理之學. ○ 李錄云, "修養黃老家事, 都是養氣底工夫. 呂意以爲做彼養氣之工夫, 則有助於吾養理之法而發是問也. 孟子雖言養浩然之氣, 然不過以集義而生者, 則何類於此哉?" 「忠信所以進德」 : 「坤卦」「文言」曰, "忠信, 所以進德也, 脩辭以立其誠(誠實理也), 所以居業也." 「幾時」 : 언의 제. 「又如絶 止 如何」 : 猶言'絶四之後, 其氣象如何?' 必不如槁木死灰. 「大少太直截」 : 李錄云, "'大小'猶言多少, 大直截似有分明之義. 言不獨君臣父子, 凡事物各有定理, 事物之來, 各以定理應之而物各付物, 則彼自不干於我, 自然無紛擾之患." 釋云, "언메나이 分明ᄒᆞᄂᆈ" 問, "此一句說似未分曉, 更詳敎, 如何?" 批云, "所說已明, 更細思之."(『講錄』)

『석의』22-37-b

---

351) 坤卦 文言傳이라고 말하고 있지만, 사실 乾卦 文言傳이다.

○ 「양기(養氣)」 : 바로 노장의 마음을 맑게 하고 욕심을 줄이는 학문으로 맹자가 말하는 '기를 기르는 것'은 아니다. 그러나 여여숙은 성리학에 도움이 될 것이라고 생각하였다. 「고목사회(枯木死灰)」 : 『장자』에 나온다. 완고하여 지각이 없는 모양이다. 「충신소이진덕(忠信所以進德)」 : 『건괘』 「문언전」에서 말하였다. "충성과 믿음은 덕을 진전시키는 것이다." 주에서는 '충성과 믿음이 마음에 주인이 되는 사람은 한 생각도 성실하지 않음이 없다'고 하였다. 「기시(幾時)」 : '어느 시절에'의 뜻이다. 「'우여(又如)'에서 '여하(如何)'까지」 : '네 가지를 끊은 뒤에 그 기상이 어떠한가?'라고 말하는 것과 같다. 반드시 마른 나무나 꺼진 재와 같지는 않을 것이다. 「대소대직절(大小大直截)」 : 대소대(大小大)는 다소(多少)라고 말하는 것과 같고, 직절(直截)은 분명하다는 뜻과 같다. '군즉시군(君則是君)' 이하는 바로 '의롭게 하여 밖을 방정하게 한다(義以方外)'는 것을 풀이한 것이다.(『석의』)

○ 「養氣」 : 乃老莊淸心寡欲之學, 非孟子所謂'養氣'也. 與叔疑有助於性理之學. 「枯木死灰」 : 出『莊子』, 頑然無知貌. 「忠信所以進德」 : 『乾』「文言」曰, "忠信, 所以進德." 註'忠信主於心者, 無一念之不誠.' 「幾時」 : 어늬 시졀의. 「又如 止 如何」 : 猶言'絶四之後, 其氣象當如何?' 必不如槁木死灰. 「大小大直截」 : 大小大猶言多少也. 直截猶分明之義. '君則是君'以下, 正釋'義以方外'.(『釋疑』)

『질서』22-37-c

○ 분분하게 어지러움에 이끌리는 등의 병통은 아래 문장 '상채' 한 조목에서 깨뜨릴 수 있다.(『질서』)

○ 紛擾引去等病, 下文上蔡一條, 可以破的.(『疾書』)

『부주』22-37-1

○ 사람이 일이 많은 것을 싫어하자, 어떤 사람이 이를 근심하였다. 정자가 말하였다. "세상일이 비록 많지만 모두 사람의 일이다. 사람의 일을 사람이 하게 하지 않으면 다시 누가 해주기를 바라

겠는가?"[352)]

○ 人惡多事, 或人憫之. 程子曰, "世事雖多, 盡是人事. 人事不教人做, 更責誰做?"

○ 「정민정의 생각」29 : 이것은 배우는 사람이 움직일 때에 경을 쓰지 않는 바가 없어야 함을 말한 것이다.

○ 「按」 : 此言學者於動時, 宜無所不用其敬也.

『부주』22-38

○ 장자가 말하였다. "말에는 가르침이 있고 행동에는 법도가 있으며, 낮에는 하는 바가 있고 밤에는 얻는 바가 있으며, 눈 깜작할 때에도 기르는 바가 있고 숨 쉬는 사이에도 보존함이 있다."[353)]

○ 張子曰, "言有教, 動有法, 晝有爲, 宵有得, 瞬有養, 息有存."

『강록』22-38-a

○ 「순(瞬)」 : 『韻會』에서 "눈을 떴다 감았다 자주 놀리는 것이다"고 하였다. ○ 윤화정(尹和靖)은 '육유(六有)'로 그 집의 이름을 지었다.(『강록』)

○ 「瞬」 : 『韻會』云, "開闔目數搖也." ○ 尹和靖以六有名其室.(『講錄』)

『석의』22-38-b

○ 「순(瞬)」 : 『韻會』에서 "눈을 떴다 감았다 자주 놀리는 것이다"고 하였다.(『석의』)

○ 「瞬」 : 『韻會』, "開闔目數搖也."(『釋疑』)

『질서』22-38-c

○ 말과 행동은 평생을 가지고 말한 것이고, 낮과 밤은 하루를 가지고 말한 것이며, 눈 깜짝하고 숨 쉬는 것은 짧은 시간을 가지고 말한 것이다. '숨 쉬는 것'은 '눈 깜짝할 사이'보다 더욱 빠르며,

352) 『二程遺書』 권15.

353) 『張子全書』 권3.

보존하는 것은 기르는 것보다 더욱 급하다.(『질서』)

○ 言動以終身言, 晝宵以一日言, 瞬息以晷刻言. 息比於瞬, 尤速, 存比於養, 尤急.(『疾書』)

『부주』22-38-1

○ 주자가 말하였다. "횡거의 이 말은 매우 좋다. 군자는 종일토록 부지런히 힘써서 밥 먹고 숨 쉬는 동안에도 틈이 있어서는 안 된다. 또 온종일 글만 읽을 필요는 없고, 혹 정좌하여 존양하는 것도 모두 공부하는 곳이다. 천지가 사물을 낳음에 사시로써 운행을 하니 봄에 낳고 여름에 자라나는 것은 진실로 쉬지 않는 것이요, 비록 가을과 겨울에 (초목이) 시들어 (잎이) 떨어지더라도 생의는 그 속에 있지 않은 적이 없다. 배우는 사람이 늘 이 마음을 불러 깨워서 죽지 않게 한다면 날마다 진보가 있을 것이다."354)

○ 朱子曰, "橫渠此語極好. 君子終日乾乾, 不可食息間. 亦不必盡日讀書, 或靜坐存養, 皆是用功處. 天地生物, 以四時運動, 春生夏長, 固是不息, 雖秋冬凋落, 生意未嘗不在其中. 學者常喚令此心不死則日有進."

○「정민정의 생각」30 : 장자의 움직일 때와 고요할 때 서로 닦는 공부가 이와 같았으니, 진실로 배우는 사람이 본받아 지켜야 할 것이다.

○「按」: 張子動靜交修之功如此, 眞學者法守也.

『부주』22-39

○ 상채사씨가 말하였다. "일이 이르면 그에 응하고, 휩쓸려가지 않는 것이 경이 아니겠는가? 만물이 변해도 이것은 늘 보존되어 있으니 어찌 어지러이 요동함이 있겠는가? 공자께서 '일에 임해서 경을 생각하라'355)고 하신 것은 바로 이것을 이른 것일 뿐이다."356)

---

354) 『朱子全書』 권2.

355) 『論語』, 「季氏」.

○ 上蔡謝氏曰, "事至應之, 不與之往, 非敬乎? 萬物變而此常存, 奚紛擾之有? 夫子曰, '事思敬' 正謂此耳."

『석의』22-39-a

ㅇ 「사지응지(事至應之)」 : '그것에 응한다는 것'은 마음이 그것에 응함을 말한다.(『석의』)

ㅇ 「事至應之」 : '應之', 謂心應之也.(『釋疑』)

『부주』22-40

○ 주자가 양자직(楊子直)357)에게 답한 편지에서 말하였다. "몸과 마음, 안과 밖은 애초에 간격이 없다. 이른바 마음이란 진실로 안을 위주로 하지만 무릇 보고 듣고 말하고 움직이며, 나아가고 머무르고 말하고 침묵함이 밖으로 드러난 것 또한 이 마음의 작용이니 일찍이 떨어진 적이 없다. 그런데 이제 공허하여 작용하지 않는 곳에서는 잡아서 그것을 보존하고, 유행하여 운용하는 실제에서는 버리고 살피지 아니하니, 이것은 마음의 전체에 대해서 비록 그 절반은 얻었을지라도 그 절반은 잃은 것이다. 그러나 그 얻은 바의 절반도 또 반드시 안배하여 둘 곳이 있은 뒤에야 보존할 수 있을 것이다. 그러므로 보존하면 싹을 뽑아 조장하는 걱정이 있게 되고, 그렇지 않으면 버려두고 김을 매지 않는 잘못이 있게 된다. 이렇게 되면 그 얻은 절반도 장차 스스로 충분히 보존하지 못하여 잃어버리게 될 것이니, 어찌 한결같이 경을 위주로 하여 이 마음이 우뚝하여 안과 밖, 움직이고 고요한 사이에 털끝만한 틈도 없고 잠시의 멈춤

---

356) 『上蔡語錄』 권1.

357) 양자직(楊子直) : 이름은 방(方)이다. 성품이 지나치게 강하여 자주 사문에 편지를 보내어 자못 원망하는 말까지 있었다. 선생께서도 힘껏 변론하고 분석하여 깨우쳐 주었지만 위학당(僞學黨)이라는 말이 일어나자 다시는 사문과 연락을 하지 않았다.

도 없는 것만 하겠는가?"[358]

○ 朱子答楊子直書曰, "身心內外, 初無間隔. 所謂心者, 固主乎內, 而凡視聽言動出處語默之見於外者, 亦卽此心之用, 未嘗離也. 今於其空虛不用之處, 則操而存之, 於其流行運用之實, 則棄而不省, 此於心之全體, 雖得其半而失其半矣. 然其所得之半, 又必待有所安排布置, 然後能存. 故存則有揠苗助長之患, 否則有舍而不芸之失. 是則其所得之半又將不足以自存而失之, 孰若一主於敬而此心卓然, 內外動靜之間, 無一毫之隙一息之停哉?"

『석의』22-40-a

○ 「양자직(楊子直)」: 이름은 방이고 주자의 문인이다. 「알묘(揠苗)」: 맹자는 조장의 잘못을 논하면서 싹을 뽑은 것을 들어서 그것을 증명하였다. 상세한 것은 『맹자』「호연」장에 보인다.(『석의』)

○ 「楊子直」: 名方, 朱門人. 「揠苗」: 孟子論助長之失而擧揠苗以證之. 詳見「浩然」章.(『釋疑』)

『강록간보』22-40-b

○ 「'안배(安排)'에서 '지실(之失)'까지」: 김종덕(金宗德)의 생각: 유행하고 운용하는 곳에서 일에 따라 성찰하여 각각 그 절도에 맞으면 사물에 응하는 것이 이미 그쳐서 안배하지 않아도 마음은 저절로 고요해진다. 이제 작용하는 곳에서 내버려두어 반성하지 않고, 오로지 고요한 곳에서 힘쓰고자 한다면 억지로 구하여 힘이 다하고 안배하고 배치하여 조장하는 문제점이 생기는 것을 피하지 못한다. 그렇지 않으면 버려두어 기르지 않는 잘못이 생기게 된다. '모를 뽑아 올리는 것'과 '기르지 않는 것'은 모두 『맹자』에 보인다.(『강록간보』)

○ 「安排 止 之失」: 按: 就流行運用處, 隨事省察, 各中其節, 則事應旣已, 不待安排, 而心自靜. 今於用處, 棄而不省, 欲專就靜處用功, 則是不免强求而力致, 安排布置而有助長之患. 否則, 有舍而不芸之失矣. '揠苗''不芸', 幷見

358) 『晦庵集』 권45, 「答楊子直」.

『孟子』.(『講錄刊補』)

『부주』22-41

○ 묻습니다. "경이 동정을 관통한다고 말하지만 고요할 때는 적고 움직일 때는 많으니 쉽게 어지러워지지 않겠습니까?" 주자가 말하였다. "어떻게 모두 고요할 수 있겠는가? 일이 있으면 모름지기 응해야 한다. 사람은 세상에 있으면서 일이 없는 때는 없다. 아침부터 저녁까지 수많은 일들이 있으니 일이 나를 어지럽게 하는 것이 많다고 하여 우선 가서 정좌해야겠다고 하는 것은 말이 안 된다. 경은 이와 같은 것이 아니다. 만약 일이 앞에 닥쳤는데도 자신은 오히려 고요함을 주로 하려고 하여 완고하게 응하지 않는다면 바로 이것은 마음이 완전히 죽어버린 것이다. 일이 없을 때는 경이 안에 있고, 일이 있을 때는 경이 일에 있으니, 일이 있건 없건 나의 경은 단절된 적이 없다. 그러므로 정자는 '학문은 전일한데 이를 때라야 비로소 좋다'고 말하였다. 대개 전일함이란 일이 있으나 없으나 다 이와 같은 것이다. 정자의 이 단락에서 이 한 구절이 긴요한 곳이다."359)

○ 問, "敬通貫動靜而言, 然靜時少動時多, 恐易得撓亂." 朱子曰, "如何都靜得? 有事須著應. 人在世間, 未有無事時節. 自早至暮, 有許多事, 不成說事多撓亂我, 且去靜坐. 敬不是如此. 若事至前而自家却要主靜, 頑然不應, 便是心都死了. 無事時, 敬在裏面, 有事時, 敬在事上. 有事無事, 吾之敬未嘗間斷也. 故程子說'學到專一時方好.' 蓋專一則有事無事, 皆是如此. 程子此段這一句, 是緊要處."

『강록』22-41-a

○ 「간단(間斷)」: 비평하여 말하였다. "단(斷)은 『주자대전』에는 '격

359) 『朱子語類』 권12.

(隔)'으로 되어 있으니 그것을 따라야 한다." 「문경통관(問敬通貫)」: 비평하여 말하였다. "이것은 심장중(沈莊仲)이 기록한 것이다." 「요(撓)」: '해치다', '굽히다'의 뜻이다. 「'불성설(不成說)'에서 '정좌(靜坐)'까지」: 요(橈)에 대해서 비평하여 말하되 "요(撓)는 마땅히 재(才)방 변으로 써야 한다"고 하였다. 이덕홍이 기록하여 말하였다. "일이 많아서 나를 어지럽게 하니 또한 가서 정좌한다고 말하지 못할지라." 「시(時)」: 한어를 하는 사람이 말하기를 "면의 토와 같다"고 하였다.(『강록』)

○ 「間斷」: 批云, "斷, 『朱子大全』作'隔', 當從之." 「問敬通貫」: 批云, "此沈莊仲所錄." 「撓」: 害也, 屈也. 「不成說 止 靜坐」: 橈, 批云, "撓, 當以才." 李錄云: "事가 多也, 我를 撓亂ᄒᆞ니 아직 가 靜坐호려 說티 몯홀디라." 「時」: 漢語人云, "猶面吐."(『講錄』)

『석의』22-41-b

○ 「사다요란아(事多撓亂我)」: '일이 나를 어지럽힘이 많다고 하여'의 뜻이다. 「차단(此段)」: 소계명(蘇季明)이 '희노애락이 아직 발하지 않음'에 대하여 물은 단락이다. 「저일구(這一句)」: '학도전일시방호(學到專一時方好)'의 한 구절이다.(『석의』)

○ 「事多撓亂我」: 事ㅣ 我를 搖亂호미 만타ᄒᆞ야. 「此段」: 蘇季明問喜怒哀樂未發之一段也. 「這一句」: '學到專一時方好'一句也.(『釋疑』)

『부주』22-42

○ 물었다. "계속 붙잡고 있다가도 놓자마자 바로 이렇게 쓸쓸함을 느끼게 되니 어떻게 해야 할지 모르겠습니다." 대답하였다. "이것도 다만 이렇게 붙잡고 있어야 할 필요는 없다. 만약 붙잡고자 한다면 하나의 마음을 또 더하는 것이다. 그대가 만약 (마음을) 놓아버리는 것이 좋지 않음을 알아서 끌어 거두어들인다면 이것이 바로 경이다." 물었다. "정좌를 오래 동안 했는데도 한 가지 생각이 발동함을 면하지 못하니 어떻게 해야 합니까?" 대

답하였다. "모름지기 한 생각이 어떤 일을 하려고 하는지를 보아야 한다. 만약 (하고자 하는 일이) 좋은 일로서 마땅히 해야 할 것이라면 반드시 가서 주관해야 하고, 혹 이 일에 대한 생각이 아직 투철하지 못했다면 모름지기 생각하여 끝내도록 해야 하며, 만약 좋지 않은 일이라면 곧 하지 말아야 하니, 자신이 이와 같음을 깨닫자마자 이 경은 바로 여기에 있는 것이다."360)

○ 問, "一向把捉, 待放下, 便覺恁衰颯, 不知當如何?" 曰, "這箇也不須只管恁地把捉. 若要去把捉, 又添一箇心. 公若知得放下不好, 提掇起來, 便是敬." 曰, "靜坐久之, 一念不免發動, 如何?" 曰, "也須看一念, 是要做甚麼事. 若是好事當做, 須去幹了, 或此事思量未透, 須著思量教了, 若是不好底事, 便不要做, 自家纔覺得如此, 這敬便在這裏."

『강록』22-42-a

- 「문일향파(問一向把)」: 비평하여 말하였다. "엽미도(葉味道)의 기록이다." 「방하(放下)」: 이덕홍이 기록하여 말하였다. "'놓다'는 뜻이다." 「임쇠삽(恁衰颯)」: 이덕홍이 기록하여 말하였다. "이렇게 흐릿한 줄" 비평하여 또 말하였다. "해가 바래다" 「제철(提掇)」: 비평하여 말하였다. "'제(提)'자 위에 본래 변(便)자가 있다." 「간(幹)」: 만약 처라면 집안의 일을 주관한다고 하고, 만약 노예라면 일을 주관한다고 한다. 그 일의 골자가 됨을 의미한다. 「사량교료(思量教了)」: 이덕홍이 기록하여 말하였다. "생각해서 하여금 마치게 하다."(『강록』)
- 「問一向把」: 批云, "葉味道錄." 「放下」: 李錄云, "놋타" 「恁衰颯」: 李錄云: "이리해 삼삼ᄒᆞᆫ 줄." 批亦云, "햇ᄇᆞᄅᆞᄅᆞᄒᆞ다." 「提掇」: 批云, "'提'字上本有便字." 「幹」: 若妻, 則曰幹家事也, 若奴, 則曰幹事也. 謂爲其事之骨子也. 「思量教了」: 李錄云: "思量해서 ᄒᆡ여곰 了ᄒᆞ다."(『講錄』)

---

360) 『朱子語類』 권12.

『석의』22-42-b

- 「恁衰颯」: "이리 해삽삽한 줄"의 뜻이다. 「'야수간(也須看)'에서 '심마사(甚麽事)'까지」: 오로지 일념이 무슨 일을 하고자 하는지 보아. 「간(幹)」: 일을 주관하다는 뜻이다. 「사량교료(思量教了)」: 생각하여 하여금 마치게 하다. ○ 료(了)는 '마치다'는 뜻이다.(『석의』)
- 「恁衰颯」: 이리 해삽삽흔 줄. 「也須看 止 甚麽事」: 모로이 一念이 아므슴 일을 做코져 ᄒᆞᄂᆞᆫ고보와. 「幹」: 辦事也. 「思量教了」: 思量ᄒᆞ야 ᄒᆡ여곰 了ᄒᆞ다. ○ 了, 終竟也.(『釋疑』)

『부주』22-43

○ 묻습니다. "벼슬을 하여 일이 많아서 매우 어지러우니 어떻게 해야 합니까?" 대답하였다. "그 일이 스스로 어지러운 것이니, 내가 어찌 관여하겠는가? 주돈이가 이르기를 '중정인의로써 안정시키되, 고요함을 위주로 한다'고 하였으니, '중과 인'은 발동하는 곳이고, '정'은 당연하여 이치가 일정한 곳이며, '의'는 결단을 내리는 곳이다. 항상 고요함을 위주로 해야 하니 어찌 단지 놓아버리기만 하고 수렴하지 않을 수 있겠는가? '절단'이란 두 글자가 가장 긴요하다."361)

○ 問, "當官事多, 膠膠擾擾, 奈何?" 曰, "他自膠擾, 我何與焉? 濂溪云, '定之以中正仁義而主靜', 中與仁是發動處, 正是當然定理處, 義是截斷處. 常要主靜, 豈可只管放出不收斂? '截斷'二字最緊要."

『강록』22-43-a

- 「교교요요(膠膠擾擾)」: 『장자』에 나온다. ○ 비평하여 말하였다. "『장자』주에 '요(撓)는 어지러움이다'라고 하였다." 「'정지이(定之以)'에서 '주정(主靜)'까지」: 주돈이가 「태극도설」에서 말하였다.

---

361) 『朱子語類』 권113.

"무극의 진리와 음양오행의 정밀함이 오묘하게 합하여 응결해서, 건도는 남성을 이루고 곤도는 여성을 이룬다. 음양의 기운이 교감하고, 변화하여 만물을 생성하니, 만물이 끊임없이 생겨나 변화가 다함이 없다. 오직 사람만이 그 중 빼어난 것을 얻어서 가장 영묘하다. 형체가 이미 생겨나니 정신이 지각(知覺)을 일으킨다. 오성(五性)이 감응하여 움직이니 선과 악이 나누어지고 온갖 일이 생겨나게 된다. 성인은 중정·인·의로써 안정시키고, 고요함[靜]을 위주로 하여, 사람의 표준을 세우셨다." 본주에서는 "일반인은 동정의 이치를 갖추었으나 항상 움직임에서 실수를 하기에 성인은 고요함을 위주로 하여 사람의 표준을 세우셨다"고 하였다. 「'절단(截斷)'에서 '긴요(緊要)'까지」 : 이덕홍이 기록하여 말하였다. "질문한 사람이 생각이 많은 것을 근심하기 때문에 '절단(截斷)' 이 두 글자로 긴요함을 삼았다."(『강록』)

○ 「膠膠擾擾」 : 出『莊子』. ○ 批云, "『莊子』註, '撓, 亂也.' 「定之以 止 主靜」 : 周子「太極圖說」曰, "無極之眞, 二五之精, 妙合而凝, 乾道成男, 坤道成女. 二氣交感, 化生萬物, 萬物生而變化無窮焉. 惟人也, 得其秀而最靈. 形旣生矣, 神發知矣. 五性感動而善惡分, 萬事出矣. 聖人定之以中正仁義, 而主靜立人極焉." 本註, "衆人具動靜之理, 而常失之於動, 聖人主靜以立人極." 「截斷 止 緊要」 : 李錄云, "問者患多思慮, 故以此二字爲緊要云云." (『講錄』)

『석의』22-43-b

○ 「교교요요(膠膠擾擾)」 : 『장자』주에 "요(撓)는 어지러움이다"고 하였다. 교교(膠膠)도 역시 요요(擾擾)의 뜻이다. 「'정지이(定之以)'에서 '주정(主靜)'까지」 : 「태극도설」에 보인다. 「절단(截斷)」 : 질문한 사람이 생각이 많은 것을 근심하기 때문에 '절단' 이 두 글자로 긴요함을 삼았다.(『석의』)

○ 「膠膠擾擾」 : 『莊子』註, "撓, 亂也." 膠膠, 亦擾擾之意. 「定之以 止 主靜」 : 見「太極圖說」. 「截斷」 : 問者患多思慮, 故以此二字爲緊要.(『釋疑』)

『질서』22-43-c

○ 「중여인시발동처(中與仁是發動處)」: 중정(中正)을 말하면 중이 정보다 앞서니, 마치 사덕(四德)이 인에서 일어나는 것과 같다. 그러므로 "중과 인은 발하여 움직이는 곳이다."라고 하였다. 「절단(截斷)」: 의로움으로 결단을 내려 옳은 것은 행하고 옳지 않은 것은 버리는데 어찌 다시 어지러울까 근심하겠는가? 나는 다음과 같이 생각한다. '고요해야 할 때 고요하다고 생각이 어찌 펴지지 않은 적이 있겠는가? 응해야 할 때 응하여 손님과 대화하는 것은 그 적막함을 싫어하는 것이 아니다. 군자는 동정을 하나로 관통하는데 어찌 하루를 지나지 못할까 근심하겠는가? 주자는 비록 번거로움을 싫어하여 고요함을 구하는 것의 잘못을 배척하였지만, 말의 뜻에서 매우 통쾌함을 은미하게 느낄 수 있으니, 다시 자세히 살펴보아야 한다.'(『질서』)

○ 「中與仁是發動處」: 言中正, 則中先於正, 如四德之起於仁, 故曰, "中與仁是發動處也." 「截斷」: 以義截斷, 可者行之, 不可者廢之, 豈復有膠膠擾擾之患? 愚謂當靜而靜, 意思何嘗不舒暢? 當應而應, 與客說話, 非厭其寂寥也. 君子一動靜而貫之, 何憂乎無以過日? 朱子雖斥厭煩求靜之非, 而語意微覺大快, 更詳之.(『疾書』)

『부주』22-44

○ 황직경이 선생에게 빈객을 사절하고 몇 달 동안 병을 돌보라고 권하자, 선생이 말하였다. "하늘이 한 사람을 낳을 적에 모름지기 세상의 일을 주관하게 하였다. 만약 주관하지 않으려고 한다면 모름지기 양주(楊朱)가 자기만을 위한 것처럼 해야 하는데, 나는 도리어 일찍이 이러한 학문을 배운 적이 없다."362)

○ 黃直卿勸先生, 且謝賓客, 數月將息病. 先生曰, "天生一箇人, 便須著管天下事. 若要不管, 須是如楊氏爲我方得, 某却不曾去學得這般學."

---

362) 『朱子語類』 권107.

『강록』22-44-a

○ 「장식병(將息病)」: 이덕홍이 기록하여 말하였다. "'장(將)'은 기르는 것이고, '식(息)'은 조식하는 것이다."(『강록』)

○ 「將息病」: 李錄云, "'將', 養也, '息', 調息也."(『講錄』)

『석의』22-44-b

○ 「장식병(將息病)」: '장(將)'은 기르는 것이고, '식(息)'은 조식하는 것이다. 「저반학(這般學)」: 양주의 학문을 가리킨다. ○ 이까짓 학문.(『석의』)

○ 「將息病」: 將, 養也. 息, 調息也. 「這般學」: 指楊氏學. ○ 이까지 學.(『釋疑』)

『부주』22-44-1

○ 또 말하였다. "사람이 매번 손님을 만나지 않으려고 하는데, 그가 어째서 그러는지 모르겠다. 만약 나로 하여금 한 달 동안 손님을 만나지 못하게 한다면 반드시 큰 병이 한 달 정도 갈 것 같다. 오늘 손님과 하루 동안 이야기를 나누었더니 오히려 생각이 쫙 펴짐을 느끼겠다. 저 문을 걸어 잠그고 사람을 만나지 않는 이들은 어떻게 하루를 보내는지 모르겠다."363)

○ 又曰, "人每欲不見客, 不知他是如何. 若使某一月日不見客, 必須大病一月似. 今日與客說話一日, 却覺得意思舒暢. 不知他門關著門, 不見人底, 是如何過日."

『강록』22-44-1-a

○ 「일월일(一月日)」: '한 달 동안의 날들'이라는 뜻이다. 「타문(他門)」: 『어류』에서는 그 사람을 가리켜 아무개의 문하라고 칭하였다. ○ 이덕홍이 기록하여 말하였다. "'문(門)'자는 아래 문장에서의 공문(公門)의 '문(門)'과 같다."(『강록』)

○ 「一月日」: 一月之日. 「他門」: 『語類』指其人而稱曰某門. ○ 李錄云,

363) 『朱子語類』 권107.

"'門'字與下文公門之'門'同."(『講錄』)

『석의』22-44-1-b

ㅇ 「일월일(一月日)」 : 한 달 동안의 날들을 말한다. 「타문(他門): 타인을 가리며 일컬은 것이다.(『석의』)

ㅇ 「一月日」 : 謂一月之日. 「他門」 : 指他人之稱.(『釋疑』)

◯ 「정민정의 생각」31 : 주자가 양주의 자신만을 위하는 것을 가지고 황직경에게 답한 것은 정자가 고목사회로 여여숙에게 답한 것과 같은 뜻이다. 손님을 만나는 한 가지의 일도 역시 정자가 세상의 일을 사람들이 하게 한 것과 같은 뜻이다. 모두 움직일 때 경하지 않을 수 없음을 말한 것이다.

◯ 「按」 : 朱子以楊氏爲我答黃直卿, 與程子以槁木死灰答呂與叔同意. 見客一事亦與程子世事須教人做同意, 皆言動之不可不敬也.

『부주』22-45

◯ 주자가 허순지364)에게 답한 글에서 말하였다. "보내온 편지에서 '마음을 담박한데 깃들여 세상에서 구하는 것을 적게 하고, 성현의 말씀을 음미하여 내 정신의 바탕으로 삼고 나의 참됨을 기르고자 한다'고 하였는데, 한 글자도 병통이 있지 않은 것이 없다. 무릇 사람의 마음은 살아있는 것이니, 움직여야 할 때는 움직이고 고요해야 할 때는 고요하여 그 때를 잃지 않는다면 그 도가 환하게 빛날 것이니, 이것이 바로 본심의 전체대용이다. 어떻게 반드시 담박한데 깃든 연후에야 마땅함을 얻었다고 하겠는가? 또 이 마음이 무엇이기에 또 어떻게 깃들게 할 수 있겠는가?"365)

364) 허순지(許順之): 이름은 승(升)이고 천주(泉州) 사람으로 주자의 문인이다. 주자는 매번 그의 천성이 조용하고 담박하며 물욕에 얽매임이 없음을 칭찬하였다. 그러나 뒤에 선학에 빠졌다.

365) 『晦庵集』 권39, <答許順之>.

○ 朱子答許順之書曰, "諭'欲棲心淡泊, 與世少求, 玩聖賢之言, 以資吾神, 養吾眞者', 無一字不有病痛. 夫人心活物, 當動而動, 當靜而靜, 不失其時則其道光明, 是乃本心全體大用. 如何須要棲之澹泊, 然後爲得? 且此心是箇什麽? 又如何其可棲也邪?"

『강록』22-45-a
- 「십마(什麽)」 : '무엇'이라는 뜻이다. ○ 이덕홍이 기록하여 말하였다. "심마(甚麽)와 같은 뜻이다."(『강록』)
- 「什麽」 : 므섯 ○ 李錄云, "與'甚麽'同意."(『講錄』)

『석의』22-45-b
- 「허순지(許順之)」 : 이름은 승(升)이고 주자의 문인이다. 「십마(什麽)」 : '심마(甚麽)'와 같다. ○ 무엇.(『석의』)
- 「許順之」 : 名升, 朱門人. 「什麽」 : 與'甚麽'同. ○ 므엇.(『釋疑』)

『질서』22-45-c
- 허순지의 글이 반드시 글자마다 병통이 있는 것은 아니다. 그러나 그 대의는 일을 멀리하고 사물을 끊어버려서 수련가의 술책을 벗어나지 못했으니 그 말이 모두 일제히 잘못됨을 면하지 못하였다. 그러므로 주자가 그렇게 말한 것이다.(『질서』)
- 許順之書, 未必字字有病. 然其大意, 遠事絶物, 未離於修鍊家圈套, 則其言都未免一齊差却. 故朱子云耳.(『疾書』)

『부주』22-46

○ 장경부에게 답한 편지글에서 말하였다. "보내온 편지에서 말씀하시기를 '고요하면 허무에 빠진다'고 하였는데 이 두 글자가 불가나 도가의 이론이라면 참으로 이러한 근심이 있습니다. 그러나 만약 천리로 살핀다면 움직임에 고요함이 없을 수 없는 것은 고요함에 움직임이 없을 수 없는 것과 같으며, 고요함에서 기르지 않을 수 없는 것은 움직임에서 살피지 않을 수 없는

것과 같습니다. 다만 한번 움직임과 한번 고요함이 서로 그 뿌리가 되고, 경(敬)과 의(義)가 서로 지탱하여 단절을 용납하지 않는 뜻을 안다면, 비록 (고요하다는 의미의) '정(靜)'자를 쓰더라도 원래 죽은 물건이 아니어서 지극히 고요한 가운데 자연히 움직임의 단서가 있게 됩니다. 이것이 바로 천지의 마음을 보는 것[366]이며, 선왕이 동짓날에 관문을 닫은 까닭[367]입니다. 대개 이때를 만나게 되면 편안하고 고요하게 이것을 기를 뿐이니, 진실로 일을 멀리하고 사물을 끊고 눈을 감고 올연히 앉아서 고요함에 치우침을 말하는 것이 아닙니다. 그러나 아직 사물에 접하지 않았을 때 곧 경하여 마음을 주재함이 있다면 일이 이르고 사물이 와도 선한 단서가 밝게 드러나서 살피는 것이 더욱 정밀하고 분명해질 것입니다. 또 말씀하시기를 '제가 고요함을 근본으로 삼는다고 말한 것은 마침내 경을 근본으로 삼는다고 말하는 것만 못하다'고 하셨는데, 이 말은 참으로 옳습니다. 그러나 경(敬)자의 공부는 움직임과 고요함을 관통하지만 반드시 고요함을 근본으로 삼습니다. 이제 만약 경(敬)으로 바꾼다면 비록 완전한 듯하지만 경이 시행되는 데에 선후가 있음을 보지 못한 것이니 또한 적당하지 못합니다. 반드시 (보내온 편지에서) '모름지기 고요함으로써 움직임이 근본하는 바를 함양하고, 저 움직임을 살핌으로써 고요함이 보존되는 바를 보아서, 움직임과 고요함이 서로 기다리고, 체와 용이 떨어지지 않은 뒤에야 물샐 틈이 없게 될 것이다'고 말씀하신 것처럼 해야 할 것입니다. 이 몇 마디의 말은 뚜렷하여 뜻과 말이 다 빈

366) 『周易』, 「復卦」. "復其見天地之心乎!"

367) 선왕이 동짓날에 관문을 닫은 까닭 : 『周易』, 「復卦」. 상전에서 말하였다. "우레가 땅 가운데 있는 것이 복이니, 선왕은 이를 본받아 동짓날에 관문을 닫아 장사꾼과 여행자가 다니지 못하게 하며 임금은 사방을 시찰하지 않는다."(象曰, "雷在地中, 復. 先王以, 至日閉關, 商旅不行, 后不省方.")

틈이 없으니 마땅히 앉는 자리 오른쪽에 써놓고 드나들 때 보며 성찰하겠습니다."368)

○ 答張敬夫書曰, "來諭謂'靜則溺於虛無', 此二字如佛老之論, 誠有此患. 若以天理觀之, 則動之不能無靜, 猶靜之不能無動也. 靜之不可不養, 猶動之不可不察也. 但見一動一靜互爲其根, 敬義夾持, 不容間斷之意, 則雖下靜字, 元非死物, 至靜之中, 自有動之端焉. 是乃所以見天地之心者, 而先王之所以至日閉關. 蓋當此時, 則安靜以養乎此耳, 固非遠事絶物閉目兀坐而偏於靜之謂. 但未接物時, 便有敬以主乎中, 則事至物來, 善端昭著, 所以察之者益精明耳. 又謂'某言以靜爲本, 不若遂言以敬爲本', 此固然也. 然敬字工夫貫動靜而必以靜爲本. 今若遂易爲敬, 雖若完全, 却不見敬之所施有先有後, 亦未爲的當也. 必如所謂'要須靜以涵動之所本, 察夫動以見靜之所存, 動靜相須, 體用不離而後, 爲無滲漏也.' 此數語卓然, 意語俱到, 當書之座右, 出入觀省."

『강록』22-46-a

○ 「차이자(此二字)」: 비평하여 말하였다. "'이(二)'자는 아마도 '일(一)'자가 되어야 할 듯하다." 「'견천(見天)'에서 '폐관(閉關)'까지」: 『주역』 복괘(復卦)는 시절로는 동지에 속하며, 순음 아래에 양이 하나 생겨나는 모습이다. 공자는 "복(復)에서 천지의 마음을 볼진저!"라고 하였다. 사람의 마음이 고요함으로부터 발하여 움직이는 것은 양기가 고요함으로부터 움직이는 것과 같다. 복괘(復卦)의 대상에서 "우레가 땅 가운데 있는 것으로 음이 쌓여 있는 아래에서 하나의 양이 처음 움직이는 상이다. 선왕은 이것을 본받아 동짓날에 관문을 닫아 장사꾼과 여행자가 다니지 못하게 하며, 임금은 사방을 시찰하지 않는다"고 하였다. (옛날에 천자는 봄에는 동쪽 지방을 순행하고, 여름에는 남쪽 지방을 순행하며, 가을에는 서쪽

368) 『晦庵集』 권32, <答張敬夫>.

지방을 순행하고, 겨울에는 북쪽 지방을 순행하여 제도와 호령을 살폈다.) 대개 천지가 사물을 낳는 마음은 이 날에 은미하게 처음 발한다. 선왕은 양기가 발하는 것을 해칠까 염려하여 편안하고 고요하게 기르느라고 관문을 닫은 것이다. 「올좌(兀坐)」 : 오뚝하게 앉아 움직이지 않는 것으로, 승려가 참선하는 것과 같다. 「관동(貫動)」 : 비평하여 말하였다. "관(貫)자 위에 본래 통(通)자가 있었다." 「적당(的當)」 : '반드시' 라고 말하는 것과 같으니 '합당하다'는 뜻이다. 「상수(相須)」 : 『주역』에서는 수(須)자를 기다리는 뜻으로 많이 사용하였다. 「탁연(卓然)」 : '뚜렷이'라는 뜻이다. 「좌석(左席)」 : 비평하여 말하였다. "좌석(左席)은 본집(本集)에는 좌우(座右)로 되어 있다."(『강록』)

○ 「此二字」 : 批云, "'二'字疑當作'一'字." 「見天 止 閉關」 : 『易』復卦屬時冬至, 純陰之下, 生一陽. 孔子曰, "復, 其見天地之心乎!" 人心之由靜而發動, 猶陽氣之由靜而動也. 復卦大象, '雷在地中', 積陰之下, 一陽初動. "先王以至日閉關, 商旅不行, 后不省方." (古者天子春行東方, 夏行南方, 秋行西方, 冬行北方, 考制度號令.) 盖天地生物之心, 隱然始發於是日. 先王恐傷陽氣之發, 安靜以養, 所以閉關. 「兀坐」 : 兀然不動, 猶僧之參禪. 「貫動」 : 批云, "貫字上本有通字" 「的當」 : 猶言, 반듯시. '合當'之意. 「相須」 : 『易』用須字, 多以待意. 「卓然」 : 두려디. 「左席」 : 批云, "左席本集作座右."(『講錄』)

『석의』22-46-b

○ 「차이자(此二字)」 : '이(二)'는 '일(一)'이 되어야 할 듯하니, '정(靜)'자를 가리킨다. 「'견천지(見天地)'에서 '폐관(閉關)'까지」 : 상세한 것은 『주역』 복괘(復卦)에 보인다. 대개 동지에는 하나의 양이 음들이 쌓인 아래에서 생겨나니, 이것이 사물을 낳는 단서이고, 이른바 천지의 마음이다. 양기가 처음 생겨날 때는 편안하고 고요하게 그것을 길러야 한다. 그러므로 이 날에 관문을 닫고 장사꾼과 여행자들을 다니지 못하게 하고 임금도 순행하지 못하게 하니 모두 어린 양(陽)을 고요하게 기르기 위한 것이다. 「올좌(兀坐)」 : 오뚝하게

앉아 움직이지 않는 것으로, 승려가 참선하는 것과 같다. 「관동정(貫動靜)」 : "관(貫)자 위에 본래 통(通)자가 있었다." 「적당(的當)」 : '반드시'라고 말하는 것과 같다. ○ '정당(正當)'의 뜻이다. 「'요수(要須)'에서 '삼루(滲漏)'까지」 : 이것은 본래 장남헌의 말인데 주자가 들어 일컬은 것이다. 남헌의 본문에서는 말하기를 "모름지기 저 움직임으로써 고요함이 보존한 바를 보며, 고요함으로써 움직임이 근본한 바를 함양한다는 것을 살펴야 한다"고 하였으니, (살펴야 한다)는 요수찰부(要須察夫)의 뜻이 '삼루(滲漏)'에까지 이른다. 주자는 움직임을 먼저 말하고 고요함을 뒤에 말하는 것이 타당하지 않다고 여겨서 바꾸어놓으려고 하였다. 그래서 황돈이 그것을 바꾸어 놓을 때 '요수(要須)'를 고요함에 소속시키고, '찰부(察夫)'를 움직임에 소속시킴으로써 본지를 크게 잃어버렸다. 「상수(相須)」 : 『주역』 주에는 '수(須)'자를 '기다린다'는 뜻으로 많이 사용하였다. 「탁연(卓然)」 : '뚜렷이'의 뜻이다.(『석의』)

○ 「此二字」 : '二'疑作'一', 指'靜'字. 「見天地 止 閉關」 : 詳見『易』復. 蓋冬至, 一陽生於積陰之下, 是生物之端, 所謂天地之心也. 然陽氣初生當安靜以養之, 故是日閉關, 使商旅不行, 后亦不巡狩, 皆所以靜養稚陽也. 「兀坐」 : 兀然不動, 猶僧之參禪. 「貫動靜」 : 貫上本有通字. 「的當」 : 猶言, 반둔. ○ 正當意. 「要須 止 滲漏」 : 此本南軒語而朱子擧而稱之也. 南軒本文云, "要須察夫動以見靜之所存, 靜以涵動之所本." 蓋'要須察夫'之意, 至於滲漏也. 朱子以先言動後言靜爲未安, 而欲易置之. 故篁墩易置之際, 以'要須'屬靜, '察夫'屬動, 大失本旨." 「相須」 : 『易』註, 用'須'字, 多以'待'意. 「卓然」 : 두려디.(『釋疑』)

『질서』22-46-c

○ 이익(李瀷)의 생각: 『주자대전』에서 말하기를 "보내온 편지에서 이른바 '저 움직임에서는 고요함이 보존하는 것을 보고, 고요함에서는 움직임이 근본하는 바를 함양하는 것을 살펴야 한다'고 말하였다"고 하고, 이어서 "위의 두 구절은 순서가 매우 타당하지 못한

듯하다. 나는 '(순서를) 바꾸어 놓아야 행할 수 있는 실질이 있게 된다'고 생각한다"고 하였다. 대개 먼저 고요함을 말하고 뒤에 움직임을 말하여 순서를 얻고자 한 것이니, 이른바 '대저 동정을 겸하여 말한 것을 살핀다'는 것이다. 이제 주자의 설에 의거하여 그것을 바꾸어 먼저 고요함을 말한 것은 참으로 옳다. 그러나 '찰부(察夫)' 두 글자를 오로지 움직임에만 소속시키는 것은 주자의 본의가 아니다.(『질서』)

○ 按: 『大全』云, "至於來敎, 所謂'要須察夫動而見靜之所存, 靜而涵動之所本云云.'" 繼之云, "上兩句得序, 似甚未安. 意謂'易而置之, 乃有可行之實.'" 蓋欲先言靜而後言動, 方得次第也, 所謂'察夫兼動靜而言'. 今依朱子說, 易之而先言靜, 則固是矣. 却以'察夫'二字專屬之動, 則非其本意也.(『疾書』)

『강록간보』22-46-d

○ 「'견천지(見天地)'에서 '폐관(閉關)'까지」: 김종덕(金宗德)의 생각: 주자는 처음에 정자의 설을 따라 복괘(復卦)로 '고요한 가운데 사물이 있는 것'을 설명하였다. 「장경부에게 답하는 글」(곧 『부주』에서 뽑은 것이다)과 「기론성답고후」[369]와 같은 것이 이것이다. 뒤에 타당하지 않다고 생각하여 순수한 곤괘에 양이 없지 않다는 것을 그것에 해당되는 것으로 여겼으니 『중용혹문』이나 「답여자약서」[370](즉 이 주에서 인용한 것이다)와 같은 것이 이것이다.(『강록간보』)

○ 「見天地 止 閉關」: 按: 朱子初從程子說, 以復卦明'靜中有物'. 如「答張敬夫書」(卽『附註』所摭), 「記論性答藁後」, 是也. 後來以爲未安, 以純坤不爲無陽當之, 如『中庸或問』, 「答呂子約書」(卽此註所引), 是也.(『講錄刊補』)

『심경설』22-46-e

○ 「'동지불능무정(動之不能無靜)'에서 '동지불가불찰야(動之不可不察也)'까지」: 질문하였다. "'고요함에 움직임이 없을 수 없다', '고요함에서 기르지 않아서는 안 된다'는 두 단락에서 윗 단락은 움직임

---

369) 『晦庵集』 권75.

370) 『晦庵集』 권48.

을 먼저 말하였고, 아래 단락에서는 고요함을 먼저 말한 것은 무슨 뜻입니까? 또 윗 단락에서는 '할 수 없다[不能]'고 말하고, 아래 단락에서는 '안 된다[不可]'고 말한 것은 무엇입니까?" 대답하였다. "윗 단락은 '움직임이 다하여 고요하고, 고요함이 다하여 다시 움직인다'는 뜻으로 태극이 동정하는 설로 본 것이므로 움직임을 먼저 말할 수 있다. 아래 단락은 곧 '고요할 때 보존하고 움직일 때 성찰하여 번갈아 그 노력을 다한다'는 의미로서, 미발과 이발의 뜻으로 본 것이므로 고요함을 먼저 말할 수 있다. 또 한 번 움직이고 한번 고요한 것이 끊임없이 순환하는 것은 자연스러운 이치이므로, 위에서는 '불능'으로써 말하였다. 혹은 기르고 혹은 살펴서 체와 용이 서로 필요로 하는 것은 사람이 공부하는 곳이므로, 아래에서는 '불가'로써 말하였다. 그러나 결국 위와 아래 두 단락이 모두 고요함을 근본으로 삼는다는 뜻은 두 개의 유(猶)자를 살펴보면 알 수 있다. 번갈아 반복하여 그 미묘함이 끝이 없으니, 어찌 깊이 사색하여 완미하지 않겠는가?"(『심경설』)

○ 「動之不能無靜 止 動之不可不察也」: 問, "'靜之不能無動, 靜之不可不養'兩段, 上段先言動, 下段先言靜, 何意也? 且上段言不能, 下段言不可者, 又何也?" 曰, "上段是乃'動極而靜, 靜極復動'之意, 以太極動靜之說觀之, 則動可以先言也. 下段是乃'靜存動察, 交致其功'之意, 以未發已發之義觀之, 則靜可以先言也. 且一動一靜, 循環不已, 是理之自然者, 故上以'不能'言. 或養或察, 體用相須, 是人之用工處, 故下以不可言. 然畢竟上下兩段皆是以靜爲本之意, 觀兩猶字, 可知也. 交互反復, 其妙無窮, 盍深思而玩味之哉?"(『心經說』)

『집해』22-46-f

○ 「주자대전(朱子大全)」: 주자의 이 서신에는 '관성(觀省)' 아래에 "그러나 위 두 구절의 순서는 매우 타당하지 않은 것 같다. 나는 바꾸어 놓아야 행할 수 있는 실질이 있게 된다고 생각한다"는 말이 있다.(『집해』)

○ 「朱子大全」: 朱子此書, '觀省'下有曰, "然上兩句次序, 似甚未安. 意謂易而置之, 乃有可行之實矣."(『集解』)

『부주』22-47

○ 남헌장씨가 말하였다. "정자가 사람들에게 경 공부를 가르친 것은 바로 주자(周子)가 고요함을 위주로 한 뜻이다."371)

○ 南軒張氏曰, "程子教人以敬, 即周子主靜之意."

『강록』22-47-a

ㅇ 「주정(主靜)」: 경할 수 있으면 마음이 산란하지 않기 때문에 곧 고요함을 위주로 하는 것이다.(『강록』)

ㅇ 「主靜」: 能敬, 則心不散亂, 故便主靜.(『講錄』)

『석의』22-47-b

ㅇ 「주자주정지의(周子主靜之意)」: 대개 경할 수 있으면 마음이 산란하지 않기 때문에 곧 고요함을 위주로 하는 것이다.(『석의』)

ㅇ 「周子主靜之意」: 蓋能敬, 則心不亂, 故便主靜.(『釋疑』)

『부주』22-48

○ 또 말하였다. "일이 년 동안 자못 오로지 경(敬)자에 힘을 써보니 주돈이의 고요함을 위주로 하는 뜻이 의미가 있음을 더욱 깨닫게 되었다. 정자가 이르기를 '희노애락이 아직 발하기 전에 다시 무엇을 구할 것인가? 단지 평소에 함양하기만 하면 된다'고 하였는데, 이 뜻을 깊이 체득해야 할 것이다."372)

○ 又曰, "一二年來, 頗專於敬字上勉力, 愈覺周子主靜之意爲有味. 程子謂'於喜怒哀樂未發之前, 更怎生求? 只平日涵養便是.' 此意當深體之也."

---

371) 『西山讀書記』 권19.

372) 『南軒集』 권25, <寄呂伯恭>. 『西山讀書記』 권19.

『부주』22-48-1

○ 서산진씨가 말하였다. "남헌의 이 말은 대개 경과 정을 하나로 합한 것이니 배우는 사람은 깊이 음미해야 한다."

○ 西山眞氏曰, "南軒此言, 蓋合敬靜爲一, 學者宜深味之."

『강록』22-48-1-a

○ 「경정위일(敬靜爲一)」 : 물었다. "'경과 정이 하나가 된다'는 '경정(敬靜)'을 움직임과 고요함으로 구분할 수 있는 것입니까?" 비평하여 말하였다. "그렇지 않다. 경 자체가 움직임과 고요함을 겸하니 고요함과 대립시켜 움직임과 고요함으로 나누는 것은 마땅하지 않다. 고요함은 본래 움직임에 상대하는 이름일지라도, 이제 이미 '경과 하나가 되었다'고 하였으니 또 경과 대립시켜 움직임과 고요함으로 나누어서는 안 된다. 또 경(敬)을 서로 전해준 것은 예로부터 그래 왔으니 요임금의 '흠명(欽明)', 순임금의 '긍업(兢業)', 탕왕의 '성경(聖敬)', 무왕의 '경승(敬勝)', 공자의 '행독경(行篤敬)'·'수기이경(修己以敬)'과 같은 것이 그것이다. 경(敬)자의 공부는 움직임과 고요함을 관통하니 꼭 고요함을 말하지 않아도 그 자체로 충분하다.(『주역』의 '적연부동(寂然不動)', 『맹자』의 '평단야기(平旦夜氣)'는 고요함의 이치는 말하였지만 '정(靜)'자를 말하지는 않았다. 『대학』의 '고요함과 안정됨[靜定]'은 다만 지지(知止)의 효과를 말한 것이지, 고요함을 위주로 하는 학문을 말한 것은 아니다.) 주렴계 선생에 이르러 고요함을 위주로 하는 설이 있었지만 역시 다만 성인은 움직임과 고요함의 덕을 합하되 항상 고요함에 근본을 둔다는 것을 말하였을 뿐이요, 학문하는 곳까지 말하지는 않았다. 정자의 문하에서 비로소 배우는 이들에게 어지러이 동요하는 문제가 많았으므로 정좌의 뜻을 언급하였으니, 이것은 사람들에게 그들의 병을 치료하도록 가르친 것이다. 그러나 그 말에 약간만 차질이 생겨도 선(禪)으로 흐르기 쉬운데, 이제 남헌은 그렇지 않다. 경이 곧 고요함을 위주로 한다는 뜻을 알았고, 또 경에 치중하면서도

고요함을 위주로 하는 것이 의미 있음을 깨달았으니, 그가 선(禪)으로 흐르지 않고 주렴계와 정자의 본지를 얻었음을 알 수 있다. 그러므로 서산이 이와 같이 찬탄하였던 것이다. 배우는 사람은 다만 남헌이 '경은 고요함을 위주로 한다'는 의미를 어떻게 알았는지를 추구해야 하고, 또 남헌이 경(敬)자에 어떻게 전력하여 고요함을 위주로 함이 의미 있음을 깨닫게 되었는가를 추구하여 힘써 노력해서 공부해야지, 움직임과 고요함으로 나누는 데 쓸데없이 마음을 허비해서는 안 될 것이다." 또 이야기가 주자가 일컬은 '꽃과 버들을 보고 꺾는다'는 말에 미치자 물었다. "이 말도 체와 용으로 나누어 볼 수 있습니까?"(꽃과 버들, 보고 꺾음에 대해서 능(能)과 소능(所能)으로 구분한 것은 주자가 「여자약에게 답한 편지글」에 나온다.) 대답하였다. "꽃과 버들을 체라고 하고, 꽃과 버들을 사람이 보고 꺾는 것을 기다려 어떻게 사용하는가를 가지고 용이라 하면 옳지만, 만약 사람이 보고 꺾는 것만을 가지고 꽃과 버들의 용이 된다고 한다면 옳지 않다. 무릇 체와 용을 말하는 것은 어떤 물건에 체가 있다고 하면 그 체에 나아가서 그 용이 있다고 말하는 것일 뿐이다. 가령 붓에 터럭과 대와 뾰족한 끝과 뚜껑이 있는 것은 체이고, 사람에 의하여 뚜껑이 벗겨지고 붓자루를 잡고 휘둘러 먹을 묻히고 종이에 쓰는 것은 용이다. 이것을 붓의 체와 용이라고 하면 괜찮지만, 만약 붓을 체라 하고 사람이 붓을 쓰는 것을 붓의 용이라고 한다면 이것은 옳지 않다. 주자가 「여자약에게 보낸 편지」를 보면 '형이하자를 가지고 말하면 사물이 또 체가 되고 그 이(理)가 발현하는 것이 용이 된다'고 하였고, 사람이 일을 처리하고 사물에 응하는 것을 사물의 용이라고 한 적은 없다."(『강록』)

○ 「敬靜爲一」 : 問, "'敬靜爲一'之敬靜, 可以分動靜者否?" 批曰, "不然. 敬自兼動靜, 不當與靜對分動靜. 靜則雖本是對動之名, 然今旣云, '與敬爲一', 則亦不當對敬而分動靜也. 且以敬相傳自古而然, 如堯之'欽明', 舜之'兢業',

湯之‘聖敬’, 武王之‘敬勝’, 孔子之‘行篤敬’‘修己以敬’, 是也. 敬字工夫, 通貫動靜, 不須言靜而自足. 『大易』‘寂然不動’, 『孟子』‘平旦夜氣’, 說靜理而不說出靜字. 『大學』‘靜定’, 只言‘知止’之效, 非言主靜之學. 至濂溪先生有主靜之說, 亦只言聖人合動靜之德而常本於靜耳, 未說到爲學處. 而程門始以學者多患紛擾, 故發靜坐之旨, 所以敎人藥其病也. 然其言少差, 則易流於禪. 今南軒, 則不然. 知敬卽主靜之意, 又專意於敬而覺主靜之有味, 其不流於禪而得周程本指可知. 故西山贊歎之如此. 學者但當求南軒何以知敬卽主靜之意, 又當求南軒所以能專力於敬字上者如何, 而覺主靜之有味, 以是勉勉加工可也. 恐不當枉費心於分動靜也.” 又語及朱子所稱花柳看折之言, 問, “於此言, 亦可分體用看否?” (花柳看折, 分能與所能. 見朱子「答呂子約書」.) 答曰, “花柳爲體, 以花柳待人看折而作如何地用以爲其用, 則可. 若直以人之看折爲花柳之用, 則不可. 凡謂體用者, 謂是物有是體, 則卽其體而有其用耳. 如筆有毛有竹尖頭套匣者, 體也. 待人而匣脫柄運飮墨行紙者, 用也. 以是爲筆之體用, 可也. 若以彼爲體而以人之用筆爲筆之用, 則不可. 觀朱子「答呂子約書」謂, ‘以形以下者言之, 則事物又爲體而其理之發見者爲之用’云云, 未嘗以人之處事應物爲事物之用也.”(『講錄』)

『석의』22-48-1-b

- 「경정위일(敬靜爲一)」 : 경(敬)과 정(靜)은 본래 두 가지 것이지만 정(靜) 위주로 하고자 하면 반드시 경(敬)으로써 해야 한다. 그러므로 “경(敬)과 정(靜)을 하나로 합하였다”고 한 것이다.(『석의』)
- 「敬靜爲一」 : 敬與靜自是二物, 而欲主靜, 則必以敬. 故云, “合敬靜爲一.” (『釋疑』)

『질의고오』22-48-1-c

- 「경정위일(敬靜爲一)」 : 『질의』에서 질문하였다. “‘경과 정이 하나’라 할 때의 ‘경정(敬靜)’은 동(動)과 정(靜)으로 나누어 볼 수 있지 않습니까?” 대답하였다. “그렇지 않다. 서산의 이른바 ‘경(敬)과 정(靜)이 하나가 된다’는 것은 배우는 자가 경을 유지하고 정(靜)을 위주로 하는 공부의 측면에서 말한 것이다. 반면 그대가 말하는

'동과 정'은 사람의 몸과 마음에 동(動)이 있고 정(靜)이 있다는 것으로써 말한 것이다. 공부하는 것은 사람이 마땅히 해야 하는 것으로 곧 주자가 말한 '소능(所能)'이요, 바로 이른바 '보는 것과 꺾는 것'이다. 몸과 마음에 동정이 있는 것은 도리가 본래 그러한 것으로서 이것이 곧 주자가 말하는 바의 '능(能)'이요, 바로 이른바 '꽃과 버들'이다. 여자약(呂子約)은 배움을 의리가 온축되는 것으로 생각하였으나, 주자는 그것이 '능(能)'을 '소능(所能)'으로 간주하는 병통이 있음을 깊이 비판하였는데, 어찌 허물을 본받아 경정(敬靜)의 '능'을 동정(動靜)의 '소능'으로 볼 수 있겠는가? 또 말이 주자가 일컬은 바의 '꽃과 버들을 보고 꺾는다'는 말과 반대된다." 질문하였다. "이것도 체와 용으로 나누어 볼 수 있지 않습니까?" 대답하였다. "꽃과 버들을 체라고 하고, 꽃과 버들을 사람이 보고 꺾는 것을 기다려 어떻게 사용하는가를 가지고 용이라 하면 옳지만, 만약 사람이 보고 꺾는 것만을 가지고 꽃과 버들의 용이 된다고 한다면 옳지 않다. 무릇 체와 용이란 어떤 물건에 체가 있다고 하면 그 체에 나아가 그 용이 있다고 말하는 것일 뿐이다. 가령 붓에 터럭과 대와 뾰족한 끝과 뚜껑이 있는 것은 체이고, 사람에 의하여 뚜껑이 벗겨지고 붓자루를 잡고 휘둘러 먹을 묻히고 종이에 쓰는 것은 용이다. 이것을 붓의 체와 용이라고 하면 괜찮지만, 만약 붓을 체라 하고 사람이 붓을 쓰는 것을 붓의 용이라고 한다면 이것은 옳지 않다. 주자가 「여자약에게 보낸 편지」를 보면 '형이하자를 가지고 말하면 사물이 또 체가 되고 그 이(理)가 발현하는 것이 용이 된다'고 하였고, 사람이 일을 처리하고 사물에 응하는 것을 사물의 용이라고 한 적은 없다."(『질의고오』)

○ 「敬靜爲一」: 『質疑』問, "敬靜爲一之敬靜, 可以分動靜看否?" 曰, "不然. 西山所謂'敬靜爲一'者, 以學者持敬主靜做工夫處言. 公所謂'動靜', 以人之身心有動有靜言. 做工夫處, 是人所當爲, 卽朱子所謂'所能'也, 卽所謂'看與折也'. 身心有動靜, 是道理自如, 此卽朱子所謂'能'也, 卽所謂'花柳'也. 呂子約, 以學爲義理之蘊, 朱子深譏其以'能'爲'所能'之病, 豈可效尤, 而以敬靜之'能'認作動靜之'所能'看乎? 又語反朱子所稱'花柳看折'之言." 問, "於此, 亦可以分體用看否?" 答曰, "花柳爲體, 以花柳待人看折, 而作如何地用以爲其用, 則可. 若直以人之看折爲花柳之用, 則不可. 凡爲體用者, 謂是物有是體, 則卽其體而有其用耳. 如筆有毛有竹尖頭套甲者, 體也, 待人而匣脫柄運飮墨行紙者, 用也. 以是爲筆之體用, 可也. 若以彼爲體, 而以人之用筆爲筆之用, 則不可. 觀朱子答呂子約, 謂'以形而下者言之, 則事物又爲體, 而其理之發見者爲之用'云云. 未嘗以人之處事應物爲事物之用也."(『質疑考誤』)

『강록간보』22-48-1-d

○ 「경정위일(敬靜爲一)」: 김종덕(金宗德)의 생각: "경은 하나에 집중하는 공부이고, 고요함은 경을 위주로 하는 것의 효과이다. 경을 위주로 하면 몸과 마음이 엄숙해져 방만하지 아니하고, 사물을 응대하여 접하는 데도 절도에 맞고 어긋나지 아니하니 바로 그 곳에서 고요함을 느끼게 된다. 정자가 말하는 '경하면 저절로 텅비고 고요하게 된다'는 것이 이것이다. 그러므로 '경은 곧 고요함을 위주로 하는 뜻이다'고 말하였다. 또 '경에 열심히 힘쓰면서도 고요함을 위주로 하는데 의미가 있음을 깨닫게 된다'고 말하였으니, 이것은 경을 고요함에 합하여 하나가 되어서 구역의 구분도 없고 시간상의 구분도 없는 것이다."(『강록간보』)

○ 「敬靜爲一」: 按: "敬是主一之工, 靜是主敬之效. 主敬, 則心身肅然而不放, 應接中節而不差, 當下便覺靜. 程子所謂'敬, 則自虛靜', 是也. 故曰, '敬卽主靜之意.' 又曰, '勉力於敬, 而覺主靜之有味', 是合敬於靜而一之無分段無時節."(『講錄刊補』)

『집해』22-48-1-e

○ 『퇴계집(退溪集)』: 질문하였다. "경(敬)과 정(靜)을 동(動)과 정(靜)으로 나누어 볼 수 있지 않습니까?" 대답하였다. "그렇지 않다. 경 자체가 동과 정을 겸하니 정(靜)과 대립시켜 동과 정으로 나누는 것은 마땅하지 않다. 정(靜)은 본래 동(動)에 상대하는 이름일지라

도, 이제 이미 '경과 하나가 되었다'고 하였으니 또 경과 대립시켜 동과 정으로 나누어서는 안 된다. 또 경(敬)자의 공부는 동과 정을 겸하니 꼭 정을 말하지 않아도 그 자체로 충분하다. 주렴계에 이르러 고요함을 위주로 하는 설이 있게 되었지만, 그 말에 약간만 차질이 생겨도 선(禪)으로 흐르기 쉬운데, 이제 남헌은 그렇지 않다. 경이 곧 주정(主靜)의 뜻임을 알았고, 또 경에 치중하면서도 주정(主靜)이 의미 있음을 깨달았으니, 그가 선(禪)으로 흐르지 않고 주렴계와 정자의 본지를 얻었음을 알 수 있다. 그러므로 서산이 찬탄하였던 것이다. 배우는 사람은 이로써 힘써 노력해서 공부해야지, 동과 정으로 나누는 데 쓸데없이 마음을 허비해서는 안 된다."(『집해』)

○ 『退溪集』 問, "敬靜可以分動靜看否?" 曰, "不然. 敬自兼動靜, 不當與靜對分動靜. 靜則雖本是對動之名. 然今旣云, '與敬爲一', 則亦不當對敬而分動靜也. 且敬字工夫, 通貫動靜, 不須言靜而自足. 至濂溪有主靜之說, 然其言少差, 易流於禪. 今南軒, 則不然. 知敬卽主靜之意, 又專意於敬, 而覺主靜之有味, 其不流於禪, 而得周程本旨, 可知. 故西山贊歎之. 學者以是勉勉加工, 可也, 不當枉費心於分動靜也."(『集解』)

『관계』22-48-1-f

○ 「경정위일(敬靜爲一)」: 경(敬)을 위주로 말하면 정(靜)은 경(敬)의 효과이다. '경하면 저절로 텅비고 고요하게 된다'는 것이 이것이다. 정(靜)을 위주로 말하면 경은 정을 근본으로 한다. 주자의 이른바 "비록 '정(靜)'자를 쓰더라도 원래 죽은 물건이 아니다"는 것이 이것이다. 요컨대 마음은 경을 위주로 해야 하고, 경은 반드시 정에 근본해야 한다. 정(靜)에 근본하는 것은 그 동(動)을 기르는 방법이다.(『관계』)

○ 「敬靜爲一」: 主敬言, 則靜爲敬之效. '敬則自虛靜'是也. 主靜言, 則敬以靜爲本. 朱子所謂'雖下靜字元非死物'是也. 要之, 心必主敬, 敬必本靜. 本乎靜, 所以養其動.(『竅啓』)

제23장: 인(仁)은 사람의 마음이며 의(義)는 사람의 길이다 [仁人心, 義人路]

○ 맹자가 말했다. "인은 사람의 마음이요, 의는 사람의 길이다. 그 길을 버리고 따르지 않으며, 그 마음을 놓아버리고 찾을 줄을 모르니, 애처롭다. 사람이 닭과 개를 잃어버리면 그것을 찾을 줄을 알지만 마음을 잃고서는 찾을 줄을 모르니 학문의 방법은 다른 것이 아니라 그 놓아버린 마음을 찾는 것일 따름이다."373)

○ 孟子曰, "仁, 人心也, 義, 人路也. 舍其路而不由, 放其心而不知求, 哀哉! 人有雞犬放則知求之, 有放心而不知求, 學問之道無他 求其放心而已矣."

『강록』23-A

- 「'유방심(有放心)'에서 '부지구(不知求)'까지」: 놓아버린 마음을 구할 줄을 알지 못함이 있나니(『강록』)
- 「有放心 止 不知求」: 放心을 求ᄒᆞ믈 아디 몯ᄒᆞ리 잇ᄂᆞ니.(『講錄』)

373) 『孟子』, 「告子上」

『석의』23-B

○ 「'유방심(有放心)'에서 '부지구(不知求)'까지」 : 마음을 놓아버리고 구할 줄을 알지 못함이 있나니. 혹은 "마음을 놓아버림이 있으되 구할 줄을 알지 못하나니"라고 말하는 것이다.(『석의』)

○ 「有放心 止 不知求」 : 心을 放ᄒᆞ고 求ᄒᆞᆯ 줄을 아디 못ᄒᆞ리 잇ᄂᆞ니. 一云, "心을 放홈이 이쇼ᄃᆡ 求ᄒᆞᆯ 줄을 아디 못ᄒᆞᄂᆞ니."(『釋疑』)

『원주』23-1

○ 정자가 말했다. "마음은 본래 선하지만 선하지 않은 데로 흐르는 것이 이른바 '잃어버린다'는 것이다."374)

○ 程子曰, "心本善而流於不善, 所謂'放'也."

『밀험』23-1-A

○ 정약용(丁若鏞)의 생각: 측은히 여기는 마음이 생기고, 부끄러워하는 마음이 생기는 것은 선한 마음이며, 비루하게 속이려는 마음이 생기고, 가볍게 여기고 업신여기려는 마음이 생기는 것(「악기」에 보인다)은 악한 마음이다. 마음의 발용은 선할 수도 있고 악할 수도 있어서 본성과는 같지 않다. 그러므로 고경(古經)에는 '마음이 본래 선하다'는 설이 없다.(『밀험』)

○ 案: 有惻隱之心有羞惡之心, 此善心也. 有鄙詐之心有易慢之心(見「樂記」), 此惡心也. 心之發用可善可惡, 與性不同. 故古經無'心本善'之說.(『密驗』)

『원주』23-2

○ 주자가 말하였다. "인이란 마음의 덕이니, 정자가 '마음은 비유하자면 곡식의 씨앗과 같으니 생명성이 바로 인이다.'375)라고 한 것이 곧 이 뜻이다. 그러나 인이라고만 말하면 그것이 자기에게

374) 『二程遺書』 권18, 「劉元承手編」.

375) 『二程遺書』 권18, 「劉元承手編」.

절실한 것임을 알지 못한다. 그러므로 돌이켜 그것을 '사람의 마음'이라고 명명하였으니, 그것이 온갖 변화에 대응하는 이 몸의 주인이라서 잠시라도 잃어버려서는 안 되는 것임을 알 수 있다. 의란 일을 행함에 있어서의 마땅함인데 그것을 '사람의 길'이라고 하였으니 그것이 출입하고 왕래하는 데 반드시 따라야 할 길이라서 잠시라도 버려서는 안 되는 것임을 알 수 있다."376)

○ 朱子曰, "仁者, 心之德也. 程子所謂'心譬如穀種, 生之性, 乃仁也', 卽此意也. 然但謂之仁, 則不知其切於己. 故反而名之曰'人心', 則可見其爲此身酬酢萬變之主, 而不可須臾失矣. 義者, 行事之宜, 謂之人路, 則可見其爲出入往來, 必由之道, 而不可須臾舍矣."

『석의』23-2-A

- 「'비여곡종(譬如穀種)'에서 '내인야(乃仁也)'까지」 : 곡식의 씨앗으로 마음을 비유하였다. 곡식의 생명성이 바로 인이며, 싹이 돋아나는 곳이 바로 측은이다.(『석의』)
- 「譬如穀種 止 乃仁也」 : 以穀種喩心. 穀之生之性, 便是仁, 萌芽發生處, 便是惻隱.(『釋疑』)

『질서』23-2-B

- 인은 본성인데 그것을 마음[心]이라고 말하였기 때문에 정자의 설을 인용하여 증거로 삼았다. 마음 가운데 인이 있음은 마치 곡식의 씨앗에 생명성이 있는 것과 같다. 만약 이 생명성이 없다면 곡식의 씨앗이라고 말할 수 없다. 마음에 만약 인이 없다면 사람의 마음이라고 말할 수 없다. 여기에서 말하는 것은 '사람의 마음이란 인이다'고 말하는 것과 같다.(『질서』)
- 仁性也, 而謂之心, 故引程子說爲證. 心中有仁, 如穀種有生之性. 如無這生之性, 則不可謂穀種. 此如無仁, 則不可謂人心也. 此言者, 若曰'人心者, 仁也.'(『疾書』)

---

376) 『孟子集註』, 「告子章句上」.

『원주』23-3

○ 또 말하였다. “매우 귀한 것이 나에게 있는데 스스로 그것을 잃어버리니, 이것이 슬플 뿐이다.”

○ 又曰, “至貴在我而自失之, 是可哀已.”

『원주』23-4

○ 또 말하였다. “학문하는 일은 진실로 방법이 한 가지만이 아니다. 그러나 모두 저 본심의 바름을 잃어버리지 않기를 구하는 것일 뿐, 다른 방법이 없다.”377)

○ 又曰, “學問之事, 固非一端. 然皆以求夫不失本心之正而已, 無他道也.

『원주』23-5

○ 정자가 말하였다. “성현의 수천 마디의 말은 단지 사람들이 이미 놓아버린 마음을 단속하여 돌이켜 몸에 들어오게 하고자 한 것이니, (이렇게 하면) 자연히 위를 찾아 나아가서 하학하여 상달하게 될 것이다.”378)

○ 程子曰, “聖賢千言萬語, 只是欲人將已放之心約之, 使反復入身來, 自能尋向上去, 下學而上達也.

『강록』23-5-A

○ 「심향상거(尋向上去)」 : 이덕홍이 기록하여 말하였다. “‘위를 찾아 나아가다’는 의미이다.”(『강록』)

○ 「尋向上去」 : 李錄云, “向上을 尋하야 去ᄒᆞ다.”(『講錄』)

『석의』23-5-B

○ 「심향상거(尋向上去)」 : 위를 찾아 가다는 뜻이다. ○ ‘향상(向上)’

---

377) 『孟子集註』, 「告子章句上」.

378) 『二程遺書』 권1, 「端伯傳師說」.

은 올라가는 것이다. '향(向)'자는 심각하게 해석할 필요는 없다. (『석의』)

○ 「尋向上去」: 向上을 추자 去ᄒᆞ다. ○ '向上', 上也. '向'字, 不必深釋. (『釋疑』)

『질서』23-5-C

○ '심향상거(尋向上去)'는 그 위쪽을 찾아 간다는 뜻이다. ○ '돌이켜 몸에 들어온다'는 뜻은 단지 아래에서 하학하여 위로 통달하는 데 가장 밑바탕이 되는 것이니, 만약 아래 한 구절이 없다면 그 몸에 들어오게 하는 것은 과연 무엇 때문이겠는가? 맹자는 '놓아버린 마음을 찾는다'고 하였는데, '놓아버렸다'는 것은 제멋대로 거리낌 없이 놀아서 그릇되고 치우치게 된 것이다. '찾는다'는 것은 찾아서 선을 회복하고자 하는 것이다. 놓아버리면 잃게 되고, 회복하면 자기에게 있게 되니, 마치 닭과 개를 찾아다가 우리에 들이는 것과 같다. 그러므로 놓아버린 마음을 찾아서 몸에 들어오게 해야만 한다. ○ 닭과 개를 잃어버리면 새벽을 알리고 도적을 막을 수 없다. 그러므로 찾아서 회복하여 각각 그 직책을 지키게 하고자 하였다. 마음이 몸에 들어오는 것도 이와 같다. 만약 들어와서 하는 것이 없다면 그것은 바로 불교의 공적(空寂)이다. 선한 단서를 채워서 넓히는 뜻을 여기에서 볼 수 있다.(『질서』)

○ '尋向上去', 謂尋向其上處而去也. ○ '反復入身'之義, 只是下面下學上達之築底, 若無下一句, 其所以入身者, 果何爲? 孟子曰'求其放心', '放'謂放逸而爲非僻矣. '求'則求而要復乎善也. 放之則失之, 復則在我, 如鷄犬之求而入笠, 故求放心須要入身來. ○ 鷄犬之放, 不能司晨防偸, 故求而復之, 欲其各守其職也. 心之入身, 亦如此. 若入而無所爲, 則便是釋氏空寂也. 善端充廣之義, 於斯可見.(『疾書』)

『원주』23-6

○ 이 장은 맹자가 배우는 사람에게 공부하는 방법을 가리켜 보여

준 것으로서 가장 깊고 절실하니, 배우는 사람은 마땅히 가슴 속에 깊이 새겨서 잃어버리지 말아야 한다.

○ 此章, 孟子指示學者用力之方, 最爲深切, 學者所宜服膺而勿失也.

『부주』23-1

○ 정자가 말하였다. "마음은 몸속에 있어야 한다."379)

○ 程子曰, "心要在腔子裏."

『강록』23-1-a

○ 「강자(腔子)」 : 이덕홍이 기록하여 말하였다. "구각(軀殼)이란 말과 같으니, 피부 안쪽을 통틀어 강자(腔子)라고 한다." 어떤 사람은 "마음이 이것은 아니다"고 말한다.(『강록』)

○ 「腔子」 : 李錄云, "猶言軀殼, 皮甲之內, 通謂之腔子." 或曰, "心非是."(『講錄』)

『석의』23-1-b

○ 「강자(腔子)」 : 구각(軀殼)이란 말과 같다. 무릇 피부의 안쪽을 통틀어 강자(腔子)라고 한다.(『석의』)

○ 「腔子」 : 猶言軀殼. 凡皮甲之內, 通謂之腔子.(『釋疑』)

『밀험』23-1-c

○ 정약용(丁若鏞)의 생각: 마음이라는 것은 활동이 신묘하여 사물의 이치를 궁구하여 캐어낼 수 있다. 곧 해와 달 별자리의 운행과, 하늘·땅·물·불의 변화, 그리고 멀리로는 만리의 밖, 아득하기로는 천고의 이전까지도 이 마음을 보내어 궁구할 수 있다. 지금에 이르러 반드시 이 마음을 질곡시켜 가슴 속에 잡아 두려고 하고, 또 한 가지 일도 생각하지 못하게 하니 후학이 어찌 의혹이 없을 수 있겠는가? 정자가 경계한 것은 대개 재색의 유혹과 벼슬의 욕심에 이끌려 밖으로 치달려가는 것이다. 이것은 공자와 안자의 네 가지

379) 『二程遺書』 권7.

금지(四勿)[380] 조항의 뜻과 동일하다.(『밀험』)

○ 案: 心之爲物, 活動神妙, 窮推物理, 卽日月星辰之運, 天地水火之變, 遠而萬里之外, 邃而千古之上, 可以放遣此心任其窮. 至今必使桎梏此心, 捉住腔子裏, 又勿令思念一事, 後學安得無惑? 程子所戒, 蓋財色之誘, 爵祿之慾, 馳走向外者耳. 此與孔顔四勿意同.(『密驗』)

『부주』23-1-1

○ 또 말하였다. "단지 밖에 조금의 틈만 있어도 달아나버린다."[381]

○ 又曰, "只外面有些罅隙, 便走了."

『석의』23-1-1-a

○ 「'외면(外面)'에서 '주료(走了)'까지」 : 틈은 용모가 태만한 때이니, 흘겨보거나 귀 기울여 듣거나 두 다리를 뻗거나 걸터앉거나 외발로 서거나 몸을 기울이는 따위이다. '주(走)'는 마음이 달아나는 것이다. 비유하면 그릇 안에 물이 있는데, 그 그릇에 조금이라도 틈이 있으면 물이 곧 새어나가는 것과 같다.(『석의』)

○ 「外面 止 走了」 : 罅隙, 容貌怠慢之時, 如淫視傾聽, 箕踞跛倚之類. '走', 其心走也. 譬如水在器中, 其器小有罅隙, 則水卽漏出也.(『釋疑』)

『부주』23-1-2

○ 물었다. "마음은 어떻게 해야 몸속에 있습니까?" 주자가 말하였다. "경하면 곧 몸속에 있게 된다."[382]

○ 問, "心如何在腔子裏?" 朱子曰, "敬便在腔子裏."

『부주』23-2

○ 또 말하였다. "만약 보존하고 기르지 못한다면 이는 단지 말로

380) 『論語』, 「顔淵」. "顔淵問仁. 子曰, 克己復禮爲仁, 一日克己復禮, 天下歸仁焉, 爲仁由己而由人, 顔淵曰, 請問其目. 子曰, 非禮勿視, 非禮勿聽, 非禮勿言, 非禮勿動."

381) 『二程遺書』 권7.

382) 『朱子語類』 권96, 「程子之書二」.

만 하는 것이다."383)

○ 又曰, "若不能存養, 只是說話."

『부주』23-2-1

○ 주자가 말하였다. "오로지 과거공부만 하는 사람은 그가 말하는 것이 모두 성현의 말씀이다. 잠시 예를 들어 청렴에 대해서 말한다면 그는 또 말을 잘할 수 있고, 의리에 대해서 말하더라도 말을 잘할 수 있다. 그러나 그 자신에 대해서는 스스로 청렴하지도 않고 의롭지도 않으니, 많은 말을 하지만 단지 종이 위해서 말하기 때문이다. 청렴은 제목에 맞추어 말하는 청렴이요, 의리도 제목에 맞추어 말하는 의리이니, 모두 자기 자신의 일과는 아무런 관계도 없다."384)

○ 朱子曰, "專做時文底人, 他說底都是聖賢說話. 且如說廉, 他且會說得好, 說義, 他也會說得好. 待他身上處, 只自不廉只自不義, 緣將許多話, 只是就紙上說. 廉是題目上合說廉, 義是題目上合說義, 都不關自家身上些子事."

『석의』23-2-1-a

○ 「시문(時文)」: 과거시험의 문장이다. 「'설렴(說廉)'에서 '설득호(說得好)'까지」: 청렴을 말함에 저 또 능히 말하기를 잘하고, 의를 말함에 저 그래도 능히 말하기를 잘하되. ○ '설(說)'은 과거 답안지에 진술하여 말하는 것을 뜻한다 「'렴시(廉是)'에서 '사자사(些子事)'까지」: 렴(廉)은 이 글의 제목 위에 마땅히 렴(廉)을 말함 직하며, 의(義)는 이 글의 제목 위에 마땅히 의(義)를 말함 직함이다. 자기 몸 위에 조그만 일도 관계치 아니하니라.(『석의』)

○ 「時文」: 科文也. 「說廉 止 說得好」: 兼을 說ᄒᆞ매 제 또 能히 說ᄒᆞ기를 됴히ᄒᆞ고 義를 說ᄒᆞ매 제 그려도 能히 說ᄒᆞ기를 됴히호되. ○ '說'謂於科文陳說也. 「廉是 止 些子事」: 廉은 이 글題 우히 맛당히 廉

383) 『二程遺書』 권1, 「端伯傳師說」.

384) 『朱子語類』 권13, 「學七力行」.

을 닐넘즉ᄒᆞ며 義ᄂᆞᆫ 이 글題 우ᄒᆡ 맛당히 義ᄅᆞᆯ 닐넘즉홈이오다. 제 몸 우희 죠고만 일도 관겨티 아니ᄒᆞ니라.(『釋疑』)

『부주』23-3

○ 또 말하였다. "요즘 배우는 사람들이 자주 자유(子游)와 자하(子夏)를 작다고 여겨 배울 것이 없다고 하지만, 자유와 자하의 한 마디 말과 한 가지의 일은 도리어 모두 진실된 것이었다. 후세의 배우는 사람들은 고원한 것을 좋아하니, 마치 사람이 마음은 천리 밖에서 놀고 있으나 자기 몸은 단지 여기에 있는 것과 같다."385)

○ 又曰, "今之學者, 往往以游夏爲小, 不足學, 然游夏一言一事却總是實. 後之學者好高, 如人游心千里之外, 然自身却只在此."

『부주』23-3-1

○ 형화숙(邢和叔)386)이 이천선생에게 물었다. "주부선(周孚先)387) 형제는 양시(楊時)와 동지인 듯하다고 하셨는데, 저는 주부선 형제가 양시를 따라가지 못할 것 같은데 어떻습니까?" 대답하였다. "주부선 형제는 기상이 순수하고 밝아서 도에 들어갈 수 있다. 나는 매번 양시에게 저술하기를 좋아하지 말하고 권했다. 저술하기를 좋아하면 말을 많이 하게 되고, 말을 많이 하게 되면 도를 해치게 되니, 배우는 사람은 이것을 살펴야 한다."388)

○ 邢和叔問伊川先生, "謂二周與楊時似同志, 恕恐二周未可望楊時, 如何?"

---

385) 『二程遺書』 권15, 「入關語錄」.

386) 형서(邢恕) : 자는 화숙(和叔)이며 정명도(程明道)의 제자로 후에 스승을 배반하였다.

387) 주부선(周孚先) : 자는 백침(伯忱)이며, 진능(晉陵)사람으로 그 아우 공선 백온(恭先伯溫)과 함께 정자 문하에서 함께 배웠다. 정이(程頤)는 일찍이 부선형제는 기질이 순박하고 맑아서 도에 들어갈 수 있다고 평하였는데, 끝내는 모두 향리에서 천거되어 태학에 들어갔다. 부선은 사명염장(四明鹽場)에 등용되었다가 건덕위(建德尉)로 다시 불렀으나 나가지 않았다. 공선은 갱야관(坑冶官)으로 벼슬을 마쳤다.

388) 『伊洛淵源錄』 권14, 「程氏門人無記述文字者」.

曰, “周孚先兄弟, 氣象純明, 可以入道. 頤每勸楊時, 勿好著書. 好著書則多言, 多言則害道, 學者要當察此.”

『강록』23-3-1-a

○ 「이문(二問)」 : 비평하여 말하였다. “이문(二問)의 ‘문(問)’은 ‘주(周)’로 되어야 한다. 아래도 같다.” ◯ 「호저서(好著書)」 : 이덕홍이 기록하여 말하였다. “양구산의 병통이 있는 곳이다. 이 병통이 없다면 그 도가 순수해질 것이다.”(『강록』)

○ 「二問」 : 批云, “二問之問, 當作周. 下同.” ◯ 「好著書」 : 李錄云, “龜山病處. 若無是病, 其道純矣.”(『講錄』)

『석의』23-3-1-b

○ 「이주(二周)」 : 주부선의 자는 백침(伯忱)이며, 그 아우 공선 백온(恭先伯溫)과 함께 정자의 문하에서 함께 배웠다.(『석의』)

○ 「二周」 : 周孚先, 字伯忱, 與其弟恭先伯溫, 同學程門.(『釋疑』)

『부주』23-3-2

◯ 연평선생의 언행에 관해서 물었다. 주자가 말하였다. “그는 오히려 일찍이 저술을 하지 않았고 충실하게 함양하기를 아주 잘하였다. 무릇 학문을 하는 것은 이렇게 함양해가는 것에 불과하고 애초에 다른 뜻이 없었다. 단지 선생의 맑고 윤택한 얼굴과 풍요로움이 두텁게 넘쳐흐르는 뒷모습은 자연히 미칠 수가 없다.”389)

◯ 問, “延平先生言行.” 朱子曰, “他却不曾著書, 充養得極好. 凡爲學不過是恁地涵養將去, 初無異義. 只是先生睟面盎背, 自然不可及.”

『강록』23-3-2-a

○ 「수면앙배(睟面盎背)」 : 맹자가 말하였다. “인의예지는 마음에 뿌리를 두고 있으며, 얼굴에는 맑고 윤택하게 나타난다는 것은 맑고 조화로우며 온화하고 윤택하다는 뜻이고, 뒷모습이 풍요롭다는 것

389) 『朱子語類』 권103, 「羅氏門人·李愿中」.

은 풍요롭게 가득 넘친다는 뜻이다. 사체(四體)에 베풀어진다는 것은 사체가 말하지 않아도 저절로 깨닫는다는 것이다." ○ 선생이 비평하여 말하였다. "수면(睟面)의 수(睟)는 목(目)변에 써야 하고, 수박(粹粕)의 수(粹)는 미(米)변에 써야 한다."(『강록』)

○ 「睟面盎背」: 孟子曰, "仁義禮智, 根於心, 睟然見於面, 淸和溫潤之意. 盎於背, 豊厚盈溢之意. 施於四體, 四體不言而喩矣." ○ 先生批云, "睟面之睟, 從目. 睟駁之粹, 以米."(『講錄』)

『석의』23-3-2-b

○ 「수면앙배(睟面盎背)」: 『맹자』에 보인다. '수(睟)'는 맑고 온화하며 따뜻하고 윤택하다는 뜻이고, '앙(盎)'은 풍요로움이 두텁게 넘쳐흐른다는 뜻이다.(『석의』)

○ 「睟面盎背」: 見『孟子』. '睟', 淸和溫潤之意, '盎', 豊厚盈溢之意.(『釋疑』)

『부주』23-4

○ 또 말하였다. "의리를 해석함이 줄곧 서책에만 의지한다면 어떻게 편안한 거처와 심원한 의지처[390]를 얻을 수 있겠는가? 스스로를 잃을 뿐만 아니라 겸하여 남도 그르치게 될 것이다."[391]

○ 又曰, "解義理, 若一向靠書册, 何由得居之安資之深? 不惟自失, 兼亦誤人."

『강록』23-4-a

○ 「고(靠)」: 음은 '고'이고, 의지함이다.(『강록』)

○ 「靠」: 音告, 憑也.(『講錄』)

『석의』23-4-b

○ 「고(靠)」: 곡과 고의 두 가지 음이고, 의지함이다.(『석의』)

○ 「靠」: 곡고, 二音. 憑也.(『釋疑』)

390) 『孟子』, 「離婁下」. "君子深造之以道, 欲其自得之也. 自得之, 則居之安, 居之安, 則資之深, 資之深, 則取之左右逢其原, 故君子欲其自得之也."

391) 『二程遺書』 권15, 「入關語錄」.

『부주』23-4-1

○ 주자가 말하였다. "배우는 사람에게 중요한 것은 이 마음을 이해하는 것이다. 저 지면상에서 말한 것은 전혀 의지할 수 없다."392)

○ 朱子曰, "學者喫緊, 是要理會這一箇心. 那紙上說底, 全然靠不得.

『석의』23-3-1-a

ㅇ 「끽긴(喫緊)」 : 긴(緊)은 긴요하다는 뜻이다. ○ 끽(喫)은 어사에 가깝다.(『석의』)

ㅇ 「喫緊」 : 緊다긴타. ○ 喫近語辭.(『釋疑』)

『부주』23-4-2

○ 정중예(鄭仲禮)393)가 학문하는 방법에 관하여 물었다. 주자가 말하였다. "만약 존양실천이 없이 다만 문자의 뜻을 밝게 이해하고자 한다면 비록 여러 경전에 다 통하여 한 글자도 잘못되지 않는다고 할지라도 무슨 보탬이 되겠는가?"394)

○ 鄭仲禮問學問之道. 朱子曰, "若無存養實踐, 但欲曉解文義, 雖盡通諸經, 不錯一字, 亦何所益?"

『석의』23-4-2-a

ㅇ 「정중예(鄭仲禮)」 : 장남헌의 문인이다.(『석의』)

ㅇ 「鄭仲禮」 : 南軒門人.(『釋疑』)

『부주』23-5

○ 주자가 말하였다. "학문하는 방법에 관해서 맹자는 '놓아버린 마음을 찾는 데 있다'고 단언하여 말하였다. 배우는 사람은 먼저 이 놓아버린 마음을 거두어들여야 한다. 그렇지 않고 이 마

392) 『朱子語類』 권9, 「學三·論知行」.

393) 정중예(鄭仲禮) : 장남헌의 문인이다. 주자를 한번 본 후에 서신을 주고받았다.

394) 『晦庵集』 권50, 「答鄭仲禮」.

음을 놓아버리면 널리 배우는 것도 등한히 할 것이고, 살펴서 물어보는 것도 등한히 할 것이니 어떻게 분명하게 변별하고, 어떻게 돈독하게 행하겠는가? 몸은 한 채의 집과 같고 마음은 한 사람의 집주인과 같다. 집주인이 있은 뒤에야 출입문을 깨끗이 청소하고 사무를 정돈할 수 있다. 만약 주인이 없다면 이 집은 한 채의 황폐한 집에 불과할 뿐이다."[395]

○ 朱子曰, "學問之道, 孟子斷然說在'求放心'. 學者須先收拾這放心. 不然, 此心放了, 博學也是閑, 審問也是閑, 如何而明辨, 如何而篤行? 蓋身如一屋子, 心如一家主. 有此家主, 然後能灑掃門戶整頓事務. 若是無主, 則此屋不過一荒屋爾."

『강록』23-5-a
- 「황(荒)」: 황폐함이다.(『강록』)
- 「荒」: 荒廢.(『講錄』)

『석의』23-5-b
- 「황(荒)」: 황폐함이다.(『석의』)
- 「荒」: 荒廢.(『釋疑』)

『밀험』23-5-c
- 주자가 말하였다. "몸은 한 채의 집과 같고 마음은 한 사람의 집주인과 같다. 만약 주인이 없다면 이 집은 한 채의 황폐한 집에 불과할 뿐이다." ○ 정약용의 생각: 집주인이 어둡고 거칠면 집안의 온갖 일들이 황폐하게 된다. 그러나 '주인이 없다'고 말할 수는 없다. 주자가 곧바로 '주인이 없다'고 말한 것은 경계하기 위한 것이다.[396](『밀험』)
- 朱子曰, "身如一屋子, 心如一家主. 若無主, 則此屋不過一荒屋耳." ○ 案:

395) 『朱子語類』 권59, 「孟子九·告子上」.

396) 다산은 인간을 심신묘합(心身妙合)의 존재로 이해했다. 그러므로 마음이 없는 상태는 있을 수 없다고 보았다.

家主昏荒，則家中百事蕪廢．然不可曰'無主'．朱子直作'無主'說，所以戒也．(『密驗』)

『부주』23-5-1

○ 또 말하였다. "진열[397]이 초년에는 글을 읽어도 이해하지도 못하고 기억하지도 못했다. 그런데 『맹자』의 '놓아버린 마음을 찾는다'는 단락을 읽고 나서는 인사를 사절하고 방안에서 정좌하였다가, 수개월 뒤에 글을 보았더니 기억력이 몇 배나 좋아졌고 또 총명해졌다."[398]

○ 又曰, "陳烈初年讀書, 不理會得, 又不記. 因讀『孟子』'求放心'一段, 遂謝絕人事, 靜坐室中, 數月後看文字, 記性加數倍, 又聰明."

『부주』23-6

○ 또 말하였다. "어떤 사람이 명도의 말을 잘못 보아 '놓아버린 마음을 수습한다'는 것을 마침내 불교의 공적(空寂)을 지키는 것과 같은 것으로 여겼다. 이것은 명도의 뜻이 마음을 거두어들이는 것은 단지 선한 단서를 보존하여 점차 채워 넓힐 수 있음을 말한 것이지, 불교에서 한갓 공적하게 할 뿐인 것과는 같지 않음을 알지 못한 것이다."[399]

○ 又曰, "或者錯看明道之語, 謂是收拾放心, 遂如釋氏守箇空寂. 不知其意謂收心只要存得善端, 漸能充廣, 非如釋氏徒使空寂而已."

---

397) 진열(陳烈) : 후관(侯官)사람으로 자가 계자(季慈)이고 주렴계와 같은 시기의 이름난 선비였다. 학문과 행실이 단정하고, 동작이 고례(古禮)를 따랐으며, 어린 종 부리기를 손님 대하듯 하였다. 인종(仁宗)이 여러 차례 불렀으나 나아가지 않았다. 공경(公卿)과 군수(郡守)와 향노(鄕老)들이 서로 추천하여 그의 어짊을 칭찬하므로 본주교수(本州敎授)로 직강(直講)에 불렀으나 모두 나아가지 않았다. 뒤에 선덕랑(宣德郞)으로 물러나와 진양(陳襄)·정목(鄭穆)·주자맹(周希孟)과 벗이 되니 민(閩)중의 사람들이 '네 선생'이라 칭하였다.

398) 『朱子語類』 권129, 「本朝三·自國初至熙寧人物」.

399) 『朱子語類』 권59, 「孟子九·告子上」.

『석의』23-6-a

○ 「명도지어(明道之語)」: 윗글의 '성현의 천 마디의 말[聖賢千言]' 운운한 한 단락이다.(『석의』)

○ 「明道之語」: 卽上文'聖賢千言'云云一段也.(『釋疑』)

『부주』23-7

○ 또 문인에게 말하였다. "예로부터 성현께서 사람들을 가르친 것은 단지 이러한 이치에 나아가 공부하게 한 것이다. 이른바 '놓아버린 마음'이라는 것은 별다른 곳으로 달아나는 것이 아니라, 잠깐 사이에 보이지 않다가 정신을 차리면 곧 눈앞에 있는 것이니, 수습하기에 괴롭고 어려운 것이 아니다. 그대가 우선 일으켜 깨운다면 곧 알 수 있다." 또 말하였다. "만약 지금 공부를 하려고 한다면 단정하고 장중하게 존양하여 밝고 넓은 근원을 홀로 보아야 한다. 헛되이 공부를 하여 종이 위의 말을 천착해서는 안 된다. 이 마음속을 존양하기를 기다려 환하고 밝게 통달하면 허다하게 막힌 것들이 없어졌음을 깨달을 것이니, 이때에 비로소 문자를 취하여 본다면 자연히 의미가 있고 도리가 자연히 투철해지며, 일을 만나서는 자연히 칼날을 맞아 풀리는 것처럼 허다한 병통이 모두 없어질 것이다."400)

○ 又謂門人曰, "自古聖賢教人也, 只就這理上用功. 所謂'放心'者, 不是走作向別處去, 瞬目間便不見, 纔覺得, 便又在面前, 不是苦難收拾. 公且去提撕, 便見得." 又曰, "如今要下工夫, 且須端莊存養, 獨觀昭曠之原. 不須枉費工夫, 鑽紙上語. 待存養得此中昭明洞達, 自覺無許多窒礙, 恁時方取文字來看, 則自然有意味, 道理自然透徹, 遇事時, 自然迎刃而解, 皆無許多病痛."

400) 『朱子語類』 권115, 「朱子十二·訓門人三」.

『강록』23-7-a

○ 「우위문인(又謂門人)」 : 비평하여 말하였다. "문인은 석홍경(石洪慶)이니 자는 자여(子餘)이며, 장차 돌아가려는데 불러들여 말하였다." 「소광지원(昭曠之原)」 : 환하게 밝으며 넓게 트인 근원이니 바로 천리의 본원이다. 「'불수재(不須在)'에서 '지상어(紙上語)'까지」 : 비평하여 말하였다. "'재(在)'는 『주자어류』나 『주자대전』에 모두 '왕(枉)'으로 되어 있다." ○ 풀이하여 말하면, "모름지기 공부를 허비하여 종이위의 말을 천착하려고 하지 말지니"이다. 「차중(此中)」 : 마음속이다. 「영인이해(迎刃而解)」 : 마치 대나무를 쪼갤 때에 결을 따라 쪼개면 칼날을 맞자마자 쪼개지는 것과 같은 것이다.(『강록』)

○ 「又謂門人」 : 批云, "門人石洪慶, 字子餘. 將歸召入語云云." 「昭曠之原」 : 昭明曠達之原, 乃天理之本原. 「不須在 止 紙上語」 : 批云, "'在', 『語類』『大全』, 皆作'枉'." ○ 釋云, "모ᄃᆡ 工夫를 枉費하야 紙上語를 鑽홀디 아니니니." 「此中」 : 心中. 「迎刃而解」 : 如剖竹脈理, 迎刃而解破也.(『講錄』)

『석의』23-7-b

○ 「소광지원(昭曠之原)」 : 환하게 밝으며 넓게 트인 근원이니 바로 마음의 본체이다. 「찬지상어(鑽紙上語)」 : 찬(鑽)은 천(穿)으로 (꿰뚫는다는) 관천(貫穿)과 (벌려서 뚫는다는) 나천(羅穿)의 뜻이다. 「此中」 : 마음속이다. 「임시(恁時)」 : 이때(此時)와 같다. 「영인이해(迎刃而解)」 : 대나무를 쪼갤 적에 몇 마디를 쪼갠 뒤에는 자연히 칼날을 맞자마자 쪼개지는 것과 같은 것이다.(『釋疑』)

○ 「昭曠之原」 : 昭明曠達之原, 乃心之本體. 「鑽紙上語」 : 鑽, 穿也. 貫穿羅穿之意. 「此中」 : 心中. 「恁時」 : 猶此時也. 「迎刃而解」 : 如剖竹數節後, 自然迎刃而解破也.(『釋疑』)

『부주』23-8

○ 또 말하였다. "배우는 사람은 학문을 하는데 진지나 역행을 막

론하고 또 이 마음을 수습하여 안전하게 놓아둘 곳이 있어야 한다. 만약 거두어들이는 것을 모두 의리상에 안치하여 여러 가지 터무니없는 생각을 없앤다면 오래 지나서는 저절로 물욕에 대해서는 가볍게 여기고, 의리에 대해서는 무겁게 여기게 될 것이다."401)

○ 又曰, "學者爲學, 未問眞知與力行, 且要收拾此心, 有箇頓放處. 若收斂都在義理上安頓, 無許多胡思亂想, 則久久自於物欲上輕, 於義理上重."

『강록』23-8-a

○ 「미문진지여역행(未問眞知與力行)」: 물었다. "참되게 알고 힘써 행한다면 마음은 이미 편안하게 놓아둘 곳이 있게 됩니다. 이제 (진지와 역행을) '따지지 않는다'고 말한 것은 어째서입니까?" 선생께서 비평하여 말하였다. "'미문(未問)'은 '불문(不問)'이라고 말하는 것과 같으니, 진지(眞知)와 역행(力行)을 구분하지 아니하고 두 가지가 모두 이와 같다는 말이다."(『강록』)

○ 「未問眞知與力行」: 問, "眞知力行, 則心已有箇頓放處. 今云'未問', 是如何?" 先生批云, "'未問', 猶言'不問'. 謂不分眞知與力行, 而二者皆如此也."(『講錄』)

『석의』23-8-b

○ 「미문(未問)」: 무론(無論)이라고 말하는 것과 같다. 「돈방(頓放)」: 안치(安置)라고 말하는 것과 같다.(『석의』)

○ 「未問」: 猶言無論. 「頓放」: 猶言安置.(『釋疑』)

『부주』23-9

○ 또 말하였다. "배우는 사람의 공부는 단지 불러 깨우는 데 있다."402)

---

401) 『朱子語類』 권12, 「學六·持守」.

402) 『朱子語類』 권12, 「學六·持守」.

○ 又曰, "學者工夫, 只在喚醒上."

『부주』23-9-1

○ 일찍이 임각(林恪)[403]에게 말하였다. "마음을 놓아버린다는 것은 달아나는 것만을 놓아버린다고 부르는 것이 아니라 가뭇가뭇 졸기만 해도 놓아버린 것이다."[404]

○ 嘗謂林恪曰, "放心, 不獨是走作喚做放, 纔昏睡去, 也卽是放."

『부주』23-10

○ 또 말하였다. "사람은 항상 몸과 마음을 거두어들여서 정신이 늘 여기에 있도록 해야 함은 백십 근의 짐을 지는 것과 비슷하니 근골을 굳세게 해서 짊어져야 한다."[405]

○ 又曰, "人常須收斂箇身心, 使精神常在這裏, 似擔百十斤擔相似, 須硬著筋骨擔."

『강록』23-10-a

○ 「'사담(似擔)'에서 '골담(骨擔)'까지」 : 백십 근의 짐을 진 것과 마치 서로 같으니, 모름지기 근육과 골격을 튼튼하게 붙여서 져야 한다.(『강록』)

○ 「似擔 止 骨擔」 : 百十斤짐을 擔ᄒᆞ므로 서ᄅᆞ 마치 ᄀᆞᄐᆞ니라. 모로미 筋骨을 벅벅기 著ᄒᆞ여 擔홀디니라.(『講錄』)

『석의』23-10-b

○ 「'사담(似擔)'에서 '골담(骨擔)'까지」 : 백십 근의 짐을 진 것과 같은 듯하니. 상하의 '담(擔)'자는 진다는 뜻으로 평성이다. 가운데의 '담(擔)'자는 짐으로 거성이다. 모름지기 근육과 골격을 붙여서 져야 할지니라. 「경(硬)」 : 굳다는 뜻이다.(『석의』)

403) 임각(林恪) : 자는 숙공(叔恭)이며, 천태(天台) 사람이다. 주자문하의 고제이다.

404) 『朱子語類』 권59, 「孟子九·告子上」.

405) 『朱子語類』 권12, 「學六·持守」.

○ 「似擔 止 骨擔」 : 百十斤짐을 擔홈 ᄀᆞᄐᆞᆫ ᄃᆞᆺᄒᆞ니. 上下'擔'字, 荷也, 平聲. 中'擔'字, 짐也, 去聲. 모롬이 筋骨을 著ᄒᆞ야 擔홀디니라. 「硬」 : 잉.(『釋疑』)

『부주』23-11

○ 또 어떤 배우는 사람에게 말하였다. "지금 그대는 들떠서 날아오르려는 마음이 있어서 나라를 다스리고 천하를 평안히 하는 것을 손바닥을 가리키는 것과 같이 생각하지만 자신의 몸과 마음은 전혀 안정되어 있지 못함을 알지 못하니 어떻게 공명과 사업을 말할 수 있겠는가? 옛날의 영웅호걸은 모름지기 먼저 그 근본을 세우고서야 비로소 순차적으로 그 나머지의 것에 미루어 나갔다. 지금 그대의 학문은 완전히 거꾸로 되었다. 시급히 해야 할 것은 늦추고 뒤에 할 것을 먼저 하니, 잠깐사이에 이 몸과 마음을 멀리까지 날려 보내어 전혀 수습할 곳이 없게 될 것이다. 이제 학문을 모르는 사람은 그의 마음이 비록 놓아버렸어도 오히려 놓아버린 것이 가깝다. 이제 그대는 비록 학문을 할 줄 안다고 말하지만 오히려 놓아버린 것이 멀어서 잠깐 사이에 마음을 잃어버리기를 잘하니, (이것을) 깨닫지 않으면 안 된다."406)

○ 又謂一學者曰, "今公掀然有飛揚之心, 以爲治國平天下, 如指諸掌, 不知自家一箇身心, 都安頓未有下落, 如何說功名事業? 古時英雄豪傑, 須先立其本, 方以次推及其餘. 今公問學, 都倒了. 緩其所急, 先其所後. 少間使得這身心飛揚悠遠, 全無收拾處. 而今人不知學底, 他心雖放, 然猶放得近. 今公雖曰知爲學, 然猶放得遠, 少間會失心去, 不可不覺."

『강록』23-11-a

406) 『朱子語類』 권116, 朱子十三:訓門人四」.

○ 「우위일학자(又謂一學者)」 : 비평하여 말하였다. "심장중(沈莊中)에게 고한 것이다." 「흔연(掀然)」 : 『좌전』에 '노나라 임금이 싸우다가 뒷간에 빠졌는데 용사들이 공을 들고 나왔다'고 하였으며, 또 흔천동지(掀天動地)라는 말도 있으니, '들뜨다'고 말하는 것과 같다. 「금공문(今公問)」 : 비평하여 말하였다. "'문(問)'자는 마땅히 『어류』에 의거해서 문(門)으로 되어야 한다. 혹 문(問)자가 옳다고 의심하기도 하지만 『어류』의 또 한 조목에서 장중(莊中)에게 이르기를 '그대들[公門]은 마음이 모두 거칠고 크다'고 하였으니, 말의 뜻이 바로 이와 같다. 문(門)자가 옳다." 「이금(而今)」 : 금(今)자를 혹 인(人)자와 이어서 읽기도 하지만 옳지 않다. 『어류』에 이와 같은 형식이 많이 있다. 「'인부지(人不知)'에서 '방득원(放得遠)'까지」 : 배움을 알지 못하는 사람은 천하의 일에 대하여 전혀 아는 바가 없기 때문에 놓는 것도 가깝지만, 배우는 사람은 천하의 일에 대하여 아는 바가 많이 있으니, 만약 마음을 보존하고 본성을 함양하여 근본에 힘쓰지 않으면 마음이 아는 바에 따라 달려가기 때문에 놓아버림도 멀어지게 된다.(『강록』)

○ 「又謂一學者」 : 批云, "告沈莊中." 「掀然」 : 『左傳』魯君戰而陷溷, 勇士掀公而出. 又有掀天動地之語, 猶言들티다. 「今公問」 : 批云, "'問'當依『語類』作門. 或疑問字是. 然『語類』又一條謂莊仲曰, '公門心都麤大.' 語意正與此同. 門字爲是." 「而今」 : 今字或屬人字讀, 非是. 『語類』如此樣多有之. 「人不知 止 放得遠」 : 人不知學者於天下事全無所知, 故放得近, 學者於天下之事多有所知, 若不存養務本, 則心隨所知而馳逐, 故放得遠.(『講錄』)

『석의』23-11-b

○ 「일학자(一學者)」 : 심장중(沈莊中)에게 고한 것이다. 「흔연(掀然)」 : 날아 움직이는 모양이다. 「금공문학(今公問學)」 : '문(問)'은 마땅히 『어류』에 의거하여 문(門)으로 되어야 한다. 『어류』의 또 한 조목에서 장중(莊中)에게 이르기를 "그대들[公門]은 마음이 모두 거칠고 크다"고 하였으니, 말의 뜻이 바로 이와 같다. 「'인부지(人不知)'에

서 '방득원(放得遠)'까지」 : 배움을 알지 못하는 사람은 전혀 아는 바가 없기 때문에 놓아버린 것이 가깝다. 이제 장중은 비록 '배움을 안다'고 하지만 그 마음은 먼저 천하의 일에 달려가기 때문에 놓아버린 것이 멀다. 「'소간(小間)'에서 '불가불각(不可不覺)'까지」 : 조그만 사이에 마음을 잃어버리기를 잘하니 가히 깨닫지 아니치 못할 것이니라. ○ 각(覺)은 (살핀다는) 찰(察)과 같다.(『석의』)

○ 「一學者」 : 告沈莊中. 「掀然」 : 飜動貌. 「今公問學」 : '問'當依『語類』作門. 『語類』又一條謂莊仲曰, "公門心都麤大." 語意正與此同. 「人不知 止 放得遠」 : 不知學者全無所知, 故放得近. 今莊仲雖曰, "知學." 其心先馳於天下事, 故放得遠. 「小間 止 不可不覺」 : 져근덧 ᄉᆞ이예 心을 일허ᄇᆞ리기를 잘ᄒᆞ니 可히 覺디 아니티 몯ᄒᆞᆯ거시니라. ○ 覺猶察也.(『釋疑』)

『부주』23-12

○ 서산진씨가 말하였다. "인이란 마음의 덕인데 맹자가 곧바로 사람의 마음이라고 생각한 것은 대개 이 마음이 있으면 곧 이 인이 있기 때문이다. 마음이 어질지 않으면 사람이 아니다. 공자의 문하에서 인을 말한 것이 많지만, 모두 공부하는 곳을 가리켜 말하였다. 여기에서는 곧바로 전체를 들어 사람들로 하여금 마음이 곧 인이요, 인이 곧 마음이라서 두 가지로 보아서는 안 되는 것을 알게 하였다. 의로움이란 사람이 마땅히 행해야 할 길이다. 한 걸음이라도 이것을 따르지 않으면 사특하고 치우친 지름길로 빠지게 된다. 세상 사람들 가운데 그 길을 버리고 따르지 아니하며, 그 마음을 놓아버리고도 구할 줄을 알지 못하는 사람이 있다. 이는 바로 풍이 들거나 상심한 사람처럼 미쳐 날뛰거나 망령된 행동을 하면서도 돌아감을 알지 못하는 것과 같다. 어찌 슬프지 아니하겠는가? 닭이나 개는 지극히 하찮은 것인데도 잃어버리면 그것을 찾을 줄 안다. 사람의 마음은 지

극히 중요한 것인데도 잃어버리면 찾을 줄을 모른다. 매우 하찮은 것을 빌려서 매우 중요한 것을 깨우쳤으니, 사람으로 하여금 경계할 줄 알게 하였다. 그렇다면 사람의 마음을 놓아버리는 것은 무엇 때문인가? 욕심이 빠뜨리면 놓아버리고, 이익이 유혹하면 놓아버린다. 마음을 이미 놓아버리면 그 행동은 반드시 어긋나게 된다. 그러므로 맹자는 처음에는 사람의 마음과 사람의 길을 함께 말하다가 마지막에는 유독 놓아버린 마음을 구하는 것에 관하여 자세하게 말하였다. 놓아버린 마음을 구할 수 있다면 안에 주인이 있어서 행동에 실수가 없게 된다. 구하는 것은 다음 아니라 경으로써 스스로를 지켜 한 생각도 감히 방자하지 않게 할 따름이다. 마음은 본래 밖이 아니어서 그것을 놓아버리면 달아나지만 그것을 구하면 보존되니 손을 뒤집는 것처럼 쉽다. 마음이 보존되면 인이 보존되고, 인이 보존되면 움직이는 것이 이치가 아님이 없으니, 곧 이른바 '의로움은 사람의 길이라'는 것이다. 성학의 요점 가운데 무엇이 이것보다 앞서겠는가?"407)

○ 西山眞氏曰, "仁者, 心之德也, 而孟子直以爲人心者, 蓋有此心, 卽有此仁. 心而不仁, 則非人矣. 孔門之言仁多矣, 皆指其用功處而言. 此則徑擧全體, 使人知心卽仁仁卽心, 而不可以二視之也. 義者, 人所當行之路. 跬步而不由乎此, 則陷於邪僻之徑矣. 世之人, 乃有舍其路而弗由, 放其心而不知求者. 正猶病風喪心之人, 猖狂忘行而不知反也. 豈不可哀也哉? 雞犬至輕也, 放則知求之. 人心至重也, 放而不知求. 借至輕而喩至重, 所以使人知警也. 然則人心之放何也? 欲汩之則放, 利誘之則放. 心旣放則其行必差. 故孟子始以人心人路並言, 而終獨諄諄於放心之求. 能求放心, 則中有主而行不失矣. 求之匪他, 以敬自持而一念不敢肆而已. 心本非外, 縱

407) 『大學衍義』 권29, 「誠意正心之要一-崇敬畏·操存省察之功」.

之則放，求之則存，猶反覆手也．心存則仁存，仁存則動無非理，卽所謂 '義人路'也．聖學之要，孰先乎此?"

『강록』23-12-a

○ 「규보(跬步)」 : '규(跬)'는 음이 '기'이니, 반걸음이다. 「유지중(喩至重)」 : 지극히 중요한 것을 비유하여 깨우치자면(『강록』)

○ 「跬步」 : 跬音, 기. 半步. 「喩至重」 : 至重을 譬喩ᄒᆞ뇨믄.(『講錄』)

『석의』23-12-b

○ 「규보(跬步)」 : '규(跬)'는 '기'이다. ○ 반걸음이다.(『석의』)

○ 「跬步」 : 跬, 기. ○ 半步也.(『釋疑』)

『질서』23-12-c

○ 진씨는 '욕심이 빠뜨리면 놓아버리게 되고, 이익이 유혹하면 놓아버리게 된다'고 하였는데, 욕심이 빠뜨리고 이익이 유혹하는 것은 다른 의의(意義)가 있는 것이 아니다. 또 윗글에서 인용한 주자의 설 몇 조목은 모두 '마음을 놓아버린다는 것은 달아나는 것만이 아니라 가뭇가뭇 졸기만 해도 곧 놓아버린 것이다'라고 하였으니, 이 뜻은 마땅히 첨가하여 고쳐야 한다.(『질서』)

○ 眞氏云, '欲汩之則放, 利誘之則放.' 欲汩利誘, 非有異義. 且上文所引朱子說數條皆云, '放心不獨走作, 纔昏眊去也, 卽是放.' 此意宜添改.(『疾書』)

제24장: 손가락이 남과 같지 않으면 그것을 싫어할 줄 아는데

[指不若人, 則知惡之]

○ 맹자가 말하였다. "이제 무명지가 굽어서 펴지지 않는데 아파서 일을 방해하는 것은 아니지만, 만약 그것을 펼 수 있는 사람이 있다면 진나라와 초나라의 길이라도 멀다고 하지 않을 것이니 손가락이 남과 같지 않기 때문이다. 손가락이 남과 같지 않으면 그것을 싫어할 줄 아는데, 마음이 남과 같지 않은 것은 싫어할 줄을 알지 못하니, 이것을 일컬어 유추할 줄 모른다고 한다."408)

○ 孟子曰, "今有無名之指, 屈而不信, 非疾痛害事也, 如有能信之者, 則不遠秦楚之路, 爲指之不若人也. 指不若人, 則知惡之, 心不若人則不知惡, 此之謂不知類."

『강록』24-A

- 「금유무명(今有無名)」 : '유(有)'자는 풀이하지 않는다.(『강록』)
- 「今有無名」 : '有'字不釋.(『講錄』)

---

408) 『孟子』, 「告子上」.

『원주』24-1

○ 주자가 말하였다. "유(類)를 알지 못한다는 것은 유(類)로써 미루어 나갈 줄을 모르는 것을 말한다."409)

○ 朱子曰, "不知類, 言其不知以類而推之."

『부주』24-1

○ 정자가 말하였다. "사람이 몸을 봉양하는 외물에 대해서는 일마다 좋게 되기를 바라면서, 단지 자신의 몸과 마음에 있어서는 도리어 좋게 하려고 하지 않는다. 참으로 외물이 좋게 되었을 때는 도리어 자신의 몸과 마음은 이미 스스로 좋지 않게 됨을 알지 못한다."410)

○ 程子曰, "人於外物奉身者, 事事要好, 只有自家一箇身與心, 却不要好. 苟得外物好時, 却不知道自家身與心, 已自不好了也."

『석의』24-1-a

○ 「지도(知道)」 : '알다'는 뜻이다.(『석의』)

○ 「知道」 : 아다.(『釋疑』)

『부주』24-2

○ 영가정씨(永嘉鄭氏)411)가 말하였다. "거울을 보아서 얼굴에 더러운 것이 묻어 있으면 반드시 그것을 씻어내고, 옷을 털다가 옷소매에 진흙이 묻어 있으면 반드시 세탁을 하고, 집에 머무는데 책상이나 창과 벽에 먼지가 있으면 반드시 그것을 털어낸다. 이렇게 하지 않으면 편안할 수 없기 때문이다. 그런데 마음

409) 『孟子集註』, 「告子章句上」, 朱子注.

410) 『二程遺書』 권1, 「端伯傳師說」.

411) 영가정씨(永嘉鄭氏) : 未詳이다.

속 신명의 집에 이르러서는 탁하고 더러운 때와 티끌이 날마다 쌓여 가는데도 그것을 세탁하여 털어낼 줄 모르니, 작은 것은 살피면서 큰 것은 빠뜨리고, 밖은 살피면서 안은 빠뜨리니, 그 류를 채우지 못함이 또한 심하지 아니한가?"412)

○ 永嘉鄭氏曰, "覽鏡面目有汙, 則必滌之, 振衣而領袖有垢, 則必濯之, 居室而几案窓壁有塵, 則必拂之. 不如是則不能安焉. 至於方寸之中, 神明之舍, 濁穢垢塵日積焉, 而不知滌濯振拂之, 察小而遺大, 察外而遺內, 其爲不能充其類, 不亦甚乎?"

『밀험』24-2-a

- 정약용(丁若鏞)의 생각: 마음을 씻는 데는 방법이 있으니, (뉘우친다는 의미의) '회(悔)' 한 글자에 지나지 않는다.(『밀험』)
- 案: 洗心有法, 不過一'悔'字.(『密驗』)

『부주』24-2-1

○ 서산진씨(西山眞氏)가 말하였다. "정자와 정씨의 말은 모두 배우는 사람들을 경계할 만하다. 그러므로 덧붙여 드러내었다."413)

○ 西山眞氏曰, "程子鄭氏之言, 皆足以警學者. 故附見焉."

『강록』24-2-1-a

- 「서산(西山)」: 선생께서 일찍이 비평하여 말씀하셨다. "부주는 바로 정황돈(程篁墩)이 지은 것인데 소주에서 서산이라고 한 것은 착오인 듯하다." 사경(士敬)이 말하였다.(『강록』)
- 「西山」: 先生嘗有批云, "附註乃篁墩所纂而小註作西山恐誤." 士敬云.(『講錄』)

『석의』24-2-1-b

---

412) 眞德秀, 『孟子集編』 卷十一, 「告子章句上」.

413) 眞德秀, 『孟子集編』 卷十一, 「告子章句上」.

○ 「서산진씨(西山眞氏)」 : 정자와 정씨의 설은 실제로 황돈이 덧붙인 것인데 서산진씨라고 하였으니, 이 (西山眞氏曰) 다섯 글자를 '안(按)'자로 고쳤으면 한다.(『석의』)

○ 「西山眞氏」 : 程子鄭氏說, 實篁墩所附而稱西山眞氏, 此五字欲改作'按'字.(『釋疑』)

『질서』24-2-1-c

○ 부주는 바로 정황돈이 첨가한 것인데, 지금 서산 자신의 주에 '덧붙여 드러내었다'는 말이 있으니 의심스럽다.(『질서』)

○ 附註者, 乃程氏所添, 而今西山自註有'附見'之說, 可疑.(『疾書』)

제25장: 몸에 귀하고 천한 것이 있고, 작고 큰 것이 있으니

[體有貴賤有小大]

○ 맹자가 말하였다. "사람은 자기 몸에 대해서 사랑하는 바를 겸하니, 사랑하는 바를 겸하면 기르는 바를 겸한다. 한 자와 한 치의 살이라도 사랑하지 않음이 없다면 한 자와 한 치의 살을 기르지 않음이 없을 것이다. 잘 기르고 잘못 기르는 것을 살펴보는 것이 어찌 다른 방법이 있겠는가? 자기에게서 취할 따름이다. 몸에 귀하고 천한 것이 있고, 작고 큰 것이 있으니, 작은 것으로 큰 것을 해치지 말고, 천한 것으로 귀한 것을 해치지 말아야 한다. 작은 것을 기르는 사람은 소인이 되고, 큰 것을 기르는 사람은 대인이 된다. 지금 정원사가 오동나무와 가래나무를 버리고 대추나무와 가시나무를 기른다면 천한 정원사가 되고 만다. 손가락 하나만을 기르고 어깨와 등을 잃으면서도 알지 못한다면 (뒤를 돌아보지 못하는) 낭질(狼疾)의 사람이 되고 만다. 음식을 밝히는 사람은 남들이 천하게 여기니, 작은 것을 기르고 큰 것을 잃기 때문이다.

음식을 밝히는 사람이 잃는 것이 없다면 입과 배가 어찌 다만 한 자나 한 치의 살이 될 뿐이겠는가?"414)

◯ 孟子曰, "人之於身也, 兼所愛. 兼所愛, 則兼所養也. 無尺寸之膚不愛焉, 則無尺寸之膚不養也. 所以考其善不善者, 豈有他哉? 於己取之而已矣. 體有貴賤有小大, 無以小害大, 無以賤害貴. 養其小者爲小人. 養其大者爲大人. 今有場師, 舍其梧檟, 養其樲棘, 則爲賤場師. 養其一指, 而失其肩背而不知也, 則爲狼疾人也. 飮食之人, 則人賤之矣, 爲其養小以失大也. 飮食之人無有失也, 則口腹豈適爲尺寸之膚哉?"

『강록』25-A

○ 「겸소애(兼所愛)」 : 겸하여 사랑하는 바니. 「'즉구복(則口腹)'에서부터 '지부재(之膚哉)'까지」 : 곧 입과 배인들 어찌 마침 한 자나 한 치의 살이 될 뿐이리오. 「지이(指而)」 : 비평하여 말하였다. "지(指) 아래 '이(而)'자가 빠졌다." 「체유귀천운운(體有貴賤云云)」 : 이덕홍이 기록하여 말하였다. "묻습니다. '이미 마음과 이·목·구·비·백체를 작고 큰 것으로 나누었는데, 아래 문장에서 또 손가락 하나, 어깨 그리고 등을 작고 큰 것에 비유한 것은 무엇 때문입니까?' 선생께서 대답하셨다. '이 장은 본래 입과 배를 소체로 삼고, 심지(心志)를 대체로 삼았다. 그러나 소체는 형체가 있어서 쉽게 드러나지만, 대체는 형체가 없어서 알기가 어려워 사람들이 깨닫지 못할까 염려가 되었다. 그래서 다시 형체가 있는 물건을 대소와 귀천으로 나누어 비유하여 그것을 깨우쳤다. 오동나무와 가래나무는 크고 귀한 것이며, 대추나무와 가시나무는 작고 천한 것이다. 정원사가 버리고 기르는 것이 마땅함을 잃게 되면 천한 정원사가 된다. 그러나 이것은 멀리 사물에서 취한 것으로 오히려 절실하지 못하다. 그래서 또 내 몸에서 비유를 하여 잠시 대체의 설은 한쪽에 놓아

414) 『孟子』, 「告子上」.

두고, 단지 소체 가운데서 스스로 작고 큰 것을 나누었으니, 하나의 작은 손가락과 커다란 어깨와 등은 판연히 보기 쉽고 알기 쉬운 것이다. 사람이 만약 손가락 하나만 기르고 어깨와 등을 잃는다면 어찌 뒤를 돌아보지 못하는 낭질(狼疾)의 사람이 되지 않겠는가? 다 같은 소체 중에서도 오히려 작은 것을 기르고 큰 것을 잃어서는 안 되는 것이 이와 같은데 하물며 입과 배의 소체를 기르고 심지(心志)의 대체를 잃어버릴 수 있는 사람이라면 그 사람의 천박함이 어떻겠는가? 이것은 맹자가 비유를 잘하고 의론이 기발하여 사람을 경계하여 움직이게 할 수 있는 곳이다."(『강록』)

○ 「兼所愛」: 兼하여 愛ᄒᆞ는 밴. 「則口腹 止 之膚哉」: 곧 口腹인들 엇디 마츰 尺寸인 膚이 될 뿌니리오. 「指而」: 批云, "指下脫'而'字." 「體有貴賤云云」: 李錄云, "問'旣以心與耳目口鼻百體分小大, 而下文又以一指肩背譬小大何歟?' 先生答云, '此章本以口腹爲小體, 心志爲大體. 然小體有形而易見, 大體無形而難知, 恐人之未曉也. 故更就有形之物, 分大小貴賤而譬喩之. 梧檟, 大而貴者也, 樲棘, 小而賤者也. 場師之一舍一養失宜, 則爲賤場師. 然此是遠取諸物, 猶爲未切. 故又卽吾身而設譬, 姑於大體之說, 拈置一邊, 只就小體中而自分大小, 則一指之小, 肩背之大, 判然易見易知者也. 人若養一指, 而失肩背, 豈不爲狼疾之不能顧者耶? 在鈞是小體之中, 猶不可養小而失大如此, 況可養口腹之小體, 而失心志之大體者, 其人之賤爲如何也? 此孟子善譬喩議論發越, 能警動人處.'"(『講錄』)

『석의』25-B

○ 「겸소애(兼所愛)」: 겸하여 사랑하는 바이니. 「고기선불선(考其善不善)」: 기르는 것을 잘하는지 잘하지 못하는지를 살펴본다. 「어기취지(於己取之)」: 사람이 남의 말을 기다릴 것 없이 스스로 자신의 몸에 돌이켜서 기르는 바의 대소와 귀천을 살펴서 취하는 것을 말한다. 「체유귀천(體有貴賤)」: 이 장은 본래 입과 배를 소체로 삼고 심지를 대체로 삼았으며, 다시 오동나무와 가래나무, 대추나무와 가시나무에 나아가 그 귀천과 대소를 구분하였다. 그러나 이것은

멀리 사물에서 취한 것으로 오히려 절실하지 못하다. 그래서 또 내 몸의 소체 가운데 잘 드러나는 것에서 스스로 대소를 구분하였으니, 하나의 작은 손가락과 커다란 어깨와 등은 판연히 알기 쉽다. 사람이 만약 손가락 하나만 기르고 어깨와 등을 잃는다면 어찌 낭질(狼疾)의 사람이 되지 않겠는가? 똑같이 소체라도 오히려 작은 것을 기르고 큰 것을 잃어서는 안 되는데, 하물며 입과 배의 소체를 기르고 심지(心志)의 대체를 잃어버릴 수 있겠는가? 「음식지인(飮食之人)」: 먹고 마시는 것만 하는 사람이다. 「'즉구복(則口腹)'에서 '부재(膚哉)'까지」: 곧 입과 배가 어찌 다만 한 자와 한 치의 살이 될 뿐이리오.(『석의』)

○ 「兼所愛」: 兼ᄒᆞ야 愛ᄒᆞᄂᆞᆫ 배니. 「考其善不善」: 考其所養之善否也. 「於己取之」: 謂人不待他人之言, 而自反其身, 察取其所養之大小貴賤也. 「體有貴賤」: 此章本以口腹爲小體, 心志爲大體, 而更就梧檟樲棘, 分其貴賤大小. 然此是遠取諸物, 猶爲未切. 故又卽吾身小體之易見者, 自分大小, 則一指之小, 肩背之大, 判然易知矣. 人若養一指, 而失肩背, 豈不爲狼疾之人? 鈞是小體, 而猶不可養小而失大, 況可養口腹之小體, 而失心志之大體乎? 「飮食之人」: 飮食만 ᄒᆞᄂᆞᆫ 사ᄅᆞᆷ. 「則口腹 止 膚哉」: 곧 口腹이 엇디 다만 尺寸 膚ㅣ 될 뿐이리오.(『釋疑』)

『원주』25-1

○ 주자가 말하였다. "천하고 작은 것은 입과 배이고, 귀하고 큰 것은 심지(心志)이다."415)

○ 朱子曰, "賤而小者, 口腹也, 貴而大者, 心志也."

『부주』25-1

○ 장자가 말하였다. "맑고 전일함은 기의 근본이다. 공격하여 빼앗음은 기의 욕망이다. 입과 배는 음식에 대하여, 코와 입은 향

415) 『孟子集註』, 「告子章句上」, 朱子注.

기와 맛에 대하여 모두 공격하여 빼앗으려는 성질이 있다. 덕을 아는 자는 만족함에 이를 뿐이요, 욕망 때문에 마음을 얽어매지 않으며, 작은 것으로 큰 것을 해치지 않으며, 말단으로 근본을 잃지 않는다."416)

○ 張子曰, "湛一, 氣之本. 攻取, 氣之欲. 口腹於飮食, 鼻口於臭味, 皆攻取之性也. 知德者屬饜而已, 不以嗜欲累其心, 不以小害大, 末喪本焉爾."

『강록』25-1-a

○ 「공취(攻取)」 : 이덕홍이 기록하여 말하였다. "'공'은 공벌의 공과 같다. 공벌하는 까닭은 그 물건을 빼앗아서 자기에게 끌어들이고자 하기 때문이다." 「촉염(屬饜)」 : 선생께서 비평하여 말씀하셨다. "『좌전』에 나온다. '만족함에 닿다'는 뜻이다." ○ 비평하여 말하였다. "'屬'의 음은 촉이다." 「기(嗜)」 : 『운회』에서는 "시(時)와 리(利)의 반절로서, 기꺼이 바라는 것이다"고 하였다.(『강록』)

○ 「攻取」 : 李錄云, "攻如攻伐之攻, 其所以攻伐之者, 欲取其物以入之於己也." 「屬饜」 : 先生批云, "出『左傳』. 饜足호매 다타." ○ 批云. '屬'音燭. 「嗜」 : 『韻會』云, "時利切, 喜欲之也."(『講錄』)

『석의』25-1-b

○ 「촉염(屬饜)」 : 『좌전』에 나온다. '屬'의 음은 촉이다. 흡족함에 닿다는 뜻이다. 「기(嗜)」 : 『운회』에서는 '시(時)와 리(利)의 반절로서, 기꺼이 바라는 것이다'고 하였다.(『석의』)

○ 「屬饜」 : 出『左傳』. '屬'音촉. 饜足홈에 다타. 「嗜」 : 『韻會』, 時利切, 喜欲之也.(『釋疑』)

『질서』25-1-c

○ 기의 근본은 맑고 전일한데 어디에서 이런 물욕이 생겼는가? 대저 몸이 있으면 저절로 인심이 있게 된다. 무릇 입과 배가 먹고 마시며, 코와 입이 냄새를 맡고 맛을 보는 것은 모두 사람의 마음에

416) 『張子全書』 권2, 「正蒙·誠明篇」.

고유한 것으로서 처음엔 의로움을 해치지 않는다. 그러나 분수를 지나쳐서는 안 되니 맹자의 이른바 '명이 있다'[417]는 것이 바로 이것이다. 굶주려서 먹고자 하는 것들에 어찌 공격하여 빼앗는 근심이 있겠는가? 비록 있더라도 내가 맑고 전일하다면 참으로 여유로울 것이니, 이것을 '실컷 먹었다'고 하는 것이다. 이미 인심이 있어서 도로써 재단할 수 없으면, 이에 흘러서 번들거리는 악이 되니 이것을 '말단을 가지고 근본을 해친다'고 하는 것이다. 이것은 모두 형체가 있는 몸이 감촉하여 만들어 내는 것이니 이 맑고 전일한 기는 바로 나부껴 움직이게 된다. 그러므로 '공격하여 빼앗는다'고 하였다. 만약 다만 먹고 마시고 냄새 맡고 맛을 보는 것을 모두 공격하여 빼앗는 데로 돌린다면 그것은 장재의 본래 뜻이 아니다. 성인을 가지고 말하면 어찌 공격하여 빼앗는 근심이 있겠는가마는 주리고 목말라하는 마음은 본래 있음을 볼 수 있다. 주석 가운데 '주자 한 조목'도 이 뜻으로 본 것이다.(『질서』)

○ 氣之本, 則澄湛而專一, 何從而有此物欲哉? 夫有身, 則自有人心. 凡口腹之於飮食, 鼻口之於臭味, 皆人心之固有, 初不害義. 但不可過分, 孟子所謂'有命焉者'是也. 其饑而欲食之類, 豈有攻取之患哉? 雖使有之而吾湛一, 則固自若, 是謂屬饜也. 旣有人心, 不能以道裁之, 於是乎, 流爲邪惡, 是謂以末喪本也. 此皆從形身上觸感而爲之者, 這湛一之氣, 便是爲飄動. 故曰, '攻取也'. 若但以飮食臭味, 都歸之攻取, 則非張子本義也. 以聖人言之, 豈容有攻取之患, 而其饑食渴飮之心自在, 可以見矣. 註中, '朱子一條', 亦以此意看. (『疾書』)

『부주』25-1-1

○ 주자가 말하였다. "담일은 아직 사물에 감하지 않았을 때 맑고 순일한 것이니, 이것이 기(氣)의 근본이다. 공격하여 빼앗는 것은 눈이 색을 보고자 하고, 귀가 소리를 듣고자 하는 것과 같으니, 바

---

417) 『孟子』, 『盡心下』

로 기의 욕망이다."[418]

○ 朱子曰, "湛一, 是未感物時, 湛然純一, 此是氣之本. 攻取如目之欲色, 耳之欲聲, 便是氣之欲."

『부주』25-2

○ 무이호씨(武夷胡氏)[419]가 말하였다. "마음을 다스리고 몸을 닦는 데는 음식과 남녀관계를 절실하고 중요한 것으로 삼는다. 예로부터 성현은 이로부터 공부를 하였으니 어찌 소홀히 할 수 있겠는가?"[420]

○ 武夷胡氏曰, "治心修身, 以飮食男女爲切要. 從古聖賢, 自這裏做工夫, 其可忽乎?"

『질서』25-2-a

- 「음식남녀(飮食男女)」: 음식과 남녀관계에는 사람의 커다란 욕망이 보존되어 있다. 죽음과 가난의 고통에는 사람의 커다란 혐오가 보존되어 있다. 그러므로 욕망과 혐오는 마음의 큰 단서이다.[421] 호씨의 이 말은 바로 극기의 요체이다.(『질서』)
- 「飮食男女」: 飮食男女, 人之大欲存焉, 死亡貧苦, 人之大惡存焉, 故欲惡者,

---

418) 『朱子語類』 권98, 「張子書之一」.

419) 무이호씨(武夷胡氏, 1074~1138) : 이름은 안국(胡安國), 자는 강후(康侯), 시호는 문정(文定)으로 송나라 건주(建州) 숭안(崇安) 사람이다. 철종(哲宗) 소성(紹聖) 4년(1097)에 진사가 되었고, 태학박사(太學博士)·제거호남(提擧湖南)·성도학사(城都學事) 등을 역임했다. 고종(高宗)대에 장준(張浚)의 천거로 중서사인(中書舍人) 겸 시강(侍講)에 제수되어 「시정론(時政論)」 21편을 올렸다. 얼마 뒤 병을 이유로 사직했지만 거절되고, 시독(侍讀)을 겸하면서 『춘추』를 전강(專講)했다. 왕안석(王安石)이 『춘추』를 폐하여 학관(學官)에 끼지 못해 『춘추』의 학문이 쇠퇴한 것을 탄식하고, 20년을 연구하여 『춘추호씨전(春秋胡氏傳)』 30권을 저술했다. 그 밖의 저서에 『자치통감거요보유(資治通鑑擧要補遺)』 100권, 『문집』 15권이 있다. 사량좌(謝良佐)는 일찍이 그의 자질을 '엄동설한에 온갖 초목이 말라 죽지만, 송백(栢獨)만이 홀로 빼어났다'고 평한 바 있다.

420) 『小學集註』 권5, 「說見內篇」.

421) 『禮記』, 「禮運」. "飮食男女, 人之大欲存焉, 死亡貧苦, 人之大惡存焉. 故欲惡者, 心之大端也."

心之大端.422) 胡氏此言, 卽克己之要也.(『疾書』)

『밀험』25-2-b

○ 정약용(丁若鏞)의 생각: 자기가 갑자기 죄와 허물에 빠져 부끄럽고 후회하는 마음을 느낄 때 바로 점검을 해보면 재물이 아니면 여색 때문이다. 다른 사람이 갑자기 명성이 추락하여 비방하는 말이 세상에 가득할 때 그때 미루어 점검해보면 재물이 아니면 여색 때문이다.(『밀험』)

○ 案: 自己忽陷罪過, 覺愧悔嬰心時, 卽地點檢, 非財則色也. 他人忽落名聲, 有毁謗滿世時, 卽地推驗, 非財則色也.(『密驗』)

『부주』25-2-1

○ 또 말하였다. "사람은 일체 세상맛에 대하여 담박해야 좋으니 부귀한 모습이 있어야 할 필요는 없다. 맹자는 '집의 높이가 몇 길이나 되고, 음식이 앞에 사방 열자나 늘어놓는 짓을 나는 뜻을 이루어도 하지 않겠다'423)고 하였다. 배우는 사람은 먼저 이것들을 제거하고 언제나 스스로 격려하고 높여야만 물욕에 떨어지는 데까지 이르지는 않을 것이다."424)

○ 又曰, "人於一切世味, 淡薄方好, 不要有富貴相. 孟子謂'堂高數仞, 食前方丈, 我得志不爲.' 學者須先除去此等, 常自激昻, 便不到得墜墮."

『강록』25-2-1-a

○ 「일체세미(一切世味)」: 공명·이록·음식·남녀와 같은 것들을 모두 세상맛이라고 한 것이다. ○ 이덕홍이 기록하여 말하였다. "일체는 곧 '일시(一是)'의 뜻이다. '선가 일체'와 같은 부류이다." 「상(相)」: 빈궁한 상과 부귀한 상이 있다. 혹 이 두 가지에 대해 좋아하고 싫어하는 경우가 있기는 하지만 사군자(士君子)는 반드시 부귀상을

---

422) 【교감】: '心之大端'은 『질서』에는 '人之大段'으로 되어 있으나 『예기』「예운」에 근거하여 바로잡았다.

423) 『孟子』, 「盡心上」.

424) 『小學集註』 권5, 「說見內篇」.

바라지는 않는다. 「激昂」: 숫 들어 높혀. ○ 이덕홍이 기록하여 말하였다. "격려의 뜻이 있다. 이로 인하여 말하기를 '사람에게 이런 마음이 없다면 사군자가 되기는 어렵다.'"(『강록』)

○ 「一切世味」: 功名利祿飮食男女之類, 皆謂之世味也. ○ 李錄云, "一切卽'一是'之義. 如禪家一切之類." 「相」: 有貧窮相富貴相. 或有好惡於二者, 士君子不須要富貴相. 「激昂」: 숫딜어놉펴. ○ 李錄云: "有激厲之義, 因云, '人無有是心, 則難爲士君子也.'"(『講錄』)

『석의』25-2-1-b

○ 「일체(一切)」: 칼로 물건을 자르는 것과 같으니, 가지런히 정돈되어 있음을 취하였다. 「부귀상(富貴相)」: 곧 이른바 '집의 높이가 몇 길이나 되고 음식이 앞에 사방 열자나 놓여 있고 시첩이 수백 명이라'는 따위이다. 「격앙(激昂)」: 격려(激厲)와 같으니, 수립한다는 뜻과 같다. 「추타(墜墮)」: 물욕에 떨어지는 것이다.(『석의』)

○ 「一切」: 猶以刀切物, 取其齊整. 「富貴相」: 卽所謂'堂高數仞, 食前方丈, 侍妾數百人'之類. 「激昂」: 猶激[425]厲, 樹立之意. 「墜墮」: 墜墮於物欲也.(『釋疑』)

『부주』25-3

○ 주자가 말하였다. "'음식을 밝히는 사람이 잃는 것이 없다면 입과 배가 어찌 단지 한 자나 한 치의 살을 위할 뿐이겠는가?'라고 하였는데, 이 몇 구절은 이렇게 말하는 것이 뒤집혀 있어서 자연히 이해하기가 어렵다. 그 의미는 설령 음식을 밝히는 사람이라도 참으로 잃는 바가 없으면 입과 배를 기르는 것이 본래 해가 없다는 것이다. 그러나 사람이 입과 배를 절절하게 생각한다면 반드시 잃는 바가 있게 될 것임은 의심의 여지가 없다. 이 때문에 마땅히 그 대체를 기를 줄을 알아야 하니, 입과

425) 【교감】: '激'은 『석의』에는 '敫'로 되어 있으나 의미상 '激'으로 바로잡았다.

배는 제 스스로 구하여 먹을 수 있으므로 굶주리는 데까지 이르지는 않을 것이다."[426]

○ 朱子曰, "飮食之人, 無有失也, 則口腹豈適爲尺寸之膚哉? 此數句被恁說得倒了也, 自難曉. 意謂使飮食之人, 眞箇無所失, 則口腹之養本無害. 然人屑屑理會口腹, 則必有所失, 無疑. 是以當知養其大體, 而口腹底, 他自會去討喫, 不到得餓了也."

『강록』25-3-a

○ 「임설득도료(恁說得倒了)」 : 선생께서 비평하여 말하였다. "만약 순리대로 말하면 입과 배를 기르는 것도 몸의 생명을 여는 것이기에 크지 않은 것은 아니다. 다만 입과 배만 기르려고 하면 결정적으로 큰 것을 잃기 때문에 사람들이 그것을 천하게 여긴다고 운운한 것이다. 지금 이와 같이 반면으로부터 말했기 때문에 도치해서 말했다고 한 것이다." 「설설(屑屑)」 : 『맹자집주』에 "설은 깨끗함이다", 또 "절절하게 여기는 것이다", "이것을 깨끗하다고 여기지는 않으면서도 이것에 절절하다"고 하였는데, 여기에서는 마땅히 절절히 여기는 것으로 보아야 한다. 「토끽(討喫)」 : '토(討)'는 구함이니, 구하여 먹는다는 뜻이다.(『강록』)

○ 「恁說得倒了」 : 先生批云, "若順言之, 則當口腹之養, 亦軀命所開, 非不爲大. 只爲養此, 則定失大, 故人賤之云云. 今反說如此, 故云倒說." 「屑屑」 : 『孟子集註』, 屑潔也, 又切切然也. 不以是爲潔而切切於是也, 此當以切切然看. 「討喫」 : '討', 求也. 討하야 喫하다.(『講錄』)

『석의』25-3-b

○ 「임설득도료(恁說得倒了)」 : 이렇게 설득하기를 거꾸로 하였는지라. ○ 만약 순리대로 말한다면 '마땅히 입과 배는 단지 한 자 한 치의 살을 위하는 것은 아니지만 만약 오로지 하나만 기른다면 그 대체를 잃어버리기 때문에 하지 않는다'고 말해야 한다. 「설설(屑

426) 『朱子語類』 권59, 「孟子九·告子上」.

屑)」: 절절함이다. 「토끽(討喫)」: '토(討)'는 구함이다. ○ 구하여 먹는다는 뜻이다.(『석의』)

ㅇ「恁說得倒了」: 이리 說得ᄒᆞ기 ᄐᆞᆯ 것구루 ᄒᆞ엿ᄂᆞ디라. ○ 若順言, 則當曰, '口腹不只爲尺寸之膚, 而若專一養, 則失其大體, 故不爲也云.' 「屑屑」: 切切也. 「討喫」: '討', 求也. ○ 討ᄒᆞ야 喫ᄒᆞ다.(『釋疑』)

『부주』25-4

○ 남헌장씨가 말하였다. "무엇을 크고 또 귀하다고 하는가? 사람의 마음이 이것이다. 작고 또 천한 것은 혈기가 이것이다. 혈기 역시 하늘에서 받은 것으로 천하게 여길 수 있는 것은 아니나 마음이 곧 그것의 주재자가 된다. (혈기가) 그 주재를 얻지 못하면 천도를 어기고 정을 좇아 흘러서 하나의 사물이 되고 마니, 이것이 천하게 여길 만한 것이다. 사람이 오직 천리를 보존할 줄 모르기 때문에 왔다 갔다 하며 유독 입과 배를 기르는 것만을 일삼는다. 농·공·상·고가 이익을 다투는 것으로부터 공경·대부·사가 녹과 벼슬을 다투는데 이르기까지 모두 그러하다. 양심은 날마다 없어지고, 인도는 거의 사라지는데도 스스로 알지 못한다. 이것이 어찌 정원사가 오동나무와 가래나무를 버리고 대추나무와 가시나무를 기르는데 종사하며, 병을 치료하는 자가 손가락 하나를 기르고 어깨와 등을 잃어버리는 것과 같지 않겠는가? 비록 그러하나 그 큰 것을 잃어버린 사람은 혈기에 부림을 받아서 인욕을 위하게 되고, 먼저 그 큰 것을 세운 사람은 천명에 근본을 두어 모두가 지극한 이치이다. 한번 먹고 한번 마시는 사이에도 법칙이 있지 않음이 없으니, 이것이 사람이 몸을 이루고 천지에 통하는 까닭이다. 그렇다면 그 근원에 삼가지 않을 수 있겠는가?"[427]

---

427) 『孟子說』, 「告子上」.

○ 南軒張氏曰, "何以爲大且貴? 人心是已. 小且賤, 則血氣是已. 血氣亦稟於天, 非可賤也, 而心則爲之宰者也. 不得其宰則倍天道遁情, 流爲一物, 斯爲可賤矣. 人惟不知天理之存, 故憧憧然獨以養其口腹爲事. 自農工商賈之競乎利, 以至公卿大夫士之競乎祿仕, 皆然也. 良心日喪, 人道幾息, 而不自知. 此豈不類於場師之舍梧檟而從事樲棘, 治疾者養其一指, 而失其肩背者與? 雖然, 失其大者, 則役於血氣而爲人欲, 先立乎其大者, 則本諸天命而皆至理. 一飮一食之間, 亦莫不有則焉, 此人之所以成身而通乎天地者也. 然則可不謹其源哉?"

『강록』25-4-a

○ 「배천둔정(倍天遁情)」: 도심이 주재를 얻지 못하면 인심에 명령을 듣게 된다. ○ 『초사』주에서 '둔(遁)은 옮기는 것이다'고 하였다. 「동동(憧憧)」: 음은 창(昌)과 용(容)의 반절이며, 뜻이 안정되지 않은 모양이다. 『주역』에서 동동은 왕래하여 끊이지 않는다는 뜻이다. 대개 사심이 한 곳에 막혀서 왕래가 끊어지지 않는다는 것이다. 「이극(樲棘)」: '멧대추나무'이다.(『강록』)

○ 「倍天遁情」: 道心不得主宰而聽命於人心也. ○ 『楚辭』註, '遁移也.' 「憧憧」: 昌容切. 意不定之貌. 『易』, 憧憧往來不絶也. 蓋私心滯於一隅, 往來不絶. 「樲棘」: ᄆᆡ쵸.(『講錄』)

『석의』25-4-b

○ 「배천(倍天)」: 천리를 어김이다. 「둔정(遁情)」: '둔'은 떠나 배반하는 것이다. ○ 송시열(宋時烈)의 생각: "이 네 글자는 본래 『장자』에서 나왔다. 장자는 '하늘을 등지고 정을 배반하였다'[428]고 하였는데 여기에서는 잘못 바뀌었으니 아마도 기록이 잘못된 듯하다." 「동동(憧憧)」: '동'이다. 왕래하여 끊이지 않는다는 뜻이다. 「근기원(謹其源)」: '근원'은 천리를 의미한다.(『석의』)

○ 「倍天」: 背天理也. 「遁情」: 遁, 離叛也. ○ 按: 此四字, 本出於『莊子』.

---

428) 하늘을 어기고 정을 배반하였다.(『莊子』, 「養生主」)

而『莊子』則云'遁天倍情', 而於此差互. 豈或記錄之誤耶? 「憧憧」: 충. 往來不絶也. 「謹其源」: '源', 天理也.(『釋疑』)

『질서』25-4-c

○ 『장자』에 '둔천멸정(遁天滅情)'이라는 말이 있는데, '멸정(滅情)'자는 여기에서 뜻이 가깝지 않기 때문에 남헌은 '배천둔정(倍天遁情)'으로 고쳐놓았다.(『질서』)

○ 『莊子』有'遁天滅情'之語, '滅情'字, 於此不襯, 故南軒改下'倍天遁情'.(『疾書』)

제26장: 대체를 따르면 대인이 되고, 소체를 따르면 소인이 된다
[從其大體爲大人, 從其小體爲小人]

○ 공도자가 질문하였다. "똑같은 사람인데 어떤 이는 대인이 되고 어떤 이는 소인이 되는 것은 어째서입니까?" 대답하였다. "대체를 따르면 대인이 되고, 소체를 따르면 소인이 된다." 또 질문하였다. "똑같은 사람인데 어떤 이는 대체를 따르고 어떤 이는 소체를 따르는 것은 어째서입니까?" 대답하였다. "이목의 감각기관은 사유능력이 없어서 외물에 가려지니 이목이 외물에 접하면 이끌릴 따름이다. 마음의 기능은 사색하는 것이다. 사색하면 얻고 사색하지 않으면 얻지 못한다. 이것은 하늘이 나에게 부여해 준 것이다. 먼저 그 큰 것을 세우면 그 적은 것은 빼앗을 수 없다. 이런 사람이 대인이 될 따름이다."429)

○ 公都子問曰, "鈞是人也, 或爲大人, 或爲小人, 何也?" 曰, "從其大體爲大人, 從其小體爲小人." 曰, "鈞是人也, 或從其大體, 或從其小

429) 『孟子』, 「告子上」.

體, 何也?" 曰, "耳目之官不思而蔽於物, 物交物, 則引之而已矣. 心之官則思, 思則得之, 不思則不得也. 此天之所與我者, 先立乎其大者, 則其小者弗能奪也. 此爲大人而已矣."

『강록』26-A

○ 「'물교물(物交物)'에서 '이의(已矣)'까지」: 사물이 사물을 접촉하면 곧 이끌릴 따름이다. 「조주(趙註)」: 조기(趙岐)로, 자는 빈경(邠卿)이며 동한(東漢) 사람이다. 난리를 피하여 사방으로 옮겨 이사하였으며, 떡을 팔아서 생계를 이어가면서도 끝내 절개를 잃지 않았다.(『강록』)

○ 「物交物 止 已矣」: 物이 物을 交ᄒᆞ면 곧 引홀 ᄯᆞᄅᆞ미니라. 「趙註」: 趙岐, 字邠卿, 東漢人. 逃難遷徙四方, 至賣餠以食, 終不失節.(『講錄』)

『석의』26-B

○ 「물교물(物交物)」: 위의 '물'자는 외물이고, 아래 물(物)자는 이목이다.(『석의』)

○ 「物交物」: 上'物'字外物, 下'物'字耳目.(『釋疑』)

『원주』26-1

○ 주자가 말하였다. "'관'이란 말은 주관한다는 뜻이다. 귀는 청각을 주관하고, 눈은 시각을 주관하지만 사색할 수 없다. 그러므로 외물에 가려진다. 마음은 '사색'을 위주로 하여 외물이 가릴 수 없다. 이것이 이목이 소체가 되는 반면 마음이 대체가 되는 까닭이다. 이목이 소체가 되어 사물에 가려지는 이상 또한 하나의 사물일 뿐이다. 외물로 이 사물(耳目)에 접촉하면 이끌려 가는 것은 필연적이다. 마음은 대체여서 사물에 가려지지 않을 수 있지만, 때로 사색하지 못하면 이치를 깨닫지 못하고, 이목이 작용하여 끝내는 역시 사물에 이끌려 감을 피하지 못하게

된다. 이것이 두 가지가 비록 모두 하늘이 부여한 것에서 나왔지만, 그 큰 것을 먼저 세우지 않을 수 없는 까닭이다."[430]

○ 朱子曰, "'官'之爲言, 主[431]也. 耳主聽, 目主視, 而不能思, 是以蔽於外物. 心則主思, 而外物不得蔽. 此耳目所以爲小體, 而心所以爲大體也. 耳目旣爲小體而蔽於物, 則亦一物耳. 以外物交於此物, 則引之而去必矣. 心雖大體, 而能不蔽於物, 然或不思則不得於理, 而耳目用事, 終亦不免爲物所引而去也. 此二者, 所以雖皆出於天賦, 而其大者又不可以不先立也."

『부주』26-1

○ 순자가 말하였다. "이목구비는 접하는 감각이 각각 달라서 그 기능을 바꿀 수 없다. 대개 이것을 천관(天官)이라고 한다. 마음은 가운데 빈 곳에 머무르면서 오관을 다스린다. 이것을 천군(天君)이라고 일컫는다. 성인은 그 천군을 맑게 하고 천관을 바르게 한다."[432]

○ 荀子曰, "耳目口鼻能各有接, 而不相能也, 夫是之謂天官. 心居中虛, 以治五官, 夫是之謂天君. 聖人淸其天君, 正其天官."

『강록』26-1-a

○ 「불상능(不相能)」: 눈은 들을 수 없고, 귀는 볼 수 없다. 「오관(五官)」: 이목구비와 형체이다.(『강록』)

○ 「不相能」: 目不能聽, 耳不能視也. 「五官」: 耳目口鼻形.(『講錄』)

『석의』26-1-b

○ 「불상능(不相能)」: 눈은 들을 수 없고, 귀는 볼 수 없다. 「오관(五官)」: 이목구비와 형체이다.(『석의』)

---

430) 『孟子集註』, 「告子章句上」, 朱子注.

431) 【교감】: 『孟子集註』에는 '主'가 '司'로 되어 있다.

432) 『荀子』, 「天論」.

○ 「不相能」: 目不能聽, 耳不能視. 「五官」: 耳目口鼻形也.(『釋疑』)

『밀험』26-1-c

○ 정약용(丁若鏞)의 생각: 순자의 말은 초나라 사람이 말한 것인데, 비록 이치에 부합하지만 결국 공·맹의 말과 약간 다르다.(『밀험』)

○ 案: 荀卿, 楚人所言, 雖合理, 終與鄒魯語, 有些不同.(『密驗』)

『부주』26-2

○ 또 말하였다. "텅 비고 한결같고 고요한 것을 '맑고 밝다'고 말한다. 마음은 형체의 군주이며 신명의 주인이다. 명령을 내리지만, 명령을 받는 일은 없다."433)

○ 又曰, "虛壹而靜, 謂之淸明. 心者形之君也, 而神明之主也. 出令而無所受令."

『강록』26-2-a

○ 「신명지주(神明之主)」: 이덕홍이 기록하여 말하였다. "'마음은 신명이 깃든 곳이다'고 말하면 괜찮다. 그러나 신명의 주인이라고 말해서는 안 될 것 같은데 어떻습니까?" 대답하였다. "'신명' 두 글자는 곧바로 '마음'을 말한 것이 아니고, 단지 마음이 텅 비고 영묘하여 어둡지 않은 것을 말한 것이다. 그러니 '주인'이라고 말하지 않을 수 있겠는가? 마음은 본래 한 몸의 주재자이며, 신명의 주인이다." 융(隆)의 생각: 마음이 텅 비고 영묘하여 어둡지 않은 것은 신명 때문이므로 '신명이 마음의 주인'이라고 말해야 할 것 같다. 어떻게 마음이 신명의 주인이라고 말할 수 있겠는가?"(『강록』)

○ 「神明之主」: 李錄云, "心若謂之神明之舍, 則可. 恐不當言神明之主何如?" 曰, "'神明'二字, 非直是說心, 只言心之所以虛靈不昧者. 然則可不謂之主乎? 心本爲一身之主宰, 而神明之主也." 隆按: 心之所以虛靈不昧者神明, 則

433) 『荀子』, 「解蔽」.

恐當云‘神明, 心之主.’ 何可謂心神明之主也?”(『講錄』)

『석의』26-2-b

ㅇ 「신명지주(神明之主)」 : 신명의 주인이다.(『석의』)

ㅇ 「神明之主」 : 神明ᄒᆞᆫ 主라.(『釋疑』)

『부주』26-2-1

○ 신안예씨(新安倪氏)[434]가 말하였다. “선사(先師)가 말하였다. ‘순자는 귀와 눈을 천관이라고 하고, 마음을 천군이라고 하였다.’ 또 말하였다. ‘마음은 형체의 군주로 명령을 내리지만, 명령을 받는 일은 없다. 이 말에 따라 맹자의 이 장을 보는 것이 매우 절실하다.’ 먼저 그 큰 것을 세울 수 있다면 이 마음은 드높게 이목의 군주가 되어 그 대체를 따를 수가 있으니, 이른바 ‘천군이 태연하여 몸이 명령을 따른다’[435]는 것이다. 먼저 그 큰 것을 세울 수 없으면 물러나서 바야흐로 이목 감각의 명령을 들어 그 소체를 따르니, 이른바 ‘마음이 형체의 부림을 받는다’[436]는 것이다. 큰 것을 세우기를 어떻게 해야 하는가?” 또 말하였다. “잡아서 보존하여 그것이 사색할 수 있는 기능을 다할 수 있게 할 뿐이다.”[437]

○ 新安倪氏曰, “先師云, ‘荀卿以耳目爲天官, 心爲天君.’ 又曰, ‘心者, 形之君也. 出令而無所受令. 卽此語以看孟子此章, 甚切.’ 能先立乎其大者, 則此心卓然, 能爲耳目之君而從其大體, 所謂‘天君泰然, 百體從令’者也. 不能先立乎其大者, 則退然方聽命於耳目, 而從其小體, 所謂‘心爲形役’者也. 立之如何?” 亦曰, “操而存之, 使得其能思之職而已.”

---

434) 신안예씨(新安倪氏) : 이름은 사의(士毅), 자는 중굉(仲宏)이며, 휴령(休寧) 사람이다. 대략 원나라 문종(文宗)에서 순제(順帝) 년간에 걸쳐 생존하였다. 일찍이 진력(陳櫟)에게서 배웠으며, 기문산(祁門山)에 은거하면서 마음을 침작하여 학문을 익혔다. 학자들이 도천(道川)선생이라고 불렀다. 저서에 『작의요결(作義要訣)』이 있다.

435) 『孟子集註』, 「告子章句上」, 范浚의 「心箴」에 나온다. 范浚心箴曰, “茫茫堪輿, 俯仰無垠. 人於其間, 眇然有身. 是身之微, 大倉稊米. 參爲三才, 曰惟心耳. 往古來今, 孰無此心? 心爲形役, 乃獸乃禽. 惟口耳目, 手足動靜. 投間抵隙, 爲厥心病. 一心之微, 衆欲攻之. 其與存者, 嗚呼幾希! 君子存誠, 克念克敬. 天君泰然, 百體從令.”

436) 상동.

437) 『孟子集註』, 소주에는 이 조목을 운봉호씨(雲峰胡氏)의 말로 보았다.

『강록』26-2-1-a

○ 「신안예씨(新安倪氏)」: 예사의(倪士毅)이며, 휴령(休寧)사람이다. 마음을 침잠하여 도를 추구하였으며 진력(陳櫟)과 주경여(朱敬輿)에게 배운 적이 있다. 『일통지』에 나온다.(『강록』)

○ 「新安倪氏」: 倪士毅, 休寧人. 潛心求道, 嘗學於陳櫟朱敬輿. 出『一統志』(『講錄』)

『석의』26-2-1-b

○ 「신안예씨(新安倪氏)」: 예사의이다. 「선사(先師)」: 신안진씨이다. 호는 정우(定宇)이고, 이름은 력(櫟)이다.(『석의』)

○ 「新安倪氏」: 倪士毅. 「先師」: 即新安陳氏, 號定宇, 名櫟.(『釋疑』)

『부주』26-3

○ 주자가 말하였다. "마음에는 원래 사색능력이 있으나 모름지기 사람이 스스로 주관하여 일으켜야 하니, 이것이 가장 중요하다."438)

○ 朱子曰, "心元有思, 須是人自家主張起來, 此最要緊."

『부주』26-4

○ 또 말하였다. "텅 비고 영명한 마음은 끝이 없어서 육합(六合)의 바깥도 사색하면 곧바로 이르고, 이미 지나버린 천백세 이전과 앞으로 다가올 천만세 이후가 모두 눈앞에 있으나, 사람이 이욕에 어두워지기 때문에 이 이치를 보지 못하는 것이다."

○ 又曰, "心之虛靈無有限量, 如六合之外, 思之卽至, 前乎千百世之已往, 後乎千萬世之方來, 皆在目前, 人爲利欲所昏, 所以不見此理."

『석의』26-4-a

---

438) 『朱子語類』 권59, 「孟子九·告子上」.

○ 「육합(六合)」 : 사방과 상하이다.(『석의』)
○ 「六合」 : 四方上下也.(『釋疑』)

『부주』26-5

○ 또 말하였다. "맹자가 '먼저 그 큰 것을 세운다'고 말하였는데, 이 말이 가장 유력하다. 또 그가 '세운다(立)'는 하나의 글자를 쓴 것을 보아야 한다. 옛날에 어떤 사람이 초(譙)선생에게 학문하는 방법을 질문하니, 초선생이 '나는 단지 먼저 그 큰 것을 세울 뿐이다'고 말하였으니, 그의 학문도 스스로 요점이 있었다. 자기의 마음을 뚜렷이 일으켜 세우는 것이 바로 확립하는 것이니, 이른바 '경하여 안을 곧게 한다'는 것이다."439)

○ 又曰, "孟子說先立乎其大者, 此語最有力. 且看他下一箇立字. 昔有人問譙先生爲學之道, 譙曰, '某只是先立乎其大者', 他之學亦自有要. 卓然竪起自心, 便是立, 所謂'敬以直內'也."

『강록』26-5-a

○ 「초선생(譙先生)」 : 이름은 정(定)이고, 자는 천수(天授)이며, 촉나라 사람으로, 호헌(胡憲)의 스승이다. 이천이 부주에 유배를 갔을 때 서로 만났으며, 낙양에서 함께 살기로 약속하였으나 훗날 초(譙)가 낙양에 갔을 때 이천이 이미 죽었기에 부주로 돌아갔다.(『강록』)
○ 「譙先生」 : 名定, 字天授, 蜀人, 胡憲之師也. 伊川謫涪州相見, 約與同居洛陽, 後譙來, 川已卒, 故還歸.(『講錄』)

『석의』26-5-b

○ 「초선생(譙先生)」 : 이름은 정이고, 자는 천수이다.(『석의』)
○ 「譙先生」 : 名定, 字天授.(『釋疑』)

『질서』26-5-c

---

439) 『朱子語類』 권59, 「孟子九·告子上」.

○ 퇴패하여 일어나지 않는다면 마음을 세운 것이 아니며, 기울어지고 방탕하여 안정되지 않는다면 마음을 세운 것이 아니다. 마음을 세우는 데 모름지기 이 두 가지 뜻을 함께 보아야 한다.(『질서』)

○ 頹靡不起, 則非立也. 傾蕩不定, 則非立也. 立心須兼兩義看.(『疾書』)

제27장: 굶주린 사람이 달게 먹고 목마른 사람이 달게 마신다 [飢者甘食, 渴者甘飮]

○ 맹자가 말하였다. “굶주린 사람이 달게 먹고 목마른 사람이 달게 마신다. 이것은 음식의 바른 맛을 아직 얻지 못한 것으로 굶주림과 목마름이 (감각을) 해쳤기 때문이다. 다. 어찌 입과 배에만 굶주림과 목마름의 해로움이 있겠는가? 사람의 마음에도 모두 해로움이 있다. 사람이 굶주리고 목마름의 해로움이 마음의 해가 되지 않게 할 수 있으면 남에게 미치지 못하는 것을 근심하지 않을 것이다.”440)

○ 孟子曰, “飢者甘食, 渴者甘飮, 是未得飮食之正也, 飢渴害之也. 豈惟口腹有飢渴之害, 人心亦皆有害. 人能無以飢渴之害爲心害, 則不及人不爲憂矣.”

『강록』27-A

○ 「‘인능무(人能無)’에서 ‘심해(心害)’까지」 : 사람이 능히 굶주림과 목

440) 『맹자』, 「盡心上」.

마름의 해로써 마음의 해를 삼지 않으면. 「음식(飮食)」 : 비평하여 말하였다. "『맹자』에는 '음식(飮食)'의 글자 앞에 '어(於)'자가 있다."(『강록』)

○ 「人能無 止 心害」 : 사룸미 能히 飢渴의 害로써 心害를 삼지 아니면. 「飮食」 : 批云, "『孟子』'飮食'上有'於'字."(『講錄』)

『원주』27-1

○ 주자가 말하였다. "입과 배는 굶주림과 목마름에 해로움을 입기 때문에 먹고 마시는 것을 가릴 겨를이 없어 그 바른 맛을 잃는다. 사람의 마음은 가난하고 천한 것에 해를 입기 때문에 부귀에 대해 가릴 겨를이 없이 그 바른 이치를 잃는다."441)

○ 朱子曰, "口腹爲飢渴所害, 故於飮食不暇擇, 而失其正味. 人心爲貧賤而害, 故於富貴不暇擇, 而失其正理也."

『원주』27-2

○ 또 말하였다. "사람이 부귀 때문에 빈천에 싫증내지 않을 수 있다면 남보다 매우 나은 것이다. 이 장은 사람이 적은 것으로 큰 것을 해쳐서는 안 되고, 말단으로 근본을 해쳐서는 안 됨을 말한 것이다."

○ 又曰, "人能不以富貴之故而厭貧賤, 則過人遠矣. 此章言人不可以小害大, 不可以末害本."

『부주』27-1

○ 주자가 말하였다. "'사람의 마음에도 모두 해치는 것이 있다'는 한 구절에 대해서 조기(趙岐)는 '사람의 마음이 이욕에 의해 해로움을 입는다'고 하였는데, 이 설명은 매우 좋다. 대개 굶주림

441) 『孟子集註』, 「盡心章句上」, 朱子注.

과 목마름이 맛을 알아내는 감성을 해치면 음식이 비록 달지 않더라도 달게 생각한다. 이욕이 인의(仁義)의 본성을 해치면 행하는 것이 옳지 않을지라도 또한 옳은 것으로 생각한다."[442]

○ 朱子曰, "'人心亦皆有害'一句, 趙氏謂人心爲利欲所害, 此說甚善. 蓋飢渴害其知味之性, 則飮食雖不甘, 亦以爲甘. 利欲害其仁義之性, 則所爲雖不可, 亦以爲可也."

『석의』27-1-a

- 「조씨(趙氏)」: 이름은 기(岐)이고, 자는 빈경(邠卿)이다.(『석의』)
- 「趙氏」: 名, 岐. 字, 邠卿.(『釋疑』)

442) 『晦庵集』 권40, 「答何叔京」.

제28장: 생선을 놔두고 곰발바닥을 취할 것이다

[舍魚而取熊掌者也]

○ 맹자가 말하였다. "생선도 내가 바라는 것이고 곰발바닥도 내가 바라는 것인데, 두 가지를 다 얻을 수 없다면 생선을 놔두고 곰발바닥을 취할 것이다. 삶도 내가 바라는 것이고 의리도 내가 바라는 것인데, 두 가지를 다 얻을 수 없다면 삶을 버리고 의리를 취할 것이다. 삶도 내가 바라는 바이지만 바라는 것이 삶보다 더 심한 것이 있기 때문에 구차하게 얻으려고 하지 않는 것이다. 죽음도 내가 싫어하는 바이지만 싫어하는 것이 죽는 것보다 더 심한 것이 있기 때문에 환란을 피하지 않는 바가 있는 것이다. 만약 사람이 바라는 것이 삶보다 더 심한 것이 없다면 삶을 얻을 수 있는 것이라면 어떤 방도이든 쓰지 않겠는가? 만약 사람이 싫어하는 것이 죽는 것보다 더 심한 것이 없다면 환란을 피할 수 있는 것이면 어떤 것이든 하지 않겠는가? 이 때문에 살 수 있더라도 쓰지 않는 방법이 있으며, 이 때문에 환란을 피할 수 있

더라도 행하지 않는 것이 있다. 그러므로 바라는 바가 삶보다 더 심한 것이 있고, 싫어하는 바가 죽음보다 더 심한 것이 있으니, 유독 어진 사람만이 이런 마음을 가지고 있는 것이 아니다. 사람마다 모두 그것을 가지고 있지만 어진 사람은 그것을 잃지 않을 수 있을 뿐이다. 한 대그릇의 밥이나 한 표주박 그릇의 국을 얻으면 살고 얻지 못하면 죽는 경우에도 혀를 차며 꾸짖으면서 주면 길가는 사람도 받지 않으며, 발로 차면서 주면 거지도 달갑게 여기지 않는다. 만종(萬鍾)의 재물을 예의를 차리지 않고 받으니, 만종의 재물이 나에게 무슨 보탬이 되겠는가? 궁실의 아름다움과 처첩의 받듦과 알고 지내는 궁핍한 사람이 나에게 얻기 때문인가? 이전에는 몸이 죽는다 해도 받지 않다가 지금은 궁실의 아름다움을 위해 그렇게 하고, 이전에는 몸이 죽어도 받지 않다가 지금은 처첩의 받듦을 위해 그렇게 하며, 이전에는 몸이 죽는다고 해도 받지 않다가 지금은 알고 있는 궁핍한 사람이 나에게 얻기 때문에 그것을 하니, 이 또한 그만둘 수 없는 것이겠는가? 이것을 일러 '그 본심을 잃어버렸다'고 하는 것이다."443)

○ 孟子曰, "魚我所欲也, 熊掌亦我所欲也. 二者不可得兼, 舍魚而取熊掌者也. 生亦我所欲也, 義亦我所欲也. 二者不可得兼, 舍生而取義者也. 生亦我所欲, 所欲有甚於生者, 故不爲苟得也. 死亦我所惡, 所惡有甚於死者, 故患有所不辟也. 如使人之所欲莫甚於生, 則凡可以得生者, 何不用也? 使人之所惡, 莫甚於死者, 則凡可以辟患者, 何不爲也?

443) 『孟子』, 「告子上」.

由是則生而有不用也, 由是則可以辟患而有不爲也. 是故所欲有甚於生, 所惡有甚於死者, 非獨賢者有是心也. 人皆有之, 賢者能勿喪耳. 一簞食一豆羹, 得之則生, 弗得則死. 嘑爾而與之, 行道之人弗受. 蹴爾而與之, 乞人不屑也. 萬鍾則不辨禮義而受之, 萬鍾於我何加焉? 爲宮室之美, 妻妾之奉, 所識窮乏者得我與? 鄕爲身死而不受, 今爲宮室之美爲之. 鄕爲身死而不受, 今爲妻妾之奉爲之. 鄕爲身死而不受, 今爲所識窮乏者得我而爲之, 是亦不可以已乎? 此之謂失其本心."

『품질』28-A

○ 주자가 말하였다. "삶을 바라고 죽음을 싫어하는 것은 비록 보통사람이 이롭게 여기고 해롭게 여기는 일반적인 감정이지만, 바라거나 싫어하는 것이 삶이나 죽음보다 더 심함이 있는 것은 떳떳한 의리의 양심이다. 그래서 삶을 바라지만 구차하게 얻지 않고, 죽음을 싫어하지만 피하지 않는 바가 있는 것이다."444) ○ 또 말하였다. "만약 사람에게 떳떳한 양심이 없고 이해를 따지는 사사로운 감정만 있다면 삶을 훔치고 죽음을 피할 수 있는 것이라면 그 무엇이라도 예의를 돌아보지 않고 행할 것이다."445) ○ 또 말하였다. "반드시 천부적으로 떳떳한 양심을 가지고 있기 때문에 이처럼 삶을 버리고 의리를 따를 수 있는 것이다."446) ○ 또 말하였다. "부끄러워하는 마음은 사람마다 모두 가지고 있다. 다만 보통 사람은 이욕에 빠져서 그것을 잊어버린다. 오직 어진 사람만이 그것을 보존하여 잃지 않을 수 있을 뿐이다."447) ○ 또 말하였다. "비록 먹고 싶은 마음이 급하더라도 오히려 무례함을 싫어하여 차라리 죽더라도 먹지 않는 경우가 있으니, 이것이 그 부끄러워하고 미워하

444) 『孟子集註』, 「告子章句上」, 朱子注.
445) 상동
446) 상동
447) 상동

는 본심이다. 삶이나 죽음보다 더 심하게 바라거나 싫어하는 것을 사람마다 모두 가지고 있다."[448] ○ 또 말하였다. "위에서는 사람이 모두 부끄러워하는 마음을 가지고 있음을 말하였으며, 여기에서는 보통 사람이 그것을 잃는 이유가 이 세 가지에서 연유됨을 말하였으니, 의리의 마음이 비록 '본래부터 가지고 있다'고 하지만, 물욕에 가리면 또한 사람이 쉽게 어두워진다."[449](『품질』)

○ 朱子曰, "欲生惡死者, 雖衆人利害之常情, 而欲惡有甚於生死者, 乃秉彛義理之良心, 是以欲生而不爲苟得, 惡死而有所不避也." ○ 又曰, "設使人無秉彛之良心, 而但有利害之私情, 則凡可以偸生免死者, 皆將不顧禮義而爲之矣." ○ 又曰, "由其必有秉彛之良心, 是以其能舍生取義如此." ○ 又曰, "羞惡之心, 人皆有之. 但衆人汨於利欲而忘之. 惟賢者能存之而不喪耳." ○ 又曰, "雖欲食之急, 而猶惡無禮有寧死而不食者, 是其羞惡之本心, 欲惡有甚於生死者, 人皆有之也." ○ 又曰, "上言人皆有羞惡之心, 此言衆人所以喪之由此三者. 蓋理義之心, 雖曰'固有', 而物欲之蔽, 亦人所易昏也."(『稟質』)

『강록』28-B

○ 「불위구득(不爲苟得)」 : 구차하게 얻지 못할 것이오.(『강록』)

○ 「不爲苟得」 : 苟且히 得디 몯홀 거시오.(『講錄』)

『석의』28-C

○ 「생이불용(生而不用)」 : 백이숙제와 같은 경우이다. 「피환불위(辟患不爲)」 : 장순(張巡)과 허원(許遠)[450] 같은 경우이다. 「호이축이(嘑爾蹴爾)」 : '이(爾)'는 어조사이다. 「불변수지(不辨受之)」 : 풍도(馮道)[451]와 같은 경우이다. 「향위신(鄕爲身)」 : '향(鄕)'은 거성이다.

448) 상동

449) 상동

450) 장순(張巡)과 허원(許遠) : 당(唐)나라 현종(玄宗)때의 장수로서, 천보(天寶) 14년(755)에 안녹산(安祿山)이 어양(漁陽)에서 반란을 일으켜 장안을 향해 파죽지세로 밀려올 때, 수양(睢陽)에서 이들을 맞아 싸우다가 장렬하게 전사했다.

451) 풍도(馮道) : 후주(後周) 경위(景威) 사람으로 자는 가도(可道)이다. 풍도는 천우(天祐) 연간에 맨 처음 유수광(劉守光)을 섬기다가 유수광이 패하자 장승업(張承業)을 섬겼는데 승업이 그를 진왕(晉王)에 천거하였다. 당 장종(唐莊宗)이 즉위하자 병부 시랑(兵部侍郎)

○ 몸이 죽음을 위하여도의 뜻이다. 「본심(本心)」 : 떳떳한 양심이다.(『석의』)

○ 「生而不用」 : 如夷齊也. 「辟患不爲」 : 如巡遠也. 「嘑爾蹴爾」 : 爾. 語辭. 「不辨受之」 : 如馮道也. 「鄕爲身」 : 鄕, 去聲. ○ 身死홈믈 爲ᄒᆞ야도. 「本心」 : 秉彝之良心也.(『釋疑』)

『문답』28-D

○ 「'생이(生而)'에서 '수지(受之)'까지」 : "『석의』에서는 살 수 있는데도 백이나 숙제와 같이 쓰지 않음이 있고, 환난을 피할 수 있는데도 장순이나 허원과 같이 행하지 않음이 있다고 보았습니다. 제 생각으로는 살 수 있는데도 쓰지 않음이 있음은 삶을 버리는 것이고, 환란을 피할 수 있는데도 행하지 않음이 있음은 죽음에 나아가는 것입니다. 삶을 버리고 죽음에 나아가는 것은 같은 일입니다. 백이와 숙제가 굶어 죽고, 장순과 허원이 절개를 지켜 죽은 것은 똑같이 하나의 의리이니, 참으로 이렇게 나누어 말해서는 안 됩니다. 만종의 재물을 예의를 분간하지 않고 받는 것에 대해서 『집주』에서는 편안한 때 풍요로움과 빈곤함을 따짐을 면하지 못하는 것으로 여긴 반면에 『석의』에서는 풍도와 같은 것으로 생각하였습니다. 풍도는 오대의 군주를 돌아가며 섬긴 사람입니다. 이것은 위란의 상황에서 의를 취할 수 없어서 구차하게 면한 것입니다. 그러나 지금 편안할 때 풍요로움과 빈곤함을 따짐을 면하지 못하였다는 것으로 말하는 것은 옳지 않은 듯합니다." 대답하였다. "『석의』에서는 삶[生]과 환란을 피한다[辟患]는 글자 때문에 이렇게 분별하였으나, 옳지 않은 듯하다. 『집주』의 신안진씨의 설은 단지 장순의 사례만을 들어서 말한 데서도 알 수 있다. 논의한 것이 합당함을

에 제배되었고, 명종(明宗)이 즉위하자 단명전 학사(端明殿學士)에 제배되었으며, 진(晉)이 당(唐)을 멸하자 다시 진을 섬겨 연국공(燕國公)에 봉해졌고, 거란(契丹)이 진을 멸하자 거란을 섬겼으며, 한 고조(漢高祖)가 서자 곧 한(漢)으로 돌아갔고, 주(周)가 한을 멸하자 또 주 나라를 섬기는 등 그는 4성(姓) 10군(君)을 섬기는 동안 정승으로 20여 년이나 있었다. 그러므로 논자들은 그를 더럽게 여겼다.

얻었다."(『문답』)

○ 「生而 止 受之」: "『釋疑』以生而有不用如夷齊, 辟患而有不爲如巡遠. 妄謂生而有不用, 是舍生也. 辟患而有不爲, 是就死也. 舍生就死, 同是一事. 夷齊之餓死, 巡遠之殉節, 同是一義. 固不可如是分配而言之. 至於萬鍾不卞禮義而受之, 則『集注』以爲不免計豐約於宴安之時, 而『釋疑』以爲如馮道. 馮道乃歷事五代之君者, 是於危亂之際, 不能取義而苟免者, 而今以不免計豐約於宴安之時言之, 恐非是." 答, "『釋疑』因生與辟患字, 有此分別, 然恐非是. 『集注』新安陳氏說只擧張巡爲言, 亦可見矣. 所論得之."(『問答』)

『경의』28-E

○ 사람은 순간에는 선한 단서가 기에 가려지지 않고 곧바로 실현된다. 그러나 만약 이리저리 생각하고 계산하고 비교하는 것을 허용하면 반드시 욕구에 이끌려간다. 예를 들면 갑자기 어린 아이가 우물에 들어가는 것을 보면 측은하게 여기는 마음이 곧바로 발하여 나오지만, 잠시 틈을 두자마자 칭찬을 바라거나 그 부모와 교제하려는 마음이 일어나는 것과 같다. 이 장의 의미는 바로 이와 같은 것이다. 그러므로 주자는 '혹 위태롭고 급박할 때에는 사생을 결단하면서도 편안할 때 풍요로움과 빈곤함을 따지는 것을 면하지 못한다"고 말하였다. 진실로 여기에서 그 까닭을 반성하여 확충하는 노력을 더욱 결단한다면 스스로 우뚝 설 수 있으며 의를 이루 다 쓸 수 없을 것이다.(『경의』)

○ 人於霎然之際, 善端不揜於氣而直遂. 若容周思計較, 則必爲欲引去. 如乍見孺子入井, 則惻隱之心直出, 纔有間, 要譽內交之心作. 此章意正如此, 故朱子云'或能決死生於危迫之際, 而不免計豐約於宴安之時.' 苟能於此, 反其所以然, 而加斬斷擴充之功, 則自可以卓然有立, 而義不可勝用也.(『經義』)

『원주』28-1

○ 주자가 말하였다. "본심은 수오지심을 말한다. 세 가지는 몸 밖의 사물이니, 그 얻고 잃음이 생사에 비하여 매우 가벼운 것을

말한다. 예전엔 몸이 죽더라도 오히려 꾸짖거나 발로 차면서 주는 음식을 받으려고 하지 않다가, 지금 세 가지를 위해서는 예의가 없는 만종의 재물을 받으니, 이 어찌 그만둘 수 없는 것이겠는가? 대개 수오지심은 사람에게 고유한 것이지만, 혹 위태롭고 급박할 때에는 사생을 결단하면서도 편안할 때는 풍요로움과 빈곤함을 따지는 것을 면하지 못한다. 이 때문에 군자는 잠시라도 이 점을 성찰하지 않으면 안 된다."452)

○ 朱子曰, "本心謂羞惡之心. 言三者身外物, 其得失比生死爲甚輕. 鄕爲身死, 猶不肯受嘑蹴之食, 今乃爲三者, 而受無禮義之萬鍾, 是豈不可以止乎? 蓋羞惡之心, 人所固有, 然或能決死生於危迫之際, 而不免計豐約於宴安之時. 是以君子不可頃刻, 而不省察於斯焉."

『강록』28-1-A

○ 「연혹(然或)」: 비평하여 말하였다. "본래 '연'자가 없다"(『강록』)

○ 「然或」: 批云, "本無'然'字."(『講錄』)

『비망록』28-1-B

○ 「'개수오(蓋羞惡)'에서 '안지시(安之時)'까지: 이 장의 위아래 단락은 한 사람을 가리키는 것으로 두 사람의 일이 아니다. 그러므로 위태롭고 급박한 때에 사생을 결단하는 것은 꾸짖거나 발로 차면서 주는 음식을 받지 않거나 달갑게 여기지 않는다는 뜻이다. 편안할 때 풍요로움과 빈곤함을 따지는 것은 처첩과 궁실과 알고 지내는 궁핍한 사람을 위하여 그 일을 하는 것이다. 그러므로 물러나서 그 사적인 것을 살펴보는 것이 사람을 평가하는 중요한 뜻이 되며, 또한 스스로 증험하고 스스로 경계하는 긴요하고 절실한 곳이 된다.(『비망록』)

○ 「蓋羞惡 止 安之時」: 此章上下截指一人, 非二人事也. 故決死生於危急之

452) 『孟子集註』, 「告子章句上」, 朱子注.

時, 是其嘑蹴之食不受不屑之意也. 計豐約於宴安之時, 是其爲妻妾宮室所識窮乏者爲之者也. 故退省其私爲觀人之要義也, 亦可爲自驗自警之緊切處也. (『備忘錄』)

『부주』28-1

○ 사량좌가 이천 선생에게 질문하였다. "형서(邢恕)[453]는 오랫동안 선생에게 배웠으나, 아는 것이 전혀 없어서 뒤에 극도로 낭패를 당했다고 생각합니다." 대답하였다. "아는 것이 전혀 없다고 말해서는 안 된다. 단지 의리가 이욕의 마음을 이길 수 없어서 여기에 이른 것이다."[454]

○ 謝良佐問於伊川先生曰, "邢恕久從先生, 想都無知識, 後來極狼狽." 曰, "謂之全無知識則不可, 只是義理不能勝利欲之心, 便至於此."

『강록』28-1-a

○ 「형서(邢恕)」: 오랫동안 선생에게 배웠으나, 소인이 정자와 문인을 배척하자 형서는 그 화를 면하고자 하였다. 어느 날 진강(進講)에서 '정 아무개를 베어 천 토막을 내어도 신은 전혀 원망하지 않을 것입니다.'고 말하였으니, 그 사람됨이 이와 같았다. ○『연원록』에 말하였다. "형서는 자가 화숙(和叔)이다. 그가 행한 일이 국사(國史) 및 소백온(邵伯溫)이 변무(辨誣)한 글 등에 갖추어져 있는데, 그 글에서 이르기를 '형화숙은 뒤에 또 선학(禪學)에 물들었다. 그 사람됨이 분명히 변별하는 데 재주가 있고, 세상사에 대해서는 더욱 밝고 노련했으며, 그 학문도 나날이 진보하는 자였다'고 하였다."[455](『강록』)

○ 「邢恕」: 久從先生學, 小人排斥程子及門人, 恕欲免其禍. 一日於進講曰,

453) 형서(邢恕): 자는 화숙(和叔)이며 정명도(程明道)의 제자로 후에 스승을 배반하였다.

454) 『二程遺書』 권19, 「楊遵道録」.

455) 『伊洛淵源錄』 권14.

'程某斬作千段, 臣無恨焉.' 其爲人如此. ○ 『淵源錄』曰, "邢恕, 字和叔, 其行事具國史及邵伯溫辨誣等書云, '邢和叔, 後來亦染禪學. 其爲人明辨有才[456], 更曉鍊世事, 其於學亦日月而至焉者也.'"(『講錄』)

『부주』28-1-1

○ 주자가 말하였다. "정자의 말은 남을 질책하는 입장에서 말하면 용서[恕]이고, 남을 가르치는 입장에서 말하면 충실함[忠]이니, 『맹자』 이 장의 뜻을 더욱 드러내 밝혔다."[457]

○ 朱子曰, "程子之言, 以責人言之則恕, 以教人言之則忠, 尤足以發明孟子此章之意."

『차기』28-1-1-a

○ 「'사량좌(謝良佐)'에서 '변지어차(便至於此)'까지」 : 아는 것이 전혀 없다고 하지는 않았으니 용서하였음을 알 수 있고, 털끝만한 틈에서 의리와 이욕을 구별하였으니 남을 위하여 도모하는 데 충실했음을 알 수 있다.(『차기』)

○ 「謝良佐 止 便至於此」 : 不謂全無知識, 則爲恕可知, 剖判義理利慾於毫髮之間, 則其爲人謀而忠可知.(『箚記』)

『강록』28-1-1-b

○ 「'이책인(以責人)'에서 '충(忠)'까지」 : 이덕홍이 기록하여 말하였다. "질문하였다. '남을 질책하는 입장에서 말하면 용서이고, 남을 가르치는 입장에서 말하면 충실함이라고 한 것은 어째서입니까?' 대답하였다. '아는 것이 전혀 없다고 하지는 않았으니 용서하였음을 알 수 있고, 털끝만한 틈에서 의리와 이욕을 구별하였으니 남을 위하여 도모하는데 충실했음을 알 수 있다.'"(『강록』)

○ 「以責人 止 忠」 : 李錄云, "問, '以責人言之則恕, 以教人言之則忠, 如何?'

---

456) 【교감】 : 『강록』에는 '才'자가 '不俊'으로 되어 있으나, 『伊洛淵源錄』에 의거하여 '才'로 바로잡았다.

457) 『四書或問』 권36, 「孟子」.

答曰, ‘不謂[458]全無知識, 則爲恕可知. 剖判義理利欲於毫髮之間, 則爲人謀而忠可知.’”(『講錄』)

『석의』28-1-1-c

○ 「‘이책인(以責人)’에서 ‘충(忠)’까지」 : 아는 것이 전혀 없다고 하지 않은 것은 서이고, 털끝만한 틈에서 의리와 이욕을 구별하여 사람으로 하여금 깨닫게 한 것은 도모함이 충실한 것이다.(『석의』)

○ 「以責人 止 忠」 : 不謂全無知識, 則是恕也. 剖判義理利欲於毫髮之間, 使人開悟, 則是謀忠也.(『釋疑』)

『부주』28-2

○ 주자가 말하였다. “나는 어떤 사람이 이익을 도모하고 관직을 구하는데 급급해 하는 것을 본 적이 있는데, 이 사람이 어떤 일을 감당할지 모르겠다. 뒤에 생각해보니, 맹자가 ‘바라는 바가 삶보다 더 심한 것이 있고, 싫어하는 바가 죽음보다 더 심한 것이 있는데, 유독 어진 사람만이 이런 마음을 가지고 있는 것이 아니다. 사람마다 모두 그것을 가지고 있지만 어진 이는 잃지 않을 수 있을 뿐이다’고 하였으니, 저 사람도 원래는 이런 마음을 가지고 있었지만 단지 저 스스로 잃어버려서 의리를 보지 못하는 것이다.” 어떤 사람이 “저 사람이 비록 이와 같지만 생각건대 수오하는 마음이 또한 반드시 싹터 움직일 것입니다.” 라고 하기에, 다음과 같이 말하였다. “단지 이와 같으면 무슨 일을 이루겠는가? 오늘 밤에 부끄러워하면 내일은 하지 않아야 옳다. 만약 부끄러워한 다음에도 여전하다면 무슨 일을 이루겠는가?”[459]

458) 【교감】: 『강록』에는 ‘謂’가 ‘爲’로 되어 있으나, 『心經質疑』에 의거하여 ‘謂’로 바로잡았다.

459) 『朱子語類』 권59, 「孟子九·告子上」.

○ 朱子曰, "某嘗見一種人汲汲營利求官職, 不知是句當甚事. 後來思量, 孟子說所欲有甚於生者, 所惡有甚於死者, 非獨賢者有是心也, 人皆有之, 賢者能勿喪耳. 他元來亦有此心, 只是他自失了, 所以不見義理." 或云, "他雖是如此, 想羞惡之心, 亦須萌動." 曰, "只是如此濟甚事? 今夜愧恥, 明日便不做方是. 若愧恥後, 又却依舊, 何濟於事?"

『강록』28-2-a

- 「구당(句當)」: '주관한다'는 뜻과 같다. 결업셔하다. 「제(濟)」: 보탬이 있는 것이다.(『강록』)
- 「句當」: 猶主管之意. 결업셔ᄒᆞ다. 「濟」: 有益也.(『講錄』)

『석의』28-2-b

- 「구당(句當)」: '주관한다'는 뜻과 같다. 「제심사(濟甚事)」: 제(濟)는 이루는 것이고, 성취하는 것이다. ○ '무슨 일을 이루리오'의 뜻이다.(『석의』)
- 「句當」: 猶主管之意. 「濟甚事」: '濟', 遂也, 成也. ○ 므슴 일을 이로리오.(『釋疑』)

『밀험』28-1-c

- 정약용(丁若鏞)의 생각: 중은 지극히 선한 것이고, 용은 지속할 수 있는 것이다. 지극히 선하면서 오래 지속할 수 있으면 중용이다. 사람이 잠시 동안 울면서 후회하며 선을 지향하는데, 이 때 그 마음은 맑아서 성인이 될 기틀이 있는 것인데, 오래도록 지속할 수 없기 때문에 보통 악한 사람이 된다. ○ 선하지 않은 점이 있으면 알지 못한 적이 없고, 그것을 알고서는 다시 행한 적이 없다. 이것이 안연이 도에 가까운 까닭이다.(『밀험』)
- 案: 中者, 至善也. 庸者, 能久也. 至善而能久, 則中庸也. 人於霎刻泣悔向善, 此時其心淸澈有作聖之機, 惟其不能持久, 所以常爲惡人. ○ 有不善, 未嘗不知, 知之, 未嘗復行. 此顏子所以近道也.(『密驗』)

『부주』28-3

○ 남헌장씨가 말하였다. "꾸짖듯이 하면 받지 않고 발로 밟고 주면 달가워하지 않는데, 이것이 바로 수오지심이다. 사람이 곤궁할 때는 욕심을 제멋대로 부리지 않기 때문에 수오의 단서가 남아 있다가, 만종의 재물에 움직이게 되면 다시 예의를 돌아보지 않게 된다. '만종의 재물이 나에게 무슨 보탬이 있겠는가?'라고 하였으니, 사람이 이 말을 깊이 음미하여 그 뜻을 이해한다면 또한 외물은 흠모할 만한 것이 못됨을 알 수 있을 것이다."460)

○ 南軒張氏曰, "嘑爾而不受, 蹴爾而不屑, 此其羞惡之心也. 人之困窮, 其欲未肆, 故其端尙在, 至於爲萬鍾所動, 則有不復顧者矣. 曰, '萬鍾於我何加焉?' 人能深味斯言而得其旨, 則亦可見外物之無足慕矣."

『부주』28-3-1

○ 정우진씨(定宇陳氏)가 말하였다. "사람이 자신의 양심을 잃는 것은 진실로 궁실을 이루고 처첩을 보살피고 아는 사람을 구제하는 세 가지에 그치지 않지만, 사람이 이 점에 대해 성찰할 수 있으면 인욕을 막고 천리를 확충하는 까닭을 알게 될 것이다. 또 '이 또한 그만둘 수 없는 것이겠는가?'라고 한 것은 무엇보다 사람을 불러 깨운 것이다. 사람이 군자가 되지 못하는 것은 대부분 어쩔 수 없이 그렇게 되는 것이다. 이제 이 세 가지가 어찌 그만둘 수 없어서 억지로 행하는 것이겠는가? '이것을 일러 그 본심을 잃어버렸다고 하는 것이다.'고 하였으니, 결단하는 것이 더욱 명백하다. '본심을 잃었다'는 것은 앞에서 '어진 자는 그것을 잃지 않을 뿐이다'고 한 것과 정반대이다. 어진 사람은 오직 사욕을 잘 이겨내기 때문에 양심을 잃지 않을 수 있고, 보통 사람들은 오직 사욕에 빠지기 때문에 본심을 잃는데 이르게 된다."

○ 定宇陳氏曰, "人之喪其良心, 固不止於成宮室供妻妾濟知識三者, 人能於

---

460) 『癸巳孟子說』 권6, 「告子上」.

此省察之, 則知所以遏人欲而擴天理矣. 又'是亦不可以已乎', 最喚醒人. 人之不能爲君子, 多是不得已而爲之. 今此三者, 豈不可以已而乃冒爲之乎? '此之謂失其本心', 尤斷制得明白. '失其本心', 與前所'賢者能勿喪耳' 正相反. 賢者惟克去私欲, 故能勿喪其良心, 衆人惟汨於私欲, 故至於失其本心也."

『강록』28-3-1-a

○ 「양심본심(良心本心)」: 질문하였다. "진씨가 마지막 단락에서 양심과 본심을 가지고 어진 사람과 보통 사람을 나누어 말했는데, 또한 의미가 있는 것입니까?" 대답하였다. "어진 사람은 그 양심을 온전히 유지하여 잃지 않는다. 보통 사람은 본래 이 마음을 가지고 있으나, 지금은 그것을 잃어버린 상태이다. 이것을 가지고 말하면 또한 구별이 있는 것 같다."(『심경설』)

○ 「良心本心」: 問, "陳氏末段以良心本心分言於賢者衆人, 亦有義歟?" 曰, "賢者則全其良心而不失之. 衆人則本有是心而今失之. 以此言之, 亦似有別矣.(『心經說』)

제29장: 순(舜)과 도척(盜蹠)의 구별은 이익과 선에 있다
[舜與蹠之分, 利與善之間也]

○ 맹자가 말하였다. "닭이 울면 일어나서 열심히 선을 행하는 사람은 순임금의 무리이고, 닭이 울면 일어나서 열심히 이익을 꾀하는 사람은 도척의 무리이다. 순임금과 도척의 구별을 알고자 한다면 다른 것이 없으니, 이익과 선의 차이일 뿐이다."461)

○ 孟子曰, "雞鳴而起, 孶孶爲善者, 舜之徒也. 雞鳴而起, 孶孶爲利者, 蹠之徒也. 欲知舜與蹠之分, 無他, 利與善之間也."

『발휘』29-A

◦ 정자가 말하였다. "순임금과 도척의 구분은 단지 의로움[義]과 이익[利]의 차이에 달려 있다. '사이[間]'라고 말한 것은 서로 떨어짐이 멀지 않아서 차이가 털끝만큼 작을 뿐임을 의미한다. 의로움과 이익은 단지 하나의 공(公)과 사(私)이다. 조금이라도 의로움에서 벗어나면 바로 이익을 가지고 말하는 것이다. 단지 저 계교(計較)

461) 『孟子』, 「盡心上」.

하는 것은 이로움과 해로움이 있기 때문이다. 만약 이해관계가 없다면 무엇 때문에 계교하겠는가? 이해(利害)라는 것은 세상 사람들의 보통 감정이다. 사람은 모두 이익을 추구하고 해로움을 피할 줄 안다. 성인은 다시 이해를 논하지 않고, 오로지 의리상 해야 하는지와 해서는 안 되는지만을 살핀다."462) ○ 또 말하였다. "동중서는 '의리를 바르게 하고 이익을 도모하지 않으며, 도리를 밝히고 그 공을 헤아리지 않는다'고 했는데, 이것이 동중서가 여러 학자들보다 훨씬 뛰어난 점이다."463) ○ 주자가 말하였다. "동중서가 수립한 것이 매우 높으니, 후대 사람이 고인보다 못한 까닭은 도의와 공리의 관문에 통하지 못했기 때문이다."464) ○ 상채사씨가 말하였다. "군자와 소인의 구별은 의로움과 이익의 차이에 있을 뿐이다. 그러나 이른바 '이익[利]'이라는 것이 어찌 반드시 재물을 증식하는 것을 일컫는 것이겠는가? 사(私)로써 공(公)을 없애고, 자기 편한 대로 마음껏 하여 천리를 해칠 수 있는 것이라면 모두 '리(利)'이다."465)(『발휘』)

○ 程子曰, "舜蹠之分, 只在義利之間. 言'間'者, 謂相去不遠, 所爭毫末耳. 義與利, 只是箇公私也. 才出於義, 便以利言也. 只那計較, 便是爲有利害. 若無利害, 何用計較? 利害者, 天下之常情也. 人皆知趨利而避害. 聖人則更不論利害, 惟看義當爲466)與不當爲." ○ 又曰, "董仲舒曰, '正其義不謀其利, 明其道不計其功', 此仲舒所以度越諸子." ○ 朱子曰, "仲舒所立, 甚高, 後世所以不如古人者, 以道義功利關不透耳." ○ 上蔡謝氏曰, "君子小人之分, 義與利之間而已. 然所謂'利'者, 豈必殖貨財之謂? 以私滅公, 適己自便, 凡可以害天理者, 皆利也."(『發揮』)

---

462) 『二程遺書』 권17.

463) 『二程遺書』 권25.

464) 『朱子語類』 권137, 「戰國漢唐諸子」.

465) 『論語集註』, 「雍也」, 細注.

466) 【교감】 : 『발휘』에는 '爲'자가 없으나 『二程遺書』에 의거하여 '爲'자를 보충하였다.

『원주』29-1

○ 정자가 말하였다. "'사이[間]'라고 말한 것은 서로 떨어짐이 멀지 않아서 차이가 털끝만큼 작을 뿐임을 의미한다. 선(善)과 리(利)는 공(公)과 사(私)일 따름이다. 조금이라도 선에서 벗어나면 바로 이익을 가지고 말하는 것이다."467)

○ 程子曰, "言'間'者, 謂相去不遠, 所爭毫末耳. 善與利, 公私而已矣. 才出於善, 便以利言也."

『원주』29-2

○ 양씨가 말하였다. "순임금과 도척은 서로 떨어진 거리가 멀다. 그러나 그 구분은 이익과 선의 사이에 있을 뿐이니, 이 어찌 삼가지 않을 수 있겠는가? 그러나 강론하는 것이 익숙하지 않고, 이해가 분명치 않으면 도리어 리(利)를 의(義)로 여기지 않음이 없을 것이니, 또한 배우는 자가 마땅히 깊이 살펴야 할 것이다."468)

○ 楊氏曰, "舜蹠之相去遠矣, 而其分乃在利善之間而已, 是豈可以不謹? 然講之不熟, 見之不明, 未有不反以利爲義者, 又學者所當深察也."

『차기』29-2-A

- 「'순척(舜蹠)'에서 '심찰야(深察也)'까지」: 대단하게 드러난 이익을 가리켜 말한 것이 아니라, 그 마음씀의 정미한 곳을 말한 것이다. 그러므로 '배우는 자가 마땅히 살펴야 할 것이다'라고 하였다.(『차기』)
- 「舜蹠 止 深察也」: 非指大段甚顯之利而言, 乃言其心術精微處也. 故有學者所當察之云.(『箚記』)

467) 『二程遺書』 권17.

468) 『孟子集註』, 「盡心上」.

『강록』29-2-B

○ 「‘미유불(未有不)’에서 ‘의자(義者)’까지」 : 이덕홍이 기록하여 말하였다. “이것은 대단하게 드러난 이익을 가리켜 말한 것이 아니고, 그 마음 씀의 정미한 곳을 말한 것이다. 그러므로 ‘학문을 하는 이가 마땅히 살펴야 할 것이다’라고 하였다.”(『강록』)

○ 「未有不 止 義者」 : 李錄云, “此非指大段顯然之利而言, 乃言其心術精微處也. 故爲學者, 所當察之云.”(『講錄』)

『강록간보』29-2-C

○ 「‘미유불(未有不)’에서 ‘의자(義者)’까지」 : 김종덕(金宗德)의 생각: “학문을 강론하는 것이 분명하지 않고 이치를 보는 것이 적확하지 않으면 리(利)를 의(義)로 인식하는 경우가 있다. 예컨대 사량좌가 말한 ‘만약 도로써 살피지 않으면 곧은 것을 굽다고 하고, 굽은 것을 곧다고 하지 않는 경우가 없을 것이다’고 한 것과 같으니, 반드시 마음 씀의 은미한 곳만을 가리키지는 않았을 것이다.”(『강록간보』)

○ 「未有不 止 義者」 : 按: “講學不明, 見理不的, 有認利而爲義. 如謝氏所謂‘苟無道以照之, 未有不以直爲枉, 以枉爲直者’, 恐不必專指心術隱微處也.”(『講錄刊補』)

『비망록』29-2-D

○ 「‘선여리(善與利)’에서 ‘이리언(以利言)’까지」 : 천리를 따르는 것을 ‘공’이라고 하고, 인욕을 주장하는 것을 ‘사’라고 한다. 공정하면 선하지 않음이 없고 사사로우면 이익을 추구할 따름이다. 선(善)과 리(利)는 항상 서로 대립되고 반대된다. 비록 미세한 틈이라도 선에서 떠나면 이익이 된다. 그러므로 마음 씀의 은미한 곳에서 그것을 재단(裁斷)하여 오직 선을 추구할 수 있으면 순임금의 부류가 된다. 그러나 재단하지 못하고 이익을 추구하는 데로 흐르면 도척의 무리가 된다. (선과 리가 갈라지는) 기미에서 삼가지 않을 수 있겠는가? ○ 「‘강지(講之)’에서 ‘위의자(爲義者)’까지」 : 비록 학문

을 강론한다고 하지만 깊이 궁구하고 농축하여 연구하지 않으면 익숙하지 않게 되며, 비록 보고 듣는다고 말하지만 널리 미루어 살필 줄 모르면 밝지 않게 된다. 이와 같으면 의(義)와 리(利)의 구분에 현혹되지 않는 사람이 드물 것이다. 양씨의 이 장은 말은 비근하지만 뜻은 심원하다.(『비망록』)

○ 「善與利 止 以利言」: 循天理之謂公, 主人欲之謂私. 公則無不善, 私則利而已. 善與利常相對而相反. 雖毫釐之間離於善, 則乃利也. 故能裁之於心術之微, 而唯善之是趨, 爲舜之徒也. 不能裁之而唯流於利, 則爲蹠之徒也. 可不謹之於幾耶! ○ 「講之 止 爲義者」: 雖曰講學而不能深窮濃硏, 則是爲不熟, 雖曰見聞而不知推廣考審, 則是爲不明. 如是則不眩迷於義理之分469) 者, 蓋鮮矣. 楊氏此章言雖近而意則遠矣.(『備忘錄』)

『원주』29-3

○ 혹자가 질문하였다. "닭이 울면 일어나서 아직 사물과 접하지 않았을 경우라면 어떻게 선을 행합니까?" 정자가 말하였다. "단지 경을 위주로 하는 것이 곧 선을 행하는 것이다."470)

○ 或問, "雞鳴而起, 若未接物, 如何爲善?" 程子曰, "只主於敬, 便是爲善."

『석의』29-3-A

○ 「'주어경(主於敬)'에서 '변시위선(便是爲善)'까지」: 주자가 말하였다. "성인의 마음은 순수함이 또한 그치지 아니하니, 비록 아무 일이 없을 때라도 언제나 주재하는 것이 있다."(『석의』)

○ 「主於敬 止 便是爲善」: 朱子曰, "聖人之心, 純亦不已, 雖無事時, 常有主宰."(『釋疑』)

---

469) '義理之分'은 '義利之分'의 착오인 듯하다.

470) 『二程遺書』 권15. "舜孳孳爲善, 若未接物, 如何爲善? 只是主於敬, 便是為善也. 以此觀之, 聖人之道不是但嘿然無言."

『부주』29-1

○ 정자가 말하였다. "동중서의 말에, '의리를 바르게 하고 그 이익을 도모하지 않으며, 도를 밝히고 그 공을 헤아리지 않는다'471)고 하였다. 이것이 동중서가 여러 학자들보다 훨씬 뛰어난 점이다."472)

○ 程子曰, "董仲舒有言, '正其義不謀其利, 明其道不計其功.' 此仲舒所以度越諸子."

『강록』29-1-a

○ 「동중서(董仲舒)」: 광천사람이다. 어려서 『춘추』를 배웠는데, 장막을 드리우고 삼년동안 학문을 강론하여 정원을 엿보지 않았다. 현량대책을 통해 무제에게 '학문에 힘쓰고 도리를 행하며 성실함을 내면에 베풀라'는 등의 말로 권고하자, 황제가 가상히 여겨 강도(江都)의 재상으로 삼았다. 동중서 학문의 근원과 말단으로서 의리를 바르게 하고 도를 밝힌다는 말은 여러 학자들보다 훨씬 뛰어나다. 그래서 한나라의 순유가 되었다.(『강록』)

○ 「董仲舒」: 廣川人, 少治『春秋』, 下帷講授三年, 不窺園圃. 以賢良對策, 勸武帝'勉强學問行道設誠於內'等語, 帝嘉之, 以爲江都相. 仲舒學問源委, 正誼明道之言, 卓越諸子, 爲漢醇儒.(『講錄』)

『석의』29-1-b

○ 「'동중서(董仲舒)'에서 '불모기리(不謀其利)'까지」: 동중서는 강도의 재상이 되어 이왕(易王)을 모시게 되었다. 왕이 일찍이 그에게 물었다. "월왕 구천(句踐)이 예용(泄庸)과 문종(文種) 및 범려(范蠡)와 함께 오나라를 정벌하여 끝내 오를 멸망시켰다. 과인은 월나라에 세 사람의 어진 사람이 있다고 생각한다." 동중서가 대답하였다. "어진 사람은 의리를 바르게 하고 그 이익을 도모하지 않으며, 도

---

471) 『漢書』 권 56, 「董仲舒傳」, '正其誼不謀其利, 明其道不計其功.'에서 따온 말.

472) 『二程遺書』 권25.

리를 밝히고 그 공을 헤아리지 않습니다. 이 때문에 공자의 문하에서는 5척의 아이들도 오패를 일컫는 것을 부끄러워하였으니, 그들이 속임수와 무력을 앞세우고 인의를 뒤로 하였기 때문입니다. 이것을 가지고 말한다면 월나라에는 어진 사람이 한 사람도 있었던 적이 없습니다."(『석의』)

○ 「董仲舒 止 不謀其利」: 仲舒爲江都相, 事易王. 王嘗問之曰, "粵王句踐與泄庸種蠡, 伐吳, 遂滅之. 寡人以爲粵有三仁." 仲舒對曰, "仁人者, 正其義不謀其利, 明其道不計其功. 是以仲尼之門, 五尺之童羞稱五伯, 爲其先詐力而後仁義也. 由此言之, 粵未嘗有一仁也."(『釋疑』)

『질서』29-1-c

○ 의리를 바르게 했지만 혹 도리에 밝지 않은 자가 있고, 이익을 도모하지는 않지만 혹 공을 계산하는 자가 있다. 사람이 일에 있어서 절실하게 옳음을 추구하더라도 도의 큰 본체에 대해서 반드시 밝은 것은 아니다. 자기에게 있어서 비록 이익을 추구하지는 않을지라도 공의 성패에 대해서는 더러 인색함에 매이는 점이 있음을 면하지 못한다.(『질서』)

○ 正義而或有道不明者, 不謀利而或有計功者. 人於事上, 切切然求其是, 而於道之大體, 未必明也. 於己, 則雖不求利, 而於功之成敗, 或不免有所繫吝. (『疾書』)

『집해』29-1-d

○ (강목(綱目)) 동중서가 강도의 재상이 되어 이왕을 섬겼다. 왕이 일찍이 물었다. 월왕 구천(句踐)이 예용(泄庸)과 문종(文種) 및 범려(范蠡)와 함께 오나라를 정벌하여 멸망시켰다. 과인은 월나라에 세 사람의 어진 사람이 있다고 생각한다." 동중서가 대답하였다. "어진 사람은 운운. 이 때문에 공자의 문하에서는 5척의 아이들도 오패를 일컫는 것을 부끄러워하였으니, 그들이 속임수와 무력을 앞세우고 인의를 뒤로 하였기 때문입니다. 이것을 가지고 말한다면 월나라에는 어진 사람이 한 사람도 있었던 적이 없는 것입니다."(『集解』)

○ (綱目) 仲舒爲江都相, 事易王. 王嘗問曰, "句踐與泄庸種蠡, 伐吳滅之. 寡人以爲粵有三仁." 對曰, "仁人者云云. 是以仲尼之門, 五尺之童羞稱五伯, 爲其先詐力而後仁義也. 由此言之, 粵未嘗有一仁也."(『集解』)

『관계』29-1-e

○ 「'정기의(正其義)'에서 '명기도(明其道)'까지」 : 도와 의리와 공과 이익이 합하여 하나가 된 사람이 있고, 그것들이 아주 미세하게 서로 떨어진 사람도 있으며, 옥돌처럼 서로 비슷한 사람도 있고, 얼음과 숯처럼 합하기 어려운 사람도 있다. 다만 의리만 바르게 하고 이익을 구하지 않아도 이롭지 않음이 없으며, 도리만 밝히고 공을 기대하지 않아도 큰 공을 이루는 사람은 편안하게 행하는 성인이다. 의를 아름다운 이익으로 여겨서 부지런히 의를 실천하며, 도를 공을 이룰 수 있는 것으로 여겨서 착실하게 도를 행함으로써 이익이 있고 공이 있는 데 이르는 사람은 이롭게 여겨 행하는 현인이다. 마음으로는 실제로 이익을 추구하면서도 의리를 빌려 일을 행하고, 의도는 공을 도모하는 데 있으면서도 도를 빌어 명분으로 삼는 것은 패자의 술수로서 자기를 속이고 타인을 속이는 무리이다. 이해(利害)를 헤아리지 않고 힘써 그 의리를 행하며, 비록 해가 되더라도 후회함이 없고, 공을 일삼는 것을 비루하게 여기면서 유학의 도를 자임하여 일을 그르치더라도 개의치 않는 자는 비록 도의에 있어서는 철저하지 못할지라도 오히려 군자 쪽의 사람이다. 만약 의를 이롭지 않은 것으로 여기고 단지 이익을 도모할 줄만 알며, 도를 공이 없는 것으로 여기고 단지 공만을 헤아리고자 하는 사람은 도척이나 역적인 왕망(王莽)일 뿐이니, 굳이 거론할 것도 없다. 그러나 도와 의리가 좋아할 만하다는 것은 알지만 실천할 수 없고, 공과 이익은 비루한 것이라고 생각하면서도 또 끊어버릴 수 없다면 이것은 이것도 아니고 저것도 아닌 사람이니, 또한 도척의 무리로 귀결될 뿐이다.(『관계』)

○ 「正其義 止 明其道」 : 道義功利, 有合而爲一者, 有相去以髮者, 有珉珷相似者，有氷炭難合者．但正其義不求利，而無不利，但明其道不期功，而成大功者，安行之聖也．以義爲美利而孳孳由義，以道爲可功而慥慥行道，以至於有利有功者，利行之賢也．心實求利而借義行事，意在圖功而假道爲名，覇者之術，而自欺欺人之類也．有不計利害，而力行其義，雖害而无悔，唾鄙事功而擔當斯道，僨事而不疚者，雖於道義未盡，而猶是君子邊人也．若乃以義爲不利 而只知謀利，以道爲無功而只要計功者，盜蹠逆莽而已，固無足道．而知道義之可好，而不能踐行，謂功利之可鄙，而又不斷除，此乃半間不界之人，亦終於蹠之徒耳.(『竅啓』)

『부주』29-1-1

○ 주자가 말하였다. "동중서가 (그 뜻을) 수립한 것이 매우 높으니, 후대 사람이 고인보다 못한 까닭은 도의와 공리의 관문에 통하지 못했기 때문이다."473)

○ 朱子曰, "仲舒所立甚高, 後世所以不如古人者, 以道義功利關不透耳."

『강록』29-1-1-a

○ 「소립(所立)」 : 그 뜻을 수립한 것이다.(『강록』)

○ 「所立」 : 樹立其志.(『講錄』)

『석의』29-1-1-b

○ 「소립(所立)」 : 그 지위를 말한다. 「도의공리관(道義功利關)」 : 도의와 공리를 경계 짓는 문이다. 「불투(不透)」 : 저기에서 벗어나 여기로 들어오지 못함을 말한다.(『석의』)

○ 「所立」 : 謂其地位也. 「道義功利關」 : 道義與功利, 限隔之門也. 「不透」 : 謂不能脫彼而入此也.(『釋疑』)

『집해』29-1-1-c

○ (요해) 도와 의리는 천리이고, 공과 이익은 인욕이다. 그 사이는 경계상의 문과 같다. 예를 들면 아래 문장에서 말하는 '명예와 이익의 관문[名利關]', '꿈과 현실의 관문[夢覺關]', '사람과 귀신의 관문

473) 『朱子語類』 권137, 「戰國漢唐諸子」.

[人鬼關]’과 같은 것이 모두 이것이다.(『집해』)

○ (要解)道義是天理, 功利是人欲. 其間猶界上之門也. 如下文所謂‘名利關’, 及‘夢覺關’, ‘人鬼關’之類, 皆是.(『集解』)

『부주』29-2

○ 상채사씨가 말하였다. “명예와 이익의 관문에 통할 때 비로소 조금 쉴 곳이 된다. 지금의 사대부가 어찌 거론할 만하겠는가? 말은 잘하니, 진실로 앵무새와 같다.”474)

○ 上蔡謝氏曰, “透得名利關, 方是小歇處. 今之士大夫何足道? 能言, 眞如鸚鵡也.”

『강록』29-2-a

○ 「능언진여앵무(能言眞如鸚鵡)」 : 말을 잘하는 것은 문장을 잘 짓는 것이다. 『예기』에 말하였다. “앵무새는 말을 할 수 있지만 나는 새에서 벗어나지 못하고, 성성이는 말을 할 수 있지만 달리는 금수에서 벗어나지 못한다. 금수는 예를 알지 못하기 때문에 어미와 새끼가 암컷을 함께 취한다.”475)(『강록』)

○ 「能言眞如鸚鵡」 : 能言, 能文章也. 『記』曰, “鸚鵡能言, 不離飛鳥. 猩猩能言, 不離走獸. 禽獸由不知禮, 故父子聚麀.”(『講錄』)

『질의고오』29-2-b

○ 「능언진여앵무(能言眞如鸚鵡)」 : 『질의』에서는 ‘말을 잘하는 것은 문장을 잘 짓는 것이다.’고 하였다. 『예기』에 말하였다. “앵무새는 말을 할 수 있지만 나는 새에서 벗어나지 못하고, 성성이는 말을 할 수 있지만 달리는 금수에서 벗어나지 못한다. 금수는 예의를 알지 못하기 때문에 어미와 새끼가 암컷을 함께 취한다.”476)(『질의고오』)

---

474) 『上蔡語錄』 권3.

475) 『禮記』, 「曲禮上」

476) 『禮記』, 「曲禮上」

○ 「能言眞如鸚䳇」: 『質疑』'能言, 能文章也.' 『記』曰, "鸚䳇能言, 不離飛鳥. 猩猩能言, 不離走獸. 禽獸由不知禮義, 故父子聚麀."(『質疑考誤』)

『석의』29-2-c

○ 「'능언(能言)'에서 '앵무(鸚䳇)'까지」: 『예기』에 말하였다. "앵무새는 말을 할 수 있지만, 나는 새에서 벗어나지 못한다."(『석의』)

○ 「能言 止 鸚䳇」: 『記』曰, "鸚䳇能言, 不離飛鳥."(『釋疑』)

『강록간보』29-2-d

○ 「소헐처(小歇處)」: 김종덕(金宗德)의 생각: 명예와 이익의 관문에 통한다는 것은 기지(基址)에 다리를 세우는 것으로, 그래야만 비로소 머물 곳이 있어서 그 위에서 비로소 공부에 착수할 수 있다. 혹자가 '잠시 쉬는 곳이다'고 말한 것은 옳지 않다.(『강록간보』)

○ 「小歇處」: 按, 透得名利關是立脚基址, 方有歇泊處, 上面方可著工夫. 或謂小休歇處, 非是.(『講錄刊補』)

『부주』29-2-1

○ 주자는 말하였다. "상채의 이 말은 깊이 두려워할 만하니, 모름지기 이곳에 다리를 세워 안정시킨 뒤에야 '널리 배워 예로 단속하는' 공부가 행해질 곳이 있을 것이다."477)

○ 朱子曰, "上蔡此言深可畏, 須是此處, 立得脚定, 然後'博文約禮'之工有所施耳."

『강록』29-2-1-a

○ 「입득각정(立得脚定)」: 다리를 세워 안정시킨 뒤에야 (『강록』)

○ 「立得脚定」: 脚을 立得하야 定하야는 然後.(『講錄』)

『석의』29-2-1-b

○ 「차처(此處)」: 명예와 이익의 관문에 통한 곳이다. 「입득각정(立得脚定)」: 다리를 세워서 안정시킨 (『석의』)

○ 「此處」: 名利關透得處也. 「立得脚定」: 脚을 立得ᄒᆞ야 定ᄒᆞᆫ.(『釋疑』)

477) 『晦庵集』 권52, 「答吳伯豐」.

『부주』29-3

○ "이익과 선의 사이"에 대하여 물었다. 주자가 말하였다. "냉수가 아니면 뜨거운 물이니, 그 중간에 따뜻함[溫]이 따뜻함[煖]을 함께 감싼 곳은 없다"478)

○ 問, "利與善之間?" 朱子曰, "不是冷水, 便是熱湯, 無那中間溫吞煖處也."

『강록』29-3-a

○ 「난(煖)」 : 『운회』에서 말하였다. "화(火)와 원(遠)의 반절, 또는 내(乃)와 관(管)의 반절로서 따뜻하다는 뜻이다."(『강록』)

○ 「煖」 : 『韻會』云, "火遠切, 又乃管切, 溫也."(『講錄』)

『석의』29-3-b

○ 「온탄난(溫吞煖)」 : 따뜻함과 따뜻함이 서로 감싼 것은 찬 것과 뜨거운 것의 중간이다.(『석의』)

○ 「溫吞煖」 : 溫煖相吞, 是冷熱之間也.(『釋疑』)

『표제』29-3-c

○ 「온탄난(溫吞煖)」 : 박세채(朴世采)의 생각: 『운회』에서 '탄(吞)'은 함께 싸는 것이라고 하였다. 따뜻함[溫]이 이미 따뜻함[煖]을 감싸게 되면 참으로 찬물도 아니고, 또 뜨거운 물도 아니며, 바로 중간에 차가운 것과 뜨거운 것이 서로 화합한 곳이다. 이것으로 선과 이익을 구분하지 않을 수 없음을 밝혔다.(『표제』)

○ 「溫吞煖」 : 按, 『韻會』吞幷包也. 溫旣包煖, 則固非冷水, 又非熱湯, 乃中間冷熱相和處也. 以明善利之不可不分.(『標題』)

『문목』29-2-d

○ 「온탄난(溫吞煖)」 : 따뜻함이 따뜻함을 감싼 것은 뜨겁지도 않고 차갑지도 않은 것이다. 온(溫)은 점차로 따뜻해지는 것이고, 난(煖)은 더욱 따뜻한 것이다. 온이 난과 조화되면 그것이 바로 차가움과 뜨거움의 중간이다.(『문목』)

---

478) 『朱子語類』 권60, 「孟子十·盡心上」.

○ 「溫呑煖」: 溫呑煖, 是不熱不冷者也. 溫是漸溫, 煖則加燠. 溫和煖, 則正是冷熱之間也.(『問目』)

『질서』29-2-e

○ 따뜻함이 따뜻함을 감싼다는 것은 아마도 당시의 속어로서, 차지도 않고 뜨겁지도 않은 것을 일컫은 것이다. 『어류』에 따르면 이 것은 문답한 말이 아니다. 다시 생각해보아야 한다.(『질서』)

○ 溫呑煖, 恐是當時俗語, 不冷不熱之稱. 按『語類』, 此非答問之辭, 當更考.(『疾書』)

『비망록』29-3-f

○ 「'이여선(利與善)'에서 '난처야(煖處也)'까지」: 혹자가 말했다. "이 장의 뜻은 분명하지 않은데 왜 그것을 말했습니까?" 대답하였다. "생각건대 차가운 물은 본원(本元)의 물이므로 그것을 선에 비유하였으며, 뜨거운 물은 어지럽게 변하는 물이므로 그것을 이익에 비유하였다. 이른바 '중간'이라는 것은 찬 것과 뜨거운 것에 나아가 따뜻함이 따뜻함을 감싼 곳을 말하여, 차가운 물은 그 자체로 차가워서 애초에 따뜻한 것을 감쌀 이치가 없음을 말하였다. '무(無)'자는 맺는말이다. 시험 삼아 논해보자면 이익과 선의 '사이[間]'란 글자는 '구분[分]'의 뜻이다. 곧바로 그것을 중간의 간(間)으로 보게 되면 이익과 선이 서로 대립하면서도 서로 만나게 되니, 어찌 말이 되겠는가? 주자는 반드시 배우는 자로 하여금 선과 이익의 구분에 밝아서 '간(間)' 자에 미혹되지 않게 하였을 것인데, 이렇게 할 이유가 있겠는가? 이와 같이 보면 혹 어떨지 모르겠다."(『비망록』)

○ 「利與善 止 煖處也」: 或曰, "此章之義未曉, 何以謂之?" 曰, "竊念冷水是本元之水, 譬諸善, 熟湯是變亂之水, 譬於利. 所謂中間, 就冷熱而言溫呑煖處, 謂冷水自是冷, 初無呑煖之理. 無字乃結辭也. 盖嘗論之, 利與善之'間'字, 是'分'字之意. 直以中間之間視之, 則利與善相對而相會, 豈成說乎! 朱先生必使學者欲明於善利之分, 而不惑於間字, 有以是之耶? 如是看之, 未知或如何?"(『備忘錄』)

『부주』29-4

○ 또 말하였다. "천리와 인욕의 구분은 단지 미세한 것을 다투기 때문에 주렴계 선생은 단지 '기(幾)' 자를 말하였다. 그러나 그것을 분별하는 것은 또 일찍 하지 않을 수 없기 때문에 장횡거는 매번 (미리라는 의미의) '예(豫)' 자를 말하였다."[479]

○ 又曰, "天理人欲之分, 只爭些子, 故周先生只管說'幾'字, 然辨之又不可不早, 故橫渠每說'豫'字."

『석의』29-4-a

○ 「쟁사자(爭些子)」: '쟁(爭)'에는 변쟁(辨爭)과 분쟁(分爭)의 뜻이 있으니, 털끝만한 차이를 분별한다는 말과 같다. 「기(幾)」: 주렴계가 말하였다. "성(誠)은 무위(無爲)이고, 기미에서 선악이 나뉜다."[480] 주자가 말하였다. "기미라는 것은 움직임이 미미한 상태요, 선과 악이 그로 말미암아 나뉘는 것이다. 대개 사람 마음의 은미한 가운데 움직이면 당연히 천리가 발현되겠지만 인욕도 그 사이에서 이미 싹트니, 이것이 음양의 상(象)이다."[481] 「예(豫)」: 장횡거가 말했다. "의리를 정밀히 연구하여 신묘한 경지에 들어가는 것은 일이 내 안 미리 정해져서 나의 밖을 이롭게 하기를 구하는 것이다."[482] 『중용』의 주에 "예(豫)는 평소에 정하는 것이다"[483]고 하였다.(『석의』)

○ 「爭些子」: '爭'有辨爭分爭之義, 猶云, '分別於毫釐之間也.' 「幾」: 周子曰, "誠無爲, 幾善惡." 朱子曰, "幾者, 動之微, 善惡之所由分也. 蓋動於人心之微, 則天理固當發見, 而人欲亦已萌乎其間矣. 此陰陽之象也." 「豫」: 張子曰, "精義入神, 事豫吾內, 求利吾外也." 『中庸』註, "豫, 素定也."(『釋疑』)

479) 『朱子語類』 권13, 「學七力行」.

480) 『周敦頤集』, 「通書·誠幾德」.

481) 『近思錄』 권1.

482) 『橫渠易說』 권3.

483) 『中庸章句』, '凡事豫則立, 不豫則廢'에 대한 주자주.

『부주』29-5

○ 질문하였다. "일이 도리에 부합하는데 의지를 가지고 그것을 행하는 것은 어떻습니까?" 대답하였다. "일은 비록 의리에 맞을지라도 마음은 사사롭다. 예를 들면 길은 좋은 사람이 가더라도 그 길이요, 도적이 가더라도 그 길이다. 마땅히 이와 같이 해야 하는 것이 천리이고, 계교하는 마음을 일으키면 곧 천리가 아니다."484)

○ 問, "事有合理而有意爲之, 如何?" 曰, "事雖義而心則私, 如路好人行之是路, 賊行之亦是路. 合是如此者是天理, 起計較, 便不是."

『석의』29-5-a

○ 「합시여차자(合是如此者)」: 의리가 마땅히 이와 같아야 한다고 여겨서 그것을 행하는 것이다.(『석의』)

○ 「合是如此者」: 以義理爲合當如此而爲之也.(『釋疑』)

『비망록』29-5-b

○ 「'사유(事有)'에서 '불시(不是)'까지」: 혹자가 말하였다. "선과 악은 모두 마음 가운데서 말미암아 밖으로 드러난다. 대개 일 처리가 도의에 부합하도록 하는 것은 참으로 선이다. 그 사람이 의도를 가지고 있는가의 여부는 깊이 논할 필요가 없을 것 같다. 또 어떻게 그 의도를 알겠는가?" 말하였다. "계교하는데 뜻을 둔 것을 외물을 흠모하는 마음이라고 한다. 대개 선에는 진실한 마음을 가지고 행하는 것이 있고, 사사로운 뜻을 가지고 행하는 것이 있다. 진실한 마음으로 행하는 것은 반드시 자취로 드러나지만, 사사로운 뜻으로 행하는 것도 반드시 자취로 드러난다. 총명한 사람이 그것을 보면 뚜렷하게 저절로 판별된다. 동중서가 '마땅함을 바르게 하고 그 이익을 도모하지 않으며, 도리를 밝히고 그 공을 계산하

484) 『朱子語類』 권115, 「朱子十二·訓門人三」.

지 않는다'고 말한 것은 매우 깊이 있고 절실한 말이다.(『비망록』)

○ 「事有 止 不是」: 或曰, "善惡皆由於中, 而形於外. 夫處事取合宜, 固善矣. 其人之有意與否, 似不必深論, 又何以知之耶?" 曰, "有意計較, 謂歆慕外物之心也. 夫善有實心以爲之者, 有私意以爲之者. 實心以爲之者, 必見於迹, 私意以爲之者, 亦見於迹. 明者視之, 了然自判矣. 仲舒所謂'正其誼不謀其利, 明其道不計其功', 儘是深切語也."(『備忘錄』)

『부주』29-6

○ 또 말하였다. "이익과 선 사이에서 만약 남이 알아주길 바라고 남이 좋다고 말하길 바라며, 이것으로 이록을 구하고자 하는 마음이 조금이라도 있다면 모두 이익을 위하는 것이다. 이것은 매우 다양하여 비록 행하는 것이 모두 선하더라도 조금이라도 외물을 흠모하는 마음을 가지게 되면 곧 이익이 된다. 예를 들면 한 덩어리의 깨끗하고 흰 사물 위에 단지 검은 것을 한 점만 붙여놓아도 흰 것이 될 수 없는 것과 같다."[485]

○ 又曰, "利與善之間, 若纔有心要人知, 要人道好, 要以此求利祿, 皆爲利也. 這箇極多般樣, 雖所爲皆善, 但有一毫歆慕外物之心, 便是利了. 如一塊潔白物事上面, 只著一點黑, 便不得爲白矣."

『강록』29-6-a

○ 「반양(般樣)」: 갖가지 모양이 (『강록』)

○ 「般樣」: 가지 模樣이 (『講錄』)

『석의』29-6-b

○ 「반양(般樣)」: 갖가지 모양 (『석의』)

○ 「般樣」: 잇가저 模樣 (『釋疑』)

485) 『朱子語類』 권60, 「孟子十·盡心上」.

『부주』29-7

○ 또 말하였다. "세간에서 의리에 밝은 자는 군자가 되고, 이익에 밝은 자는 곧 소인이다. 근년의 일종의 의론은 두 가지 사이에서 예절(禮節)을 행하고자 하여 구불구불 자신을 굽혀서 마음의 기지(機智)를 다 허비해도 끝내 군자가 되지 못하고, 소인이 되는 것도 머뭇거리지 않고 곧장 결정하지는 못하니 그 마음을 잘못 쓴다고 말할 만하다."486)

○ 又曰, "世間喻於義者, 則爲君子, 喻於利者, 卽是小人. 而近年一種議論, 乃欲周旋於二者之間, 回互委曲, 費盡心機, 卒旣不得爲君子, 其爲小人, 亦不索性, 可謂誤用其心矣."

『차기』29-7-a

○ 「'우왈세간(又曰世間)'에서 '용기심의(用其心矣)까지」 : 인간 세상에 이런 사람이 많이 있다. 군자의 일을 하고자 하면서도 동시대에 용납되기를 구하는 마음을 버리지 못하기 때문에 여기에 이르게 될 따름이다. 만약 그 학문이 밝지 않고 지혜가 지극하지 않다면 이것을 면하는 자가 드물 것이다. 이것은 악행을 저질러 못하는 짓이 없는 그런 부류는 아니다.(『차기』)

○ 「又曰世間 止 用其心矣」 : 人世間此等人多有之, 欲爲君子之事, 而未能去其偕世取容之心, 以至此耳. 苟其學不明, 知不至, 則免於此者, 鮮矣. 此非作惡無所不至之類也.(『箚記』)

『강록』29-7-b

○ 「'회호위(回互委)'에서 '심기(心機)'까지」 : '회호(回互)'는 회호(回護)와 같다. '내 앎을 고부라뜨려 덮음이라'의 뜻이다. 위곡(委曲)은 세속에서 곡동(曲洞)을 '위항(委巷)'이라고 한다. 이는 모두 그 자신을 거짓으로 꾸미면서[回護其身] 기심(機心)을 많이 부려 옳고 그름

486) 『晦庵集』 권29, 「與楊子直書」.

을 따지지 않는 것을 말한다. ○ 질문하였다. "이것은 형편없는 소인인데도 '소인이 되어도 머뭇거리지 않고 곧장 결정하지는 못한다'고 말한 것은 무엇 때문입니까?" 대답하였다. "군자는 자신을 거짓으로 꾸미면서 의와 이익의 두 가지 사이를 맴돌아 의를 행하고자 하면서도 실제로는 이익에 이끌리고, 이익을 행하고자 하면서도 또 의를 버리려고 하지 않아서 상황에 따라 굽히고 생각을 바꾸면서 마음의 기지(機智)를 허비하니 비록 형편없는 소인이라고 말할 수는 없어도 또 어찌 기초를 세운 군자가 될 수 있겠는가? 선비가 되어 학문이 밝지 않고 지혜가 지극하지 않으면 이것을 면하는 자가 드물 것이다."(『강록』)

○ 「回互委 止 心機」: '回互'與回護同. 내 알플 곱곰오ㅓ여 둡더트미라. 委曲, 俗有曲洞曰'委巷', 皆言回護其身多設機心, 不計是非也. ○ 問, "此乃無狀小人, 而曰'爲小人, 亦不索性'者, 如何?" 答曰, "君子回護自家, 周旋於二者之間, 欲爲義而實牽於利, 欲爲利而又不欲去義, 屈曲遷就, 費心機關, 雖不可謂無狀小人, 亦豈得爲立脚君子乎? 爲士而學不明知不至, 則其免於此者, 鮮矣."(『講錄』)

『질의고오』29-7-c

○ 「'회호(回互)'에서 '심기(心機)'까지」: 회호(回互)의 뜻은 서로 거짓을 꾸며서 교묘하게 이해(利害)를 따져 보는 것이다. 회호(回護)의 뜻으로 보는 것은 옳지 않다.(『질의고오』)

○ 「回互 止 心機」: 回互之義謂回曲交互, 巧爲計較利害. 作回護義, 非是.(『質疑考誤』)

『석의』29-7-d

○ 「'회호(回互)'에서 '심기(心機)'까지」: 이것은 「양방(楊方)에게 준 편지글」이다. 당시에 당화가 크게 일어나자 양방은 두려워서 분명하게 군자의 당으로 자처하지 못하였다. 그러므로 주자는 이것으로 그가 구불구불 자신을 굽혀서 뜻을 분명하게 결단하지 못하는 것을 꾸짖었다. 심기(心機)는 마음을 쓰는 기교(機巧)이다. 「색성(索性)」

: '가장'의 뜻이다.(『석의』)

○ 「回互 止 心機」 : 此「與楊方書」. 時黨禍大作, 方畏懼, 不能直截以君子之黨自處, 故朱子以是責其回互委曲不直截之意. 心機, 心術之機巧也. 「索性」 : ㄱ장.(『釋疑』)

『질서』29-7-e

○ '색(索)'은 제사를 극진히 한다는 의미의 '색'으로 '다한다'는 뜻이다. 성(性)은 소리·색깔·맛·냄새 등의 성이다. 사람이 물욕에 대해 본성을 다하여 그것을 좇아 돌아보거나 꺼려하는 것이 없는 것을 '색성(索性)'이라고 한다.(『질서』)

○ '索', 如索祭之索, 盡也. '性', 如聲色臭味等之性. 人於物欲, 盡性而循之, 無所顧忌, 曰'索性'.(『疾書』)

『부주』29-7-1

○ 지난날 이(李) 아무개가 처음 글을 하나 올려 도학이 이렇게 좋지 않다고 극력 비판하였다. 그 때는 아무개가 요직에 있었기 때문에 이 말로 영합하여 바로 상주(上州)로 높이 승진할 수 있었다. 지난날 내가 막 부름을 받아 행재(行在)에 이르자, 홀연히 글을 하나 다시 올려 도학의 아름다움을 극찬하였다. 그는 내가 어떤 세력이 있다고 생각하여 이것으로 영합하고자 하였으니 매우 우스운 일이다.487)

○ 昨有李某初上一書, 極說道學恁地不好. 那時某人在要路, 故以此說投之, 卽得超升上州. 前日某方赴召, 到行在, 忽又上一書, 極稱道學之美. 他便道某有甚勢, 要以此相投, 極好笑

『강록』29-7-1-a

○ 「행재(行在)」 : 이덕홍이 기록하였다. "'행재'는 남송이 도읍한 곳을 가리키는 것으로 곧 임안부이다. 나라 사람들이 차마 옛 나라를 잊지 못하여 '행재'라고 말하여 회복해야 한다는 의지를 보여주었

487) 『朱子語類』 권27, 「論語九·里仁篇下」.

다."(『강록』)

○ 「行在」 : 李錄云, "'行在'指南宋所都, 卽臨安府也. 國人不忍忘故國, 故云'行在', 以示當恢復之意也."(『講錄』)

『석의』29-7-1-b

○ 「행재(行在)」 : 당시 남송이 천도하였기 때문에 도읍한 곳을 가리켜 '행재'라고 하였다.(『석의』)

○ 「行在」 : 時南宋遷, 故指所都謂'行在'.(『釋疑』)

『부주』29-8

○ 남헌장씨가 말하였다. "배우는 자가 공자와 맹자에 마음을 기울여 반드시 그 문을 찾아 들어가야 할 때, 나는 의로움[義]과 이로움[利]을 밝게 판별하는 것보다 앞서는 것이 없다고 생각한다. 대개 성현은 의도하는 것이 없이 그러하다. 의도함이 없이 그러하다는 것은 명이 그치지 않는 것이고, 본성이 치우치지 않는 것이며, 가르침이 끝이 없는 것이다. 대개 의도하는 것이 있어서 그러한 것은 모두 사사로운 인욕이고 천리가 보존된 것이 아니다. 이것이 의로움과 이로움의 구분이다. 성찰할 줄 모르는 사람의 입장에서 말한다면 종일토록 이로움을 위하지 않음이 드무니, 다만 명예와 지위와 재화를 증식한 뒤에라야 이로움을 위하는 것은 아니다. 뜻이 지향하는 바가 의도하는 것과 조금이라도 관련되면 비록 얕고 깊음의 차이가 있을지라도 그 자신의 사사로움을 따르는 것은 똑같을 뿐이다. 이 마음이 날로 자라면 선의 실마리는 막히게 되는데도, 성인의 문호를 가까이 하여 자득하기를 구한다면 어찌 뒷걸음을 치면서 앞사람에게 미치기를 바라는 것이 아니겠는가? 배우는 자는 마땅히 뜻을 세우는 것을 앞세우고 경을 유지하는 것을 근본으로 삼아서 동정의 사이에서 정밀하게 살펴 털끝만한 작은 차이에서 하

늘과 땅의 간격이 생김을 안다면 자신의 힘을 제대로 쓸 수 있을 것이다. 공자가 '옛날에 배우는 자는 자기 스스로를 위하였지만, 요즈음 배우는 자는 남을 위한다.'[488]고 하였으니, 남을 위하는 자는 어디를 가든 이로움을 행하지 않음이 없고, 자기를 위하는 자는 어디를 가든 의로움을 행하지 않음이 없다. '이로움[利]'이라고 하는 것은 비록 자기에게 있는 일일지라도 모두 남을 위하는 것이다. '의로움[義]'이라고 하는 것은 남에게 베푸는 것이지만 또한 자기를 위하는 것이 아님이 없다. 아! 의로움과 이로움의 차이가 크도다. 어찌 다만 배우는 자가 자기를 다스리는 데에만 먼저 해야 할 바이겠는가? 천하와 국가에 베풀어도 똑같은 것이다."[489]

○ 南軒張氏曰, "學者潛心孔孟, 必求其門而入, 愚以爲莫先於明義利之辨. 蓋聖賢無所爲而然也. 無所爲而然者, 命之所以不已, 性之所以不偏, 而教之所以無窮也. 凡有所爲而然者, 皆人欲之私而非天理之所存. 此義利之分也. 自未知省察者言之, 終日之間, 鮮不爲利矣. 非特名位貨殖而後爲利也. 意之所向, 一涉於有所爲, 雖有淺深之不同, 其爲徇己自私則一而已. 是心日滋, 則善端遏塞, 欲邇聖賢之門牆, 以求自得, 豈非却行而望及前人乎? 學者當立志以爲先, 持敬以爲本, 而精察於動靜之間, 毫釐之差, 審其爲霄壤之判, 則有以用吾力矣. 孔子曰, '古之學者爲己, 今之學者爲人.' 爲人者無適而非利, 爲己者無適而非義. 曰'利', 雖在己之事, 皆爲人也. 曰'義', 則施諸人者, 亦莫非爲己也. 嗟乎! 義利之辨大矣, 豈特學者治己之所當先, 施之天下國家, 一也."

『강록』29-8-a

ㅇ 「'명지(命之)'에서 '궁야(窮也)'까지」 : 『중용』 머리장의 '하늘이 명

488) 『論語』, 「憲問」.

489) 『南軒集』 권14, 「孟子講義序」.

한 것을 성이라고 하고, 성에 따르는 것을 도라고 하며, 도를 닦는 것을 교라고 한다'는 세 구절을 가지고 말한 것이다. 「왈리(曰利)」 : 비평하여 말하였다. "'왈리(曰利)'아래에 '즉(則)' 자가 있어야 할 듯하다."(『강록』)

○ 「命之 止 窮也」 : 以『中庸』首章, '天命之謂性, 率性之謂道, 脩道之謂敎', 三句言. 「曰利」 : 批云, "疑'曰利'下有'則'字."(『講錄』)

『석의』29-8-b

○ 「'명지(命之)'에서 '궁야(窮也)'까지」 : 『중용』 머리장의 '하늘이 명한 것을 성이라고 하고, 성에 따르는 것을 도라고 하며, 도를 닦는 것을 교라고 한다'는 세 구절을 가지고 말한 것이다. 「'지경(持敬)'에서 '호리지차(毫釐之差)'까지」 : 경을 유지하면 마음의 바탕은 텅 비고 밝아 동정의 털끝만한 사이에서 의로움과 이로움을 정밀하게 살필 수 있다. '동정(動靜)'은 몸을 가지고 말한 것이고, '호리(毫釐)'는 일을 가지고 말한 것이다. 「소양지판(霄壤之判)」 : 의로움의 높음은 하늘과 같고, 이로움의 낮음은 땅과 같다.(釋疑』)

○ 「命之 止 窮也」 : 以『中庸』首章, 天命之謂性, 率性之謂道, 脩道之謂敎, 三句言. 「持敬 止 毫釐之差」 : 持敬, 則心地虛明, 故能精察義利於動靜毫釐之際也. 動靜以身言, 毫釐以事言. 「霄壤之判」 : 義之高如霄, 利之卑如壤. (『釋疑』)

『질서』29-8-c

○ 군자가 천하를 평안하게 다스리는 것은 자기 직분 안의 일이 아님이 없으니 자기가 마땅히 해야 할 일을 할 따름이다. 비록 남에게 베푸는 일일지라도 참으로 자기를 위하는 것이 아님이 없다. 만약 이목이 보고 듣는 것이나 몸이 안일한 것과 같이 이로움이 자기에게 있는 것이라면 그것이 남을 위하는 것과 무슨 관계가 있겠는가? 대개 남헌이 가리키는 것은 목표하는 것이 있음을 말한 것일 뿐이다. 이것은 모두 '의도하는 바가 있어서 한다'는 것을 이어서 말한 것으로서, 비록 자기에게 있어서 마땅히 해야 하는 일일지라

도 만약 자연스런 이치에 따르지 못하고 계산하는 마음이 있다면 옳지 않은 것이다. 예컨대 사람이 단정히 앉아서 책을 읽는 것은 그 자체로 바른 이치이지만, 마음속으로 이렇게 하면 명예를 얻을 수 있다고 생각하면 이것은 곧 계산하는 것으로 남에게 보이기 위한 것이다. 이것은 대개 배우는 자가 마음을 지키는 은미한 곳에서 분석한 것이다. 저 미색을 탐하고 소리를 즐겨하면서 오로지 편리만을 따르는 사람은 곧 앞에서 말한 바의 '색성소인'이지, 남헌이 가리키는 것은 아니다.(『질서』)

○ 君子治平天下也, 莫非分內, 則爲己之當爲者而已. 雖施諸人者, 固莫非爲己也. 若利之在己, 而耳目之於聲色, 四支之於安逸之類, 何繫於爲人乎? 蓋南軒之所指, 言有在耳. 此都承有所爲而爲說, 雖在己當爲之事, 若不能順理自然, 而有所計較之心, 則不是. 如人端坐讀書, 自是正理, 而其心以爲如是可以取名譽, 則這便是計較, 而爲人者也. 此蓋辨析於學者操術之幾微處. 若夫貪色悅聲, 惟循便利者, 卽向所謂'索性小人', 非南軒之所指也.(『疾書』)

『경의』29-8-d

○ 「'정찰(精察)'에서 '소양지판(霄壤之判)'까지」 : 『석의』에서는 '호리지차(毫釐之差)'에서 문장을 마치고 '심기위(審其爲)' 이하의 한 문장을 단문으로 삼아 읽었는데 깊이 살피지 못한 듯하다. '간(間)' 자에서 문장을 마치는 것이 옳을 듯하다.(『경의』)

○ 「精察 止 霄壤之判」 : 『釋疑』乃句絶於'毫釐之差', 而以'審其爲'以下一句, 作單句讀, 似未深察. '間'字作句, 恐是.(『經義』)

『밀험』29-8-e

○ 남헌이 말하였다. "이로움[利]이라고 하는 것은 비록 자기에게 있는 일일지라도 모두 남을 위하는 것이다. 의로움[義]이라고 하는 것은 남에게 베푸는 것이지만 또한 자기를 위하지 않음이 없는 것이다." ○ 정약용의 생각: 재물을 자기에게 소비하는 것이 남을 위하는 것이고, 남에게 베푸는 것이 자기를 위하는 것이다. 이 이치는 분명한데 다만 사람들이 그것을 생각하지 못할 뿐이다. 하증(何

曾)[490]은 날마다 만전(萬錢) 어치의 밥을 먹어 당시에 교만하고 사치스럽다는 비방이 비등했고, 범문정[491]은 보리 몇 곡을 실은 배로 후세에 어질고 의롭다는[仁義] 명성을 남겼는데, 여기서 자못 깨닫는다. 한 치의 밥주머니에 필요한 것은 밥 한 그릇과 국 한 그릇에 불과하고, 그 나머지는 모두 주위에 있는 사람들에게 이로움이 되니, 나와 무슨 상관이 있겠는가? 재물을 반드시 남에게 주면 나의 덕이 된다. 덕은 썩지 않는 것이다. 재물로 밭을 사면 백년을 보존하지 못하지만, 재물로 덕을 사면 만고에 오래 남게 된다. 어떤 것이 자기를 위하는 것이고, 어떤 것이 남을 위한 것인가?(『밀험』)

○ 南軒曰, "利, 雖在己之事, 皆爲人也. 曰義, 則施諸人者, 亦莫非爲己也." ○ 案: 財物費於己者, 乃爲人, 施於人者, 乃爲己. 此理皦然, 顧人莫之思耳. 何曾日食萬錢, 當時騰驕侈之謗, 范文正麥舟幾斛, 後世留仁義之名, 於此庶有悟矣. 一寸之嗉所須, 不過一鉢一鍘, 其餘皆左右之利, 於我何關? 財必與人者, 乃爲吾德, 德是不朽之物. 以財買田, 不保百年. 以財買德, 長留萬古. 孰爲爲己, 孰爲人也?(『密驗』)

『강의』29-8-f

○ 「'이수(利雖)'에서 '위기야(爲己也)'까지」 : 이로움은 유독 재화만이 아니다. 예컨대 갓난아이가 우물에 들어가는 것을 보고 그 부모와 교제를 트려 하거나, 칭찬을 바라거나 비난을 듣기 싫어하는 생각

---

490) 하증(何曾) : 자는 영효(穎孝)이다. 진무제(晉武帝) 때 사람으로 벼슬이 태위(太尉)에 이르렀는데, 본디 호사(豪奢)하기를 좋아해 궁실, 거마, 의복, 음식 등에 있어 모두 왕자(王者)보다 지나칠 만큼 극도로 사치하였고, 또 날마다 만전(萬錢)을 들여 음식을 차려 먹으면서도 오히려 "젓가락을 내려 집을 것이 없다.[無下箸處]"라고까지 하였다.

491) 범문정(989~1052) : 범중엄(范仲淹)을 가리킨다. 강소성(江蘇省) 소주(蘇州)사람으로, 자는 희문(希文)이고, 시호는 문정(文正)이다. 1015년에 진사 시험에 합격하고 한기(韓琦)와 함께 섬서(陝西) 방면에서 서하(西夏)의 방위에 공을 세우고, 추밀부사를 거쳐 참지정사(參知政事)가 되었다. 이때 그는 오현(吳縣)의 자기 종족을 위하여 자신의 봉급을 덜어서 성곽을 둥지고 있는, 곡식이 항상 잘 익는 전답 1천 무(畝)를 사서 의전(義田)이란 전답을 마련하고 대소사(大小事)의 경비를 충당하였다. 저서에 『범문정공집(范文正公集)』이 있다.

을 가지고 의도적으로 하는 바가 조금이라도 있게 되면 그것이 바로 스스로를 사사롭게 하고 자신의 이로움을 도모하는 일이다. 그러나 교제와 칭찬, 그리고 비난의 이로움은 비록 자기에게 있지만 그 실질은 모두 남을 위한 것이다. 의로움이라는 것은 나의 고유한 본성에서 나와서 의도적으로 하는 바가 없이 행하는 것이다. 그러므로 의로움으로써 남에게 베풀지라도 그 실질은 또한 자기를 위하는 것이 아님이 없다. 이것이 의로움과 이로움에 자기와 남의 구별이 있는 까닭이다.(『강의』)

○ 「利雖 止 爲己也」 : 利非獨貨財也. 如見赤子入井而有納交要譽惡其聲之念, 一涉於有所爲, 則便是自私自利之事也. 然其爲交譽聲之利, 雖在己而其實皆是爲人也. 義者, 出於吾性中固有, 而無所爲而爲者也. 然則雖義以施人, 而其實亦莫非爲己也. 此義利之所以有人己之分也.(『講義』)

『비망록』29-8-g

○ 「'학자(學者)'에서 '지변(之辨)'까지」 : 공자와 맹자의 글은 구절마다 모두 의로움[義]과 이로움[利]을 구별한 것이다. 그 글을 읽고 그 말을 읊으면 무엇이 의로움이고 무엇이 이로움인지를 판별할 수 있어서 취하고 버릴 것을 알아 잘못이 없을 것이다. 공맹의 학문에 들어가는 문을 얻는 것은 바로 여기에 있으나 참으로 행하지 않을 뿐이다. 『중용』에서 말하는 '박학·심문·신사·명변·독행' 이 다섯 가지 가운데는 지(知)가 많은 부분을 차지한다. ○ 「'미지(未知)'에서 '즉일이이(則一而已)'까지」 : 이로움[利]이란 마음의 득실이 여기에 달려있는 것으로 물과 불이 사람을 구제할 수도 있고 또한 사람을 빠뜨릴 수도 있는 것과 같으니, 그 사이에서 신중히 살피지 않을 수 없다. 대저 이로움은 사람의 목숨이 달려 있는 것이므로 전혀 근심하지 않아서도 안 되지만, 멋대로 욕심을 부려 무절제하게 그것을 추구해도 안 된다. 응당 알맞고 마땅하게 해야 한다. 알맞고 마땅하면 이로움은 이로움을 추구하지 않아도 선하게 된다. 배우는 자가 진실로 알맞고 마땅하여 결함이 없고자 하면

바로 욕심을 막고 천리를 보존하는 학문에 힘써야 한다. 사물이 이를 때마다 철저히 반성하고 살펴서 뜻이 얽매여 임시방편적이 되지 않게 해야 한다. 만약 이와 같다면 계산하고 이로움을 도모하는 욕심을 챙기느라 자기를 따라 사사롭게 됨을 면하지 못할 것이다. 이것을 일러 '인위적으로 하는 바가 있다'고 한다. 이것에 대하여 깊이 사색하고 정밀하게 변별하지 않을 수 있겠는가? ○ 「'고지학(古之學)'에서 '위기야(爲己也)'까지」 : 혹자가 말하였다. "이 문장의 중간에 두 개의 '왈(曰)'자는 무슨 의미이며, '즉(則)' 자는 또 무엇입니까?" 대답하였다. "두 개의 '왈(曰)' 자는 대개 주제를 바꾸는 말이다. '즉(則)' 자는 의로움[義]을 이로움[利]과 대립시키는 것을 피하고자 하여 그렇게 한 것이다. 그러나 또 문체에 간혹 그런 경우가 있다. 정자가 이미 '위기(爲己)는 자기에게서 얻고자 하는 것이고, 위인(爲人)은 다른 사람에게 보이고자 하는 것이다'라고 말하였으니, 이른바 '리(利)'라고 하는 것이 반드시 봉록·지위·영리·부와 같은 따위를 말하는 것은 아니다. 선과 덕이 조금이라도 있을 경우에 남에게 칭찬받고자 한다면 그것이 바로 리(利)이다. 이와 같은 것은 일이 비록 자기에게 있을지라도 남에게 알려지는 것에 힘써서 그것을 행하기 때문에 '모두 남을 위하는 것이다'라고 말한 것이다. 의로우면 반드시 앎을 극진히 하고 힘써 실천하며 덕을 닦고 인을 행하여 자연히 사람의 일을 열어서 힘쓸 바를 이루는 경지에 이르게 될 것이다. 자기에게서 얻어서 남에게 베푸는 것은 모두 그렇게 되기를 기대하지 않아도 저절로 이러한 감응이 있는 것이다. 그러므로 '자기를 위하는 것이 아님이 없다'고 하였다. 의리(義利)의 소재와 위인과 위기를 분별하는 것이 참으로 크다."(『비망록』)

○ 「學者 止 之辨」 : 孔孟之書, 句句節節, 皆義利之辨. 讀其書誦其言, 判得夫何者爲義, 何者爲利, 而知所取舍, 無有差失. 得其門, 卽在是也, 固不爲也. 『中庸』所謂'博學審問愼思明辯篤行', 此五者知居多也. ○ 「未知 止 則一而已」: 夫利者, 心之得失在是, 猶水火之能濟人, 而又能陷人, 不容不謹審於其間矣. 大抵利人命所係, 專然絕之不可也. 縱其欲而求之無節, 亦不可也. 要當適宜而爲, 可也. 適宜, 則利不爲利而爲善矣. 學者苟欲適宜而無欠缺矣, 正宜黽勉於遏欲存理之學. 輒於事物之來, 極加省察, 不使志意有所係累而取姑息也. 若如是, 則爲計較謀利之欲, 而不免於循己自私也. 是之謂有所爲也. 可不於此, 深思精辨乎! ○「古之學 止 爲己也」: 或曰, "此文中間二'曰'字何意, '則'字又何也?" 曰, "二'曰'字, 蓋更端之辭. '則'字將義之於利, 欲避其對而爲然. 然亦文體有或爾也. 程子旣曰, '爲己, 欲得之於己也. 爲人, 欲見於人也.' 夫所謂'利'者, 非必謂祿位榮富之類, 才有一善一德, 欲見稱於人是利也. 如此者, 事雖在己, 務人知而爲之, 故曰'皆爲人也.' 義則必致知力行修德行仁, 自然推及於開物成務之地. 其得於己而施諸人者, 皆不期然而自有其應如是, 故曰'莫非爲己也.' 義利所在, 爲己爲人之辨, 固大矣."(『備忘錄』)

『부주』29-8-1

○ 주자가 말하였다. "의(義)라는 것은 의도하는 것 없이 그러한 것이다. 이 말은 대개 이전의 성인이 말하지 못한 것을 넓힌 것으로서 맹자의 성선(性善)설 및 양기(養氣)의 설과 공이 같다고 이를 만하다."492)

○ 朱子曰, "義也者, 無所爲而然者也. 此言蓋可謂廣前聖之未發, 而同於性善養氣之功者與?"

『석의』29-8-1-a

- 「광전성(廣前聖)」: '광(廣)'은 『대학혹문』에는 '확(擴)'으로 되어 있다. 「성선양기지공(性善養氣之功)」: 맹자의 공이다.(『석의』)
- 「廣前聖」: '廣', 『大學或問』作'擴'. 「性善養氣之功」: 孟子之功.(『釋疑』)

『부주』29-8-2

○ 서산진씨가 말하였다. "주자가 '의와 이의 사이를 참으로 깊이

492) 『緒山讀書記』 권8, 「義」. * 『晦庵集』 권89, 「右文殿修撰張公神道碑」.

밝히고 힘써 분별해야 한다. 그러나 이락(伊洛)이 사물에 아직 접하지 않을 때 경을 주로 하는 한 단계의 공부를 발명한 것을 다시 정진해야만 비로소 (공부가) 아름답게 된다. 그렇지 않으면 혹 의와 이의 구분을 살피는데 의거할 바가 없을 것이다.'고 하였다. 이 설은 더욱 배우는 자가 마땅히 알아야 할 것이다."[493)]

○ 西山眞氏曰, "朱子云'義利之際, 固當深明而力辨. 然伊洛發明未接物時, 主敬一段工夫, 更須精進, 乃佳. 不爾, 或無所據以審夫義利之分也.' 此說尤學者所當知."

『강록』29-8-2-a

○ 「불이(不爾)」: '그렇지 않다'고 말하는 것과 같다.(『강록』)

○ 「不爾」: 猶言不然.(『講錄』)

『석의』29-8-2-b

○ 「불이(不爾)」: '그렇지 않다'고 말하는 것과 같다.(『석의』)

○ 「不爾」: 猶言不然也.(『釋疑』)

『부주』29-9

○ 상산육씨가 말하였다. "군자는 의로움[義]에 밝고, 소인은 이로움[利]에 밝다. 이 장은 의와 이로 군자와 소인을 나누었는데, 만약 자기에게 절실한 것에서 살피지 않으면 또한 유익함이 없을 듯하다. 사람이 깨우치는 것은 익히는 것에 말미암고, 익히는 것은 뜻을 둔 것에 말미암는다. 의로움에 뜻을 두면 익히는 것이 반드시 의로움에 있을 것이며, 익히는 것이 의로움에 있으면 이것이 의로움에 밝은 것이다. 이로움에 뜻을 두면 익히는 것이 반드시 이로움에 있으며 익히는 것이 이로움에 있으면, 이것이 이로움에 밝은 것이다. 그러므로 배우는 사람의 뜻을 분별하지 않을 수 없다. 지금 선비가 된 사람은 진실로 과

493) 『緖山讀書記』 권8, 「義」.

거 시험장에서의 득실을 면할 수 없어서, 그의 재능이 관리의 호오와 어떠한가 하는 점만을 고려할 뿐이니, (과거 시험장의 득실이) 군자와 소인의 구분이 되는 것은 아니다. 그러나 지금 세상에서는 이것을 서로 숭상하여 여기에 골몰해서 스스로 빠져 나오지 못하니, 종일토록 하는 일이 비록 성현의 글이라고 하더라도 그의 뜻이 지향하는 바를 살펴보면 성현과 배치되는 점이 있다. 이를 미루어 올라가면 또 오로지 관직의 높고 낮음과 녹봉의 두텁고 박한 것만을 계산하니, 어찌 나라의 일과 백성의 고통에 마음과 힘을 다하여 그에게 일을 맡긴 자를 저버리지 않을 수 있겠는가? 그 사이에서 일을 하여 경력이 많고 강론하고 익히는 것이 익숙하게 되면 어찌 깨우치는 바가 없을 수 있겠는가? 다만 의로움에 있지 않을까 두려울 뿐이다. 진실로 이 몸을 소인으로 돌아가게 해서는 안 된다는 것을 깊이 생각한다면 이욕의 익힘에 대하여 서글프게 마음을 아파하고 머리를 아파해서 오로지 의로움에 주안점을 두어 날마다 힘써서, 널리 배우고 자세히 질문하고 신중히 생각하고 분명하게 구별하고 독실하게 행할 것이다. 이로 말미암아 과거 시험장에 나아가면 그 문장은 반드시 평소의 학문과 가슴에 품고 있던 생각을 모두 말하여 성인에 어긋나지 않을 것이다. 이로 말미암아 벼슬을 한다면 반드시 모두 그 직책을 수행하고 일을 부지런히 하여 나라에 마음을 두고 백성에 마음을 두어 자기 한 몸만을 위해 일을 꾀하지 않을 것이니, 어찌 이를 군자라고 이르지 않을 수 있겠는가?"494)

○ 象山陸氏曰, "君子喩於義, 小人喩於利. 此章以義利判君子小人, 苟不於切己觀省, 亦恐未能有益也. 人之所喩由其所習, 所習由其所志, 志乎義則

494) 『象山集』 권23, 「白鹿洞書院講義」.

所習者必在於義, 所習在義, 斯喩於義矣. 志乎利則所習者必在於利, 所習在利, 斯喩於利矣. 故學者之志, 不可不辨也. 今爲士者, 固不能免場屋之得失, 顧其技與有司好惡如何耳, 非所以爲君子小人之辨也. 而今世以此相尙, 使汨沒於此, 而不能自拔, 則終日從事者, 雖曰聖賢之書, 而要其志之所鄕, 則有與賢背而馳者矣. 推而上之, 則又惟官資崇卑, 祿廩厚薄是計, 豈能悉心力於國事民隱, 以無負於任使之者哉? 從事其間, 更歷之多, 講習之熟, 安得不有所喩? 顧恐不在於義耳. 誠能深思是身不可使之爲小人之歸, 其於利欲之習, 怛焉爲之痛心疾首, 專主乎義而日勉焉, 博學審問謹思明辨而篤行之. 由是進於場屋, 其文必皆道其平日之學, 胸中之蘊, 不詭於聖人. 由是而仕, 必皆共其職, 勤其事, 心乎國, 心乎民, 而不爲身計, 其得不謂之君子乎?"

『차기』29-9-a

○ 「'군자유(君子喩)'에서 '유어리의(喩於利矣)'까지」 : 주자가 말하였다. "이천(伊川)은 '오로지 깊이 깨닫기 때문에 독실하게 좋아한다'고 하였으며, 자정(子靜)은 반드시 '좋아한 뒤에야 비로소 깨닫는다'고 말하고자 하였다. 보아하니 사람은 의로움과 이로움에 대하여 깨닫고 나서 좋아하는 자가 많다. 만약 전혀 깨닫지 못한다면 또 어떻게 좋아할 수 있겠는가? 그러나 좋아하면 곧 깨닫게 된다. 결국 이천의 설이 타당한 점이 많다."495)(『차기』)

○ 「君子喩 止 喩於利矣」 : 朱子曰, "伊川'唯其深喩, 是以篤好.' 子靜必要云, '好後方喩.' 看來人之於義利, 喩而好者多. 若全不曉, 又安能好? 然好則喩矣. 畢竟伊川說占得多."(『箚記』)

『강록』29-9-b

○ 「군자유어의조(君子喩於義條)」 : 『논어』「이인」편에 나온다. ○ 비평하여 말하였다. "주자는 '이천(伊川)은 오로지 깊이 깨닫기 때문에

495) 『朱子語類』 권124, 「陸氏」.

독실하게 좋아한다고 하였으나, 자정(子靜)은 반드시 '좋아해야 비로소 깨닫는다'고 말하고자 하였다. 보아하니 사람은 의로움과 이로움에 대하여 깨닫고 나서 좋아하는 자가 많다. 만약 전혀 깨닫지 못한다면 또 어떻게 좋아할 수 있겠는가? 그러나 좋아하면 곧 깨닫게 된다. 결국 이천의 설이 타당한 부분이 많다'고 말하였다." 「고(顧)」 : '고(顧)'는 생각한다는 뜻이다. 「如何」 : 내가 문장을 지은 것이 관리의 호오에 부합하는가의 여부이다. 「배이치자의(背而馳者矣)」 : 마치 성인이 동쪽으로 돌아가면 나는 서쪽으로 돌아가는 것처럼 서로 등을 져서 어긋나는 것이다. 「추이상지(推而上之)」 : 과거로부터 말미암아 몸이 관직에 나아가는 데까지 미치는 것이다. 「민은(民隱)」 : 백성의 마음 깊은 곳의 고통이다. 「궤(詭)」 : 다르다는 뜻이다.(『강록』)

○ 「君子喩於義條」 : 『論語』「里仁」篇. ○ 批云, "朱子曰, '伊川云, 唯其深喩, 是以篤好. 子靜必要云, '好方喩'. 看來人之於義利, 喩而好者多. 若全不曉, 又安能好? 然好則喩矣. 畢竟伊川說占得多." 「顧」 : '顧', 念也. 「如何」 : 吾之爲文, 合於有司之好惡與否也. 「背而馳者矣」 : 猶聖歸於東, 我則歸於西, 所以背馳也. 「推而上之」 : 由科擧而及於出身. 「民隱」 : 民之隱痛也. 「詭」 : 異也.(『講錄』)

『석의』29-9-c

○ 「군자유어의(君子喩於義)」 : 주자가 말하였다. "이천(伊川)은 '오로지 깊이 깨닫기 때문에 독실하게 좋아한다'고 하였으나, 자정(子靜)은 반드시 '좋아해야 비로소 깨닫는다'고 말하고자 하였다. 보아하니 사람은 의로움과 이로움에 대하여 깨닫고 나서 좋아하는 자가 많다. 만약 전혀 깨닫지 못한다면 또 어떻게 좋아할 수 있겠는가? 그러나 좋아하면 곧 깨닫게 된다. 결국 이천의 설이 타당한 점이 많다." 「여하이(如何耳)」 : 내가 문장을 지은 것이 관리의 호오에 부합하는가의 여부이다. 「민은(民隱)」 : 백성의 마음 깊은 곳의 고통이다. 「불궤(不詭)」 : 다르지 않다는 뜻이다. 「공기직(共其職)」 :

'공(共)'은 (수행한다는 의미의) 공(供)과 같다.(『석의』)

○ 「君子喩於義」: 朱子曰, "伊川云, '唯其深喩, 是以篤好.' 子靜必要云, '好後方喩.' 看來人之於義利, 喩而好者多. 若全不曉, 又安能好? 然好之則喩矣. 畢竟伊川說占得多."「如何耳」: 吾之爲文, 合於有司之好惡與否也.「民隱」: 民之隱痛也.「不詭」: 不異也.「共其職」: '共'與供同.(『釋疑』)

『경의』29-9-d

○ 육상산의 설이 아주 통쾌하고, 말학이 이리저리 외물을 좇는 습성에 더욱 절실하므로 이로 인하여 기록한다. 옛날에 어떤 사람이 율곡에게 질문하였다. "우리나라 사람들은 우리 유학의 도를 높이고 이단을 억압할 줄 모르는 사람이 없는데, 중국 사람은 무슨 까닭에 이단에 잘못 빠진 사람이 많습니까?" 선생은 '중국 사람은 모두 마음 쓸 곳을 얻으려고 했기 때문에 간혹 이단에 잘못 빠짐을 면하지 못했다. 그러나 어찌 우리나라 사람이 마음 쓰는 데가 없어서 날로 허위(虛僞)와 명리(名利)를 추구하는 데 급급하여 양심이 날로 상실되고 풍속이 날로 경박해지는 것보다 오히려 낫지 않겠는가?'라고 대답하였다. (-대의는 이와 같으며, 율곡의 설은 여기에서 그친다.-) 우리들은 하루라도 실질적인 공부에 실제로 착수하지 못하고 한갓 선유들이 남긴 기롱과 꾸지람에 집착한다. 그러나 상산의 무리는 그것을 다시 돌아보거나 의지하지 않았다. 지금 그의 학설을 보아도 역시 그 자체로 분명하고 또 본래 스스로 터득한 점이 있으니, 우리들이 인습에 따라 앞을 내다보고 뒤를 돌아보는 데 부진한 것과 같지 않다. 만약 저들이 안다면 어찌 남몰래 비웃지 않겠는가? 주자가 '거듭 우리 도에 걸림돌이 된다'고 말한 것은 바로 이것을 가리킨다. 율곡 선생의 설이 어찌 깊이 애통해하면서 사납게 채찍질한 것이 아니겠는가? 대개 배우는 자는 모름지기 먼저 의와 이의 경계를 쪼갠 뒤에야 비로소 의거할 것이 있게 된다. 그렇지 않으면 비록 백발이 되도록 경을 연구해도 단지 본심에 공허할 뿐이어서, 수습할 수 있는 때가 없을 것이니 두려워

하지 않을 수 있겠는가?(『경의』)

○ 陸氏說甚覺痛快, 尤切於末學逐外營營之習仍記. 昔有人問於栗谷曰, "我國人無不知尊吾道而抑異端, 中國人則何故誤入者多耶?" 先生答以中國人, 則都要得用心處, 故或不免誤入. 然豈不猶勝於我國人之無所用心, 而日逐逐於虛僞名利上, 良心日喪, 而風俗日薄耶? (-大意如此, 栗說止此-) 吾輩不能一日, 實下手於實功, 而徒執先儒緖餘譏罵. 象山之徒, 無復顧藉. 今觀彼說, 亦自直截, 亦自有自得處, 不似吾輩之因循, 不振瞻前顧後也. 使彼有知, 豈不竊笑之耶? 朱子所謂'重爲吾道之累'者, 正指此也. 栗谷先生之說, 豈非深痛而猛策者耶? 盖學者須先於義利劈破, 然後方有據依. 否則雖白首窮經, 只是空虛本心, 無時可收拾, 可不畏哉!(『經義』)

『밀험』29-9-e

○ 상산이 말하였다. "요즈음 선비들은 결코 과거시험에서의 성공과 실패를 벗어날 수 없다." ○ 나의 생각: 고요(皐陶)는 아홉 가지 덕496)을 과거에서 선발하는 조목으로 삼아 당시에 아홉 가지 덕이 융성하였다. 주공은 세 가지 요소497)를 선거의 조목으로 삼아 당시에 세 가지 사물이 찬란하게 드러났다. 위에서 효렴(孝廉)과 역전(力田)을 높이면, 아래에서는 청렴하게 노력하는 선비가 많아지고, 위에서 시부나 문장을 높이면 아래에서도 문장을 꾸미는 선비가 많아진다. 천지는 본래 하나의 시험장이니 과거보는 사람이 시험관에 아첨하는 것이 괴이할 것은 없다. 다만 위에서 법을 제정하여 세상을 다스리는 사람에게 선함과 그렇지 않음이 있을 뿐이

496) 『書經』, 「皐陶謨」에 나온다. '너그럽되 씩씩하고, 유순하되 주견을 세우고, 순박하되 공손하고, 일을 잘 처리하되 공경하고, 남의 말을 잘 받아들이되 과감하고, 정직하되 온화하고, 간결하되 청렴하고, 강단이 있되 착실하고, 흔들림이 없되 옳게 하는 것'을 구덕(九德)이라 하였다.(皐陶曰, "寬而栗, 柔而立, 愿而恭, 亂而敬, 擾而毅, 直而溫, 簡而廉, 剛而塞, 彊而義.")

497) 『周禮』, 「地官·大司徒」에 나온다. 육덕(六德), 육행(六行), 육예(六藝)를 가리킨다. 육덕은 여섯 가지 덕으로 지혜로움[智], 인자함[仁], 통명(通明)함[聖], 의로움[義], 충성스러움[忠], 화함[和]이다. 육행은 여섯 가지 행실로 효도함[孝], 우애함[友], 동성간(同性間)에 화목함[睦], 이성간(異性間)에 화목함[婣], 이웃간에 신실함[任], 서로 구휼함[恤]이다. 육예는 여섯 가지 기예로 예(禮), 음악[樂], 활쏘기[射], 말몰기[御], 글[書], 수학[數]이다.

다. 당 태종은 바야흐로 과거를 영웅들을 얽어매는 좋은 방책으로 생각했으나, 당나라 300년 동안 어찌 한결같이 난이 많았는가? 안록산 · 주자[498]는 과거로 얽어맬 수 있는 사람들이 아니다. 한 시대의 총명하고 뛰어난 수재를 몰아서 그들을 쓸모없는 일에 빠지도록 하니, 그 재난이 홍수나 맹수보다도 심한 점이 있다. 성인이 일어나면 비로소 이런 재난을 구해줄 수 있을 것이다.(『밀험』)

○ 象山曰, "今之爲士者, 顧不能免場屋之得失." ○ 案, 皐陶以九德爲選擧之目, 則當時九德蔚興. 周公以三物爲選擧之目, 則當時三物燦著. 上隆孝廉力田, 則下多淸勤之士, 上隆詩賦浮文, 則下多藻繪之士. 天地本一試場, 無怪乎擧子之媚有司. 顧上之制法馭世者, 有善與不善耳. 唐太宗方且以科擧爲籠絡英雄之良策, 然有唐三百年, 一何多亂? 綠山朱泚, 非科擧之所能囿也. 驅一世聰明秀拔之才, 而陷之於無用之業, 其禍有甚於洪水猛獸. 有聖人作, 乃可以拯此禍也.(『密驗』)

『집해』29-9-f

○ 「'근기사(勤其事)'에서 '군자호(君子乎)'까지」 : (기보(紀譜)) 순희 6년에 선생은 벼슬이 남강군임(南康軍任)에 이르렀다. 순희 8년 2월에 육자정이 선생을 뵈러 왔다. 선생은 동료와 여러 학생들을 이끌고 함께 백록동서원에 가서 (육자정에게) 강론하는 자리에 오를 것을 청하였다. 자정은 (『논어』의) '군자와 소인이 의(義)와 리(利)에 밝다'는 장으로 의론을 제시하였다. 선생은 육자정의 발론이 학자들의 은미하고 깊은 고질병을 절실하게 들어맞은 것으로 생각하였다.(『집해』)

○ 「勤其事 止 君子乎」 : (紀譜)淳熙六年, 先生到南康軍任. 八年二月陸子靜來謁. 先生率僚友諸生俱至白鹿洞書院, 請升講席. 子靜以君子小人喩義利章發論. 先生以爲切中學者爲微深痼之病.(『集解』)

---

498) 주자(朱泚) : 당(唐)나라 때 사람. 덕종 때 난을 일으켜 황제라 칭하고 나라 이름을 대진(大秦)이라 하였다.

『부주』29-9-1

○ 진지가 질문하였다. "지금 어떤 책을 읽어야 합니까?" 주자가 말하였다. "성현이 사람을 가르친 것은 모두 자기에게 절실한 말이요, 사람으로 하여금 밖을 향하여 단지 책 위에 나아가 읽기만 하면 곧 끝나게 한 것이 아니다. 자신이 이제 우선 하나의 의(義)와 리(利)를 판별하여 자신이 지금 남이 알아주기를 바라는지, 아니면 스스로 자신을 위하는지를 시험하여 스스로 살펴보아야 하니, 이것이 바로 죽고 사는 갈림길이다. 일찍이 육자정이 의와 이에 관해 말한 것을 보았는가?" 대답하였다. "아직 보지 못했습니다." 말하였다. "이것은 그가 남강에 왔을 때 내가 그에게 글을 해설해줄 것을 청하였는데, 그는 도리어 이 의와 이를 분명히 할 것을 말하였으니, 그 말이 아주 좋다. 예컨대, '지금 사람은 단지 글을 읽는 것을 이롭게 여긴다. 향시에 합격한 뒤에는 또 벼슬을 얻고자 하고, 벼슬을 얻으면 또 벼슬이 승진되기를 구하여 젊어서부터 늙을 때까지 정수리로부터 발끝까지 리(利)를 위하지 않음이 없다'고 말하였다. 말이 통쾌하여 심지어 눈물을 흘린 사람까지 있었다. 요즈음 사람은 처음 태어나서 조금 지식이 있으면 이 마음이 곧 이렇게 부지런히 가서 명예를 구하고 이익을 좇는데 점점 젖어들어 그치지 않으니, 성현과의 거리가 날로 더욱 멀어진다. 어찌 심히 애통하고 애석하지 않겠는가?"499)

○ 陳芝問, "今當讀何書?" 朱子曰, "聖賢教人, 都是切己說話, 不是教人向外, 只就紙上讀了便了. 自家今且剖判一箇義利, 試自睹當, 自家今是要人求知, 要自爲己, 這便是死生路頭. 曾見陸子靜義利之說否?" 曰, "未也." 曰, "這是他來南康, 某請他說書, 他却說這義利分明, 是說得好. 如云, '今人只讀書爲利. 如取解後, 又要得官, 得官又要改官, 自少至老, 自頂至踵, 無非爲利.' 說得來痛快, 至有流涕者. 今人初生, 稍有知識, 此心便恁亹亹地去了, 干名逐利, 浸浸不已, 其去聖賢, 日以益遠, 豈不深可痛惜?"

『강록』29-9-1-a

○ 「진지(陳芝)」: 자는 정수(廷秀)이고 주자의 문인이다. 「부판(剖判)」:

499) 『朱子語類』 권119, 「朱子十六·訓門人七」.

변별한다는 뜻이다. '글히터' 「도당(睹當)」 : 비평하여 말하였다. "'도당(睹當)'은 아마도 생각하여 알아낸다는 뜻인 듯하다." 「취해(取解)」 : 이덕홍이 기록하였다. "해(解)는 '천거된 사람'이다. 『소학주』에 보인다. '해를 취하다'는 것은 지금 초시에 합격하는 것과 같다. '해'라고 말한 까닭은 군현에서 선비를 천거하여 아래에서 위로 천거하였기 때문에 그렇게 말한 것이다. '선발하여 보낸다[解送]'고 할 때의 '해(解)'와 같다." 「자노자종(自老自踵)」 : 비평하여 말하였다. "'자노자종(自老自踵)'의 두 '자(自)'자가 『어류』에는 '지(至)'로 되어 있다." ○ 처음부터 끝까지라는 말과 같다. '정종(頂踵)' 두 글자는 『맹자』에서 나왔다. 맹자는 '묵자는 겸애하였으니 정수리를 갈아 발꿈치에 이른다'고 하였다. 「미미(亹亹)」 : '부지런히 부지런히'의 뜻이다.(『강록』)

○ 「陳芝」 : 字廷秀, 朱門人. 「剖判」 : 辨別也. 글히터. 「睹當」 : 批云, "'睹當疑'是商量見得之意." 「取解」 : 李錄云, "解, 貢也. 見『小學』註. 解을 取하다, 如今取初試也. 所以言解者, 郡縣擧士於下, 而貢之於上, 故云. 與'解送'之'解'同意." 「自老自踵」 : 批云, "自老自踵, 兩自字, 『語類』作至." ○ 猶言自始至終也. '頂踵'二字, 出『孟子』. 墨氏兼愛, 摩頂放踵. 「亹亹」 : 브즐브즐.(『講錄』)

『석의』29-9-1-b

○ 「진지(陳芝)」 : 자는 정수(廷秀)이고 주자의 문인이다. 「부판(剖判)」 : '쪼개어'의 뜻이다. 「도당(睹當)」 : 보아낸다는 뜻이다. 「인구(人求)」 : '을'이어야 한다. 「사생로두(死生路頭)」 : 삶과 죽음이 분별되는 갈림길을 말한다. 남이 알아주기를 바라는 것은 죽음이고, 자신을 위하는 것은 삶이다. 「저시타래남강(這是他來南康)」 : '저(這)'는 의리에 대하여 말한 것이다. '타(他)'는 육자정이다. 주자가 남강을 지킬 때 육자정이 왔다. 「설서(說書)」 : 책을 강론한다[講書]는 말과 같다. 「취해(取解)」 : '해(解)'는 초시이다. 군현에서 선비를 천거하여 서울로 보내기 때문에 해(解)라고 한다. (선발하여 보낸다는 의

미의) 해송(解送)의 해(解)와 같다. 「'자소(自少)'에서 '지종(至踵)'까지」 : 어려서부터 늙을 때까지는 일생을 들어 말한 것이고, 정수리에서 발꿈치까지는 한 몸을 들어 말한 것이다. 「통쾌(痛快)」 : 가장 시원스럽다는 뜻이다. 「지유유체자(至有流涕者)」 : 여러 학생들 가운데 육자정의 강론을 들은 자가 눈물을 흘린 것을 말한다. 「미미(亹亹)」 : '부지런히 부지런히'의 뜻이다.(『석의』)

○ 「陳芝」 : 字廷秀, 朱門人. 「剖判」 : 짜긔려. 「睹當」 : 見得之意. 「人求」 : 當乙. 「死生路頭」 : 謂死生分判路頭也. 求知是死, 爲己是生. 「這是他來南康」 : '這', 義理說也. 他, 子靜也. 朱子守南康時, 子靜來也. 「說書」 : 猶講書也. 「取解」 : '解', 初試也. 郡縣擧士, 而送於京師, 故謂之解. 與解送之解同. 「自少 止 至踵」 : 自少至老, 擧一生而言. 自頂至踵, 擧一身而言. 「痛快」 : ᄀ장 快ᄒᆞ다. 「至有流涕者」 : 謂諸生之聽者流涕也. 「亹亹」 : 브즐브즐.(『釋疑』)

『표제』29-9-1-c

○ 「사생로두(死生路頭)」 : 여기에는 세 가지 중요한 설이 있다. 생사(生死)와 의리(義利)를 가지고 분류하는 것으로, 의는 삶[生]의 부류이고, 이는 죽음[死]의 부류이다. 이것은 마치 선악을 음양으로 나누는 것과 같다. 또 사람이 의로움을 실천하면 사람의 정신을 따르고 평탄한 길을 걷게 되니, 이것은 삶의 길이다. 이익을 탐하는 사람은 형법을 어겨서 구덩이에 떨어지게 되니, 이것은 죽음의 길이다. 또 마음은 생도(生道)이다. 의로움을 행하는 사람은 마음이 편안하여 생도가 해를 입지 않으니, 그 몸은 항상 삶의 길에 있다. 이익을 탐하는 사람은 이치가 없어지고 마음도 모두 죽게 되니, 그 몸은 항상 죽음의 길에 있다.(『퇴계집』[500])(『표제』)

○ 「死生路頭」 : 此有三重說. 以生死與義利分類. 義, 生之類也, 利, 死之類也. 如善惡之分陰陽也. 又人蹈義, 則順人神, 履坦道, 是生之路也. 貪利者, 犯刑憲, 落坑塹, 是死之路也. 又心, 生道也. 爲義者, 心安而生道不害, 其身常在

500) 『退溪先生文集』 권27, 「答金彦遇問目」.

生路頭也. 爲利者, 理滅而心都死了, 其身常在死路頭也. 『退溪集』(『標題』)

『비망록』29-9-1-d

○ 「'성현교인(聖賢教人)'에서 '설화(說話)'까지」: 『대학』의 팔조목 가운데 격물·치지에서부터 수신에 이르기까지는 모두 자기에게 절실한 공부이고, 제가·치국·평천하는 자기에게 절실한 것을 미루어 나간 것으로 그 내실이 있고 효과가 있는 것이다. 그러나 무릇 선비된 사람은 자신의 재능과 덕망이 있는가의 여부를 돌아보지 않고 과거 시험장에 나아가서 세상에 크게 쓰이기를 꾀하고 기다리면서 미사여구의 문장을 짓는 데만 주력할 뿐이니, 성현이 사람을 가르친 뜻과 어긋나는 것이 아주 크다. ○ 「'금인(今人)'에서 '통석(痛惜)'까지」: 이 마음은 바깥을 흠모하는 것을 가리킨다. 대개 명예를 구하고 이익을 좇는 것은 고금을 통틀어 지식을 가진 자들의 공통적인 걱정거리이다. 혹자는 조금 지식을 가지고 명예를 구하고 이익을 좇아서 여러 가지 문제를 만들어내는 것보다는 차라리 아무 지식 없이 고집스럽게 하나를 지키는 것이 낫다고 생각한다. 이 설이 매우 좋은데 어떤지 모르겠다.(『비망록』)

○ 「聖賢教人 止 說話」: 『大學』八條, 自格致至修身, 皆切己工夫, 齊家治國平天下, 是切己之所推, 有其實而有其效者也. 然凡爲士者, 不顧才德之有能否, 欲得步於場屋, 而謀需世大用, 徒注力於美詞麗句而已, 則與聖賢教人之意, 背馳遠矣. ○「今人 止 痛惜」: 此心指外慕也. 夫干名逐利通古今爲智識者通患也. 或以爲與其稍有識, 而干名逐利, 做出多般事故, 寧無識而執於守一. 此說甚好. 未知如何?(『備忘錄』)

『부주』29-10

○ 난계범씨가 말하였다. "선(善)과 리(利)에 대한 생각은 그 사이에 터럭만큼의 미세한 틈도 용납하지 않는다. 한 터럭만큼의 차이에서 순임금과 도척이 나누어지니, 배우는 자가 경계하고 또 두려워하지 않을 수 있겠는가? 리(利)는 반드시 재화의 리

(利)를 말할 필요는 없다. 무릇 이롭고자 하는 마음이 있으면 모두 리(利)이다. 나는 그래서 맹자의 뜻을 밝혀서 <순척도(舜蹠圖)>를 만들었으니, 저 선과 이에 대한 생각이 마음에서 일어나는 것은 처음에는 매우 미미하지만, 그 득실의 차이는 마치 구지(九地)의 아래와 중천(重天)의 꼭대기와 같음을 말한 것이다. 또 '순임금이라고 할지라도 한번 생각하지 않으면 광인이 되고, 도척이라고 할지라도 한번 생각할 수 있으면 성인이 된다. 사람이 위태로운 인심과 은미한 도심 사이에서 이것을 알 수 있다면 또한 도에 가까울 것이다.'고 생각하였다. 그러므로 또 극념(克念)과 망념(罔念)의 설을 순임금과 도척의 아래에 붙였다."501)

○ 蘭溪范氏曰, "善利之念間不容髮. 一髮之差, 遂分舜蹠, 學者可不戒且懼哉? 利不必謂貨利, 凡有利心, 皆利也. 予故發孟子之意, 爲<舜蹠圖>, 謂'夫善利之念起于心者, 其始甚微, 而其得失之相去也, 若九地之下, 與重天之顚.' 又以謂'雖舜也, 一罔念而狂, 雖蹠也, 一克念而聖. 人能於危微之際而得之, 則亦幾矣.' 故又以克念罔念之說, 繫于舜蹠焉."

『강록』29-10-a

ㅇ 「구지지하(九地之下)」 : 아래로 그 깊이를 궁구함이 이와 같음을 말한 것이다. 「중천지전(重天之顚)」 : 전(顚)은 위의 뜻이다. 모두 서로 떨어진 거리가 현격함을 말한 것이다. 「우이위(又以謂)」 : 또 이렇게 함으로써 이르되 (『강록』)

ㅇ 「九地之下」 : 言下究其深如此. 「重天之顚」 : 顚, 上也. 皆言相去縣絶也. 「又以謂」 : 또 이리 ᄒᆞ므로써 니로ᄃᆡ.(『講錄』)

『석의』29-10-b

ㅇ 「구지중천(九地重天)」 : 서로 떨어진 거리가 현격함을 말한 것이다.

501) 『香溪集』 권5, 「舜蹠圖」.

○ 구지(九地)는 깊은 지하인 중천(重泉)과 같다. 「우이위(又以謂)」: 또 써 이르되의 뜻이다. ○ 범씨 스스로 말한 것이다.(『석의』)

◦ 「九地重天」: 言相去懸絶. ○ 九地猶重泉「又以謂」: 또 써 티기되. ○ 范氏自謂也.(『釋疑』)

『표제』29-10-c

◦ 「'구지(九地)'에서 '지전(之顚)'까지」: 구지 가운데 첫째는 사니(沙泥)이고, 둘째는 택매(澤浼), 셋째는 정최(征崔), 넷째는 하전(下田), 다섯째는 중전(中田), 여섯째는 상전(上田), 일곱째는 하산(下山), 여덟째는 중산(中山), 아홉째는 상산(上山)이다. 양자(楊子)의 주석이다.(『표제』)

◦ 「九地 止 之顚」: 九地一爲沙泥, 二澤浼, 三征崔, 四下田, 五中田, 六上田, 七下山, 八中山, 九上山. 楊子注.(3-659)(『標題』)

『문답』29-10-d

◦ 「선리(善利)」: "공자는 의(義)와 리(利)를 대립시켜 말하였고, 맹자는 선(善)과 리(利)를 대립시켜 말하였습니다. 의와 선은 똑같이 공적인 천리라는 점에서는 특별히 다른 생각은 없습니다. 그런데 성선(性善)·선단(善端) 등의 말을 가지고 보면 선은 곧 인의예지를 총칭하는 이름이고, 의는 그 가운데의 하나입니다. 선이 포괄하는 것이 넓고, 의가 가리키는 것은 그 가운데 하나이니, 말의 뜻에 조금 다름이 있는 것입니까?" 대답하였다. "선은 전체적이고 공적인 것이다. 반면에 의는 편면적이며 엄밀한 것이니, 요컨대 천리 가운데 한 쪽 방면의 물건이다."(『문답』)

◦ 「善利」: "夫子以義利對言, 而孟子以善利對言. 義與善均是天理之公者, 則別無異義耶? 抑以性善善端等語看, 則善乃仁義禮智之總名, 而義則其中之一也. 善之所包者廣, 義之所指者專, 而言意微有不同耶?" 答, "善全而公, 義偏而嚴, 要箇天理一邊中物也."(『問答』)

『밀험』29-10-e

◦ 범씨가 말하였다. "한 터럭의 차이가 마침내 순임금과 도척을 가른

다. 또 순임금도 한번 생각하지 않으면 광인이 되고, 도척이라도 한번 잘 생각하면 성인처럼 된다." ○ 나의 생각: 이 도(圖)는 당연히 '계명이기(鷄鳴而起)' 네 글자를 머리로 삼고, 그 아래 두 줄로 '위선(爲善')과 '위리'(爲利)를 대립시키고, 그 아래 '유어의'(喩於義)와 '유어리'(喩於利)를 중첩하여 대립시키며, 그 아래 다시 '일순일척'(一舜一蹠)을 중첩하여 마지막 궁극점으로 삼는 것이 옳다. 생각을 안 하여 광인이 되고, 생각을 잘하여 성인이 되는 것은 따로 하나의 경계처로 삼아야지, 그것들을 합하여 하나의 도(圖)로 만들어서는 안 된다.(『밀험』)

○ 范氏曰, "一髮之差, 遂分舜蹠. 又舜一罔念而狂, 蹠一克念而聖." ○ 案, 此圖當以'鷄鳴而起'四字爲頂, 其下兩行'爲善''爲利'爲對. 壘其下'喩於義''喩於利'爲對, 壘其下一舜一跖, 遂爲究竟, 可也. 罔念而狂, 克念而聖, 當別爲一戒, 不當合之爲一圖.(『密驗』)

『비망록』29-10-f

○ 「'선리(善利)'에서 '천지전(天之顚)'까지」: 전(顚)은 위의 뜻이다. 리(利)는 비루하기 때문에 구지의 아래로 비유하였고, 의는 숭고하기 때문에 중천의 머리에 비유하였다. 군자가 행하는 것은 의일 따름이지만, 소인이 하는 것은 움직이기만 하면 이욕(利欲)일 뿐이다. 그래서 사람은 군자에 대해서는 그를 우러러보기를 마치 산봉우리와 같이 하여 가까이 하지 못하며, 소인에 대해서는 그를 보기를 나무꾼처럼 하여 함께 비교하지 않는다. 이것은 어떤 의도가 있어서 그렇게 하는 것이 아니라, 추세가 저절로 그러한 것이다.(『비망록』)

○ 「善利 止 天之顚」: 顚, 上也. 利卑故譬於九地之下. 義崇故譬於重天之顚. 君子所行, 義焉而已, 小人所爲, 動輒利耳. 故人之於君子, 望之若山斗而不可近矣, 於小人, 視之以樵收而不與較也. 非有意而爲之, 勢自然爾.(『備忘錄』)

순척도(舜蹠圖)

／ 선(善)　순임금(舜)　생각하지 않음(罔念)　광인(狂)

마음(心)

＼ 이익(利)　도척(蹠)　생각할 수 있음(克念)　성인(聖)

○ 「정민정의 생각」32 : 범씨의 이 도는 주자가 정정(訂正)한 조치도(趙致道)의 <성기도(誠幾圖)>[502]와 대조해서 살펴보아야 한다.

○ 「按」 : 范氏此圖, 可與朱子所訂趙氏<誠幾圖>參觀.

---

502) 『晦庵集』 권59, 「答趙致道」에 나온다.

제30장: 마음을 기르는 데는 욕심을 줄이는 것보다 나은 것이 없다 [養心莫善於寡欲]

○ 맹자가 말하였다. "마음을 기르는 데는 욕심을 줄이는 것보다 좋은 것이 없다. 그 사람됨이 욕심이 적으면 비록 보존하지 못하는 것이 있다고 해도 적을 것이나, 그 사람됨이 욕심이 많으면 비록 보존하는 것이 있다고 해도 적을 것이다."503)

○ 孟子曰, "養心莫善於寡欲. 其爲人也寡欲, 雖有不存焉者, 寡矣. 其爲人也多欲, 雖有存焉者, 寡矣."

『강록』30-A

○ 「수유불존자과(雖有不存焉者寡)」: '비록 있지 않은 것이 있으나 적고'의 뜻이다. 「과욕(寡欲)」: '욕(欲)'은 『중용』의 서문에서 '인심은 사사로운 형기에서 생긴다'고 말한 것과 같으니, 사람에게 없을 수 없는 것이다. 그러나 도심이 주재하면 인욕은 사라진다. 그러므로 맹자는 욕심을 줄이라는 의미에서 '과(寡)'자를 썼다. 「'수유불

503) 『孟子』, 「盡心下」.

(雖有不)'에서 '과의(寡矣)'까지」 : 선생이 비평하여 말하였다. "천리와 인욕은 서로 자라고 사라진다. 욕심이 줄어들면 천리는 비록 보존하지 못하는 것이 있다고 해도 보존하지 못하는 것이 적으니, 이것은 보존하는 것이 많음을 말한 것이다. 욕심이 많아지면 천리는 비록 보존하는 것이 있을지라도 보존하는 것이 적으니, 이것은 보존하지 못하는 것이 많음을 말한 것이다."(『강록』)

○ 「雖有不存焉者寡」 : 비록 잇디 안닌 거시 잇나 젹고. 「寡欲」 : '欲'如『中庸』「序」所謂'人心生於形氣之私', 人所不能無. 但道心主宰, 則人欲消, 故孟子下寡字. 「雖有不 止 寡矣」 : 先生批云, "天理人欲, 相爲消長. 欲寡, 則天理雖有不存者, 不存者小, 言存者多也. 欲多, 則天理雖有存者, 存者小, 言不存者多也."(『講錄』)

『강록』30-B

○ 「'수유불(雖有不)'에서 '과의(寡矣)'까지」 : 욕심은 순임금이 말한 인심과 같으니, 사람에게 없을 수 없는 것이다. 천리와 인욕은 번갈아 소장(消長)을 이룬다. 욕심이 줄어들면 천리는 비록 보존하지 못하는 것이 있다고 해도 보존하지 못하는 것이 적으니, 이것은 보존하는 것이 많음을 말한 것이다. 욕심이 많아지면 천리는 비록 보존하는 것이 있을지라도 보존하는 것이 적으니, 이것은 보존하지 못하는 것이 많음을 말한 것이다.(『석의』)

○ 「雖有不 止 寡矣」 : 欲如舜所謂人心, 人所不能無者. 理與欲, 相爲消長. 欲寡, 則理雖有不存, 不存者少, 言存者多也. 欲多, 則理雖有存者, 存者少, 言不存者多也.(『釋疑』)

『발휘』30-C

○ (정자는) 또 말하였다. "욕심을 내지 않으면 미혹되지 않는다. 욕구하는 것이 반드시 푹 빠진 것이어야 할 필요는 없다. 단지 지향하는 데가 있기만 하면 바로 욕심이다."504)(『발휘』)

○ (程子) 又曰, "不欲則不惑, 所欲不必沈溺. 只有所向, 便是欲."(『發揮』)

504) 『二程遺書』 권15, 「入關語錄」.

『경의』30-D

○ 예컨대 미색을 좋아하여 무엇인가를 하고자 하는 것은 그 눈을 즐겁게 하려고 욕망을 따르는 데 불과하다. 모름지기 여기에서 깊이 살펴 찾아서 안정을 얻고, 돌이켜 생각하여 몸을 상하게 하고 마음을 해치는 그 해로움을 참으로 보아내야 한다. 또 저 소체와 대체의 경중 등을 밝혀서 맹렬히 정신을 기울이고 힘써 기력을 내어 (욕망의) 뿌리와 밑동을 잘라내고 마음을 깨끗이 닦아낼 방도를 생각해야 한다. 또 반드시 때에 맞추어 더욱 단속하고 살펴서 단절되지 않게 해야 한다. 그렇지 않으면 부지불식간에 앎이 유혹하고 정욕이 왕성해져서 끝내 생을 잊고 욕망을 따르는 데 이르지 않는 사람이 거의 드물 것이다. 그러니 두려워하지 않을 수 있겠는가! 유추해 보아도 모두 그러하다.(『경의』)

○ 如好色要做甚麼, 是不過欲快其目而縱其欲也. 須於此尋討得定, 反而思之, 眞見其戕身賊心之害. 又有以明夫小大體輕重之等, 便猛著精神, 奮勵氣力, 思所以斬斷根株, 淨掃靈臺. 又必時加檢察, 不使之間斷始得. 不爾則不知不覺, 知誘情勝, 終不至於忘生徇慾者幾希. 可不懼哉! 推類皆然.(『經義』)

『강록간보』30-E

○ 「과욕(寡欲)」 : 김종덕(金宗德)의 생각: 이 욕(欲)자는 인욕의 욕과 다르다. 그것은 곧 이목구비의 욕구로 사람에게 없을 수 없는 것이다. 다만 과다하게 하여 절제가 없어서는 안 된다. 비록 응당 해야 할 일이라도 정신을 집중하여 이 일을 끝마친 뒤에 다시 저 일을 해야 한다. 이미 이것을 하고자 하면서 다시 저것을 하고자 하여 욕심이 과다하고 절제가 없으면 마음이 곧 끌려가서 보존할 수 없다. 만약 인욕의 욕구로 흐르는 것이라면 어찌 (욕심을) '줄인다'고 말하는 데서 그칠 수 있겠는가? 「'수유(雖有)'에서 '과의(寡矣)'까지」 : 생각건대 마음이 보존되면 천리도 보존되고, 마음이 없어지면 천리도 없어진다. 『어류』의 설도 역시 이와 같은 곳이 있다. 그러나 『맹자』 본문의 말은 마음을 위주로 말하였다.(『강록간보』)

○ 「寡欲」: 按: 此欲字與人欲之欲不同. 卽耳目口鼻之欲, 人所不能無者. 但不可多而無節, 雖合當爲底事, 當專一, 了此後復爲彼事. 旣欲爲此又欲爲彼, 多而無節, 則心便爲所引去而不能存. 若流於人欲之欲, 則豈可曰寡而止哉? 「雖有 止 寡矣」: 按心存, 則理亦存. 心亡, 則理亦亡. 『語類』說亦有如此處. 然『孟子』本語, 主心而言.(5-302)(『講錄刊補』)

『의의』30-F

○ 과욕(寡欲)의 욕은 이목구비와 사지의 욕구를 가리키는 것으로, 칠정의 욕오(欲惡)의 욕과 같이 이 욕심이 흘러 불선이 된 것을 가리키는 것은 아니다. 주돈이(周敦頤)에 이르러서는 '마음을 기르는 것은 줄여서 보존하는 데 그치지 않는다'고 하였다. 대개 욕심을 줄여서 없어지는 데까지 이르면 이 욕자는 선하지 않은 욕(欲)을 가리키는 것으로 바뀐다. 대개 칠정의 욕은 사람에게 없을 수 없는 것으로 응당 줄여야 한다. 만약 선하지 않은 욕이라면 도리어 전부 없애야 한다.(『의의』)

○ 寡欲之欲, 是指耳目口鼻四肢之欲, 如七情欲惡之欲, 未便指此欲之流爲不善者. 至周子謂養心不止於寡而存. 蓋寡焉以至於無, 則這欲字轉指不善之欲. 蓋七情之欲, 人所不能無者, 要當寡之而已. 若不善之欲, 却當無之盡也.(『疑義』)

『차록』30-G

○ 내가 생각건대, '욕구를 없앤다'고 말하지 않고 '욕구를 줄인다'고 말한 것은, 대개 식욕이나 색욕은 상지도 없을 수 없는 것이기 때문이다. 그리하여 단지 줄인다고만 말한 것이니, 줄여서 없는 데까지 이를 뿐이다. 만약 욕구를 없애는 것보다 좋은 것이 없다고 한다면 아마도 정이천의 가르침이 될 수는 없을 듯하다. 성인의 말은 결코 이와 같지 않다.(『차록』)

○ 竊謂不曰'無欲'而曰'寡欲'者, 蓋食色之欲, 上智之所不能無, 則只曰寡者, 寡而以至於無耳. 若曰'莫善於無欲', 則恐不可爲程訓. 聖人之言, 決不如是也.(『箚錄』)

『차의』30-H

○ 욕구는 사물에 감응하여 움직인다. 비록 의리가 있는 곳이라도 먼저 계산하는 마음을 가지고 그것을 행한다면 그것은 바로 욕구이다. 욕구를 줄이는 방법은 잃어버린 마음을 찾는 것 만한 것이 없다. 마음이 보존되면 근본이 세워지고, 근본이 세워지면 고요할 때는 텅비어 있다가 움직일 때는 곧으며, 청명하고 순일한 본체가 천리에 합하여 어떤 의도를 가지고 작위하는 것이 없이 자연스럽게 행하는 바가 있게 될 것이다. 만약 향하는 데가 있으면 성색취미의 대상이 밖에서 접촉하고, 영욕(榮辱)과 이해(利害)가 안에서 움직여 선단은 상실되고 천리는 이지러질 것이다.(『차의』)

○ 欲者, 感物而動也. 雖義理所在, 先較計有意爲之, 則便是欲. 寡欲之道莫如求放心. 心存, 則本立. 本立, 則靜虛動直, 清明純一之體合乎天理, 而無所有意於作爲, 而自然有所爲也. 若其有所向, 則聲色臭味交乎外, 榮辱利害動乎內, 善端喪而天理虧焉.(『箚義』)

『원주』30-1

○ 주자가 말하였다. "욕(欲)은 이목구비와 사지가 욕구하는 것을 말한다. 비록 사람에게 없을 수 없는 것이지만 욕심을 많이 내고 절제하지 않는다면 그 본심을 잃지 않을 자가 없을 것이니, 배우는 자가 깊이 경계해야 할 것이다."505)

○ 朱子曰, "欲謂口鼻耳目四肢之所欲, 雖人所不能無, 然多而不節, 則未有不失其本心者. 學者所當深戒也."

『비망록』30-1-A

○ 「'구비이목(口鼻耳目)에서 본심자(本心者)까지'」 : 대개 사람의 안위는 '욕' 한 글자에 달려 있다. 진실로 마음을 감동시키고 본성을 참아내는 것을 중요한 가르침으로 삼아서 언제나 그 본분 이내의 것을 지킨다면 편안할 것이고, 절제가 없이 탐욕을 따른다면 위태

505) 『孟子集註』, 朱子注.

로울 것이다. 뜻이 있는 사람은 욕심을 절제하고자 한다. 앎을 극진히 하는 것은 먼저 경을 유지해야 하니, 경이 근본이다. 앎을 극진히 한다면 취하고 버리는 것에 대해 이미 환할 것이고, 경을 유지하면 외물에 유혹되지 않을 것이니, 그래서 경이 먼저이고, 근본인 것이다. 이와 같을 수 있다면 어찌 본심을 잃을까 근심을 하겠는가?(『비망록』)

○ 「口鼻耳目　止　本心者」 : 夫人之安危在乎欲之一字. 誠以動心忍性爲要訣, 常守其分內則安, 縱貪無節, 則危. 有志者, 欲其節欲矣. 致知爲先持敬, 敬爲本. 致知則已明於取舍, 持敬則不誘惑於外物, 所以先也. 所以本也. 能如是, 則何患於失本心耶?(『備忘錄』)

『원주』30-2

○ 정자가 말하였다. "반드시 깊이 빠진 뒤에야 욕(欲)이 되는 것은 아니다. 다만 향하는 바가 있으면 욕(欲)이 된다."506)

○ 程子曰, "不必沉溺然後爲欲, 但有所向則爲欲."

『비망록』30-2-A

○ 침익(沉溺)은 욕망 가운데 큰 것이다. 소향(所向)은 욕망 가운데 사소한 것이다. 큰 것은 본래 큰 것이 아니라 사소한 것이 쌓여서 크게 된다. 그러므로 또한 미세한 것에 조심해야 한다.(『비망록』)

○ 沉溺, 欲之大者也. 所向, 欲之細者也. 大者本非大, 積細而爲大也. 故也謹於微也.(『備忘錄』)

『원주』30-3

○ 남헌장씨가 말하였다. "향하는 것이 있으면 사욕이 되고 욕구가 많으면 온갖 생각이 어지러워서 그 마음이 밖으로 달려가는데 어떻게 보존할 수 있겠는가?"507)

506) 『二程遺書』 권15, 「入關語錄」.

○ 南軒張氏曰, "有所向則爲欲, 多欲則百慮紛紜, 其心外馳, 尙何所存乎?"

『부주』30-1

○ 정자가 말하였다. "사람이 천리에 어두운 것은 단지 기욕(嗜欲)이 그것을 어지럽히기 때문이다. 장자(莊子)는 '기욕이 깊은 자는 천기(天機)가 얕다'[508]고 하였는데, 이 말이 도리어 가장 옳다."[509]

○ 程子曰, "人於天理昏者, 只爲嗜欲亂著他. 莊子言'其嗜慾深者, 其天機淺' 此言却最是."

『강록』30-1-a

○ 「저타(著他)」: 타(他)는 천리를 말한다. 「천기(天機)」: 천리가 자연스럽게 발용하는 오묘한 곳이다. 「각최시(却最是)」: 장자의 다른 말은 비록 잘못되었지만 이 말은 정밀하고 치밀하다. 그러므로 (도리어 라는 의미의) 각(却)자를 썼다.(『강록』)

○ 「著他」: 他言天理. 「天機」: 天理自然發用之妙處. 「却最是」: 莊子他言雖非, 而此語精緻, 故下却字.(『講錄』)

『석의』30-1-b

○ 「난착타(亂着他)」: 착(着)은 어사이고, 타(他)는 천리이다. 「천기(天機)」: 천리가 발용하는 것이다. 「각최시(却最是)」: 장자의 다른 말은 비록 잘못되었지만 이 말은 정밀하고 좋다. 그러므로 (도리어 라는 의미의) 각(却)자를 썼다.(『석의』)

○ 「亂着他」: 着語辭, 他天理. 「天機」: 天理之發用者. 「却最是」: 莊子他言雖非, 而此語精好, 故下却字.(『釋疑』)

『밀험』30-1-c

---

507) 『癸巳孟子說』 권7, 「盡心下」.

508) 『莊子』, 「大宗師.

509) 『二程遺書』 권2상, 「元豐己未呂與叔東見二先生語」.

○ 장자가 말하였다. "기욕이 깊은 자는 천기(天機)가 얕다." ○ 나의 생각: 우리 인간의 영명한 몸체 안에는 본래 욕구라는 한 단락이 있다. 만약 이 욕심이 없다면 세상의 만사에 대하여 아무 일도 할 수 없다. 그 영리에 밝은 자는 욕심이 이록을 천착해 가며, 의리에 밝은 사람은 욕심이 도의를 추구해 간다. 욕구가 이 두 가지를 다 하면 모두 몸은 죽더라도 후회하지 않는다. 이른바 탐욕스런 남자는 재물을 위해 죽고, 열사는 명예를 위하여 죽는다는 것이 이것이다. 내가 일찍이 어떤 사람을 본 적이 있는데 마음이 담백하고 욕심이 없어 선을 행할 수도 없고, 악을 행할 수도 없었으며, 문장을 지을 수도 없었고 생산활동도 할 수 없었다. 단지 세상에 하나 버려진 물건이니, 사람이 어찌 욕망이 없을 수 있겠는가? 맹자가 가리킨 것은 대개 이록(利祿의) 욕망일 뿐이다.(『밀험』)

○ 莊子曰, "其嗜慾深者, 其天機淺" ○ 案, 吾人靈體之內, 本有願欲一端. 若無此欲心, 卽天下萬事, 都無可做. 唯其喩於利者, 欲心從利祿上穿去. 其喩於義者, 欲心從道義上穿去. 欲之至極二者, 皆能殺身, 而無悔. 所謂貪夫殉財, 烈士殉名也. 余嘗見一種人, 其心泊然無欲, 不能爲善, 不能爲惡, 不能爲文詞, 不能爲産業. 直一天地間棄物, 人可以無慾哉? 孟子所指, 蓋利祿之慾耳.(『密驗』)

『부주』30-2

○ 장자가 말하였다. "인을 이루기 어려운 지가 오래되었으니, 사람마다 좋아해야 할 것을 잃어버렸다. 대개 사람마다 이욕의 마음이 있어서 배우는 것과 정면으로 서로 배치되므로 배우는 사람은 욕구를 줄여야 한다."510)

○ 張子曰, "仁之難成久矣, 人人失其所好. 蓋人人有利欲之心, 與學正相背馳, 故學者要寡欲."

---

510) 『張子全書』 권6, 「學大原上」.

『강록』30-2-a

○ 「'인지(仁之)'에서 '소호(所好)'까지」 : 『예기』 「유행(儒行)」편에 나온다. 풀어서 말하였다. "인을 이루기 어려운지라. 사람마다 그 좋아하는 것을 잃어버렸다고 하니"(『강록』)

○ 「仁之 止 所好」 : 出『禮記』「儒行」篇.511) 釋云, "仁의 成호미 어려온디라. 사름마다 그 好ᄒᆞ는 바애 失ᄒᆞᄂᆞ다ᄒᆞ니."(『講錄』)

『석의』30-2-b

○ 「'인지(仁之)'에서 '소호(所好)'까지」 : 「표기」에 나온다. '그 좋아하는 것을 잃었다'는 것은 마땅히 좋아해야 할 것을 잃었음을 말한다. 「요과(要寡)」 : 요(要)는 부디의 뜻이다.(『석의』)

○ 「仁之 止 所好」 : 出「表記」. 失其所好, 謂失其所當好也. 「要寡」 : 要, 브딕.(『釋疑』)

『질서』30-2-c

○ 「표기」의 말을 인용하기만 하고 그 의미를 밝히지 않았다. 선을 좋아하고 악을 싫어하는 것은 타고난 법칙의 당연함이다. 그런데 간혹 그렇지 않은 사람은 물욕이 그것을 해쳤기 때문이다. 그 욕심을 제거하고 좋아해야 할 것을 얻는다면 천리는 밝게 드러날 것이다. 욕심을 제거하는 것은 자신을 이기는 것이다. 자신을 이기면 예를 회복하게 되고, 예를 회복하면 인이 된다. 그래서 장자는 욕구를 줄이는 것을 요체로 삼았다.(『질서』)

○ 「表記」之言, 引而不發, 好善惡惡, 秉彛之當然. 然或不然者, 物欲害之也. 去其欲而得其所好, 則天理顯矣. 去欲, 克己也. 克己, 則復禮, 復禮, 則爲仁. 故張子以寡欲爲要.(『疾書』)

『심경설』30-2-d

○ 「인인실기소호(人人失其所好)」 : 일설에는 '인은 본래 사람이 좋아하는 것인데 지금 이욕 때문에 그것을 잃어버렸다'고 하니, 마땅히 '그 좋아하는 바의 마음을 잃었다'고 해석해야 한다. 일설에는

---

511) 『釋疑』에서 말하듯, 『예기』「표기」가 출전이다.

'좋아하는 것은 이욕을 가리켜 말한 것이다'고 하니, 마땅히 '그 좋아하는 것에서 잃어버렸다'고 해석해야 한다. 두 설 모두 통한다. 그러나 윗 설을 따라야 할 듯하다. 대개 좋아하는 것이란 『논어』에서 이른바 '내가 좋아하는 바를 따른다'는 뜻이기 때문이다. (『심경설』)

○ 「人人失其所好」 : 一說云, '仁者, 本是人之所好, 而今以利欲失之', 當釋曰, '失其所好之心.' 一說云, '所好是指利欲而言', 當釋曰, '失之於其所好.' 二說皆通. 然恐當從上說. 蓋所好如『論語』所謂從吾所好之意.(『心經說』)

『관계』30-2-e

○ 「이욕지심(利欲之心)」 : 『장자』에서 말하는 기욕은 입과 몸의 욕구와 같은 것으로서 맹자의 이른바 '줄여야 한다는 것'이다. 그런데 만약 이욕이 학문과 배치되는 것이라면 모름지기 제거해야 한다. (『관계』)

○ 「利欲之心」 : 『莊子』所謂嗜欲, 猶是口體之欲, 孟子所謂當寡者, 而若乃利欲之與學背馳者, 便須克去.(『寱啓』)

『부주』30-3

○ 여대림(呂大臨)이 말하였다. "욕심은 사물에 감촉하여 움직이는 것이다. 마음을 다스리는 도는 욕심을 줄이는 것보다 좋은 것이 없다. 욕심을 줄이면 이목의 감각기관이 사물에 가려지지 않아 마음이 항상 편안하다. 마음이 항상 편안하면 안정되어 어지럽지 않고 밝아서 어둡지 않으니, 도가 그로 말미암아 생겨나고 덕은 그로부터 (저절로) 이루어진다. 보존하지 못한다는 것은 질곡하여 없애는 것을 말한다. 욕심을 줄이는 사람은 질곡하여 없애는 근심이 없다. 그 사람됨이 욕심이 많으면 움직이길 좋아하고 절도가 없으며, 망령되이 작위하여 떳떳함을 잃는다. 그러면 선단이 그로부터 상실되고 천리가 이지러질 것이다. 그러므로 비록 보존하는 것이 있다고 해도 적은 것이다."[512)]

○ 呂氏曰, "欲者, 感物而動也. 治心之道莫善於少欲, 少欲則耳目之官, 不蔽於物而心常寧矣. 心常寧則定而不亂, 明而不暗, 道之所由生, 德之所自成也. 不存者梏亡之謂. 寡欲之人則無梏亡之患矣. 其爲人也多欲, 則好動而無節, 妄作而失常. 善端所由喪而天理虧焉, 故雖有存焉者, 寡矣."

『강록』30-3-a

○ 「불존자곡망지위(不存者梏亡之謂)」 : 이덕홍이 기록하여 말하였다. "보존하지 못하는 것은 대개 천리를 말하는데, 질곡하여 없앤다고 말한 것은 무엇 때문인가?" 대답하였다. "보존하는 것이 비록 천리이지만, 그것을 보존하지 못하게 하는 것은 질곡하여 없애는 것에 말미암기 때문이다."(『강록』)

○ 「不存者梏亡之謂」 : 李錄云, "'不存蓋謂理也, 而曰梏亡者, 何耶?' 答曰, '存者雖理, 而使之不存者, 是由梏亡之故耳.'"(『講錄』)

『비망록』30-3-b

○ 욕심이 많은 것의 폐단은 움직임에 절도가 없고 작위가 떳떳함을 잃으며, 선이 그로 말미암아 상실되고 천리가 이지러지는 데까지 이르게 된다. 이것은 고금에 증험해보아도 낱낱이 헤아릴 수 있다. 그러므로 예전 성인들의 교훈은 모두 '욕(欲)' 한 글자에 절실하고 엄격하였다. 자사의 이른바 '그 밖의 것을 바라지 않는다'는 것이나, 맹자의 이른바 '욕심을 막고 천리를 보존한다'는 것이 이것이다.(『비망록』)

○ 多欲之弊, 以至動無節, 作失常. 善由喪, 天理虧. 此證之古今, 歷歷可數, 故前聖所訓, 皆切嚴於欲之一字. 子思所謂'不願乎其外', 孟子所謂'遏欲存理'是也.(『備忘錄』)

『부주』30-4

○ 또 말하였다. "천하게 지키기 어려운 것 가운데 마음만한 것이

512) 『大學衍義』 권29, 「崇敬畏·操存省察之功」. * 『西山讀書記』 권4, 「治情」.

없으며, 세상에 물들기 쉬운 것 가운데 욕심만한 것이 없다."[513]

○ 又曰, "天下之難持者莫如心, 天下之易染者莫如欲."

『부주』30-5

○ 상채사씨가 말하였다. "천리와 인욕은 서로 대립하니, 한 푼의 인욕이 생기면 곧 한 푼의 천리가 없어지고, 한 푼의 천리를 보존하면 곧 한 푼의 인욕을 이기게 된다."[514]

○ 上蔡謝氏曰, "天理與人欲相對, 有一分人欲, 卽滅一分天理, 存一分天理, 卽勝一分人欲."

『부주』30-6

○ 어떤 사람이 사씨에게 "리(利)에 대해 어떻게 해야 합니까?"라고 물었다. (사씨가) 대답하였다. "(나는) 이 관문을 통과한 지 십여 년 되었다. 처음에는 대단하게 공부를 하여 제거하기 어려운 것을 가려내어 버렸는데, 뒤에는 점차 가벼워져서 금일에 이르러서는 곡용(哭用)과 같은 따위를 처리함에 단지 쓰임에 맞게 할 뿐 다시 심하게 부러워하는 마음이 없게 되었다."[515]

○ 或問謝氏, 於利如何? 曰, "打透此關十餘年矣. 當初大段做工夫, 揀難捨底棄却, 後來漸輕, 至今日, 於哭用之類, 置之只爲合用, 更無健羨底心."

『강록』30-6-a

∘ 「간난사저기각(揀難捨底棄却)」: 『상채어록』에서 말하였다. "집에 좋은 벼루가 있었는데 매번 생각이 나기에 그것을 다른 사람에게 주어버렸다. …" 풀어서 말하였다. "버리기 어려운 것을 가려서 버렸더니" 「건선저심(健羨底心)」: '부러워하는 마음이 가장'의 뜻이다.

513) 『西山讀書記』 권4, 「治情」.

514) 『上蔡語錄』 권1.

515) 『上蔡語錄』 권1.

(『강록』)

○ 「揀難捨底棄却」 : 『上蔡語錄』云, "家有好硯, 每嘗念卽與之他人云云." 釋云, "ㅂ리디 어려온 거슬 골ᄒᆡ여 ㅂ리더니." 「健羨底心」 : 브러ᄒᆞ는 ᄆᆞ음이 ᄀᆞ장(『講錄』)

『석의』30-6-b

○ 「'간난사(揀難捨)'에서 '기각(棄却)'까지」 : 버리기 어려운 것을 가려내어 버렸더니. ○ 『상채어록』에서 "집에 좋은 벼루가 있었는데 매번 생각이 나기에 그것을 다른 사람에게 주어버렸다." 『주자어류』에서 말하였다. "상채의 집에 처음엔 완미하기 좋은 것이 많이 있었는데, 뒤에 극기의 학문을 하고는 그것을 모두 버렸다. 좋은 벼루가 하나 있었던 것도 다른 사람에게 주었다." 「건선저심(健羨底心)」 : '가장 부러워하는 마음이'의 뜻이다.(『석의』)

○ 「揀難捨 止 棄却」 : ㅂ리기 어려온 거슬 골ᄒᆡ여 ㅂ리더니. ○ 『上蔡語錄』云, "家有好硯, 每嘗念卽與之他人." 『語類』云, "上蔡家始初極有好玩, 後來爲克己學, 盡舍之. 有一好硯, 亦把與人. 「健羨底心」 : ᄀᆞ장 부러ᄒᆞ는 ᄆᆞ음이.(『釋疑』)

『강록간보』30-6-c

○ 「건선저심(健羨底心)」 : 김종덕(金宗德)의 생각: 『사기』를 살펴보면 '거건선(去健羨)'의 주에서 여순(如淳)이 말하였다. "'수컷을 알고 암컷을 지킨다'[516]는 것은 강건함을 제거하는 것이며, '욕심낼 만한 것을 보이지 않음으로써 마음을 어지럽게 하지 않는다'[517]는 것은 부러움을 제거하는 것이다." 이것은 건(健)과 선(羨)을 두 가지 뜻으로 본 것이다.(『강록간보』)

○ 「健羨底心」 : 按, 『史記』'去健羨'註, 如淳曰, "'知雄守雌', 去健也. '不見可欲, 使心不亂', 去羨也." 此則健與羨作二義看.(『講錄刊補』)

『관계』30-6-d

516) 『道德經』, 28장.

517) 『道德經』, 3장.

ㅇ 「상채설(上蔡說)」 : 이 설은 참으로 좋지만 잘못되었다. 이것은 줄여야 하는 욕망이다. 대개 의리의 욕구는 없을 수 없으니, 어질기를 바라고 선하기를 바라는 것이 이것이다. 형기의 욕구는 멋대로 해서는 안 되니, 이 '욕구를 줄인다[寡欲]'는 것이 이것이다. 물건에 얽매이는 욕구는 있어서는 안 되니, '이욕(利欲)'이나 '인욕(人欲)'이라는 것이 이것이다.(『관계』)

ㅇ 「上蔡說」 : 此說固好而非. 此當寡之欲. 蓋義理之欲不可無, 欲仁欲善是也. 形氣之欲, 不可縱, 此寡欲是也. 物累之欲, 不可有, 曰利欲, 曰人欲, 是也. (『窽啓』)

『비망록』30-6-e

ㅇ 「'상채(上蔡)'에서 '분천리(分天理)'까지」 : 혹자가 말하였다. "'상대(相對) 두 글자에 의문이 있습니다. '상대'라고 말한 이상 서로 방해하는 것은 똑같습니다. 그런데 하나는 '없어진다[滅]'고 하고, 하나는 '이긴다[勝]'고 하였으니, 이것은 또 무슨 의도입니까?" 대답하였다. "이른바 '서로 대립한다'는 것은 위치를 말하는 것이 아니라 이치를 말하는 것이다. '멸(滅)'과 '승(勝)' 두 글자에 대해서는 군자와 소인으로 말하였다. 천리는 군자에 속하고, 인욕은 소인에 속한다. 소인은 간사하고 음험하며 악하고 시기심을 위주로 하여 죽음을 미워하고 해악을 끼치는 것이 심각하기 때문에 인욕에 '멸(滅)'자를 두어 그것을 두려워하게 하였다. 군자는 항상 정대하고 위엄이 있어서 미워하지 않으면서도 엄격하여 사람이 스스로 물러나 굴복하기 때문에 천리에 '승(勝)'자를 두어 그것을 높이게 했다. 그것들이 묘사하는 것이 저절로 같지 않기 때문에 '멸(滅)'과 '승(勝)'으로 그 어짊과 사나움을 구별한 것이 이와 같다."(『비망록』)

ㅇ 「上蔡 止 分天理」 : 或曰, "相對二字有疑. 既曰'相對', 則相妨害一也. 一則曰滅, 一則曰勝, 此又何意歟?" 曰, "所謂相對, 非謂方所, 言其理也. 至於滅勝二字, 以君子小人言之. 天理屬於君子, 人欲屬於小人. 小人主壬險惡猜, 欲惡其死而貽害刻深, 故於人欲措滅字以畏之. 君子常正大威尊, 不惡而嚴, 而人自退伏, 故於天理措勝字以尊之. 其形容自有不侔, 以滅與勝別其仁暴如是."(『備忘錄』)

『부주』30-7

○ 질문하였다. "외물 일체를 내려놓아야 합니까?" 대답하였다. "실제로 외물의 위에 나아가서 공부해야 한다. 모든 일에는 모름지기 뿌리가 있어야 하니, 집의 기둥은 뿌리가 없어서 부러지면 바로 쓰러지지만, 나무는 뿌리가 있어서 비록 자르더라도 가지가 차례대로 또 나온다. 예컨대 사람이 부귀를 구함은 그가 무엇을 하려고 하는 것이니, 반드시 쓸 곳이 있을 것이다. 쓰려는 곳의 병근(病根)을 찾아서 가져다가 끊어버린다면 곧 아무 일도 없을 것이다."[518]

○ 問, "於外間一切放得下否?" 曰, "實就上面, 做工夫來. 凡事須有根, 屋柱無根, 折却便倒, 樹木有根, 雖剪, 枝條相次又發. 如人要富貴, 要他做甚, 必須有用處, 尋討要用處病根, 將來斬斷, 便沒事."

『강록』30-7-a

○ 「외간(外間)」: 외물이다. 「범사수유근(凡事須有根)」: 비평하여 말하였다. "수(須)는 반드시의 뜻이다. 모든 사물이 그로 말미암아 발현되어 나오는 곳을 '근(根)'이라고 한다." ○ 이덕홍이 기록하여 말하였다. "모든 일에 반드시 그 뿌리가 있다는 것은 반드시 뿌리가 있어야 함을 말하는 것은 아니다. 예컨대 부귀를 구하는 것도 역시 그 뿌리를 찾는 것이다." 「요용처(要用處)」: 맹자의 이른바 '처첩·궁실·아는 사람 가운데 궁핍한 사람과 같은 따위이다. 이곳에서 대단하게 찾아서 끊어버린다면 외물을 내려놓을 수 있을 것이다." (『강록』)

518) 『上蔡語錄』 권1.

○ 「外間」：外物.「凡事須有根」：批云, “須, 必也. 凡物之所由發出曰根.” ◯ 李錄云, “凡事必有其根, 非言須使之有根也. 如要富貴, 亦尋其根也.”「要用處」：如孟子所謂妻妾宮室所識窮乏者之類. 此處大段尋求而斷置, 則可以放得下矣.(『講錄』)

『석의』30-7-b

○ 「외간(外間)」：『이락연원록』에서는 ‘외물’로 되어 있다.「상면(上面)」：외간의 사물 위를 말한 것이다.「범사수유근(凡事須有根)」：수(須)는 반드시의 뜻이다. 아래 주도 동일하다. 모든 사물이 생겨나는 곳을 ‘뿌리[根]’라고 한다. ◯ 부귀해지기를 바랄 때도 역시 궁실과 처첩과 그리고 자기가 아는 사람 가운데 궁핍한 사람을 찾는 따위와 같은 것이다.「‘필수유(必須有)’에서 ‘요용처(要用處)까지」：윗 문장에서 말한 뿌리를 가리킨다.(『석의』)

○ 「外間」：『淵源錄』作外物.「上面」：謂外間事物上也.「凡事須有根」：須, 必也. 下註同. 凡物之所由生曰根. ◯ 如要富貴時, 亦尋其宮室妻妾所識窮乏者之類.「必須有 止 要用處」：指上文所謂根也.(『釋疑』)

『질서』30-7-c

○ 가져다가 끊어버리는 그 방법은 어디에 있는가? 욕심을 줄일 따름이다. 병근을 찾는 것은 스스로 편해지려는 데 있을 뿐이다. 이 마음이 제거되지 않으면 비록 끊어버리려고 해도 할 수가 없다. 예컨대 음식은 맛이 담박하게 하고, 의복은 검소한 것을 높이며, 거마와 궁실과 처첩을 기르는 데 절제하고 덜어내지 않음이 없고 좋아하는 바가 없다면 부귀해지기를 바라더라도 장차 쓸 곳이 없을 것이다. 그런 뒤에야 비로소 부귀를 뜬 구름처럼 여길 수 있는 것이다.(『질서』)

○ 將來斬斷, 其術何居? 寡欲而已. 尋討病根, 不過在自便而已. 此心未去, 雖欲斬斷而不得也. 如飮食薄滋味, 衣服崇儉素, 車馬宮室妻妾之養, 莫不節損, 無所嗜好, 則要富貴, 將無所用, 然後方可以視富貴如浮雲然矣.(『疾書』)

『부주』30-7-1

○ 서산진씨가 말하였다. "상채의 이 두 단락의 말은 곧 인욕을 제거하고 천리를 보존하는 절실한 공부이다."519)

○ 西山眞氏曰, "上蔡此二段語, 乃去人欲存天理切實工夫."

『부주』30-8

○ 물었다. "마음을 기르는 데는 욕심을 줄이는 것보다 좋은 것이 없다고 하는데, 마음을 기르는 것도 단지 마음을 비우는 것입니까?" 주자가 대답하였다. "참으로 옳다. 만약 눈앞의 일들에 조금이라도 마음을 쓰면 이 마음이 바로 일제히 달려간다. 따라서 이천은 사람을 가르칠 때 단지 절대로 눈앞의 일들에 나아가 그 마음을 쓰지 못하게 하였고, 사람이 글자 쓰는 법을 배우지 못하게 하였고, 사람이 시문을 짓는 법을 배우지 못하게 하였으니, 이것은 편벽된 것이 아니라 도리가 마땅히 이와 같아야 하는 것이다. 사람에게는 단지 하나의 마음만 있으니, 어떻게 여러 가지를 나누어 할 수 있겠는가? 만약 단지 쓸데없는 것에 마음을 써 버린다면 정작 써야 할 곳에 이르러서는 이 본래적인 것에 전혀 힘을 얻지 못하게 될 것이다. 욕심을 줄이고자 할 때 이 마음을 보존하는 것이 가장 어렵다. 탕왕과 무왕과 같은 성인에 대해서도 맹자는 오히려 '탕왕과 무왕은 본성을 회복했다'520)고 말하였다. 예컨대 음란한 소리와 여색을 가까이하지 않고, 재화와 이익을 불리지 않는 것은 단지 이 마음을 회복하기 위한 것이었다. 『상서』「여오」편을 보면 한 마리의 개를 받는 것에 무슨 큰일이 있겠는가마는 반복하여 간절하게 간하였으니, 여기에서 욕심을 두려워할 만하여 크고 작

519) 『西山讀書記』 권4, 「治情」.

520) 『孟子』, 「盡心下」.

은 것을 막론하고 모두 소홀히 해서는 안 된다는 것을 알 수 있다."521)

○ 問, "養心莫善於寡欲, 養心也只是中虛?" 朱子曰, "固是. 若眼前事事要時, 這心, 便一齊走出了. 所以伊川教人, 直是都不去他用其心, 也不要人學寫字, 也不要人學作詩文, 這不是僻, 道理是合如此. 人只有一箇心, 如何分做許多去? 若只管去閑處用了心, 到得合用處, 於這本來底, 都不得力. 要得寡欲, 存這心最是難. 以湯武聖人, 孟子猶說'湯武反之也', 如不邇聲色, 不殖貨利, 只爲要復此心. 觀「旅獒」之書, 一箇犬受了, 有甚大事, 而反復切諫, 於此見欲之可畏, 無小大皆不可忽."

『강록』30-8-a

○ 「요시(要時)」: '조금이라도 계교함이 있으면'의 뜻이다. 「일제주출료(一齊走出了)」: 모든 일에 대하여 일제히 좇아간다는 것이다. 「불요인학사자(不要人學寫字)」: 이덕홍이 기록하여 말하였다. "질문하였다. '글자를 쓰는데, 왜 배워서는 안 된다고 한 것입니까?' 대답하였다. '요(要)자에 문제가 있다. 만약 단지 마땅히 해야 할 것이라고 생각해서 한 것이라면 괜찮다. 그러나 조금이라도 좋아하려는 생각이 있으면 이것은 바로 마음의 병인 것이니, 모두 자연스러운 것은 아니다. 배우는 자는 불요(不要) 두 글자를 깊이 음미해야 할 것이다.'" 「'요득과(要得寡)'에서 '시난(是難)'까지」: 비평하여 말하였다. "『어류』의 본래 말에서는 '단지 욕구를 줄이고 이 마음을 보존하는 것이 바로 어려움이다. ……'고 하였다. 정황돈은 '지시(只是)'라는 글자를 제거하고 또 '저심(這心)' 두 글자를 잘못 도치하여 요즘 사람이 이해하기 힘드니 지금은 마땅히 본문을 따라야 한다." 「'불이(不邇)'에서 '화리(貨利)'까지」: 『서경』 「중훼지고」에 나온다. 「여오(旅獒)」: 「주서」의 편명이다. 무왕이 마침내 구이팔만

521) 『朱子語類』 권61, 「孟子十一盡心下」.

(九夷八蠻)에 길을 냈다. 서려(西旅)에서 오(獒)라는 큰 개를 바치자 소공(召公)이 이 글을 지어 올렸다.(『강록』)

○ 「要時」: 有些計較ᄒᆞ면. 「一齊走出了」: 於衆事一切馳逐也. 「不要人學寫字」: 李錄云, "問, '寫字何以謂不要學也?' 答曰, '要字有病, 若只以爲合當爲而爲之, 則可. 一有要好之念, 則便是心病, 皆非自然也. 學者, 當深味不要二字.'" 「要得寡 止 是難」: 批云, "『語類』本語作, '只是要得寡欲, 存這心, 便是難云云.' 篁墩節去'只是'字, 而又這心二字誤倒, 今人難曉, 今當從本文." 「不邇 止 貨利」: 出『書·仲虺之誥』. 「旅獒」: 「周書」篇名. 武王遂通道于九夷八蠻. 西旅獻獒, 召公作此書以獻.(『講錄』)

『석의』30-8-b

○ 「요시(要時)」: '요구할 때에'의 뜻이다. 「'불요(不要)'에서 '시문(詩文)'까지」: 명도선생이 말하였다. "왕희지(王羲之), 우세남(虞世南), 안진경(安眞卿), 유공권(柳公權) 등이 진실로 좋은 사람이기는 하지만, 일찍이 글씨를 잘 쓴 사람이 도를 안 것을 본적이 있는가? 평생의 정력을 한결같이 여기에 썼으니, 한갓 세월을 허비할 뿐만 아니라 도에도 방해되는 점이 있었으니, 뜻을 잃었음을 충분히 알 수 있다." 질문하였다. "문장을 짓는 것이 도에 해가 됩니까?" 이천 선생이 말하였다. "해롭다. 『서경』에 '물건을 완미하면 뜻을 잃는다'고 하였는데, 문장을 짓는 것도 물건을 완미하는 것이다." 송시열(宋時烈)의 생각: 위의 한 단락은 명도의 말인데 주자는 모두 이천의 말이라고 하였으니, 아마 기록자의 잘못인 듯하다. 「불시벽(不是僻)」: 글자를 쓰고 문장을 짓는 것을 금하는데 편벽되게 하지 않은 것이다. 「한처(閑處)」: 한(閑)은 '부질없다'는 뜻이다. 글씨를 쓰고 문장을 짓는 등의 일과 같은 것이다. 「본래저(本來底)」: 마음을 가리킨다. 「'요득과(要得寡)'에서 '시난(是難)'까지」: 『주자어류』에는 '단지 욕심을 줄이고 마음을 보존해야 하는데, 이것이 가장 어렵다(只是要得寡欲存心, 這最是難)'고 되어 있다. 황돈이 '지시(只是)' 두 글자를 제거하고 또 '저심(這心)' 두 글자를 잘못 도치

하여 요즈음 사람이 이해하기 힘드니 지금은 마땅히 본문을 따라야 한다. 「'불이(不邇)'에서 '화리(貨利)'까지」 : 『서경』 「중훼지고」에 나온다. 「려오지서(旅獒之書)」 : '려오'는 『상서』의 편명이다. 서려가 '오'라는 큰 개를 바치자 소공이 글을 지어 무왕을 경계하였다.(『석의』)

○ 「要時」 : 要求홀 時에. 「不要 止 詩文」 : 明道先生曰, "如王虞顔柳輩, 誠爲好人, 則有之曾見善書者知道否? 平生精力一用於此, 非惟徒廢時日, 於道便有妨處, 足知喪志也." 問, "作文害道否?" 伊川先生曰, "害也. 書曰, '玩物喪志.', 爲文亦玩物也." 按: 上一段, 是明道語, 而朱子皆作伊川語. 恐是記者之誤. 「不是僻」 : 不是偏僻於禁切作字作文也. 「閑處」 : 閑, 브질 업다. 如作字作文等事也. 「本來底」 : 心也. 「要得寡 止 是難」 : 『語類』作, '只是要得寡欲存心這最是難. 篁墩節去只是二字, 又這心二字誤倒. 今人難曉, 今當從本文. 「不邇 止 貨利」 : 出『書』「仲虺之誥」. 「旅獒之書」 : 旅獒, 『尙書』篇名. 西旅貢獒, 召公作書戒武王.(『釋疑』)

『질서』30-8-c

○ 비록 마음 쓰는 것을 허용할지라도 쓸데없는 것에 쓰는 것은 허용하지 않는다. 마음을 쓰는 것을 허용하는 것은 마땅히 써야 할 곳에 마음을 쓰는 경우이다. 마음을 쓰는 것은 쓸데가 있기를 기약하니, 이른바 본래적인 것이 바로 이것이다. 『주자어류』를 살펴보면, 시문은 문장을 짓는 것이다. 「과욕존저심(寡欲存這心)」 : 욕심을 줄이고 이 마음을 보존하는 것은 욕심을 줄이고 마음을 기르는 것을 말한다. 그러므로 "음탕한 소리와 여색에 흐르지 않고 재화의 이익을 불리지 않은 것은 단지 이 마음을 회복하기 위함이었다"고 하였다.(『질서』)

○ 雖許其用心, 而不許用於閑處. 許其用心者, 用心於合用處也. 用心期於有用也, 所謂本來底是也. 按『語類』, 詩文, 作文章. 「寡欲存這心」 : 寡欲存這心, 謂寡欲而養心也. 故曰, "不通聲色, 不殖貨利, 只爲要復此心."(『疾書』)

『강록간보』30-8-d

○ 「'요득(要得)'에서 '시난(是難)'까지」 : 김종덕(金宗德)의 생각: 구본에 '존심저(存心這)'라고 되어 있기 때문에 『강록』에서 이와 같이 말하였다. 도산(陶山) 이후의 간행본은 대부분 '존저심(存這心)'이라고 되어 있다. 요즈음 사람은 도리어 『강록』의 설을 의심한다.(『강록간보』)

○ 「要得 止 是難」 : 按, 舊本作存心這, 故『講錄』說如此. 陶山後印行本多作'存這心.' 今人還疑『講錄』說.(『講錄刊補』)

『심경설』30-8-e

○ 「'불요인(不要人)'에서 '작시문(作詩文)'까지」 : 물었다. "글자를 쓰는 것이나 문장을 짓는 일도 유학자의 한 가지 일이라면 이러한 일을 하지 않고 어떻게 욕심을 줄이는 공부를 하겠습니까?" 대답하였다. "일이 비록 마땅히 해야 하는 것일지라도 한쪽으로 치우친 것이 많고 절제가 없으면 오히려 병이 될 수 있다. 하물며 글자를 쓰고 문장을 짓는 일 따위는 단지 유학자에게 긴요한 일은 아니다. 만약 여기에 탐닉하여 마음이 미치는 힘을 잘못 쓴다면 본분을 온전하게 기르는 공부에 해가 될 것이 분명하다. 그러므로 정자는 또 '물건을 완상하면 뜻을 잃게 된다'고 경계를 하였으니, 이것이 마음을 기르는 공부의 가장 절실하고 긴요한 곳이다."(『심경설』)

○ 「不要人學寫字 止 作詩文」 : 問, "寫字作詩文, 是亦儒者一端事, 則不爲此等事, 何以爲寡欲工夫也?" 曰, "事雖合爲者, 而一向偏著多而無節, 則猶能爲病. 況寫字作詩之類, 只是儒者沒緊要底事. 若能耽著於斯, 枉用心力, 其爲害於本分完養之功, 必矣. 故程子又有玩物喪志之戒, 此養心工夫之最緊切處."(『心經說』)

『집해』30-8-f

○ 명도선생이 말하였다. "일찍이 글씨를 잘 쓰는 자가 도를 아는 것을 본 적이 있는가? 한갓 세월을 허비할 뿐만 아니라, 도에도 곧 방해됨이 있다." ○ 질문하였다. "글을 짓는 것이 도에 해가 됩니까?" 이천선생이 말하였다. "해롭다. 『서경』에 '물건을 완미하면

뜻을 잃는다'고 하였는데, 문장을 짓는 것도 물건을 완미하는 것이다."(『근사록』)(『집해』)

○ 『近思錄』: 明道先生曰, "曾見善書者知道否? 非惟徒廢時日, 於道便有妨." ○ 問, "作文害道?" 伊川先生曰, "害也. 『書』曰, '玩物喪志', 爲文亦玩物也."(『集解』)

『부주』30-9

○ 또 말하였다. "사람이 가장 이해할 수 없다. 어떤 사람은 자신을 봉양하는데 매우 검소하고 인색하여 자신의 지조를 채우면 위로는 마른 흙을 먹고, 아래로는 황천을 마시면서도 관직만은 아낀다. 어떤 사람은 자신의 몸을 봉양하는 데는 청렴하고 고생스럽게 하면서도 여색을 좋아한다. 그는 단지 사욕을 이기지 못함으로 인하여 일에 임하여 단지 이것을 중요한 것으로 본 것이다. 어떤 사람이 '이런 사람들은 분수가 가장 저급한 사람보다는 나은 것 같다'고 하기에 내가 말하였다. '이렇게 말할 수 없다. 병통이 있기만 하면 곧 좋지 않은 것이니, 다시 분수로 논할 수 없다. 그가 단지 관직만 좋아하다면 곧 아비나 임금을 시해하는 짓도 서슴지 않을 것이다.'"522)

○ 又曰, "人最不可曉. 有人奉身儉嗇之甚, 充其操, 上食槁壤, 下飮黃泉底, 却只愛官職. 有人奉身淸苦而好色. 他只緣私欲不能克, 臨事只見這箇重了. 或云, '似此等人, 分數勝已下底.' 曰, '不得立此說. 才有病, 便不好, 更不可以分數論. 他只愛官職, 便殺父與君, 也敢.'"

『강록』30-9-a

○ 「검색(儉嗇)」: 이덕홍이 기록하여 말하였다. "색(嗇)은 재용(財用)에 인색한 것을 말한다. 자신을 봉양하는 데 야박한 것도 검색(儉嗇)

522) 『朱子語類』 권13, 「學七力行」.

이라고 한다.” 「살부여군야감(殺父與君也敢)」 : 물었다. “이와 같은 사람은 왕부(王溥)나 범질(范質)과 같은 따위의 사람입니까?” 대답하여 말하였다. “그렇지 않다. 왕부와 범질을 가리켜 아비나 임금을 시해하는 짓도 서슴지 않는다고 말하는 것은 옳지 않다. 송태조는 어른에게 관대하고 두터워 주제(周帝)를 예전대로 모셨다. 그러므로 왕부와 범질이 송나라를 섬긴 것이다. 만약 송태조가 임금을 시해하였다면 왕부와 범질이 기꺼이 섬기려고 했을 것인지는 알 수 없다. 그대가 이 문장의 흐름을 보면, 손으로 그 임금과 아비를 시해하는 짓도 서슴지 않는 것은 왕부나 범질과 같은 무리가 아니다. 바로 대단히 간악하고 거역하는 사람을 말하는 것이다.” ○ 또 물었다. “왕부와 범질을 이와 같이 말할 수 없다는 것은 이미 들었습니다. 우리나라의 경우에 황희와 허조 역시 이와 같이 말할 수 없습니까?” 답하여 말했다. “황희와 허조는 고려조에서 벼슬을 하였는가?” 응대하였다. “제가 고려조의 등과록을 살펴보니 황희는 공양왕 기사년에 과거에 합격하였고, 허조는 경오년 과거에 합격하였습니다.” 답하여 말했다. “그렇다면 옳지 않다. 주자는 단지 손으로 시해하는 것을 말하였다. 허조와 황희가 비록 고려조에서 과거에 합격하였지만, 어찌 손으로 시해한 자와 죄가 같다고 할 수 있겠는가?” 응대하였다. “나라가 망하는 어려운 시기에 살아서 죽지도 못하였고, 신하된 도리를 배반하고 원수를 섬겼으며, 하늘을 함께 일 수 없는 사람에게 안주하여 몰래 재상의 자리에 앉아서 관록을 누리는 것이 어찌 손으로 시해하는 것과 다르겠습니까?” 대답하여 말하였다. “옳지 않다. 사람을 해친 자와 남의 물건을 훔쳐서 부당하게 나눈 자를 모두 도둑이라고 말할지라도, 법률을 살펴 죄를 정하는 단계에서는 반드시 경중의 구분이 있다. 그 당시 권근과 같은 무리가 자못 많았는데 어찌 모두 군주를 시해한 도적이라고 말할 수 있겠는가?” ○ 또 물었다. “제가 다시 생각해 보니, 왕부의 일은 상세하지 않습니다. 범질은 시를 지어 '나는 본래 떠도는 신하였는데, 요순과 같은 다스림을 만났다'고 말하였습니다. 요순임금의 선양을 가지고 송태조가 나라를 전한 것을 비유하였으니, 그 마음을 알만 합니다. 어찌 송태조가 임금을 시해하고 자리를 찬탈할 줄 알고 범질이 먼저 그렇게 했겠습니까? 이것으로 보면 손으로 시해한 것과 구별된다고 말할 수 없으니, 감히 가르침을 청합니다." 선생이 대답하여 말하였다. "그대의 말은 지나치다. 『춘추』에 비록 마음가짐에 대하여 응징하여 죽이는 법이 있지만, 임금이 법률을 쓰는 데 있어서는 죄의 경중을 나누는데 매우 차등이 있다. 만약 그대의 말대로라면 도적은 이미 행한 것과 아직 행하지 않은 것의 구분이 없어지고, 간악한 사람은 이미 이룬 것과 아직 이루지 못한 것의 차이가 없게 된다. 간사한 도둑에게 조금 관련되었다고 해서 다 잡아 죽이겠는가? 이 주장은 매우 길어서 쉽게 마칠 수 있는 것이 아니니, 자신의 견해를 지나치게 주장하지 말기를 바란다. 고인이 이것들을 처리한 법도와 의리를 서서히 연구하여 살펴보는 것이 많아지고 익숙하게 된 후에 다시 논의할 수 있을 것이다." ○ 구월 초이레 날에 또 그에게 말하였다. "옛날에 조조가 술을 엄격히 금하여 누룩을 쌓아 놓은 사람도 함께 죽였다. 어느 날 가후(賈詡)가 조조를 응대하고 있었는데, 남녀가 지나가자 가우가 그들을 함께 죽일 것을 청하였다. 조조가 '무엇 때문인가'고 묻자 다음과 같이 말하였다. '저 남녀는 각각 그 도구가 있습니다.' 조조는 이내 깨달아 마침내 누룩을 쌓아 놓은 죄를 완화시켰다. 그대의 말은 조조가 누룩을 가진 사람을 함께 죽이는 것과 무엇이 다른가?" ○ 또 비평하여 말하였다. "또 맹자는 만장에게 일러 '왕자가 일어나면 장차 요즈음의 제후들을 잇달아 죽이겠는가? …'라고 하였다. 이러한 의론은 모두 몰라서는 안 된다."(『강록』)

○ 「儉嗇」: 李錄云, "嗇吝於財用之謂. 薄於自奉者, 亦謂之儉嗇也." 「殺父與君也敢」: 問, "如此樣人, 是乃王溥范質之類與?" 答曰, "不然. 王范若便謂之殺父與君也敢, 便不是. 宋太祖寬厚長者, 事周帝如舊, 故王范事宋. 若宋太祖殺君, 則王范之肯事, 未可知也. 公看此文勢, 手殺其君父也敢, 非若王范之類, 乃其謂大段惡逆人." ○ 又問, "王范不可謂如此, 旣聞命矣. 於我朝, 黃喜許稠亦不可謂如此否?" 答曰, "黃許前朝筮仕乎?" 對曰, "小子考前朝登科錄, 黃登恭讓王朝己巳年第, 許登庚午年第." 答曰, "便不是. 朱子直是說手殺也. 許黃雖登第前朝, 豈可謂手弑者同罪?" 對曰, "生不能死於國難之日, 反臣事讐, 晏然於不共戴天之人, 竊據相位坐享祿廩, 其亦何以異於手弑?" 答曰, "不是. 譬如賊人盜人之物分贓者, 雖皆謂之盜, 及考律定罪, 必有輕重之分. 其時如權近等輩頗多, 豈皆可謂弑君之賊乎?" ○ 又問, "小子更思之, 王溥之事, 未詳. 范質作詩曰, '我本羈旅臣, 遭逢堯舜理.' 以堯舜禪讓比宋祖之傳國, 其心可知. 安知宋祖弑君簒位, 范爲之先也? 以此觀之, 不可謂別於手弑也, 敢請指誨." 先生答云, "公言過矣. 『春秋』雖有誅心之法, 至於王者用律, 則罪分輕重, 極有差等. 若如公言, 則盜者無已行未行之分, 奸者無已成未成之差, 一有涉於奸盜者, 盡取而殺之耶? 此說甚長, 非可易了, 幸毋太主張已見. 徐究觀古人所以處此等法義者, 多且熟, 然後可更論也." ○ 九月初七日, 又謂之曰, "昔曺操嚴酒禁, 蓄麴者亦幷誅之. 一日賈詡對操, 男女過去, 詡請幷誅之. 操云, '何故?' 曰, '彼男女各有其具.' 操乃悟, 遂弛蓄麴之罪. 如公之言, 何異於操之幷誅有麴者也." ○ 又批云, "又孟子謂萬章, '有王者作, 將比今之諸侯而誅之乎云云.' 此等議論, 皆不可不知."(『講錄』)

『석의』30-9-b

○ 「검색(儉嗇)」: 재용(財用)에 인색한 것이다. 「충기조(充其操)」: '제 뜻대로 하면'의 뜻이다. 「지견저개중료(只見這箇重了)」: '다만 이것을 중한 것으로 본다'는 뜻이다. ○ 이것[這箇]은 관직과 미색을 가리킨다. 「분수승이하저(分數勝已下底)」: '분수가 가장 낮은 사람보다는 낫다'는 뜻이다. 「재유병, 편불호(才有病, 便不好)」: '병통이 있자마자 바로 좋지 않은 사람이다'는 뜻이다. 「살부여군야감(殺父與君也敢)」: 공자는 "만약 벼슬 잃을 것을 근심하면 이르지 않는 데가 없다"고 하였다. 주석에서 말하였다. "크게는 아비와 임금을

죽인다." 지금 운운한 것은 실로 여기에 근본을 둔 것이다.(『석의』)

○ 「儉嗇」 : 嗇吝於財用. 「充其操」 : 제 뜻대로 ᄒᆞ면. 「只見這箇重了」 : 다만 이거시 重ᄒᆞᆫ 줄을 보다. ○ 這箇, 官職與色也. 「分數勝已下底」 : 分數ㅣ ᄆᆞ장 下ᄒᆞ니 도곤 낫도소이다. 「才有病, 便不好」 : ᄌᆞᆺ 病곳 이시면 믄득 不好ᄒᆞᆫ 사ᄅᆞᆷ이라. 「殺父與君也敢」 : 孔子曰, "苟患失之, 無所不至." 註曰, "大則弑父與君." 今所云云, 實本於此.(『釋疑』)

『질서』30-9-c

○ 「이하(已下)」 : 이하(已下)는 이하(以下)와 같은 것으로, 이 등급 이하를 말한 것이다.(『질서』)

○ 「已下」 : 已下與以下同, 謂此等以下也.(『疾書』)

『강록간보』30-9-d

○ 「분수승기하저(分數勝已下底)」 : 김종덕(金宗德)의 생각: 이하는 '가장 아래(最下)'라는 말과 같다. 분수가 가장 밑의 사람보다는 오히려 낫다는 것을 말한 것이다.(『강록간보』)

○ 「分數勝已下底」 : 按, 已下猶言最下, 言分數猶勝於最下之人也.(『講錄刊補』)

『부주』30-10

○ 면재황씨가 말하였다. "맹자는 일찍이 '잃어버린 마음을 구하라'[523]고 하였고, 또 '그 마음을 보존하라'[524]고 하였다. 잡으면 보존되고 버리면 없어지니, 마음이 보존되고 잃는 것이 잡느냐 버리느냐에서 결정된다. 그런데 또 '욕심을 줄이는 것보다 좋은 것이 없다'[525]고 말한 것은 어째서인가? 마음을 잡아서 보존하는 것은 참으로 배우는 자가 시급히 힘써야 할 것이지만, 사람의 한 마음을 공격하는 것이 많다. 성색(聲色)과 취미(臭味)가 밖에서 교접하고, 영욕(榮辱)과 이해(利害)가 안에서 움직임에

523) 『孟子』, 「告子上」.

524) 『孟子』, 「盡心上」.

525) 『孟子』, 「盡心下」.

감동하는 대로 응하여 다함이 없으면 청명하고 순일한 본체가 또 어찌 항상 보존되어 잃지 않으리라는 것을 보장할 수 있겠는가? '문을 나서면 손님을 대하듯이 하고, 일을 받들어 행할 때는 제사를 지내듯이 한다'526)는 것은 공자가 중궁에게 말한 것이니, 잡아 보존하는 것을 말한 것이다. '예가 아닌 것을 보거나 듣거나 말하거나 행하지 말라'527)고 한 것은 공자가 안연에게 말한 것이니, 욕심을 줄이는 것을 말한 것이다. 두 사람이 인에 대해 물은 것은 동일한데 공자의 대답이 다른 것은 어찌 그들이 도달한 경지에 참으로 깊고 얕음이 있어서가 아니겠는가? 성을 높이 쌓고 못을 깊이 파는 것과 문을 이중으로 하고 목탁을 치는 것이 참으로 스스로를 지키기에는 충분하다. 그러나 안의 간사한 무리와 밖의 적들이 틈을 타고 편리함을 엿보아 조금이라도 나태함이 있으면 그것을 틈타는 자가 이르게 된다. 훌륭한 장수와 강인한 사병, 그리고 견고한 갑옷과 날카로운 병기가 요망한 기운을 쓸어내야 하늘이 맑고 땅이 평온해질 것이다. 이것이 맹자가 발명한 잡아서 보존하는 설이고, 또 '욕심을 줄이는 것보다 좋은 것이 없다'고 여긴 것이다. 그러나 욕심을 줄이는 것이 참으로 좋기는 하지만, 천리와 인욕의 구분을 참으로 아는 것이 아니라면 어떻게 이겨서 다스리는 공부를 베풀 수 있겠는가? 그러므로 사물을 탐구하여 앎을 극진히 하는 것이 또 욕심을 줄이는 요체가 되는 것이니, 이것은 배우는 사람이 마땅히 살펴야 할 것이다."528)

○ 勉齋黃氏曰, "孟子嘗言求放心矣. 又言存其心矣. 操之則存, 舍之則亡, 心之存亡, 決於操舍, 而又曰, '莫善於寡欲', 何也? 操存固學者之先務,

526) 『論語』, 「顔淵」.

527) 『論語』, 「顔淵」.

528) 『勉齋集』 권2, 「講義漢陽軍學」.

然人惟一心, 攻之者衆, 聲色臭味交乎外, 榮辱利害動乎內, 隨感而應, 無有窮已, 則淸明純一之體, 又安能保其常存而不放哉? 出門如賓承事如祭, 夫子之告仲弓, 操存之謂也. 非禮勿視聽言動, 夫子之告顔淵, 寡欲之謂也. 二子之問仁則同, 而夫子告之異者, 豈其所到, 固有淺深歟! 高城深池, 重門擊柝, 固足以自守矣. 內姦外宄, 投隙伺便, 一有少懈而乘之者至矣. 良將勁卒, 堅甲利兵, 掃除妖氛而乾淸坤夷矣. 此孟子發明操存之說, 而又以爲莫善於寡欲也. 雖然, 寡欲固善矣, 然非眞知天理人欲之分, 則何以施其克治之功哉? 故格物致知, 又所以爲寡欲之要, 此學者所當察也."

『강록』30-10-a

○ 「물시청언동과욕지위(勿視聽言動寡欲之謂)」 : 선생이 일찍이 비평하여 말하였다. "주자는 '욕구는 좋는 것이니, 욕구가 좋지 않은 것은 아니다. 욕구가 만약 좋지 않은 것이라면 줄인다고 말해서는 안 된다'고 하였다. 또 '일에 접하였다고 말하지 않고, 단지 뜻에 두고만 있어도 욕(欲)이다'고 하였다. 이와 같은 설을 보면 면재가 예가 아니면 보지도 듣지도 말하지도 행하지도 말라고 한 설과 조금 다름이 있는 것 같으니 다시 살펴보아야 한다." 「탁(柝)」 : 밤에 다니면서 나무를 치는 것으로 경계하며 순찰하는 것이다. 「내간외귀(內姦外宄)」 : 적이 안에 있는 것을 간(姦)이라고 하고, 밖에 있는 것을 귀(宄)라고 한다.(『강록』)

○ 「勿視聽言動寡欲之謂」 : 先生嘗有批云, "朱子謂'欲是好底, 欲不是不好底. 欲若不好底, 不當言寡.' 又云, '未說到事上, 只是才有意在上面, 便是欲.' 觀此等說似與勉齋以非禮勿視聽言動爲寡欲之說, 微有不同, 更詳之." 「柝」 : 夜行所擊木, 所以警巡也. 「內姦外宄」 : 賊在內曰姦, 在外曰宄.(『講錄』)

『강록』30-10-b

○ 「'물시청(勿視聽)'에서 '과욕(寡欲)'까지」 : 주자는 '욕구는 좋은 것이니, 욕구가 좋지 않은 것은 아니다. 욕구가 만약 좋지 않은 것이라면 '줄인다'고 말해서는 안 된다'고 하였다. 이것을 보면 면재의

이 설과 다른 듯하다. 「격탁(擊柝)」: 「계사전」에 나온다. 탁(柝)은 밤에 다니면서 나무를 치는 것으로 경계하면서 순찰하는 것이다. 「내간외귀(內姦外宄)」: 적이 안에 있는 것을 간(姦)이라고 하고, 밖에 있는 것을 귀(宄)라고 한다. 「비진지운운(非眞知云云)」: 이것은 면재가 맹자가 말하지 않은 뜻을 밝힌 것이다.(『석의』)

○ 「勿視聽 止 寡欲」: 朱子謂'欲是好底, 欲不是不好底. 欲若不好底, 不當言寡.' 觀此, 則似與勉齋此說不同. 「擊柝」: 出「繫辭」. 柝, 夜行所擊木, 所以警巡也. 「內姦外宄」: 賊在內曰姦, 在外曰宄. 「非眞知云云」: 此勉齋發孟子言外之旨.(『釋疑』)

『표제』30-10-c

○ 「내간외귀(內姦外宄)」: 박세채(朴世采)의 생각: 이것은 『서경』과 다르니 서로 대조해 보아야 할 듯하다.(『표제』)

○ 「內姦外宄」: 按: 此與『書』不同, 恐當互看.(『標題』)

『질서』30-10-d

○ 「출문여빈승사여제(出門如賓承事如祭)」: '문을 나설 때는 손님을 대하듯이 하고, 일을 할 때는 제사를 지내듯이 한다'는 것은 구계(臼季)가 진문공(晉文公)에게 말한 것이다. 지금은 마땅히 '백성을 부릴 때는 제사를 지내듯이 한다'고 말해야 한다. 이것은 잘못 살핀 것이다. 이전의 여러 현인들은 마음을 기르는 것을 마음을 보존하는 것으로 보고, 욕구를 줄이는 것을 단초를 여는 공부로 생각하였다. 면재에 이르러 마음을 잡아 보존하는 것을 중궁에 속하는 것으로 보고, 자신을 이기는 것을 안연에 속하는 것으로 보아 깊고 얕음의 차이가 있다고 말하였다. 성을 높이 쌓고 못을 깊이 파는 것과 요망한 기운을 쓸어내는 것에 비유한다면 잡아서 보존하는 것은 당연히 욕심을 줄이는 조짐이 되는 자리에 있어야 한다. 그런데 일찍이 생각하건대 욕구를 비록 이겨서 다스린다고 할지라도 만약 먼저 잡아서 보존하는 공부가 없다면 외부 유혹의 침입이 천만가지라서 장차 그것을 이길 수 없다. '잡아서 보존하는 것'은

'버려서 없애는 것'과 서로 대립하므로 모름지기 먼저 버려서 없애는 근심을 제거해야 비로소 욕심을 줄이는 공부에 착수할 수가 있다. 욕심을 줄이고 더욱 줄여서 마음을 여기에서 돌볼 수 있게 되면 잡아서 보존하는 공부가 시종일관할 수 있다. 이것이 면재의 뜻이다. 또 생각건대, 공자가 '자기를 이긴다'고 할 때의 '자기'는 몸이다. 그것은 이길 수는 있지만, 제거할 수는 없다. 맹자는 '욕심을 줄인다'고 하였는데, 이때의 '욕(欲)'이라는 것은 이목구비와 사체의 욕구로서, 줄일 수는 있지만 소멸시킬 수는 없다. 면재는 그것을 도적이나 요망한 기운에 비유하여 쓸어 없애기를 기약하였으나, 이것은 불교의 근본을 소멸하고 티끌을 갈아 없애는 공허하고 적막한 가르침에 가깝다. 말과 뜻의 사이를 상세히 살피지 않아서는 안 될 것이니, 마땅히 아래 장의 엽씨의 설과 함께 보아야 한다.(『질서』)

○ 「出門如賓承事如祭」: '出門如賓, 承事如祭', 臼季之言於晉文公者. 今當云, '使民如祭.' 此失照管. 從前諸賢, 以養心作存心者, 乃以寡欲爲劈初工夫. 至勉齋, 則以操存, 屬之仲弓, 以克己, 屬之顔淵, 而謂有淺深. 比之於高城深池與掃除妖氣, 則操存當在寡欲之兆也. 抑嘗思之, 欲雖克治, 而苟先無操存之功, 則外誘之侵, 千頭萬緖, 將不勝其克矣. 操存與舍亡相對, 須先去舍亡之患, 方可以下寡欲之功矣. 寡之益寡, 心於是得其眷, 故操存之功, 通貫始終. 此勉齋之意也. 又按, 孔子曰'克己', 己者, 身也. 可克, 不可以除去也. 孟子曰, '寡欲' 欲者, 耳目口鼻四體之欲, 可寡而不可以滅息也. 勉齋比之寇賊妖氣, 期於掃盪, 此殆於釋氏滅根磨塵, 而爲空寂之敎. 言意之間, 不可以不詳, 當與下章葉氏說通看.(『疾書』)

『차의』30-10-e

○ 이것은 맹자의 가르침을 곧바로 풀이한 것으로 '과욕'의 '욕'자를 가지고 곧바로 그것을 예가 아닌 욕(欲)이라고 말하고 안의 간사하고 밖의 도적에 비유하기에 이르렀으니, 이것은 분명히 악한 측면을 말한 것이다. 이것이 가장 의심할만 하니, 어찌 살피지 않을

수 있겠는가? 아래 문장의 엽씨의 문답이 아주 분명하게 갖춘 듯 한데, 어떠한지 모르겠다.(『차의』)

○ 是直解孟子之訓者, 而乃以寡欲欲字, 直謂之非禮之欲, 而至譬於內姦外宄, 則是分明說得惡一邊矣. 是最可疑, 豈偶未察歟? 下文葉氏答問, 似極明備, 未知如何?(『箚疑』)

『관계』30-10-f

○ 「비례물시청언동(非禮勿視聽言動)」: 이미 '예가 아니다'고 말하였으니, 모름지기 이겨서 제거해야지 많고 적음을 논해서는 안 된다. 그러나 이치에 맞는 욕구는 있고 예가 아닌 욕구는 전혀 없다면 도리어 '욕구를 줄인다'고 말할 수 있겠는가? 『강록』에서 주자의 설을 인용하여 '이것은 좋은 욕구이다'고 하였다. 그러나 이 욕구는 참으로 좋지 않은 욕구는 아니지만, 그것을 곧바로 좋은 욕구라고 한다면 온당하지 않을 듯하다. 의리의 욕구는 아주 좋은 것으로서, 없어서는 안 될 뿐만 아니라 역시 줄여서도 안 되는 것이다. 이 '욕'자는 반은 좋고(없을 수 없다), 반은 좋지 않은 것(욕심에 흐르기 쉽다)이다.(『관계』)

○ 「非禮勿視聽言動」: 旣曰非禮, 須用克去, 不當論多寡. 然只有合理之欲, 而絶無非禮之欲, 則抑可謂寡欲歟? 『講錄』引朱子說謂是好底欲. 然此欲固非不好底欲, 直說好底欲, 則恐未安. 義理之欲, 方是恰好底, 非惟不可無, 亦不當寡. 此欲字半好(不能無底), 半不好底(易流於慾).(『窾啓』)

『비망록』30-10-g

○ 「'조존(操存)'에서 '불방재(不放哉)'까지」: 대개 성색과 취미는 모두 밖의 사특함이고, 영욕과 이해(利害)는 모두 안의 사특함이다. 이미 잡아서 보존하는 것이 깊고 두터우면 밖의 사특함이 감히 틈타서 들어오지 못하고, 안의 사특함은 좇아서 생기지 않는다. 그러나 잡아서 보존하되 더욱 힘쓰고 공고히 하지 않으면 때때로 외물이 그 틈을 타서 기회를 엿볼 것이다. 이것은 마치 문을 이중으로 하고 목탁을 치는데 조금이라도 해이하게 되면 안의 간사한 무리와 밖

의 적들이 따라서 틈을 엿보는 것과 같으니 어찌 위태롭지 않겠는가? 마땅히 정밀하게 살피고 한결같이 지켜서 생각을 여기에 두고 아침저녁으로 그치지 않는 것이 안과 밖을 함께 기르는 방법이다. 이와 같이 하면 청명하고 순일한 본체가 항상 그 안에 보존되어 그 작용이 합당함을 얻지 않음이 없을 것이다.(『비망록』)

○ 「操存 止 不放哉」 : 夫聲色臭味, 皆外邪也, 榮辱利害, 蓋內邪也. 既操存深厚, 則外邪不敢窺入, 內邪無從而生矣. 然操存而不加勉益以鞏固, 則時或外物乘間投隙, 如重門擊柝, 一有少懈, 而內姦外宄, 因以覘伺, 豈不殆哉! 當精以察之, 一以守之, 念焉在玆, 夙夜不已, 是內外交養之道也. 如是則清明純一之體, 常存其內而用無不得其當矣.(『備忘錄』)

제31장: 욕심이 없으면 진실됨[誠]이 확립되고 밝음[明]이 통하게 된다

[無則誠立明通]

○ 주돈이(周敦頤)529)의 「양심설」에서 말하였다. “맹자는 ‘마음을 기르는 방법으로는 욕심을 줄이는 것보다 좋은 것이 없다. 그 사람됨이 욕심이 적으면 보존하지 못한 것이 있더라도 적을 것이며, 그 사람됨이 욕심이 많으면 보존한 것이 있더라도 적을 것이다’530)라고 하였다. 마음을 기르는 것이 욕심을 줄여 적게 남기는데 그치는 것이 아니라고 나는 생각한다. 욕심을 줄여 그것이 완전히 없어지는 데까지 이르러야 한다. 욕심이 완전히 없어지면 진실됨이 확립되고 밝음이 통하게 된다. 진실됨이 확립되면 현자이고, 밝음이 통하면 성인

---

529) 주돈이(周敦頤, 1017~1073) : 자는 무숙(茂叔)이다. 남강군(南康郡) 지사가 되었을 때 여산(廬山) 연화봉(蓮花峰) 아래 살았다. 그 곳의 시내 이름을 따서 호를 염계(濂溪)라고 하였다. 그의 초명은 돈실(惇實)이었으나 영종(英宗)의 이름을 피하여 고쳤다. 영종의 이름은 종실(宗實)이었으나 태자가 된 뒤에 이름을 서(曙)로 고쳤다. 정호·정이의 스승으로 심성 의리의 학문을 밝혀 송대 성리학의 비조로 불린다. 저서로는 「태극도」와 『태극도설』, 『통서』가 있다.

530) 『孟子』, 「盡心 下」 3장.

이다. 이것은 성인과 현인은 천성으로 주어지는 것이 아니라 반드시 마음을 길러 이르는 것임을 의미한다. 마음을 잘 기르는 것이 이처럼 위대한 것이니, 그 사람에게 달려 있을 뿐이다."531)

◯ 周子「養心說」曰, "孟子曰, '養心莫善於寡欲. 其爲人也寡欲, 雖有不存焉者, 寡矣, 其爲人也多欲, 雖有存焉者 寡矣.' 予謂養心不止於寡而存耳. 蓋寡焉以至於無. 無則誠立明通. 誠立, 賢也. 明通, 聖也. 是聖賢非性生, 必養心而至之. 養心之善有大焉如此, 存乎其人而已."

『강록』31-A

○ '성(誠)'은 실리(實理)가 마음에 있는 것이고, '명(明)'은 비추지 않는 것이 없다. ◯ 「성립현야명통성야(誠立賢也明通聖也)」: 이덕홍이 기록하여 말하였다. "부주(附註)에서 '진실됨이 확립된다[誠立]'는 것은 실체(實體)가 편안하고 견고한 것이며, '밝음이 통한다[明通]'는 것은 실용(實用)이 유행하는 것이라고 하였다. 그런데 성인에 대해서는 용만을 말하고 체를 언급하지 않았으며, 현인에 대해서는 체만을 말하고 용을 언급하지 않은 것은 왜인가?" 대답하여 말하였다. "서로 참고하여 보면, 현인이 성(誠)이 확립되는 것에만 그치고 명(明)에 통할 수 없는 것이 아니라는 것과 성인이 '명(明)'에만 통하는데 그치고 '성(誠)'이 확립되는 체가 없는 것이 아니라는 것을 비로소 알 수 있다. 다만 성인과 현인 사이에는 '성이 학립됨'과 '명이 통함'의 높고 낮음과 정밀하고 조악한 차이가 없을 수 없다." ◯ 「즉무(則無)」: 비판하여 말하였다. "'즉무(則無)'의 '즉(則)'자는 『성리대전』에는 '도(到)'자로 되어 있다."(『강록』)

○ '誠', 實理之在心者, '明', 無不照. 「誠立賢也明通聖也」: 李錄云, 問, "註

531) 『周敦頤集』 권2, 「養心亭說」.

'誠立'實體安固, '明通'實用流行. 然則於聖獨言用而不及體, 於賢偏言體而不及用, 如何?" 答曰, "互相看了, 始得非賢者止於誠立而不能通明也, 非聖者止於通明而體無誠立也. 但聖賢之間, 不能無誠立明通之高下精粗而已." 「則無」: 批云, "'則無'之則, 『性理大全』作'到'."(『講錄』)

『석의』31-B

○ '성(誠)'은 실리(實理)가 마음에 있는 것이고, '명(明)'은 비추지 않음이 없는 것이다. 「성립현야명통성야(誠立賢也明通聖也)」: 성인에 대해서는 용(用)만을 말하고 체(體)에 대해 언급하지 않았고, 현자에 대해서는 체만을 언급하고 용에 대해 말하지 않았다. 이는 서로 참조해 보아야 하는 것으로, 현자가 '성립'에만 그치고 '명통'할 수 없다는 말도, 성인은 '명통'에만 그치고 본디 '성립'할 수 없다는 것이 아니다. 그렇지만 그 사이에 높고 낮음 정밀하고 거친 차이가 없을 수는 없다.(『석의』)

○ '誠', 實理之在心者. '明', 無不照. 「誠立賢也明通聖也」: 於聖獨言用, 而不及體, 於賢偏言體而不及用. 此宜互相看了, 非賢者止於誠立而不能明通, 非聖者止於明通而本無誠立也. 但於其間不能無高下精粗而已.(『釋疑』)

『문답』31-C

○ 「명통성야(明通聖也)」: 이 '성(聖)'자는 『대학』에서 '언성(彦聖)'[532] 이라고 할 때의 '성'자와 같은 듯하니 바로 『장구』에서 말한 '통달하여 밝다'는 의미이다. 밝음이 통달한다는 것과 통달하여 밝다는 것이 호문이라면 둘로 나누어 보아서는 안 되므로 '커져서 변화한 것을 성(聖)이라 한다'[533]고 할 때의 '성'과는 다른 듯한데 성인과 현인을 상대하여 칭한 것은 왜인가? 또한 주자는 "욕심이 없는 데에 도달하는 것은 성인이 아니면 할 수 없다"[534]고 하였는데, 주렴계는 이미 욕심이 없음을 말한 뒤, 하나는 현인으로 칭하고 다

---

532) 『大學』 전10장, "人之彦聖, 其心好之, 不啻若自其口出, 寔能容之."의 '언성(彦聖)'에 대하여 주자는 언(彦)을 '아름다운」 선비'로, '성'을 '통명(通明)'으로 풀이하고 있다.

533) 『孟子』, 「盡心 下」.

534) 『朱子語類』 권94, 「周子之書」.

른 하나는 성인 가운데 커져서 변화한 것이 아닌 다른 경우로 칭한 것은 왜인가? 대답한다. 명통과 통명이 비록 호문인 듯하지만 그 의미에는 큰 차이가 있다. '명(明)'과 '성(聖)' 두 글자는 실제로 『중용』에서의 뜻을 원용한 것이다. 밝음이 통달했다면 어찌 성인이 아니겠는가? 다만 이미 '욕심이 없다'고 하고 다시 현인과 성인으로 구분한 이것은 의심할 만하다. 그러나 마음을 길러서 이르게 되는 경지의 처음과 끝 깊고 옅음에는 아마도 이와 같이 말해서는 안 되는 것이 있는 듯하다. 어떻게 생각하는가? 주자가 "'확립된다[立]'는 것은 '삼십에 확립되었다'고 할 때의 확립됨과 같고, '통달한다[通]'는 것은 '미혹되지 않는 단계[不惑]'와 '천명을 아는 단계[知天命]'를 지나 '귀로 들으면 그대로 이해되는 단계[耳順]'로 향하는 것이다."535)라고 한 것이 의미가 매우 분명하다.(『문답』)

○ 「明通聖也」 : 此聖字似與『大學』'彦聖'之'聖'同, 卽『章句』所謂'通明'之意. 明通與通明, 只是互文, 則不可二而看. 恐與'大而化之'之聖不同, 而以聖賢對稱者何耶? 且朱子曰, "到无欲, 非聖人不能." 周子旣言无欲, 而一則以賢稱之, 一則以聖之非大而化之者稱之, 何耶? 答: 明通通明, 雖似互文, 而其義懸隔. 明·誠兩字, 實用『中庸』之義. 明而通, 則豈非聖人耶? 但旣曰无欲, 而又以賢聖分之, 此似可疑. 然本以養心而致之始終淺深之間, 似亦有不可以如此言者, 如何如何? 朱子曰"'立'如三十而立, '通'則不惑知命而向乎耳順"者, 義尤明矣.(『問答』)

『강록간보』31-D

○ 「성립명통(誠立明通)」 : 김종덕(金宗德)의 생각: '성(聖)'자와 '현(賢)'자는 각각 그 기상과 생각을 가지고 말한 것이지 지위와 등급을 구분하려는 것이 아니다. 그러나 이미 '확립된다'라고 하였으니 잡아 지킨다는 의미가 있고, '통달한다'고 하였으니 신명하여 예측할 수 없는 기상이 있다. 이것으로 높고 낮음을 구분해도 또한 안 될 것은 없으므로 주자 선생의 풀이도 이러한 의미를 사용하였던 것

535) 『朱子語類』 권94, 「周子之書」.

이다.(『강록간보』)

○ 「誠立明通」: 按, '聖'字'賢'字, 各以其氣象意思而言, 非所以分地位等級. 然旣曰'立', 則有持守之意, '通', 則有神明不測之象, 以此而分高下, 亦無不可, 故朱先生解亦用此意.(『講錄刊補』)

『밀험』31-E

○ 엽씨(葉氏)가 말한다. "맹자와 주자(周子)가 가리키는 것에는 깊고 얕은 차이가 있다." ◯ 생각건대, 이 몸이 존재하면 육체는 구차하게라도 따뜻하기를 구하지 않을 수 없고, 배는 구차하게라도 배부르기를 구하지 않을 수 없으며, 사지는 구차하게라도 편안해지기를 구하지 않을 수 없다. 어떻게 전혀 욕심이 없을 수 있겠는가? 맹자의 설이 실천할 만하다.(『밀험』)

○ 葉氏曰, "孟子·周子所指, 有淺深之別." ◯ 案, 此身旣存, 體不能不求其苟暖, 肚不能不求其苟飽, 四肢不能不求其苟安. 顧安能都無欲哉? 孟子說爲可行耳.(『密驗』)

『의의』31-F

○ 「'성립현(誠立賢)'에서 '명통성야(明通聖也)'까지」: 이것이 『중용』의 '진실함으로부터 밝다[自誠明]', '밝음으로부터 진실하다[自明誠]'[536]는 뜻과 다르기는 하지만, 성(誠)자를 입(立)자와 붙여 말하고 있는 것은 '성인의 덕은 신실하지 않은 것이 없다'는 것과는 차이가 있고, 명(明)자를 통(通)자와 붙여 말하고 있는 것은 '현자가 자기가 알고 있는 것을 통하여 밝은 것'보다는 낫다.(『의의』)

○ 「誠立賢 止 明通聖也」: 此與『中庸』'自誠明'·'自明誠'之意, 雖若不同, 然誠字帶立字說, 則似與'聖人之德無不實'者有間, 明字帶通字說, 則不但如'賢者之因其所知之明'也.(『疑義』)

『관계』31-G

○ 이·목·구·비와 사지(四肢)의 욕심은 정말 사람이라면 없을 수 없고 욕심을 줄이는 지극한 경지가 바라는 것이 모두 이치에 맞는 것이

---

536) 『中庸章句』 21장.

라면, 인심 또한 도심으로 변화되므로 이(理)라고 말할 수 있을 뿐 욕심이라고 말할 수는 없다. 이것이 주렴계가 욕심을 없앤다고 한 주장의 취지이다. 주리면 먹고 추우면 입는 것은 천리(天理)의 당연(當然)이다. 먹을 때가 되면 먹고 입을 때가 되면 입어 정녕 욕심에 의존함이 없고, 먹을 만한 것도 없고 입을 만한 것도 없어 본래 입고자하고 먹고자하는 생각이 없는 이것이 정자가 말한 '성인은 그 정으로 만사에 순응하지만 사정(私情)이 없는 사람'537)이라는 것이니, 의리에 대한 욕심이 없음을 말하는 것이 아니다.(『관계』)

○ 耳目口鼻四肢之欲, 固人所不能無, 而寡欲之至, 所欲皆理, 則人心亦化爲道心, 只可謂之理, 未可謂之欲. 此周子無欲之指也. 盖飢而食, 寒而衣, 天理之當然也. 當食便食, 當衣便衣, 固無待於欲, 無可食無可衣, 自無欲衣欲食之念, 此程子所謂'聖人以其情順萬事而無情者也.' 非謂無義理之欲.(『寬啓』)

『강의』31-H

○ 「'성립(誠立)'에서 '명통성야(明通聖也)'까지」 : '진실함으로부터 밝아지는 것[自誠明]'은 성인의 덕이고, '밝음으로부터 진실해지는 것[自明誠]'은 현인의 학문이다. 그 때문에 선을 먼저 밝힌 뒤에 그 선을 튼실하게 할 수 있다는 것에 나아가 말하면서 성(誠)이 확립된 것을 현(賢)이라 하였다. 그의 덕이 진실하지 않음이 없음을 통하여 밝음이 비추지 않음이 없음을 말하면서 밝음이 통달한 것을 성(聖)이라 하였다. 현인은 성(聖)이 세워지는데 그치고 밝음이 통달할 수 없으며, 성인은 밝음이 통달하는데 그치고 성(聖)이 확립됨이 본래부터 없음을 말하는 것이 아니다. 진실함으로부터 밝아지는 경우는 성(誠)이 곧 명(明)이다. 밝음으로부터 진실해지는 경우는 오히려 밝음을 통한 뒤에야 성(誠)에 이르게 되지만, 공을 성취한다는 점에서는 동일하다.(『강의』)

○ 「誠立 止 明通聖也」 : '自誠明', 聖人之德也. '自明誠', 賢人之學, 故就其

---

537) 『二程集』, 「答橫渠先生定性書」, "夫天地之常, 以其心普萬物而無心, 聖人之常, 以其情順萬事而無情, 故君子之學, 莫若廓然而大公, 物來而順應."

先明乎善，而後能實其善者言之，而誠立曰賢. 由其德無不實，而明無不照者言之，而明通曰聖，非謂賢者止於誠立而不能明通也，聖者止於明通而本無誠立也. 自誠明者，誠卽明也. 自明誠者，尙須由明而後至於誠，然及其成功一也.(『講義』)

『부주』31-1

○ 주자가 말하였다. "주자(周子)는 '욕심을 줄여나가 욕심이 없는 데까지 이른다'고 말하였다. 사람들이 욕심을 줄이는 것을 쉽게 할 수 있다고 여기게 될까 염려하여, 줄이는 것에 그쳐서는 안 되고 반드시 없애는 것에까지 이르러야 된다고 말한 것이다. 그러나 (욕심을) 없애는 공부는 욕심을 줄일 수 있음을 통해서 이루어진다. 욕심이 없는 경지에 이르는 것은 성인이 아니면 할 수 없다."538)

○ 朱子曰, "周子言'寡欲以至於無.' 蓋恐人以寡欲爲便得了，故言不止於寡而已，必至於無，然後可. 然無底工夫，則由於能寡欲，到無欲，非聖人不能也."

『부주』31-2

○ 또 말하였다. "'성(誠)이 확립된다'는 것은 실체(實體)가 편안하고 견고하다는 것이고, '밝음이 통한다'는 것은 실용(實用)이 유행한다는 것이다."539)

○ 又曰, "'誠立'謂實體安固，'明通'則實用流行."

『문답』31-2-a

○ 「'명통(明通)'에서 '유행(流行)'까지」 : 이 장에서는 명통(明通)을 용

538) 『朱子語類』 권94, 「周子之書」.

539) 『近思錄』 권5, 「克治」.

(用)으로 보았지만 「성가학(聖可學)」장에서는 '고요할 때 텅 비면 밝아지고, 밝아지면 사리에 통한다'고 하여 명통을 체로 보고 있는데, 두 설이 다른 것은 왜인가? 대답하여 말했다. 이 장의 명통은 앎의 용으로 말한 것으로, 명은 바로 선(善)을 밝힌다는 뜻이다. 아래장의 명통은 실천의 체로 말한 것으로, 명은 바로 텅 비고 밝다는 뜻이다. 각각의 의미가 있으니 문장에 구애되어서는 안 된다.(『문답』)

○ 「明通 止 流行」: 此則以明通爲用, 而「聖可學」章曰, '靜虛則明, 明則通', 以明通爲體, 兩說不同者, 何耶? 答: 此章明通以知用而言, 明乃明善之義也. 下章明通, 以行體而言, 明乃虛明之義也. 各有其義, 不可以文狗矣.(『問答』)

『심경설』31-2-b

○ 「실체안고실용유행(實體安固實用流行)」: 질문하였다. 성(誠)이 확립된다는 것은 실체(實體)로써 말한 것이고, 밝음이 통한다는 것은 실용(實用)으로 말한 것이다. 그렇다면 성(誠)이 확립된 때에는 실용을 언급하지 않았고, 밝음이 통한 뒤에는 말할 만한 실체가 다시 없다는 것인가? 대답하였다. 성이 확립되는 단계는 아직 잡아 지키는 상태를 벗어나지 않은 것이므로 '실체가 편안하고 견고하다'고 하였으니 이는 곧바로 인정할 수는 없다는 것이다. 실용의 유행이 밝음이 통달하는 단계에 이르면 바로 이것이 성신(聖神)의 지극한 공효이고, 막히거나 거리낌이 없으므로 '실용이 유행한다'고 말한 것이다. 그러나 체의 오묘함은 또 여기에 있지 않은 적이 없다. 요컨대 체가 확립된 뒤에야 용이 유행할 수 있으니 어찌 하나의 체와 하나의 용으로 나누어 말할 수 있겠는가!(『심경설』)

○ 「實體安固實用流行」: 問, 誠立以實體言, 明通以實用言. 然則誠立之時, 未及於實用, 而明通之後, 更無實體之可言歟? 曰, 誠立未離乎持守底地位, 故云'實體安固', 是未可遽許. 實用之流行, 至於明通, 則乃是聖神之極功, 而無所滯礙, 故云'實用流行.' 然體之妙, 又未嘗不在是矣. 要之, 體立而後, 用有以行, 豈可以一體一用分而言之乎!(『心經說』)

『부주』31-3

○ 혹자가 물었다. "맹자와 주돈이의 말이 과연 다른 것입니까?" 엽씨(葉氏)가 말하였다. "맹자가 말한 '욕심'이란 귀, 눈, 입, 코와 팔과 다리의 '욕구'로서 없을 수 없는 것이다. 그러나 그 욕심이 너무 많은데도 절제하지 못하면 마음을 해치게 된다. 주돈이의 경우는 마음이 욕구로 흐른 것을 지적했으니 이것은 있어서는 안 된다. 가리키는 것에 각각 깊고 얕음의 차이가 있다. 그러나 맹자의 '욕심을 줄인다'는 방법을 따르게 되면 주돈이의 '욕심 없음'의 경지에 온전히 이를 수 있다."540)

○ 或問, "孟子與周子之言有以異乎?" 葉氏曰, "孟子所謂'欲'者, 以耳目口鼻四體之'欲', 人所不能無. 然多而無節, 則爲心害. 周子則指心之流於慾者, 是則不可有也. 所指有淺深之不同. 然由孟子之'寡欲', 則可以盡周子之'無欲'矣."

『문답』31-3-a

○ 「'소지(所指)'에서 '부동(不同)'까지」: 주자는 말한다. "사람들이 욕심을 줄이는 것은 쉽게 할 수 있다고 여길까 염려하여 반드시 없애는 데까지 이르러야 한다고 하였으니, 욕심 없음에 도달하는 것은 성인이 아니면 불가능하다."541) 또 말한다. "줄인다는 말 때문에 (욕심 없음에) 이르는 것을 요구하지 않는다면 작은 성공에 안주할까 염려가 된다. 주자(周子)의 설은 서로 북돋아주는 효과가 있다." 이에 근거하면, 맹자와 주자(周子)가 욕심을 말한 것에는 얕고 깊음의 차이가 없었다. 엽씨의 설은 아마도 그렇지 않은 것 같다. 『맹자집주』만을 본다면 맹자가 말한 욕심이란 바로 사람들에게 없을 수 없는 것으로 주자(周子)가 없애야 한다고 한 것과는 가

540) 『近思錄』 권5, 「克治」

541) 『朱子語類』 권94.

리키는 것에 약간의 차이가 있는 듯하다. 엽씨가 차이가 있다고 말한 것은 아마 이 때문인 듯하다. 위에서 말한 주자(朱子)의 설에 따른다면, 맹자의 '욕심'이란 역시 욕망으로 흐른 것이라고 보아야 그 의미가 비로소 통한다. 왜인가? 만약 이목구비와 사지의 욕구로 보면 이것은 바로 인심(人心)이어서 성인이라도 없을 수 없는 것이므로 그가 '욕심 없음에 이르는 것은 성인이 아니면 할 수 없다'고 한 말과 '사람들이 욕심을 줄이는 것은 쉽게 할 수 있다고 생각할까 염려한다', '작은 성공에 안주할까 염려된다'는 등의 말이 모두 딱 들어맞지 않게 된다. 이미 욕망에 흐른 것이라고 본다면 『맹자집주』에서 논한 것과 어긋나게 된다. 그 이유는 무엇인가? 날카로운 가르침을 바란다. 대답하여 말한다. 다시 자세히 살펴보니, 엽씨의 설은 잘못인 듯하다. 태극도를 가지고 말하면, '욕이 움직이고 정(情)이 승한다'는 설이 있기는 하지만 이 장은 맹자의 욕심 줄이기를 계기로 말을 하고 있으니, 그가 말한 욕구는 사람에게 없을 수 없는 것으로 확정하고 보아야 그 의미가 『맹자집주』 및 주자의 여러 설과 모두 통하게 되며 또한 아래 장과도 합치하게 된다.(『문답』)

○ 「所指 止 不同」: 朱子曰, "恐人以寡欲爲便得了, 故言必至於无, 到无欲, 非聖人不能." 又曰, "由寡字而不要其至, 則或恐安於小成. 周子之說, 有相發之功." 据此, 則孟子·周子之言欲, 未嘗有淺深之不同. 葉氏之說, 恐未然. 但以『孟子集注』看, 則孟子所謂欲, 卽人所不能無者, 周子說无字, 所指稍似有異. 葉氏云然, 盖以此也. 以上朱子說言, 則孟子所謂欲, 亦以爲流於慾者, 然後其意始通. 何者? 若以爲口鼻耳目四肢之欲, 則卽所謂人心也. 雖聖人亦不能無者, 則其曰'到無欲, 非聖人不能'之語, 及'恐人以寡欲爲便得了'·'恐安於小成'等語, 皆未襯貼. 旣以爲流於慾者, 則又與『集注』所論牴牾, 其故何耶? 乞垂鐫誨. 答: 更詳之, 葉說恐誤. 以太極圖言, 雖有'欲動情勝'之說, 而此章, 則因孟子寡欲而爲言, 其所謂欲, 只當以人所不能无者看定, 然後其義與『集注』及朱子諸說, 皆通, 亦與下章合矣.(『問答』)

『수득록』31-3-b

○ 엽씨가 '욕(欲)'자에 대하여 얕고 깊음을 나누어 말한 것은 온당치 않은 듯하다. 『간보』에서 반복하여 밝히기는 하였지만 사리가 여전히 적절하지 않다. 왜인가? 칠정(七情) 또한 천성이어서 상지(上智)라도 없을 수 없는 것이다. 욕의 칠정에 대한 관계는 오덕(五德)의 신(信)에 대한 관계와 같다. 사단(四端)에 신(信)이 없으면 도심이 행해지지 않고, 칠정에 욕이 없으면 인심이 행해지지 않는다. 다만 도심은 하늘에 근거해서 움직이고 인심은 사람에 근거해서 움직여, 공(公)과 사(私)의 구별이 있으므로 주자(朱子)는 조치도(趙致道)의 '인심은 사욕이 유행한 것'이라는 설을 인정하였다.[542] 이것이 바로 성인과 범인에 차이가 없는 것이나, 욕은 형기의 사사로움에서 생겨나 이를 제재하지 않으면 지나치고 성대하게 타올라 사람의 인식능력을 가리고 어둡게 만들고 천하사물에 각각 존재하는 천칙(天則)을 인식하지 못하게 한다. 이 마음이 오랫동안 이목구비와 사지에 머물러 질펵이고 소란스러우면 정녕 안정된 기간이 없으므로, 학자는 반드시 검속하고 되 돌이켜 마음속에서 존양한 뒤에야 학문의 토대를 마련하고 거듭 쌓아서 효과를 거둘 여지를 만들게 될 것이다. 성인은 도심이 주가 되고 인심이 그것의 명령을 받아 절도에 맞지 않음이 없으니 주자가 '성인의 분수에는 도심 아닌 것이 없다'고 하였던 것이다. 대개 주리면 먹고 싶고 목마르면 마시고 싶은 것은 성인과 범인이 동일하다. 다만 마시거나 먹어서는 안 되는 것이라면 큰 고기산적과 기름진 음식이 앞에 놓여 있더라도 그것 때문에 움직이고자 하는 생각이 전혀 없으니 이것이 욕심 없음이다. 학자들의 자품이 이미 성인에 미치지 못하므로 맹자의 말은 학자들을 권면하고 나아가게 하려는 것이다. 공부는 바로 인심이 움직이는 곳에 나아가 반드시 성찰하여 꽉 잡음으로써 정(情)에 맡겨 방임하지 않도록 하는 것이다. 오늘 이처럼 하

542) 이에 관해서는 14장의 『부주』14-11에 자세하게 기록되어 있다.

고 내일 이처럼 한다면 욕의 분수는 자연스레 줄어들어 많던 것에서 점차 적어지게 될 것이니, 이것은 공부의 측면에서만 말하는 것이다. 주자(周子)가 배움에 대해 언급한 것은 그것을 통해 성인을 배우려는 것이다. 반드시 성인을 표준으로 삼아 욕심 없는 경지에 이르기를 기약하는 것이다. '욕심을 줄여 나가 욕망이 없는 데까지 이른다'는 말로써 살펴보면, 공부와 공효의 깊이를 함께 거론한 것이지, 어찌 반드시 욕이란 글자에 대하여 깊이를 분별하여 나눈 것이겠는가? 더욱이 이해할 수 없는 것은, 맹자가 말한 욕이 이·목·구·비·사지의 욕이고 주자(周子)의 경우는 욕망으로 흐른 마음을 가리키는 것으로 보았다는 점이다. 이·목·구·비·사지의 욕구 이외에 욕망으로 흐른 욕구가 달리 있는가?(『수득록』)

○ 葉氏欲字上分言淺深, 恐似未穩. 『刊補』雖反覆發明, 然辭理亦未爲直截, 何者? 七情亦天之性也, 上智之所不能無者. 欲之於七情, 猶五德之信. 四端無信, 道心不行矣, 七情無欲, 人心不行矣. 但道心動以天, 人心動以人, 只有公私之別, 故朱子所以許趙致道'人心私欲之流行'之說也. 此乃聖凡之無異, 而欲是生於形氣之私, 不有裁之, 則流而熾蕩, 使人心知昏蔽, 不識天下之事物各有天則, 而此心長留在耳目口鼻四體之上, 膠擾紛亂, 固無安靜時節, 故學者必約而反之, 存養於內, 然後可以成學問基址, 而爲積累收功之地也. 聖人道心爲主, 人心聽命, 無不中於節, 朱子所謂'聖人分上, 無非道心'者也. 蓋飢欲食·渴欲飮, 聖人與人同. 但於其不當飮食者, 則雖大胾·膏膳鋪羅於前, 絶無意思, 歆動於其間, 此便無欲也. 如學者姿稟旣不及聖人, 故孟子之言勉進學者. 工夫卽於人心動處, 必須省察而操持, 無使任情放去, 而今日如是, 明日如是, 則欲之分數自然減除, 自多而漸至寡少, 此專以工夫上言也. 周子之言學者, 將以學聖人也. 必以聖人爲準, 而期至無欲之地也. 以其'寡焉以至於無'之語觀之, 兼擧工夫功效之淺深而道者也, 何必於欲字上分別淺深而分疏爲也. 且其不可曉者, 以爲孟子所謂欲者, 耳·目·口·鼻·四體之欲, 周子則指心之流於慾者, 耳·目·口·鼻·四體之欲之外, 又別有流於慾之欲乎?(『隨得錄』)

『관계』31-3-c

○ 「지심지유어욕(指心之流於慾)」 : 맹자의 욕심을 줄인다는 설의 취지에 따라 말하면 성인도 욕구가 없던 적이 없으나 오직 마음이 하고자 하는 대로 따라도 저절로 법도에 어긋나지 않을 뿐이다. 주자(周子)의 욕심 없음의 취지에 따라 말하면, 성인은 하늘의 법칙에 따라 움직이는 사람이니 어찌 터럭만큼의 의욕(意欲)이 있겠는가? 말을 한 것에는 정말로 깊이의 차이가 있지만 욕이란 글자에는 차이가 없다. 주자(周子)가 만일 삿되고 망령된 욕구를 가리킨 것이라면, 이미 맹자의 욕심을 줄인다는 설의 취지를 잃은 것이니 어찌 줄일 뿐이라고 말할 수 있겠는가? 형기(形氣)에서 생겨나는 욕심이므로 줄이는 것을 통해서 없애는 데까지 이른 것이다. 『간보』는 이 때문에 '욕심 없음을 통해 욕심을 줄이는 데까지 이른다[由無欲以至寡欲]'고 쓰고자 하였는데, 주자(朱子)가 '성인이 아니면 할 수 없다'고 한 의미와 크게 어긋난다.(『관계』)

○ 「指心之流於慾」 : 以孟子寡欲之指言, 則聖人亦未嘗無欲, 特從心所欲自不踰矩而已. 以周子無欲之指言, 則聖人之動以天則者, 何嘗有一毫之意欲哉. 立言則固有淺深, 而欲字則無異. 周子若指邪妄之欲, 則已失乎孟子寡欲之指, 豈可曰寡而已乎! 惟其爲生於形氣之欲, 故由寡而至於無耳. 『刊補』因此而欲作'由無欲以至寡欲', 大違朱子'非聖人不能'之意.(『窽启』)

제32장: 성인은 배워서 이를 수 있는가?[聖可學]

○ 주렴계의 『통서』에서 말한다. "성인은 배워서 될 수 있습니까?" "그렇다." "핵심적인 방법이 있습니까?" "있다." "그 방법을 가르쳐주십시오." "마음을 하나로 통일하는 것이 핵심이다. 하나로 통일한다는 것은 사사로운 욕구가 없는 것이다. 욕구가 없으면 고요할 때는 텅 비고 움직일 때는 곧다. 고요할 때 텅 비면 밝아지고, 밝아지면 사리에 통한다. 움직일 때 곧으면 공정하고, 공정하면 사물에 두루 미친다. 밝아져서 사리에 통달하고, 공정하여 사물에 두루 미치면 거의 성인에 가깝게 될 것이다."543)

○ 周子『通書』曰, "聖可學乎?" 曰, "可." "有要乎?" 曰, "有." "請問焉." 曰, "一爲要. 一者無欲也. 無欲則靜虛動直. 靜虛則明, 明則通. 動直則公, 公則溥. 明通公溥庶矣乎."

---

543) 『周敦頤集』 권1, 「聖學第二十章」

『강록』32-A

○ 「통서」: 그 의미를 묻습니다. 대답하였다. 그 책은 역의 이치를 전문적으로 논한 것으로, 만약 그 책을 이해할 수 있다면 역의 이치에 통달할 수 있다. '공(公)'은 천하를 공적인 것으로 여기는 것이다. '부(溥)'는 두루하다의 뜻이다."(『강록』)

○ 「通書」: 問其義. 答曰, 其書專論易理, 若能看其書, 則可通易理也. '公', 以天下爲公. '溥', 普編也.(『講錄』)

『발휘』32-B

○ 주자는 말한다. "이 장의 요지는 가장 절실하고 중요하면서도 그 말의 의미가 분명하여 번잡하게 해석하지 않았다. 배우는 자가 깊이 완미하고 힘써 행할 수 있다면 무극(無極)의 참됨과 양의(兩儀)와 사상(四象)의 근본이 모두 이 마음을 벗어나지 않는다는 것과 일상생활에서 본디 달리 힘을 쓸 곳이 없음을 알게 될 것이다."544) ○ 또 묻는다. "한 곳에 집중하는 것으로서의 경(敬)과 비교하면 어떠한가?" 대답한다. "욕심 없음과 경(敬)은 동일하지만, 경자에 비해서 밖을 구분하는 것이 분명하다. 요컨대, 경을 유지하는 것은 힘이 자못 낭비되는 듯하니 욕심 없음이 폐탈(擺脫)한 것만 못하다. 사람이 욕구를 가지기만 하면 이 마음은 천 갈래 만 갈래가 된다. 이 장의 말은 매우 긴요하고 절실하여 배우는 사람들이 알지 않으면 안 된다."545) ○ 북계진씨(北溪陳氏)는 말한다. "일(一)은 겉과 속이 모두 한결같고 완전하게 관통되어 둘이 없는 것이다. 터럭만한 사욕이 조금이라도 생기면 곧 둘이 된다. 안이 한결같으면 고요할 때 텅 비고, 밖이 한결같으면 움직일 때 곧게 되며, 밝고 통하며 공정하고 넓으면 한결같지 않은 때가 없다. 일(一)이란 이 마음이 혼연한 태극의 본체이고, 무욕이란 심체(心體)가 순수한 무극의 참됨이다. 정허(靜虛)는 체가 아직 발하지 않아 뻥 뚫린 듯

544) 『性理大全』 권2, 「通書」.

545) 『朱子語類』 권94, 「聖學」.

결코 어떠한 사물에 의해서도 얽매이지 않는 것으로, 음(陰)의 성(性)이다. 동직(動直)은 용의 유행이 담담하게 중도(中道)에 따라 나오는 것으로, 양(陽)의 정(情)이다."[546](『발휘』)

- 朱子曰, "此章之指, 最爲要切, 然其辭義明白, 不煩訓解. 學者能深玩而力行之, 則有以知無極之眞, 兩儀四象之本, 皆不外乎此心, 而日用間自無別用力處矣." ○ 又問, "比主一之敬如何?" 曰, "無欲與敬字一般, 比敬字分外分明. 要之, 持敬頗似費力, 不如無欲撇脫. 人只爲有欲, 此心便千頭萬緒. 此章之言甚爲緊切, 學者不可不知." ○ 北溪陳氏曰, "一者是表裏俱一, 純徹無二, 少有纖毫私欲, 便二矣. 內一則靜虛, 外一則動直, 而明通公溥, 則又無時不一也. 一者此心渾然, 太極之體. 無欲者, 心體粹然, 無極之眞. 靜虛者, 體之未發, 豁然絶無一物之累, 陰之性也. 動直者, 用之流行, 坦然由中道而出, 陽之情也."(『發揮』)

『심법』32-C

- 조익(趙翼)의 생각: 욕심이 없으면 마음이 밖을 그리워하지 않으므로 담담하고 순일하다. 그 때문에 '일(一)이란 욕심 없음'이라고 한 것이다. '일(一)'은 욕구 없음이 효과로 나타난 것이고, 욕구 없음은 일(一)을 얻는 통로이다. 욕심 없고 순일할 수 있으면, 고요할 때는 생각하거나 염려할 것이 없으므로 텅 빈다. 움직일 때는 치우치거나 매인 곳이 없으므로 곧다. 모두 욕심이 없으면 순일한데, 텅 빈 것은 일(一)의 체(體)이고 곧은 것은 일의 용(用)이다. '밝음'은 지(知)로 말한 것이고, '통(通)'은 이(理)로 말한 것이고, '공(公)'은 행사로 말한 것이고, '부(溥)'는 사물에 미치는 것으로 말한 것이다. 밝으면 통(通)하므로, 통은 명의 효과이다. 공하면 넓으므로 부는 공의 효과이다. 모두 텅 비면 어수선하지 않으므로 그 인식 능력의 밝음이 의리의 정미한 것에 통할 수 있다. 곧으면 사사롭거나 굽음이 없으므로 그 행사(行事)가 크게 공정하고 사물에 두루 미치게 되어 모두 제 자리를 얻는다. 밝고 통하면 신(神)을 궁구하

546) 『朱子語類』 권94, 「聖學」.

고 변화를 알 수 있다. 공정하고 넓으면 복종하지 않으려고 생각하는 이가 없으므로, 밝고 통하며 공정하고 넓으면 성인에 가까울 것이니, 그 근본을 찾아보면 욕심 없음일 뿐이다. 이것이 욕심 없음이 성인을 배우는 요체가 되는 까닭이다. 욕심 없음에 전일하면 안으로는 밝고 통하며 밖으로는 공정하고 넓으니 오묘하도다! 이 장의 요지는 자세하게 완미하면 지극히 오묘하니 주자가 '일상생활 가운데 본디 달리 힘을 쓸 곳이 없다'고 한 말이 진실로 그렇도다! ○ 조익(趙翼)의 생각: 이 장과 마음을 기르는 설은 모두 욕심 없음을 요체로 본다. 가장 중요한 일로 사람에게 보임이 이와 같으니, 이것이 바로 성현의 매우 좋은 말씀이다. 근래 설문청(薛文淸)547)공도 '오직 욕심 없음이 최고인데, 욕심이 있으면 곧 낮아진다'548)라고 하였다. 이 설 또한 매우 좋으니 학자들은 깊이 완미해야 한다.(『심법』)

○ 愚按, 無欲則心無外慕, 故淡然純一, 故曰'一者無欲也.' '一', 無欲之成效也. '無欲', 一之所由得也. 能無欲而一, 則其靜也無所思慮, 故虛. 其動也無所偏係, 故直. 皆無欲則一, 而虛, 一之體, 直, 一之用也. '明'以知言, '通'以理言, '公'以行事言, '溥'以及物言, 明故通, 通, 明之效也. 公故溥, 溥, 公之效也. 皆虛則不紛擾, 故其知明能通乎義理之精微. 直則無私曲, 故其行事大公, 而所及徧普物, 皆得其所矣. 明通, 則可以窮神知化. 公溥, 則可以無思不服, 故明通公溥庶矣, 而求其本, 則無欲而已, 此無欲所以爲學聖之要也. 夫一無欲, 而內則明通, 外則公溥, 其妙矣乎! 此章之旨, 細玩之至妙, 朱子所謂'日用間, 自無別用力處'者, 其誠然乎? ○ 又按: 此章及養心說, 皆以無欲爲要. 其以第一等事示人如此, 乃聖賢極好底說話也. 近世薛文淸公亦云, '惟無欲最高, 有欲則便低矣.' 此說亦甚好, 學者宜深玩之.(『心法』)

---

547) 설문청(薛文淸, 1392~1464) : 설선(薛瑄)을 가리킨다. 설선은 하진(河津) 사람으로, 자가 덕온(德溫)이고 호가 경헌(敬軒)이며, 시호가 문청(文淸)이다. 정주(程朱)의 학문을 위주로 하였으며, 한림학사(翰林學士)를 지냈다. 저서로는 『종정명언(從政名言)』, 『독서록(讀書錄)』, 『설문청집(薛文淸集)』 등이 있다.

548) 『讀書錄』 권5.

『석의』32-D

○ 「통서」 : 역의 도리와 통하므로 역통(易通)이라 부르기도 한다. '일(一)'은 태극이다. 고요할 때 텅 비고 움직일 때 곧은 것은 양의(兩儀)이다. 밝고 통하며 공정하고 넓다는 것은 사상(四象)이다. 또 일(一)은 일원(一元)의 기이다. 고요할 때 텅 비고 움직일 때 곧은 것은 음양이다. 밝고 통하며 공정하고 넓다는 것은 봄·여름·가을·겨울이다.(『석의』)

○ 「通書」 : 與易道通, 故一名易通. '一', 太極也. 靜虛動直, 兩儀也. 明通公博, 四象也. 又'一', 一元之氣也. 靜虛動直, 陰陽也. 明通公博, 春·夏·秋·冬也.(『釋疑』)

『표제』32-E

○ 「'일위(一爲)'에서 '즉부(則溥)'까지」 : 주자는 말한다. "일은 태극이고, 고요할 때 텅 빈다는 것이 바로 음정(陰靜)이며, 움직일 때 곧다는 것은 양동(陽動)이다. 명(明)·통(通)·공(公)·부(溥)가 바로 오행이다. 명은 목(木)·인(仁)·원(元)과 짝하고, 통은 화(火)·예(禮)·형(亨)과 짝하며, 공은 금(金)·의(義)·리(利)에 짝하고, 박은 수(水)·지(智)·정(貞)에 짝한다. 사람으로 말하면 명은 사물을 깨닫는 것이고 통은 꿰뚫어 막힘이 없는 것이며, 공은 바르고 치우침이 없는 것이고 부는 모든 일에 두루 하는 것이다." 『통서』주(『표제』)

○ 「一爲 止 則溥」 : 朱子曰, "一則太極. 靜虛卽陰靜, 動直卽陽動. 明通公溥, 便是五行. 明配木·仁·元, 通配火·禮·亨, 公配金·義·利, 溥配水·智·貞. 在人言之, 則明是曉得事物, 通是透徹無窒礙, 公是正無偏陂, 溥是溥徧萬事." 『通書』注.(『標題』)

『강록간보』32-F

○ 「명통공부(明通公溥)」 : 김종덕(金宗德)의 생각: 고요할 때 텅 비면 그 발하는 것이 밝고 통한다. 밝고 통한다는 것이 바로 움직일 때 곧음을 가리킨다. 움직일 때 곧으면 고요할 때는 공정하고 넓다. 공정하고 넓다는 것이 바로 고요할 때는 텅 비어 있다는 것을 가

리킨다. 주자(朱子)가 네 가지를 사시(四時)에 분속한 것에는 두 가지 설이 있는데, 명(明)·통(通)·공(公)·부(溥)가 봄·여름·가을·겨울의 순서와 똑같다는 것이 바로 정론이다. 대개 주자의 학문은 모두 하나에서 둘이 되고 둘에서 넷이 된다. 『주자어류』에 "명통공부(明通公溥)가 바로 오행이다"549)라고 하였다.(『강록간보』)

○ 「明通公溥」: 按: 靜虛, 則其發也明而通. 明通正指動直也. 動直, 則其靜也公而溥. 公溥正指靜虛也. 朱子以四者分屬四時有二說, 明·通·公·溥正如春·夏·秋·冬之序, 乃是定論. 大抵朱子學問都是自一而二, 二而四. 『語類』曰, "明通公溥, 便是五行."(『講錄刊補』)

『밀험』32-G

○ 주자가 말한다. "주(周)선생은 일(一)은 욕심 없음이라고 하였다. 그러나 이 화두(話頭)는 고원하여 급하게 해서는 다다르기는 어렵다."550) ○ 생각건대, '욕심 없음[無欲]'이라는 두 글자는 주자가 이미 병통으로 여겼다. ○ 양시(楊時)가 말한다. "성인을 스승으로 삼는 것은 활쏘기를 배우기 위해 과녁을 세우는 것과 같다."551) ○ 생각건대, 지금 사람들이 성인이 되고자 하면서 그렇게 할 수 없는 것에는 세 가지 단서가 있다. 첫 번째는 하늘을 이(理)로 인식하기 때문이고, 두 번째는 인(仁)을 생물(生物)의 이(理)로 인식하기 때문이며, 세 번째는 용(庸)을 평상(平常)으로 보기 때문이다. 만약 신독(愼獨)하여 하늘을 섬기고, 힘써 서(恕)를 실천하여 인(仁)을 구하며, 또 지속적으로 하여 쉬지 않을 수 있으면 이것이 바로 성인이다.(『밀험』)

○ 朱子曰, "周先生說一者無欲也. 然這話頭高, 卒急難湊泊." ○ 案, '無欲'二字, 朱子已病之. ○ 龜山曰, "以聖人爲師, 猶學射而立的." ○ 案, 今人欲成聖而不能者, 厥有三端. 一, 認天爲理, 二, 認仁爲生物之理, 三, 認庸爲平常. 若愼獨以事天, 强恕以求仁, 又能恒久而不息, 斯聖人矣.(『密驗』)

---

549) 『朱子語類』 권94.

550) 『朱子語類』 권12, 「學」.

551) 『龜山集』 권10, 「語錄」.

『집해』32-H

○ (『통서』) 주자가 말한다. "본래 『역통(易通)』이라고 부르는데, 「태극도설」과 함께 정씨에게서 나와 세상에 전해졌다."[552] 또 말한다. "이 편은 『역통』이라고 부른다. 대개 역의 대지를 통론한 것이므로 『역통』이라고 한다."(『집해』)

○ (『通書』) 朱子曰, "本號『易通』, 與「太極圖說」, 幷出程氏, 以傳於世." 又曰, "此篇號『易通』. 蓋通論其大旨, 故曰『易通』."(『集解』)

『차록』32-I

○ 명(明)·통(通)·공(公)·부(溥)를 주자는 사시(四時)에 분속하였다. 선집 김도언(金道彦)[553]이 "혹자는 명통이 가을과 겨울에 속하고 공부는 봄과 여름에 속한다고 보기도 하고, 혹자는 공부가 가을과 겨울에 속하고 명통이 봄과 여름에 속한다고 보기도 한다."라고 물었다. 대답하였다 "당연히 후자의 설이 정론이라고 보아야 한다. 다만 주자(周子)의 원래 책에서 살펴보면 '고요할 때 텅 비면 밝고, 밝으면 통한다'고 하였는데, 가을·겨울은 정(靜)에 속한다. '움직일 때 곧으면 공정하고, 공정하면 넓다'고 하였는데, 봄·여름은 동(動)에 속한다. 또한 네 가지의 의미를 가지고 네 계절에 미루어 보면, 봄은 인(仁)에 속하고 인은 공정한 사랑에 가깝다. 여름은 예(禮)에 속하고 예는 넓고 흡족한 것에 가깝다. 가을은 의(義)에 속하고 의는 고매하고 밝은 것에서 일어난다. 겨울은 지(智)에 속하고 지는 두루 통하는 것에 가깝다. 이전의 설을 따르더라도 안 되는 것은 아닌 듯하다."(『차록』)

○ 明·通·公·溥, 朱子分屬四時. 竊謂先集金道彦問, "或以明通屬秋冬, 公溥屬春夏. 或以公溥屬秋冬, 明通屬春夏?" 答曰, "當以後說爲定云. 第以周子原書觀之, 曰'靜虛則明, 明則通', 而秋冬屬乎靜, '動直則公, 公則溥', 而春夏屬乎動. 且以四者意義推之四時, 則春屬仁, 而仁近於公愛. 夏屬禮, 而禮近

552) 『晦庵集』 권81, 「周子通書後記」.

553) 김도언(金道彦, 1724~1797) : 김종덕(金宗德)을 가리킨다. 종덕의 자는 도언(道彦), 호는 천사(川沙)이다. 저서로는 『천사집(川沙集)』이 있다.

於溥洽. 秋屬義, 而義起於高明. 冬屬智, 而智近於周通. 從前說亦恐未爲不可耳."(『箚錄』)

『관계』32-J

○ 「일자무욕(一者無欲)」: 일(一)은 바로 태극이고, 무욕(無欲)은 바로 무극이며, 혹자는 일원지기라고 한다. 개략적으로 설명하면 대개 이와 기는 선후가 없다는 의미에서 나온 것이다. 그러나 태극인 일(一)이 있자마자 음양인 이(二)가 생겨나, 애초에 일원(一元)의 기가 일극(一極)의 이(理)를 갖추고 있다가 음양 두 기를 낳는 것이 아니다. 이(理)와 기는 결단코 두 가지 것이며 이(理)가 실제로 기를 낳는다. ○ 「명(明)·통(通)·공(公)·부(溥)」: 고요할 때 텅 빈 것은 정녕 음이지만 명통(明通)은 고요함이 끝나고 움직이기 시작하는 기미이다. 움직일 때 곧은 것은 정녕 양이지만 공부(公溥)는 움직임이 끝나고 고요하기 시작하는 기미이다. 명통은 음이 극단에 이른 양이고, 공부는 양이 극단에 이른 음이다. 통이란 밝음의 극단으로, 바로 봄은 양중(陽中)이 되고 여름은 양성(陽盛)이 되는 것과 같다. 부란 공정함의 극단으로, 바로 가을이 음중(陰中)이 되고 겨울이 음성(陰盛)이 되는 것과 같다. 고요할 때 텅 비면서 밝게 통하는 것은 봄과 여름의 양이 겨울에서 생겨나는 것과 같다. 움직일 때 곧고 넓은 것은 가을과 겨울의 음이 여름에서 생겨나는 것과 같다. 통한 뒤에 공정한 것은 여름이 지나고 가을이 오는 것과 같고, 넓은 뒤에 밝은 것은 겨울이 지나고 봄이 오는 것과 같다.(『관계』)

○ 「一者無欲」: 一便是太極, 無欲便是無極, 而或以一元之氣. 概說之, 盖出於理氣無先後之意. 然纔有太極之一, 便生陰陽之二, 初非一元之氣, 先具一極之理, 而生出了陰陽兩氣也. 理氣決是二物, 而理實生氣. ○ 「明·通·公·溥」: 靜虛固是陰, 而明通靜了動之幾. 動直固是陽, 而公溥動了靜之幾. 明通陰極之陽, 公溥陽極之陰. 通者, 明之極, 正如春爲陽中, 而夏爲陽盛也. 溥者, 公之極, 正如秋爲陰中, 而冬爲陰盛也. 靜虛而明通, 猶春夏之陽生於冬也.

動直而公溥, 猶秋冬之陰生於夏也. 通了公, 猶夏而秋也. 溥了明, 猶冬而春也.(『窽啓』)

『차의』32-K

○ 성인과 범인이 다르기는 하지만 선한 성은 동일하며 공사(公私)의 구분에서 차이가 생길 뿐이다. 그 때문에 『역』에서 "사악함을 막고 진실함을 보존하며, 분노를 징계하고 욕심을 막으며, 선으로 옮기고 허물을 고치며, 안을 곧게 하고 밖을 공정하게 한다"고 하였고, 공자는 "자기를 이기고 예로 돌아간다"고 하였으며, 자사는 "성을 따르고 도를 닦는다"고 하였으며, 맹자는 "자기에게 있는 사단을 모두 확충할 줄 안다"고 하였으며, 또 "마음을 기르는 것은 욕심을 줄이는 것보다 좋은 것이 없다"고 하였다. 배우는 자들이 성인의 말씀을 표준으로 삼으면 성인 또한 배워서 될 수 있다. 성인의 말씀은 사람들에게 근본으로 돌아가서 그 본성을 회복하도록 하는 것일 뿐이다.(『차의』)

○ 聖凡雖殊, 同一善性, 而由其公私之分而已, 故『易』曰, "閑邪存誠, 懲忿窒慾, 遷善改過, 直內方外." 子曰, "克己復禮." 子思子曰, "率性修道." 孟子曰, "凡有四端於我者, 知皆擴而充之." 又曰, "養心莫善於寡欲." 學者以聖人之言爲準的, 則聖人亦可學也. 聖人之言, 只是使人反其本而復其性耳.(『箚義』)

『부주』32-1

○ 주자가 말한다. "일(一)이라는 것은 욕심 없음이다. 이제 욕심이 없을 때를 시험삼아 살펴보면 마음이 어찌 한결같지 않겠는가? 사람이 욕심을 가지기만 하면 이 마음은 곧바로 천 갈래 만 갈래가 된다."554)

○ 朱子曰, "一者無欲. 今試看無欲之時, 心豈不一? 人只爲有欲, 此心便千頭萬緒."

554) 『朱子語類』 권94, 「周子之書」.

『부주』32-2

○ 또 말한다. “주렴계 선생은 ‘일(一)은 욕심 없음이다’라고 하였다. 그러나 이 화두는 고원하여 급하게 도달하기 어려우니 보통사람들이 어떻게 곧바로 욕심 없음을 얻을 수 있겠는가? 그러므로 이천은 경(敬)만을 말하여 사람을 가르쳤다. 단지 경자에 나아가 밀고 나가면 거의 안정되게 잡을 수 있어서 착수할 곳이 있게 된다. 비록 얻지 못하더라도 잃게 되지는 않는다. 요컨대, 이 모두는 사람들에게 마음에서 분명하게 보아내어 자연스레 얻는 것이 있도록 하려는 것일 뿐이다. 그러나 지금 경을 말하는 사람들은 모두 바깥일에만 치장을 하고 직접 마음에서 공부할 줄을 모른다. 그 때문에 드디어 위태롭고 불안하며 유쾌하지 않다고 느끼게 된다. 당장 구방심(求放心)처에서 공부를 하여 효과가 있게 되면 더욱 힘을 아끼게 되는 것만 못하다.”555)

○ 又曰, “周先生說一者無欲也. 然這話頭高, 卒急難湊泊, 尋常人如何便得無欲, 故伊川只說箇敬字教人. 只就這敬字上崖去, 庶幾執捉得定, 有箇下手處. 縱不得亦不至失. 要之, 皆只要人於此心上, 見得分明, 自然有得耳. 然今之言敬者, 乃皆裝點外事, 不知直截於心上求功, 遂覺累墜不快活, 不若眼下於求放心處, 有功, 則尤省力.”

『강록』32-2-a

◦ 「화두(話頭)」 : 요즈음 국가에서 장차 사명(辭命)이 있을 때 그 제목을 적고 지제교(知製教)에게 내려 글을 지어 올릴 것을 명하면서 말하는 조칙의 개요인 ‘사두(詞頭)’와 같은 것으로 말의 제목을 의미한다. 「애거(崖去)」 : 선생이 비평하여 말하였다. “‘애(崖)’는 『성리대전(性理大全)』에 ‘애(捱)’로 적었다” ○ 밀어간다는 뜻이다. 「장점(裝點)」 : 여민다는 것이다. 「누추불쾌활(累墜不快活)」 : 비평하여

555) 『朱子語類』 권12, 「學六」.

말하였다. "'루(累)'는 얽매이게 된다는 것이고, '추(墜)'는 물건이 매달려 떨어지려는 모습으로, 모두 마음의 병을 말한다." ○ 경할 줄 모르면서 공부를 하면 마음속이 외물에 얽매이는 것과 같이 된다. 비평하여 말하였다. "병통이 되는 모양이 이와 같다." 「안하(眼下)」: '당장'이라고 말하는 것과 같다.

○ 「話頭」: 如今國家將有辭命, 書其題目, 下于知製敎, 命製進曰詞頭之類, 言言之題目也. 「崖去」: 先生批云, 崖, 『性理大全』作捱. ○ 미러가다. 「裝點」: 仔미夕 「累墜不快活」: 批云, "累者, 爲所繫累, 墜者, 如物懸係欲墜之狀, 皆言心病也." ○ 不知敬而用功, 則胸中如繫物焉. 批云, "受病之狀如此." 「眼下」: 猶言當前.

『석의』32-2-b

○ 「화두」: 불서(佛書)에 나온다. '뜰 앞의 잣나무'556), '마 세근'557), '만법이 하나로 귀일하는데, 하나는 어디로 돌아가는가?'558)하는 종류들이다. 불도(佛徒)가 조사(祖師)에게 도에 대해 물으면 조사는 이런 종류의 무의미한 말을 주고, 전심하여 사색하고 생각이 다른 곳으로 치달리지 않도록 하여 그 마음에 홀연히 깨우침이 있도록 한다. 「애거(崖去)」: '애(崖)'자가 『성리대전』에는 '애(捱)'자로 되어 있다. 「누추불쾌활(累墜不快活)」: '누(累)'는 계란을 쌓는다고 할 때의 쌓는다와 같은 뜻이고, '추(墜)'는 사물이 매달려 떨어지려는 상태로 모두 불안함을 말한다. '안하(眼下)'는 당장이라는 말과 같다. (『석의』)

---

556) 『조주진제선사어록(趙州眞際禪師語錄)』에 나오는 말이다. 어떤 승려가 "어떤 것이 조사(祖師)가 서쪽에서 온 뜻입니까?" 하고 묻자 조주선사(趙州禪師)가 "뜰 앞의 잣나무이다"라고 하였다 한다. 이것이 선종(禪宗)의 유명한 화두인 정전백수자화(庭前栢樹子話)이다.

557) 오대(五代) 시대 송(宋)나라 초엽에 운문종(雲門宗)의 동산 수초 선사(洞山守初禪師)에게 어떤 승려가 "어떤 것이 부처입니까?[如何是佛]" 하고 묻자, 선사가 "마 세 근이다.[麻三斤]"라고 대답한 것에서 유래하였다.

558) 어떤 스님이 조주(趙州)에게 "만법은 하나로 돌아가는데, 그 하나는 어디로 돌아가는 겁니까?[萬法歸一 一歸何處]"라고 묻자, 조주가 "내가 청주에 있을 적에 베 장삼 한 벌을 만들었더니, 그 무게가 일곱 근이더라.[我在青州 作一領布衫 重七斤]"라고 대답한 것에서 유래한다.

○「話頭」: 出佛書, 如'庭前栢樹', '麻三斤', '萬法歸一, 一何歸'之類也. 盖其徒問道於祖師, 則祖師以此等無意味說授之, 使之專心思索, 意不他適, 其心忽然若開悟焉. 「崖去」: '崖'『性理大全』作'捱'. 「累墜不快活」: '累', 累卵之類. '墜'者, 如物懸繫欲墜之狀, 皆言其不安也. '眼下'猶言當前.(『釋疑』)

『문답』32-2-c

○「'차심(此心)'에서 '분명(分明)'까지」: 이는 경(敬) 공부를 하면 이 마음이 텅 비어 영명하고 통철하여 사리를 분명하게 볼 수 있음을 말하는 것인가? 대답한다. 주자(周子)가 정(靜)을 위주로 하고 정자(程子)가 경(敬)을 위주로 한 것은 모두 마음을 보존하는 방법으로, 사람들에게 마음에서 분명하게 깨닫도록 하려는 것이다. 때문에 먼저 일(一)이란 욕심 없음이라 말하고, 다음으로 경자에 대하여 설명하였던 것이다. 온전히 경만을 가리켜 설한 것이 아니었음을 알 수 있다.(『문답』)

○「此心 止 分明」: 此言旣用敬字工夫, 則此心虛靈洞澈, 見得事理分明之謂耶? 答: 周子主靜, 程子主敬, 皆是存心之法, 只要使人於此心上, 見得分明者也. 故先言一者无欲, 次言說箇敬字云云. 可見其非全指說敬也.(『問答』)

『장도』32-2-d

○「'주자왈(朱子曰)'에서 '만서(萬緖)'까지」: 오른쪽에 그려진 도(圖)에 "성학(聖學)의 도는 요체가 일(一)에 있으며, 고요할 때는 텅 비고 움직일 때는 곧으며, 밝고 통하며 공정하고 넓으면 성인에 가까울 것이다."라고 하였다. 주(周) 선생이 평상시 공부를 하면서, 일(一)자 상에서 공부하는 것을 급무로 여겼다. 석자중(石子重)이 '고요하여 움직이지 않는 것은 성(誠)이고 체(體)이다. 감하여 드디어 통하는 것은 신(神)이고 용(用)이다.'라는 것이니, 선생의 도는 성신(誠神)을 갖추고 체용(體用)을 완비하는 것일 뿐이다. 아아! 선생은 천년동안 전해지지 않던 통서를 이어 연봉(蓮峯) 아래에서 도를 창도하였고 하남의 이정(二程)이 문하로 나아와 학업을 쌓았으니, 선생의 공적은 지극하고 크다." 어떤 사람이 물었다. "선생의 도는 어

떤 곳에 근거를 두고 있는가? 하도(河圖)의 무극에 관한 설을 깊이 살펴보니, 선생의 학문은 '귀신에게 질정해도 의심이 없고, 성인을 기다려도 미혹되지 않을 것이다'559)고 할 만하다."(『장도』)

○ 「朱子曰 止 萬緖」: 右晝圖曰, "聖學之道, 要在乎一, 而靜虛動直, 明通公溥, 庶矣乎!" 周先生平日用工, 做得了一字上爲急務, 而石子重所謂'寂然不動者, 誠也, 體也. 感而遂通者, 神也, 用也.' 先生之道, 矧該誠神備體用矣. 噫, 先生承千載不傳之緖, 倡道于蓮峯之下, 而河南兩程子造門而學業. 先生之功至矣, 大矣. 有人問曰, "先生之道, 著脚於何等地也. 熟察河圖無極之說, 先生之學, 可謂'質鬼神而無疑, 俟聖人而不惑矣.'"(『章圖』)

『강록간보』32-2-e

○ 「'종부득(縱不得)'에서 '지실(至失)'까지」: 김종덕(金宗德)의 생각: 일(一)이란 욕심 없음으로, 급하게 도달하기 어렵고 착수하거나 잡을 곳이 없어, 주렴계와 같은 식견이 없으면 어긋남을 면치 못하고 공적(空寂)에 빠지게 된다. 경(敬)자 공부는 근거하여 지키고 의지할 곳이 있어서 모든 것을 다 완벽하게 얻지는 못하더라도 공허에 빠지지는 않는다. 이것이 '비록 얻지 못하더라도 잃게 되지는 않는다'는 것이다. '요컨대' 이하는 주렴계와 정이천의 뜻을 통괄하여 설명한 것이다.(『강록간보』)

○ 「縱不得 止 至失」: 按, 一者無欲, 卒難湊泊, 無下手著摸處, 無周子見識, 或不免差, 而入於空寂. 敬字工夫有據守依靠處, 雖不能十分盡得, 亦不墮落空虛. 此所謂'縱不得, 亦不失也.' '要之'以下, 統說周·程意.(『講錄刊補』)

『계문심경강의』32-2-f

○ 「경자(敬字)'에서 '상애(上崖)'까지」: '애(崖)'는 '애(捱)'자여야 한다. '애(啀)'자로 되어 있기도 한다. 힘을 써서 밀고 간다는 뜻이다.(退

559) 『중용장구(中庸章句)』 제29장에 "군자의 도는 자기 몸에 근본하여 백성들에게 징험하며, 삼왕(三王)에게 상고하여도 틀리지 않으며, 천지에 세워 놓아도 어긋나지 않으며, 귀신에게 질정하여도 의심이 없으며, 백세 뒤에 성인이 나온다 하더라도 의혹되지 않을 것이다.[君子之道, 本諸身, 徵諸庶民, 考諸三王而不謬, 建諸天地而不悖, 質諸鬼神而無疑, 百世以俟聖人而不惑.]"라고 한 데서 나온 말이다.

溪集:集解)(『계문심경강의』)

○ 「敬字 止 上崖」 : '崖'當作'捱'. 或作'啀'. 用力推行之意.(退溪集:集解)(『溪門心經講義』)

『관계』32-2-g

○ 「금지언경자(今之言敬者)」 : 이 문단은 정론(定論)이 아닌 듯하다. 욕심 없음으로서의 일(一)은 성인이 아니면 할 수 없고 진실로 도달하기 어려우며, 경(敬)으로 하나에 집중하는 것이 가장 의지와 근거가 있다. 안을 위주로 하는 것은 정녕 밖으로 응하려는 것이고, 밖을 제어하는 것도 그 안을 기르려는 것이다. 성인은 매번 '일을 처리할 때는 공경하라', '일을 처리할 때는 경을 생각하라'고 하여 마음에서 공부하기만을 요구하지 않고 일에 나아가 이해하도록 하였다. 학문의 도는 정녕 방심(放心)을 구하려는 것이지만 애초부터 사물을 잘라 버리고 곧바로 마음에서 구하는 것이 아니다. 진청란(陳淸瀾)[560]은 "주자가 초년에는 오로지 마음에서 구하라고 설하였는데 그것의 폐단은 선가(禪家)의 공적(空寂)에 빠지기 쉽다는 것이다"라고 말한 적이 있는데, 아마도 이러한 곳을 가리키는 듯하다. (『관계』)

○ 「今之言敬者」 : 此段恐非定論. 盖無欲之一, 非聖人不能, 誠難湊泊, 而敬以主一, 最有依據. 主乎中固所以應乎外, 制乎外亦所以養其中. 聖人每說'執事敬', '事思敬', 不專於心上求功, 而事上理會也. 學問之道, 固所以救放心, 初非棄事絶物, 而直求於心也. 陳淸瀾嘗言, "朱子初年專說求心, 其弊易流於禪寂", 似指此等處.(『窽啓』)

『비망록』32-2-h

560) 진청란(陳淸瀾, 1479～1567) : 명나라 동완(東莞) 사람인 진건(陳建)이다. 자는 정조(廷肇), 호는 청란(淸瀾)이다. 가정(嘉靖) 7년(1528)에 거인(擧人)이 되고, 후관현(侯官縣) 교유(敎諭)와 양신지현(陽信知縣) 등을 지낸 뒤 노모 봉양을 이유로 사직하고 은거했다. 육구연(陸九淵)과 왕수인(王守仁)의 심학(心學)이 선학적(禪學的) 경향을 보인다고 하여 배척했고, 주희(朱熹)의 이학(理學)을 계승했다. 저서에 『학부통변(學蔀通辨)』, 『황명계신록(皇明啓信錄)』, 『남우록(濫竽錄)』, 『진씨문헌록(陳氏文獻錄)』, 『서애악부통고(西涯樂府通考)』, 『치안요의(治安要議)』, 『황명통기(皇明通紀)』, 『악부통고(樂府通考)』 등이 있다.

○ 「'주자왈(朱子曰)'에서 '만서(萬緖)'까지」 : 주자의 이 장은 『통서』 「성가학」장에 연원하니, 어찌 하학들이 감히 알 수 있는 것이겠는가? 그러나 깊이 생각해 보면, '일(一)은 욕심 없음이다'라는 말은 본래 주자의 말이다. "시험 삼아 욕심 없을 때를 살펴보라. 마음이 어찌 한결같지 않겠는가?"[561]라는 것은 주자 자신이 한 말이다. "이 마음에 욕심이 있게 되면 곧 천 갈래 만 갈래로 나뉜다"[562]는 것은 범범하게 말한 것이다. 요체는 '일(一)이란 욕심 없음이다'라는 구절에 있으니 이것이 어찌 쉽게 말하는 것이겠는가? 원문에서 주렴계는 "욕심이 없으면, 고요할 때는 텅 비고 움직일 때는 곧다. 고요할 때 텅 비면 밝고, 밝으면 통한다. 움직일 때 곧으면 공정하고, 공정하면 넓다"고 하였는데, 이것이 성인을 배우는 도이다. 태극의 동정을 가지고 말해보면, '일(一)이란 욕심 없음이다'라는 것은 태극을 상징한다. 움직여 양을 낳는다는 것은 양은 곧음으로 베푸는 것이고, 고요하여 음을 낳는다는 것은 음은 텅 비어있음으로 받는 것이다. 곧음으로써 베푸니 힘입지 않는 것이 없고, 텅 비어있음으로 받으니 용납되지 않는 것이 없다. 군자가 인을 덕으로 삼아 두루 행하는 것이 저와 같으니 그가 매우 공정하고 사사로움이 없음을 알 수 있다. 군자의 국량이 이처럼 넓으니 그가 텅 비고 밝으며 통철함 또한 알 수 있다. 또 적연(寂然)한 때는 태극의 혼연한 상태와 같고, 감통할 때는 음양이 유행하는 상태와 같다. 하학을 통해 상달하니 밝고 통하고 공정하고 넓음이 이에 다하게 된다. 그러니 성인의 심오한 경계에 어찌 가깝지 않겠는가? 그러나 보통 사람들은 욕심이 있는 것에 매여 이 마음이 천만 갈래로 나뉘게 되니 여기에 백배로 힘을 쓰지 않는다면 어떻게 진실함을 한결같이 하여 성취함이 있기를 바랄 수 있겠는가? ○ 「'금지언경(今之言敬)'에서 '쾌활(快活)'까지」 : 외부의 일을 꾸미는 것은 선하

561) 『朱子語類』 권94, 「聖學」.
562) 『朱子語類』 권94, 「聖學」.

지 않음을 가리고 선을 드러내려는 것이다. 곧바로 마음에서 공부할 줄 모르는 것은 요체가 있음에 어두운 것이다. 밖으로는 그와 같고 안으로는 이와 같으니 위태롭고 불안하며 유쾌하지 못한 상황에 떨어지는 것도 당연하다. 이것이 '경은 그저 말 뿐이다'라는 것이다. 학문에 뜻을 둔 사람은 진실하게 경을 잡고자 하는데, 성의(誠意)로 마음을 다스리면 밖으로 드러나는 것이 절로 합치될 것이다. 여기에서 구하지 않고 밖을 꾸미기만 하면서 남을 속이는 술책을 사용한다면, 근원이 없는 물처럼 한 순간에 멈추게 되는 상황을 어떻게 벗어날 수 있겠는가?(『비망록』)

○ 「朱子曰 止 萬緖」: 朱子此章原於『通書』「聖可學」章, 豈下學所敢知也. 然深思之, '一者無欲', 本朱子言也. "試看無欲之時, 心豈不一", 朱子自謂也. "只爲有欲此心, 便千頭萬緖", 蓋泛言也. 要在'一者無欲'一句, 此豈易言哉! 原文周子曰, "無欲則靜虛動直, 靜虛則明, 明則通, 動直則公, 公則溥", 此學聖人之道也. 竊惟以太極動靜言之, 一者無欲, 象太極也. 動而生陽, 陽直以施之. 靜而生陰, 陰虛以受之. 直以施之, 故無物不蒙賴. 虛而受之, 故無物不含容. 君子德仁之普遍如彼, 則其至公無私可知矣. 器量之廣博如此, 則其虛明且澈又可知也. 又復寂然時如太極之渾然, 感通時如陰陽之流行. 夫下學而上達, 明通公溥, 於斯盡矣. 而其於聖人之閫奧, 豈不庶幾乎? 然衆人則緣於有欲, 此心作千頭萬緖, 不於此百倍用力, 何望於一誠而有成就乎! ○ 「今之言敬 止 快活」: 粧飾外事, 是揜其不善而著其善者也. 不知直截於心上用功, 是昧於要切之有在也. 外而如彼, 內而如此, 宜其累墜不快活也. 所謂敬徒言而已. 夫志學者, 欲眞實持敬矣, 當以誠意治其內, 則著於外者, 自有符契矣. 不求之於是, 而徒粧飾於外, 用欺詐之術, 則如無原之水, 安得以免於閃忽而止哉.(『備忘錄』)

『부주』32-3

○ 석자중이 물었다. "마음은 성(誠)과 신(神)을 겸하고 체와 용을 갖추었으므로 고요하면서 감하고 감하면서도 고요할 수 있습니

다. 그 고요하여 움직이지 않는 것은 성(誠)이며 체(體)입니다. 감하여 드디어 통하는 것은 신(神)이며 용(用)입니다. 체와 용은 하나의 근원이고 드러난 것과 은미한 것 사이에는 틈이 없다는 것은 오직 마음을 가리키는 말일 것입니다." 주자가 말하였다. "이 설이 매우 좋다."563)

○ 石子重問, "心該誠神, 備體用, 故能寂而感, 感而寂. 其寂然不動者, 誠也, 體也. 感而遂通者, 神也, 用也. 體用一源, 顯微無間, 唯心之謂與." 朱子曰, "此說甚善."

『강록』32-3-a

○ 「애거(崖去)」: 선생이 비평하여 말하였다. "'애(崖)'가 『성리대전』에는 '애(捱)'로 되어 있다." 「누추불쾌활(累墜不快活)」: 비평하여 말하였다. "루(累)는 얽매이게 된다는 것이고, 추(墜)는 물건이 매달려서 떨어지려는 모양으로 모두 마음의 병을 말한다." ○ 경을 모르고 공부를 하면 가슴속이 물건을 매달아놓은 것과 같다. 비평하여 말하였다. "병폐에 빠진 상태가 이와 같다. 안하(眼下)는 당전(當前)이라는 말과 같다." 「신(神)」: 이르러 펴지는 것이 신(神)이고, 뒤돌아가는 것이 귀(鬼)이다. 천지의 공용과 조화의 자취로서의 신이 신명(神命)의 신과 다르지 않지만, 석자중은 신명의 신을 위주로 말하였으니 자세히 변별해 보아야 한다. 「체용일원현미무간(體用一源, 顯微無間)」: 이는 이천 『역전』 서문의 말이다. 주자가 말한다. "체에 나아가면 용이 그 가운데 있으므로 '하나의 근원'이라고 한다. 드러난 것에 나아가면 은미한 것이 그것에서 벗어날 수 없으므로 '사이가 없다'고 한다." ○ 충막무짐(冲漠無朕)은 체(體)가 되고, 만상삼라(萬象森羅)는 용(用)이 된다.(『강록』)

○ 「崖去」: 先生批云, "'崖', 『性理大全』作'捱'." 「累墜不快活」: 批云, "累

563) 『晦庵集』 권42, 「答石子重」.

者, 爲所繫累, 墜者, 如物懸係欲墜之狀, 皆言心病也." ○ 不知敬而用功, 則胸中如繫物焉. 批云, "受病之狀如此. 眼下猶言當前." 「神」: 至而伸者爲神, 反而歸者爲鬼. 天地之功用造化之迹之神, 雖與神明之神不異, 石子主言神明之神, 當子細辨看. 「體用一源, 顯微無間」: 伊川『易傳』序語也. 朱子曰, "卽體而用在其中, 故曰一源. 卽顯而微不能外, 故曰無間." ○ 冲漠無朕爲體, 萬象森羅爲用.(『講錄』)

『석의』32-3-b

○ 「성(誠)」: 실리의 자연을 말한다. 「신(神)」: 유행하여 통함이 측량할 수 없음을 말한다. '체용일원현미무간(體用一源顯微無間)'은 이천의 말이다. 주자가 말한다. "체에 나아가면 용이 그 가운데 있으므로 '하나의 근원[一源]'이라고 한다. 드러난 것에 나아가면 은미한 것이 그곳에서 벗어날 수 없으므로 '사이가 없다[無間]'고 한다."(『석의』)

○ 「誠」: 實理自然之謂. 「神」: 流通不測之謂. 體用一源顯微無間, 伊川語, 朱子曰, "卽體而用在其中謂之一源, 卽顯而微不能外謂之無間."(『釋疑』)

『강록간보』32-3-c

○ 「성신(誠神)」: 『고오』에서는 "성신(誠神) 두 글자는 『통서』에 나온다. 주자(周子)는 '고요하여 움직이지 않는 것이 성(誠)이고, 감하여 드디어 통하는 것이 신(神)이다. 신이란 신묘하여 측량할 수 없음을 말한다'"고 하였다.(『강록간보』)

○ 「誠神」: 『考誤』"誠神二字, 出「通書」. 周子曰, '寂然不動者, 誠也. 感而遂通者, 神也. 神者, 神妙不測之謂.'"(『講錄刊補』)

○ 「정민정의 생각」33 : 이는 성(誠)은 체(體)이고 신(神)은 용(用)임을 말하니, 바로 주돈이의 '고요할 때는 텅 비고 움직일 때는 곧다'는 의미다.

○ 「按」: 此謂誠體神用, 卽周子'靜虛動直'之意.

『부주』32-4

○ 이천(伊川) 선생이 말한다. "일등은 남에게 양보하고 이등을 하겠다고 말하지 말라. 이렇게 말하는 순간 바로 자신을 포기하는 것이다. '인(仁)에 거하고 의로 말미암지 못한다'고 하는 사람과는 차이가 있지만, 자신을 작게 본다는 점은 동일하다. 배움을 말할 때는 도에 뜻을 두고, 사람을 말할 때는 성인에 뜻을 둔다."564)

○ 伊川先生曰, "莫說道將第一等, 讓與別人, 且做第二等. 才如此說, 便是自棄, 雖與不能'居仁由義'者, 差等不同, 其自小一也. 言學便以道爲志, 言人便以聖爲志."

『강록』32-4-a

○ 「제일등(第一等)」: 성인의 일이라고 말하는 것과 같고, '이등(二等)'은 현인의 일이라고 말하는 것과 같다. 「준(準)」: 『운회』에 "'지(之)'와 '윤(尹)'의 반절로 본받는다는 뜻이며 모방한다는 뜻이다."라고 하였다.(『강록』)

○ 「第一等」: 猶言聖人之事, 第二等猶言賢人之事. 「準」: 『韻會』云, "之尹切, 則也, 倣也."(『講錄』)

『석의』32-4-b

○ '제일등(第一等)'은 성인의 일이라고 말하는 것과 같다. '이등(二等)'은 현인의 일이라고 말하는 것과 같다.(『석의』)

○ 第一等猶言聖人事也. 第二等猶言賢人事也.(『釋疑』)

○ 「정민정의 생각」34 : 아래에 모은 네 가지 조목은 모두 배우는 자가 성인을 스승으로 삼고 도에 대해 탐구하는 것을 요결로 삼아, 조금 이룬 것에 편안하여 스스로를 한정해서는 안 됨을 논한 것이

564) 『二程遺書』 권18, 「劉元承手編」.

다. 심학(心學)이라는 것은 이와 같을 뿐이다. 말하는 것이 주자(周子)와 완전히 같지는 않더라도 뒤에 깨닫게 될 사람에게 열어 보여 주려는 뜻은 같지 않은 것이 없다.

○「按」: 以下所摭四條, 皆論學者當以聖人爲師, 而以聞道爲要, 不可恬於小成, 而畫於自畫. 蓋所謂心學者, 如此而已. 雖所言不盡同於周子, 然開示後覺之意, 則無有不同者焉.

『부주』32-5

○ 양구산(楊龜山)이 말한다. "옛날의 학자들은 성인을 스승으로 삼았지만 그들의 배움이 지극하지 못하여 그 덕에 차이가 있었다. 사람들은 성인되기가 어려움을 알고 있으므로, 배우는 자들은 성인이 도달할 수 있다고 하면 반드시 미쳤다고 여겨 은근히 비웃었다. 성인은 정녕 쉽게 이를 수가 없지만 성인을 버리고 공부를 한다면 장차 무엇으로 표준을 삼겠는가? 성인을 스승으로 삼는 것은 마치 활쏘기를 배우면서 과녁을 세우는 것과 같다. 과녁을 저쪽에 세운 뒤에야 활 쏘는 이가 그것을 보고 적중하기를 구할 수 있다. 적중하는가 못하는가는 사람에게 달려 있을 뿐이다. 과녁을 세우지 않는다면 무엇을 표준으로 하겠는가?"565)

○ 龜山楊氏曰, "古之學者, 以聖人爲師, 其學有不至, 故其德有差焉. 人見聖人之難爲也, 故凡學者以聖人爲可至, 則必以爲狂而竊笑之. 夫聖人固未易至, 若舍聖人而學, 是將何所取則乎? 以聖人爲師, 猶學射而立的然. 的立於彼然後, 射者可視之而求中. 其中不中則在人而已. 不立之的以何爲準."

『강록』32-5-a

○「준(準)」:『운회』에 "'지(之)'와 '윤(尹)'의 반절로, 본받는다 모방한

565)『龜山集』권10,「語錄荊州所聞」.

다는 뜻이다."라고 하였다.(『강록』)
○「準」:『韻會』云, "之尹切, 則也, 倣也."(『講錄』)

『부주』32-6

○ 또 나중소(羅仲素)에게 말하였다. "지금의 배우는 자들은 학문을 하는 방법을 모를 뿐 아니라 학문이 완성되면 어떻게 써야 할지도 모른다. 이것은 큰일로서 노력을 해 온 사람만이 쉽지 않음을 알게 된다. 무릇 배움이란 성인과 현인이 행한 것을 배우는 것이다. 성인과 현인이 행한 것을 실천하고자 한다면 반드시 성현이 얻은 도에 대해 들어야 한다. 만일 고금의 일을 널리 통하여 문장이나 짓고자 하고, 진실하고 신실한 행동을 하면서 의롭지 않은 일을 하지 않는 선비가 되고자 하는 것일 뿐이라면, 예로부터 이러한 사람은 적지 않았으니 그것을 가지고 도를 들었다고 여겨서는 안 된다. 또 동한(東漢)의 쇠락한 시대에도 처사와 은거한 사람 그리고 절개가 높았던 사람으로 당시에 이름을 날리던 사람은 많았다. 그들의 행적을 살피면서 옛 성현의 도를 기준으로 평가하면 털끝만큼이라도 비슷한 사람이 없는 것은 왜인가? 그들은 도에 대해 애초부터 들은 것이 없었기 때문이다. 오늘날의 배우는 자들은 평상시 '나는 옛 사람들이 한 대로 할 것이다'라고 하면서도 한 가지 일이 닥치면 어떻게 처리해야 할 줄을 모른다. 대개 그들이 배운 것은 고금의 일을 널리 통하는 것으로 문장이나 짓거나, 진실하고 신실한 행동에 뜻을 두면서 의롭지 않은 일을 하지 않으려고만 하기 때문이다. 이로써 보면 배우되 도를 듣지 못하면 배우지 않는 것과 같다."566)

566)『龜山集』권12,「語録三·餘杭所聞」.

○ 又語羅公仲素云, "今之學者, 只爲不知爲學之方, 又不知學成要何用. 此事體大, 須是曾著力來, 方知不易. 夫學者, 學聖賢之所爲也. 欲爲聖賢之所爲, 須是聞聖賢所得之道. 若只要博古通今爲文章, 作忠信愿慤, 不爲非義之士而已, 則古來如此等人不少. 然以爲聞道則不可. 且如東漢之衰, 處士逸人與夫名節之士, 有聞當世者多矣. 觀其作處, 責以古聖賢之道, 則略無毫髮髣髴相似, 何也? 以彼於道, 初無所聞故也. 今時學者, 平居則曰'吾當爲古人之所爲', 才有一事到手, 便措置不得. 蓋其所學以博古通今爲文章, 或志於忠信愿慤, 不爲非義而已. 由是觀之, 學而不聞道, 猶不學也."

『강록』32-6-a

○ '체대(體大)'는 큰일이라고 말하는 것과 같다. 「시회(是會)」 : 비판하여 말하기를 "회(會)가 『연원록』[567]에는 '증(曾)'자로 되어 있다"고 하였다. 「박고통(博古通)'에서 '사이이(士而已)'까지」 : 고금의 일을 널리 통달하여 문장을 짓고 진실하고 신실한 행동을 한 것은 한당(漢唐)의 여러 유학자들이 모두 그러하였다. 충신(忠信)은 공자가 '말이 충신하다'[568]고 한 것과 증자가 '매일 세 가지를 반성한다'[569]고 할 때의 충신과는 다르다. 충신의 조악한 것만을 알 뿐 그 정밀한 것을 행하지 않는다. '원(愿)'은 근실하고 두터운 것이고, '각(慤)'은 속임이 없는 성(誠)이다. 지식이 없는 사람들이 세상에 많음을 말한다. 이러한 사람들은 덕이 있는 듯하지만 덕이 아니어서 덕을 어지럽힌다. 맹자가 향원(鄕愿)을 논한 것[570]이 매우

567) 『이락연원록(伊洛淵源錄)』으로 이(伊)는 이천(伊川)을, 낙(洛)은 낙양(洛陽)을 뜻한다. 송대(宋代) 성리학자 정호(程顥)와 정이(程頤)가 강학하던 곳인데, 그 학문적 연원을 주자(朱子)가 주돈이(周敦頤)로부터 그 당시까지의 46인을 중심으로 밝힌 책이다.

568) 『論語』, 「衛靈公」.

569) 『論語』, 「學而」.

570) 『孟子』, 「盡心下」, "세속에 동화하고 더러운 세상에 영합하여, 거함은 흡사 충신한 사람 같고, 행함은 마치 청렴결백한 것 같아서, 모든 사람이 그를 좋아하면 스스로 옳다고

좋다. 그대는 완미하고 탐구해 보도록 하라. '방불(髣髴)'이 『운회』에는 "비슷하다의 뜻이다"라고 되어 있다.(『강록』)

○ '體大'猶言大事也. 「是會」: 批云, "'會', 『淵源錄』作'曾'." 「博古通 止 士而已」: 博古通今爲文章, 作忠信愿慤, 漢唐諸儒皆然. 忠信非如孔子之'言忠信', 曾子之'三省吾身'之忠信. 徒知忠信之粗, 而不行其精者也. '愿', 謹厚, '慤', 無欺之誠也. 言無知識之人, 世上亦多. 這般人似德非德而亂其德. 孟子論鄕原處極好. 公且去玩求. '髣髴'『韻會』云, "若似也."(『講錄』)

『석의』32-6-b

○ 「체대(體大)」: 이는 체면이 무겁고 크다는 말이다. 「'박고통(博古通)'에서 '사이이(士而已)'까지」: '충신(忠信)'은 충후하고 신실하다는 뜻으로 『논어』에서 말한 충신(忠信)이 아니다. '방불'은 비슷하다는 뜻이다.(『석의』)

○ 「體大」: 此言體面重大也. 「博古通今 止 士而已」: '忠信', 忠厚信實, 非『論語』之忠信也. '髣髴', 依俙也.(『釋疑』)

『부주』32-7

○ 주자가 말하였다. "사람은 성현이 되기를 자기의 임무로 삼아야 하지만, 세상 사람들은 성현이 고원하다고 여기고 자신을 낮추어 보기 때문에 나아가려고 하지 않는다. 게다가 성인의 품성은 일반인과 동일하다는 것을 모른다. 성인이 일반인과 다르지 않다면 어찌 성현 되기를 자기의 임무로 하지 않을 수가 있겠는가? 하늘과 땅이 열린 뒤 수많은 사람이 태어났지만 자기를 다하려고 노력했던 사람은 천만인 가운데 하나 둘도 없었고, 다만 뒤섞여서 한 세상을 살다갔을 뿐이다. 『시경』에 '하늘이 뭇 백성을 낳으니 사물마다 법칙이 있다'고 하였다. 지금의 배

생각하지만 그와 더불어 요순의 도에 들어갈 수 없다. 그러므로 그를 덕의 적이라고 하는 것이다.[同乎流俗, 合乎汚世, 居之似忠信, 行之似廉潔, 衆皆悅之, 自以爲是而不可與入堯舜之道, 故曰德之賊也.]"

우는 자들은 왕왕 사물은 있는데도 법칙이 있게 하지는 못한 다. 『중용』의 '덕성을 높이고 묻고 배움으로 말미암는다'는 몇 구절은 처음과 끝을 관통하는 내용이다. 사람의 성품은 본래 선하지만 기욕(嗜慾)에 미혹되고 이해(利害)에 쫓기어 한결같이 혼미해진다. 혹자가 '성품을 밝히는 것은 경을 우선으로 해야 하는가?'하고 물었다. 대답하여 말하였다. '정말 그렇다. 다만 경 또한 뒤섞어 말해서는 안 되고 매사에 나아가 점검해야 한 다. 큰 요체를 논하자면 방치해두지 않는 것일 뿐이다. 대개 자신을 위해서 하는 학문은 다른 사람에 대해 털끝만큼도 간여하지 않는다. 성현의 천 마디 언급과 만 마디 말은 사람들에게 본디 가지고 있는 것으로 돌아가 그 성품을 회복하도록 하는 것이다.'"571)

○ 朱子曰, "凡人須以聖賢爲己任, 世人多以聖賢爲高, 而自視爲卑, 故不肯進, 抑不知稟性與常人一同. 安得不以聖賢爲己任? 自開闢以來, 生多少人, 求其盡己者, 千萬人中無一二, 只是滾同枉過一世. 『詩』曰, '天生烝民, 有物有則.' 今世學者往往有物而不能有其則. 『中庸』'尊德性而道問學'數句, 乃是徹首徹尾. 人性本善, 只爲嗜慾所迷, 利害所逐, 一齊昏了. 或問, '明性, 須以敬爲先', 曰, '固是. 但敬亦不可混淪說, 須是每事上檢點, 論其大要, 只是不放過耳. 大抵爲己之學, 於他人, 無一毫干預. 聖賢千言萬語, 只是使人反其固有, 而復其性耳.'"

『강록』32-7-a

○ 「곤동(滾同)」: 이덕홍은 "혼동(混同)과 통한다"고 기록하였다. 「유물유칙(有物有則)」: '물(物)'은 형이하자이다. 부모와 자식이 있으면 자애하고 효도하는 이치가 있고, 귀와 눈이 있으면 총명한 덕이 있는 것이 바로 사물의 법칙이다. '혼륜(渾淪)'은 분변하지 않고 합

571) 『朱子語類』 권8, 「學二:總論爲學之方」.

하여 말하는 것이다. 「방과(放過)」 : 살펴보지 않고 버려두며 지나치는 것을 말한다.(『강록』)

○ 「滾同」 : 李錄云, "與混同通." 「有物有則」 : '物', 形而下者也. 有父子, 則有慈孝之理, 有耳目, 則有聰明之德, 乃物之則也. '渾淪', 不分辨, 合說. 「放過」 : 不照管, 舍置而過之之謂.(『講錄』)

『석의』32-7-b

○ 「곤동(滾同)」 : '곤'이 『운회(韻會)』에는 "혼(混)과 통한다"고 되어 있다. 「유물유칙(有物有則)」 : 부모와 자식이 있으면 자애하고 효도하는 품성이 있는 것이다. '혼륜(渾淪)'은 분변하지 않고 합하여 말하는 것이다. '방과(放過)'는 내버려두고 살펴보지 않음을 말한다.(『석의』)

○ 「滾同」 : '滾', 『韻會』與'混'通. 「有物有則」 : 有父子, 則有慈孝之性之類. '混淪', 不分辨而合說. 放過, 舍置而不照管之謂.(『釋疑』)

『강록간보』32-7-c

○ 「범인수이성현(凡人須以聖賢)」 : 김종덕(金宗德)의 생각: '범인수이(凡人須以)'이하는 사람은 성현을 표준으로 삼아야 한다는 말이다. '『시』왈(『詩』曰)' 이하는 사람들은 모두 성현이 될 수 있음을 말한다. 하늘이 낳아준 것은 본래 이와 같아서 성인과 범인에 관계없이 동일하기 때문이다. 이는 근원처에서 말한 것이다. '『중용』'이하는 공부의 착수처를 말한다. 주자의 말이 여러 가지를 아우르고 상세하기가 이와 같다. 위 단락 양구산572)의 설은 의미가 매우 좋지만 학문을 할 때 어디로부터 들어가야 하는지에 대해서는 언급하지 않았다.(『강록간보』)

---

572) 양구산(楊龜山, 1053~1135) : 북송 말기 검남(劍南) 장락(長樂) 사람이다. 자는 중립(中立), 이름은 시(時), 호는 구산(龜山)이다. 신종(神宗) 희녕(熙寧) 9년(1076)에 진사가 되었다. 이정(二程)의 도학을 발전시켜 낙학(洛學)의 대종(大宗)이 되었고, 유초(游酢), 여대림(呂大臨), 사량좌(謝良佐)와 함께 정문사선생(程門四先生)으로 불린다. 시호는 문정(文靖)이다. 저서에 『구산집(龜山集)』 42권과 『구산어록(龜山語錄)』 4권, 『이정수언(二程粹言)』 2권 등이 있다.

○ 「凡人須以聖賢」 : 按, '凡人須以'以下, 言人當以聖賢爲準的. '『詩』曰'以下, 言人皆可以爲聖賢. 以天之所生, 本自如此, 無聖凡一也. 此從原頭說也. '『中庸』'以下, 言工夫入頭處. 朱子說話兼該詳密如此. 上段龜山說意極好, 但不及爲學從何入.(『講錄刊補』)

『비망록』32-7-d

○ 「'인성(人性)'에서 '제혼료(齊昏了)'까지」 : 사람은 기욕(嗜慾)과 이해(利害)에 의해 상처를 받고 불선한 데로 흐르게 된다. 그러나 한번 깨닫기만 하면 선하지 않은 자는 선해지고 맑고 밝은 것으로 돌아가, 다시는 지난날의 어둠에 머무르지 않게 된다. 성이 본디 선하다는 것이 어찌 믿을 수 없는 것이겠는가? ○ 「'성현천언(聖賢千言)'에서 '기성이(其性耳)'까지」 : 대저 악을 행하는 것도 쉽고 선을 행하는 것도 쉽지만, 한번 성현의 말을 듣고 그것을 돌리기만 하면 선이 여기에 있으니 어찌 쉬운 일이 아니겠는가? 대개 '어렵도다! 어렵도다!'라고 말하는 것은 하지 않는 사람의 구실일 뿐이다.(『비망록』)

○ 「人性 止 齊昏了」 : 夫人爲嗜欲利害所剝傷, 而流於不善. 然一番改悟, 則卽不善者善, 而反其淸明, 無復宿昔之昏矣. 性之本善, 豈不信然乎? ○ 「聖賢千言 止 其性耳」 : 大抵爲惡易爲善亦易, 一聞聖賢之言而反之, 則善耶在此, 豈非易事哉. 盖曰'難哉難哉'者, 只不爲者口實耳.(『備忘錄』)

『부주』32-7-1

○ 휘암정씨(徽菴程氏)573)가 말하였다. "성현들이 아는 도를 배운다

573) 휘암정씨(徽菴程氏, ?~?) : 이름은 약용(若庸)이고, 자는 봉원(逢原)이고, 호는 물재(勿齋) 또는 휘암(徽庵)으로 남송 휘주(徽州) 휴녕(休寧, 안휘성) 사람이다. 요로(饒魯)와 심귀요(沈貴瑤)에게 주희(朱熹)의 학문을 배웠다. 이종(理宗) 순우(淳祐) 연간에 안정서원(安定書院)과 임여서원(臨汝書院)의 산장(山長)을 지냈고, 도종(度宗) 함순(咸順) 연간에는 진사시험에 합격하여 무이서원(武夷書院)의 산장에 임명되었다. 여러 차례 사석(師席)에 올라 함께 한 사람이 아주 많았다. 남송의 정단몽(程端蒙)이 편찬한 『성리자훈(性理字訓)』을 재편집하여 『성리자훈강의(性理字訓講義)』를 편찬했다. 그 밖의 저술로 『태극홍범도설(太極洪範圖說)』이 있다.

는 것은 다름이 아니라 경을 위주로 하여 근본을 세우고, 이치를 궁구하여 그 앎을 극진히 하며, 자신에게 돌이켜서 그 참된 것을 실천하는 것이다. 자신에게로 돌이킬 때는 반드시 욕심 없음을 경으로 삼고, 쉼 없음을 성(誠)으로 삼으며, 날마다 새로워짐을 덕으로 삼고, 부유해짐을 업(業)으로 삼으며, 한 사람 하나의 사물이라도 그 은택을 입지 못함을 자기의 책임으로 여기며, 천하 후세에 이 도를 전하지 못함을 자기의 근심으로 여기니, 이 마음과 도의 전체 대용이 모두 그 가운데 있다. 양구산(楊龜山)이 '성인을 스승으로 삼는 것은 활쏘기를 배울 때 과녁을 세우는 것과 같다.'고 한 말이 그것이다. '성현이 한 일을 배우고자 할 때는 반드시 성현이 얻은 도를 들어야 한다'는 것이 그것이다. 정자는 '배움을 말할 때는 도에 뜻을 두고, 사람을 말할 때는 성인에 뜻을 둔다.'574)라고 하였다. 몸으로 체득하고, 조용하고 여유 있게 말없이 이해하고, 깊이 공부를 하고, 마음으로 징험하여 오뚝하게 스스로 깨달아 충분히 음미한 사람이 아니라면 그렇게 할 수 있겠는가?"

○ 徽菴程氏曰, "學聖賢所知之道, 無他, 主敬以立其本, 窮理以致其知, 反躬以踐其實而已. 其反躬也, 必以無欲爲敬, 以無息爲誠, 以日新爲德, 以富有爲業, 以一民一物不被其澤爲己任, 以天下後世不傳此道爲己憂, 而此心此道之全體妙用, 皆在其中矣. 龜山所謂'以聖人爲師, 猶學射而立的者'575), 此也. 所謂'學聖賢之所爲, 必欲聞聖賢所得之道'者, 此也. 程子曰, '言學便以道爲志, 言人便以聖爲志.' 自非體之以身, 從容默會而有深功, 驗之以心, 超然自得而有餘味者, 能之乎?"

『강록』32-7-1-a

○ 「'주경이(主敬以)'부터 '천기실(踐其實)'까지」 : 황면재(黃勉齋)576)가

574) 『二程遺書』 권18, 「劉元承手編」.

575) 『龜山集』 권10, 「語錄」.

576) 황면재(黃勉齋, 1152~1221) : 송나라 황간(黃幹)을 말한다. 면재는 호이고, 자는 직경(直卿), 시호는 문숙(文肅)이며 민현(閩縣) 사람이다. 주자와 유청지(劉淸之)에게 수학하였는데, 주자는 그의 능력을 인정하여 학문을 전수하고 사위로 삼았다. 백록동서원(白鹿洞書院)에서 강학하였으며, 저서에 『육경강의(六經講義)』, 『예기집주(禮記集注)』 등이 있다.

지은 「주자행장(朱子行狀)」의 말인데, 선생 심학(心學)의 올바름을 기술하였다. ○ 주경(主敬)을 앞세우고 궁리(窮理)를 뒤에 놓은 것은, 옛 사람들은 소학에서의 함양이 이미 완성되면 대학에 진학하여, 궁리를 우선으로 하더라도 어지럽게 뒤섞이는 근심이 없지만, 지금 사람은 그렇지 못하다. 어려서부터 공부를 한 적이 없어 갑자기 먼저 궁리를 하라고 하면, 난잡하고 어지러워지고 편안하지 못하기 때문에 주경(主敬)을 우선한 것이다. 「일신위덕부유위업(日新爲德富有爲業)」 : 『주역』 「계사전」의 "날마다 새로워지는 것을 덕이라 하고, 부유해지는 것을 업(業)이라 한다."는 말에서 나왔다. 「심절(深切)」 : "절(切)은 공(功)자여야 한다"고 비평하여 말하였다. (『강록』)

○ 「主敬以 止 踐其實」 : 黃勉齋撰「朱子行狀」之辭也, 述先生心學之正. ○ 主敬居先·窮理居後者, 古人於小學涵養已就, 進于大學, 先之以窮理, 自無亂雜之患, 而今人則不然. 自少不曾做些工夫, 一朝先使之窮理, 雜亂粉擾不寧靜, 所以主敬爲先也. 「日新爲德富有爲業」 : 出『易』「繫辭」曰, "日新之謂德, 富有之謂業." 「深切」 : 批云, "'切'當作'功'."(『講錄』)

『석의』32-7-1-b

○ 「'주경(主敬)'부터 '천기실(踐其實)'까지」 : 이 세 가지는 주자의 학문 규모인데 황면재가 「행장」에서 표장(標章)한 것이다. 「일신위덕부유위업(日新爲德富有爲業)」 : 『주역』 「계사전」에는 "날마다 새로워지는 것을 덕이라 하고, 부유해지는 것을 업(業)이라 한다"고 되어 있다.(『석의』)

○ 「主敬 止 踐其實」 : 此三者朱子學問規模, 而黃勉齋表章於「行狀」. 「日新爲德富有爲業」 : 「繫辭」曰, "日新之謂盛德, 富有之謂大業."(『釋疑』)

『부주기의』32-7-1-c

○ 이항로(李恒老)의 생각: '무욕(無欲)'은 공효로 말한 것으로 성인의 마음이다. '경(敬)'은 공부로 말한 것으로 배우는 사람의 일이다. 주경(主敬)으로부터 검속하고 또 검속하여 마침내 무욕의 경지에

이르는 것이 가능하다. 이제 '무욕을 경으로 여긴다'고 하니 이는 '얻는 것을 먼저하고 어려움을 뒤에 하는 것'처럼 순서가 뒤바뀐 것이 아니겠는가? '쉼 없음'은 천도의 자연으로 성(誠)이다. '성을 실천하는 것'은 사람의 당연한 도리로 성하고자 하는 것이다. 정성스럽고자 하는 일로부터 익히고 또 익혀 끝내는 쉼 없는 경지에 이르는 것이 가능하다. 이제 '쉼 없음을 성으로 여긴다'고 하니 '상달을 먼저하고 하학을 뒤에 하는 것'이 아니겠는가? 『주역』에 "날마다 새로워지는 것을 융성한 덕이라 하고, 부유해지는 것을 대업이라고 한다"고 하였다. '날마다 새로워진다'는 것은 성대하게 지킨다는 의미를 해석한 것이지 덕을 풀이한 것은 아니다. '부유해진다'는 것은 '대(大)'자를 풀이한 말이지 '업(業)'을 주석한 것이 아니다. 이제 '날마다 새로워지는 것을 덕으로 삼고 부유해지는 것을 업으로 삼는다'고 하니 성구(成句)를 표절하면서 중심어를 깎아 버린 격이 아니겠는가? 또 '한 사람 하나의 물건이라도 그 혜택을 입지 못할까를 자기의 임무로 삼고, 천하 만세에 이 도가 전해지지 않을까를 자기의 근심으로 삼는다'고 하니 이는 도가 완성되고 덕이 세워진 위대한 성인, 예를 들어 요(堯)·순(舜)·공자(孔子)·맹자와 같은 이들도 다하지 못한 일이다. 공자가 "요순도 오히려 할 수 없었었다"577)고 한 것이 그것을 가리킨다. 이러한 마음으로 도를 배우는 것은 자공(子貢)이 '널리 베풀고 무리를 구제하는 것을 인으로 본 것'578)처럼 자기에게 절실하지 않은 태도가 아니겠는가? 또 말하였다. '이 마음과 이 도의 온전한 체와 오묘한 작용이 모두 그 가운데 있다.' 이 마음과 이 도의 온전한 체와 오묘한 작용을 사람들은 하늘로부터 받아서 몸 안에 갖추고 있다. 사람들이 도를 배워 성을 회복하고 온전한 체와 오묘한 작용을 회복한다면 그 공화와 덕택이 후세에 미치게 될 것은 기약하지 않아도 그렇게 될 것이다. '몸 안에 갖추고 있

577) 『論語』, 「雍也」.

578) 『論語』, 「雍也」.

다'고 하는 것은 괜찮지만 이제 '이 마음과 도의 체와 용이 도리어 천하 후세의 공화가 이루어지는 곳에 있다'고 하니 이것은 무슨 이유에서 인가? 맹자는 "군자가 성으로 여기는 것은 크게 행해진다 해도 더할 수 없고, 누추하게 산다고 해서 덜어지는 것이 아니다. 분이 정해져 있기 때문이다."579)라고 하였다. 그러니 어찌 공효로써 도학을 말할 수 있겠는가? 휘암의 학문의 깊이와 높이에 대해서는 듣지 못하였지만 이 말로 미루어보면, 고인의 성어를 인용하면서 마음대로 잘라내고 뒤바꾸어서 말이 되지 않도록 하였으니, 이는 의미를 완전히 없애는 것이다. 무슨 이유에서인지 모르겠다. 임시로 의심나는 바를 기록하여 다시 널리 고찰하고 상량하여 정하기를 기다린다.(『부주기의』)

○ 恒老按, '無欲', 以功效言, 聖人之心也. '敬', 以工夫言, 學者之事也. 自主敬而約之又約, 終至於無欲之境, 可也. 今曰'以無欲爲敬', 無乃先獲而後難歟! '無息', 天道之自然, 誠也. '爲誠', 人道之當然, 誠之也. 自誠之之事, 熟之又熟, 終至於無息之地, 可也. 今曰'以無息爲誠', 無乃先上達而後下學歟. 『易』曰, "日新之謂盛德, 富有之謂大業." 所謂'日新'者, 釋盛守之義, 而非所以訓德也. '富有'者, 釋大字之辭, 而非所以註業也. 今曰'以日新爲德, 以富有爲業', 無乃剽窃成句, 删沒要語歟? 又曰'以一民一物不被其澤爲己任, 以天下後世不傳此道爲己憂', 此則道成德立 大聖人如堯舜孔孟者之所未盡也. 孔子所謂'堯舜其猶病諸'者, 此之謂也. 以是學道, 不其近於子貢之以'博施濟衆爲仁'之不切己也歟. 又曰'此心此道之全體妙用, 皆在其中矣.' 此心此道之全體妙用, 人皆得之於天而具之於身. 人能學道復性而復其全體妙用, 則其功化德澤之及於後世者, 有不期然而然也. 謂之'在其中', 可也. 今曰'此心此道之體用, 反在天下後世功化所至之中', 此何理也? 孟子曰, "君子所性, 雖大行不加焉, 雖窮居不損焉, 分定故也." 豈可以功效語道學也耶? 徽菴之學淺深高下, 雖未得聞, 而以此語推之, 則引用古人已成之語, 而删截顚倒不成, 此第全沒意味, 未知此何故也. 姑記所疑, 以待更加博考而商定也.(『附註記疑』)

---

579) 『孟子』, 「盡心上」.

제33장: 정이(程頤)의 사물잠 [四勿箴]

○ 정이(程頤)가 말한다. "안연이 자기를 극복하고 예로 돌아가는 공부의 조목을 물었다. 공자께서 말씀하셨다. '예가 아니면 보지 말고, 예가 아니면 듣지 말고, 예가 아니면 말하지 말고, 예가 아니면 움직이지 말라.' 이 네 가지는 몸의 작용이다. 안으로부터 나와서 밖으로 대응하는 것이니, 밖을 제어하는 것이 그 안을 기르는 방법이다. 안연이 이 말을 실천한 것이 성인으로 나아가게 된 까닭이다. 성인되기를 배우는 후세의 학자들은 (이것을) 가슴에 지니고 잃지 말아야 한다. 그래서 잠언을 지어 스스로 경계한다."

시잠(視箴)에서 말했다.

"마음이여! 본래 텅 비어 사물에 반응하면서도 때 자취가 없도다. 그것을 잡는 데는 요점이 있으니, 보는 것이 그 준칙이 된다. (사물이) 내 눈앞을 가리면 마음이 옮겨가나니, 밖에서 제어하여 그 안을 편안하게 해야 한다. 자신을 극복하고 예로 돌아가는 공부가 오래되면 진실하게 된다."

청잠(聽箴)에서 말했다.

"인간이 가진 떳떳한 도리는 천성에 근본한다. 앎이 사물에 유혹되어 변화되면 마침내 그 바름을 잃는다. 우뚝한 저 선각자들은 머무를 곳을 알아서 마음에 일정함이 있었다. 사특함을 막고 진실을 보존하여 예가 아니면 듣지 말라."

언잠(言箴)에서 말했다.

"사람 마음의 움직임은 말에 의해서 펼쳐진다. 말을 할 때 조급하거나 함부로 하는 것을 금하면 마음이 고요하고 전일하게 된다. 하물며 이 추기(樞機)는 싸움을 일으키기도 하고 우호를 낳기도 한다. 길흉과 영욕은 모두 말이 불러오는 것이다. 지나치게 소홀히 하면 허탄하게 되고, 지나치게 번잡하게 하면 지리하게 된다. 자기가 함부로 하면 남도 거스르게 되며, 나가는 말이 어그러지면 들오는 말도 어긋난다. 법도에 맞지 않으면 말하지 말지니, 공경하라! 가르침의 말을!"

동잠(動箴)에서 말했다.

"명철한 사람[哲人]은 기미를 알아서 생각의 단계에서 자신을 성실하게 한다. 뜻 있는 선비[志士]는 행하기에 힘쓰니, 행위할 때 자신의 뜻을 지킨다. 이치를 따르면 여유롭고, 욕망을 좇으면 위태롭다. 급하고 어려운 때라도 잘 생각하며, 두려워하고 조심하여 스스로를 지켜라. 이것이 익숙해져 본성과 하나가 되면 성현과 같은 곳으로 귀일하리라!"580)

◯ 程子曰, "顔淵問克己復禮之目. 子曰, '非禮勿視, 非禮勿聽, 非禮勿言, 非禮勿動.' 四者身之用也. 由乎中而應乎外, 制於外所以養其中

580) 『二程文集』 권9, 「四箴并序」.

也. 顏淵事斯語, 所以進於聖人, 學者宜服膺而勿失也. 因箴以自警."

其視箴曰, "心兮本虛, 應物無迹, 操之有要, 視爲之則, 蔽交於前, 其中則遷, 制之於外, 以安其內, 克己復禮, 久而誠矣."

其聽箴曰, "人有秉彝, 本乎天性, 知誘物化, 遂亡其正, 卓彼先覺, 知止有定, 閑邪存誠, 非禮勿聽."

其言箴曰, "人心之動, 因言以宣, 發禁躁妄, 內斯靜專, 矧是樞機, 興戎出好, 吉凶榮辱, 惟其所召, 傷易則誕, 傷易則支, 己肆物忤, 出悖來違, 非法不道, 欽哉訓辭."

其動箴曰, "哲人知幾, 誠之於思, 志士勵行, 守之於爲, 順理則裕, 從欲惟危, 造次克念, 戰兢自持, 習與性成, 聖賢同歸."

『차기』33-A

○ 주자가 『하숙경에게 답하는 편지』에서 말하였다. "'안으로부터 나와서 밖으로 응한다'는 이 한 구절은 다만 이치의 자연을 설명한 것이다. 아래 구 '밖을 제어하는 것은 그 안을 기르고자 하기 때문이다'라는 말은 바로 공부할 곳을 설명한 것이다. 잠(箴)의 말로 고찰해보면 알 수 있다."(『차기』)

○ 朱子『答何叔京書』曰, "'由乎中而應乎外', 此一句但說理之自然. 下句'制於外, 所以養其中', 方是說下工夫處. 以箴語考之, 可見."(『箚記』)

『강록』33-B

○ 「제어외(制於外)」 : '제(制)'는 '말라[勿]'는 말과 같다. 보고 듣고 말하고 행동하는 것은 모두 안에서 발하여 나오니 밖에서 금지해야 한다. 「조지유요(操之有要)」 : 마음은 형체가 없어 잡기가 어렵다. 오직 보이고 보는 것이 예가 아닌 곳에서 발할 때 그것을 따라서 잡는다. 이것을 '요점이 있다'고 한다. 「지유물화(知誘物化)」 : 이덕홍은 "지(知)가 유혹하여 물(物)에 화(化)한다"고 기록하였다. ○ 비판하여 말하였다. "『예기』의 주석에 따르면 '지(知)가 물에 유혹되

어 화한다”고 되어 있다. 「지지유정(知止有定)」: 지선(至善)이 있는 곳을 알므로 안정됨이 있다. 「추기(樞機)」: 『주역』에 “군자가 집에 있으면서 하는 말이 선하면 천지의 밖에서도 응하며, 선하지 않으면 천리의 밖에서도 어긴다. 말과 행동은 군자의 추기(樞機)다. 말과 행동은 군자가 천지를 움직이는 방법이니 삼가지 않을 수 있겠는가?”[581]라고 하였다. ○ 문을 열고 닫을 때는 반드시 지도리[樞]를 통해서 하고, 쇠뇌를 쏠 때는 반드시 기틀[機]을 통해서 한다. 「흥융출호(興戎出好)」: 『서경(書經)』「대우모(大禹謨)」에서 순이 우에게 천하를 선양하자 우가 더욱 굳게 사양하였다. 순이 “입은 전쟁도 일으키고 좋은 일도 만드니 나는 두 번 말하지 않겠다.”라고 하였다. 「비법부도(非法不道)」: 『효경』에 “선왕의 법언(法言)이 아니면 말하지 않는다”[582]고 하였다. 이천(伊川) 선생이 그것을 인용하여 “그 가르침을 공손하게 받든다는 뜻이다.”라고 하였다. ‘철인(哲人)’은 성인을 지칭한다. ‘기(幾)’는 움직임이 은미한 곳이다. 생각이 막 싹터올 때 그것을 살펴서 성(誠)을 위주로 하여 악의 기미로 돌아가지 않도록 하는 것이다. 「비법부도(非法不道)」: 이덕홍은 “사(思)는 정(情)이니 남들이 알지도 보지도 못하는 곳이다.”라고 하였다. ○ 비판하여 말하였다. “‘사(思)’는 생각의 머리를 가리킨다.” 「수지어위(守之於爲)」: 지사(志士)는 은미하게 움직일 때 성(誠)할 수 없기에 행동해야 할 곳에서 살피고 지켜 악으로 흐르지 않게 한다. ‘유(裕)’는 넉넉해서 여유가 있다는 말이다. 「습여성성성현동귀(習與性成聖賢同歸)」: 여러 주에서 “익히기를 오래하여 기질지성과 함께 변화하면 현인도 성인이다.”라고 하였는데, 이 설은 옳지 않다. 나의 습관이 익어 기질지성과 함께 완성되면 성현의 일과 귀착지가 같을 것이니, 공을 이루었다는 점에서는 동일하다. (『강록』)

---

581) 『周易』, 「繫辭 上」.

582) 『孝經』, 「卿大夫章」.

○ 「制於外」 : ‘制’猶言勿也. 視聽言動, 皆由於內而發, 勿之於外也. 「操之有要」 : 心之無形, 難以操之. 惟視見之發於非禮處, 從而操之, 是謂有要也. 「知誘物化」 : 李錄云, “知丶誘ソ也物厓化.” ◯ 批云, “以『禮記』註釋, 則知丶物厓誘ソ也化ソタ.” 「知止有定」 : 知至善之所在, 故有定. 「樞機」 : 『易』曰, “君子居其室, 出其言善, 則千里之外應之, 不善則千里之外違之. 言行, 君子之樞機. 言行, 君子之所以動天地也. 可不愼乎?” ◯ 門之開闔, 必由於樞, 弩之發動, 必由於機也. 「興戎出好」 : 『書』「大禹謨」, 舜讓天下於禹, 禹讓之彌固. 舜曰, “惟口興戎出好, 朕言不再.” 「非法不道」 : 『孝經』曰, “非先王之法言, 不敢道.” 伊川先生引之云, “欽承其訓.” ‘哲人’, 聖人之稱. ‘幾’, 動之微處, 思慮方萌之際, 能察之, 使主於誠, 不歸於惡幾. 「非法不道」 : 李錄云, “‘思’, 情也. 人所不知不見地.” ◯ 批云, “‘思’指念頭也.” 「守之於爲」 : 志士不能誠之於微動, 故至於當爲而能察, 守之使不流於惡矣. ‘裕’, 綽綽有餘裕. 「習與性成聖賢同歸」 : 諸註云“習之久, 而與氣質之性俱化, 則賢亦聖矣”, 此說便不是. 盖我之習熟, 與氣質之性俱成, 則與聖賢之事同歸矣. 及其成功, 則一也.(『講錄』)

『발휘』33-C

○ (주자가) 또 말한다. “사람이 보고 듣고 말하고 행동하는 것에서 보는 것이 가장 앞서 있어 마음을 잡는 표준이 되니 이 두 구절이 좋지 않은 것은 아니다. 가리는 것이 앞에서 어른거리면 예 아닌 것을 보게 되므로 밖에서 그것을 제어하여 안을 편안하게 하는 것이 극기복례이다. 이와 같이 공부에 끊어짐이 없으면, 지속되어 저절로 조용히 일부러 힘쓰지 않아도 되는 경지에 이르게 될 것이므로 ‘오래되면 성(誠)한다’고 하였다.”583) ◯ (주자가) 또 말한다. “네 가지 잠의 뜻은 모든 것을 완벽하게 총괄하였다. 네 가지 잠 가운데는 설명이 많은 것도 있고 적은 것도 있지만, 많다고 해도 덜 수 없으며 적다고 해도 첨가할 수 없다. 자신이 공부를 하면서 이것을 어떻게 보아야 하는지를 실제로 알아야 한다. 이것의 의미

583) 『朱子語類』 권41, 「論語」.

는 모두 자기의 사사로움을 제거하여 예 아닌 봄이 없고, 예 아닌 들음이 없고, 예 아닌 말이 없고, 예 아닌 행동이 없도록 하는 것이다. 이것은 어떠한 기상인가? 이는 바로 천리와 혼연히 한 덩어리인 상태이고 이것이 바로 인(仁)이다."[584](『발휘』)

○ (朱子)又曰, "人之視聽言動, 視最在先, 爲操心之準, 則此兩句未是不好. 至蔽交於前, 方有非禮而視, 故制之於外, 以安其內, 則克己而復禮也. 如是工夫無間斷, 則久而自從容不勉矣. 故曰久而誠矣." ○ (朱子)又曰, "四箴意思, 都該括得盡. 四箇箴有說多底, 有說少底, 多底減不得, 少底添不得. 只是須要自家下工夫, 實見是如何看. 這意思都克去己私, 無非禮之視, 無非禮之聽, 無非禮之言, 無非禮之動. 這是甚麽氣象? 這便是渾然天理, 這便是仁."(『發揮』)

『질의고오』33-D

○ 「철인『질의』성인지칭(哲人『質疑』聖人之稱)」: 명철한 사람이란 안자(顏子)와 같은 사람이다. 만일 이미 성인이라면 어디에 이른다는 것인가? 공부를 한 뒤에야 성인과 함께 돌아가게 된다. 또 조호익(曺好益)의 생각: '지사(志士)'는 주자(周子)가 '선비는 현자가 되기를 바란다'고 한 것이다. 철인은 마음이 통철하고 이치에 밝더라도 본성으로 하는 데까지는 미치지 못하였으므로 또한 현자이다. 공을 이루는 데 미쳐서는 모두 성인이 될 수 있으므로 '성인과 현인이 함께 돌아간다'고 하였다. 『소학』의 주에 '현인 또한 성인이다.' 라고 한 것이 그것이다 채씨의 설은 잘못인 듯하다.(『질의고오』)

○ 「哲人質疑聖人之稱」: 明哲之人, 如顏子是已. 若已是聖人, 則何至? 用功然後與聖同歸也. 又按, '志士', 則周子所謂'士希賢'者也. 哲人雖心通理明, 而未及於性之也, 則亦賢者也. 及其成功, 則皆可以爲聖, 故曰'聖賢同歸.' 『小學』注'賢亦聖矣'者, 是也. 蔡說恐非.(『質疑考誤』)

『심법』33-E

○ 「기언잠(其言箴)'에서 '성현동귀(聖賢同歸)'까지」: 조익(趙翼)의 생각:

584) 『朱子語類』 권41, 「論語」.

정자(程子)는 "네 가지는 안으로부터 나와서 밖으로 응하는 것"585) 이라고 하고, 주자는 "예가 아니면 보지도 듣지도 말라는 것은 밖에서 들어와 안을 움직이는 것을 막는 것이다. 예가 아니면 말하지도 행동하지도 말라는 것은 안에서 나와 밖으로 접하는 것을 삼가는 것이다"586)라고 하였다. 대개 이 네 가지를, 발하는 곳에서 말하면 모두 속에서 나온다. 그러나 그것을 세분하면 무릇 외물의 유혹은 보고 듣는 것을 따라서 들어오므로 주자가 또 '밖으로부터 들어오는 것을 막는다'고 하였던 것이다. 예가 아니면 보지도 듣지도 말라는 것은 모두 밖의 유혹이 들어오는 것을 막는 것이므로 시잠(視箴)과 청잠(聽箴)은 그 말이 서로 비슷하다. 진실로 보고 듣는 것에서 예가 아닌 것이 들어오는 것을 금지할 수 있다면 사특하고 편벽된 것이 의지를 미혹시키는 일은 자연히 없어진다. 말하고 행동하는 것은 모두 안에서 밖으로 나가는 것이기는 하지만, 말은 입에서 발하고 행동은 몸과 마음이 만드는 것이어서 말과 비교하면 더욱 실제적이므로 언잠과 동잠에서 말한 것에 차이가 있다. 언잠에서 경계한 것은 조급함과 망령됨 그리고 아래쪽 네 개의 병통뿐이지만, 네 항목의 병통 또한 조급함과 망령됨에서 생겨난다. 만일 조급함과 망령됨이 없다면 이 네 가지는 자연스레 없어진다. '조(躁)'는 쉽게 여기는 것이고, '망(妄)'은 이치에 어긋나는 것이다. 무릇 언어의 실수는 다만 이 두 글자로 해당시킬 수 있다. 이 잠에서 '조급함과 망념됨을 금한다'는 한 구절이 가장 중요한 공부이다. 행동에 이르면 몸과 마음이 행하는 것은 모두 선악이 이로부터 나누어지는 것이어서 세 가지와 비교하면 더욱 중요하다. 그 때문에 동잠에서 말한 것이 더욱 절실하다. 천리와 인욕, 여유로움과 위급함을 분별하고 다시 성찰하고 지켜나가는 일을 말하여 이치에 따르기를 구하고 욕심에 따르는 것을 경계한 것이 더

585) 『二程文集』 권9, 「雜著·四箴并序」.

586) 『四書或問』 권17, 「論語·顏淵」.

욱 엄밀하다. 대개 이 두 구절은 몸과 마음에서 계신(戒愼) 공구(恐懼)하고 신독(愼獨)하는 절실하고 지극한 공부인데도 동잠에 이르러서야 언급한 것은 그것이 매우 중대한 것과 연계되어 있기 때문이다. 배우는 자들은 이 네 가지에 대해 자신의 노력을 다하고, 네 가지 가운데서 각자에게 긴요한 것에 나아가 힘을 써 네 가지에 대해서 모두 예가 아닌 일이 없도록 한다면, 언젠가 인욕은 정화되어 없어지고 천리가 유행하는 날이 있음을 보게 될 것이다. 정자(程子)의 이 잠은 공자의 취지를 조금도 남김없이 피력한 것이라고 할 만하다.(『심법』)

○ 「其言箴 止 聖賢同歸」: 愚按, 程子曰, "四者, 由乎中而應乎外." 朱子曰, "非禮而勿視聽者, 防其自外入而動於內者也. 非禮勿言動者, 謹其自內出而接於外者也." 蓋此四者自其發處言之, 則皆是由中出也. 然就其中細分, 則凡外物之誘, 只是從視聽而入, 故朱子又有'防其自外入'之說也. 非禮勿視聽, 皆是防其外誘之入, 故視聽兩箴, 其言盖相似. 誠能於視聽, 一切禁其非禮之入, 則自無邪僻之惑志矣. 言動雖皆自內出者, 然言只是發於口者, 動是身心所作爲, 比之言尤爲實, 故兩箴所言不同. 言箴所戒只是躁妄及下面四項病痛. 然四項病亦只是躁妄所致. 苟無躁妄, 則自無此四者矣. 盖'躁', 輕易, '妄', 違理. 凡言語之失, 只此二字, 可以該之. 此箴'發禁躁妄'一句, 最是緊要工夫也. 至於動, 則凡身心所作爲, 皆是善惡之分於此者, 視三者爲尤大, 故動箴所說尤甚切. 旣分別理欲, 裕危之異, 又言省察持守之事, 所以求順理而戒從欲者, 甚爲嚴密. 盖此兩句卽是身心上戒懼謹獨, 切至工夫, 而至動箴, 乃言之, 以其所係爲最大也. 學者須於此四者, 各致其力, 而於四者之中, 又各就緊切處用力, 使其於四者, 皆無非禮之事, 則將見一日有人欲淨盡, 天理流行之時矣. 程子此箴於夫子之旨, 可謂發盡無餘蘊矣.(『心法』)

『석의』33-F

○ 「제어외(制於外)」: 주자는 말한다. "'안으로부터 나와서 밖으로 응한다'는 이 구절은 다만 이(理)의 자연을 말한 것이다. 아래 구 '밖에서 제어하는 것은 안을 기르기 위해서이다'라는 것은 공부를 하

는 곳에 대해 설명한 것이다."587) 「조지유요(操之有要」 : 마음은 형체가 없어 잡기가 어렵다. 오직 보는 것이 예가 아닌 곳에서 발할 때 그것을 따라서 잡으면 이것을 요령이 있다고 말한다. 「지유물화(知誘物化)」 : 『예기』「악기」편에 "지가 밖으로부터 유혹을 받는다"고 하고, 또 "사람이 물로 변한다"고 하였다. 「지지유정(知止有定)」 : 지선(至善)이 있는 곳을 알고 마음이 망령되이 움직이지 않는다. 「추기(樞機)」 : 문을 열고 닫는 것은 반드시 지도리[樞]를 통해서 이루어지고, 쇠뇌를 쏘는 것은 반드시 기틀[機]을 통해 이루어진다. ○ 『주역』「계사전」에 "말과 행동의 군자의 추기(樞機)다. 추기의 발함은 영광과 욕됨의 주인이다."라고 하였다. 「비법부도(非法不道)」 : 『효경』에 "선왕의 본받을 만한 말[法言]이 아니면 말하지 않는다"고 하였다. 「철인(哲人)」 : 성인과 현인을 통칭한다. 「기(幾)」 : 움직임이 은미한 곳으로 사려가 막 싹 틀 때이다. 「성지어사(誠之於思)」 : 신독하는 일이다. 「수지어위(守之於爲)」 : 일과 행동을 하는 것이다. ○ 철인(哲人)은 마음을 위주로 말하고, 지사(志士)는 처신을 위주로 말하는데, 대략 정밀하고 조악한 구별이 있다. 「습여성성(習與性成)'에서 '동귀(同歸)'까지」 : '습관이 천성이 된다'는 것은 이윤(伊尹)이 태갑(太甲)을 논한 말인데, 여기서는 그 의미를 반대로 하여 말한 것588)이다. '습(習)'은 사념(私念)을 이기고 전전긍긍 조심스러움을 가리키는 것으로, 습관과 기질의 성이 모두 변화되어 덕을 이룸을 말한다. 혹자는 "성(性)은 본연지성이다"라고 하는데 다시 상세히 살피기로 한다.(『석의』)

○ 「制於外」 : 朱子曰, "由乎中而應乎外, 此一句, 但說理之自然. 下句制於外,

587) 『晦菴集』 권40, 「答何叔京」.

588) 『書經』, 「太甲上」에는 "이윤이 말하길 '이 의롭지 못함은 습관이 천성과 함께 이루어졌기 때문이니, 나는 의리에 순종하지 않는 사람과 가까이 있지 않겠다'고 하고 동땅에 궁궐을 경영하여 선왕을 가까이하여 이로써 가르쳐서 평생 동안 혼미함이 없게 하였다. (伊尹曰, '玆乃不義, 習與性成, 予弗狎于弗順'. 營于桐宮, 密邇先王其訓, 無俾世迷.)"라고 되어 있다.

所以養其中, 方是說下工夫處.”「操之有要」: 心之無形, 難以操之. 惟視見之發於非禮處, 從而操之, 是謂有要也. 「知誘物化」: 「樂記」曰“知誘於外”, 又曰“人化物也.”「知止有定」: 知至善之所在, 而心不妄動也. 「樞機」: 門之開闔, 必由於樞. 弩之發動, 必由於機. ○『易』「繫辭」: “言行君子之樞機. 樞機之發, 榮辱之主也.”「非法不道」: 『孝經』曰, “非先王之法言, 不敢道.”「哲人」: 聖賢之通稱. 「幾」: 動之微處, 思慮方萌之際. 「誠之於思」: 愼獨之事也. 「守之於爲」: 爲事爲也. ○ 哲人主心言, 志士主身言, 略有精粗之辨. 「習與 止 同歸」: ‘習與性成’, 伊尹論太甲語, 此則反其意而言. ‘習’指克念戰兢而言, 謂習與氣質之性俱化而成其德也. 或云“‘性’, 本然之性”, 更詳之.(『釋疑』)

『표제』33-G

○ 「‘유호(由乎)’에서 ‘기중(其中)’까지」: 주자가 말한다. “‘안으로부터 밖으로 응한다’는 것은 근본을 미루어 나가는 것이고, ‘밖을 제어하는 것이 안을 기르기 위해서’라는 것은 공부할 곳을 말한다.”[589] “공부는 안에서 하는데 도리어 밖을 제어한다고 한 것은 어째서인가? 대답한다. 제어함은 도리어 안에 있다.”(『어류』) ○ 「시위지칙(視爲之則)」: 주자가 말한다. “네 가지 가운데 보는 것이 가장 절실하므로 보는 것을 먼저 말하였다.”(『논어』주) ○ 「‘폐교(蔽交)’에서 ‘즉천(則遷)’까지」: 진씨가 말한다. “폐(蔽)는 물욕(物慾)의 사사로움을 가리키고, 중(中)은 마음의 체를 가리키니 천리를 말한다. 물욕이 앞에서 가리고 다가오면 마음의 체가 그것을 좇아서 옮겨간다.”[590] ○ 「‘지유(知誘)’에서 ‘기정(其正)’까지」: 율곡(栗谷)이 말한다. “‘지유물화(知誘物化)’는 마음이 물에 유혹되어 변화하는 것이다. 마음의 체는 본래 바르지만 물을 쫓아 다니다가 변화되어 그 바름을 잃는다.”(『성학집요』(『표제』)

○ 「由乎 止 其中」: 朱子曰, “由乎中應乎外, 是推本. 制於外所以養其中, 方是

589) 『晦庵集』 권 48, 「答呂子約」.

590) 『北溪大全集』 권20, 「解義」.

說做工夫處已." "工夫從內面做去, 反說制於外如何? 曰, 制却在內."(『語類』) ○「視爲之則」: 朱子曰, "四者惟視爲切, 所以先言視."(『論語』注) ○「蔽交 止 則遷」: 陳氏曰, "'蔽'指物欲之私, '中'指心之體, 卽天理之謂也. 物欲蔽接於前, 則心體逐之而遷矣." ○「知誘 止 其正」: 栗谷曰, "'知誘物化'者, 心爲物所誘而化也. 心體本正, 由化於物逐, 亡其正"(『輯要』)(『標題』)

『문답』33-H

○ 「사물잠청잠(四勿箴聽箴)」: "시잠(視箴)과 언잠(言箴) 그리고 동잠(動箴)은 각각 모두 제목에 따라 설하였지만 청잠(聽箴)에서 말하는 것만은 가리키는 의미가 매우 넓다. '사람이 받은 아름다운 덕은 천성에 근본한다'고 한 것은 바로 통괄하여 설한 것이다. '지각이 유혹되어 물로 변한다'고 한 것은 사물이 눈에 접할 때도 유혹되는 바가 있다는 것으로 듣는 것에 대해서만 전적으로 논하기에는 적절치 않은 듯하다. '그칠 줄 알아 안정된다'고 한 이것은 『대학』에서 제시하는 처음 공부이다. '사악함을 막아 성(誠)을 보존한다'고 한 것은 건괘(乾卦)에서 말한 성학(聖學)으로서 모두 듣는 공부로 포괄할 수 없는 것들이다. 서적과 전문을 통해 얻는 것들을 모두 청(聽)에 속하는 것으로 보았기 때문이다. 만일 잘못이 있으면 끝내 학문의 병폐가 되므로 이처럼 무겁게 말한 것이 아니겠는가?" 대답하여 말하였다. "네 가지 하지 말 것 가운데 보고 듣는 것이 요체가 되니, 이 때문에 심성을 들어 말한 것이다. 그 가운데서는 듣는 것이 더욱 긴밀하고 중요하다. 주자가 '도는 본래 여기에 있지만 밖으로부터 들어오는 언어들과 뒤섞여 유혹된다.'[591]고 한 것은 아마도 전체에 나아가 말한 것인 듯하다. 마음을 설한 것과 동일하기는 하지만 상대적으로 깊고 절실하다. 어떻게 생각하는가?"(『문답』)

○ 「四勿箴聽箴」: "視·言·動三箴, 則各皆隨題立說, 而唯聽箴所言, 則指意甚廣. 其曰'秉彛天性', 則乃是統說. 其曰'知誘物化', 則物之接目, 亦有所誘,

591) 『朱子語類』 권41, 「論語」.

似皆不當於聽上專言之. 其曰'知止有定', 則此爲『大學』之始功. 其曰'閑邪存誠', 則是乃乾卦之聖學, 皆非聽上工夫之可能該括. 皆以得之簡冊傳聞, 皆屬於聽. 若或有差, 終爲學問之病, 故其所爲說, 若是重耶?" 答: 四勿之中視·聽爲要, 此所以擧心性說. 其中聽又緊重. 朱子所謂'道本自在這裏, 却雜得外面言語來誘之', 恐此乃就全體上說. 盖與說心者同, 而較深且切也. 如何如何?(『問答』)

『차의』33-I

○ 정자(程子)의 네 가지 잠에서 시잠(視箴)은 마음을 말하고 청잠(聽箴)은 성(性)을 말하였다. 이는 가리는 것이 앞에서 오락가락하면 마음이 쉽게 옮겨가고, 소리가 귀로 들어오면 성이 쉽게 뚫리기 때문이다. 언잠(言箴)은 마음을 말하고 동잠(動箴)은 성을 말하였다. 이는 말을 삼가는 것이 마음을 보존하는 방법이며, 행동을 삼가는 것이 성을 보존하는 방법이기 때문이다. 대개 각각 해당되는 것이 있지만, 보고 듣고 말하고 행동하는 것 가운데 안에서 나와 밖으로 응하지 않는 것이 없으므로 어느 것인들 심성의 움직임 아닌 것이 있겠는가? 상호 연관시켜 말한 것은 사람들에게 상호 연관시켜 보도록 하려는 의도가 아니겠는가?(『차의』)

○ 程子四箴, 視箴言心, 聽箴言性, 以其蔽交於前而心易遷, 聲入於耳而性易鑿也. 言箴言心, 動箴言性. 以其愼言爲存心之術, 愼動爲存性之方也. 盖亦各有攸當矣, 然而視·聽·言·動, 莫非其由乎中而應乎外者, 則孰非其心性之所動也? 其所互言者, 無乃欲使人互看之意歟.(『箚疑』)

『문답』33-J

○ "네 가지 잠 가운데 '습여성성(習與性成)'의 성(性)자는 기질을 가리켜 말하는 것인가? 본연을 가리켜 말하는 것인가?" 대답하여 말하였다. "율곡이 '습여성성(習與性成)은 익히고 쌓아가서 공을 이루면 천성(天性)에서 나온 것과 같으니 어릴 때 완성된 것은 천성과 같다고 말한 것이 이것이다. 천성은 애초에 품수 받은 기질의 성이지 본연지성을 가리키는 것이 아니다.'[592]라고 하였다. 또 말하였

다. '문자가 유래한 것을 찾아야 한다. 이천의 이 말은 실제로는 이윤이 그대는 의롭지 않으니 습관이 천성이 되었다고 한 문장에 근본하고 있다. 그렇다면 이 또한 본연지성이라고 할 수 있겠는가?'593)"(『문답』)

- "四箴'習與性成', 此性字, 指氣質而言耶, 本然而言耶?" 答: "栗谷曰, '習與成性爲積習成功, 則若出於天性, 所謂少成若天性, 是也. 天性, 當初稟受氣質之性, 非謂本然之性也.' 又曰, '當尋文字來處, 伊川此語實本於伊尹所謂'玆乃不義習與性成之文. 此亦可謂本然之性乎?"(『問答』)

『강록간보』33-K

- 「'습여(習與)'에서 '동귀(同歸)'까지」: 김종덕(金宗德)의 생각: 주자의 문인 가운데는 철인(哲人)과 지사(志士)를 두 가지 종류로 나눈 사람이 있었다. 대답하여 말하였다. 그렇지 않다. 이것은 깨달음에 느리고 빠름이 있는 것이다. 그러므로 성인과 현인을 나누기 위해 힘을 낭비할 필요는 없을 듯하다.(『강록간보』)
- 「習與 止 同歸」: 按: 朱門人有以哲人·志士爲兩般人. 答曰, 非也. 此是覺得有遲速. 然則恐不須費力於聖賢之分.(『講錄刊補』)

『강의』33-L

- 사전(思傳)이 말하였다. "하늘이 명한 것을 성이라 한다면 바른 습관이 바로 본연지성이고, 바르지 않은 습관이 바로 기질지성이다. 그렇다면 '습여성성(習與性成)'은 천부의 성품을 가리키는 것이 아니겠는가! 『주역』「계사」전에서 '그것을 완성하는 것이 성'이라고 한 것과 『논어』의 '성품은 차이가 없다'고 한 것이 모두 하늘이 명한 것에서 말미암은 것이라면 순수하게 선하여 악이 없도록 하고 그것을 통해 처음 상태를 회복하는 것은 습(習)이라는 한 글자에 달려 있지 않겠는가!"(『강의』)
- 思傳曰, "天命之謂性, 則習之正者, 乃本然之性也. 習之不正者, 乃氣質之性

---

592) 『栗谷全書』 권32, 「語錄下」.

593) 『栗谷全書』 권32, 「語錄下」.

也. 然則'習與性成'者, 無乃指天賦之性! 而「繫辭」之所謂'成之者性', 魯論之所謂'性相近'者, 皆由於天之所命, 則欲其純善無惡, 而以復其初者, 其不在習之一字乎!"(『講義』)

『밀험』33-M

○ 주자가 말하였다. "'밖을 제어하는 것이 안을 기르려는 것이다.'는 구절은 보기 좋다." ○ 생각건대, 밖을 제어할 때 마음은 이미 안에서 명령을 내린다. 금지함을 발하고 망령됨을 잡을 때 마음은 이미 안에서 명령을 내린다. 이는 밖을 먼저하고 안을 뒤에 하는 것이 아니다.(『밀험』)

○ 朱子曰, "'制於外, 所以養其中', 這一句好看." ○ 案, 制於外時, 心已在內出令. 發禁躁忘時, 心已在內出令, 此非先外而後內也.(『密驗』)

『집해』33-N

○ 『예기(禮記)』에 "지가 외물에 유혹된다"고 하였고, 또 "사람이 물로 변한다"고 하였다. ○ 『서경(書經)』「열명(說命)」에 '전쟁이 일어나기도 하고 좋은 일이 생겨나기도 한다'고 한 것에 대한 주에서 "'융(戎)'은 전쟁이고, '호(好)'는 좋은 일이다. 말이 입에서 나오면 이러한 두 가지 구분이 있게 된다"고 하였다.(『집해』)

○ (『禮記』) "知誘於外", 又曰, "人化物也." ○ (『書』「說命」篇) '興戎出好'註, "'戎', 兵也. '好', 善也. 言發於口, 則有二者之分."(『集解』)

『강의』33-O

○ "사물잠의 철인(哲人)에 대하여, 『질의(質疑)』에서는 철인을 성인으로 보고, 『고오(考誤)』에서는 '철인이 비록 마음이 통철하고 이치에 밝기는 하지만 성인에는 미치지 못한다. 만일 이미 성인이라면 어찌 공부를 한 뒤에야 성인이 된다고 하는가'라고 하였다. 두 설 가운데 어느 것이 옳은가?" 대답하여 말하였다. "성인은 생각에 진실하기를 기다리지 않고도 저절로 중절(中節)하지 않음이 없다. 내 생각으로는 철인이 성인을 가리켜 말하는 것은 아닌 듯하다. 『주자어류』를 살펴보면 주자는 이 두 구절을 논하면서 두 종

류의 사람을 말하는 것으로 보았다. 또 혹자가 지사(志士)와 철인의 우열을 묻자, 주자 또한 우열을 나누려고 애쓰지는 않았지만 '이는 두 종류를 말한 것이다'라고 하였고, 또 '생각함에는 진실하면서 행동에서 지키지 않아서는 안 되고, 행동에서 지키면서 생각함에 진실하지 않아서도 안 된다. …'594)고 말하였다. 이러한 말들의 흐름을 살펴볼 때 주자 또한 철인을 성인으로 보지 않았음이 분명하다. 만약 성인이라면 말뜻이 반드시 이와 같지는 않았을 것이다. 요컨대 사람 중에는 본디 이러한 두 부류가 있는데, 하나는 은미한 것을 인식할 수 있는 지혜가 있는 사람이고, 다른 하나는 잡아 지킬 수 있는 능력이 있는 사람이다. 그 때문에 이천은 이 두 종류의 사람을 빌어서 동(動)자의 측면에서 은미한 것과 드러난 것의 구분을 분명히 하고자 하였던 것이다. 『주자어류』의 한 곳을 본 적이 있는데, 거기서는 철인과 지사가 두 종류가 아니라고 말하였다. 주자가 이미 두 종류라고 분명히 말하고 다시 두 종류가 아니라고 말한 것은, 대개 당시 문인들 또한 인품의 우열만을 구분하고 생각과 행동의 은미하고 드러남을 따르지 않았기 때문에 그 설이 이와 같았던 것이다. 대개 사람들에게 사람의 마음에 나아가 은미한 것과 드러난 것을 이해하도록 한 것이다. 『고오』의 설이 맞기는 하지만 정자(程子)의 본래 의도를 이해하지는 못한 듯하다. (『강의』)

○ "四勿箴哲人, 『質疑』則以哲人爲聖人, 『考誤』則以爲'哲人雖心通理明, 而未及於聖人. 若已是聖人, 則何至用功然後爲聖人也云云', 二說孰是?" 答: "聖人則不待誠於思, 而自無不中. 竊意哲人恐似非指聖人而言. 按『語類』, 朱子嘗論此兩句, 而以爲這是說兩般人. 又或問志士哲人優劣, 朱子亦不苦分優劣, 而但曰'此只是說兩種.' 又曰, '誠於思而不守於爲, 不可, 守於爲而不誠於思, 亦不可云云.' 觀此等語勢, 則朱子亦不將哲人作聖人看也, 明矣. 若是聖人, 則語意必不如是, 要之, 人自有這兩般, 一箇則知能識微, 一箇則力能持守,

594) 『朱子語類』 권41, 「論語」.

故伊川只借此兩般人, 以明動字地面微著之分. 嘗見『語類』一處, 又以哲人·志士謂非兩般人. 朱子旣明言是兩般, 而又曰非兩般者, 盖見當時門人, 亦只分人品優劣, 而不從思爲微著上看, 故其說又如此. 盖欲使人就一人心上作微著看. 『考課』說雖得之, 而亦似未及看得出程子本意.(『講義』)

『차록』33-P

○ 『강록』은 철인(哲人)과 지사(志士)를 성인과 현인으로 나누어, 마지막 구절의 '성현이 함께 돌아간다'는 말을 마침내 철인과 지사와 함께 돌아간다고 하였다. 이는 그렇지 않은 듯하다. 대개 이는 기미를 아는 것과 애써 실천하는 것을 안과 밖의 공부로 나누었기 때문에, 철인은 생각을 진실하게 하고 기미를 알며, 지사는 실천에서 지키고 애써 행동에 옮기며, 배우는 자가 진실로 이치를 따를 수 있고 조심스레 스스로를 지켜나가는데 여유로울 수 있다면 공부가 완료된 뒤에 성현들과 함께 돌아간다는 것을 범범하게 논한 것이다. 철인과 지사를 마지막 구절의 성현으로 보는 것은 지나치게 쪼개보는 것인 듯하다.(『차록』)

○ 竊謂『講錄』以哲人·志士分聖人·賢人, 以末句聖賢同歸, 卒與哲人志士同歸云云. 此似未然. 大抵此是以知幾勵行分表裏工夫, 泛論哲人誠思而知幾, 志士守爲而勵行, 學者苟能順理而裕戰兢自持, 則下梢工夫到後, 方與聖賢同歸云爾. 以哲人·志士爲末句所云聖賢, 恐破碎.(『劄錄』)

『부주』33-1

○ 주자가 문인에게 말했다. "정자가 '밖을 제어하는 것은 그 안을 기르기 위해서다'라고 한 구절은 좋아 보인다." ○ 또 말한다. "보는 것과 보이는 것은 다르고, 듣는 것과 들리는 것은 다르다. 예에 맞지 않는 색이 눈앞을 지나가면 지나쳐야지 보려고 하는 마음을 가져서는 안 된다. 예에 맞지 않는 소리가 귀에 들어오면 또한 지나쳐야지 들으려고 하는 마음을 가져서는 안 되는 것과 같다."[595]

○ 朱子謂門人曰, "程子云'制於外, 所以養其中', 這一句好看." ○ 又曰, "視與看見不同, 聽與聞不同. 如非禮之色, 若過目, 便過了, 不可有要視之之心. 非禮之聲, 若入耳, 也過了, 不可有要聽之之心."

『강록』33-1-a

○ 「'시여간(視與看)'에서 '부동(不同)'까지」 : '보인다는 것[看見]'은 마음을 기울여 본다는 뜻이 아니다. '시(視)'자는 마음을 기울여 본다는 말이다. '문(聞)'은 소리가 지나치는 것을 마음을 기울여 듣는다는 뜻이 아니다. '청(聽)'은 마음을 기울여 듣는다는 말이다.(『강록』)

○ 「視與看 止 不同」 : '看見'字, 非有心而看見也. '視'字, 有心而視也. '聞', 非有心聲過而聞也. '聽', 有心而聽也.(『講錄』)

『장도』33-1-b

○ 「'주자위(朱子謂)'에서 '호간(好看)'까지」 : 오른쪽 도설에서 말한다. "이 마음은 본래 텅 비어 있어 보는 것이 그렇게 하면 예 아닌 것은 듣지 않으며 예 아닌 것은 말하지도 않게 된다. 공경할 지어다 훈사(訓辭)여! 철인(哲人)과 지사(志士)는 황급한 때라도 조심스레 행동하여, 성(性)을 이루고 성현과 함께 돌아가니 이것이 극기복례상의 긴요한 공효이다. 정이천 선생께서 사물잠을 지어 공자와 안자 심학(心學)의 요지를 밝혔는데, 이는 실로 천년의 세월 뒤에 정신이 만나고 마음으로 얻은 것이다. 하루라도 극기복례하면 천하가 인으로 돌아간다. 안연은 이 말을 이미 일삼아 하여 성인의 경지로 나아갔다. 정자(程子) 역시 이 말을 일삼아 하여 성인의 도를 배웠다. 지금의 학자들은 이를 잘 읽고 깊이 살피어 가슴에 품고 잃지 않도록 해야 할 것이다."(『장도』)

○ 「朱子謂 止 好看」 : 右畫圖曰, "此心本虛, 視爲之, 則非禮勿聽, 非禮勿言, 欽哉訓辭! 哲人·志士造次戰兢, 旣成性而與聖賢同歸, 此克己復禮上緊着工效也. 伊川程夫子作四勿箴, 以明孔·顏心學之要旨, 實千載之下, 神會而心得者

595) 『朱子語類』 권41, 「論語二十三· 顏淵篇上·顏淵問仁章」.

也. 一日克復, 則天下歸仁. 顔淵旣事斯語, 而進於聖人之域. 程子亦事斯語, 而學乎聖人之道. 今之學者, 善讀而熟察, 宜服膺而勿失也."(『章圖』)

『부주』33-1-1

○ 경원보씨(慶源輔氏)596)가 말하였다. "사람의 시각은 가장 앞서 있는 감각이다. 보아서는 안 될 것을 마주칠 경우 그것을 보아야 한다는 생각이 일어나기만 해도 곧 예가 아니다. 그 때문에 이것으로 마음을 잡는 준칙으로 삼아야 한다."

○ 慶源輔氏曰, "人之視最在先. 遇不當視者, 才起一念要視他, 便是非禮, 故當以是爲操心之則."

『석의』33-1-1-a

○ 「당이시(當以是)」: '시(是)'는 보는 것을 가리켜 말한 것이지만 말이 분명하지 않은 듯하다.(『석의』)

○ 「當以是」: 是指視而言, 然語似未瑩.(『釋疑』)

『부주차의』33-1-1-b

○ 한원진(韓元震)의 생각: 보씨가 말한 '보아서는 안 될 것'이란 곧 예가 아닌 것으로서 바로 공자가 보지 않고자 하였던 것이다. 이제 '그것을 보아야 한다는 생각'을 예가 아닌 것이라고 한다면 능(能)과 소(所)의 분변597)에 실수를 저지른 것인 듯하다. 대개 보는

596) 경원보씨(慶源輔氏) : 이름은 보광(輔廣), 자는 한경(漢卿), 호는 잠암(潛庵)이다. 보규(輔逵)의 아들이다. 부은(父恩)으로 보의랑(保義郞)이 되고, 네 차례 과거시험을 보았지만 번번이 떨어졌다. 처음에는 여조겸(呂祖謙)에게 배웠지만 뒤에 주희(朱熹)를 사사했다. 영종(寧宗) 초에 위학(僞學)을 금하자 학생들이 다들 달아났지만 그는 동요하지 않았다. 정주(程朱)가 주장한 지경(持敬)을 덕에 나아가는 바탕으로 여겨 강조했다. 가정(嘉定) 초에 조정에 글을 올려 시비성패(是非成敗)의 상황에 대해 거듭 강조했다. 나중에 귀향하여 전이서원(傳貽書院)을 지으니 사람들이 전이선생(傳貽先生)이라 불렀다. 저서에 『어맹학용답문(語孟學庸答問)』, 『사서찬소(四書纂疏)』, 『육경집해(六經集解)』, 『시동자문(詩童子問)』, 『통감집의(通鑑集義)』 등이 있었는데, 대개 없어졌다.

597) 절대적인 것이 못 되고 상대적인 주객의 대립 관계를 나타내는 불교 용어이다. 능(能)은 능동적인 주체로, 인식하는 주관을 뜻하고, 소(所)는 피동적인 객체로, 인식의 대상을 뜻한다.

것은 능(能: 주관)이고 예 아닌 것은 소(所: 대상)인데, 보는 것을 비례라고 여긴다면 주관을 대상으로 간주하는 것이다.(『부주차의』)

○ 按: 輔氏所謂'不當視'者, 乃是非禮, 而正夫子之欲其勿視者也. 今以'要視他'爲非禮, 則似失能所之辨. 盖視爲能而非禮爲所, 以視爲非禮, 則是以能爲所矣.(『附註箚疑』)

『부주』33-2

○ 묻는다. "시잠(視箴)에서는 어째서 특별히 마음을 말하고, 청잠(聽箴)에서는 어째서 특별히 성을 말하였는가?" 대답하여 말하였다. "바꾸어 말해도 된다. 속담에 '눈을 뜨자말자 착오를 범한다.'고 하니, 시각을 마음에서 말한 이유이다. 사람이 얻어가진 떳떳한 덕은 천성에 근본한다. 도는 본래 스스로 여기에 있지만 바깥에서 들려오는 말에 번잡하게 유혹을 받으니, 그 때문에 듣는 것을 성(性)에 나아가 말한 것이다."[598]

○ 問, "視箴, 何以特說心? 聽箴, 何以特說性?" 曰, "互換說也得, 然諺云開眼便錯, 視所以就心上說. 人有秉彝, 本乎天性. 道本自在這裏, 却因雜得外面言語誘之, 聽所以就性上說."

『부주』33-2-1

○ 백운허씨(白雲許氏)[599]가 말한다. "듣는 것은 소리를 위주로 하

---

598) 『朱子語類』 권41, 「論語二十三· 顔淵篇上·顔淵問仁章」.

599) 백운허씨(白雲許氏, 1270~1337) : 이름은 겸(謙), 자는 익지(益之), 호는 백운산인(白雲山人), 시호는 문의(文懿)로 송말원초 때 금화(金華) 사람이다. 하기(何基)에서 왕백(王柏), 김이상(金履祥)으로 이어지는 주자(朱子) 학맥을 계승하여 '금화사선생(金華四先生)'으로 일컬어졌고, 북방의 허형(許衡)과 함께 '남북이허(南北二許)'로 불렸다. 천문(天文)과 지리(地理), 전장제도(典章制度), 자학(字學), 음운(音韻) 등에도 두루 정통했다. 저서에 『독사서총설(讀四書叢說)』, 『시집전명물초(詩集傳名物鈔)』, 『춘추온고관규(春秋溫故管窺)』, 『춘추삼전소의(春秋三傳疏義)』, 『치홀기미(治忽幾微)』, 『자성편(自省編)』, 『백운집(白雲集)』 등이 있다.

지만 말과 관계되는 모든 것은 듣는 것에 속한다. 책을 읽고 공부를 하면서 서책이나 남의 말을 전해들은 것도 모두 들음의 종류이다. 사물이 다가올 때 응대하는 것에 차질이 있으면 오히려 고칠 수 있지만, 학문의 잘못은 마음씀씀이에 해가 되고 마침내 그 성(性)이 없어지는 데까지 이르게 된다면 구제하기 위하여 약을 쓸 수가 없다. 사특한 말과 바른 말을 듣는 것은 두렵기가 이와 같다."

○ 白雲許氏曰, "聽雖主於聲, 而凡係乎言皆屬聽. 讀書爲學, 得之於簡册傳聞者, 皆聽類也. 若於事物之來, 應之或差, 猶可改也, 至於學問之差, 爲心術之害, 遂至於亡其性, 則不可救藥矣. 聽言之邪正, 其可畏也如此."

『석의』33-2-1-a

- 「학문지차(學問之差)」: 서책과 친구들로부터 얻은 것을 말한다.(『석의』)
- 「學問之差」: 謂得於書冊師友者.(『釋疑』)

『관계』33-2-1-b

- 시잠(視箴)에서는 본연지심을 말하고 청잠(聽箴)에서는 본연지성을 말하였다. 대개 눈은 열리면 곧 보게 되고 마음은 자극이 있으면 곧 응하게 되어 모두 작용함이 있지만, 청각이 시각에 비해서 보다 자연스럽고, 성이 마음에 비해 더욱 충막(冲漠)하므로 나누어 말한 것이다. 언잠(言箴)은 이미 움직인 마음을 말하고 동잠은 이미 완성된 성을 말한 것으로, 보고 듣는 것보다 말하고 행동하는 것에 더욱 힘을 쏟게 된다. 말하면 곧바로 침묵에 맞서고, 행동하면 곧 멈춤에 맞선다. 말이 나오고 일이 행해지는 것은 마음이 운용될 때이고, 움직임이 극에 이르러 체(體)가 완성되는 것은 바로 성이 고요함으로 돌아간 때이므로 류로 구분된다. 시각과 청각의 총명함은 하늘로부터 품수받은 것에 의해 결정되고, 말과 행동의 진실과 거짓은 사람의 작위에서 나오므로 말하는 영역이 각각 다르다. 그러나 바꾸어 말해도 괜찮다. 어찌 듣는 것과 행동하는 것만이 성에서 말미암고 말하고 보는 것만이 마음에서 나올 리가 있

겠는가? 동잠(動箴)의 '성(性)'자에 대하여 『강록』에서는 기질지성을 가리킨다고 하였고, 이훈(伊訓)의 '습여성성(習與性成)'은 불의가 성(性)이 된 것으로 진실로 기질지성을 가리키지만, 여기에서는 바로 도의지성을 가리킨다. 성현이 되려고 하는 사람이 성을 다하고 성을 회복하면 모두 그 본연을 얻을 수 있다.(『관계』)

○ 視箴言本然之心, 聽箴言本然之性. 蓋眼以開而便視, 心有感而便應, 皆有運用, 而聽較視尤自然. 性較心尤冲漠, 故所以分言之也. 言箴說已動之心, 動箴說已成之性, 言·動之於視·聽, 尤所用力. 言便對嘿, 動便對止. 言出而事行, 心之應用時, 動極而體成, 乃性之反靜時, 故亦以類分, 而視聽之聰明, 由於天稟, 言動之眞妄, 出於人爲, 故所言之地頭各異. 然互換說亦得. 豈有聽與動, 獨由於性, 而言與視, 獨由於心哉. 動箴'性'字『講錄』謂'指氣質之性', 而「伊訓」之'習與性成', 不義成性, 固指氣質之性, 而此乃道義之性. 爲聖爲賢者, 盡性復性, 皆得其本然也.(『竊啓』)

『비망록』33-2-1-c

○ 「'백운허씨(白雲許氏)'에서 '구약의(救藥矣)'까지」 : 무릇 사물에 응접할 때 실수가 있으면 그 자취가 매우 빠르게 나타나서 좌우에서 징험하고 밝혀서 곧바로 고칠 수 있다. 학술의 착오와 마음씀씀이의 잘못에 이르러서는 그 해가 너무 깊어 폐부로 들어가 안과 밖이 모두 상처를 입는다. 이와 같은 것은 성인과 함께 살더라도 또한 어찌 해볼 도리가 없다.(『비망록』)

○ 「白雲許氏 止 救藥矣」 : 凡事物應接之有差失, 其迹甚捷, 猶可以左右證照, 以卽以改矣. 至於學術之差, 心術之誤, 其害已深, 入肺腑, 內外俱受傷也. 如此者, 雖聖人與居, 亦末如之何已.(『備忘錄』)

『부주』33-3

○ 또 말하였다. "언잠(言箴)에서 위의 네 구절은 몸에서 가장 긴요하고 절실한 부분을 말한 것으로, 반드시 조급하거나 망령되지 않아야 비로소 고요하게 전일할 수 있다. 자신의 이 마음이 스

스로 주재할 수 없다면 어떻게 사물과 접촉할 수 있겠는가? 아래 구절에서 '하물며 이것은 지도리와 기틀처럼 중요한 것이어서 전쟁을 일으키기도 하고 좋은 일을 만들기도 한다'는 네 구절은 말을 삼가서 해야 하는 도리를 설명한 것이다. 아래 네 구절은 도리어 네 가지 병통에 대해 말하고 있다."600)

○ 又曰, "言箴上四句, 是說身上最緊切處, 須是不躁妄, 方始靜專. 自家這心自做主不成, 如何去接物? 下云'矧是樞機, 興戎出好'四句, 是說謹言底道理. 下四句, 却說四項病痛."

『부주』33-3-1

○ 정복심(程復心)601)이 말한다. "말이 이치에 맞지 않는 것이 있다면 이는 곧 마음이 이치에 맞지 않는 것이 있다는 것이므로, 말에서 얻지 못하면 마음에서 구해야 한다.602) 심기(心氣)가 화평하면 말이 이치에 맞는다. 그러나 또한 말에서 공부를 하여 안과 밖 그리고 겉과 속에 조그마한 빈틈도 없어야 비로소 서로 응하게 된다."

○ 程氏復心曰, "言有不順理處, 卽是心有不順理處, 故不得於言, 須求於心. 心氣和, 則言順理矣. 然亦須就言上做工夫, 內外表裏無少空闕, 始得相應."

『부주』33-4

○ 또 말하였다. "생각은 움직임의 기미이고, 행위는 움직임이 드러난 것이다. 이는 움직임의 정밀하고 조악한 것을 겸한다. 대

---

600) 『朱子語類』 권41, 「論語二十三· 顔淵篇上·顔淵問仁章」.

601) 정복심(程復心, 1257~1340) : 자는 자견(子見), 호는 임은(林隱)이며, 무원(婺源) 사람이다. 벼슬은 휘주노학교수(徽州路學教授)를 지냈다. 어려서부터 이학(理學) 공부에 잠심하였는데, 보광(輔廣)과 황간(黃榦)의 설을 모아 절충하고 문장을 나누어 그림을 그리고, 그 그림에 설명을 붙여 『사서장도(四書章圖)』라 명명하였다. 또한 여러 책의 어록을 취하고 그 차이점을 변증하여 『四書纂釋』을 지었다.

602) 『孟子』, 「公孫丑上」에 나오는 말이다.

개 안으로 생각함에 진실하지 않아서는 안 되고, 밖으로 실천할 때 지키지 않으면 안 된다. 글을 읽을 때는 골자를 얻어야 한다. 여러분들은 동잠(動箴)에서 어떤 것이 가장 긴요한가를 말해보라." 대답하여 말하였다. "이치를 따르면 여유가 있다는 말입니다." 말하였다. "욕심을 좇으면 위태롭다는 말까지도 모두 긴요하니, 이는 생사의 갈림길이다."603)

○ 又曰, "思是動之微, 爲是動之著. 這箇是該動之精粗. 蓋思於內, 不可不誠, 爲於外, 不可不守. 看文字須得箇骨子. 諸公且道動箴那箇是緊要." 答曰, "順理則裕." 曰, "要連從欲惟危都是, 這是生死路頭."

『부주』33-4-1

○ 백운허씨가 말한다. "보고 듣고 말하는 것은 각각 한 가지 일을 가리키지만 행동은 한 몸을 들어서 말하는 것이므로 동잠(動箴)에서는 마음에 관해서도 아울러 설명하면서 '안으로 마음의 움직임과 밖으로 몸의 움직임이 모두 정도에서 나와 안과 밖이 한결같다면 천리가 유행하지만, 만약 밖에서 강제하여 안에서 움직인 것이 선을 다하지 못하면 병의 뿌리가 제거되지 않아 얻었다고 할 수 없다.'고 하였다. 이것이 바로 신독(愼獨) 공부이다."

○ 白雲許氏曰, "視·聽·言各指一事, 動則擧一身而言, 故動箴兼心說, 謂'內而心之動, 外而身之動, 皆出於正, 表裏如一, 則天理流行, 若强制於外, 而動於中者, 或未盡善, 則病根不除, 未爲得也.' 此卽愼獨工夫."

『부주』33-5

○ 또 말한다. "사물잠을 예전에 볼 때는 단지 평상적인 말이었는데, 최근에서야 그 뜻이 정밀함을 깨달았다. 진실로 '몽둥이로 한번 치면 한 가닥의 흔적이 생기고 손으로 한번 치면 손자국 피멍 하나가 생긴다.'604)는 것이다."605)

---

603) 『朱子語類』 권41, 「論語二十三· 顔淵篇上·顔淵問仁章」.

○ 又曰, "四箴舊見, 只是平常說話, 近乃覺其旨意精密, 眞所謂'一捧一條痕, 一摑一掌血'者.

『강록』33-5-a

○ 이덕홍이 기록하여 말한다. 물었다. "'그 뜻이 정밀하다'는 것은 무엇입니까?" 퇴계가 한참 있다가 다음과 같이 가르쳐 주었다. "이와 같은 부분은 언어로 형용할 수 없고 자신이 깊이 음미하고 실제로 체득하여 자득하기를 구해야 한다. 그대는 물어서는 안 되는 것을 물은 것이다. 마치 다른 사람에게 음식 맛이 어떤가를 묻는 것과 같다. 반드시 그 음식을 먹어보고 그 맛을 본 뒤에야 맛을 알 수가 있다. 스스로 먹어보지도 않고 다른 사람에게 맛을 묻는 것이 가능한가? 배우는 자는 깊이 체험하지 않으면 안 된다." 「일봉(一捧)'에서 '일장혈(一掌血)'까지」 : 퇴계선생이 「이중구(李仲久)[606]에게 답하는 편지」에서 말하였다. "'봉(捧)'은 나무 몽둥이로 때리는 것이다. '괵(摑)'은 손으로 친다는 뜻이다. 몽둥이로 때리면 몽둥이에 따라서 뭉둥이의 흔적이 생기고, 손으로 때리면 손을 따라서 손자국 피멍이 생긴다. 이는 그 말이 통렬하기가 이와 같음을 말한다."(『강록』)

○ 李錄云, 問, "所以旨意精密者, 何也?" 良久而敎曰, "如此處, 言語形容不得, 在自家深味而實體, 以求自得也. 子不當問而問之也. 如問別人食味如何. 必食其食, 味其味, 而後乃可知之. 自家本不曾食而問味於他人可乎? 學者不可不深驗之也." 「一捧 止 一掌血」 : 先生答李仲久書曰, "'捧'當以木杖打也. '摑'手打也. 杖打, 則隨杖而有一條杖痕, 手打, 則隨手而有一掌血漬. 謂其言之痛著如此也."(『講錄』)

『석의』33-5-b

○ 「도시(都是)」 : 모두 긴요하다는 말이다. 「'일봉(一捧)'에서 '장혈(掌

604) 『朱子語類』 권10, 「學」.

605) 『晦庵集』 권45, 「答楊子直」.

606) 이중구(李仲久, 1510∼1575) : 이름은 담(湛), 자는 중구(仲久), 호는 정존재(靜存齋)이다.

血)’까지」: ‘봉(捧)’은 음이 방이며, 몽둥이로 때리는 것이다. 몽둥이로 때리면 몽둥이에 따라서 몽둥이의 흔적이 생기고, 손으로 때리면 손을 따라서 손자국 피멍이 생긴다. 그 말이 통렬함을 가리킨다.(『석의』)

○ 「都是」: 言都是緊要也. 「一捧 止 掌血」: ‘捧’, 방杖打也. 杖打, 則隨杖而有一條杖痕, 手打, 則隨手而有一掌血痕, 謂其言之痛着也.(『釋疑』)

『부주』33-6

◯ 또 말한다. “네 개의 잠의 의미는 모든 것을 포괄하고 있다. 네 가지 잠에는 설명이 많은 것도 있고 설명이 적은 것도 있다. 많은 것은 줄일 수 없고 적은 것도 덧붙일 수가 없다. 다만 자신이 공부를 해 내가야만 실제로 이것이 어떤가를 알 수 있다. 이러한 의미를 이해하기 위해서는 자기의 사사로움을 모두 제거하여 예 아닌 봄도 없고 예 아닌 들음도 없고 예 아닌 말도 없고 예 아닌 행동도 없어야 한다. 이는 어떠한 기상인가? 이는 바로 혼연한 천리(天理)이고, 이것이 바로 인(仁)이다.”607)

◯ 又曰, “四箴意思, 都該括得盡. 四箇箴有說多底, 有說少底. 多底減不得, 少底添不得. 只是須要自家下工夫, 實見是如何. 看這意思, 都克去己私, 無非禮之視, 無非禮之聽, 無非禮之言, 無非禮之動. 這是甚麼氣象, 這便是渾然天理, 這便是仁.”

『강록』33-6-a

○ 「해괄(該括)」: 주머니를 묶는다는 뜻으로, ‘해괄’은 그 의미가 갖추어지고 모든 것을 포괄함을 말한다.(『강록』)

○ 「該括」: 謂之括囊, ‘該括’言其意思該備盡含.(『講錄』)

『석의』33-6-b

607) 『朱子語類』 권41, 「論語二十三· 顔淵篇上·顔淵問仁章」.

○ 「해괄(該括)」: 갖추고 포괄한다는 뜻이다. 「'지시(只是)'에서 '간저의사(看這意思)'까지」: '다만 모름지기 스스로 공부(工夫)하기를 요구하여 실로 이것이 어떤 것인지를 보아 이 뜻을 알거든'이라는 뜻이다. 「'도극거(都克去)'에서 '비례지동(非禮之動)'까지」: '자기의 사사로움을 모두 이겨내서 예 아닌 행동이 없을 것이니'의 뜻이다. 「'저시(這是)'에서 '시인(是仁)'까지」: '이것이 무슨 기상인가? 이것이 바로 혼연한 천리이니 이것이 바로 인이다'라는 뜻이다.(『석의』)

○ 「該括」: 該備包括. 「只是 止 看這意思」: '다만 이 모로미 스스로 실로 工夫ᄒᆞ기를 요구ᄒᆞ야 實로 이거시 어던 거신고 보아 이 意思를 보아든.' 「都克去 止 非禮之動」: '己私를 다 克去ᄒᆞ야云云 非禮의 動이 업슬디니.' 「這是 止 是仁」: '이거시 므슴 氣象고 이거시 믄득 이 渾然ᄒᆞᆫ 天理니 이거시 믄득 이 인이니라.'(『釋疑』)

『비망록』33-6-c

○ 「'주자왈(朱子曰)'에서 '첨부득(添不得)'까지」: '많은 것'이란 언잠(言箴)과 동잠(動箴) 그리고 시잠(視箴)을 말하고, '적은 것'이란 청잠(聽箴)을 가리킨다. 말이란 길흉·영욕과 가장 번잡하게 매어 있으므로 가장 설명이 많다. 행동은 안과 밖 크고 세밀한 것이 말미암지 않는 것이 없으므로 그 설명이 언잠 다음이다. 보는 것은 몸과 사물이 접촉할 때 시각이 주체가 되므로 그 설명이 동잠과 같다. 듣는 것은 감촉되어 오는 것이 아니라면 전혀 아무 일도 없어 세 가지가 일이 많은 것과는 차이가 있으므로 그 설명이 가장 적다. 그렇다면 네 가지 잠의 의미는 각각 그 합당함을 얻은 것이어서 많아도 깎을 수 없고 적어도 덧붙일 수 없다.(『비망록』)

○ 「朱子曰 止 添不得」: '多底'謂言箴·動箴·視箴, '少底'指聽箴. 夫言者, 吉凶榮辱所係最繁, 故最說多. 動者, 表裏巨細, 無不由焉, 故其說爲次. 視者身與物接, 視爲之主, 故其說與動箴同. 聽者, 非感觸之來, 則都無一事, 與三者之多故有異, 所以其說最少也. 然則四箴意思, 各得其當, 多不得刪, 少不得潤.(『備忘錄』)

제34장: 범준(范浚)의 심잠 [心箴]

○ 범씨(范氏)의 심잠(心箴)에서 말한다. "아득하고 아득한 저 천지는 굽어보고 우러러보아도 끝이 없네. 사람은 그 사이에 자그마한 몸뚱이를 가졌네. 이 몸의 미미함 큰 창고의 돌피 쌀 같네. 더불어 삼재(三才)가 되는 건 오직 마음 때문이라네. 예로부터 지금까지 누군들 이 마음 없었겠는가? 마음이 몸의 부림을 받으면 바로 짐승이 된다네. 입, 귀 그리고 눈, 손발의 움직임이 빈틈을 파고들어 마음의 병이 된다네. 미약한 마음 하나 온갖 욕심 공격하니, 그 속에 남는 건 아아! 거의 없으리. 군자는 성(誠)을 보존하여 잘 생각하고 공경할 수 있으니, 천군(天君)이 태연하여 온몸이 그 명령을 따르리."608)

○ 范氏心箴曰, "茫茫堪輿, 俯仰無垠, 人於其間, 眇然有身, 是身之微, 太倉稊米, 參爲三才, 曰惟心爾, 往古來今, 孰無此心. 心爲形役, 乃獸乃禽. 惟口耳目, 手足動靜, 投間抵隙, 爲厥心病. 一心之微, 衆欲攻之, 其與存者, 嗚呼幾希. 君子存誠, 克念克敬, 天君泰然, 百體從令."

608) 『香溪集』 권5, 「心箴」.

『강록』34-A

○ '감여(堪輿)'는 천지이다. '은(垠)'은 의(疑)와 건(巾)의 반절로 땅 끝이다. '묘연(眇然)'은 작다는 말이다. 「제미(稊米)」 : 맹자는 인(仁)을 익숙하게 실천하지 못하는 병폐를 언급하면서 '오곡이 익지 않으면 가라지와 피가 가을에 익은 것만도 못하다'609)고 하였다. 대개 곡식과 유사하지만 곡식이 아닌 것으로 지금의 가라지이다. 「군자존성(君子存誠)'에서 '백체종령(百體從令)'까지」 : 범씨가 마음에 관해 논한 것이 매우 많지만 끝에서는 성(誠)과 경(敬) 두 구로 맺었다. 비록 흠결이 있는듯하지만 말은 짧더라도 의미는 실제로 무궁하니 병폐가 되지는 않는다.(『강록』)

○ '堪輿', 天地. '垠', 疑巾切, 地垺也. '眇然'言其少也. 「稊米」 : 孟子言爲仁不熟之病曰, "五穀不熟, 不如稊稗之有秋." 盖似穀而非穀者, 卽今ㄱ랏也. 「君子存誠 止 百體從令」 : 范氏論心極多, 而末以誠敬二句結之. 雖似欠缺, 然言雖短而意實無窮, 其不爲病也.(『講錄』)

『석의』34-B

○ '감여(堪輿)'는 천지이다. '은(垠)'은 오(五)와 근(根)의 반절로 끝이라는 뜻이다. '묘연(眇然)'은 작다는 말이다. '제미(稊米)'는 『장자』 주610)에 좁쌀이라고 하였다. 「형역(形役)」 : '형(形)'은 바로 아래 문장의 입, 귀, 눈, 손발 등이다. '역(役)'은 그것에 의해 부려진다는 뜻이다. 「투간저극(投間抵隙)」 : '투(投)'와 '저(抵)'는 형체로 말한 것이고 '간(間)'과 '극(隙)'은 마음으로 말한 것이다. 「기여(其與)」 : '여(與)'는 '위(爲)'의 뜻이니 깊이 해석할 필요가 없다. 「존성(存誠)'에서 '극경(克敬)'까지」 : 범씨가 마음에 대해 논한 것이 매우 풍성하지만 끝에서는 성(誠)과 경(敬) 두 글자로 맺었다. 말이 간략하기는 하지만 의미는 실제로 무궁하다.(『석의』)

---

609) 『孟子』「告子上」에 나오는 말이다. 원문은 다음과 같다. "오곡은 종자 가운데 아름다운 것이지만 만일 익지 않는다면 피만도 못하니, 仁 또한 그것을 익숙하게 함에 달려있을 뿐이다."(孟子曰, "五穀者, 種之美者也, 苟爲不熟, 不如荑稗, 夫仁, 亦在乎熟之而已矣.")

610) 『莊子』, 「秋水」.

○ '堪輿', 天地也. '垠', 五根切, 涯也. '眇然', 小也. '稊米', 『莊子』註'小米'也. 「形役」 : '形'卽下文'惟口·耳·目·手足'等也. '役'爲其所使也. 「投間抵隙」 : '投'·'抵'以形言, '間'·'隙'以心言. 「其與」 : '與', 爲也, 不必深釋. 「存誠 止 克敬」 : 范氏論心極盛, 而末以誠敬二字結之. 言雖約而意實無窮也.(『釋疑』)

『표제』34-C

○ 「태창제미(太倉稊米)」 : "사해(四海)가 천지에 있는 것이 묵은 쌀이 큰 창고에 있는 것과 같지 않은가!"에 대한 주(註)에 "제미(稊米)는 묵은 쌀이다."라고 하였다. 『장자』에 나온다. ○ 「'군자(君子)'에서 '종령(從令)'까지」 : 운봉호씨(雲峯胡氏)611)가 말한다. "이전의 여덟 구는 소인이 소체(小體)를 따름을 설명한 것이고, 이 네 구절은 대인이 대체(大體)를 따름을 말한 것이다. '천군이 태연하다'는 것은 '먼저 그 대체를 세운다'는 것이고, '온몸이 그 명령을 따른다'는 것은 '소체가 빼앗을 수 없다'는 뜻이다. 『맹자』주에 보인다."(『표제』)

○ 「太倉稊米」 : "計四海之在天地, 不似稊米之在太倉乎!" 註: "稊米, 陳粟." 『莊子』. ○ 「君子 止 從令」 : 雲峯胡氏曰, "前八句是說小人之從其小體, 此四句是說大人之從其大體. '天君泰然', 是先立乎其大者. '百體從令', 是小者不能奪." 『孟子』註.(『標題』)

『문답』34-D

○ '감여(堪輿)'에 대해 운봉호씨가 말한다. "천지를 가리킨다. 감(堪)이 천이고 여(輿)가 지인지는 모르겠다. 지리학을 감여술이라고 한다. 여기서는 두 글자를 모두 땅에 소속시켰는데 그 까닭이 무엇인가? 『운옥』에 '감여는 천지를 총괄하는 명칭이다. 감은 천도(天道)이고

---

611) 운봉호씨(雲峯胡氏, 1250~1333) : 송나라와 원나라 때의 경학가인 호병문(胡炳文)을 가리킨다. 호병문은 무원(婺源) 사람으로, 자가 중호(仲虎)이다. 주자(朱子)의 학문에 마음을 쏟으면서 주자가 주석한 『사서(四書)』에 대해서 더욱더 깊이 연구하였다. 쌍봉요씨(雙峯饒氏)의 학설이 주자의 학설과 배치되었는데, 호병문이 『사서통』을 지어서 그 잘못된 것을 바로잡았다. 저서로는 『역본의통석(易本義通釋)』, 『서집전(書集傳)』, 『오경회의(五經會議)』 등이 있다.

여는 지도(地道)이다. 지리로써 말하더라도 산천의 형세는 지(地)이고 방위와 괘기(卦氣)는 천이므로 어쩌면 여기에서 이름을 얻게 된 것이 아니겠는가?"(『문답』)

○ 「堪輿」: 雲峯胡氏曰, "謂天地也. 未知堪爲天而輿爲地耶. 地理之學, 謂之堪輿術. 此則以兩字皆屬地, 其故何耶? 『韻玉』云, '堪輿, 天地總名. 堪, 天道, 輿, 地道.' 雖以地理言之, 山川形勢是地, 方位卦氣是天, 故豈或以此得名耶!"(『問答』)

『경의』34-E

○ '수족동정(手足動靜)'은 사지를 들어서 말하는 것이다. 마음이 보존되면 귀·눈·코·입·손발과 모든 몸이 명령을 따르지 않는 것이 없다. 만일 마음에 약간의 틈이 있으면 곧 그것을 타고 들어가 마음을 병들게 한다. 이는 마치 여색을 멀리하려는 생각이 조금이라도 소홀해지면 눈의 욕심이 그것을 틈타고, 음란한 음악을 쫓으려는 뜻이 조금이라도 누그러지면 귀의 욕심이 그것을 틈타는 것과 같이, 류(類)를 미루어보면 알 수 있다. 정자(程子)가 '밖에 조금의 틈이라도 있으면 곧 달아나버린다'[612]고 한 것은 귀와 눈에서 하는 공부가 조금이라도 태만해지면 마음이 곧 달려 나간다는 말이다. 이 잠에서는 마음공부가 조금이라도 해이해지면 귀와 눈의 욕심이 몰래 들어온다고 말하고 있다. 이것이 안과 밖의 공부로 함께 닦지 않을 수 없는 이유이다.(『경의』)

○ '手足動靜'是擧四肢而言之. 心存則耳目鼻口, 四肢百體, 無不從令. 若心有些間隙, 則便乘之而入以病其心. 如遠色之念少忽, 則目之欲乘之, 放聲之意少緩, 則耳之欲乘之, 推類可見. 程子所謂'外面有些罅隙, 便走了'者, 言耳目上工夫少緩, 心便走出. 此箴言心上工夫少懈, 耳目欲便偸入. 此所以內外之功, 不可不交修也.(『經義』)

『경의』34-F

○ 「참위삼재(參爲三才)」: 삼재(三才)의 설은 『퇴계집』「팔괘도」아래

612) 『二程遺書』 권7.

옥재(玉齋)613)의 설을 살펴보면 알 수 있다. 그 설에 "각각 작용하는 곳에 나아가 말한 것이다."라고 하였다. 작용[用]이란 재(才)이다. 괘재(卦才)로써 말하면 삼재의 상이 이 삼획에 갖추어져 있다. 맨 위의 획은 하늘이고, 가운데 획은 사람이며, 아래 획은 땅이다. 사람이 천지의 중(中)을 받아서 태어나는 이치이다. 또한 태(泰)괘의 「상전(象傳)」에 '천지의 도를 마름질하고 완성한다'라고 하였는데, '재(財)'자는 '재(才)'를 성부(聲部)로 '패(貝)'를 의부(義部)로 한다. (천지의 도는) 천지보다 먼저 생겨나 무극의 참됨과 음양오행의 정기를 갖추었으나 그것을 마름질하고 완성하는 것은 사람이다. 그러므로 이 재(才)자가 재예(才藝)의 재자가 아니고 재료의 재자도 아닌 '재성(財成)'의 재자임은 의심의 여지가 없는 듯하다. 범씨의 학문은 이 잠을 보면 알 수 있다. 고종(高宗) 소흥(紹興) 연간에 현량으로 천거되었으니 주자보다 이전임도 알 수 있다. 그가 심학(心學)을 논한 내용이 『심경부주』에 많이 보이니, 그가 의리를 변별하고 이욕의 경계를 구분한 사실은 손바닥을 가리키는 것처럼 분명하다. 비록 여동래(呂東萊)는 경시하였지만 주자만은 그의 의견을 취하였으니, 「심잠(心箴)」을 『맹자집주』의 '균시인(均是人)'장 아래에 두고, 『심경』에서는 정자(程子)의 「사물잠(四物箴)」 뒤에 붙여둔 것은 심학의 통서를 보이고자 한 뜻이 아니겠는가!(『경의』)

○ 「參爲三才」 : 三才之說, 觀於『退溪集』「八卦圖」下玉齋說, 可以觀矣. 其說曰, "各就用處而言." 夫用者, 才也. 以卦才言之, 三才之象, 備於此三畫上. 上畫, 天也. 中畫, 人也. 下畫, 地也. 人受中以生之理也. 亦嘗觀泰之「象」曰, '財成天地之道.' '財'字從'才'從'貝', 先天地生而具於無極之眞·二五之精, 其所以財成者, 人也. 然則此才字非才藝之才, 才料之才, 而爲財成之財字, 似無疑矣. 范氏之學, 觀於是箴可知, 而高宗·紹興間, 擧賢良, 則前乎朱子, 亦可見也. 其論心學處多見於『心經附註』, 則其義理之卞, 利欲之界, 不啻如

613) 옥재(玉齋) : 송(宋)나라 무원(婺源) 사람인 호방평(胡方平)을 가리킨다. 호방평은 호가 옥재(玉齋)로, 『주역』에 정통하여 주자(朱子)의 역학(易學)을 이어받아 『역학계몽통석(易學啓蒙通釋)』을 지었다.

指掌. 雖爲呂東萊之輕視而朱子之所獨取也, 『心箴』, 則在於'『孟子』均是人'章下, 『心經』, 則附在於'程子四箴'之後者, 非心學統緒之意歟!(『經義』)

『부주』34-1

○ 묻는다. "게재된 범씨의 심잠은 범씨가 누구로부터 배운 것인가?" 주자가 대답한다. "누구를 따라 배운 적이 없다. 다만 그가 스스로 깨우쳐서 이러한 일을 이처럼 훌륭하게 설명하였다. 지난번에 여백공을 만났더니 매우 소홀하게 생각하였다." 물었다. "이와 같은 말은 다른 사람도 말한 것이 많은데, 반드시 그의 말을 취한 것은 왜인가?" 대답하였다. "바로 이처럼 말할 수 있는 사람을 거의 보지 못하였기 때문이다." 이러한 생각에는 대개 까닭이 있는 것이다.614)

○ 問, "所載范箴, 不知范從誰學?" 朱子曰, "不曾從人, 但他自見得到, 說得此件物事如此好. 向見呂伯恭, 甚忽之." 問, "似恁地說話人也多說得到, 須取他則甚?" 曰, "正爲少見有人能說得如此者, 此意蓋有在也."

『강록』34-1-a

○ 「향견여백공이하(向見呂伯恭以下)」: 혹자가 말하였다. "'향견(向見)' 이하는 모두 주자의 말이라고 생각하여 '여백공이 그것에 대해 말을 한 사람이 이미 많지만, 내가 답한 것에 생각하는 것이 있다 운운'하였는데, 이는 잘못인 듯하다. 아마도 문답을 기록하는 어세를 많이 보지 못하여 이처럼 말한 것이다. '차의(此意)' 이하는 일을 기록한 사람의 말로 보는 것이 옳다. ○ 뒷날 선생이 비평하여 말하였다. "아마도 중간에 있는 '문(問)'자는 처음 물은 사람이 재차 물은 것인 듯하다. '차의' 이하는 기록자의 말 같으니 다시 살펴보도록 하라." ○ 이덕홍이 기록하였다. "주자가 이 잠을 이처럼

614) 『朱子全書』 권22, 「孟子三·公都子問鈞是人也章」.

지극하게 여기는 것은 요점이 끝의 두 구절에 있다."(『강록』)

○ 「向見呂伯恭以下」: 或云, "'向見'以下, 皆以爲朱子之語, 曰, '恭이 之ㄲ也 話乙 人이 到今已 甚右 某答以者亽乎ㄷ意이也云云.'" 恐非. 是或未多看記問答語勢, 故如此云云. '此意'以下, 以紀事者之言看了, 可也. ○ 後日先生批云, "恐中間問字, 是初問人再問也. '此意'以下, 似是記錄者之辭, 更詳之." ○ 李錄云, "朱子所以取此箴如此其至者, 要在末二句."(『講錄』)

『석의』34-1-b

○ 「소재(所載)」: 『맹자』주에 실려 있다. 「타자(他自)'부터 '여차호(如此好)'까지」: '그가 스스로 깨달아 이르렀으나 옛일에 대해 이르기를 이처럼 잘하였거늘'이라는 뜻이다. 「문사(問似)'에서 '즉심(則甚)'까지」: '물은 것'은 문인이 다시 물은 것이다. ○ 이 같은 말을 사람들이 그리도 많이 설하였는데 반드시 그것을 취함은 무슨 뜻인가? 「정위(正爲)'에서 '여차(如此)'까지」: 바로 이처럼 설할 수 있는 사람을 본 적이 적었기 때문이다. 「차의개유재(此意盖有在)」: 문인이 말한 것이다. '의(意)'는 주자의 뜻이다.(『석의』)

○ 「所載」: 載於『孟子』註也. 「他自 止 如此好」: 他ㅣ 스스로 見得ᄒᆞ야 니르러 이뎨 옛일 니르기를 이리 됴히 ᄒᆞ엿거늘. 「問似 止 則甚」: '問', 門人又問也. ○ 이ᄀᆞ튼 말숨을 사ᄅᆞᆷ이 그려도 만히 說到ᄒᆞ거늘 ᄇᆞ드 뎌를取ᄒᆞ믄 므슨 뜻고. 「正爲 止 如此」: 정히 사ᄅᆞᆷ이 能히 說홈운 이러ᄐᆞ시 ᄒᆞᄂᆞ니를 봄이 져그믈 爲홈이라. 「此意盖有在」: 此門人所說, '意', 朱子意也.(『釋疑』)

『계문강의』34-1-c

○ 「문소재범잠운운여백공심홀지(問所載范箴云云呂伯恭甚忽之)」: '여백공심홀지(呂伯恭甚忽之)'를 구로 끊어서 보아야 합니까? 또 말하였다. "혹자는 '여백공이 매우 소홀하게 여기면서 묻기를 운운 그렇게 말한 사람들이 많은데 반드시 범씨의 설을 취한 것은 왜인가?'라고 하는데, 이 설이 의미상 나은 것 같습니다. 어떻습니까?" 대답하였다. "아마도 앞의 설과 같이 보아야 할 듯하다. 만약 뒤의

설과 같다면 이는 바로 선생께서 스스로 말씀하신 것이 되어, 백공과 문답하는 말이 된다. 그렇다면 백공이 자신에게 물은 것과 호응되지 않는다.(『계문강의』)

○ 「問所載范箴云云呂伯恭甚忽之」: '呂伯恭甚忽之'爲句絶看否? 又曰, 或云 '伯恭甚忽之, 而問云云, 人多說得到, 必取范說何也?' 此說似意長何如? 答: "恐當如前說看. 若如後說, 則此正是先生自說, 已與伯恭相問答之辭, 則於伯恭問己處不應."(『溪門講義』)

『관계』34-1-d

○ 「문사임지(問似恁地)」: 『강록』에서는 처음 물었던 사람이 다시 물은 것으로 보고, '차의개유재'는 기록자의 말이라고 보았는데, 아마도 그렇지 않은 듯하다. 주자는 이 잠을 중요하게 받아들였지만 동래는 매우 홀시하여, 반문-동래가 물은 것이다-하면서 '이런 말은 많은 사람이 하였는데 그의 말을 취한 것은 무슨 생각에서인가?'라고 물었고, 주자가 곧 '내가 이것을 취한 이유는 실제로 이처럼 말할 수 있는 사람을 보기 드물었기 때문이다'라고 대답한 것이다.(『관계』)

○ 「問似恁地」: 『講錄』以此爲初問者再問, 而'此意盖有在'爲記者之辭, 竊恐未然. 朱子深取此箴, 而東萊甚忽之, 反問-東萊問也-'此等說話人多說得到, 取它是何意?' 朱子便答曰, '吾所以取此者, 實爲鮮見得人有說得到此者.'(『窾啓』)

『품질』34-1-e

○ 「'향견(向見)'에서 '재야(在也)'까지」: 조목(趙穆)의 생각: '상제가 너에게 임하시니 두 마음 먹지 마라'는 말은 『시경』「대아·대명」편의 글이다. '두 마음 먹지 말고 근심하지 마라. 상제가 너에게 임하신다'는 말은 「노송·비궁」편의 문장이다. 두 편에 대한 주석은 모두 무왕(武王)이 주왕(紂王)을 방벌한 일을 직접 가리키고 있고, 배우는 사람의 일을 논한 것은 없다. 오직 「대명」편 『집전』 아래 『대전』의 보씨설에서만 '배우는 사람은 항상 이 두 구절에 대해 함영하여 마음과 성을 존양하고 하늘을 섬겨야 할 것이다'라고 하

였으니, 여기 『심경』에서 인용하고 있는 '내가 생각건대[愚謂]' 이하는 주자의 설이 아니라 서산의 설인 듯하다. 우산장 아래 부분의 '내가 스승에게 들으니'라고 한 단락이 서산의 설이 아니라 주자가 연평에게서 들은 것이라는 것과 동일한 사례이다. '내가[愚]'라고 칭할 경우 오해가 있을 수 있으므로 '우산'장의 '내가[愚]'라는 글자 위에는 '주자가 말한다[朱子曰]'는 세 글자를 더하는 것이 어떻겠는가?(『품질』)

○ 「向見 止 在也」: 按, '上帝臨女, 無貳爾心', 卽「大雅·大明」篇詞. '無貳無虞, 上帝臨女', 卽「魯頌·閟宮」篇詞. 兩篇註皆直指武王伐紂事, 無論學者事. 惟於「大明」篇『集傳』下『大全』輔氏說, 只云, "學者當常常涵泳此二句, 以存心養性而事天也", 則此『心經』中所引'愚謂'以下, 疑非朱子說, 乃西山說也. 牛山章下'愚聞之師'一段, 則非西山說, 乃朱子所聞於延平者, 一例. 以愚稱之恐誤, 故牛山章'愚'字上, 加'朱子曰'三字, 如何?(『稟質』)

『부주』34-1-1

○ 운봉호씨가 말한다. "염(念)은 생각을 말하고, 경(敬)은 성을 보존하는 방법이다. 하나의 진실이 만 가지 거짓을 녹일 수 있고 하나의 경이 천 가지 사악함을 대적할 수 있다. '먼저 그 큰 것을 세운다'는 것 가운데 이보다 절실한 것은 없다."

○ 雲峯胡氏曰, "念卽思之謂, 而敬卽存誠之方也. 一誠足以銷萬僞, 一敬足以敵千邪, 所謂'先立乎其大者', 莫切於此."

○ 「정민정의 생각」35 : 주자는 범씨의 잠을 취하고 나서 다시 「관심설(觀心說)」을 지어 석씨의 오류를 바로 잡았으니 성학(聖學)에 더욱 공로가 있다. 이제 그것을 뽑아 덧붙여 배우는 자들에게 이것은 바른 것이므로 힘써야 하고 저것은 사악한 것이므로 변척해야 한다는 것을 분명히 알아서 여기저기 널리 구하다가 미혹됨이 많아지지 않도록 하고자 한 것이다.

○ 「按」: 朱子旣有取于范氏之箴, 又爲「觀心說」, 以訂釋氏之繆, 尤有功于聖學. 今摭附之, 庶學者曉然知此之正也當勉, 彼之邪也當辨, 不至於泛求而多惑云.

『석의』35-1

ㅇ 「서학(庶學)」 : '서(庶)'는 '서기(庶幾)'의 서이다.(『석의』)

ㅇ 「庶學」 : '庶', '庶幾'之庶.(『釋疑』)

『부주』34-2

○ 혹자가 물었다. "불교에는 마음을 관찰한다는 설이 있는데 그렇습니까?" 대답하였다. "대저 마음이라는 것은 사람의 몸을 주장하는 것으로서, 하나이고 둘이 아니며, 주체가 되고 객체가 되지 아니하고, 사물에 명령하고 명령을 받지 않는 것이다. 그러므로 마음으로 사물을 관찰하면 사물의 이치를 얻을 수 있다. 이제 다시 어떤 것을 두어 도리어 마음을 관찰한다면 이는 마음밖에 다시 다른 마음이 있어서 이 마음을 주관할 수 있다는 것이다. 그렇다면 이른바 마음이라는 것은 하나인가 아니면 둘인가, 주인인가 아니면 손님인가, 사물에 명령을 하는 것인가 아니면 사물에 명령을 받는 것인가? 이것은 헤아리지 않고도 그 말이 잘못됐음을 알 수 있는 것이다." 혹자가 말하였다. "그대의 말대로 하면 성현들이 말한 '정밀하게 하고 전일하게 함[精一]'이나 '다잡아 보존함[操存]'과 같은 것은 다 무엇을 하자는 것인가?" 이에 대해 대답하였다. "이는 말이 비슷하면서도 다른 것이다. 바로 모와 가라지 혹은 붉은 색과 자색 간의 관계와 같아서 배우는 사람이 반드시 변별해야 할 것이다. 무릇 '인심이 위태롭다'고 한 것은 인욕이 싹트기 때문이고, '도심이 은미하다'고 한 것은 천리가 심오하기 때문이다. 마음은 하나이지만 바른가 바르지 않은가에 따라 그 이름을 달리 할 뿐이다.

'오직 정밀하게 하고 오직 전일하게 하는 것'은 그 올바름에 의거하여 그 차이를 살피는 것이고, 다른 점은 물리치고 같은 점으로 돌아가는 것이다. 이와 같이 할 수 있으면 진실로 그 중을 잡아 지나치거나 모자라는 치우침도 없을 것이다. 도를 하나의 마음으로 보고 인심을 하나의 마음으로 보며 또 하나의 마음이 있어 그것으로 정밀하고 전일하게 하는 것이 아니다. 이른바 '다잡아서 보존한다'는 것은 저것으로 이것을 잡아 보존하는 것이 아니다. '놓으면 잃는다'는 것은 저것으로 이것을 놓아서 잃는 것이 아니다. 마음이 스스로 다잡으면 잃었던 것이 보존되고, 놓아버리고 다잡지 않으면 있던 것이 없어지는 것이다. 그러나 그 다잡음에 있어서 '아침부터 낮 동안 행한 일로 인하여 타고난 인과 의의 양심을 짓눌러 없어지게 하지 말도록 한다'고 하였으니, 흙덩이처럼 오똑하게 앉아서 말갛게 작용하지 않는 지각을 지키고 있으면서 그것을 다잡는다고 하지는 않는다. 대저 성인의 학문은 마음에 근본하여 이치를 궁구하고 이치에 순응하여 사물에 응하니, 마치 몸이 팔뚝을 부리고 팔뚝이 손가락을 부리는 것과 같다. 따라서 그 도는 편안하면서도 널리 통하고, 거기에 머무는 것은 넓으면서도 편안하고, 그 이치는 실제적이며 그 행동은 자연스럽다. 석씨(釋氏)의 학문은 마음으로 마음을 구하고 마음으로 마음을 부리니, 마치 입으로 입을 물고 눈으로 눈을 보는 것과 같다. 그 움직임은 위태롭고 다급하며 그 길은 험하고 막히며 그 이(理)는 허황되고 그 형세는 어긋난다. 대개 그 말은 서로 비슷한 점이 있으나 실제로 같지 않음이 이와 같다. 그러나 살펴서 생각하고 밝게 변별하는 군자가 아니면 또한 누가 여기에 미혹되지 않을 수 있겠는가?"615)

○ 或問, "佛者有觀心之說, 然乎?" 曰, "心者, 人之所以主於身者也. 一而不二者也. 爲主而不爲客者也, 命物而不命於物者也. 故以心觀物, 則物之理得. 今復有物以反觀乎心, 則是此心之外, 復有一心, 而能管乎此心也. 然則所謂心者, 爲一邪? 爲二邪? 爲主邪? 爲客邪? 爲命物者邪? 爲命於物者也. 此亦不待較而審其言之謬矣." 或者曰, "若子之言, 則聖賢所謂精一, 所謂操存者, 皆何爲哉." 應之曰, "此言之相似而不同, 正苗莠朱紫之間, 而學者之所當辨者也. 夫謂人心之危者, 人欲之萌也. 道心之微者, 天理之奧也. 心則一也, 以正不正而異其名耳. 惟精惟一, 則居其正而審其差者也, 絀其異而反其同者也. 能如是, 則信執其中而無過不及之偏矣. 非以道爲一心, 人爲一心, 而又有一心, 以精一之也. 夫謂'操而存'者, 非以彼操此而存之也. '舍而亡'者, 非以彼舍此而亡之也. 心而自操, 則亡者存, 舍而不操, 則存者亡耳. 然其操之也亦曰, '不使旦晝之所爲, 得以梏亡其仁義之良心'云爾, 非塊然兀坐, 以守其炯然不用之知覺, 而謂之操也. 大抵聖人之學, 本心以窮理, 而順理以應物, 如身使臂, 如臂使指, 其道夷而通, 其居廣而安, 其理實而其行自然. 釋氏之學, 以心求心, 以心使心, 如以口齕口, 以目視目, 其機危而迫, 其途險而塞, 其理虛而其勢逆. 蓋其言雖有若相似者, 而其實之不同, 蓋如此也. 然非夫審思明辨之君子, 其亦孰能無惑於斯邪?"

『강록』34-2-a

○ 「조존자(操存者)」 : 비평하여 말한다. "'조존(操存)' 밑에 '진심지성(盡心知性)', '존심양성(存心養性)', '참전의형(參前倚衡)' 등의 묻는 말이 있었는데 이것들 모두를 제거해버렸다."(『강록』)

○ 「操存者」 : 批云, "'操存'下有'盡心知性', '存心養性', '參前倚衡'等問語, 此皆刪去."(『講錄』)

『석의』34-2-b

○ 「부대교(不待較)」 : '교(較)'는 계산하고 헤아린다는 뜻이다. 「조존

615) 『晦庵集』 권67, 「觀心說」.

(操存)'에서 '응지왈(應之曰)'까지」 : 이 편에는 '진심지성', '존심양성', '참전의형'등의 문답하는 말이 있었는데 정황돈이 모두 제거해 버렸다. 「묘유주자(苗莠朱紫)」 : 『논어』에 "가라지가 모를 어지럽히는 것을 미워하고, 자색이 붉은 색을 어지럽히는 것을 미워한다."616)고 되어 있다. 「출(絀)」 : '출(黜)'과 같다. 「반기동(反其同)」 : '반(反)'은 돌아간다는 뜻이다. 「형연(烱然)」 : 미발의 체이다. 「흘구(齕口)」 : '흘(齕)'은 하(下)와 몰(沒)의 반절로 물어뜯는다는 뜻이다.(『석의』)

○ 「不待較」 : '較', 計度也. 「操存 止 應之曰」 : 此篇有'盡心知性'·'存心養性'·'參前倚衡'等問答語, 而篁墩皆刪去. 「苗莠朱紫」 : 『論語』: "惡莠之亂苗, 惡紫之亂朱." 「絀」 : 黜同. 「反其同」 : '反', 還歸之意. 「烱然」 : 未發之體. 「齕口」 : '齕', 下沒切, 齧也.(『釋疑』)

『강록간보』34-2-c

○ 「'인욕(人欲)'에서 '기명이(其名耳)'까지」 : 김종덕(金宗德)의 생각: 이는 주자의 「관심설」이다. 주자가 초년에는 인심을 인욕으로 보았으므로, 여기서는 곧바로 인심이 인욕의 싹이며 바르지 못한 것으로 보았다. 만년의 정론은 이와 다르다. ○ 주자가 인심과 도심을 논한 것에는 몇 가지 설이 있다. 여기서는 인심은 인욕이고 도심은 천리라는 관점에서 말하였는데, 이것이 하나의 설이다. 은미하게 잡으려는 생각이 있는 것을 인심으로, 자연스럽고 조용하게 도에 적중하는 것을 도심으로 보는데, 이것이 하나의 설이다. 『중용』의 서(序)가 하나의 설인데 이것이 정론이다.(『강록간보』)

---

616) 『孟子』, 「盡心下」에 나오는 말이다. "공자께서 '사이비한 자를 미워하니 가라지를 미워함은 그 곡식의 싹을 어지럽힐까 두려워함이요, 말을 잘 둘러대는 자를 미워함은 그 의를 어지럽힐까 두려워함이다. 구변만 좋은 자를 미워함은 그 신용을 어지럽힐까 두려워함이다. 정(鄭)나라의 음탕한 음악을 미워함은 아악(雅樂)을 어지럽힐까 두려워함이요, 자줏빛을 미워함은 그 붉은빛을 어지럽힐까 두려워함이요, 향원(鄕原)을 미워함은 그 덕을 어지럽힐까 두려워함이다'라고 말씀하셨다(孔子曰, 惡似而非者, 惡莠, 恐其亂苗也, 惡佞, 恐其亂義也, 惡利口, 恐其亂信也, 惡鄭聲, 恐其亂樂也, 惡紫, 恐其亂朱也, 惡鄕原, 恐其亂德也)"로 되어 있다.

○ 「人欲 止 其名耳」: 按, 此是朱子「觀心說」. 朱子初年以人心爲人欲, 故此直以人心爲人欲之萌, 爲不正. 晩年定論如此不同. ○ 朱子論人心道心有數說. 此以人心人欲·道心天理爲言, 是一說. 以微有把捉意思爲人心, 自然從容中道爲道心, 是一說. 中庸序是一說, 此爲定論.(『講錄刊補』)

『밀험』34-2-d

○ 주자가 말한다. "불교의 관심설은 마음으로 마음을 부리고, 입으로 입을 깨물고 눈으로 눈을 본다고 잘못 주장하였다." ○ 생각건대, 관심설은 정말 잘못이다 그러나 심체(心體)는 형체가 없어 입과 눈이 형체가 있는 것과는 다르다. 자신이 자신의 마음을 본다는 것에도 그 도리가 있으므로 연평(延平)617)이 사람을 가르치면서는 미발의 기상을 오로지 살피도록 하였다. 마음의 신묘한 작용에 대해서 선유들은 자주 말하였다. 만일 돌이켜 볼 수 없다면 어떻게 신묘한 작용이 이와 같음을 알 수 있겠는가? 다만 벽을 대면하고 마음을 본다는 것은 괴이한 일이다.(『밀험』)

○ 朱子曰, "佛者, 觀心之說, 謬以心使心, 以口齕口, 以目視目." ○ 案, 觀心之說, 固謬. 然心體無形, 與口目之有形者不同. 自觀自心, 亦有其道, 故延平敎人, 專觀未發之氣象. 心之妙用, 先儒亟言之. 若不能反觀, 安知妙用如是? 但面壁觀心是怪事.(『密驗』)

『심경석의』34-2-e

○ 불자들이 마음으로 마음을 본다는 설은 정자가 마음으로 마음을 부린다는 설과 거의 유사한데 주자가 관심설을 깊이 비판하면서 오직 심을 부린다는 설만을 취한 것은 왜인가?-세붕- 답하였다. "마음으로 마음을 본다면 이는 달리 하나의 마음으로 그 마음을 본다는 것이다. 마음으로 마음을 부린다는 것은 본심으로 일시적인 사려를 제어하여 그로부터 말미암지 않도록 하는 것을 가리킨다." ○ 이 아래 문장에서 마음으로 마음을 부린다는 구절을 바로

617) 연평(延平) : 이동(李侗, 1093~1163)의 호이다. 자는 원중(願中), 시호는 문정(文靖)이며, 검남(劍南) 사람이다. 이정(二程)의 학문이 주자에게 이어지는 교량적 역할을 하였다. 저서에 주자가 편찬한 『이연평집(李延平集)』이 있다.

인용해서 석씨의 학을 비판하고 배척하면서 입으로 입을 깨무는 것과 같다고 하였다. 동일한 구절인데도 정자의 경우에는 도리어 격언으로 삼은 것은 왜인가?-용환-. 대답하여 말하였다. "다만 그 어세가 어떠한 지를 살피고 말에 구애될 필요는 없다. 만일 말만 가지고서라면, '생지위성(生之謂性)'이 고자(告子)에게 있어서는 어떻게 지각을 성으로 보는 병폐가 있다고 여기지만 정자(程子)에게 있어서는 성(性)과 기(氣)가 떨어지지 않는 지극함을 표현한 것이 되며, 애(愛)를 인(仁)으로 풀이하는 것이 한유(韓愈)에게 있어서는 머리가 없는 학문이 된다고 여기면서도 주렴계(周濂溪)에게는 도리어 작용을 통해 본체를 이름 짓는 바른 풀이가 되겠는가? 요컨대, 정자가 마음으로 마음을 부린다고 한 것은 바로 여기에서 '마음이 자기를 잡는다는 것'이다. 불교에서 마음으로 마음을 부린다는 것은 바로 여기에서 마음으로 마음을 본다는 것이다. 이것이 '구절 구절 같고 글자 글자마다 같지만 다른 것'이라고 하는 것이다(『심경석의』)

○ 佛者以心觀心之說, 殆類於程子以心使心之說. 則朱子深詆觀心之說, 特取使心之說何也?-世鶴-. 答: "以心觀心, 則別以一心反觀其心者也. 以心使心, 則以本心制客慮, 使不得自由之謂也." ○ 此下文直用以心使心之句, 譏斥釋氏之學, 而以爲如以口齕口云. 同一句語, 而在程子, 則反爲格言何也?-容煥-. 答: "只觀其語勢之如何, 不必滯泥句語. 如以辭而已矣, 則生之謂性, 在告子, 則何以爲認知覺爲性之病, 而在程子, 則爲性與氣不相離之至訓, 愛之謂仁, 在退之, 則何以爲無頭底學問, 而在濂翁, 則反爲因用名體之格訓乎? 要之, 程子所謂以心使心者, 卽此所謂'心而自操'者也. 釋氏所謂以心使心者, 卽此所謂以心觀心者也. 是所謂'句句同, 字字同, 而然而不同'者也.(『心經釋疑』)

『관계』34-2-f

○ 「관심설(觀心說)」: 인심이 인욕은 아니지만 인심의 위태로움은 바로 인욕에서 싹 뜬 것이다. 도심이 곧바로 천리라고 할 수는 없지만 도심의 은미함은 실제로 천리의 근본에서 말미암은 것이다. 대

개 인심은 발하기는 쉽지만 제어하기는 어려우므로 인욕을 막고 제거하는 공부가 중요한 방법이 된다. 마음은 가리기는 쉽지만 드러나기는 어려우므로 천리를 보존하고 지키는 공부가 주가 된다. 주자(朱子)의 이 말은, 인심에 대해서는 그 말류를 성토하여 인심이 정말 인욕의 바탕이라고 하고, 도심에 대해서는 그 근원을 찾아 도심은 정말 천리의 유행이라고 하였다. 인심을 인욕으로 인식하고 도심을 성이라고 보는 입장과는 함께 말할 수 없다. 그러나 하단에서 '바르고 바르지 않은 것으로 달리 명명하였다'고 한 것은 약간은 분명하지 않은 듯하다. 인심이 어찌 모두 바르지 않겠는가? 특별히 자기의 사사로움에 간섭을 받아 도심이 공정한 것과는 다를 뿐이다. ○ 「이심사심(以心使心)」 : 정자(程子)도 이 말을 한 적이 있으나 주자(朱子)가 병폐가 없다고 여긴 것은 바로 이미 발한 곳에서 마음의 본체로 마음에서 발한 것을 살피는 것이기 때문이다. 석씨가 말하는 '마음으로 마음을 부린다'는 것은 '마음을 찾고', '마음을 편안하게 하며', '마음을 쓰고', '마음을 쉬게 한다'는 것처럼 바로 조장하는 것이다. 이것은 이 마음 밖에 달리 마음이 있어 마음을 부리는 것이므로 주자가 곧바로 판별하였던 것이다. 대개 그 주된 의도가 근본적으로 차이가 있으므로 융통성 있게 보아서도 안 된다.(『관계』)

○ 「觀心說」 : 人心雖非人欲, 而人心之危, 便是人欲之所萌. 道心雖不可直謂之天理, 而道心之微, 實由天理之本與. 盖人心易發而難制, 故防遏人欲之工爲要道. 心易揜而難著, 故保守天理之工爲主. 朱子此語, 於人心則討其流, 人心固是人欲之張本也. 於道心, 則探其源, 道心固是天理之流行也. 其與認人心爲慾, 指道心爲性者, 不可同日而語也. 然下段以'正不正而異名'者, 稍涉未瑩, 人心豈皆不正? 特涉自己之私, 有不似道心之公正耳.(7-192) ○ 「以心使心」 : 程子亦嘗言此, 而朱子以爲無病者, 卽所謂已發之處, 以心之本體, 審其心之所發者也. 釋氏所謂以心使心者, '覓心'·'安心'·'用心'·'息心', 正且助長, 是於此心之外別有心而使之也, 故朱子直議之. 盖其主意本差, 不容活看.(『箚略』)

『비망록』34-2-g

○ 「'심자(心者)'에서 '명어물자야야(命於物者也耶)'까지」: '하나이지 둘이 아니다'라는 것은 순수하여 섞이지 않음을 말하고, '주인이 되고 손님이 되지 않는다'는 것은 바로 천작(天爵)을 지킨다는 말이며, '명령을 하되 명령받지 않는다'는 것은 장수의 역할을 바꾸지 않는다는 말이다. 요컨대 모두 경(敬)의 뜻이다. ○ 「'부위인심(夫謂人心)'에서 '오야(奧也)'까지」: 마음은 하나인데 형기(形氣)에서 발하면 인심이라 하고, 의리에서 발하면 도심이라고 하여 발하는 것을 따라 이름을 달리한다. 대저 인심은 사사롭기는 쉽지만 공정하기는 어려우므로 위태롭다. 도심은 밝기는 어렵지만 어두워지기는 쉬우므로 은미하다. 위태로운 것을 편안하게 하고 은미한 것을 드러나게 하고자 하는 것이다. 다만 경(敬) 한 글자로 주인을 안에 보존하여 그 본연의 체를 잃지 않으면 인욕이 싹트지 않고 천리가 유행하게 된다. 어찌 진실로 그렇지 않겠는가? ○ 「'대저(大抵)'에서 '기행자연(其行自然)'까지」: 사람에게는 모두 이 마음이 있지만 오직 본심만을 마음이라고 할 수 있다. 이치를 궁구하는 것은 본심이 아니면 할 수 없고, 사물에 응하는 것은 본심이 아니라면 할 수 없다. '몸이 팔뚝을 부리고 팔뚝이 손가락을 부리는 것과 같이'라는 것은 순조롭고 용이함을 말한다.(『비망록』)

○ 「心者 止 命於物者也野」: '一而不二', 卽純粹不雜之謂, '爲主而不爲客', 卽守其天爵之謂, '命物而不命於物耶', 帥役不易之謂. 要之, 皆敬意思. ○ 「夫謂人心 止 奧也」: 心一也, 發於形氣, 則謂之人心, 發於義理, 則謂之道心, 隨其發而異其名. 大抵人心易私而難公, 故危. 道心難明而易昧, 故微. 欲使危者安, 微者著矣. 但當以敬之一字, 存主於內, 不失其本然之體, 則人欲不萌, 而天理流行矣. 豈不信然乎? ○ 「大抵 止 其行自然」: 人皆有是心, 惟本心乃可謂心. 窮理非本心不能, 應物非本心亦不能. '如身使臂', '如臂使脂', 謂順且易也.(『備忘錄』)

『부주』34-2-1

○ 묻는다. "아직 발하기 전에는 오직 경으로 유지하고 기르며, 이미 발한 뒤에는 다시 경으로 살펴야 합니다. 그러나 이미 발한 정(情)은 마음의 작용입니다. 여기에서 깊이 살핀다면 마음으로 마음을 보는 병폐를 면하지 못할 것이니 어떻습니까?" 주자가 말한다. "이미 발한 곳에서 마음 본체의 저울과 자로 그 마음이 발한 것에 가볍고 무거우며 길고 짧은 오차가 있을까만을 살핀다. '사물이 모두 그러한데 마음은 더욱 그렇다'618)는 것이 그것이다. 그대가 발한 마음으로 달리 마음의 본체를 구하려 한다면 이러한 이치는 없다."619)

○ 問, "未發之前, 惟當敬以持養, 旣發之後, 又當敬以察之. 然旣發之情, 是心之用. 審察於此, 未免以心觀心之病, 如何?" 朱子曰, "已發之處, 以心之本體權度, 審其心之所發, 恐有輕重長短之差耳. 所謂'物皆然, 心爲甚', 是也. 君欲以所發之心, 別求心之本體, 則無此理矣."

618) 『孟子』, 「梁惠王上」에 나오는 말이다.

619) 『晦庵集』 권46, 「答黃商伯」.

제35장: 주희(朱熹)의 경재잠
[敬齋箴]

○ 주자의 경재잠(敬齋箴)에서 말하였다. “의관을 바르게 하고 시선을 존엄하게 하고, 마음을 가라앉혀 상제를 마주 모신 듯이 하라. 걸음걸이는 무겁게 하고 손은 공손하게 하며, 땅을 골라 밟는 것이 개미둑 사이로 말을 달리듯이 하라. 문을 나가면 손님을 대하듯이 하고, 일을 처리할 때는 제사를 모시듯이 하며, 조심조심 두려워하여 감히 잠시도 안이하게 말라. 입을 지키기를 병마개 막듯 하고 잡생각 막기를 성문 지키듯이 하며, 성실하고 공경하여 감히 잠시도 경솔히 하지 말라. 서쪽 일을 동쪽으로 처리하지 말며, 북쪽 일을 남쪽으로 처리하지 말고, 일을 만나 마음을 보존하여 다른 데로 가지 말라. 두 가지 일이라고 마음을 둘로 나누지 말고, 세 가지 일이라고 마음을 세 갈래로 나누지 말며, 마음을 전일하게 하여 만 가지 변화를 살펴라. 이것에 종사함을 경을 지킨다고 하니, 움직일 때나 고요히 있을 때나 어기지 말고, 밖이나 안이나 번갈아 바르게 하라. 잠시라도 틈이 나면 만 가지

사욕(私慾)이 일어나, 불길 없이도 뜨거워지고 얼음 없이도 차가워진다. 터럭만한 착오가 있으면 하늘과 땅이 바뀌게 되니, 삼강(三綱)이 침몰하고 구법(九法)620)도 썩어 버린다. 오호라! 아이들이여! 생각하고 조심하라! 먹글로 써서 경계를 삼아 감히 영대(靈臺)에 고하노라."621)

○ 朱子敬齋箴曰, "正其衣冠, 尊其瞻視, 潛心以居, 對越上帝. 足容必重, 手容必恭, 擇地而蹈, 折旋蟻封. 出門如賓, 承事如祭, 戰戰兢兢, 罔敢或易. 守口如甁, 防意如城, 洞洞屬屬, 罔敢或輕. 不東以西, 不南以北, 當事而存, 靡他其適. 弗貳以二, 弗參以三, 惟心惟一, 萬變是監. 從事於斯, 是曰持敬, 動靜弗違, 表裏交正. 須臾有間, 私慾萬端, 不火而熱, 不冰而寒. 毫釐有差, 天壤易處, 三綱旣淪, 九法亦斁. 於乎小子, 念哉敬哉, 墨卿司戒, 敢告靈臺."

『차기』35-A

- 「절선의봉(折旋蟻封)」: '의봉(蟻封)'은 개미둑이다. 북쪽 지역에서는 '의루(蟻樓)'라고 부르는데, 작은 봉우리 같은 것으로, 개미가 땅에 구멍을 파면 그때 나온 흙이 둑처럼 솟아오르고 중간의 굴곡이 마치 작고 구불구불한 길과 같다. 옛말에 '말을 타고 개미둑 사이를 돌아간다'고 하는데 이는 개미둑 사이의 길은 구불구불하고 좁은데도 말을 타고 그 사이를 돌면서 말 모는 절도를 잃지 않는 것이 어렵다는 말이다. 『어류』(『차기』)
- 「折旋蟻封」: '蟻封', 蟻垤也. 北方謂之蟻樓, 如小山子. 乃蟻穴地, 其泥墳起如丘垤, 中間屈曲, 如小巷道. 古語云'乘馬折旋於蟻封之間', 言蟻封之間

620) 구법(九法): 『서경(書經)』 홍범(洪範)에서 천하를 다스리는 아홉 가지 큰 법칙으로 제시된 구주(九疇)를 가리키는 것으로, 오행(五行)·오사(五事)·팔정(八政)·오기(五紀)·황극(皇極)·삼덕(三德)·계의(稽疑)·서징(庶徵)·오복(五福)을 말한다.

621) 『晦庵集』 권85, 「敬齋箴」.

巷路，屈曲狹小，而能乘馬折旋於其間，不失其馳驟之節，所以爲難也.-『語類』-(『箚記』)

『강록』35-B

○ '잠(潛)'은 물건이 물에 잠긴 것처럼 담연하여 텅 비고 고요한 것이다. '존(尊)'은 공경하고 받들어 모신다는 뜻이다. 「절선의봉(折旋蟻封)」 : 「성학십도」622)에 "주자가 말하였다. '둥글게 도는 동작이 걸음쇠에 맞는다'는 것은 회전할 때 둥근 모양이 걸음쇠에 맞는 것처럼 되길 바란다는 것이고, '꺾어 도는 동작이 곱자에 맞는다'는 것은 꺾어 돌 때 그 각진 모양이 곱자에 맞는 것처럼 되길 바란다는 것이다. '의봉(蟻封)'이란 개미둑이다. 옛말에 '말을 타고 개미둑 사이에서 법도에 맞게 달린다'고 하였는데, 이는 개미둑 사이의 길이 구불구불하고 협소하여 말을 타고 그 사이를 꼬불꼬불 달려가면서도 말 모는 절도를 잃지 않는다는 것이 어려운 일임을 말한 것이다.623) '입 다물기를 병마개 막듯이 한다'는 것은 말을 망령되게 함부로 하지 않는 것이고, '잡념 막기를 성을 지키듯 한다'는 것은 사악한 생각이 일어남을 막는다는 것이다.624)" 또 말하였다. "경은 하나를 주로 해야 한다. 본래 하나의 일이 있던 데에 또 하나를 더하면 두 개가 되고, 원래 하나가 있던 데에 두 개를 더하면 곧 셋이 된다."625) ○ 잠의 제목 밑에 주자(朱子) 자신이 진술하였다. "장경부(張敬夫)의 주일잠을 읽고 그 남은 뜻을 모아 「경재잠」을 지어 자신을 경계한다."626) 또 말하였다. "… 신은 '처한 상황[地頭]'이란 말이 실제 공부를 하는데 좋은 의거가 된다고 생각합니다. 금화 사람 노재(魯齋) 왕백(王柏)627)이 처한 상

622) 『聖學十圖』 제9 「敬齋箴圖」이다.

623) 『朱子語類』 권106, 「朱子」.

624) 『朱子語類』 권105, 「朱子」.

625) 『朱子語類』 권105, 「朱子」.

626) 『朱子全書』 권66, 「箴」.

627) 왕백(王柏, 1197~1274) : 자는 회지(會之) 또는 백회(伯會), 호는 노재(魯齋), 시호는 문헌(文憲)이며, 금화(金華) 사람이다. 조부 왕사유(王師愈)는 양시(楊時)의 제자이고, 부친

황을 배열하여 이 그림을 그리고 명백하고 짜임새가 있게 하여 다 귀착되는 바가 있도록 하였으니, 일상생활을 하면서 마음의 눈으로 체험 음미하고, 깨닫고 살펴서 얻음이 있어야 할 것입니다. 그렇게 되면 경(敬)이 성학(聖學)의 처음과 끝이 된다는 말을 어찌 믿지 않겠습니까?" 「'출문여(出門如)'에서 '여제(如祭)'까지」 : 주자가 지은 글이 아니고 말을 기록한 것인데도 이와 같이 의미가 있다. '전전(戰戰)'은 두려워함이고, '긍긍(兢兢)'은 경계하고 삼간다는 뜻이다. '통통(洞洞)'은 공경함이 안과 밖으로 차이가 없음을 말한다. '속속(屬屬)'은 성실해서 거짓이 없다는 뜻이다. '삼강(三綱)'은 군위신강(君爲臣綱), 부위자강(父爲子綱), 부위부강(夫爲妻綱)이다. '륜(淪)'은 없어지다는 말이다. '구법(九法)'은 『상서』「홍범」에 보인다. '영대(靈臺)'를 이덕홍은 "마음은 신명이 머무는 곳이므로 영대라 한다"고 기록하였다.(『강록』)

○ '潛', 如物沈於水, 湛然虛靜. '尊', 恭敬奉持之意. 「折旋蟻封」 : 『聖學十圖』曰, "朱子曰, '周旋中規', 其回轉處, 欲其圓如中規也. '折旋中矩', 其橫轉處, 欲其方如中矩也. '蟻封', 蟻垤也. 古語云'乘馬折旋於蟻封之間', 言蟻封之間, 巷路屈曲狹小, 而能乘馬折旋於其間, 不失其馳驟之節, 所以爲難也. '守口如甁', 不妄出也. '防意如城', 閑邪之入也." 又云, "敬須主一, 初來有一介事, 又添一介, 便是來貳他成兩个, 元有一介, 又添兩个, 便是參他成三个." ○ 右箴題下, 朱子自序曰, "讀張敬夫主一箴, 掇其遺意, 作敬齋箴, 以自警." 又曰, "云云. 臣竊謂地頭之說於做工, 好有據依, 而金華王魯齋栢, 排列地頭, 作此圖, 明白整齊, 皆有下落. 又如此常宜體玩, 警省於日用之際, 心目之間, 而有得焉, 則敬爲聖學之始終, 豈不信哉?" 「出門如 止如祭」 : 非朱子自撰之辭, 乃記語, 其有味如此. '戰戰', 恐懼. '兢兢', 戒愼. '洞洞', 敬之表裏無間也. '屬屬', 誠實無僞也. '三綱', 君爲臣綱, 父爲子綱, 夫爲妻綱. '淪', 沒也. '九法', 見「洪範」. '靈臺', 李錄云, "心, 神

왕한(王瀚)은 여조겸(呂祖謙)에게 수학하였으며, 자신은 하기의 문하에서 공부하였다. 벗 왕개지(汪開之)와 함께 주자가 주해한 사서에 대해 정밀히 연구하였으며, 저서에 『독역기(讀易記)』, 『독서기(讀書記)』 등이 있다.

明之舍, 故曰靈臺."(『講錄』)

『발휘』35-C

○ '주일(主一)'에 대해 물었다. 대답하였다. "마음은 하나에 집중해야 지 두 가지 일을 받아들여서는 안 된다. 한 건의 일을 마치고 다시 한 건을 더하면 곧 두 건이다. 한 건의 일을 마치고 다시 두 건을 더하면 곧 세 건이다. '두 가지 일이라고 둘로 나누지 말고, 세 가지 일이라고 세 갈래로 나누지 말라'는 것은 가 있다고 해서 두 가지를 하지 않고 세 가지가 있다 해서 세 가지를 하지 않는 다'는 것은 두 가지 세 가지 일을 해서는 안 된다는 것이다. '서쪽 일을 동쪽에서 처리하지 말고 북쪽 일을 남쪽에서 처리하지 말라' 것은 여기저기로 달려 나가서는 안 된다는 것이다."628)(『발휘』)

○ 問, "主一." 曰, "心只要主一, 不可容兩事. 一件事了, 更加一件, 便是二. 一件事了, 更加兩件, 便是三. '勿貳以二, 勿參以三', 是不要二三. '不東以西, 不南以北', 是不要走作."(『發揮』)

『심법』35-D

○ 조익(趙翼)의 생각: 이 편은 네 구씩 한 장이 된다. 편 머리부터 '만변시감(萬變是監)'까지가 여섯 장이다. 힘을 쓰는 방법을 언급한 것은 오로지 이 여섯 장에 있고, 각 장은 하나의 일인데, 경을 유지하는 세목은 이 여섯 가지로 다하게 된다. '정기의관(正其衣冠)' 이하의 네 구절은 거처할 때의 공부를 말한 것인데 고요히 하면서 공경하는 것이다. '족용필중(足容必重)' 이하의 네 구절은 걸음을 걸을 때의 공부를 말한 것인데 움직이면서 공경하는 것이다. 사람의 몸은 거처할 때는 고요하게 되고 다닐 때는 움직이게 된다. 거처할 때는 의관과 몸가짐을 가지런히 정돈하고 장엄하게 하여 그 마음이 꿋꿋하게 신명을 대하듯 한다. 걸음을 걸을 때는 공수(拱手)를 하고 천천히 걷기를 조용하고 단정하게 하여 발걸음을 잘 살피고 둥글게 도는 것이 본받을 만하게 된다. 거처함이 이미 저

---

628) 『朱子語類』 권105, 「朱子」.

와 같고, 행보함이 또 이와 같아서 움직이거나 고요할 때 빠뜨리는 바가 없다. '출문여빈(出門如賓)' 이하 네 구는 밖에서 응접할 때 힘을 쓰는 것으로 행동으로 드러났을 때의 경이다. '수구여병(守口如甁)' 이하 네 구는 마음속 의념에서 힘을 쓰는 것으로 마음속의 경이다. 외물과 응접하는 것은 밖의 일이고 밝게 드러나니 여기서 과실이 드러날까 두려워하여 항상 경계하고 두려워하면서 감히 태만하지 않도록 한다. 의념은 마음속에서 일어나 숨어있고 은미하니 여기서 사악하고 편벽함이 싹틀까 두려워하여 항상 엄숙하고 두려워하면서 감히 경솔함이 없도록 한다. 밝게 드러나는 곳에서 이미 경계하고 두려워하며 또 은밀한 가운데 엄숙하고 두려워하니 드러난 것과 은미한 것 어느 하나도 빠뜨림이 없다. '부동이서(不東而西)' 이하 네 구절은 일에서의 주일(主一)을 말한다. '불이이이(弗貳以二)' 이하 네 구절은 마음의 주일을 말한 것이다. 일이 있으면 마음이 일에 가 있고 일이 없으면 마음은 속에 들어있다. 마음이 일에 있으면 이 일에만 두고 동쪽이나 서쪽으로 가지 않는 것이 일을 할 때의 주일이다. 마음이 속에 있으면 담담하게 속에 있도록 하고 두 가지 세 가지로 뒤섞지 않는 것이 마음의 주일이다. 일 있음은 동(動)이고, 일 없음은 정(靜)이니 이 또한 동정이다. 다만 위 문단의 동정은 몸의 동정이고, 여기에서는 마음의 동정을 가리킨다. 그 일이 정밀해질수록 그 뜻은 더욱 은밀해진다. 이미 몸에서 힘을 쓰고 다시 마음에서 힘을 쓰니, 이는 정밀하고 거친 것 가운데 어느 하나도 빠뜨리지 않는 것이다. 동정(動靜)과 표리(表裏)와 정조(精粗)에 모두 공부를 극진히 하여 빠뜨리지도 않고 끊어짐이 없으니 경을 지키는 공부가 완벽하게 갖추어지고 정밀하게 된다. '종사어사(從事於斯)' 이하 네 구절은 이 여섯 가지 공부의 효과를 총괄하여 말한 것이다. '수유유간(須臾有間)' 이하 네 구절과 '호리유차(毫釐有差)' 이하 네 구절은 모두 공경하지 못하여 생긴 병폐를 지적한 것인데, '수유유간'은 마음을 말하고 '호리유차'는 일을 말한다. 끝의 네 구절은 다시 총괄하여 맺은 것이다. 경(敬)이란 성학 심법의 가장 중요한 의리(義理)이다. 수많은 성인들이 논한 심법의 요체는 이 한 글자에서 벗어나지 않는다. 경을 지키는 방법을 언급한 것은 이 편에 가장 완비되어 있다. 배우는 사람이 정말로 이를 통해 힘쓰면 마음이 보존되고 덕이 쌓여 날마다 성현의 경지로 나아갈 것이니 누가 그것을 막겠는가?(『심법』)

○ 愚按: 此篇每四句爲一章. 自篇首至萬變是監爲六章, 其言用力之方, 專在此六章, 而每章各是一事, 持敬之目, 此六者盡矣. 正其衣冠四句, 言居處時工夫, 靜而敬也. 足容必重四句, 言行步時工夫, 動而敬也. 人之身居則爲靜, 行則爲動, 居處則衣冠容貌, 整齊莊嚴. 其心凜然, 如對神明. 行步則張拱徐步, 從容端重, 蹈履詳審, 周旋可則, 其居旣如彼, 其行又如是, 動靜無所遺也. 出門如賓四句, 就在外應接處用力, 表之敬也. 守口如甁四句, 就裏面意念上用力, 裏之敬也. 應接, 外而顯見, 於此患乎過失之形焉, 故常戒懼焉, 無敢或易. 意念, 內而隱微, 於此患乎邪僻之萌焉, 故常嚴畏焉, 無敢或輕. 旣戒懼於顯見之地, 又嚴畏於隱微之中, 顯微無所遺也. 不東而西四句, 言事之主一, 弗貳以二四句言心之主一. 有事則心在事上, 無事則心在裡面, 心在事上, 則只在此事, 不適於東西, 事之主一也. 心在裡面, 則湛然在中. 不雜以二三, 心之主一也. 有事動也, 無事靜也. 此亦動靜也. 但上文動靜, 身之動靜也. 此則心之動靜也. 其事愈精而其意愈密矣. 旣於身上用力, 又就心上用力, 又是精粗無所遺也. 於動靜表裡精粗, 皆致其功, 無所遺漏, 無所間斷, 持敬之功, 極備極密矣. 從事於斯四句, 摠言此六者之功, 須臾有間四句及毫釐有差四句, 皆言不敬之病, 而須臾有間言心, 毫釐有差言事. 末四句, 又摠結之. 敬者, 聖學心法第一義. 千聖所論心法之要, 不出於此一字, 而言敬之方, 至此篇爲最備. 學者苟由是而勉焉, 則其心存德聚日進於聖賢之域, 孰禦之哉!(『心法』)

『석의』35-E

○「존(尊)」: 공경스럽게 받들고 지킨다는 뜻이다. 「첨시(瞻視)」: 자기가 바라보는 것이다. 남헌은 "몸가짐을 엄하게 유지하는 것"이

라고 하였다. 「잠심(潛心)」 : 물건이 물에 잠긴 것처럼 담연하여 텅 비고 고요한 것이다. 「절선(折旋)」 : 주자는 "곧게 가다가 다시 옆으로 가는 것이다"라고 하였다. 「의봉(蟻封)」 : 『시경』의 주에 "질은 의총이다"[629]라고 하였다. 개미가 흙을 쌓아 봉우리를 만드는 것은 음습하기 때문인데 이것이 바로 '개미둑'이다. 비록 굽고 협소한 곳이라도 오히려 발걸음을 엄숙하고 단정하게 한다는 말이다. '전전(戰戰)'은 두려워한다는 뜻이고, '긍긍(兢兢)'은 경계하고 삼가한다는 말이다. 「수구여병방의여성(守口如甁防意如城)」 : 부필(富弼)[630]의 말이다. 나이 80에 앉은 자리의 병풍에 이 내용을 썼다. 위 구절은 말을 망령되게 하지 않는다는 것이고, 아래 구절은 마음을 망령되이 움직이지 않는다는 뜻이다. 「통통(洞洞)」 : 경이 안과 밖으로 사이가 없다는 뜻이다. 「속속(屬屬)」 : 공경하고 삼가는 뜻이 끊어짐이 없다는 말이다. 「'부동(不東)'에서 '이삼(以三)'까지」 : 주자가 말한다. "처음에 하나의 일이 있었고 다시 하나를 더하면 두 개가 되고, 원래 하나가 있었는데 두 개를 더하면 곧 셋이 된다. '동쪽으로 가서는 서쪽으로 가려 않고 남쪽으로 가서는 북쪽으로 가려하지 않는다'는 것은 다만 한 마음으로 동쪽으로 가다가 서쪽으로 가기를 요구하고, 남쪽으로 가다가 다시 북쪽으로 가기를 요구한다면 이는 주일(主一)이 아니다." '삼강(三綱)'은 군위신강(君爲臣綱), 부위자강(父爲子綱), 부위부강(夫爲妻綱)이다. '륜(淪)'은 없어지다는 말이다. '구법(九法)'은 홍범구주이다. '두(斁)'는 어그러진다는 뜻이다. '영대(靈臺)'는 마음이다.(『석의』)

○ 「尊」 : 恭敬奉持之意. 「瞻視」 : 己之瞻視也. 南軒曰, "持身嚴也." 「潛心」 : 如物沈於水, 湛然虛靜. 「折旋」 : 朱子曰, "直去了復横去." 「蟻封」 : 『詩』註: "垤, 蟻塚." 蟻輩土爲塚, 以陰濕也, 卽所謂蟻封也. 言雖屈曲狹小處, 而

629) 『詩經集傳』 권3, 「鴟梟」.

630) 부필(富弼, 1004~1083) : 송나라 하남(河南) 낙양(洛陽) 사람으로 자는 언국(彦國)이고, 시호는 문충(文忠)이다. 범중엄과 함께 경력(慶曆)의 신정(新政)을 추진하였다. 신종(神宗) 때 왕안석의 신법에 극력 반대하였다. 저술로는 『부정공집(富鄭公集)』이 있다.

猶且嚴整其步履也. '戰戰', 恐懼. '兢兢', 戒愼. 「守口如甁防意如城」 : 此富弼語, 年八十書于坐屛. 上句言不妄出也, 下句心不妄動也. 「洞洞」 : 敬之表裏無間也. 「屬屬」 : 敬謹之意無間斷也. 「不東 止 以三」 : 朱子曰, "初來有一箇事. 又添一箇, 便是來貳他成兩箇. 元有一箇. 又添兩箇, 便是來參, 他成三箇也. '不東以西, 不南以北', 只一心做東去, 又要做西去, 做南去, 又要做北去, 皆是不主一." 「三綱」 : 君爲臣綱, 父爲子綱, 夫爲妻綱. '淪', 沒也. 「九法」 : 「洪範」九疇也. '斁', 敗也. 「靈臺」 : 心也.(『釋疑』)

『표제』35-F

○ 주자의 자서에 말하였다. "장경부의 주일잠을 읽고 빠뜨린 뜻을 모아 경재잠을 지어 재실 벽에 써놓고 스스로 경계하였다."(『대전(大全)』)(『표제』) ○ 「전전긍긍(戰戰兢兢)」 : 『시경』 「소아·소민(小旻)」편의 글이다. '전전(戰戰)'은 두려워한다는 뜻이다. '긍긍(兢兢)'은 경계한다는 뜻이다.

○ 朱子自序曰, "讀張敬夫「主一箴」, 掇其遺意, 作「敬齋箴」, 書齋壁以自警." 『大全.』 ○ 「戰戰兢兢」 : 「小雅·小旻」篇文. '戰戰', 恐也. '兢兢', 戒也. (『標題』)

『문답』35-G

○ 「경재잠」의 '유정유일(惟精惟一)'의 정(精)자가 『심경』에는 '심(心)'자로 되어 있다. 『주자대전』과 『성리대전』에서는 모두 정(精)자로 썼다. 어떤 것이 옳은지 모르겠다. 우암 선생이 손수 쓴 이 잠이 마침 우리 집에 있는데 또한 '정(精)'자로 되어 있다.-현자경- '유심유일'의 '심'자는 『심경』에만 그렇게 되어 있는 것이 아니라, 퇴계의 「성학십도」에도 그렇게 되어 있다. 그러나 『주자대전』에 이미 정(精)자로 되어 있고, 우옹(尤翁)도 『대전』에 의거해 썼다면 진실로 '정'자를 '심'자로 바꿀 수는 없다. 다만 이 잠에서 이 구절은 주일(主一)의 의미를 밝히는 것이므로 마음의 전일함을 위주로 말한 것이 매우 좋은 듯하다. 퇴계의 의도도 여기에서 나온 것이 아니겠는가? 『대전』에 따라 '정'자로 보더라도 『서경』의 본문과 달

라지는 듯하다. 『서경』의 말은 격물치지에 소속시켜야 한다.-우암이 『어류』을 인용하여 이처럼 깨우쳐 주었다.- 이것에 특별히 착안하지 않고 다만 정밀하고 순수하여 뒤섞이지 않는다는 의미로 풀이를 한다면 괜찮겠는가?(『문답』)

○ 「敬齋箴」'惟精惟一'之精, 『心經』作'心'字. 『朱子大全』及「性理大全」, 皆作'精'字, 未知何者爲是耶? 尤庵先生手寫此箴, 方在鄙家, 而亦作'精'字矣.-玄子敬-. '惟心惟一'之'心'字, 不獨『心經』爲然, 退溪「聖學十圖」亦然. 然『朱子大全』旣作'精'字, 尤翁又依此書之, 則誠不敢以彼易此. 但此箴此句發明主一之義, 故主於心之一者而爲言, 似甚好. 退溪之意其亦出於此耶? 雖依『大全』作'精'字說, 恐須與「書」之本文不同. 盖「書」之言當屬之格致.-尤翁引『語類』, 以諭之如此.- 於此殊不着, 只以精純不雜之意爲解, 則爲可否?(『問答』)

『강록간보』35-H

○ 「경재잠」: 이는 주자 자신이 쓴 글이 아니고 옛말을 수습하여 모은 것인데 이처럼 의미가 있다. ○ 「'부동(不東)'에서 '기적(其適)'까지」: 주자가 말한다. "가지 않는 것을 일(一)이라 한다. 무적(無適)은 달려 나가지 않는다는 뜻이다. 예를 들어 여기에 앉아 있으면 생각이 문밖으로 나가지 않도록 하고, 문 앞에 서있으면 생각이 다른 곳으로 가도록 하지 않는 것이다." ○ "'동쪽으로 가서는 서쪽으로 가려 않고 남쪽으로 가서는 북쪽으로 가려하지 않는다'는 것에 대해 묻는다." 대답하여 말한다. "이 마음을 하나에 집중시켜야 한다. 예컨대 동쪽으로 가다가 다시 서쪽으로 가려하고, 남쪽으로 가다가 다시 북쪽으로 가려한다면 이는 주일(主一)이 아니다."(『강록간보』)

○ 「敬齋箴」: 此非朱子自撰之辭, 乃掇取古語, 其有味如此. ○ 「不東 止 其適」: 朱子曰, "無適之謂一. 無適是箇不走作. 且如在這裏坐, 莫思量出門去, 在門前立, 莫思量別處去." ○ 問, "不東以西, 不南以北." 曰, "此心要主一, 如做東去, 又要做西去. 做南去, 又要做北去, 便是不主一."(『講錄刊補』)

『문답심경의의』35-I

○ 「방의여성(防意如城)」: '잡생각을 막는다[防意]'에서 '의(意)'를 사특한 생각으로 본다면 이 생각은 안에서 나온 것인데 어떻게 '사특함이 들어오는 것을 막는다'고 할 수 있는가? 생각은 안에 있고 사특함은 밖에 있지만, 사특함이 들어오는 것은 매양 생각을 계기로 해서이다. 이는 바로 안에 있는 도둑이 밖의 도둑을 끌어들이는 것과 같다. 그 때문에 "'잡생각 막기를 성문 지키듯 한다'는 것은 안을 편안하게 하고 밖을 제어하는 것이다."라고 하였다.(『문답심경의의』)

○ 「防意如城」: '防意'之'意', 若作邪意看, 則意是內出, 又何曰'閑邪之入'也? 意在內, 邪在外, 而邪之入, 每緣於意, 正如內寇引外寇, 故曰, "防意如城, 所以安內而制外也."(『問答心經疑義』)

『강의』35-J

○ "하나에 집중하여 오고감이 없는 것을 경이라 하는데, 「경재잠」을 살펴보면 '다른 데로 가지 말라[靡他其適]'가 '마음을 전일하게 한다[惟心惟一]'는 말 위에 있다. '오고감이 없음'을 앞에 하고 '하나에 전일함'을 뒤에 한 것은 왜인가?"-이희상(李晞祥)- 주자가 말하였다. "'둘로 나누지 말고 셋으로 나누지 말라'는 것은 둘로 하거나 셋으로 해서는 안 된다는 것이다. '서쪽 일을 동쪽으로 처리하지 말라[不東不西]'는 것은 달려 나가서는 안 된다는 말이다. 마음이 달려 나가지 않은 뒤에 둘로 셋으로 나누지 않을 수 있다. 공부를 하는 차례와 말을 하는 순서가 본디 이와 같아야 한다. 그러나 통틀어 말하면 하나에 전일함이 바로 오고감이 없음이고 오고감 없음이 바로 하나에 전일함이어서 선후를 나눌 필요가 없다."(『강의』)

○ "主一無適之謂敬, 而按「敬齋箴」中'靡他其適', 在'惟心惟一'之上. 其先無適而後主一者, 何也?"-李晞祥- 朱子曰, "'勿二勿三', 是不要二三, '不東不西', 是不要走作. 盖心不走作然後, 不二不三者乃可得以言. 其用工之次, 立言之序, 自當如此. 然若通言之, 則主一便是無適, 無適卽是主一, 而不必分先後."(『講義』)

『관계』35-K

○ 「방의여성(防意如城)」 : '의(意)'는 사특함은 아니지만 사특함은 의(意)를 통해 들어온다. '성(城)'이 도적은 아니지만 도적은 성을 통해 들어온다. 그 뜻을 막고 점검하는 것은 바로 그 성을 방어하는 것과 같다. ○ 「수구여병(守口如甁)」 : '입'이 망령됨은 아니지만 망령되게 말을 하면 욕을 보게 된다. '병'이 망령된 것은 아니지만 망령되게 나가면 넘치거나 위태롭게 된다. 그 때문에 이것은 사특한 것이 들어오는 것을 막는 것과 상대가 된다.(『관계』)

○ 「防意如城」 : '意'非邪也, 而邪自意入. '城'非盜也, 而盜由城入. 防檢其意, 正似防限其城. ○ 「守口如甁」 : 口非妄也, 妄出則取辱. 甁非妄也, 妄出則溢危, 不妄出, 故此閑邪入相對.(『窾啓』)

『부주』35-1

○ 「경재잠」에 대해 물었다. 주자가 말하였다. "이것은 경의 조목인데, 말이 여러 가지 방향으로 튀어 버렸다."631) 또 말하였다. "'잠시 사이'란 시간으로 말하는 것이고 '조그마한 차이'는 일로 말하는 것이다."632)

○ 問「敬齋箴」. 朱子曰, "此是敬之目, 說有許多地頭去處." 又曰, "'須臾之間', 以時言, '毫釐之差', 以事言."

『강록』35-1-a

○ 「설유허다지두거처(說有許多地頭去處)'」 : 이 절에 대해 논하기를 마치고 선생께서 말씀하셨다. "「경재잠」의 훈고(訓詁)는 전기의 여러 책에서 뒤섞여 나왔다. 내가 수습하고 편을 완성하여 전일에 올린

---

631) 『朱子語類』 권12, 「學六·持守」.

632) 『晦庵集』 권55, 「答李守約」.

「성학십도」 밑에 붙였다. 이제 간행할 때가 되었으니 그대가 서울로 돌아가면 볼 수 있을 것이고, 보면 이 잠의 의미를 분명하게 알게 될 것이다." 또 말하였다. "지난 가을 천자의 사신인 성헌(成憲)과 왕새(王璽)가 근정전(勤政殿)에서 예를 행할 때 꺾어 돌아야 하는 곳에서 그들 모두가 꺾어 돌지 못하였다. 전하께서 꺾어 돌아오니 성헌과 왕새가 주상의 행동거지를 살펴보고서야 예에 맞게 돌았다. 자리에 있던 신하들이 모두 '천자의 사신들이 전하에게서 예를 배웠다'고 하였다. 모든 동작은 살피지 않을 수 없다." (『강록』)

○ 「說有許多地頭去處」 : 論此節畢, 先生曰, "「敬齋箴」訓詁, 雜出於傳記諸書. 某收拾成編於前日上「聖學十圖」之下. 今當開刊, 公其還京, 可得見也. 見則曉然此箴之義." 又謂之曰, "往秋來天使成憲·王璽, 於勤政殿行禮時, 有當折旋處, 成·王皆不成折旋而返. 殿下折旋而返, 成·王察見主上動止後, 如禮而返. 在位之臣以爲'天使學禮於殿下.' 凡有動作, 不可不審."(『講錄』)

『석의』35-1-b

○ 「'설유허다(說有許多)'에서 '거처(去處)'까지」 : '말이 여러 방향으로 간 것이 있으니'의 뜻이다. ○ '거처(去處)'는 동정과 표리 등을 가리킨다. 아래 임천(臨川)[633]의 설에 상세하게 보인다. 「지두거처(地頭去處)」 : 송시열(宋時烈)의 생각: 노재(魯齋)가 도(圖)를 만들어 '정기의관(正其衣冠)'으로부터 '절선의봉(折旋蟻封)'까지를 '움직일 때나 고요히 있을 때나 어기지 말고[動靜不違]'에 소속시키고, '출문여빈(出門如賓)'으로부터 '망감혹경(罔敢或輕)'까지를 '밖이나 안이나 번갈아 바르게 하라[表裡交正]'에 소속시켰다. '부동이서(不東以西)' 네 구절은 '무적(無適)'에 소속시켰다. '불이이이(弗貳以二)' 네 구절은 '주일(主一)'에 소속시켰다. '수유유간(須臾有間)' 네 구절은 '틈이 나면[有間]'에 소속시켰다. '호발유차毫髮有差)' 네 구절은 '착오가

633) 임천(臨川) : 임천오씨(臨川吳氏)로 불려지는 오일(吳鎰)을 가리킨다. 오일은 송(宋)나라 사람으로, 자가 중권(仲權)이고, 호가 운암(雲巖)이다. 저술로 『운암집(雲巖集)』이 있다.

있으면[有差]'에 소속시켰다. 아래 임천오씨의 설과 비교하면 상세하고 소략한 차이가 있으니 참고해 보아야 한다.(『석의』)

○ 「說有許多 止 去處」: 말이 여러 地頭로 去흔 곧이 인누니. ◯ '去處'指動靜表裏等也. 詳見下臨川說. 「地頭去處」: 按: 魯齋作圖, 自'正其衣冠'至'折旋蟻封', 屬'動靜不違'. 自'出門如賓'至'罔敢或輕', 屬'表裡交正'. '不東以西'四句, 屬'無適'. '弗貳以二'四句, 屬'主一'. '須臾有間'四句, 屬'有間'. '毫髮有差'四句, 屬'有差'. 與下交臨川吳氏說, 互有詳略, 當參看.(『釋疑』)

『집해』35-1-c

○ (『한강집』) 동정(動靜)과 표리(表裏), 수유(須臾)와 호리(毫釐)가 모두 여러 가지 경우이다. ◯ (『퇴계집』) 지두(地頭)에 관한 설은 공부를 하는 데 의거가 되어 좋다고 나는 생각한다. 금화(金華)의 노재(魯齋) 왕백(王柏)이 경우를 배열하여 도를 만들었는데 명백하고 가지런하니 체득하고 완미하며 경계하고 성찰해야 한다.(『집해』)

○ (『寒岡集』) 動靜·表裏·須臾·毫釐, 皆是許多地頭. ◯ (『退溪集』) 竊謂地頭之說於做工好有依據, 而金華王魯齋柏排列地頭作圖, 明白整齊, 常宜體玩警省焉.(『集解』)

『부주』35-1-1

◯ "터럭만한 착오가 있으면 하늘과 땅이 바뀌게 된다."는 것에 대해 물었다. 북계진씨(北溪陳氏)가 말하였다. "이는 작은 일에 불경하면 곧 큰 병폐가 생길 수 있음을 말하는 것이 아니라, 큰 병통은 아주 미세한 곳에서의 실수로부터 시작됨을 말한 것이다. 그 때문에 천리의 큰 차이도 터럭만한 차이에서 비롯된다고 한다. 그러나 미세한 곳에서의 실수를 극히 사소한 것으로 생각해도 좋은데, 어떻게 천지의 변란이나 삼강이 무너지고 구법(九法)이 통하지 않는 데 까지 이르는가? 공허한 말로 해석하기는 어렵고 인정(人情)과 사변(事變)을 겪어 익숙하게 되어야 불경의 해로움이 단적으로 드러나는 곳이 참으로 두렵다는 것을 알 수 있다. 이치에 밝고 의리

가 정밀하지 않으면 역시 이러한 것까지 말할 수 없을 것이다. 진실로 자기에게 절실하게 경계해서 다른 사람을 오랑캐와 금수로 귀착되는 곳으로 빠지는 상태에서 구해낸 것이라고 할 만하다."634)

○ 問, "毫釐有差, 天壤易處." 北溪陳氏曰, "此非謂些小事不敬, 便能做大病, 是言大病痛, 只在微細處失起, 故千里之繆差之毫釐. 然亦當思微細處差失似甚小可, 何故便到天地變亂·三綱淪·九法斁? 殆難以空言解釋, 須多歷人情事變之熟, 乃知此不敬之爲害端的處, 凜乎甚可畏, 而非理明義精, 亦不能發到此. 眞可爲切己箴之, 救人免陷於夷狄禽獸之歸也."

『석의』35-1-1-a

○ 「단적(端的)」 : 일정하게 그런 곳이다.(『석의』)

○ 「端的」 : 일뎡 그런 곧이라.(『釋疑』)

『강록간보』35-1-1-b

○ 「진씨왈조(陳氏曰條)」 : 김종덕(金宗德)의 생각: 이 마음은 모든 이치의 근원이고 모든 일의 줄가리이므로 천지가 재성보상(裁成輔相: 지나친 것은 억제하고 부족한 것은 보태줌)하는 것과 윤리법도가 유지되는 것이 모두 이 마음의 주재 운용이다. 정말로 은미한 사려와 세밀한 일과 행동에서 하나라도 불경함이 있으면 이 짧은 순간에 이른바 유지하고 재성 보상하는 줄가리가 깨닫지 못하는 사이에 차질을 빚게 된다. 차질이 있자마자 곧 이치에 어긋나고 도에 해가 된다. 이것이 바로 (하늘과 땅이) 바뀌게 되는 곳이다. 무너지고 꺾이는 것은 드러남을 기다리지 않으니 잘못과 악으로 드러난 뒤에야 큰 병폐가 된다. 진씨의 설은 정말 절실하게 경계하는 곳이 많지만, 주자의 본지와는 약간 차이가 있는 듯하다.(『강록간보』)

○ 「陳氏曰條」 : 按: 此心爲萬理之原, 萬事之綱, 故凡天地之所以裁輔, 倫法之所以維持, 皆此心之所主宰運用. 苟於念慮之微, 事爲之細, 一有不敬, 則卽此毫釐之際, 所謂維持裁輔之綱, 不覺其差失了. 纔有差失, 便是悖理害道,

634) 『北溪大全集』 권41, 「答陳伯澡問敬箴」.

卽此便是易處. 淪斁不待形, 見過惡然後, 方成大病也. 陳氏說固多警切處, 然恐與朱子本旨小異.(『講錄刊補』)

『관계』35-1-1-c

ㅇ 「진씨설(陳氏說)」: 작은 일에 불경하면 곧 큰 병폐를 초래할 수 있다. 삼강이 무너지는 것도 이것에 기반하고, 구법이 꺾이는 것도 여기에서 시작된다. 이제 저 들판의 불도 아주 미세한 불꽃에서 시작되고, 큰 강물도 졸졸 흐르는 시냇물에 연원한다. 옥석을 불태우는 것은 들불이 아니라 미세한 불길이고, 바가지의 입구를 쪼개는 것은 강물이 되었을 때가 아니라 졸졸 흐를 때인 것만을 아니, 진씨의 설은 오히려 느슨하다.(『관계』)

ㅇ 「陳氏說」: 些小事不敬, 便能馴致大病. 三綱之淪, 基於此. 九法之斁, 昉於是. 今夫燎原之火, 始於焚焚之微, 洪河之水, 源於涓涓之流. 徒知玉石之焚, 不在於燎原, 而在於焚焚之時, 匏口之決, 不在於成河, 而在於涓涓之際, 陳氏說却緩.(『窾啓』)

『부주』35-2

○ 물었다. "「경재잠」 뒷부분은 조용하면서 절박하지 않게 한다는 뜻이 부족합니다. 선생께서 몇 마디 첨가해주시기를 바랍니다." 대답하였다. "어찌 절박하다고 생각하는가? 이제 아직 착수하지도 않았는데 조용하면서 절박하지 않으려 하니 결코 이런 이치는 없다. 다만 저 사람이 대단히 절박하게 공부를 한 뒤에야 그에게 절박하게 하지 말도록 권하는 것이다. 이는 마치 사람들이 서로 싸우면서 창을 부딪치지도 않았는데 물러나려고 하는 것과 같고, 이제 공부는 해보지도 않고 뒷문을 열고 나가려고만 하는 것과 같으니 또한 절박하다고 생각지 않는다. 다만 공부하지 않았을 뿐 공부를 할 때는 절박한 것을 근심하지 않는다. 나는 오히려 느긋하고 완만한 뜻이 많다고 항상 느끼고

있다."635)

○ 問, "「敬齋箴」後面, 少些從容不迫之意, 欲先生添數語." 曰, "如何解迫切? 今未曾下手, 便要從容不迫, 却無此理. 除非那人做工夫, 大段迫切然後, 勸他勿迫. 如人相戰, 未曾交鋒, 便要引退, 今未曾做工夫, 便要開後門然, 亦不解迫切. 只是不曾做, 做著時, 不患其迫切. 某但常覺得寬緩底意思多耳."

『강록』35-2-a

- 「'제비나(除非那)'에서 '타물박(他勿迫)'까지」 : 공부를 너무 절박하게 하면 반드시 해가 될 것이므로 그에게 절박하게 하지 말고 조용히 하도록 권면하는 것이다. 그렇지 않으면 절박하게 하지 말라고 권할 필요가 없다. 「개후문(開後門)」 : 공부를 매우 절박하게 하지도 않는데 먼저 조용하고 절박하게 하지 말도록 요구하는 것은 도적이 그의 방에 들어오는 것을 경계하면서 도적과 대적해 보지도 않고 뒷문을 열고 도망하는 것이다. 「연역불해(然亦不解)」 : 이덕홍은 "'연(然)'자의 뜻은 상세하지 않다"고 기록하였다. ○ 비평하여 말한다. "뒷문을 여는 자는 공부를 할 때 너무 절박하게 하는 것이 걱정된다고 스스로 말한다. 그 때문에 위 문장에서 이미 그렇게 하지 않았다고 말했고, 아래 문장에서 다시 절박한 것이 걱정이 아니라 공부하지 않는 것이 걱정이라고 말하고자 하므로 '연(然)'자로 어세를 바꾼 것이다."(『강록』)
- 「除非那 止 他勿迫」 : 做工夫大段迫切, 則必爲害, 故勸他勿迫而勉爲從容也. 不然, 則不須勸他勿迫也. 「開後門」 : 言未做工夫大段迫切, 而先要做從容不迫, 是譬賊入其室, 與彼不敵, 開後門而退走也. 「然亦不解」 : 李錄云, "'然'字義未詳." ○ 批云, "開後門者, 自謂做時患迫切, 故上文旣言其不然, 此下又將言非患迫切, 患在不做之弊, 故以'然'字幹轉語勢耳."(『講錄』)

『석의』35-2-b

635) 『朱子語類』 권105, 「朱子二·論自注書·敬齋箴」.

ㅇ 「여하해박절(如何解迫切)」 : '어찌 박절하다고 이해하는가'의 뜻이다. 「'제비(除非)'에서 '물박(勿迫)'까지」 : '시비를 덜고자 사람이 공부함을 매우 절박하게 한 뒤에야 저에게 너무 절박하게 하지 말라고 권할 것이거늘' 이라는 뜻이다. 「'여인(如人)'에서 '인퇴(引退)'까지」 : '사람이 서로 싸우면서 칼끝을 부딪치지도 않고 끌고 물러남을 요구하는 것'이라는 뜻이다. 「개후문(開後門)」 : '뒷문을 연다'는 뜻이다. ○ 「불해박절(不解迫切)」 : '절박한 줄을 아지 못하니'의 뜻이다.(『석의』)

ㅇ 「如何解迫切」 : 엇디 迫切타 아ᄂᆞ뇨. 「除非 止 勿迫」 : 시비 덜고뎌 사ᄅᆞᆷ이 工夫做홈을 大段히 迫切히ᄒᆞᆫ후에 사뎌를 勸ᄒᆞ야 迫切티 말라 홀거시어ᄂᆞᆯ. 「如人 止 引退」 : 사ᄅᆞᆷ이 서르 戰ᄒᆞ매 일즉 鋒을 交티 아더셔 믄득 引ᄒᆞ야 退홈을 요구홈이로다. 「開後門」 : 뒷門을 여디. ○ 「不解迫切」 : 迫切ᄒᆞᆫ 줄을 아디 못ᄒᆞ니.(『釋疑』)

『표제』35-2-c

ㅇ 「'제비(除非)'에서 '물박(勿迫)'까지」 : '제비(除非)'가 애초에는 '다만 ~이다[只是]'의 뜻이 아니었다. 그 어세가 두 번 뒤집혀 끝내 지시(只是)의 의미로 귀착되었다. 송당(松堂)이 '지시(只是)'의 뜻으로 본 것은 상황에 알맞는 문자의 뜻을 얻었다고 할 만하다. 『퇴계집』(『표제』)

ㅇ 「除非 止 勿迫」 : '除非', 初不是'只是'之意. 惟其語勢再倒, 終歸於'只是'之意. 松堂看作'只是', 可謂得意於文字蹊逕之外矣.(『退溪集』)(『標題』)

『강록간보』35-2-d

ㅇ 「여하해박절(如何解迫切)」 : '무엇 때문에 절박한가'라는 말이다.(『강록간보』)

ㅇ 「如何解迫切」 : 言'何爲而迫切'也.(『講錄刊補』)

『부주』35-3

○ 면재황씨가 말한다. "이 잠(箴)은 거친 곳에서 정밀한 곳으로

들어가고 얕은 곳에서 깊은 곳으로 들어간다." 또 말한다. "움직일 때나 고요할 때 어긋남이 없고, 겉과 속이 서로를 바르게 한다는 것이 한 편의 강령이다." ○ 서산진씨가 말하였다. "경(敬)의 의미가 여기에 이르러 다시 남은 것이 없게 되었다. 성학(聖學)에 뜻을 둔 사람들은 숙달하고 반복하여야 한다."636) ○ 임천오씨가 말한다. "「경재잠」은 모두 10장이고 장(章)마다 네 구절이다. 첫 장은 고요할 때 어김이 없음을 말하고, 둘째 장은 움직일 때 어김이 없음을 말하고, 셋째 장은 겉의 올바름을 말하고, 넷째 장은 속의 올바름을 말하고, 다섯 번째 장은 마음이 바르게 되어 일에 미침을 말하고, 여섯 번째 장은 일처리 할 때 전일함이 마음에 근본을 두어야 함을 말하고, 일곱 번째 장은 앞의 여섯 장을 총괄하고, 여덟 번째 장은 마음이 다른 곳으로 치달리지 않을 수 없는 병폐를 말하고, 아홉 번째 장은 일이 하나에 전일하지 못하는 병폐를 말하고, 열 번째 장은 한 편을 총괄하여 결론지었다. 경을 지키는 공부에 대해 말한 것이 두루 하면서도 빠짐이 없다."637)

○ 勉齋黃氏曰, "此箴是從粗說入精, 從淺入深." 又曰, "動靜不違, 表裏交正, 是一篇綱領." ○ 西山眞氏曰, "敬之爲義, 至是無復餘蘊. 有志於聖學者, 宜熟復之." ○ 臨川吳氏曰, "「敬齋箴」, 凡十章, 章四句. 其一言靜無違, 其二言動無違, 其三言表之正, 其四言裏之正, 其五言心之正而達於事. 其六言事之主一而本於心, 其七總前六章, 其八言心不能無適之病, 其九言事不能主一之病, 其十總結一篇. 其言持敬工夫周且悉矣."

『문답』35-3-a

○ 「'동정(動靜)'에서 '강령(綱領)'까지」 : 이제 오씨가 장을 나눈 것과

636) 『大學衍義』 권28, 「誠意正心之要一崇敬畏·修己之敬」.

637) 『吳文正集』 권59, 「題朱文公敬齋箴後」.

왕씨가 도해한 것에 따라 보면 모두 1장과 2장은 동정(動靜)에 어긋나지 않음으로 보고, 3장과 4장은 안팎이 서로 바로잡음으로, 5장 이하는 동정과 표리로 말하지 않고 있다. 그렇다면 '어긋나지 않음'과 '서로 바로잡음'은 절반의 강령일 뿐 전편에 관통되는 것은 아니다. 망령되이 내 생각으로 미루어 말하면, 5장은 일을 처리할 때 이리저리 흔들리지 않음으로 말한 것으로, 이것이 바로 움직임이 어긋나지 않고 밖이 바로 잡히게 된다는 것이다. 6장은 마음의 전일을 말한 것으로 이것이 바로 고요함이 어긋나지 않고 속이 바로 잡힌다는 것이다. 8장은 마음에 간격이 있음을 말한 것으로 이것이 바로 고요함에 어긋남이 있고 속이 바르지 않게 된다는 것이다. 9장은 일에 차이가 있음을 말한 것으로 이것이 바로 움직임에 어긋남이 있고 밖이 바로잡히지 않는다는 것이다. 이와 같이 볼 수는 없는가?" 대답하여 말한다. "오씨의 설을 따라야 한다. 움직임과 고요함, 안과 밖은 본래 전체로 말한 것이 아니다."(『문답』)

○ 「動靜 止 綱領」: "今以吳氏分章及王氏所圖觀之, 則皆以一二章爲動靜不違, 三四章爲表裏交正, 自五章以下, 則不以動靜表裏言. 若然則不違·交正, 只爲一半之綱領, 而不通於全篇矣. 妄以意推廣之曰, 第五章以當事無適而言, 此乃動之不違, 而表之所以正也. 第六章以心之主一而言, 此乃靜之不違而裏之所以正也. 第八章以心之有間而言, 此乃靜之有違, 而裏之所以不正也. 第九章以事之有差而言, 此乃動之有違, 而表之所以不正也. 未可以如此看否." 答: "當從吳氏說. 動靜表裏, 本非以全體言."(『問答』)

『차의』35-3-b

○ 「경재잠」: 임천오씨가 장을 나누어 설명한 것이 매우 분명하고 의미가 갖추어져 있다. 그러나 그 조목 가운데 "다섯 번째 장은 마음이 바르게 되어 일에 미침을 말하였다"고 한 것에서 '정(正)' 자는 아마도 '무적(無適)'이라는 글자와 바꾸는 것이 합당할 듯하다. "여덟 번째 장은 마음이 다른 곳으로 치달리지 않을 수 없는 병폐를 말하였다"고 하였으니 여기서 반드시 '마음이 치달리지 않

음'을 말해야 하는 것은 의심할 여지가 없다. 기록자의 잘못이 아니겠는가?(『차의』)

○ 「敬齋箴」 : 臨川吳氏分章說甚明備, 而其目曰, "其五言心之正, 而達於事." 此'正'字似以'無適'字易之爲當. "其八言心不能無適之病", 則於此必言'心之無適'無疑矣. 無乃記錄之誤歟.(『箚疑』)

『강록간보』35-3-c

○ 「오씨설(吳氏說)」 : 김종덕(金宗德)의 생각: 주일(主一)과 무적(無適)을 마음과 일로 나눈 것은 하나의 의미를 이루기는 하지만 주자의 본의는 아닌 듯하다. 주일과 무적에 차이가 있기는 하지만 횡으로 보는가 종으로 보는가의 구분일 뿐이다.(『강록간보』)

○ 「吳氏說」 : 按: 主一無適分心與事, 自成一義, 恐非朱子本意. 主一無適有間有差, 但有橫竪之分.(『講錄刊補』)

『밀험』35-3-c

○ 오씨가 말한다. "첫째 장은 고요할 때 (경의 자세를) 어김이 없음을 말하였고, 둘째 장은 움직일 때 (경의 자세를) 어김이 없음을 말하였고, 셋째 장은 겉의 올바름을 말하였고, 넷째 장은 속의 올바름을 말하였다." ○ 생각건대, 퇴계가 그린 도가 매우 정밀하니, 본지를 바로 얻었다.[638] 「오씨설(吳氏說)」 : 이 잠의 다섯 번째 장은 마음이 일을 만나 달려 나가지 않음을 말하였고, 여섯 번째 장은 마음이 사물에 응하여 둘 셋으로 나뉘지 않음을 말하였다. 이는 먼저 무적(無適)을 말하고 뒤에 주일(主一)을 말함으로써 마음이 달려 나가지 않은 뒤에야 일에 전일할 수 있음을 보인 것이다. 여덟 번째 장은 마음이 하나에 전일할 수 없는 병폐를 말하였고, 아홉 번째 장은 마음이 무적(無適)할 수 없는 병폐를 말하였다. 주일하면 쉴 때가 없고, 무적하면 일에 차질과 실수가 없게 된다. 주일무적은 서로 작용을 한다. 사욕이 만 가지로 일어날 때를 살펴보면, 하나에 전일하던 것이 오히려 둘이 되고 셋으로 되어 만 가지

638) 「敬齋箴圖」는 퇴계가 그리지 않았으며 「夙興夜寐圖」는 퇴계의 작품이다.

에 이르게 됨을 알 수 있다. 하늘과 땅이 자리를 바뀌게 되는 곳에서 살펴보면, 무적하는 것이 도리어 남쪽으로 북쪽으로 가 하늘과 땅의 현격한 차이에 이르게 된다는 것을 알 수 있다. 여기서는 주일을 먼저 말하고 뒤에 무적을 말하였는데, 이는 연역적으로 추론하여 종으로 말한 것이다. 오씨의 설은 아마도 그렇지 않은 듯하다. 그러나 무적이 바로 주일이고, 주일이 바로 경이니 지나치게 구분해서는 안 된다.(『밀험』)

○ 吳氏曰, "其一言靜無違, 其二言動無違, 其三言表之正, 其四言裏之正." ○ 案, 退溪作圖至精, 正得本旨.(『密驗』)「吳氏說」: 此箴第五章言心之當事而不走作, 第六章言心之應事而不二三, 此則先言無適而後言主一, 以見心不走作然後, 能專一於事. 第八章言心不能主一之病, 第九章言心不能無適之病, 主一則無間息之時, 無適則不差謬於事. 主一無適交相爲用, 觀於私慾萬端, 可知其爲主一之反二之三之, 以至於萬端之多. 觀於天壤易處, 可知其爲無適之反南之北之, 以至天壤之懸. 此則先言主一而後言無適, 順推而竪說之. 吳氏之說恐未然. 然無適便是主一, 主一便是敬, 太分斷不得.(『密驗』)

제36장: 주희(朱熹)의 구방심재명 [求放心齋銘]

○ 「구방심재명」에서 말하였다. "천지가 변화함에 그 마음이 매우 어질다. 만물을 낳아 나에게 있으니 몸의 주인이 되었다. 그 주인은 어떠한가? 신명을 예측할 수 없다. 수많은 변화를 발휘하니 사람의 표준[人極]을 세운다. 잠시라도 놓치면 천리를 달아난다. 진실함[誠]이 아니면 어찌 있으며, 경(敬)이 아니면 어찌 보존하겠는가! 누가 놓아버리고 누가 찾으며 누가 없어지고 누가 보존하고 있는가? 굽히고 폄은 팔뚝에 달려있고, 젖히고 엎는 것은 오직 손이다. 은미할 때 막고 홀로 있을 때 삼가는 것이 지켜야 할 변함없는 도리이다. 절실하게 묻고 가까운데서 생각하여 그것으로 서로 돕는다."639)

○ 「求放心齋銘」曰, "天地變化, 其心孔仁. 成之在我, 則主于身. 其主伊何? 神明不測. 發揮萬變, 立此人極. 晷刻放之, 千里其奔. 非誠曷有, 非敬曷存. 孰放孰求, 孰亡孰有. 詘伸在臂, 反覆惟手. 防微謹獨, 茲守之常. 切問近思, 曰惟以相."

---

639) 『晦庵集』 권85, 「求放心齋銘」.

『강록』36-A

○ 「이상(以相)」 : 비평하여 말하였다. "본집에는 '상(相)'자 밑에 '지(之)'자가 있다."(『강록』)

○ 「以相」 : 批云, "本集'相'下有'之'字."(『講錄』)

『석의』36-B

○ 「이상(以相)」 : 서로 하다의 뜻으로, 『대전』에는 '상(相)'자 아래에 '지(之)'자가 있다.(『석의』)

○ 「以相」 : 서르 ᄒᆞ다. 『大全』'相'下有'之'字.(『釋疑』)

『표제』36-C

○ 「인극(人極)」 : 사계(沙溪)가 말하였다. "'극(極)'이란 표준을 말한다. 사람 마음의 태극이다." ○ 「귀각(晷刻)」 : '귀(晷)'는 해그림자이고, '각(刻)'은 물시계이다.(『표제』)

○ 「人極」 : 沙溪曰, "極者, 表準之謂, 人心之太極也." ○ 「晷刻」 : '晷', 日景也. '刻', 刻漏也.(『標題』)

『문답』36-D

○ 「방미(防微)」 : 『요해』에서는 '방미(防微)'를 계신(戒愼) 공구(恐懼)를 가리키는 것으로 보고, '계구는 아직 그렇지 않은 때에 막는 것'이라는 주자의 말을 인용하여 증명하였다. 내 생각에 '미(微)'자는 '은미한 것보다 더 잘 드러나는 것은 없다'고 할 때의 '미'이다. 『중용』에서는 이미 이것을 신독(愼獨)의 일로 보았다. 게다가 구방심(求放心)이라고 하는 것은 이미 풀린 마음을 돌이켜 자신에게 돌아오게 하는 것이므로, 「구방심재명」에서는 모두 움직이는 곳에서 하는 공부를 가지고 말하였다. 이것을 계신 공구의 일로 보기는 어려울 듯하다. 주자가 말한 '아직 그렇지 않을 때'는 들리지 않고 보이지 않는다는 뜻이고, 여기에서 말하는 '미(微)'는 다른 사람은 모르지만 자기만이 아는 것으로 그 취지가 다르니, 저것을 근거로 이것을 증명할 수는 없을 듯하다. 어떠한가? 다시 상세히 살펴보니, 계신(戒愼) 공구(恐懼)로 보는 것이 정말 타당치 않지만 '은

미한 것보다 더 잘 드러나는 것은 없다'로 보는 것도 역시 치우친 것이다. 아마도 아직 그러지 않았을 때 막는다는 뜻을 홀로 있을 때 삼간다는 것과 짝하여 설명해야 할 듯하다. 어떠한가?(『문답』)

○ 「防微」: 『要解』以防微爲指戒愼恐懼, 引朱子'戒懼是防之於未然'之語以證之. 妄意, '微'字, 卽'莫顯乎微'之'微'. 『中庸』旣以此爲愼獨事. 且求放心云者, 是將已放之心, 反復入身來者, 故銘中皆以動處用工而言. 恐難以此爲戒懼事也. 朱子所謂'未然', 卽不聞不覩之意, 此所謂'微', 卽人雖不知, 而己獨知之者, 其指不同, 恐不可以彼而證此也, 如何如何? / 更詳之, 作戒懼固未妥, 作'莫顯乎微', 亦涉偏了. 恐只是防於未然之意, 配謹獨爲說也. 如何. (『問答』)

『문목』36-E

○ 묻는다. "「구방심재명」의 '… 성이 아니면 어찌 있으며 경이 아니면 어찌 보존되리오'에서 '유(有)'자와 '존(存)'자의 의미는 같은가?" 대답하였다. "'성이 아니면 어찌 있으며'는 '성실하지 않으면 아무런 사물도 없다'[640]는 뜻이고, '경이 아니면 어찌 보존되리오'는 '놓아두면 잃어버린다'[641]는 말이다. 있고 없음은 대체를 말한 것이고, 보존하고 잃어버림은 공부에 더욱 절실하다."(『문목』)

○ 問, "「求放心齋銘」: '云云, 非誠曷有, 非敬曷存', '有'字'存'字之意同乎?" 答: "'非誠曷有'者, '不誠無物'也. '非敬曷存'者, '舍之則亡'也. 有無大體言, 存亡於工夫更切."(『問目』)

『강록간보』36-F

○ 「성지재아(成之在我)」: 김종덕(金宗德)의 생각: 『주역』「계사전」에 "그것을 완성한 것이 성(性)이다"[642]라고 하였다. 대개 천지의 매우 어진 마음이 나에게 부여되어 하나의 것을 이루고 몸속에 있다는 뜻이다. ○ 「'굴신(屈伸)'에서 '유수(惟手)'까지」: 생각건대, 마음이 달아나고 스스로 찾는 것을 비유하면 팔뚝이 스스로 굽히고

---

640) 『中庸』 25장. "誠者自成也, 而道自道也. 誠者物之終始, 不誠無物. 是故君子誠之爲貴."

641) 『孟子』「告子」 상 8장. "孔子曰: 操則存, 舍則亡. 出入無時, 莫知其鄕. 惟心之謂與."

642) 『周易』「繫辭」 상 5장. "成之者性."

펴며 손이 스스로 젖히고 뒤집는 것과 같다.(『강록간보』)

○ 「成之在我」 : 按: 『易』「大傳」曰, "成之者性." 蓋天地孔仁之心, 而賦於我, 成一箇物事, 在腔裏也. ○「屈伸 止 惟手」 : 按, 心自放·自求, 譬如臂之自屈·自伸, 手之自反·自覆也.(『講錄刊補』)

『관계』36-G

○ 「왈유이상(曰惟以相)」 : '상(相)'은 돕는다는 뜻이다. 본문에는 '상(相)'자 밑에 '지(之)'자가 있다. 이미 '미연에 방지하고 홀로 있을 때 삼가는 도리'로 지키고 다시 '절실하게 묻고 가까운 것에서 생각하는 것'으로 돕는다는 말이다. 『강록』에서 서로의 뜻으로 풀이한 것은 잘못이다(『관계』)

○ 「曰惟以相」 : '相', 助也. 本文'相'下有'之'字. 旣守之以'防微謹獨'之道, 又以'切問近思'助之. 『講錄』'互相'之解, 差矣.(『窽啓』)

『부주』36-1

○ 주자의 자서에서 말하였다. "정정사(程正思)643)를 위해 짓는다."644)

○ 朱子自序云, "爲程正思作."

『강록』36-1-a

○ 「정정사(程正思)」 : 독실한 의지로 도를 구하다가 일찍 죽었다.(『講錄』)

○ 「程正思」 : 篤志求道, 早亡.(『講錄』)

○ 「정민정의 생각」36 : 정사(正思)의 이름은 단몽(端蒙)이고 신안(新

643) 정정사(程正思) : 정재(程才)의 아들인 정단몽(程端蒙, 1143~1191)의 자이다. 호는 몽재(蒙齋)이며 심양(鄱陽) 사람이다. 처음에 강개(江介)에게 수학하다가 뒤에 주자에게 배웠다. 사서(四書) 및 주자의 『사서장구집주(四書章句集注)』에 근거하여 명(命), 성(性), 심(心) 등 30개 범주의 성리학 개념을 정리한 『성리자훈(性理字訓)』을 저술하였다.

644) 『晦庵集』 권85, 「求放心齋銘」.

安) 사람이다. 번양으로 옮겨와 주자에게서 배웠다. 저서로는 『소학자훈(小學字訓)』 등 여러 책이 있다.

○「按」: 正思, 名端蒙, 新安人, 遷番陽, 從學朱子, 所著有『小學字訓』諸書.

『부주』36-2

○ 주자가 학자에게 말하였다. "예로부터 마음을 놓아버린 성현은 없었다. 은미한 한 생각도 깊이 삼가야 한다. 마음이 전일하고 고요하며 순일하지 못하므로 사려가 정밀하고 밝지 못하다. 이 마음을 허령하고 밝으며 전일하고 고요하게 길러서 도리가 이로부터 흘러나오도록 하는 것, 그것이 바로 선이다."645)

○ 朱子謂學者曰, "自古無放心底聖賢. 一念之微, 所當深謹. 心不專靜純一, 故思慮不精明. 要須養得此心虛明專靜, 使道理從此流出, 乃善."

『밀험』36-2-a

◦ 주자가 말하였다. "예로부터 마음을 놓아버린 성현은 없었다." ○ 생각건대, 『서경』에 "성인이라도 제대로 생각하지 않으면 광인이 된다"고 하였는데, 주자가 말한 이 구절은 주공(周公)이 경계(警戒)한 것과 정확히 일치한다.(『밀험』)

◦ 朱子曰, "自古無放心底聖賢." ○ 案, "唯聖罔念作狂." 朱子道這一句, 正合周公之戒.(『密驗』)

『부주』36-3

○ 여자약(呂子約)에게 주는 편지에서 말하였다. "맹자가 '학문의 도는 오직 방심을 구하는데 있다'고 하였고, 정자도 '마음은 몸속에 있어야 한다'고 하였다. 이제 한결같이 문자에만 매몰되어 이 마음을 온통 책으로 치달리게 한 채 자기가 있을 알지 못한

645) 『朱子語類』 권15, 「大學二·經下」.

다면, 이는 지각도 없어 통증과 가려움도 느끼지 못하는 사람이니, 비록 책을 읽더라도 나의 일에 무슨 도움이 되겠는가?"646)

○ 與呂子約書曰, "孟子言'學問之道, 惟在求其放心', 而程子亦言, '心要在腔子裏', 今一向耽著文字, 令此心全體都奔在册子上, 更不知有己, 便是箇無知覺不識痛癢之人, 雖讀得書, 亦何益於吾事邪?"

『부주』36-4

○ 하숙경(何叔京)에게 답하는 편지에서 말하였다. "양심이 발하는 기미를 통하여 맹렬하게 살피고 분발하여 마음을 어둡지 않게 하는 것이 공부를 하는 본령이다. 본령이 서면 자연스레 '일상적인 데서 배워 위로 천리에 도달[下學上達]'647)하게 된다. 만일 양심이 발현하는 곳에서 살피지 않으면 아득하고 망망해서 착수할 곳이 없다. 성인의 언행을 많이 아는 것이 정말로 군자의 급선무이다. 내가 이전에 가졌던 생각도 이와 같았다. 최근에 자신에게 돌이켜 보았는데, 편안하고 온당한 곳을 얻지 못하고, 오히려 이러한 방법은 지리함을 면치 못하고 있다는 사실을 알게 되었다. 그대가 말한 것처럼 '여러 사람들의 말을 통해 정씨의 뜻을 구하고 정씨를 뜻을 통해 성인을 구한다'고 하는 것은 몇 겹으로 막혀있는 공안이다. 마음에서 묵묵히 깨달아 그 근본을 세우고 그 말의 득실이 나의 거울을 피할 수 없도록 하는 것만 하겠는가?"648)

○ 答何叔京書曰, "因良心發見之微, 猛省提撕, 使心不昧, 則是做工夫底本領. 本領旣立, 自然下學而上達矣. 若不察於良心發見處, 卽渺渺茫茫, 無

---

646) 『晦庵集』 권47, 「答呂子約」.

647) 『論語』 「憲問」 37장. "子曰, 莫我知也夫. 子貢曰, 何爲其莫知子也. 子曰, 不怨天, 不尤人. 下學易而上達, 知我者, 其天乎."

648) 『晦庵集』 권40, 「答何叔京」.

下手處也. 多識前言往行, 固君子之所急. 某向來所見, 亦是如此. 近因反求, 未得箇安穩處, 却始知此未免支離. 如所謂'因諸公以求程氏, 因程氏以求聖人', 是隔幾重公案. 曷若默會諸心, 以立其本, 而其言之得失, 自不能逃吾之鑒邪."

『강록』36-4-a

○ 공가(公家)의 문안(文案)은 층층으로 보고한다. 예를 들어 현(縣)에서 부(府)로 보고하면 부(府)에서는 사(使)에게 보고하고 사는 이것을 임금에게 보고하고 임금이 해조(該曹)에 내리면 해조는 또 본도에 내려주고 도에서는 다시 부와 현에 내려준다. 이처럼 층층으로 보고하므로 잘못과 실수도 없을 수 없다. 만일 제공을 통해 정씨를 구하고 정씨를 통해 성인을 구하여 층층이 구해 가다보면 잘못과 실수가 없을 수 없는 것도 이와 같다. ○ 이 구절에 대한 논의를 마치고, 선생께서 말하였다. "주선생이 장남헌에게 보낸 편지에서 다음과 같이 말한 적이 있다. '공은 매양 성현은 모두 양심이 발현하는 것을 좇아 맹렬하게 공부를 한다고 강조하여 말하는데, 이와 같다면 이것이 바로 조장(助長)하는 병폐입니다. 오직 평상시 거처할 때 장엄하고 경건하게 몸가짐을 가지고 길러야 될 것입니다. …' 그런데 지금 이 편지는 오히려 그와 같이 하도록 설명하고 있다. 앞뒤로 다르게 설한 것은 왜인가?" "좀 더 말씀해 주십시오." 선생이 대답했다. "한때의 생각에 주로 해서 말하는 것이 다르기 때문이다. 성현의 말씀 가운데는 이와 같은 것이 많다."(『강록』)

○ 公家文案, 重重相報. 如縣報府, 府報使, 使以之啓聞, 下該曹, 曹又下本道, 道又下府若縣. 如此重重相報, 或不能無差失. 如因諸公以求程氏, 因程氏以求聖人, 重重求去, 或不能無差失, 亦如此. ○ 論此節畢, 先生曰, "朱先生嘗與張南軒書曰, '公每主言聖賢皆因良心發見猛省做工夫, 若如此, 則是乃助長之病也. 惟平居莊敬持養, 乃可云云', 而今此書, 恁地說問. 前後所以異說者, 如何?" "敢請益." 先生答云, "各因一時意思所主而言有不同. 聖賢之言, 此類亦多."(『講錄』)

『석의』36-4-b

○ 「다식전언왕행(多識前言往行)」: 『주역』 대축괘에 보이는데, 하숙경이 이를 인용했기 때문에 말한 것이다. 「소위(所謂)」: 숙경이 말한 것이다. 「제공(諸公)」: 당시 배움에 대해 물었던 여러 공들인데 그들이 누구인지는 상세하지 않다. 「'시격(是隔)'에서 '공안(公案)'까지」: (공안은) 공가의 문서로 예를 들면 수령이 감사에게 보고하고, 감사가 조정에 보고하는 것 등이다. 「기언(其言)」: 여러 공들과 정씨 그리고 성현의 말이다.(『석의』)

○ 「多識前言往行」: 見『易』大畜卦, 叔京引之, 故云. 「所謂」: 叔京謂也. 「諸公」: 指當時問學之諸公, 然未詳其爲誰. 「是隔 止 公案」: 公家文書, 如守令報於監司, 監司報於朝廷也. 「其言」: 諸公·程氏·聖賢之言也.(『釋疑』)

『표제』36-4-c

○ 「'다식전언왕행(多識前言往行)」: 대축괘의 「상전」에 "앞선 성인의 말과 행동을 많이 알아 자기의 덕을 기른다."라고 하였다. 『주역』 ○ 「제공(諸公)」: 박세채(朴世采)의 생각: 이락(伊洛: 정호와 정이 형제)의 문인인 여(呂)·양(楊)·사(謝)·윤(尹) 등이다.(『표제』)

○ 「多識前言往行」: 大畜卦象曰, "多識前言往行, 以畜其德." 『易』. ○ 「諸公」: 按: 如伊洛門人, 呂·楊·謝·尹之類.(『標題』)

『문답』36-4-d

○ 「'양심(良心)'에서 '수처(手處)'까지」: 맹렬하게 살피는 공부는 악념이 발할 때 해야 하는 것인데, 이제 양심이 발하는 곳에 대해서도 '맹성(猛省)' 두 자를 쓴 것은 왜인가? 양심이 발한 것이 은미하여 악념이 싹트지 않을 수 없기 때문에 그렇게 말한 것이 아닌가? 또 양심이 발하면 그것을 확충하고, 악념이 발하면 그것을 막고 끊는다. 그렇다면 선념과 악념이 발동할 때는 공부를 하지 않는 곳이 없는데 유독 양심이 발하는 것으로 착수처를 삼은 것은 왜인가?

'맹성(猛省)'은 깊고 절실하게 체득한다는 말과 같다. 양심은 천리(天理)가 발한 것이어서 병폐가 될 것이 없을 듯하다.(『문답』)

○ 「良心 止 手處」 : 猛省之功, 當加於惡念之發, 而今於良心發處, 亦下猛省二字者何耶? 无乃良心之所發者微, 而其間不能無惡念之萌動故云耶? 且良心之發, 則擴充之, 惡念之發, 則遏絶之. 然則善惡念發動之時, 無非用工之地, 而獨以良心之發, 爲下手處者, 何耶? '猛省'猶言深切體得. 良心是天理之發, 恐無所病.(『問答』)

『관계』36-4-e

○ 「답하숙경서(答何叔京書)」 : 학자가 공부를 시작할 때는 정녕 마음이 발하는 곳에 나아가, 그것이 양심임을 알았으면 확충하고, 사특한 마음임을 알았으면 극복하고 다스린다. 거기에 발현하는 곳에서 본체의 참됨을 체인하여 발하기 전에 더욱 존양해야 한다. 이것이 바로 본령에서 분발하여 어둡지 않게 하는 곳이다 이 편지는 단예(端倪)를 찰식(察識)하는 것을 본령으로 여겨 도리어 조장하는 병폐에 이르게 되었다. 또한 강학을 폐하고는 바로 마음에서 구하고자 하였으니 정론이 아님을 알 수 있다. 게다가 본령에서 실수하지 않는 이유는 오직 거경(居敬)과 궁리(窮理) 때문이라는 것, 이것이 바로 정씨의 공안(公案)이다. 배움을 통해 성인에 이르는 것에는 이 밖에 다른 길은 없다. 이제 계단을 통하지 않고 9층의 누대에 일시에 오르고자 한다면 구덩이에 떨어지지 않게 되는 것은 요행이다.(『관계』)

○ 「答何叔京書」 : 學者用工之始, 固當就心之發處, 察其爲良心, 則擴充之, 察其爲邪心, 則克治之. 更於發見之處, 認得本體之眞, 未發之前, 尤宜存養. 此乃本領上提撕不昧處也. 此書專以察識端倪爲本領, 反涉助長之病. 又欲廢講學, 而經求心, 其非定論可知. 且本領之所以不失, 專由於居敬窮理, 此乃程氏之公案. 學以至於聖人, 更無他道. 今欲不由階級, 而超上九層之臺, 則其不及墮於坑塹者幸也.(『竅啓』)

『부주』36-5

○ 황면재(黃勉齋)[649]가 말하였다. "마음은 신명의 집이다. 텅 비어 영명하고 환히 통하여 모든 이치를 갖추고 모든 것에 응하는 것이다. 그러나 귀와 눈, 입과 코의 욕망과 희, 노, 애, 락의 사사로움은 모두 내 마음을 얽어매기에 충분하다. 이 마음이 일단 물욕에 얽매이면 안일함으로 달리고 방탕으로 흘러 지극한 도리를 잃고 이르지 않는 곳이 없게 된다. 이 때문에 옛 성현들은 조심하고 삼가며 고요할 때는 보존하고 움직일 때는 살펴서 연못의 언 얼음을 밟듯이 하고, 쟁반의 물을 받들 듯이 하여 이 마음이 조금이라도 방치되지 않도록 하였으니 성을 이루고 보존할 것은 보존하여 도의가 행해졌던 것이다. 이것이 맹자의 '흐트러진 마음을 구하라'는 한 마디가 학자를 경계하는 뜻이 절실한 까닭이다. 진한 이래로 학자들이 익힌 내용은 풍부한 문장이 아니라면 넓게 기억하고 묻는 것이었다. 고인들이 마음을 보존했던 학문과 비교하면 어떤 일이겠는가? 주렴계와 정자가 성학(聖學)을 창도하고 밝혀 맹자 이래 전하지 않던 단서를 이었으므로, 그들이 문인을 가르쳤던 내용은 경(敬) 지키기를 더욱 우선하였다. 경하면 이 마음이 스스로 보존될 뿐 아니라 경은 흩어진 마음을 구하는 요지이기도 하다."[650]

○ 勉齋黃氏曰, "心者神明之舍, 虛靈洞徹, 具衆理而應萬物者也. 然耳目口鼻之欲, 喜怒哀樂之私, 皆足以爲吾心之累也. 此心一爲物欲所累, 則奔逸流蕩, 失其至理而無所不至矣. 是以古之聖賢, 戰戰兢兢, 靜存動察, 如履淵冰, 如奉槃水, 不使此心少有所放, 則成性存存而道義行矣. 此孟子求放

649) 황면재(黃勉齋, 1152~1221) : 송나라 황간(黃榦)을 말한다. 면재는 호이고, 자는 직경(直卿), 시호는 문숙(文肅)이며 민현(閩縣) 사람이다. 주자와 유청지(劉淸之)에게 수학하였는데, 주자는 그의 능력을 인정하여 학문을 전수하고 사위로 삼았다. 백록동서원(白鹿洞書院)에서 강학하였으며, 저서에 『육경강의(六經講義)』, 『예기집주(禮記集注)』 등이 있다.

650) 『勉齋集』 권2, 「講義·漢陽軍學」.

心之一語, 所以警學者之意切矣. 自秦漢以來, 學者所習, 不曰詞章之富, 則曰記問之博也. 視古人存心之學, 爲何事哉? 及周程倡明聖學, 以繼孟子不傳之緒, 故其所以誨門人者, 尤先於持敬. 敬則此心自存, 而所以求放心之要旨歟."

『강록』36-5-a

○ 「지리(至理)」 : 비평하여 말했다. "지리는 정리(正理)가 되어야 할 듯하다." 「성성존존(成性存存)」 : 『주역』 「계사전(繫辭傳)」에 나오는데, 이루어진 본성을 보존하고 보존하면 도의가 나오게 된다는 말이다.(『강록』)

○ 「至理」 : 批云, "至理疑作正理." 「成性存存」 : 出『易』「繫辭」, 成性存存, 道義出矣.(『講錄』)

『석의』36-5-b

○ 「성성존존(成性存存)」 : 「계사전」주에 "성성(成性)은 본래 이루어진 성이고, 존존(存存)은 보존하고 다시 보존하기를 끊임없이 한다는 뜻이다."라고 하였다.(『석의』)

○ 「成性存存」 : 「繫辭」註"成性, 本成之性. 存存, 存而又存, 不已之意也."(『釋疑』)

『부주기의』36-5-c

○ 「'면재(勉齋)'에서 '누야(累也)'까지」 : 이항로(李恒老)의 생각: 마음의 신묘하고 밝음은 이(理)로써 말한 것이다. 심의 혈육(血肉)을 집이라 한다. 두 가지는 떨어지지 않으나 또한 섞이지도 않는다. 이 때문에 주자가 이(理)로써 마음을 말한 곳에서는 반드시 '신명(神明)'이라 하고 '주재(主宰)'라 하고 '본심(本心)'이라 하고 '양심(良心)'이라 하고 '인극(人極)'이라 하고 '천군(天君)'이라 하고 '지수(志帥)'라고 하면서 형이하자와 뒤섞어 말한 적이 없다. 기로써 마음을 말한 곳에서는 반드시 '신명이 머무는 집'이라 하고, '기의 정상(精爽)'이라 하고, '화의 장부'라 하고, '양기가 발하는 곳'이라 하고,

'기기(氣機)'라고 하면서 형이상자와 뒤섞어 말한 적이 없다. 이제 면재는 '마음은 신명이 머무는 집'이라고 하였는데, 이는 혈육만을 가리켜 말하는 것이다. 그 아래 다시 '여러 이치를 갖추고 모든 일에 응하는 것'이라 하였는데, 이는 정(精)과 신명(神明)을 아울러 말한 것이다. 두 가지를 뒤섞어 말하는 것은 정밀하지 않은 듯하다. 게다가 '이목구비의 욕구'와 '희노애락의 사사로움'은 모두 마음에 짐이 될 수 있다고 하였다. 이목구비의 욕구가 바로 인심에 속하는 것이어서 만일 도심(道心)의 명령을 듣지 않는다면 흘러서 인욕이 되기에 쉽다. 아울러 도심에 비교하면 크고 작음 귀하고 천한 구분이 있으므로 성인께서는 '위태롭고 불안하다'고만 말하여 사람들이 정밀하게 선택하고 한결같이 하도록 하였다. 주자는 "이목구비와 사지의 욕구는 사람이라면 없을 수 없는 것이지만 많게 하고 절제하지 않으면 본래의 마음을 잃지 않는 사람이 없었다"651)고 하였다. 이제 만일 이것을 근거로 마음의 짐이 된다고 개략적으로 말한다면 이미 이러 저런 곡진한 사정은 빠뜨리고 말은 지나치게 급하게 하는 것이다. 하물며 희노애락은 성의 작용이고 마음이 발한 것임에랴! 성인은 절도에 맞는 가 맞지 않는 가만을 말하여 지나치거나 미치지 못하는 잘못만을 방지하였을 뿐, 이것이 마음의 짐이라고 여기지는 않았다. 주자도 "칠정이 절도에 맞는 것이 도심이다"라고 하였다. 이제 곧바로 마음의 누가 된다고 여겨 사람들에게 누됨이 없어지기를 바란다면 아마도 경계를 넘어서게 되고 이치에도 맞지 않을 것이다. 주자의 가르침을 가지고 자세하게 헤아리면 그 사이의 차이와 득실이 매우 작은 것에 달려 있어 서로 가릴 수 없음을 알 수 있다. 독자들이 만약 스승 문하의 빼어난 제자로서 전해진 법도가 마음속에 걸려 있어 '상빈(喪貧)'과 '사후(死朽)'에 대한 의문을 논의할 수 없다고 한다면, 이미 도리를 강토하고 밝히는 신실한 태도가 아니며 또한 전인들이

651) 『孟子集註』 권7, 「盡心上」에 나오는 말이다.

후인들에게 기대하는 것도 아니다. 이러한 뜻은 알 지 않으면 안 된다.(『부주기의』)

○ 「勉齋 止 累也」: 恒老按: 心之神明, 以理言也. 心之血肉謂之舍也. 二者, 雖不相離, 而亦不相雜. 是以朱子於以理言心處, 則必曰'神明', 曰'主宰', 曰'本心', 曰'良心', 曰'人極', 曰'天君', 曰'志帥', 而未嘗以形而下者雜言之也. 於以氣言心處, 則必曰'神明之舍', 曰'氣之精爽', 曰'火臟', 曰'陽氣發處', 曰'氣機', 而未嘗以形而上者雜言之. 今勉齋曰'心者神明之舍', 此則單指血肉而言也. 其下又曰'具衆理而應萬事者也', 此則兼精神明而言也. 二者渾圇合說, 恐未精密. 且曰, 耳目口鼻之欲, 喜怒哀樂之私, 皆足以爲心之累. 蓋耳目口鼻之欲, 卽人心之屬也, 若不聽命於道心, 則易流而爲人欲. 且比之於道心, 則有大小貴賤之分, 故聖人止曰'危而不安', 而欲人之精擇而一之也. 朱子曰, "口鼻耳目四肢之所欲, 雖人所不能無, 然多而不節, 則未有不失其本心者也." 今若以此槩謂之爲心之累, 則已恐欠却多少曲折, 而語太傷急矣. 況夫喜怒哀樂者, 性之用而心之發也. 聖人止言其中節不中節, 而防其過與不及之差耳. 未嘗以此爲心之累也. 朱子亦曰, "七情之中節者, 道心也." 今便以爲心之累, 而欲人之無所累也, 則恐亦侵過境界, 而理有未備也. 將朱子之訓, 仔細相準, 可見其間, 同異得失, 有在毫髮之間, 而不得以相掩也. 讀者若以師門之高足傳鉢橫却在胸中, 而不敢議'喪貧''死朽'之疑云爾, 則旣非講明道理之實, 而亦非前人所以望之於後者也. 此意不可不知也.(『附註記疑』)

『심경석의』36-5-d

○ 『맹자』의 본문을 자세히 살펴보면 당연히 면재(勉齋)의 설-본장 소주에 보인다.-처럼 곧바로 인(仁)을 구하는 것으로 보고 있지만, 『집주』에서는 '기질이 청명하고 의리가 밝게 드러난다'는 말로 풀이하여, 선배들 역시 의심한 사람이 많았다. 그런데 「구방심재명」에서는 '그 마음이 매우 어질다'고 한 인(仁)을 전체의 강령으로 삼고 있어 도리어 면재의 설과 부합한다. 그렇다면 '구방심'이 '인을 구하는 것'이 된다는 것에 대해 주자 역시 말한 적이 있는데도 끝내 『집주』를 고치지 않은 것은 무슨 생각에서 인가?-능덕- 진청

란(陳淸瀾)은 『학부통변(學蔀通辨)』에서 또한 이에 관해 논변한 적이 있고 늦게 태어나 주자에게 질정하지 못하는 것을 안타까워하였다. 그러나 주자가 구인(求仁)으로 해석하지 않고 반드시 방심을 수습하는 것으로 해석한 것에는 반드시 어떤 의도가 있을 것이다. 만약 구인(求仁)의 의미로 보면 '학문의 도'에서 '도(道)'자는 미세하지만 들어맞지 않는 것 같다. 여기에서 '도'라고 한 것은 바로 '깊이 도로써 나아간다'고 할 때의 도이다. 이 도자는 방법의 의미일 뿐이니 반드시 『집주』의 해석과 같이 한 뒤에야 뜻이 합치하게 된다. 「구방심재명」을 가지고 주자가 면재의 설을 따르고 있다는 것을 증명하고자 한다면 아마도 그렇지 않은 듯하다. 「구방심재명」에서 비록 '그 마음이 매우 어질다'는 것으로 서두를 삼고 있지만 그 밑의 말뜻은 실제로 마음을 위주로 하여 언급하고 있으니, 어떻게 이것을 근거로 면재설과 합치한다고 할 수 있겠는가? 또 면재의 설 끝 부분에서 '읽는 사람들이 인으로 마음을 말하지 않고 있다'고 기롱한 것이 바로 『집주』에서 해석하고 있는 내용인데, 이처럼 가볍게 비난하고 배척하는 것을 이해할 수 없다. 자신의 설이 이미 『집주』의 설과는 다르다면 말을 구사하고 의문을 남김에 있어 신중하게 처리하려는 뜻이 있어야 함에도 오히려 그렇게 하지 않고 범연하게 독자의 잘못이라고 말하였다. 어찌 『집주』 이외에 달리 사문(師門)에서 구술받은 것이 있어서 그런 것인가?(『심경석의』)

○ 詳觀『孟子』本文, 則當如勉齋說-見本章小註-, 直作求仁看, 而『集註』以'氣質淸明義理昭著'之語釋之, 前輩亦多致疑. 然至於「求放心齋銘」, 則以'其心孔仁'之'仁'爲一部頭臚, 反與勉齋說相合. 然則求放心之爲求仁, 朱子亦嘗言之, 而終不改『集註』何意焉?-能德-. 陳淸瀾『學蔀通辨』中, 亦嘗論辨及此, 而自恨生晚不及就質於考亭. 然但朱子之不以求仁釋之, 而必以收放心釋之者, 當必有意. 若作求仁之意看, 則'學問之道'之'道'字, 微似不愜. 此所謂道字, 卽'深造之以道'之道也. 這箇道字, 只是方法底意, 則必如『集註』所解, 然後語意方愜. 若以「求放心銘」證成, 朱子從勉齋說之意, 則恐亦不然. 盖「求放心銘」, 雖以'其心孔仁'起頭, 而其下語意, 則實主心而言, 豈可以此而謂與勉齋說合耶? 又竊疑勉齋說末段所譏'讀者不以仁言心'云者, 卽『集註』所釋之意, 而如是無難詆斥者, 不可曉. 其說旣與『集註』說異, 則其措辭存疑, 合有愼重之意, 而却不然. 只泛說讀者之誤, 豈『集註』之外, 別有師門口受而然耶!(『心經釋疑』)

『비망록』36-5-e

○ 「'고지성현(古之聖賢)'에서 '도의행의(道義行矣)'까지」: 이 한 구절은 대개 경(敬)을 지키는 공부이다. '전전긍긍(戰戰兢兢)'은 경을 삼가 지키는 것이고, '정존동찰(靜存動察)'은 경이 해당되지 않는 곳이 없다는 말이다. '연못의 얼음을 밟듯 한다'는 것은 마음에서의 경을 말한 것이고, '쟁반의 물을 받들듯이 한다'는 것은 일처리 할 때의 경을 말한 것이다. '이 마음이 조금이라도 방치되지 않도록 한다'는 것은 바로 '이것을 생각함이 여기에 있다'는 것을 가리킨다. '완성된 성을 보존하고 보존하면 도의가 행해진다'는 것은 경 공부의 공효를 말한 것이다. 대저 학자들의 공부가 여기에 이르면 거의 가까울 것이다.(『비망록』)

○ 「古之聖賢 止 道義行矣」: 此一節盖持敬工夫也. '戰戰兢兢', 敬之勤持也. '靜存動察', 敬之無所不該也. '如履淵氷', 就心上說, '如奉槃水', 以事上言. '不使此心, 少有所放', 卽'念玆在玆'之謂. '成性存存而道義行', 言其功效也. 夫學者用工至於是, 則其庶幾矣.(『備忘錄』)

제37장: 주희(朱熹)의 존덕성재명

[尊德性齋銘]

◯ 「존덕성재명」에서 말하였다.

"상제께서 이 아래 백성에게 강림하여 무엇을 주었는가? 의(義)와 인(仁)이다. 오직 의와 인이 상제의 법칙이니 이것을 흠모하고 이것을 받들어도 오히려 잘 해내지 못할까 두렵도다. 누가 어둡고 또한 미쳐서 구차하고 천하며 더럽고 못나 음난한 눈길로 보고 삐딱하게 들으며 그 사지를 게을리 하는가. 하늘의 밝음을 더럽히고 사람의 기강을 업신여겨 이 하류에 머무는 것을 달갑게 여기면 뭇 악이 모여든다. 나는 이것을 거울삼아 그 마음을 공경하고 두려워하여 방의 그윽한 곳에서도 밝게 임한 듯이 하노라. 옥을 잡은 듯이 가득찬 물그릇을 받든 듯이 짧은 순간 어려운 상황에서도 조심하노니 책임은 무겁고 갈 길은 멀어 감히 게으름을 피울 수 있겠는가?"652)

◯ 尊德性齋銘曰, "惟皇上帝, 降此下民, 何以予之? 曰義與仁. 維義

---

652) 『晦庵集』 권85, 「尊德性齋銘」.

與仁, 維帝之則, 欽斯承斯, 猶懼弗克. 孰昏且狂, 苟賤汙卑. 淫視傾聽, 惰其四支. 褻天之明, 嫚人之紀, 甘此下流, 衆惡之委. 我其鑒此, 祗栗厥心, 有幽其室, 有赫其臨. 執玉奉盈, 須臾顚沛. 任重道悠, 其敢或怠."

『강록』37-A

○ 「왈인여의(曰仁與義)」 : 비답하여 말하였다. "인(仁)자가 아래에 있고 의(義)자가 위에 있어야 한다." 「하류(下流)」 : 자공(子貢)이 말하였다. "주(紂)의 악은 이처럼 심하지는 않았다. 이 때문에 군자는 하류에 머무는 것을 싫어하니 천하의 악이 모두 그리로 돌아가기 때문이다."653) ○ 물은 반드시 아래의 더러운 곳으로 모여들고, 악명은 반드시 불선한 사람에게로 돌아간다. ○ 물이 처음 나오는 데를 '원(源)'이라고 하고, 흘러서 모이는 데를 '위(委)'라고 한다.(『강록』)

○ 「曰仁與義」 : 批云, "仁下義上." 「下流」 : 子貢曰, "紂之惡不如是之甚也. 是以君子惡居下流, 天下之惡, 皆歸焉." ○ 水必趨聚於汙下之地, 惡名必歸於不善之人. ○ 水始生曰源, 流而聚注曰委也.(『講錄』)

『발휘』37-B

○ 물었다. "덕성(德性)은 의리(義理)의 성(性)이라고 말하는 것과 같습니까?" 대답하였다. "그렇다."654) ○ 또 말하였다. "'높인다'는 것은 하나의 사물을 잡는 것이고, 존숭은 그것을 들어서 매는 것과 유사하다."655) ○ 또 말한다. "존덕성은 마음을 보존하여 도체의 크기로까지 밀어가는 것이다. 도문학은 지를 다 발휘하여 도체의 세밀함을 다하는 것이다. 두 가지는 덕을 닦고 도를 응집시키는 큰 단서이다. 한 터럭만큼의 사사로운 뜻으로 가리지 않고, 한 터

653) 『論語』, 「子張」에 나오는 말이다.
654) 『朱子語類』 권64, 「중용」에 나오는 말이다.
655) 『朱子語類』 권64, 「중용」에 나오는 말이다.

럭만큼의 사사로운 욕심으로 자신을 얽매이지 않으며, 이미 알고 있는 것을 함양하고, 이미 할 수 있는 것을 두텁고 독실하게 하는 것은 모두 존심(存心)에 해당한다. 이치를 분석할 때 털끝만큼의 오차도 없게 하고, 일을 처리할 때 지나치거나 모자라는 잘못이 없게 하고, 의리에 대해서 날마다 아직 모르는 것을 알아가고, 절문에 대해서 날마다 아직 근실하지 못한 것을 근실하게 하는 이것은 모두 치지(致知)에 해당한다. 존심이 아니면 치지할 방법이 없고 존심하는 사람은 치지하지 않으면 안 된다."656) ○ 또 말하였다. "덕성을 높이는 공부는 매우 간단하다. 정이천이 '마음이 하나가 되는 것을 주된 일로 삼는 것이 경(敬)이고 마음이 다른 곳으로 옮겨가지 않는 것을 일(一)'이라고 한 것처럼 하는 것이다. 이렇게 하는 것 이외에 다른 것이 없다."657) ○ 또 말한다. "덕성을 높이고 묻고 배움으로 말미암는 것은 본래 두 가지 일이다. 세분하면 열 가지 일이지만 실제로는 두 가지 일일 뿐이며, 일삼는 바는 다시 덕성을 높이는 하나의 일이다. 존덕성(尊德性)을 가지고 도문학(道問學)을 하게 되므로 '덕성을 높이고 묻고 배움으로 말미암는다'고 한 것이다."658)(『발휘』)

○ 問, "德性猶言義理之性?" 曰, "然." ○ 又曰, "'尊'只是把做一件物事. '尊崇'擡夯它相似." ○ 又曰, "尊德性所以存心而極乎道體之大也. 道問學所以致知而盡乎道體之細也. 二者修德凝道之大端也. 不以一毫私意自蔽, 不以一毫私欲自累, 涵泳乎其所已知, 敦篤乎其所已能, 此皆存心之屬也. 析理則不使有毫釐之差, 處事則不使有過不及之謬, 理義則日知其所未知, 節文則日謹其所未謹, 此皆致知之屬也. 蓋非存心無以致知, 而存心者又不可以不致知." ○ 又曰, "尊德性工夫甚簡約. 只如伊川只說一箇主一之謂敬, 無適之謂一. 只是如此, 更別無事." ○ 又曰, "尊德性而道問學, 本是兩事. 細分則十事, 其實只兩事, 所事又只一事只是箇尊德性. 却將尊德性來道問學, 所以說尊德

656)『中庸章句』27장의 주자주에 나오는 말이다.
657)『朱子全書』권25,「중용」에 나오는 말이다.
658)『朱子語類』권64,「중용」에 나오는 말이다.

性而道問學也."(『發揮』)

『석의』37-C

○ 「하류(下流)」 : 자공이 말하였다. "주(紂)의 악은 이처럼 심하지는 않았다. 이 때문에 군자는 하류에 머무는 것을 싫어하니 천하의 악이 모두 그리로 돌아가기 때문이다." '위(委)'는 돌아간다는 뜻이며, '임(臨)'은 상제가 너희에게 임하였다고 할 때의 임한다는 뜻이다. 「임중도유(任重道悠)」 : 『논어』에 "증자가 말하였다. 인을 자기의 임무로 삼으니 또한 무겁지 아니한가? 죽은 뒤에야 그치니 또한 멀지 아니한가?"659)라고 되어 있다. '유(悠)'는 멀다는 뜻이다.(『석의』)

○ 「下流」 : 子貢曰, "紂之惡不如是之甚也. 是以君子惡居下流, 天下之惡, 皆歸焉." '委', 歸也. '臨'謂上帝臨汝也. 「任重道悠」 : 『論語』"曾子曰, 仁以爲己任, 不亦重乎? 死而後已, 不亦遠乎?" '悠', 遠也.(『釋疑』)

『강록간보』37-D

○ 「인기(人紀)」 : 김종덕(金宗德)의 생각: 『서경(書經)』 「이훈(伊訓)」의 주에 "인기(人紀)는 삼강오상이다. 장씨는 '군신, 부자, 형제, 부부, 장유, 붕우 사이에는 예의(禮義)로 서로 맺어짐이 있는데, 그것을 인기(人紀)라고 한다'고 하였고, 전(傳)에서는 '예의로써 기강을 삼는다'라고 하였다"고 하였다.(『강록간보』)

○ 「人紀」 : 按: 「伊訓」註: "人紀, 三綱五常. 張氏曰, '君臣·父子·兄弟·夫婦·長幼·朋友, 有禮義以相維, 謂之人紀.' 傳曰, '禮義以爲紀.'"(『講錄刊補』)

『부주』37-1

○ 주자는 자서(自序)에서 "내제(內弟)인 정윤부가 도문학(道問學)이라고 재실의 이름을 지었다. 내가 존덕성(尊德性)으로 바꾸어야 한다고 하자, 윤부가 명(銘)을 청하기에 이것을 지었다"고 하였다.660)

---

659) 『論語』, 「泰伯」에 나오는 말이다.

○ 朱子自序云, “內弟程允夫以道問學名齋. 予謂當以尊德性易之, 允夫請銘, 因爲作此.”

○ 「정민정의 생각」37 : 윤부는 이름이 순(洵)으로 무원(婺源) 사람이다. 주자를 좇아 배웠고, 저서로 『존덕성재집(尊德性齋集)』이 있다.
○ 「按」 : 允夫, 名洵, 婺源人. 從學朱子, 所著有『尊德性齋集』.

『부주』37-1-1
○ 주자가 말하였다. “‘덕성을 높이고 학문에 종사하며’, ‘널리 글을 배우고 예로 단속한다’는 것처럼 두 쪽에서 공부를 하여 어느 쪽에도 치우치지 않아야 한다.”661)
○ 朱子曰, “‘尊德性而道問學’, ‘博我以文, 約我以禮’, 兩邊做工夫, 都不偏.”

『석의』37-1-1-a
ㅇ 「내제(內弟)」 : 주자의 할머니가 바로 윤부의 할아버지의 누이이다. 윤부는 중표제(中表弟)이다.(『석의』)
ㅇ 「內弟」 : 朱子祖母, 卽允夫祖父之妹. 允夫卽中表弟也.(『釋疑』)
『밀험』37-1-1-b
ㅇ 주자는 말하였다. “나는 이전에 존덕성 측면을 가볍게 말하였다.” ○ 생각건대, 존덕성 세 글자를 지금 사람들은 그것의 의미를 제대로 알지 못한 채, 도문학과 상대되는 것으로서 도문학은 지(知)이고, 존덕성은 행(行)이며, 전자는 박문(博文)이고 후자는 약례(約禮)이며, 전자는 궁리(窮理)이고 후자는 거경(居敬)이며, 전자는 참된 인식이고, 후자는 실천이라고만 알고 있다. 그러나 실제로는 이른바 존덕성의 공부에 대해 어디서부터 손을 대야할지, 어디서부터 시작해야 할지를 모르니 이것은 큰 꿈이다. 저 성(性)을 살펴보면, 선을 즐거워하고 악을 부끄러워하는 것이 그것에서 생겨난다.

660) 『晦庵集』 권85, 「尊德性齋銘」.
661) 『西山讀書記』 권20.

이 본성에 따르면 인에 거할 수 있고 의에 말미암을 수 있으므로 덕성이라고 이름한 것이다. 바로 이 덕성이 본래 상천으로부터 받은 것이므로 높이고 받들어 감히 떨어뜨리거나 잃어버려서는 안 된다. 마음의 권형(權衡)은 선할 수도 악할 수도 있고 일을 처리함에 놓여서는 선하기는 어렵고 악하기는 쉽다.-의미는 위에 보인다.- 만일 여기에 선을 즐거워하고 악을 부끄러워하는 성을 주어 선을 즐기고 의를 살찌우도록 하지 않았다면 죽도록 힘을 다해 조그마한 선을 하고자 해도 역시 과감하게 실행하기는 어려울 것이다. 이는 성이 사람에게 진실로 더 가치 있는 것이 없는 지극히 신실한 것으로 높이고 받들 만하며 잠시라도 어겨서는 안 되는 것이다. 이것을 따라 가면 경에 거하고 예로 검속할 수 있다. 그러나 곧바로 이것을 역행이고 실천이라고 보는 것은 오히려 그렇지 않다. 육상산(陸象山)이 크게 머리를 치고 목젖이 떨리도록 소리를 지르면서 '육경은 모두 찌꺼기'라고 평가하고는 오로지 존덕성 세 글자를 가지고 법문을 세웠다. 그러나 세 글자에 대해서도 여전히 절실히 묻고 참되게 알 수 없었는데 하물며 육경의 넓은 세계에 대해서랴! 지혜가 밝지 못하면 실천에 힘이 붙지 않는데, 어떻게 선불리 찌꺼기라고 할 수 있는가? 인이란 글자를 잘못 인식하고 서라는 글자를 잘못인식하며 단(端)을 끝으로 보고 용(庸)을 평상이라고 보았으니 무엇을 통해 역행하고 실천한다는 것인가?(『밀험』)

○ 朱子曰, "某向來自說道尊德性一邊輕了." ○ 案, 尊德性三字, 今人不達其旨, 唯知與道問學爲相對之物. 彼爲知, 此爲行. 彼爲博文, 此爲約禮. 彼爲窮理, 此爲居敬. 彼爲眞認, 此爲實踐而已. 其實所謂尊德性之工, 不知如何下手, 如何入頭, 此大夢也. 原夫性者, 樂善恥惡之所由然也. 率此本性可以居仁, 可以由義. 仁義之所由成, 故名之曰德性也. 乃此德性本受於上天, 故尊之奉之, 罔敢墜失也. 心之權衡, 可善可惡而措諸行事, 難善易惡-義見上-若于是不予之以樂善恥惡之性, 使之嗜於善, 而肥於義, 則畢世盡力求爲些微之小善, 亦難乎其果行. 斯則性之於人, 誠爲無上至實, 可尊可奉, 不可須臾而相違者也. 率此以往, 可以居敬, 可以約禮. 然直以是爲力行爲實踐, 猶之未然. 陸象山大拍頭胡叫喚謂'六經皆糟粕', 專把尊德性三字以立法門. 然於三字, 猶未能切問而眞知. 況於六經之浩汗乎? 知不明, 則行不力. 安得徑謂之糟粕乎? 認仁字誤, 認恕字誤, 認端爲末, 認庸爲平, 將何以力行而實踐哉?(『密驗』)

○ 「정민정의 생각」38 : 주자는 평소에 사람들에게 존덕성 도문학 두 가지는 한쪽에 편중하는 잘못이 있어서는 안 된다고 가르쳤는데, 그것을 말로 표현한 것을 살필 수 있다. 다 기록할 수는 없으니, 이제 모두 여섯 조목662)을 추려서 덧붙인다.

○ 「按」 : 朱子平日教人, 以尊德性道問學二者, 不可有偏重之失, 其見于言者, 可考也. 不能盡錄, 今摭附凡六條.

『부주』37-1-2

○ 또 말하였다. "만약 도리 상에서 보는 것이 정밀하지 못하면 반드시 덕성을 높이는 데에서 공부를 해야 한다. 만약 덕성 상에 부족함이 있으면 바로 강학 상에 힘을 다해야 한다. 두 가지를 병행하면 서로 발명하여 광대하고 빛나는 경지에 도달할 수 있다."663)

○ 又曰, "若於道理上, 看未精, 便須於尊德性上用功. 若德性上有不足, 便須於講學上著力. 二者竝行, 庶互相發明, 可到廣大輝光之地."

『부주』37-1-3

○ 또 말하였다. "배우는 사람의 공부는 오직 거경과 궁리 두 가지 일에 있다. 이 두 가지 일은 서로 발명하니, 궁리할 수 있으면 거경공부가 날마다 더욱 진보하고, 거경할 수 있으면 궁리공부가 날마다 정밀해진다."664)

○ 又曰, "學者工夫, 唯在居敬窮理二事. 此二事互相發, 能窮理, 則居敬工夫日益進, 能居敬, 則窮理工夫日益密."

---

662) 『부주』37-2에서 『부주』37-7까지 여섯 조목이다.

663) 『朱子語類』 권94, 「周子之書」.

664) 『朱子語類』 권9, 「學三·論知行」.

『부주』37-1-4

○ 풍작숙(馮作肅)665)에게 답한 편지글에서 말하였다. "거경과 궁리 두 가지는 한쪽에 치우쳐 그만두게 해서는 안 된다. 치우쳐 그만두게 되면 덕이 외로워지고 이로울 바 없을 것이다."666)

○ 答馮作肅書曰, "居敬窮理二者, 不可偏廢, 偏廢則德孤, 無所利矣."

『석의』37-1-4-a

○ 「무소리(無所利)」: 상세한 내용은 위의 '곤육이장(坤六二章)'에 보인다.(『석의』)

○ 「無所利」: 詳見上'坤六二章'.(『釋疑』)

『비망록』37-1-4-b

○ 「'약어도리(若於道理)'에서 '지지(之地)'까지」: 본주에서는 "존덕성은 마음을 보존하여 도체의 크기로까지 밀어가는 것이다. 도문학은 지를 다 발휘하여 도체의 세밀함을 다하는 것이다."라고 하였다. 배우는 사람이 공부를 함에 존심 양성할 수 있어 사의에 자신이 매이거나 이미 얻은 것에 집착하지 않고 쌓고 참고하기를 그치지 않으면 끝내는 본원이 맑고 선명하며 이치를 더욱 정밀하고 밝게 볼 수 있다. 또 이치를 궁구하여 지혜를 다 발휘하면서 사의에 스스로 매이지 않고 이미 알고 있는 것에 잠겨 노닐면서 두루하되 빠뜨리지 않는다면 이로부터 근본은 견실해지고 덕을 세움은 더욱 깊고 두터워질 것이다. 그러나 만일 경험적 지식이 정밀하고 밝지 않다면 이는 마음의 밭을 배양하지 못했기 때문이다. 존덕성에서 공부를 해야 한다. 만일 덕성이 깊고 두텁지 않다면 이는 국량을 넓히지 못했기 때문이니, 학문을 강토하는 것에 힘을 써야 한다. 이와 같이 하면 고명한 경지에 이르지 못할까를 근심하지 않는다.
○ 「'학자공부'에서 '익밀(益密)'까지」: 거경으로 근본을 세우고 궁리로 지적 능력을 극대화하는 이것이 공부를 하는 큰 절목이다.

665) 풍작숙(馮作肅): 이름은 윤중(允中), 호는 현재(見齋)이며, 군무(郡武)사람이다.

666) 『晦庵集』 권41, 「答馮作肅」.

배우되 지혜를 극진히 하지 않는다면 마음속이 어둡고 막혀 근본이 설 수 없다. 근본을 세우지 않으면 사려가 뒤섞이고 어지러워 지혜가 여기에 깃들이지 않는다. 거경궁리는 학자가 아울러 진행하고 하나라도 폐해서는 안 된다. 그 때문에 거경공부는 궁리를 통해 날마다 조금씩 나아가고 궁리공부는 거경으로부터 날마다 조금씩 정밀해진다. 혹자는 말한다. "이 두 가지를 공부하는 순서로 말하면 어떤 것이 우선이고 어떤 것이 다음인가?" 대답한다. "초학자를 가지고 말하면 궁리가 반드시 우선 되어야 하고, 조금 지식이 있는 경우로 말하면 선후를 나눌 수 없으니, 이것과 저것의 경계를 나누지 않고 한 번에 착수하고 상호 길러야 한다." 풍작숙(馮作肅)의 이름은 윤중이고 소무(邵武) 사람으로 호가 현재이다.(『비망록』)

○ 「若於道理 止 之地」: 本註: "尊德性, 所以存心而極乎道體之大也. 道問學, 所以致知而盡乎道體之細也." 夫學者用工能存心養性, 不以私意自累, 操執於其所已得, 而積參不已, 則畢竟本原澄淸, 而見理益精明. 又夫窮深致知, 不以私自累, 欲涵泳乎其所已知, 周悉不遺, 則自是體段堅確, 而樹德益深厚也. 然若見知未精明, 則是以其培不養田地故也. 當於尊德性上用工. 若德性未深厚, 則是以其不恢廓器量故也. 當於講學上用工也. 如是則不患不到高明之域矣. ○「學者工夫 止 益密」: 居敬以立本, 窮理以致知, 此爲學之大節也. 學而不致知, 則胸懷昏塞, 本不能立. 不立本, 則思慮雜柔, 知無以寓此. 居敬窮理, 學者所當幷進而不廢一也. 故居敬工夫因窮理而日益進, 窮理工夫自居敬而日益密. 或曰,此二者以用工次序言之. 何者爲先, 何者爲後乎? 曰,以初學言之, 則窮理必居先, 以稍有識者言之, 則不可分先後, 當一齊下手無此疆彼界之分, 而交相養矣. 馮作肅名允中, 邵武人, 號見齋.(『備忘錄』)

『부주』37-1-5

○ 손경보(孫敬甫)[667]에게 답하는 편지글에서 말하였다. "정부자가

667) 손경보(孫敬甫): 이름은 자수(自脩)이고, 선주(宣州) 선성(宣城) 사람이다.

함양은 반드시 경으로써 하고, 학문에 나아가는 것은 치지에 있다고 하였는데, 이 두 마디의 말은 마치 수레의 두 바퀴와 같고, 새의 양 날개와 같아서 그 한쪽을 버리고서 다닐 수 있고 날 수 있는 것은 없다. 그 사이에 대개 완전히 이단에서 나온 것이 있지만 오히려 자기를 위하는 데에 있어서는 잘못되지 않은 사람이 있으며, 그 나머지는 모두 사사로움을 꾸미고 이치를 거스르니 학문이라고 하기에는 부족하다."668)

○ 答孫敬甫書曰, "程夫子言'涵養必以敬, 而進學則在致知', 此兩言者, 如車兩輪, 如鳥兩翼, 未有廢其一而可行可飛者也. 其間蓋有全出於異端, 而猶不失於爲己者, 其他則皆餙私反理 而不足謂之學矣."

『강록』37-1-5-a

○ 「'기간개우(其間蓋有)'에서 '위기자(爲己者)'까지」 : 예컨대 육상산의 부류이다. ○ 묻습니다. "상산의 학문은 무슨 까닭에 이단이라고 말합니까? 우리 도와 다른 점을 들려주십시오." 답하여 말하였다. "불도를 닦는 사람은 천리를 멸하고 터럭과 살을 훼손시키는데, 이제 상산에게는 이런 일이 있는 것은 아니다. 다만 단번에 깨닫고자 하는 학문을 해서 궁리가 정신을 지치게 한다고 생각하여 문학공부를 하지 않으니, 바로 불씨의 '불립문자', '견성성불'과 무엇이 다르겠는가? 이것이 상산이 우리 도와는 다르게 된 까닭이다. 그러나 유가와 불가의 사이는 아주 조그마한 데서 갈라지니, 우리 도에 대한 공부가 얕으면 반드시 저리로 돌아가게 된다. 주자의 문인이 선학(禪學)이 사도(斯道)와 다른 까닭을 묻자, 선생께서 답하시기를 '선학 공부를 정밀하게 하고자 하면 이미 불교에 빠진 것이다'라고 하였다. 대개 우리 도에 대한 공부가 두텁지 못하고 먼저 저것이 우리와 다른 것을 이해하고자 한다면 마침내 저리로 돌아가게 됨은 분명하다. 내가 아직 선학을 알지 못하니 어떻게 변별하여 말하겠는가? 다만 저들은 이치라는 지극히 허한 것 가운

668) 『晦庵集』 권63, 「答孫敬甫」.

데 지극히 실한 것이 있음을 알지 못하니, 이 때문에 만법이 모두 공이라고 하는 것이다. 우리 유학에서는 이 이치가 지극히 허하면서도 지극히 실함을 아는 까닭에 온갖 행실이 모두 실이니, 서로의 거리가 어찌 멀지 않겠는가?" 또 물었다. "오로지 기를 위주로 하는 사람에게도 이러한 이론이 있습니까?" 답하여 말하였다. "그렇다. 염계 이후로 정자와 장자 문인들은 오히려 우리 학문을 하면서도 그 차이를 깨닫지 못하고 선으로 들어갔다. 상산이 나옴에 이르러서는 바로 이설(異說)을 만들어내어 자신이 성인 문하의 종지를 얻었다고 말하지만, 실상 기르는 것은 기일 뿐이고 터득한 것은 선(禪)이었다. 이것으로 천하 사람들을 이끌고 우리 학문을 덮으려 하였으니, 해로움이 홍수와 맹수보다 못하지 않으므로, 고정(考亭)이 깊이 우려하여 통쾌하게 그것을 배척하였다. 그 뒤에 태어난 사람들은 미혹되지 않아야 하는데도 오히려 더욱 심하게 미혹되었다. 사람들이 괴이함을 좋아하는 것에 대해서는 한자(韓子)669)가 한탄한 바이다. 어찌하겠는가? 어찌하겠는가?"(『강록』)

○ 「其間蓋有 止 爲己者」: 如陸象山之類. ○ 問, "象山之學, 何故謂之異端, 請聞吾道有異處." 答曰, "爲佛者, 絶滅天理. 爲淺髮膚, 今象山非有此事, 只是爲一超頓悟之學, 以窮理爲疲精神, 不做問學工夫, 正如釋氏'不立文字''見性成佛'何異? 此象山所以爲異於吾道也. 然儒釋之間, 判於毫釐. 吾道之功淺, 則定歸於彼矣. 朱門人有問禪學之所以異. 先生答以'欲致精於禪學之工, 已陷於佛矣.' 大率吾道之功未厚, 先欲理會彼異於吾, 則卒歸於彼, 決矣. 某未知禪學, 何能辨說. 但那箇不知理至虛之中有至實者, 是故萬法俱空云. 吾儒知此理至虛而至實, 故百行皆實, 相去豈不遠哉?" 又問, "專主氣者, 亦

---

669) 한자(韓子, 768~824) : 한유(韓愈)를 가리킨다. 자는 퇴지(退之)이고, 창려(昌黎)사람이다. 덕종(德宗) 정원(貞元) 8년(792)에 진사가 되었다. 국자좨주(國子祭酒)·병부시랑(兵符侍郞)·이부시랑(吏部侍郞)·경조윤(京兆尹)을 역임하였다. 시호는 문(文)이다. '당송팔대가(唐宋八大家)' 가운데 한 사람으로 유가 사상을 존중하고 도교와 불교를 배격하였으며, 송나라 이후 도학(道學)의 선구자가 되었다. 저서에 『창려선생집(昌黎先生集)』 40권과 『외집(外集)』 10권, 『유문(遺文)』 1권 등이 있다.

此論與?" 答曰, "然, 濂洛以後程·張門人, 猶是爲吾學, 而不覺其差, 入於禪. 至象山出, 乃昌爲異說, 自謂得聖門宗旨, 其實所養者氣耳, 而所得者禪也. 至欲以是率天下而揜吾學, 害不在洪水·猛獸之下, 考亭深憂, 而痛闢之. 生其後者, 可不迷而更甚焉. 人之好怪, 韓子之所嘆. 奈何奈何."(『講錄』)

『석의』37-1-5-b

- 「'기간개우(其間蓋有)'에서 '위기자(爲己者)'까지」 : 예컨대 육상산의 부류이다. 「기타(其他)」 : 이단으로 자기를 위하는 실질이 없는 사람을 말한다.(『석의』)
- 「其間盖有 止 爲已者」 : 如陸象山之類. 「其他」 : 謂異端而無爲己之實者. (『釋疑』)

『강의』37-1-5-c

- 존덕성과 도문학은 두 가지가 아니다. 존덕성은 상면의 공부로서 십분 매진해야 한다. 도문학은 하면의 공부로서 역시 칠분 매진해야 한다. 이는 마치 수레바퀴와 새의 날개처럼 하나라도 없어서는 안 되는 것과 같다. 그런데 세상에서 문학을 앞세우고 덕성을 뒤세우는 것은 벽을 사이에 두고 듣고 신발을 신고 가려운 곳을 긁는 것이다. 자기에게 절실한 것을 잘 살피지 않는 사람이 상채(上蔡)[670]가 앵무새라고 비난한 것을 면할 수 있겠는가? 그렇다면 정순(程洵)이 도문학으로 재실(齋室)의 이름을 지은 것은 정녕 존덕성으로 바꾸어 실제에 힘쓰고자 하는 것만 못하다. 때문에 주자는 "덕성에서 공부를 해야 한다. 덕성에 부족함이 있다면 강학에 힘을 기울여야 한다. 두 가지를 병행하면 광대하고 찬란한 경지에 이를 수 있다"고 하였으니 존덕성 세 글자는 학문의 제일 관문이기 때문일 것이다.(『강의』)
- 尊德性·道問學, 非兩件事也. 尊德性是上面工夫, 當十分加勉. 道問學是下面工夫, 亦當七分做了, 正如車輪鳥翼之不可廢一, 而世之先問學而後德性者,

670) 상채(上蔡, 1050∼1103): 사량좌(謝良佐)의 호로 자는 현도(顯道)이다. 저서에 『논어설(論語說)』과 『상채어록(上蔡語錄)』 등이 있으며, 정호(程顥) 문하의 수제자 네 사람 중의 한 사람이다.

便是隔壁聽，隔靴爬．不察切己之實者，其能免上蔡鸚鵡之譏乎！然則程洵之以道問學名齋者，固不若易之以尊德性之爲務實也．故朱子曰，“須於德性上用工．若於德性上有不足，須於講學上着力．二者竝行，可到廣大輝光之地云爾”，則尊德性三字爲學問之第一關棙乎!(『講義』)

『비망록』37-1-5-d

○ 「‘정부자(程夫子)’에서 ‘지비자야(止飛者也)’까지」 : 수레와 새는 학자에 비교한 것이고, 두 바퀴와 두 날개는 경(敬)과 치지(致知)를 말한 것이다. 학자가 함양하지 않는다면 그만이지만 함양하고자 한다면 경이 아니고서는 불가능하다. 학문에 나아가지 않는다면 그만이지만 학문에 나아갔다면 치지가 아니고서는 불가능하다. 게다가 함양은 하고 학문에 나아가지 않는다면 순박하고 진실하다고 말할 수 있기는 하겠지만 이치를 변석하고 변화에 통달하기에는 부족하다. 또 치지는 하고 함양하지 않는다면 총명함이 볼만은 하겠지만 덕을 닦고 의를 실천할 수는 없다. 그러므로 이 두 가지는 반드시 함께 해야 한다. 그 의리가 완벽하게 갖추어져 박문약례하는 경지에 이르고 수레의 두 바퀴와 새의 양 날개처럼 성취한 바가 있어 달리고 날게 된다면 어찌 확연하게 볼 수 있지 않겠는가? 손경보(孫敬甫)는 이름이 자수(自修)로 선주(宣州) 사람이다.(『비망록』)

○ 「程夫子 止 飛者也」 : 車與鳥比學者也，兩輪兩翼言敬與致知也．學者，不涵養，則已，欲涵養，則非以敬不能也．不進學，則已，旣進學，則非致知不可也．且夫涵養而不進學，則雖有朴實可言，然其於析理達變有不足．又致知而不涵養，則雖有聰明可觀，然其於修德行義有不能．然則此二者必兼之．其義萬備，以至博文約禮之地，而有成就如車之兩輪，鳥之兩翼，而行且飛焉，豈不了然可見也哉？孫敬甫，名自修，宣州人.(『備忘錄』)

『부주』37-1-6

○ 왕자충에게 답한 편지글에서 말하였다. “오늘의 폐단은 강학에 힘쓰는 사람은 대부분 실천은 빠뜨리고, 오로지 실천만 하는 사람은 또 마침내 강학을 무익하다고 생각하는 것이다. 특히 실천

을 진실하게 함으로써 강학의 공효를 이루어 아는 것을 더욱 밝게 하면 지키는 것도 날마다 견고해져서 저 구구하게 귀로 듣고 입으로 지껄이는 이들과는 참으로 함께 말할 수 없다는 것을 알지 못한다."671)

○ 答王子充書曰, "今日之弊, 務講學者, 多闕於踐履, 專踐履者, 又遂以講學爲無益. 殊不知因踐履之實, 致講學之功, 使所知益明, 則所守日固, 與彼區區口耳之間者, 固不可同日語矣."

『부주』37-1-7

○ 주자가 말하였다. "통렬하게 한번 이해하는 것은 혈전(血戰)을 치르는 것과 같으니 그런 연후에 함양해 간다. 인하여 스스로 말하기를 '내가 지금 비록 정좌하고 있지만 도리는 저절로 드러나니 깨닫지 못한다면 무엇을 함양하겠는가?'라고 하였다."672)

○ 朱子曰, "痛理會一審, 如血戰相似, 然後涵養將去. 因自云, '某如今雖便靜坐, 道理自見, 未能識得, 涵養箇甚?"

『강록』37-1-7-a

○ 「주자왈통(朱子曰痛)」: 비평하여 말한다. "상단에는 도문학이라고 하였다." 「혈전상사(血戰相似)」: 피를 흘리면서 서로 싸우는 것과 같다.(『강록』)

○ 「朱子曰痛」: 批"上端云道問學." 「血戰相似」: 如流血相戰.(『講錄』)

『석의』37-1-7-b

○ 「혈전(血戰)」: 피를 흘리면서 서로 싸우는 것과 같음을 말한다. 「도리자현(道理自見)」: 이미 통렬하게 이해하였기 때문에 비록 정좌하고 있더라도 이와 같은 것이다.(『석의』)

○ 「血戰」: 謂如流血相戰也. 「道理自見」: 旣已痛理會, 故雖靜坐而如此也.(『釋疑』)

『표제』37-1-7-c

671) 『晦庵集』 권46, 「答王子充」.

672) 『朱子語類』 권9, 「學三·論知行」.

○ 「혈전(血戰)」 : 죽고 다침을 헤아리지 않고 피를 보면서 싸우는 것이다. 이는 학문과 사변은 뜻을 굳게 하고 발분하여, 얻지 않으면 그만두지 않는다는 각오로 통렬하게 이해하기를 이와 같이 한다는 말이다.『퇴계집』(『표제』)

○ 「血戰」 : 不計死傷, 見血鏖戰也. 言學問思辨, 厲志發憤, 不得不措, 痛理會如此.『退溪集』(『標題』)

『비망록』37-1-7-d

○ 「'금일(今日)'에서 '동일어의(同日語矣)'까지」 : 이 편은 주 선생이 당시의 유폐를 들어 경계로 보인 것이다. 학문을 강토함은 실천하기 위해서이다. 실천은 강학을 체증하기 위한 것이다. 강학만 하고 실천을 빠뜨리면 아는 것이 술수와 기예의 부류에 빠지게 되고, 실천만 하고 강학하지 않으면 지키는 바가 하나를 고집하여 융통성이 없는 지경에 귀착된다. 후세의 근심거리들은 전자에 해당하지 않으면 반드시 후자에 이르게 된다. 강학과 실천이 서로 의지하고 서로 보완해준다는 것과 지식은 행동을 통하여 더욱 넓어지며 실천은 앎을 통해 더욱 두터워져서, 한갓 귀로 듣고 입으로 뱉어내면서 몸과 마음에 도움이 되지 않는 것과는 하늘과 땅처럼 큰 차이가 있다는 것을 결코 모른다. 선생의 말은 깊이 가리키는 바가 있어 언급한 것임을 알 수 있다.(『비망록』)

○ 「今日 止 同日語矣」 : 此篇朱先生擧當時之流弊以示警也. 夫講學欲以踐履也. 踐履者, 體其講學也. 徒講學而闕踐履, 則所知流於術數技藝之類, 獨踐履而不講學, 則所守歸於執一不通之科矣. 盖後世之爲患不與於此, 則必及於彼矣. 殊不知講學與踐履相資而相發, 知因行而益廣博, 行因知而益敦厚, 與徒口耳之間而無輔於身心者, 殊天淵也. 先生之言深有所指而發, 可見矣.(『備忘錄』)

○ 「정민정의 생각」39 : 주자는 중년에 배우는 사람이 서로 닦는 공효가 미치지 못하여 혹 부진한 데 이르고, 게다가 선을 택함이

정밀하지 못하여 이학(異學)의 공허한 데로 흐를까 염려하였기 때문에 도문학에 치중하였으니, 이제 모두 열 조목[673]을 추려서 덧붙인다.

○ 「按」: 朱子中歲, 恐學者交修之功不逮, 而或至於不振, 且擇善之未精, 而或流於異學之空虛也. 故於道問學爲重, 今摭附凡十條.

『부주』37-1-8

○ 또 말하였다. “만사는 궁리에 있으니 상도가 바르지 않고 이치가 밝지 않으면 아무리 지켜보려고 하나 다만 공일 뿐이다.”[674]

○ 又曰, “萬事在窮理, 經不正, 理不明, 看如何地持守, 也只是空.”

『강록』37-1-8-a

○ 「경부정(經不正)」: 맹자는 향원이 덕을 어지럽히는 것을 논하면서 끝머리에 말하기를 “상도가 바르게 되면 서민들이 흥기하고, 서민들이 흥기하면 사특함이 없어진다”고 하였다.(『강록』)

○ 「經不正」: 孟子論鄕愿亂德, 末曰, “經正, 則庶民興. 庶民興, 斯無邪慝矣.”(『講錄』)

『석의』37-1-8-b

○ 「경부정(經不正)」: 맹자주에 ‘경은 만세토록 바뀌지 않는 상도이다. 세상이 쇠잔하여 도가 은미하며 대경이 바르지 않다’고 하였다. 「‘간여하(看如何)’에서 ‘시공(是空)’까지」: 아무리 지킴을 보려고 하나.(『석의』)

○ 「經不正」: 孟子註‘經萬世不易之常道也. 世衰道微, 大經不正.’「看如何止是空」: 아므리持守홈을看ᄒᆞ려ᄒᆞ나.(『釋疑』)

『비망록』37-1-8-c

○ 「만사재궁리(萬事在窮理)」: 혹자는 “이것은 일반 사람을 가리켜 말한 것으로 성인은 결코 해당되지 않는다”라고 하였다. 대답하였다.

673) 『부주』37-1-8에서 『부주』37-1-17까지 열 조목이다.

674) 『朱子語類』 권9, 「學三·論知行」.

"그렇다. 성인은 태어나면서 지혜로운 사람이다. 어찌 이치를 궁구하기를 기다린 뒤에 지혜롭겠는가? 그러나 우리 공자선생께서는 일찍이 '나만큼 배우기를 좋아하지는 못할 것이다'거나, '나는 옛것을 좋아하여 민첩하게 탐구하는 사람이다'거나, 또 『주역』「계사전」에 '우러러 천문을 관찰하고 구부려 지리를 살핀다. 이 때문에 유명의 일을 알고 (중략) 삶과 죽음의 설을 알며, 귀신의 정상을 안다'고 하였다. 이는 모두 성인의 궁리가 아니겠는가?(『비망록』)

○ 「萬事在窮理」: 或曰, "此指衆人而言. 聖人必不與矣." 曰, "然. 聖人, 生知也. 何待窮理而後知也? 然吾夫子嘗曰, '不如丘之好學也.' 又曰, '好古敏以求之者也.' 又『易』係曰, '仰以觀於天文, 俯以察於地理. 是故知幽明之故止知死生之說, 知鬼神之情狀', 此皆非聖人之窮理也哉?"(『備忘錄』)

『부주』37-1-9

○ 치지와 함양의 선후를 묻습니다. 대답하였다. "모름지기 먼저 치지를 한 연후에 함양해야 한다." '이천은 치지하면서 경에 있지 않음이 없다'고 하였는데 어떻습니까? 대답하였다. "이것은 대강을 말한 것이다."675)

○ 問致知涵養先後? 曰, "須先致知後涵養." 問伊川言'未有致知而不在敬', 如何? 曰, "此是大綱說."

『부주』37-1-10

○ 또 말하였다. "나는 감히 스스로 어둡지 않았으니, 실제로 조금씩 쌓아나가서 터득하였다."676)

○ 又曰, "某不敢自昧, 實以銖累寸積而得之."

『강록』37-1-10-a

○ 「불감자매(不敢自昧)」: 감히 학문을 어둡게 폐하지는 않았음을 말

675) 『朱子語類』 권9, 「學三:論知行」.

676) 『朱子語類』 권104, 「朱子一:自論為學工夫」.

한 것이다. 「수루촌적(銖累寸積)」 : 십서(十黍)가 루(累)가 되고, 십루가 수(銖)가 되고, 팔수가 유(錙)가 되고, 이십사수가 양(兩)이 된다. ○ 수루(銖累)는 경중으로 말한 것이고, 촌적(寸積)은 장단으로 말한 것이다. 가벼운 것을 누적하면 무거워지고, 짧을 것을 보태나가면 길어진다.(『강록』)

○ 「不敢自昧」 : 猶言不敢昏廢學問. 「銖累寸積」 : 十黍爲累, 十累爲銖, 八銖爲錙, 二十四銖爲兩. ○ 銖累以輕重言, 寸積以長短言. 累輕得重, 積短爲長.(『講錄』)

『석의』37-1-10-b

○ 「불감자매(不敢自昧)」 : '어둡지 못하여'의 뜻으로 감히 혼폐하지 못하였다고 말하는 것과 같다. 「수루촌적(銖累寸積)」 : 『서경(書經)』주에 "천이백 서(黍)의 무게는 12수(銖)이다."라고 하였다. ○ 수(銖)는 경중으로 말한 것이고, 촌(寸)은 장단으로 말한 것이다.(『석의』)

○ 「不敢自昧」 : 매티몯ᄒᆞ야猶言不敢昏廢. 「銖累寸積」 : 『尙書』註, "千二百黍其重十二銖." ○ 銖以輕重言. 寸以長短言.(『釋疑』)

『표제』37-1-10-c

○ 박세채(朴世采)의 생각: 이것은 자신이 노력한 실제적인 내용을 스스로 언급함으로써 학자들을 독려하는 것이다.(『표제』)

○ 按: 此蓋自言其用力之實, 以厲學者.(『標題』)

『부주』37-1-11

○ 왕태초(汪太初)[677]에게 답한 글에서 말하였다. "일찍이 듣건대, '학문이 잡된 것은 넓은 듯하고, 간략한 것은 좁은 것 같다'고 하니, 오직 넓히는 것을 먼저하고 간략히 하는 것을 뒤에 한 뒤에야 잡박한 데로 흐르지 않고 좁은 데 빠지지 않는다. 그러므로 『중용』에서는 명선(明善)을 성신(誠身)의 앞에 두었고, 『대학』에서는 성의(誠意)를 격물(格物)의 뒤에 놓았으니, 이것은 성현의 말에서 고찰할 수 있는 것이 그런 것이다."[678]

---

677) 왕태초(汪太初) : 이름은 초재(楚材)로 주자의 증조모인 왕씨(汪氏)와 동성(同姓)이다.

○ 答汪太初書曰, "嘗聞'學之雜者似博, 約者似陋', 惟先博而後約, 然後能不流於雜, 而不揜於陋也. 故『中庸』明善, 居誠身之前, 大學誠意, 在格物之後, 此聖賢之言, 可考者然也."

『강록』37-1-11-a

○ 「누(陋)」 : 사람들은 다만 누(陋)의 뜻이 더러운 것만 알고, 『운서』에 또 '작다, 좁다'고 한 것은 모른다.(『강록』)

○ 「陋」 : 人只知陋義是汙, 而不知韻書亦云 '搾也, 狹也.'(『講錄』)

『석의』37-1-11-b

○ 「누(陋)」 : '작다', '좁다'는 뜻이다.(『석의』)

○ 「陋」 : '搾也, 狹也.'(『釋疑』)

『비망록』37-1-11-c

○ 「'상문(嘗聞)'에서 '불엄어누야(不揜於陋也)'까지」 : 이것은 학자들의 통상적인 병폐를 언급한 것이다. 그러나 중지 이상에 해당하는 사람일지라도 이러한 병폐를 벗어나지 못한다. 먼저 박문(博文)을 말하고 뒤에 약례(約禮)을 말한 것은 공부를 하는 순서가 그런 것이다. 본주에서 쌍봉요씨는 '넓히고 검속할 수 있다면 넘치거나 지리한 실수가 없어 넓음이 잡박한 것에 빠지지 않을 것이다. 검속하면서도 넓을 수 있다면 편협하고 막히는 병폐가 없어 그 검속함이 누추한 것에 빠지지 않을 것이다. 이것이 박약은 둘을 함께 다함을 귀하게 여기는 이유이다. 그렇다면 박학은 치지격물(致知格物)이고, 약례는 정심수신(正心修身)이다. 『대학』의 팔조목을 살펴보면 선후가 문란하지 않음을 알 수 있다. 이와 같이 학자가 자신의 경험적 지식을 넓힌 뒤에 몸으로 체득한다면 모든 일이 지나치거나 가리워서 중도를 잃는 지경에 이르지 않을 것이다. 만일 선후를 갖추지 못하고 실천에만 치우친다면 검속한 것에 옳고 그름이 있게 되니 어찌 예를 십분 다할 수 있겠는가? 왕태초(汪太初)의 이름

678) 『晦庵集』 권46, 「答汪太初」.

은 초재(楚材)이다. 주자의 증조할머니인 왕씨와 동성으로 휴령사람이다. 주자는 덕업이 뛰어남을 칭찬하였다.(『비망록』)

○ 「嘗聞 止 不揜於陋也」 : 此盖言學者之通患. 然雖及於中智以上者, 亦不免焉. 盖言之先博文後約禮, 用工之次序然也. 本註脚雙峰饒氏曰, 蓋必博而能約, 則無泛濫支離之失, 而其博不失之雜. 約而能博, 則無偏狹固滯之病, 而其約不失之陋. 此博約之貴於兼盡也. 然則博學是致知格物也. 約禮是正心修身也. 觀於大學八條明知其先後有不紊, 如是則學者必廣其知見, 而後體諸身, 則事事不至於流遁失中矣. 若失於先後之備, 而偏於踐履, 則所約者有是有非, 豈能十分盡於禮乎. 汪太初, 名楚材. 朱子曾祖母, 汪氏同姓也. 休寧人, 朱子稱德業之盛.(『備忘錄』)

○ 「정민정의 생각」40 : 학문은 넓게 하고자 하되 잡되기를 바라지 않으며, 간략하고자 하되 좁아지기를 바라지 않는다는 것은 바로 호오봉의 말이다.

○ 「按」 : 學欲博不欲雜, 欲約不欲陋, 乃五峯胡氏之言.

『부주』37-1-12

○ 조민표에게 답한 글에서 말하였다. "옛 사람들의 학문은 치지를 우선시 하였으니, 치지의 방법은 격물에 있다. 격물이라고 하는 것은 하남부자가 말한바 혹은 독서를 하여 의리를 강론하여 밝히며, 옛 사람을 상론하여 그 시비를 구별하고, 혹은 사물에 응접하여 그 마땅한지의 여부를 처리하는 것이 모두 격물의 일이다. 격물하여 앎이 이르게 되면 행함에 힘이 되지 않음이 없고, 일을 만남에 그 서지 못함을 걱정하지 않는다."679)

○ 答趙民表書曰, "古人之學以致知爲先, 致知之方在乎格物. 格物云者, 河南夫子所謂或讀書講明義理, 尙論古人別其是非, 或應接事物而處其當否, 皆格物之事也. 格物知至則行無不力, 而遇事不患其無立矣."

『부주』37-1-13

679) 『晦庵集』 권64, 「答趙民表」.

○ 유공도(劉公度)680)에게 답한 편지글에서 말하였다. "천하 사물의 이치와 서책 가운데의 성현의 말씀은 모두 자세히 반복하여 끝까지 연구해야 하지만 잡아 지키는데 이르러서는 도리어 허다한 일이 없다. 만약 온당치 못함을 느끼거든 단지 묵묵히 공부를 더하여 힘써 앞으로 나아갈 뿐이다. 이제 듣건대, 책을 덮고 강론하지 아니하고 도리어 지키는 일을 강설의 바탕으로 삼으려 한다고 하니, 이것은 바로 두 가지 다 그 마땅함을 잃는 것이다. 결국에는 거두어들일 것이 없게 만들고 단지 억지로 끌어다 붙이고 억지로 모아 놓았을 뿐이다."681)

○ 答劉公度書曰, "天下事物之理, 方册聖賢之言, 皆須子細反復究竟, 至於持守, 却無許多事. 若覺得未穩, 只有默默加功, 著力向前耳. 今聞廢書不講, 而反以持守之事, 爲講說之資, 是乃兩失其宜. 下梢弄得無收殺, 只成得杜撰捏合而已."

『강록』37-1-13-a

ㅇ 「하초롱득무수살(下梢弄得無收殺)」: 나중에는 희롱되어 거두어 마침이 없다는 뜻이다. 「두찬(杜撰)」: 비평하여 말하였다. "이 설은 알 수가 없다." ○ 중국에서 두(杜)의 음은 도(度)와 같다. 송나라에 성도(盛度)라는 사람이 아무개의 사령을 지었는데 조회에 해학을 좋아하는 한 선비가 그것을 희롱하여 말하기를 "아무개의 사령을 누가 지었는가?"라고 하자, 성도가 대답하여 말하기를 "도가 지었다"고 하였는데, 두찬(杜撰)과 같으므로 온 좌중이 크게 웃었다. ○ 이덕홍의 기록에서 말하였다. "두(杜)는 막는다는 것과 같다. 예를 들면 이른바 말주변으로 남의 뜻을 막는다는 것과 같은 것으로써 의리도 없고 사실도 없는 일로써 다만 남을 막아내기 위해 계획해서 만들어 냄을 두찬이라고 한다." 혹은 말하기를 "옛날에 두씨 성을 가진 사람이 지은 글이 모두 망령되고 잘못되었기 때문에 그것을 두찬이라고 한다"고 하였으나, 옳지 않다. 「날합(捏

680) 유공도(劉公度) : 이름은 맹용(孟容)으로 융흥부(隆興府) 사람이다.

681) 『晦庵集』 권53, 「答劉公度」.

合)」: 비평하여 말하였다. "날(捏)은 음이 날이고 '잡아 모으다'는 뜻이다." ○ 그 이치를 궁구하여 행하면 이치는 자연히 실제에 합하는데, 이제 유공도는 그렇지 않으니, 그 이치를 알지 못하면서 억지로 찬조하고 부회하여 행하였기 때문에 두찬, 날합이라고 하였다.(『강록』)

○ 「下梢弄得無收殺」: 내죵애ᄒᆞ놀여거두어ᄆᆞᄎᆞᆷ미업서. 「杜撰」: 批云, "此說不可曉." ○ 中原杜音與度同. 宋有盛度作某辭命. 朝會一士好諧者, 戲之曰, "某辭誰人撰耶?" 度對曰, "度撰." 以與杜撰同, 故萬座大噱. ○ 李錄云, "杜猶塞也. 如所謂以口給禦人之意, 言以無義理無事實底事, 只爲唯備人禁塞人計, 而撰造虛言謂之杜撰." 或曰, "昔有杜姓之人所撰之書, 都是妄誤, 故謂之杜撰." 非是. 「捏合」: 批云, "捏, 乃結切, 捻聚也." ○ 窮其理而行, 則理自然合於實處, 而今劉則不然. 不知其理, 而强撰造附會而行, 故曰杜撰捏合.(『講錄』)

『석의』37-1-13-b

○ 「하초롱득무수살(下梢弄得無收殺)」: 하초(下梢)는 말초(末梢)와 같다. 무수살(無收殺)은 몰합살(沒合殺)과 같다. 살(殺)은 어조사인 듯하다. 「두찬날합(杜撰捏合)」: 두찬은 앞 사람의 말을 막고 자기의 뜻으로 지어내는 것이다. 어떤 사람은 말하기를, "옛날에 두찬이 시를 지었는데 대부분이 운율에 맞지 않았다. 당시에 말이나 일이 격에 맞지 않는 것을 일컬어 두찬이라고 하였다"고 한다. '날(捏)'은 음이 날이고, 비틀어 취한다는 뜻이다. 날합(捏合)은 '집어 모으다'는 뜻이다. ○ 그 이치를 궁구하여 행하면 이치는 자연히 실질에 부합하지만 이제 유씨는 그 이치를 알지 못하고 억지로 자기의 뜻으로 지어내고 부회하여 행하기 때문에 말한 것이다.(『석의』)

○ 「下梢弄得無收殺」: 下梢猶末梢. 無收殺與沒合殺同. 殺, 疑語辭. 「杜撰捏合」: 杜撰杜塞前人之語, 而以己意撰造也. 或曰, "昔杜撰爲詩, 多不合律. 當時言事不合格者謂之杜撰也. 捏, 乃結反, 捻取也. 捏合지버뫼호다. ○ 窮其理而行, 則理自然合於實處, 而今劉則不知其理, 而强以意撰造附會而行

故云.(『釋疑』)

『비망록』37-1-13-c

○ 「'천하사물(天下事物)'에서 '향전거이(向前去耳)'까지」 : 이 한 절은 의미를 자세하게 풀이하고 있는데, '자세반복' 네 글자가 요점이고, '묵묵가공'은 그 다음이다. 천하 사물의 이치를 듣고 방책에 기록된 성현의 말씀을 보면서도 깊이 끝까지 탐구하지 않는다면 보고 듣는 것이 들어도 들리지 않고 보아도 보이지 않는 지경에 이르게 되어 일이 지나가면 망연히 미혹되게 될 것이다. 그러나 제재하고 결정할 줄 모르기 때문에 자세하고 반복적으로 의리를 강명해야 깨닫게 될 것이다. 만일 거의 추구했으나 온당하지 않은 경우가 있는 것은 대개 소략한 것이 많은데도 찾고 풀이하려 않기 때문이니, 앞서한 노력을 잃어버리게 되는 것을 어찌하겠는가? 말없이 공부를 하여 마음으로 이해하여 얻게 되기를 기약하면서 사색에 힘써야 앞을 바라보며 한계를 설정하게 되지 않는다. 유공도의 이름은 용(容)이며 융흥부(隆興府) 사람이다.(『비망록』)

○ 「天下事物 止 向前去耳」 : 此一節詳其旨意, '子細反復'四字爲要節, '默默加功', 又次焉. 聞天下事物之理, 見方冊聖賢之言, 而不鉤深硏極, 則所聞所見, 至聽不聞, 視不見, 輒過事茫迷. 然不知制決, 故是子細反復講明義理, 乃可得矣. 如或幾推究有未穩此時, 盖多疎略而不欲尋繹, 其失於前功爲如何哉? 卽當更默默加功, 期於心會理得而勉力於思索, 幾乎望向前, 而不至畫矣. 劉公度名容, 隆興府人.(『備忘錄』)

『부주』37-1-14

○ 범문숙(范文叔)682)에게 답한 편지글에서 말하였다. "윤화정의 문인이 그 스승을 찬미하여 말하기를 '크도다, 성인께서 도모하신 육경의 글을 거리낌이 없이 마음으로 터득하여 마치 자기 말을 외는 듯이 하신다'고 하였으니, 마땅히 이러한 지위에 이르도록 해야 비

682) 범문숙(范文叔) : 이름은 중보(仲黼)이고 촉(蜀)사람으로 주자의 문인으로 분류되지는 않지만 위학당(僞學黨)에 들어 있다.

로소 독서인인 것이다."[683]

○ 答范文叔書曰, "尹和靖門人贊其師云, '丕哉聖謨, 六經之編, 耳順心得, 如誦己言', 要當至此地位, 始是讀書人耳."

『부주』37-1-15

○ 유정부(答劉定夫)[684]에게 답한 편지글에서 말하였다. "배우는 사람으로 하여금 몸과 마음을 망치는 허다한 일을 그만두게 하고, 한가하고 잡스러운 많은 이야기를 물리치게 하며, 착실히 글을 읽게 해야 한다. 처음에는 겨우 줄을 찾고 문자를 헤아리지만 오래되면 스스로 깨닫는 것이 있을 것이다. 가장 두려운 것은 사람들이 학문은 글에 있지 않다고 말하고 책을 보는데 힘쓰지 않고 말하고 듣는데 전념하지 않아서 결국에는 말하는 것이 장황하여 도무지 거두어들임이 없으며 단지 한 바탕 크게 소탈하고 공허할 뿐이니, 정말로 미워할 만한 것이다."[685]

○ 答劉定夫書曰, "要得學者息却許多在狂妄身心, 除却許多閑雜說話, 著實讀書. 初時儘且尋行數墨, 久之自有見處. 最怕人說學不在書, 不務佔畢, 不專口耳, 下梢說得張皇, 都無收拾, 只是一場大脫空, 直是可惡."

『강록』37-1-15-a

- 「'요득학(要得學)'에서 신심(身心)까지」 : '허다광망(許多狂妄)'은 선학을 하는 사람으로서 곧바로 깨닫고 선종을 받들어 갈파하는 부류이다. 점필(佔畢)은 『예기』에 나온다. 점(佔)은 보는 것이고, 필(畢)은 죽간이다. 「지시일장대탈공(只是一場大脫空)」 : 이 구절에 대한 강론을 마치자, 선생이 말하였다. "이 편지글을 자세히 보면 정부는 대개 선학을 한 사람이다."(『강록』)
- 「要得學 止 身心」 : 許多狂妄爲禪學者, 言一超頓悟捧喝禪宗之類. 佔畢, 出『禮記』. 佔, 視也. 畢, 簡也. 「只是一場大脫空」 : 論此節畢, 先生曰,

683) 『晦庵集』 권38, 「答范文叔」.

684) 유정부(劉定夫) : 『大全』에 보이나 그 이름은 상세하지 않다.

685) 『晦庵集』 권55, 「答劉定夫」.

"詳觀此書, 定夫盖禪學人也."(『講錄』)

『석의』37-1-15-b

○ 「요득(要得)」: 독서(讀書)에까지 걸린다. 「허다광망(許多狂妄)」: 선학을 하는 사람이다. 「행묵(行墨)」: 서책을 가리켜 말한 것이다. 줄을 찾고 글자를 헤아린다는 것은 한갓 종이 위의 말만 읽고 그 의미를 깊이 이해하지 못하는 것이다. 「점필(佔畢)」: 『예기』주에 "점(佔)은 보는 것이고, 필(畢)은 죽간이다"고 하였다. 「장황(張皇)」: '포장하여 크게 하다'의 뜻이다. 「지시일장대탈공(只是一場大脫空)」: '오직 한 바탕 소탈하고 공허할지라'의 뜻이다. 또 '한디위 헛것이라'고도 해석한다.(『석의』)

○ 「要得」: 釋於讀書. 「許多狂妄」: 爲禪學者. 「行墨」: 指簡冊而言. 尋行數墨, 徒讀紙上語而不能深識意味也. 「佔畢」: 『禮記』註, "佔視也, 畢簡也." 「張皇」: 鋪張ᄒᆞ야 크게ᄒᆞ다. 「只是一場大脫空」: 오직ᄒᆞᆫ바탕키疎脫ᄒᆞ고空虛ᄒᆞᆯ디라. 又釋ᄒᆞᆫ디위헌거시라.(『釋疑』)

『강록간보』37-1-15-c

○ 「요득(要得)'에서 '독서(讀書)'까지」: 김종덕(金宗德)의 생각: 배우는 사람은 몸과 마음을 어지럽히는 허다한 것들을 불식시키고 허다한 복잡한 말들을 제거하며 착실하게 독서를 해야 한다. 몸과 마음을 광망하게 한다는 말은 본디 불교의 말이다.(『강록간보』)

○ 「要得 止 讀書」: 按: 要得學者息却許多狂妄身心, 又除却許多閒雜說話, 而著實讀書也. 狂妄身心, 本佛語.(『講錄刊補』)

『집해』37-1-15-d

○ 「'도무(都無)'에서 '대탈공(大脫空)'까지」: (『퇴계집』에) '일장'은 일단 한번이라고 말하는 것과 같다. '탈공'은 소략하고 빠져 공허하다는 뜻이다. 학문을 하면서 책을 이용하지 않으면 끝내 수습할 것이 없게 되어 단지 크게 소략하고 빠트린 공허한 학문이 되고 만다.(『집해』)

○ 「都無 止 大脫空」: (『退溪集』) 一場, 猶言一段一次之類. 脫空, 疎脫空虛也. 爲學不用書, 則終無收拾. 只成一段大疎脫空虛之學也.(『集解』)

『부주』37-1-16

○ 유계장(劉季章)[686]에게 답한 편지글에서 말하였다. "이 광음을 좇아 아직 너무 늦지 않았을 때 이렇게 착실하게 기초를 닦고 쌓아 나아가되, 단지 장구를 배열하여 견주고, 문리를 완미하여 찾아내는 공부를 가지고 수많은 억지로 꾸며낸 말로 잔꾀를 부리거나 별도의 길을 찾는 심력을 대신하여야 모름지기 실제로 공부할 곳이 있게 된다. 그렇게 한 지 오래되면 자연히 마음이 편안해지고, 이치를 보는 것이 명철하여 거의 이 학문이 전해져서 평생을 헛되이 보내는 데까지는 이르지 않을 것이다."[687]

○ 答劉季章書曰, "趣此光陰未至晚暮之時, 做些著實基趾, 積累將去, 只將排比章句, 玩索文理底工夫, 換了許多杜撰計較, 別尋路脉底心力, 須是實有用力處. 久之, 自然心地平夷, 見理明徹, 庶幾此學有傳, 不至虛負平生也."

『강록』37-1-16-a

ㅇ 「기지(基趾)」 : 마땅히 토(土)변에 써야 한다. 「배비(排比)」 : 비평하여 말하였다. "차(此)는 마땅히 비(比)로 써야 한다."(『강록』)

ㅇ 「基趾」 : 當從土. 「排比」 : 批云, "此當作比."(『講錄』)

『석의』37-1-16-b

ㅇ 「기지(基趾)」 : 기(趾)는 마땅히 토(土)변에 써야 한다.(『석의』)

ㅇ 「基趾」 : 趾, 當從土.(『釋疑』)

『부주』37-1-17

○ 주자가 말하였다. "이천은 단지 '하나에 주력하는 것을 경이라고 했고, 다른 곳으로 감이 없는 것을 하나이다'라고 했으니 단지 이와 같을 뿐 별도로 다시 다른 일은 없다. 나는 예전에는 스스로

686) 유계장(劉季章) : 이름은 불(黻)이고 여능(廬陵) 사람이다.

687) 『晦庵集』 권53, 「答劉季章」.

존덕성 한쪽 방면을 가볍게 말했었는데, 이제 옳지 않음을 깨달았다. 위의 한 단락은 바로 하나의 아직 굽지 않은 기와이다. 이러한 기와가 있어야 학문 공부가 비로소 둘 곳이 있게 된다."688)

○ 朱子曰, "伊川只說一箇'主一之謂敬, 無適之謂一', 只是如此, 別更無事. 某向來自說得尊德性一邊輕了, 今覺得未是. 上面一截, 便是一箇坏子. 有這坏子, 學問之功, 方有措處."

『강록』37-1-17-a

○ 「주자왈이천(朱子曰伊川)」 : 상단을 비평하기를 '존덕성'이라고 하였다. 「坏子」 : "배(坯)는 마땅히 배(坏)로 되어야 하니 기와가 아직 구워지지 않은 것이다."(『강록』)

○ 「朱子曰伊川」 : 批上端云尊德性. 「坏子」 : 批云, "坯當作坏, 瓦未燒者."(『講錄』)

『석의』37-1-17-b

○ 「배자(坏子)」 : 배(坯)는 마땅히 배(坏)로 되어야 하니 기와가 아직 구워지지 않은 것이다. 대개 그 본질을 말한 것이다.(『석의』)

○ 「坏子」 : 坯當作坏, 瓦未燒者. 盖言其本質也.(『釋疑』)

○ 「정민정의 생각」41 : 만년에 주자는 배우는 사람이 오로지 강설만 하고 함양은 폐기하여 장차 언어문자의 편협한 데로 흘러가도 스스로 깨닫지 못하기 때문에 또 존덕성을 중시하여서 이미 정윤부를 위하여 「존덕성명」을 지어주었고, 따르는 사람들에게도 자주 징계한 바 있으니, 대개 정론이라 하겠다. 그러므로 『심경』은 이것으로 끝을 맺었다. 후세의 배우는 이들이 참으로 여기에 힘을 기울여 돌아갈 바를 알게 되면 덕은 닦여질 수 있고, 도는 응축될 수 있어서 성인이 되는 공효를 바랄 수 있을 것이다. 이제 모두 12조목689)을 추려서 덧붙인다.

---

688) 『朱子語類』 권64, 「中庸三」.

689) 『부주』37-1-18에서 『부주』37-1-29까지 열두 조목이다.

○「按」: 朱子晩歲, 以學者專講說而廢涵養, 將流於言語文字之陋, 而不自覺, 故又於尊德性爲重, 旣爲程允夫作銘, 且屢有懲于從遊者, 蓋定論也. 故『心經』以是終焉. 後之學者誠力於斯而知所歸宿, 則德可修道可凝而作聖之功可幾矣. 今摭附凡十二條.

『강록』41-1

ㅇ 귀숙(歸宿)은 마침내 멈추는 일정한 곳이라고 말하는 것과 같다.(『강록』)

ㅇ 歸宿猶言終所止定處也.(『講錄』)

『석의』41-2

ㅇ 귀숙은 마침내 멈추는 일정한 곳이라고 말하는 것과 같다.(『석의』)

ㅇ 歸宿猶言終所止定處也.(『釋疑』)

『강록간보』41-3

ㅇ 「안주자만세운운(按朱子晩歲云云)」: 김종덕(金宗德)의 생각: 정황돈이 주자가 존덕성을 통해 말학의 폐단을 구하고자 했다는 논의도 그 자체로 좋다. 다만 황돈의 생각은 주자가 말년에 도문학 한쪽을 폐하고 오로지 덕성에 나아가 공부하고자 했다는 것에 대해서 정론이라고 하였다. 이는 정말 그렇지 않다. 단지 폐단을 구제하고자 한 것이지 어찌 편중됨이 있겠는가? 여기에서 모은 12조목은 모두 만년의 논의이지만 석자중과 정윤부 등에게 답한 편지는 40세 이전이므로 만년에 폐단을 구제하고자 한 뜻에 의존하지 않는 것이 본디 이와 같다.(『강록간보』)

ㅇ「按朱子晩歲云云」: 按: 篁墩論朱子以尊德性救末學之弊, 亦自好. 但篁墩意謂朱子末年廢却道問學一邊, 專就德性上用功, 而曰'定論也.' 此大不然, 直是救弊而已, 何有偏重耶? 此所摭十二條, 皆謂晩年之論, 而答石子重程允夫等, 書在四十歲前, 不待晩年救弊之意, 自如此.(『講錄刊補』)

『집해』41-4

ㅇ 「'주자만세(朱子晩歲)'에서 '정론야(定論也)'까지」: (『요해』) 선생의 학문이 존덕성과 도문학 가운데 한 쪽에 편중해서는 안 된다는 것

은 정론이다. 도문학을 위주로 하거나 존덕성을 위주로 한 것은 본디 시의에 따라 폐단을 구하고자 한 것인데, 이제 바로 '생각건대 정론이다[蓋定論]'라는 세 글자를 말단에 배치함으로써 육상산 학문의 장본을 삼았다. 독자들은 밝게 변석해야 한다.(『집해』)

○ 「朱子晩歲止定論也」 : (『要解』)先生之學以尊德性道問學爲不可偏重者, 定論也. 其或主於道問學, 或主於尊德性者, 自是隨時救弊之道, 而今乃以'蓋定論'三字, 獨置於末段, 以爲陸學之張本. 讀者宜明辨焉.(『集解』)

『부주』37-1-18

○ 또 말하였다. "존덕성하지 않으면 나태하고 늘어지게 된다. 학문이 무엇을 좇아 진보하겠는가?"690)

○ 又曰, "不尊德性, 則懈怠弛慢矣. 學何從而進?"

『부주』37-1-19

○ 어떤 사람이 여러 경전의 의문점을 청하여 물으니, 선생께서 대답하고, 다시 말하였다. "이제 비록 그대에게 다 말해주고, 그대가 다 이해했더라도 자신의 마음속에서 공부를 하지 않는다면 역시 일을 해결하지 못할 것이다."691)

○ 或人請諸經之疑, 先生旣答之, 復曰, "今雖盡與公說, 公盡曉得, 不於自家心地上做工夫, 亦不濟事."

『부주』37-1-20

○ 또 말하였다. "예컨대 이제 도리를 이해했더라도 만약 그 원두처를 알지 못한다면 모두 한가한 말일 뿐이다. 이 원두는 무엇인가? 단지 자기 자신에게 본래 있는 것이니, 인의예지는 모두 그것을 확충한 것이다. 마치 불이 처음 붙고, 샘물이 처음 솟아나는 것과 같은 이것이 바로 원두이니, 이것을 보아내야만 비로소 강학을 할 수 있다. 흡사 사람이 마땅히 행해야 할 것을 알지만 단지 성현

690) 『朱子語類』 권64, 「中庸三」.

691) 『朱子語類』 권121, 「朱子十八·訓門人九」

의 언어를 빌려서 길잡이로 삼는 것과 마찬가지이다."[692]

○ 又曰, "如今理會道理, 若不識箇頭, 都是閑話. 這源頭是甚麽? 只在身己上固有底, 仁義禮智皆而充之. 若火之始然, 泉之始達, 這箇是源頭, 見得這箇了, 方可以講學. 恰如人知得合當行, 只假借聖賢言語, 作引路一般."

『강록』37-1-20-a

○ 「우왈여금(又曰如今)」: 비평하여 말하였다. "'여금리회일단('如今理會一段)'은 이방자(李方子)를 가르친 것이니 『어류』에 보인다. 혹은 의심하기를 '개두(箇頭)'의 '두(頭)' 위에도 원(源)자가 있어야 한다고 하지만 본문에 모두 세 번이나 '개두(箇頭)'를 말하였는데 모두 '원(源)'자가 없다." 「작인로(作引路)」: 이덕홍의 기록에서 말하였다. "'성현의 말을 가리키는 것입니까?'고 하니, 답하기를 '그대의 말이 옳다'고 하였다."(『강록』)

○ 「又曰如今」: 批云, "如今理會一段, 訓李方子, 見『語類』. 或疑箇頭之頭, 上亦當有源字, 本文凡三稱箇頭, 皆無源字." 「作引路」: 李錄云, "'指聖賢之言否?' 答曰, '來喩是.'"(『講錄』)

『석의』37-1-20-b

○ 「개두(箇頭)」: 혹은 두(頭) 위에 원(源)자가 있어야 한다고 의심하였다. 「인로(引路)」: 길잡이의 뜻이다.(『석의』)

○ 「箇頭」: 或疑頭上當有源字. 「引路」: 길잡이.(『釋疑』)

『표제』37-1-20-c

○ 「인로(引路)」: 박세채(朴世采)의 생각: 성현의 가르침으로 앞길을 지시하는 바탕으로 삼음을 말한다.(『표제』)

○ 「引路」: 按: 言以聖賢之訓作指示前路之資.(『標題』)

『부주기의』37-1-20-d

○ 「'우왈(又曰)'에서 '해태이하십이조(懈怠以下十二條)'까지」: 이항로(李恒老)의 생각: 이 12조목은 후학들이 고담적인 설과 구이지학의

---

692) 『朱子語類』 권114, 「朱子十一 訓門人二」.

병폐를 바로 잡고자 한 것이다. 공자는 "문장은 내가 다른 사람과 다를 것이 없지만 군자의 도리를 몸소 실천하는 것은 내 아직 얻지 못하였다"고 하였다. 또 "나는 말 없고자 한다. 하늘이 무슨 말을 하겠는가? 사시가 운행되고 만물이 생겨난다." 또 "너희들은 내가 많이 배워 아는 사람이라고 생각하는가? 나의 도는 하나로 관통되어 있다." 또 학문을 하는 순서를 스스로 기술하면서 학문에 뜻을 두는 치지의 일을 조금씩 축적해가다가 마음이 하고자 하는 대로 따라도 법도에 어긋나지 않는다는 것으로 끝을 맺었다. 맹자는 "학문의 도리는 다른 것이 아니라 흐트러진 마음을 구하는 것이다." 또 "대인이란 적자의 마음을 잃지 않은 사람이다."라고 하였다. 이는 모두 존덕성을 궁극적인 방법으로 삼은 것이다. 주자의 마음도 이것과 무슨 차이가 있겠는가? 그러나 육씨의 학문은 실제로는 점점 흘러 선과 만나면서도 억지로 존덕성이라는 이름을 훔쳐 스스로를 자리매김 하였으므로 주자 문하의 새로운 학자들이 문학 일변에만 힘을 쓰고 존덕성을 말하기를 피하면서 육학이라는 혐의를 벗어나고자 한다면 목이 메어 음식을 먹지 못하는 것과 다름이 없으니 가하겠는가? 시속을 구제하기 위해 폐단을 말하는 것은 더욱 그럴 수 없는 것이다. 군자의 마음은 바른 도리에 한결같고 치우침이 없다는 것을 여기에서도 알 수 있다.(『부주기의』)

○ 「又曰 止 懈怠以下十二條」: 恒老按: 此十二條救正後學騰說口耳之病. 蓋孔子曰, "文莫吾猶人也. 躬行君子, 則吾未之有得." 又曰, "予欲無言, 天何言哉! 四時行焉, 百物生焉." 又曰, "汝以予爲多學而知之者歟? 吾道一以貫之." 又自敍其爲學之序, 以志學致知之事積累漸進, 而乃以'從心所欲不踰矩'終焉. 孟子曰, "學問之道無他, 求其放心而已矣." 又曰, "大人者, 不失其赤子之心." 此皆以尊德性爲究竟法也. 朱子之心, 亦何異於此哉? 然而陸氏之學, 實則浸淫禪會, 而强竊尊德性之名, 以自標置, 故朱門新學, 偏用力於問學一邊, 而諱言尊德性, 以避陸學之嫌, 則無異於因噎而廢食, 可乎? 救時說弊, 尤不得不然. 君子之心, 一於正而無所偏倚, 於此亦可見也.(『附註記疑』)

『부주』37-1-21

○ 하루는 여러 학생들에게 말하였다. "나는 배우는 사람들이 공허한 것을 담론하고 묘한 것을 풀어내는 것을 근심하여 먼저 문장의 뜻을 밝게 알도록 하려고 글에 나아가 뜻을 구하게 하였더니 결국에는 왕왕 또 책자에 있는 말만을 굳게 지켜서 오히려 보아낸 것이 자기에게 절실하지 않았다. 모름지기 자기에게 절실한 것을 알아서 완미하여 마음에 들여서 힘써 행하여야 비로소 유익한 바가 있을 것이다."[693]

○ 一日謂諸生曰, "某患學者, 談空說妙, 姑欲令先通曉文義, 就文求意, 下梢頭, 往往又只守定册子上言語, 却看得不切己. 須是將切己看, 玩味入心, 力去行之, 方有所益."

『부주』37-1-22

○ 묻기를, "평소에 독서를 할 때 마치 본 바가 있는 듯하다가도 책을 덮으면 다른 때와 마찬가지이니 병근이 어디에 있는지 모르겠습니다."라고 하자, 대답하였다. "이것은 바로 몸에서 구하지 아니하고 오로지 글에서 구하였기 때문에 참으로 당연히 이와 같은 것이다. 옛사람이 말하기를, '인을 행하는 것은 자기로 말미암지 다른 사람으로 말미암겠는가?'[694]고 하였다. 무릇 내 몸의 일상생활에 도가 아님이 없다. 글은 이 마음을 모으게 하는 것일 뿐이다. 그러므로 반드시 먼저 몸에서 구한 뒤에 글에서 구한다면 독서가 비로소 맛이 있게 될 것이다."[695]

○ 問, "平日讀書時, 似亦有所見, 旣釋書則別是一般, 不知病根安在?" 曰, "此乃不求之於身, 而專求之於書, 固應如此. 古人曰, '爲仁由己而由人乎哉?' 凡吾身日用之間, 無非道, 書則所以接湊此心耳. 故必先求之於身, 而後求之於書, 則讀書方有味."

693) 『朱子語類』 권121, 「朱子十八·訓門人九」.

694) 『論語』, 「顔淵」.

695) 『朱子語類』 권118, 「朱子十五·訓門人六」.

『부주』37-1-23

○ 물었다. "전에 가르침을 받을 때는 '독서에는 모름지기 함양을 해야 하고, 모름지기 흠뻑 젖어 들어야 한다'고 하셨습니다. 그리고 맹자의 천만 마디가 단지 마음을 논한 것이라고 말씀하셨습니다. 7편의 글을 이와 같이 보는 것이 함양공부입니까?" 대답하였다. "나는 사람이 글을 아무렇게 읽는 것을 보고, 독서에는 모름지기 함양을 하여 마음속에 얻는 바가 있게 해야 한다고 말하였다. 만약 그대의 말대로라면 또 하나의 생각을 갖다 붙여서 한사코 이에 맞추려 하는 것이니 책을 보는 것이 어찌 이와 같은가?" 또 한 사우가 말하기를, "선생의 함영의 설은 두원개(杜元凱)696)의 '넉넉하면서 부드럽게 한다'는 의미입니까?"라고 하자, 대답하였다. "또 이와 같이 해설할 필요는 없다. 이른바 함영은 자세하게 글을 읽는 것의 다른 명칭이다. 대개 남과 말한다는 것은 어렵다. 나는 단지 하나의 함영을 말했을 뿐인데 한 사람은 억지로 꿰어 맞추고, 한 사람은 억지로 해설을 하니, 이렇게 되면 말에 따라 해설을 함으로써 지리해지고 산만해지며, 잠깐 사이에 뒤바뀌어 많이 보탤수록 말은 더욱 멀어진다. 이렇게 글을 읽는 것은 전혀 스스로 공부하는 것이 아니어서, 전혀 의거할 데가 없게 된다. 사람들로 하여금 학문을 하게 하는 것이 빈말이 되고 마는 것을 알 수 있다."697)

○ 問, "向蒙見教, '讀書須要涵養, 須要浹洽.' 因言孟子千言萬語, 只是論心, 七篇之書, 如此看, 是涵養工夫否?" 曰, "某爲見人讀書鹵莽, 所以說讀書須當涵養, 令胸中有所得耳. 如吾友所說, 又襯貼一件意思, 硬要差排, 看書豈是

696) 두원개(杜元凱, 222~284) : 이름은 두예(杜預), 자는 원개(元凱), 시호는 성(成), 사마소(司馬昭)의 매부(妹夫)로서 서진(西晉) 경조(京兆) 두릉(杜陵) 사람이다. 처음에 위나라에서 상서랑(尙書郞)을 지냈다. 진무제(晉武帝)가 즉위했을 때 하남윤(河南尹)이 되고, 탁지상서(度支尙書)로 옮겼다. 벼슬은 사예교위(司隸校尉)까지 올랐다. 남북조(南北朝) 시대 때 양호(羊祜)의 뒤를 이어 강한(江漢) 지방의 군대를 맡아서 양호가 한 것처럼 갑옷을 입지 않은 채 항상 가벼운 옷을 입고 허리띠를 느슨히 풀어놓고 있었는데도 군사들이 정제(整齊)되어서 오(吳)나라를 평정하였다. 후대에는 풍도(風度)가 한적(閑適)하고 옹용(雍容)한 사람의 대명사로 쓰이게 되었다. 전쟁이 없을 때는 경학을 연구하는 일에 잠심했다. 저서에 『춘추좌씨경전집해(春秋左氏經傳集解)』, 『춘추석례(春秋釋例)』, 『춘추장력(春秋長歷)』이 있다.

697) 『朱子語類』 권116, 「朱子十三·訓門人四」.

如此?” 又一士友曰, “先生涵泳之說, 乃杜元凱優而柔之之意.” 曰, “亦不用如此解說. 所謂涵泳, 是子細讀書之異名也. 大率與人說話, 便是難, 某只說一箇涵泳, 一人硬來差排, 一人硬來解說. 此是隨語生解, 支離延蔓. 少間展轉, 只是添得多說得遠, 如此讀書, 全不是自做工夫, 全無巴鼻, 可知是使人說學是空談.”

『강록』37-1-23-a

○ 노망(鹵莽)은 마음을 쓰지 않음이다. 「츤첩일건의사(襯貼一件意思)」 : 맹자가 마음을 논하지 않은 곳에서 억지로 마음을 논한 것으로 보아나간다면 이것은 그 하나의 물건을 이 물건에 붙이는 것과 같음을 말한 것이다. 「차배(差排)」 : 사람으로 하여금 어떤 일을 하게 하는 것을 차(差)라고 하니, 아마도 이 말은 '벌려서 쓴다'는 뜻인 듯하다. 「두원개우이유지(杜元凱優而柔之)」 : 『좌전』 서에서 말하였다. "넉넉하면서도 부드럽게 해서 마치 강과 바다가 밀려오듯이 하고, 은택이 넘쳐흐르듯이 한다"고 하였는데 정자가 그 말이 좋다고 칭찬하였다. 「전무파비(全無巴鼻)」 : 함형이 배여우(裵汝友)의 말로 여쭈기를, "일찍이 들으니 조남명이 이르기를, '불경에 묘하게 풀이한 곳이 있는데 보고나서 잊어버렸다'고 하고, 신확이 말하기를, '중원에 가서 물었다'고 하자, 답하여 말하기를 '아무 의미가 없다.'고 하였다고 합니다. 근래에 한 중이 어록을 풀이한 것을 보니, '봉파장(鳳巴長)'에서 파(巴)는 미(尾)와 같고, 비(鼻)는 조(祖)가 되니, 사람이 형체가 생겨날 때 먼저 비형(鼻形)이 생기므로 시조를 비조(鼻祖)라 한다. 몰파비(沒巴鼻)는 머리도 없고 꼬리도 없음을 말한 것이다' 하였으니, 선생이 나에게 답한 말씀에 '닿는데 없다'는 말의 뜻이 이와 대략 서로 같으며, 아무 의미가 없다고 말한 것은 통하지 않으니, 아마도 (의(意)자는) 의(依)자로 되어야 옳은가 합니다." ○ 이 조목은 바로 바로 주자가 호남안무사로 장사현에 갔을 때 학사 중에서 강의를 들은 사람이 70여인이 되었는데 그 당시에 묻고 답한 말이다.(『강록』)

○ 鹵莽, 不用意. 「櫬貼一件意思」: 言孟子不論心處, 硬以論心看去, 則是如以他一物, 襯貼此物也. 「差排」: 使人爲某事曰差, 疑是言버리쓰다之意也. 「杜元凱優而柔之」: 左傳序曰, "優而柔之, 如江海之浸, 如膏澤之潤." 程子稱其說好. 「全無巴鼻」: 咸亨以裵汝友之言禀曰, "嘗聞南冥云, '佛經有妙釋處, 看了, 而忘之云云.' 申濩云, '往問於中原.' 答曰, '無意.' 近見一僧釋語錄鳳巴長. (巴與尾同) 鼻, 祖也. 人受形之初, 先形鼻體, 故謂始祖爲鼻祖. 沒巴鼻言無頭無尾也. 先生答吾所云다할듸업다之說意, 與此略同, 無意之云不通. 恐作依字爲是. ○ 此條乃朱子以湖南安撫使往過長沙縣, 學中聽講者, 七十餘人, 其時問答之辭也.(『講錄』)

『석의』37-1-23-b

○ 「담공설묘(談空說妙)」: 선학을 하는 사람을 가리켜 말한 것이다. 「하초두(下梢頭)」: '내려와 나중에'라는 뜻이다. 「별시일반(別是一般)」: 글과 서로 관계되지 않음을 말한다. 「접주(接湊)」: '부쳐 메우다'의 뜻이다. 「인언(因言)」: 질문한 자가 인하여 말한 것이다. 「여차간(如此看)」: 모두 마음을 논한 것으로써 7편에 보인다. 「노망(鹵莽)」: '마음을 쓰지 않음'의 뜻이다. 「츤첩(櫬貼)」: '친(襯)'은 음이 '츤'으로 부치다의 뜻이다. ○ 첩(貼)은 세속에서 말하는 배첩(褙貼)과 같다. 맹자가 마음을 논하지 않은 곳을 억지로 마음을 논한 것으로 본다면, 이것은 저 하나의 물건을 이 물건에 붙이는 것과 같음을 말한 것이다. 「차배(差排)」: 사람으로 하여금 어떤 일을 하게 하는 것을 차(差)라고 하니, 아마도 사령에게 분부하는 뜻인 듯하다. 칠편의 뜻을 모두 이것으로 구하니, 이는 차배이다. 「우이유지(優而柔之)」: 『좌전』 서에는 "넉넉하면서도 부드럽게 해서 마치 강과 바다가 밀려오듯이 하고, 은택이 넘쳐흐르듯이 한다"고 하였다. 「해설(解說)」: 두원개(杜元凱)의 말로 해설한 것이다. 「경래(硬來)」: '구태여'의 뜻이다. ○ '래(來)'는 어조사이다. 「파비(巴鼻)」: 다힐듸 또는 자블듸의 뜻이다. ○ 『어류』에 '파(巴)도 없고, 비(鼻)도 없다'고 하였다. 한어에서 금수의 꼬리를 미파(尾巴)라

고 한다. 여기에서 말하는 파(巴)는 곧 미(尾)이다. 비(鼻)는 곧 머리이다. 마치 머리도 없고 꼬리도 없다는 뜻인 듯하다. 또 일설에는 큰 뱀을 파(巴)라고 하니, 일찍이 보기를 한인이 큰 뱀을 만나 작은 채찍으로 그 코를 한번 때리자 죽었다고 한다. 이른바 파비(巴鼻)는 아마도 중요한 곳이라는 뜻인 듯하다.(『석의』)

○ 「談空說妙」 : 指禪學者而言. 「下梢頭」 : ᄂᆞ려와나죵애. 「別是一般」 : 謂不與書相干也. 「接湊」 : 브터뫼호다. 「因言」 : 問者因言也. 「如此看」 : 皆以論心看七篇也. 「鹵莽」 : 不用心也. 「櫬貼」 : 櫬音ᄌᆞᆫ브티다. ○ 貼如俗所謂차貼也. 言孟子不論心處, 强以論心看去, 則是如以他一物櫬貼此物也. 「差排」 : 使人爲某事曰差, 疑是分付使令之意. 七篇之書皆以是求之, 是差排也. 「優而柔之」 : 左傳序曰, 優而柔之, 如江海之浸, 如膏澤之潤. 「解說」 : 以杜元凱語解說也. 「硬來」 : 구틔여 ○ 來, 語辭. 「巴鼻」 : 다힐ᄃᆡ又자블ᄃᆡ ○ 『語類』沒巴沒鼻. 漢語禽獸之尾謂之尾巴. 此謂巴, 卽尾也. 鼻卽頭也. 似是無頭無尾之意. 又一說大蛇謂之巴. 曾見漢人遇大蛇用小鞭一打其鼻便死. 所謂巴鼻恐是要切處之意.(『釋疑』)

『부주』37-1-24

○ 섭하손이 물었다. "예전에 가르침을 받을 때는 다만 궁리에 나가서 말하는 것이 많았습니다. 요즈음에 와서 존덕성(尊德性), 치광대(致廣大), 극고명(極高明)의 상일절과 같은 것을 자주 경계를 하시니, 이 뜻은 무엇입니까?" 말하였다. "이전에도 이미 말했지만 단지 섞어서 말했을 뿐이다. 다만 근래에 그대들이 궁리공부를 이해하는 것이 많으며, 또 스스로 점점 자기 몸에 붙지 않음을 느꼈다."698)

○ 葉賀孫問, "往前承誨, 只就窮理說較多. 此來, 如尊德性, 致廣大, 極高明上一截, 數數蒙提警, 此意是如何?" 曰, "已前也說了, 只是夾雜說, 但覺得近日諸公去理會窮理工夫多, 又自漸漸不著身己."

『강록』37-1-24-a

698) 『朱子語類』 권114, 「朱子十一訓門人二」.

○ 「지시협잡설(只是夾雜說)」 : 이덕홍이 기록하여 말하였다. “존덕성과 도문학 두 가지 공부를 합해서 말했다.”(『강록』)

○ 「只是夾雜說」 : 李錄云, “夾尊德性道問學二工夫而說之也.”(『講錄』)

『석의』37-1-24-b

○ 「지시협잡설(是夾雜說)」 : 존덕성과 도문학 두 가지 공부를 합해서 말했다. 「불저신기(不著身已)」 : 오로지 궁리만 하고 존덕성 공부를 하지 않기 때문에 이러한 병통이 있게 되었다.(『석의』)

○ 「只是夾雜說」 : 夾尊德性道問學二工夫而說之也. 「不著身已」 : 專於窮理而不尊德性, 故有此病.(『釋疑』)

『부주』37-1-25

○ 또 말하였다. “지금 내 문하에서 배우는 사람 가운데에는 이치를 상고하는 데 있어서는 정밀하고 타당하지 않은 것은 아니라서 물을 넣어도 새지 않는 것처럼 말을 한다. 그러나 행위하는 바는 도리어 거꾸러지고 어긋나서 아는 것과 전혀 상반된다. 사람들은 내가 그들을 제대로 인도하지 않아서 지금처럼 그들로 인해 해를 입고 있다고 말하지만, ‘문인들이 실제로 이해하고 있으니 내가 어찌 그들에게 말해주지 않겠는가’라는 사실은 도리어 알지 못하고 있다. 그러나 행하는 바가 아는 바와 배치되는 것은 단지 근원에서 공부하지 않고 헛된 공부를 했기 때문이다.”699)

○ 又曰, “今有學者在某門者, 其於考理, 非不精當, 說得來置水不漏. 然所爲却顚倒錯繆, 全然與所知者相反. 人只管道某不合引他, 如今被他累, 却不知渠實是理會得, 某如何不與他說? 然所爲背馳者, 只是不曾在源頭上用力, 只是徒然耳.”

『강록』37-1-25-a

○ 「치수불루(置水不漏)」 : 정밀함을 말한 것이다. 「인타(引他)」 : 인(引)은 접(接)이다.(『강록』)

699) 『朱子語類』 권114, 「朱子十一訓門人二」.

○「置水不漏」: 言其精密也.「引他」: 引, 接也.(『講錄』)

『석의』37-1-25-b

○「치수불루(置水不漏)」: 그 진밀함을 말한 것이다.「인타(引他)」: 문인을 이끌어 접촉한다는 뜻이다.「여금피타루(如今被他累)」: 선생도 역시 문인의 누를 입었음을 말한 것이다. '다만 말한다(只管道)'의 뜻이 여기까지 이른다.「각불지거(却不知渠)」: 거(渠)는 문인을 가리킨다. '도리어 알지 못한다'는 뜻은 타설(他說)에서 그친다.「지시도연(只是徒然)」: 도연(徒然)은 힘드렁타, 그 이해한 것이 헛되었음을 말한다.(『석의』)

○「置水不漏」: 言其縝.「引他」: 引接門人.「如今被他累」: 言先生亦被門人之累也. 只管道之意至此.「却不知渠」: 渠指門人. 却不知之意, 止他說.「只是徒然」: 徒然힘드렁타謂其所理會者, 徒然也.(『釋疑』)

『강록간보』37-1-25-c

○「'각불지(却不知)'에서 '용력(用力)'까지」: 김종덕(金宗德)의 생각: '각불지(却不知)'는 사람의 도가 그들을 인도하는데 적합하지 않음을 가리켜 말한 것으로, 그대는 알지 못하면서 나로 하여금 그들을 인도하지 못하게 하려는 것을 말한다. 저 배우는 자가 실제로 도리를 이해함이 정밀하고 치밀하니, 어찌 그에게 말해주지 않겠는가? 다만 원두처에 힘을 써본 적이 없어서 행동과 아는 것이 상반될 뿐이다. 이해할 수 있는 자는 당연히 인도해야 하고 상반되는 것에 대해서는 논의할 필요가 없다.(『강록간보』)

○「却不知 止 用力」: 按: 却不知, 指人之道不合引他者而言. 言儞不知而欲使我不引他. 然彼學者實能理會道理精當縝密, 何不與他說? 但不曾用力源頭, 所爲與所知相反耳. 蓋理會得者在所當引, 而相反無足論也.(『講錄刊補』)

『부주』37-1-26

료덕명이 물었다. "지금 단지 함양만을 논하고 오히려 강구하지 않는다면 비록 사특함을 막고 성실함을 보존하여 분노를 다스리고 욕심을 막아낼 수는 있겠지만 일을 처리하는 데 차질이 생기면 어떻게 합니까?" 말하였다. "차질이 생기는 곳까지는 아직 말하지 않았다. 또 이른바 '거처함에 공손하고 일을 맡아서는 공경한다'고 하는 것에서 만약 공경하지 않는다면 곧 방종하고 방자해진다. 이와 같은 것은 알기 어렵지 않은데도 사람들은 방종하고 방자해서 공경하지 아니한다. 대공지정한 길은 매우 분명하지만 기꺼이 다니려고 하지 않고 도리어 실낱과 같은 길을 찾아, 자신의 사사로운 뜻과 부합하면 곧 도리라고 칭하니, 지금 사람들은 매번 이와 같다."700)

○ 寥德明問, "今只論涵養, 却不講究, 雖能閑邪存誠, 懲忿窒慾, 至處事差失則奈何?" 曰, "未說到差處, 且如所謂'居處恭, 執事敬', 若不恭敬, 便成放肆. 如此類不難知, 人却放肆不恭敬, 如一箇大公至正之路甚分明, 不肯行, 却尋得一線路, 與自家私意合, 便稱是道理, 今人每每如此."

『강록』37-1-26-a

○ 「미설도차처운운(未說到差處云云)」: 료덕명의 생각은 '만약 강구하여 이치를 밝히지 않는다면 일처리에 반드시 차질이 생긴다'고 보았기 때문에 이러한 물음이 있게 되었다. 주자는 답하기를 '일처리에까지 언급할 필요는 없다. 만약 거처하는 데 공손하고 일을 맡아서는 공경해야 한다는 것을 사람들이 모르지 않으면서 지금 바로 실행하지 않으니, 한갓 강구하는 것이 실제에 도움이 되지 않음을 알 수 있다'고 하였으니 이는 역행을 중하게 여긴 말씀이다.(『강록』)

○ 「未說到差處云云」: 廖之意謂, 若不講究明理, 處事定差, 故有是問. 朱子答之以不須說及處事. 如居處恭, 執事敬, 人非不知而今乃不行, 可見徒講究不濟事, 此歸重於力行之辭也.(『講錄』)

『석의』37-1-26-b

○ 「'미설도차(未說到差)'에서 '방사(放肆)'까지」: 료덕명의 생각은 '만약 강구하여 이치를 밝히지 않는다면 일처리에 반드시 차질이 생

700) 『朱子語類』 권113, 「朱子十·訓門人一」.

긴다'고 보았기 때문에 이러한 물음이 있게 되었다. 주자는 답하기를 '일처리의 차질까지 언급할 필요는 없다. 만약 거처하고 일을 맡은 데에서 공경하지 않는다면 곧 방종하고 방자하게 될 것이다'고 하였으니, 이것이 이미 어긋난 곳이다. 「일선로(一線路)」 : 하나의 실길이다. 좁은 길을 말한다.(『석의』)

○ 「未說到差 止 放肆」 : 廖之意若不講究明理, 則處事定差, 故有是問. 朱子答之, '以不須說及處事之差. 如居處執事處, 若不恭敬, 則便成放肆.' 此已是差處也. 「一線路」 : 흔실길히라 言細路也.(『釋疑』)

『부주』37-1-27

○ 항평보에게 답한 편지글에서 말하였다. "가르쳐 주신바 곡절함이 육국정(陸國正)701)의 말에 이르러서는 두려워하면서 세 번 반복하여 읽어보니 어리석고 게으른 자에게 경계되는 바가 많았다. 대저 자사 이래로 사람을 가르치는 방법은 오직 존덕성과 도문학 두 가지 일을 공부의 요점으로 삼았다. 이제 자정(子靜)이 말한 바는 오직 존덕성의 일이고, 나는 평소에 도문학에 관해서 논한 것이 많았다. 따라서 저 배우는 사람들은 굳게 지키는 것은 볼만한 것이 많지만 의리를 보아내는 것은 전혀 자세하지 않으며, 또 별도로 일종의 억지로 맞춘 도리를 내세워 가리고 덮어서 놓아 버리려고 하지 않는다. 그래서 나는 스스로 느끼기에 비록 의리에 대해서는 감히 함부로 말하지 아니하였지만 도리어 자기를 위하고 남을 위하는 긴요한 공부에는 많은 힘을 들이지 못했다. 이제 마땅히 몸에 돌이켜 공부를 하여 단점을 제거하고 장점을 모은다면 거의 한쪽으로 떨어지지는 않을 것이다."702)

○ 答項平父書曰, "所喻曲折, 及陸國正語, 三復懼然, 所警於昏惰者厚矣. 大抵子思以來, 教人之法, 惟以尊德性道問學兩事, 爲用力之要. 今子靜所說, 專是尊德性事, 而熹平日所論, 却是道問學上多了. 所以爲彼學者, 多持守可觀而看得義理, 全不子細, 又別說一種杜撰道理, 遮蓋不肯放下, 而熹自覺雖

701) 육국정(陸國正) : 육구연을 말한다. 그는 당시 국자학정(國子學正.)으로 있었다.

702) 『晦庵集』 권54, 「答項平父」.

於義理上, 不敢亂說, 却於緊要爲己爲人上, 多不得力. 今當反身用力, 去短集長, 庶幾不墮一邊耳."

『강록』37-1-27-a

○ 「쌍연(雙然)」 : 雙은 음이 쌍이며, 두려워함이다. 「차개(遮盖)」 : '막으며 덮다'는 뜻이다. 도리를 두찬하여 자기의 소위를 덮어서 가리는 것을 말한다. 「위기위인상(爲己爲人上)」 : 물었다. "위기(爲己)라고 말한 것은 맞지만, 위인(爲人)이라고 말한 것은 어째서입니까?" 대답하여 말하였다. "여기에서 말하는 '위인(爲人)'자는 논어의 본래 말과는 다름이 있다. 만약 남에게 알려지기를 바라지 않는다는 것으로 보면 주선생의 뜻이 아닐 듯하다. 대개 자기를 위함(爲己)은 본래의 뜻과 같다. 위인(爲人)은 배우는 사람을 가리켜 말한 것이니, 위기와 위인 상에서 힘을 쓰지 못함이 많다는 것이다.(『강록』)

○ 「雙然」 : 所江切, 惧也. 「遮盖」 : 마그며덥다. 言杜撰道理掩遮自己之所爲. 「爲己爲人上」 : 問, "言爲己則得矣, 爲人之云如何?" 答曰, "此說'爲人'字, 與『論語』本語有異. 若非欲見知於人看, 則似非是先生意. 盖爲己如本義. 爲人指學者言之, 謂多不得着力於爲己爲人上云耳.(『講錄』)

『석의』37-1-27-b

○ 「쌍연(雙然)」 : 송연(悚然)의 뜻이다. 「차개(遮蓋)」 : '막으며 덮다'는 뜻이다. ○ 도리를 두찬하여 자기의 소위를 막아서 가리는 것이다. 「위기위인(爲己爲人)」 : 이것은 성기와 성물을 말하는 것이다. 아래 문장의 자오(自誤)와 오인(誤人), 자광(自狂)과 광인(狂人)과 대조하여 보라.(『석의』)

○ 「雙然」 : 悚然意. 「遮蓋」 : 마그며덥다. ○ 杜撰道理掩遮自己之所爲. 「爲己爲人」 : 此成己成物之謂, 與下文自誤誤人自狂狂人參看.(『釋疑』)

『부주』37-1-28

○ 임택지(林擇之)703)에게 답한 편지글에서 말하였다. "함양에 관한

한 구절은 아마도 옛 사람이 바로 『소학』 중에서 함양하여 성취하였을 것이다. 그래서 『대학』의 도는 단지 격물로부터 시작하게 된 것이다. 지금 사람들은 종전의 이러한 공부가 없이 다만 『대학』에서 격물을 앞세우는 것을 보고 바로 단지 사려와 지식으로 그것을 구하고자 할 뿐이요, 다시 잡아 보존하는 곳에서 공부를 하지 아니하니, 설령 살펴보고 헤아리는 것은 충분할지라도 또한 의거할 만한 근거가 없게 된다. 대저 경자는 위와 아래를 관통한다는 뜻이다. 격물치지는 바로 그 사이의 절차에 따라 진보하는 곳이다."704)

○ 答林擇之書曰, "涵養一節, 疑古人直自『小學』中, 涵養成就, 所以『大學』之道只從格物做起. 今人從前無此工夫, 但見『大學』以格物爲先, 便欲只以思慮知識求, 更不於操存處用力. 縱使窺測得十分, 亦無實地可據. 大抵敬字, 是徹上徹下之意. 格物致知, 乃其間節次進步處."

『부주』37-1-29

○ 유자징(劉子澄)705)에게 답하는 편지글에서 말하였다. "일전의 학문은 자기에게 돌이키는 데 느슨하였으니, 수백 가지를 미루어 생각해보면 후회스러운 것들이 많다. 논하여 저술한 글에도 이러한 병에 걸려서 대부분 착실한 곳이 없으니, 돌이켜 생각해보면 망연하여 세월을 두고 공부를 해도 구제하여 고칠 수 있는 것이 아니라는 생각이 든다. 이 때문에 더욱 스스로 유쾌하지 않았다. 전에는 오히려 장경부와 여백공을 얻어서 고마운 충고를 듣고 그것으로 경계하고 살필 수 있었는데 두 벗이 죽고 나니 귀에는 이러한 것들이 전혀 들리지 않았다. 이제 그대에게 깊은 희망을 지니게 되었으니, 이 편지글로부터는 통렬하게 새기고 가르쳐주는 것이 바로 군자가 사람을 사랑하는 뜻인 것이다."706)

---

703) 임택지(林擇之) : 이름은 용중(用中), 자는 택지(擇之) 또는 경중(敬仲), 호는 동병(東屛)으로 고전(古田) 성동(城東) 사람이다. 주희의 4대 문인 가운데 한 사람이다. 저서에 『동병집(東屛集』, 『초당집(草堂集』 등이 있었으나 모두 산실되었다.

704) 『晦庵集』 권43, 「答林擇之」.

705) 유자징(劉子澄) : 자는 청숙(淸叔), 호는 정재(靜齋)로 태화(太和, 지금의 江西 泰和) 사람이다. 가정 13년(1220)에 진사가 되었다. 주자가 『소학』을 편찬할 때 그 일을 주간하였다. 저서에 『옥연음고(玉淵吟藁)』가 있었으나 산실되었다.

○ 答劉子澄書曰, "日前爲學, 緩於反己, 追思凡百, 多可悔者. 所論著文字, 亦坐此病, 多無著實處, 回首茫然, 計非歲月功.夫所能救治. 以此愈不自快. 前時猶得敬夫伯恭, 時惠規益, 得以警省, 二友云亡, 耳中絕不聞此等. 今乃深有望於吾子, 自此惠書, 痛加鐫誨, 乃君子愛人之意也."

『강록』37-1-29-a

○ 「전회(鐫誨)」 : 그 의미를 청하여 묻습니다. 선생께서 답하여 말하였다. "전(鐫)은 새기는 것이다. 간절한 가르침을 더한다는 뜻이다."(『강록』)

○ 「鐫誨」 : 請問其義. 先生答云, "鐫, 刻也. 言切加誨也."(『講錄』)

『석의』37-1-29-b

○ 「전회(鐫誨)」 : 전(鐫)은 새기는 것이다. 책임이 뼈를 새기는 것과 같음을 말한 것이다.(『석의』)

○ 「鐫誨」 : 鐫, 刻也. 言責如刻骨也.(『釋疑』)

『부주』37-1-30

○ 또 말하였다. "근래에 느끼기를 예전의 학문은 실로 외부를 지향하여 떠다니는 폐단이 있었으니, 스스로를 그르쳤을 뿐만 아니라 다른 사람을 그르친 것도 적지 않다. 바야흐로 다른 한 가지 단서를 찾게 되었는데 간략하면서도 분명한 듯하다. 비로소 문자와 언어의 밖에 참으로 따로 마음을 쓸 수 있는 곳이 있음을 알았으니, 만나서 논하지 못함이 한스럽다."707)

○ 又曰, "近覺向來爲學, 實有向外浮泛之弊, 不惟自誤而誤人亦不少, 方別尋得一頭緖, 似差簡約端的. 始知文字言語之外, 眞別有用心處, 恨未得面論也."

『부주』37-1-31

○ 하숙경에게 답한 편지글에서 말하였다. "만약 도를 많이 듣고 많이 보는 것으로써 얻을 수 있다면 세상에 도를 아는 자들이 적

706) 『晦庵集』 권35, 「答劉子澄」.

707) 『晦庵集』 권35, 「與劉子澄」.

지 않을 것이다. 나는 근일에 일 때문에 조금 살펴 발명한 것이 있으니, '솔개가 날고 물고기가 뛰어오른다'[708]는 것을 명도는 '반드시 일삼음이 있되 기필하지 않는다'[709]는 뜻과 같다고 하였는데, 지금 바로 의심이 없이 분명해졌다. 일상생활 가운데서 이 유행하는 본체가 처음부터 끊어진 곳이 없으며 공부를 할 곳이 있음을 보았으니, 이에 전에 스스로를 속이고 남을 속인 죄를 다 갚을 수 없다는 것을 알겠다. 이것은 서책을 지키고 언어에 얽매이는 것과는 전혀 관계가 없으니 일상생활에서 이것을 살피기를 바란다. 이것을 알면 곧 인을 아는 것이다."[710]

○ 答何叔京書曰, "若使道可以多聞博觀而得, 則世之知道者爲不少矣. 某近日因事, 方有少省發處, 如'鳶飛魚躍', 明道以爲與'必有事焉勿正'之意同者, 今乃曉然無疑. 日用之間, 觀此流行之體, 初無間斷處, 有下功夫處, 乃知日前自誑誑人之罪, 蓋不可勝贖也. 此與守書册, 泥言語全無交涉, 幸於日用間察之. 知此則知仁矣."

『강록』37-1-31-a

○ 「'여연비(如鳶飛)'에서 '정지의(正之意)'까지」 : 물었다. "'연비어약'과 '필유사언'의 같은 점에 대해서는 이미 자세한 가르침을 받았습니다. 아직도 분명하게 이해하지 못하고 있으니 감히 더 가르쳐 주시기를 청합니다." 선생께서 답하여 말하였다. "위에서 말한 것은 내 말이 아니라 주자의 설이다. 다만 이것으로 체찰하고 오래도록 함영하면 저절로 당연하게 보이는 것이 있게 될 것이다. 그렇지 않으면 천 마디 말이 무슨 보탬이 있겠는가?" ○ 이덕홍이 기록하여 말하였다. "물었다. '연비어약과 필유사언물정의 뜻이 같다고 하는 것은 무엇 때문입니까?' 답하여 말하였다. '솔개가 날고 물고기가 뛰어오르는 것을 살피면, 이(理)의 전체가 드러나고 묘용이 분명히 행함을 볼 수 있다. 이것은 천지간의 화육이 유행하여 위

---

708) 『詩經』, 「大雅·旱麓」.

709) 『孟子』, 「公孫丑上」.

710) 『晦庵集』 권40, 「答何叔京」.

아래에 밝게 드러난 것에 나아가서 말한 것이다. 사람이 반드시 일삼음이 있되 기약하지도 않고 마음에 잊지도 않으며 조장하지도 않을 수 있다면 이(理)의 전체가 드러나고 묘용이 분명히 행하는 것이 저것과 둘이 없다. 조금이라도 기약하거나 조장하는 등의 병통이 있게 되면 체가 숨고 용이 발한다.'" ○ 일용지간에 이 유행의 체가 애당초 간단이 없고 공부할 곳이 있음을 보게 된다. 토를 '며'로 다는 것은 이 유행의 체를 보면 지에 속하고, 공부하는 곳이 있으면 행에 속하기 때문이다.(『강록』)

○ 「如鳶飛 止 正之意」: 問, "旣蒙諄諄指誨, 鳶飛魚躍, 與必有事焉同處. 今未能曉然敢請益." 先生答云, "以上所言, 非某言乃朱子說. 但以此體察, 涵泳久之, 自當有見. 不然千言何益?" ○ 李錄云, "問, '鳶飛魚躍, 與必有事焉勿正之意同者, 何歟?' 答曰, '觀鳶飛魚躍, 則理之全體呈露, 妙用顯行可見. 此就天地間, 化育流行上下昭著處言. 人能必有事而勿正, 心勿忘勿助長, 則理之全體呈露, 妙用顯行與彼無二. 纔有一毫正助等病, 則體隱而用發矣.'" ○ 日用之間𡍼體丶處이所以吐曰爾者, 觀此流行之體, 則屬知, 有下工夫處, 則屬行故也.(『講錄』)

『석의』37-1-31-b

○ 「진별유용심처(眞別有用心處)」: 존덕성을 가리킨다. 「'여연비(如鳶飛)'에서 '정지의(正之意)'까지」: 솔개가 날고 물고기가 뛰어오르는 것을 살피면, 이 이(理)의 전체가 드러나고 묘용이 분명히 행함을 볼 수 있다. 사람이 반드시 일삼음이 있되 기약하지도 않고 마음에 잊지도 않으며 조장하지도 않을 수 있다면 그 자연의 이치에 따르고, 사사로운 뜻으로 해치지 아니하는 까닭에 역시 그 실체가 드러나고 묘용이 분명히 행해지는 것을 보게 된다.(『석의』)

○ 「眞別有用心處」: 指尊德性也. 「如鳶飛 止 正之意」: 觀鳶飛魚躍, 則此理之全體呈露, 妙用顯行可見矣. 人能必有事而勿正, 心勿忘勿助長, 則循其自然之理, 不以私意害之, 故亦見其實體呈露, 妙用顯行.(『釋疑』)

『의의』37-1-31-c

○ 「'답하숙경(答何叔京)'에서 '무의(無疑)'까지」 : '필유사언'은 도리가 인심에서 유행하는 것이고, '연비어약'은 도체가 천지 사이에서 밝게 드러난 것으로 말은 다르지만 이치는 하나이다. '물정'이라고 말한 것은 바로 일삼음의 절도이지 두 가지가 아니다. ◯ 「'일용지간(日用之間)'에서 '간단처(間斷處)'까지」 : 이는 오초려가 '하루 한달 한해 안에 나의 덕성이 밝게 빛나는 것을 항상 본다'고 한 것과 차이가 없는 듯하다. 주자의 풀이가 어찌 병폐가 없을 수 있으며, 오징의 설이 어찌 도움이 되지 않겠는가? '일용지간에 유행하는 체'는 도리가 일상에 드러난 것을 가리키는데, 바로 '활발하게 새가 날고 고기가 뛴다'는 것으로 정녕 군자가 말없이 인식하고 관찰하여 알아낸 것이다. 마음에 갖추어진 덕성이라면 공경스럽게 받들고 견지해야 할 뿐이니, 밝게 드러난 것이 마치 '무위진인이 섬광처럼 빛나는 곳에 들어와 있는 것'처럼 있겠는가? 이는 선가의 견성(見性)설이 분명하다.(『의의』)

○ 「答何叔京 止 無疑」 : 蓋必有事焉, 是道理流行於人心之間者. 鳶飛魚躍, 是道體昭著於天地之際者, 言雖殊而理則一也. 若夫勿正云者, 卽有事之節度, 非有兩項也. ◯ 「日用之間 止 間斷處」 : 此與吳草廬所謂一日一月一歲之內, 常見吾德性之昭昭者, 似無異同. 朱訓何以無病, 吳說何以有伊浦塞氣味也. 蓋日用之間, 流行之體, 指道理之呈露於日用者, 卽所謂鳶飛魚躍活潑潑地, 固君子之所默識而察見者也. 若德性之具於心者, 則只當恭敬奉持而已. 有何昭昭一物之可見, 如所謂無位眞人入在閃爍地耶? 此則分明是禪家見性之說也.(『疑義』)

『비망록』37-1-31-d

○ 「'약사도(若使道)'에서 '불소의(不少矣)'까지」 : 도란 그 이치가 무궁하여 견문이 아니면 알 수 없다. 그렇지만 견문에만 힘쓰고 몸에서 체득하지 않는다면 모르는 것과 무슨 차이가 있겠는가? 그 때문에 선후를 가지고 보면 아는 것이 우선이고, 경중으로 보면 실천이 중하니, 군자는 중한 것을 급선무로 삼는다.(『비망록』)

○ 「若使道 止 不少矣」 : 夫道也者, 其理無窮, 非聞見不能知也. 然只是以聞見爲務, 而不體之於身, 則與不知何間焉. 故以先後則知爲先, 以輕重則行爲重, 君子以重爲務.(『備忘錄』)

『부주』37-1-32

○ 또 말하였다. "내가 일전에는 깊이 탐구하고 힘써 행함이 없었기 때문에 논설하는 것이 모두 귀로 듣고 입으로 내뱉는 것들이었다. 그 때문에 전혀 힘을 쓸 수 없었다. 이제 비로소 깨달아 용감하게 옛 습관을 혁파하고자 하나 혈기가 이미 쇠하고, 심지(心志)도 역시 강건함을 회복하지 못하니 끝내 구제되는 것이 있을는지 모르겠다."711)

○ 又曰, "某緣日前無深探力行之, 凡所論說皆出入口耳之餘, 以故, 全不得力. 今方覺悟, 欲勇革舊習, 而血氣已衰, 心志亦不復彊, 不知終能有所濟否也."

『부주』37-1-33

○ 정윤부에게 답한 편지글에서 말하였다. "대개 이 일은 본원을 함양하는 것을 먼저하고 경의 뜻을 강론하는 것은 단지 이것을 보조할 따름이다. 예전에 함부로 드나들어 좇아갈 것이 없었으니 명목은 학문을 한다고 하면서도 실제로 무엇이 있었는가? 또한 가소로울 따름이다."712)

○ 答程允夫書曰, "大槩此事以涵養本原爲先, 講論經旨特以輔此而已. 向來泛濫出入, 無所適從, 名爲學問而實何有? 亦可笑耳."

『부주』37-1-34

○ 황직경에게 답한 편지글에서 말하였다. "학문을 함에는 바로 먼저 근본을 세워야 한다. 문장의 뜻은 도리어 바른 뜻을 말해주어서 그 넓은 마음으로 완미하게 하고, 동이점을 따져서 비교하거나 세밀하게 연구하게 해서는 안 된다. 그 생각이 촉박하여 멀리까지 진

711) 『晦庵集』 권40, 「答何叔京」.

712) 『晦庵集別集』 권2, 「程欽國」.

보하기 어려울까 두렵기 때문이다. 장래에 큰 의미를 깨달으면 대략 한두 가지의 절목을 들어가지고 점차적으로 이해해도 늦지 않는다. 이것이 예전의 정본의 잘못인데 이제 다행히 깨달았으니 모름지기 용기 있게 혁신해야지, 구차하게 비웃음을 피하려다 도리어 남을 그르쳐서는 안 된다."713)

○ 答黃直卿書曰, "爲學直是先要立本. 文義, 却可且與說出正意, 令其寬心玩味, 未可便令考校同異, 研究纖密. 恐其意思促迫, 難得長進. 將來見得大意, 略擧一二節目, 漸次理會, 蓋未晩也. 此是向來定本之誤, 今幸見得, 却須勇革, 不可苟避譏笑, 却誤人也."

『강록』37-1-34-a

○ 「정본지오(定本之誤)」: 비평하여 말하였다. "정본(定本)의 잘못은 『주자대전』에는 단지 '차오(差誤)'라고만 되어 있다. 나정암이 왕양명에게 답한 편지글에서도 말하기를, '감본에도 단지 향래차오(向來差誤)라고 하였지, 정본(定本)자 운운한 것은 없다.'고 하였다." 「구피기소(苟避譏笑)」: 이덕홍의 기록에서 말하였다. "사람의 일반적인 심정은 평소에 명망이 있던 사람이 앞에서는 훌륭한 행실이 있다가 뒤에 만약 착오가 있으면 사람들은 반드시 조롱하고 비웃는다. 주선생이 초년에 세상의 학자들이 존덕성 한쪽에만 편중하고 도문학 공부를 이해하지 못하여 마침내는 이단으로 빠지는 것을 병으로 여겼으므로 먼저 도문학으로 사람을 가르쳐 세밀하게 연구하고 같고 다름을 고찰해서 점차적으로 존덕성의 배움으로 이르게 하니 온 천하의 사람들이 모두 구름처럼 모이고 메아리처럼 응해서 믿고 따르게 되었다. 그 후에 또한 지루하고 번요해서 차차 본령공부를 폐지하고 지엽의 끝으로 흐르는 점이 있음을 깨닫고 선생은 도리어 존덕성을 주장하고 도문학으로 보조하게 하면서 '세상 사람들이 반드시 이것을 가지고 나를 조롱할 것이나 조롱을 피해서 남을 오도함은 나의 뜻이 아니다' 하였으니, 이는 선생이 도

713) 『晦庵集』 권46, 「答黃直卿」.

덕성이 무성해서 더욱 겸손한 곳이다. 지금 세상 사람들은 매양 자기 소견으로 옳음을 삼아 비록 마음으로 그름을 알면서도 스스로 그름을 말하지 않음은 모두 조롱과 비웃음을 피해서 그러한 것이다."(『강록』)

○ 「定本之誤」: 批云, "定本之誤, 『大全』只作差誤. 羅整菴「答王陽明書」亦云, '監本止云, 向來差誤, 無定本字云云.'" 「苟避譏笑」: 李錄云, "人之常情, 素有時望者, 前有盛行, 而後若差誤, 則人必譏笑. 朱先生初年, 病歲之學者, 偏著尊德性一邊, 不解道問學工夫, 卒陷於異端, 故先以道問學教人, 硏究纖悉, 考校同異, 以馴致尊德性之學, 天下之人, 擧皆雲會, 而響應信敬而服從之. 後來覺其支離煩撓, 反將至於廢本領工夫, 流於枝葉之末學, 故先生欲返以尊德性主之, 以道問學輔之, 則世人必以此譏我. 然避譏而誤人, 非我之志也. 此先生道盛德立, 愈自謙抑處. 如今世之人每以己見爲是, 雖心知其非, 而不自以爲非. 此皆避譏笑而然也."(『講錄』)

『석의』37-1-34-b

○ 「대의(大意)」: 『주자대전』에는 의(意) 아래에 사(思)자가 있다. '정본지오(定本之誤)'에 관해, 『주자대전』에는 단지 '차오(差誤)'라고만 되어 있다. 나정암도 말하기를, "감본에는 단지 '향래차오(向來差誤)'라고만 하였다"고 하였다. 「구피기소(苟避譏笑)」: 조롱하고 비웃는 것은 전후가 다름으로 해서 조롱하고 비웃는 것이다.(『석의』)

○ 「大意」: 『大全』意下有思字. 「定本之誤」: 『大全』只作'差誤'. 羅整菴亦云, "監本只云, 向來差誤." 「苟避譏笑」: 譏笑謂以前後異同爲譏笑.(『釋疑』)

『집해』37-1-34-c

○ 「'답황직경(答黃直卿)'에서 '지오(之誤)'까지」: 주자의 이 편지는 이처럼 두 번 나온다. 양명이 고찰한 것은 『속집』에 있고 정암은 『대전』에 근거하여 말하였으나 모두 상세하지 못한 듯하다. 『속집』에는 이 편지 앞에 『대학』 정본에 관한 설이 있어 양명이 이것을 가지고 공격하고자 하였다. 그러나 정본의 오류란 바로 정암이 인용한 여동래에게 보낸 편지 가운데 학문의 규모를 가리켜 말

한 것이므로 감본을 근거로 하지 않더라도 의미에 부족함이 없다.(『집해』)

○ 「答黃直卿 止 之誤」 : 朱子此書兩出如此. 想陽明所考在『續集』, 而整菴只以『大全』言之, 恐皆未詳. 蓋『續集』如此書上有『大學』定本之說, 故陽明欲因此攻之. 然其所謂定本之誤者, 卽乃整菴所引「與呂東萊書」中, 指爲學規模而言者, 雖不以監本爲據, 意自無欠也.(『集解』)

『비망록』37-1-34-d

○ 「'대개(大槩)'에서 '보차이이(輔此而已)'까지」 : 이 일이란 학문을 가리킨다. 본원을 함양하는 것은 존덕성을 가지고 말한 것이다. 경의 뜻을 강론한다는 것은 묻고 배우는 것을 도라고 하는 것이다. '이것을 보강한다'고 할 때의 이것은 본원을 가리킨다. 이 마음의 본원은 본디 광명정대하지만 기질에 구애되고 물욕에 가려 본래부터 가지고 있는 것을 보존할 수 없는데 이것이 근심이 된다. 만일 다행스럽게도 강론의 도움을 받아 기뻐하며 받아들이고 분발하여 따라오면서 잠시도 소홀히 하지 않고 쉬지 않는다면 함양공부는 날마다 새롭고 달마다 성대해지고, 기질의 변화도 그 가운데 있으며 외물의 피해도 근심할 필요가 없을 것이다. '본원'과 '이를 보완한다'는 네 글자는 깊이 착안해야할 곳이다.(『비망록』)

○ 「大槩 止 輔此而已」 : 所謂此事指學問也. 涵養本原, 以尊德性言. 講論經旨, 是問學之謂道. 輔此之此, 指本原也. 蓋此心之本原, 本自光明正大, 每因其氣質之拘, 物欲之蔽, 不能存其固有, 是之爲患矣. 若幸賴講論之輔, 怡然以納之, 奮然以從之, 不毫髮怠忽靡晷刻休息, 則肆乃涵養工夫, 日新月盛, 氣質變化, 亦在其中, 而外物之沮害, 不必憂矣. 然則此本原及輔此四字, 所當深着眼處也.(『備忘錄』)

『부주』37-1-35

○ 북계진씨가 말하였다. "노선생께서 평소 사람을 가르치는 데 가장 긴요하게 여긴 곳은 존덕성과 도문학 두 가지 공부를 어느 한 쪽도 폐하지 않는 것이었으나, 크게 힘을 들인 곳은 도문학 상에

있었다. 강서 일파에서는 오히려 번잡함을 싫어하고 간이함으로 나아가서 치우침이 존덕성 상에 있었기에 선생께서는 그것을 매우 병통으로 여겼다."714)

○ 北溪陳氏曰, "老先生平日教人, 最喫緊處, 尊德性道問學二件工夫, 固不偏廢, 而所大段著力處, 却多在道問學上. 江西一派, 却只是厭煩就簡, 偏在尊德性上去, 先生蓋深病之."

○「정민정의 생각」42 : 주자는 만년에 항평보, 임택지, 유자징, 하숙경, 정윤부, 황직경에게 답한 편지에서 말한 내용이 이러하였다. 그런데 주자가 죽은 뒤에 진씨의 말이 저와 같다는 것은 고정의 학문이 참으로 재전 제자 때까지 가지도 못하고 참된 것이 사라짐을 면치 못한 것이다. 틀림없이 임천오씨가 북계진씨에게 만족할 수 없었던 것도 거의 이런 종류였을 것이다.

○「按」: 朱子晚年答項平父及林擇之劉子澄何叔京程允夫黃直卿書, 其言如此. 朱子沒後, 陳氏之言如彼, 則考亭之學, 固不俟一再傳而未免失眞者矣. 宜臨川吳氏於北溪有不能滿焉. 殆此類也夫.

『부주기의』42-1

○ 이항로(李恒老)의 생각: 사람이 학문을 하는 것은 마음과 이치일 따름이다. 『중용』의 존덕성이란 바로 마음을 보존함을 말하고, 도문학이란 바로 이치를 밝힘을 말한다. 두 가지 가운데 하나라도 폐한다면 학문이 아니다. 그러나 마음을 보존하는 공부는 스스로 묵묵히 공부를 해 나가는 것에 달려 있지 다른 사람에게 물을 필요는 없다. 그러나 이치를 밝히는 공부에 이르면 자신을 쓰는 것은 작으니, 성인과 같은 총명함으로도 다른 사람에게 취한 뒤에야 충족하게 된다. 그러므로 덕성에 대해서는 '높인다'고 하였고, 이치를 밝히는 것에 대해서는 묻고 배우는 것으로 말미암는다고 하였다. 높인다는 것은 한결같이 경계하고 삼가며 두려워하는 것일 뿐

714)『北溪大全集』권23,「答李郎中貫之」.

많은 공부가 없다. 묻고 배운다는 것은 자신의 견해만을 주장하지 않고 다른 사람에게 물으며 다른 사람에게 배우는 것이다. 질문이 넓지 못할까만을 걱정하고 배움에 근실하지 못할까만을 근심한다. 이 두 쪽에서 공부를 해 나가고, 침묵하거나 말하거나, 고요하거나 움직이거나, 한결같이 자기에게서 구하거나 다른 사람에게서 구하는 것은 일은 서로 반대되는 듯하지만 사실은 서로 도와 완성하는 것이다. 이 때문에 주자는 "이 마음의 영명함을 말없이 인식하여 단정하고 장엄하며 고요한 가운데 보존하고, 뭇 이치의 오묘함이 존재함을 알아 배우고 생각할 때 궁구한다. 큰 것과 세밀한 것은 서로 함양해주고 움직임과 고요함은 서로 길러준다"고 하였다. 이를 살펴보면 존덕성 공부에 대해서는 '말없이 인식함'이라고만 하거나 '단정하고 장엄하며 고요하고 한결같다'고만 하였으니, 다른 사람에게 묻는 것을 어디다 쓰겠으며, 다른 사람의 행위를 배우는 것을 어디에 쓰겠는가? 도문학 공부에 대해서는 반드시 '뭇 이치'라고 하거나 '이치를 궁구한다'거나 '배운다'거나 '묻는다'거나 '생각한다'거나 '변석한다'고 하였으니, 이것이 어찌 소인들이 발끈하여 제멋대로 하는 것을 말하겠는가? 이와 같다면 사람들이 성인에게서 볼 수 있는 것은 도문학 방면의 일뿐이고, 볼 수 없는 것은 존덕성 방면의 일이다. 성인을 잘 관찰한 사람이 아니라면 두 가지 일이 합하여 하나의 덕이 됨을 모를 것이다. 가령 위대한 순임금이 묻기를 좋아하고 살피기를 좋아하며, 네 문을 닫고, 네 눈을 밝히고, 네 가지 총명함에 통달하고, 날마다 한 일이 국가의 일을 근심한 것이라는 사실을 보고는, 바로 '순은 도문학 방면의 공부에만 힘을 기울였을 뿐 존덕성 공부에는 힘을 기울이지 않았다'고 한다면 괜찮겠는가? 공자가 배우되 물리지 않고 사람을 가르치되 게을리 하지 않은 일에 부지런히 힘쓴 것과, 겸손하게 군자의 덕을 몸소 실천하는 일을 자부하지 않은 것을 보고는 곧바로 '공자는 도문학만을 알았을 뿐 존덕성 방면의 공부는 적었다'고 한다면,

이것이 어찌 덕을 아는 사람의 말이겠는가? 주자가 묻고 배웠던 것은 바로 존덕성의 일이다. 육씨가 말한 덕과 성이란 묻거나 배울 수 있는 일이 아니다. 전자는 실하고 후자는 공허하며, 전자는 공변되고 후자는 사사로워 현격하게 차이나기가 물과 불 추위와 더위가 서로 침입할 수 없는 것과 같은 정도가 아니다. 다만 스스로 존덕성으로 자신의 학문을 표시하고 사람들이 묻고 배우는 것을 비난하였으므로 당시 배우는 사람들이 존덕성과 도문학을 두 항목으로 나누어 주자와 육상산의 차이를 표시하는 제목으로 삼았으니, 이미 도를 아는 사람의 말이 아니다. 그런데 또 육학이라는 명칭을 피하려고 존덕성 공부에 전심하려 하지 않았으므로 잃은 것이 더욱 원대하였다. 주자가 만년에 근심한 것이 또 여기에 있었다. 그가 육씨로부터 정당한 것을 받아들인 것은 바로 공자가 노자에게 예를 물은 것과 자상의 생각을 인정한 것과 같다. 바로 정자가 '삼대의 위의(威儀)가 모두 여기에 있다'고 찬탄한 부류이다. 주자가 배척하고 허가한 것에는 각각 의미가 있지만 북계는 그 설을 밝힐 수 없었다. 이에 "우리 스승이 크게 노력을 기울인 것은 도문학 방면에 해당하는 것이 많다. 강서는 번잡한 것을 싫어하여 간이한 것에 나아가 존덕성 방면으로만 갔다"고 하였다. 그렇다면 주자의 학문은 도문학 방면에 치우치고, 육씨의 학문은 존덕성 방면에 치우친 것이니, 치우친 것은 다르지만 치우쳤다는 점에서는 동일하다. 도학의 병폐가 된다는 점에서 피차의 구별이 없다. 북계의 말은 이와 같은 것은 정말 의심스럽다. 정황돈의 경우는 또 육씨를 심하게 병통으로 여긴 것이 도리어 북계의 잘못이라고 여겼으니 잘못이 더욱 심하다. 임천이 북계에게 불만스러웠던 것도 황돈이 의심한 것과 같다면 그 잘못은 동일하다. 이것을 읽는 사람들은 변석하지 않을 수 없다.(『부주기의』)

○ 恒老按: 人之所以爲學, 心與理而已. 『中庸』所謂'尊德性', 卽存心之謂也. 所謂'道問學', 卽明理之謂也. 二者廢一, 則非學也. 然存心之工, 只在自家默默加工，不用問人，而至於明理之工，則自用則小，雖以聖人聰明，必取於人而足．故於德性則曰尊而已，於明理則曰道問學．所謂尊者，一味戒愼恐懼而已，却無許多工夫．所謂問學者，不敢自用己見，而只管問人，只管學人．惟恐問之不廣，惟恐學之不勤．此蓋兩邊下工而一默一語一靜一動，一求於己，一求於人，事若相反而其實必相須而成也．是以朱子曰，"默識此心之靈，而存之於端莊靜一之中，知有衆理之妙，而窮之於學問思辨之際，巨細相涵，動靜交養．" 觀此則尊德性上工夫，只曰'默識'，只曰'端莊靜一'，則安用問人，安用學人爲哉？道問學上工夫，則必曰'衆理'，必曰'窮之'，必曰'學'，必曰'問'，必曰'思'，必曰'辨'，則此豈小人悻悻自用之謂哉！如此，則人於聖人可見者，道問學一邊事也．不可見者，尊德性一邊事也．非善觀聖人者，不知二事之合爲一德也．設便見大舜之好問好察，闢四門，明四目，達四聰，日日所事，只在都兪吁咈之勤，乃曰'舜專用力於道問學上工夫，而却不用力於尊德性上工夫云爾'，則可乎？見孔子孜孜用力於'學之不厭，誨人不倦'之事，而謙謙不居於躬行君子之事，乃曰'孔子只知道問學，而却少尊德性上工夫云爾'，則是豈知德之言也哉？蓋朱子之所問所學者，卽尊德性之事也．陸氏之所謂德所謂性者，非可問可學之事也．此實彼虛，此公彼私，截然不同，不翅如水火寒熱之不相入也．但自以尊德性標揭其學，而罵人問學，故當時學者，以尊德性道問學，分作兩目，標爲朱陸不同之題，則已非知道之言，而又以諱避陸學之名，不肯專心於尊德性之工，則所失益遠益大矣．朱子晩年所憂，又在於此．其所以取可於陸氏者，正如孔子問禮老子，許可子桑之意也．卽程子歎'三代威儀，盡在此'之類也．朱子之一斥一許，各有意義，而北溪不能發明其說．乃曰，"吾師大段着力，却多在道問學上．江西厭煩就簡，偏在尊德性上去．" 然則朱子之學，偏於道問學一邊，陸氏之學偏於尊德性一邊，其所偏雖不同，而爲偏則一也．爲道學之病，無彼此也．北溪之言如此，固可疑也．至若篁墩，又以深病陸氏之云，反爲北溪之失眞，則失之益遠矣．臨川所以不滿於北溪者，亦如篁墩之所疑，則其失均也．讀此者，不可不辨也．(『附註記疑』)

『관계』42-2

○「북계설(北溪說)」: 도문학은 절목이 매우 많아 궁구하기가 쉽지 않

으므로 주자가 여기에 대하여 오래도록 힘을 쏟았으니, 이것이 바로 덕성의 바탕이다. 육상산이 말하는 존성은 광망함을 방자하게 하면서 참된 본성으로 인식하고, 바탕을 끊어버리고 거짓으로 이름을 빌린 것이다. 북계의 이 말은 강서의 비웃음을 받았는데, 아마도 양가의 본말에 대해 깊이 알지 못한 때문인 듯하다.(『관계』)

○ 「北溪說」: 道問學煞多節目, 未易窮索, 故朱子於此果多着力, 而此乃尊性之資也. 若陸氏所謂尊性, 則肆其狂妄而認作眞性, 絶其資具而虛假名目. 北溪此言, 適被江西之笑, 恐未深知於兩家本末者也.(『窾啓』)

『부주』37-2

○ 면재황씨가 이경자에게 답한 편지글에서 말하였다. "옛 성현께서 학문을 말한 것은 몸과 마음에 나아가서 공부하는 것이 아님이 없다. 인심도심과 안을 곧게 하고 바깥을 방정하게 하는 것을 모두 강학에 가까운 것으로 말하지 않았다. 부자께서 그 식견이 잘못되기 쉬울까 염려하여 이에 박문과 약례로 상대하여 말씀하셨으니, 글로써 넓히는 것이 먼저이고 예로써 단속하는 것이 나중이며, 글로써 넓히는 것은 쉬우나 예로써 단속하는 것은 어렵다. 후세의 학자들은 오로지 그 쉬운 것에만 힘쓰고 어려운 것은 늘 꺼려하니, 이 도가 전해지지 않는 까닭이다. 모름지기 『중용』의 가르침대로 경계하고 두려워하며 홀로 있을 때 삼가는 것을 평생의 사업으로 삼아서 잠시라도 그만두어서는 안 되며, 강학하고 궁리하는 것은 그 밝고 바른 것을 구하는 것일 뿐이다. 만약 다만 학문에만 힘쓰고 몸과 마음에 뜻을 두지 않으면 전혀 학문이 되지 못할까 염려된다. 사람들이 마음을 품고 있어서 헤아릴 수 없으니, 하나로써 그것을 궁구하고자 한다면 예를 버리고 무엇으로써 하겠는가? 말하고 행동하는 사이나 일에 응하고 사물에 접하는 즈음에 그것이 이치에

맞는지 이치에 맞지 않는지를 살핀다면 열 가지 가운데 일곱 여덟은 얻을 수 있을 것이다. 이것으로 기준을 삼는다면 거의 입과 귀로만 하는 학문으로 흘러들어가지 않을 수 있을 것이다. 일찍이 보건대, 명도 선생이 사상채에게 말하기를, '여러 사람이 여기에 와서 단지 나의 말만 배울 뿐이다'라고 하자, 상채가 자세히 말해주기를 청하니, 명도가 말하기를 '우선 정좌하라'고 하였다. 정자의 문하에서 상채와 같은 이는 가히 실질에 힘쓰고 위기(爲己)의 학문을 한 사람이라고 할 수 있다. 명도는 오히려 이것으로 그를 경계했으니 오늘의 학자를 본다면 어찌 크게 탄식하지 않겠는가? 늙었으니 달리 세상에 바랄 것은 없고 단지 선사의 학문이 전해질 수 있기를 바랄 뿐이다. 그러므로 스스로 분수에 넘는 것을 알지 못하고 여기에까지 이르게 되었다."715)

○ 勉齋黃氏答李敬子書曰, "古先聖賢言學, 無非就身心上用工夫, 人心道心, 直內方外, 都未說近講學處. 夫子恐其識見易差, 於是以博文約禮對言, 博文先而約禮後, 博文易而約禮難, 後來學者專務其所易, 而常憚其所難, 此道之所以無傳, 須是如『中庸』之旨, 戒懼謹獨爲終身事業, 不可須臾廢, 而講學窮理, 所以求其明且正耳. 若但務學而於身心不加意, 恐全不成學問也. 人藏其心, 不可測度, 欲一以窮之, 捨禮何以哉? 詞氣容止之間, 應事接物之際, 察其中理不中理, 十得其七八矣. 以此律之, 庶不至流而爲口耳之學也. 嘗觀明道先生語謝上蔡云, '諸公來此, 只是學某說話.' 上蔡請益, 明道云, '且靜坐.' 程門如上蔡可謂務實爲己者也. 明道尙以此箴之, 使視今之學者, 則豈不大爲之太息乎? 老矣他無所望於世, 只是望得先師之學有傳, 故不自知其僭越, 及於此也."

---

715) 『勉齋集』 권5, 「與李敬子司直書」.

『강록』37-2-a

○ 「직내방외(直內方外)」: 물었다. "주자가 「명당실기(名堂室記)」에서 말하기를 '반드시 격물치지를 먼저 한 연후에 의리를 밝히는 단서를 얻을 수 있다'고 하였고, 또 말하기를 '옳은 것을 보았을 때는 결정하여 그와 같이 하고, 옳지 않은 것에는 결정하여 그와 같이 하지 말아서, 모름지기 방방정정해야 한다'고 하고 여러 선생들의 말도 모두 박문으로 말하였습니다. 그런데 황씨는 이르되 '모두 강학에 가까운 것으로 말하지 않았는데, 부자께서 그 식견이 잘못되기 쉬울까 염려하여 이에 박문과 약례로 상대하여 말씀하셨다.' 고 하니 박문(博文)이나 방외(方外)는 글은 비록 다르지만 뜻은 실상 같은데, 황씨가 두 갈래로 나누었으니 옳습니까? 아니면 무슨 의리가 있어서 그렇게 말한 것입니까? 그 뜻을 듣고자 합니다." 선생이 답하여 말하였다. "황씨가 이른바 배움을 강론하는데 가까운 것을 말하지 않았다는 것은 공자 이전에 요·순·우·탕·문왕·무왕·주공 등의 여러 성인들이 모두 배움을 강론하는 말이 없다는 것이다. 또한 방외는 비록 의로움을 정밀하게 하는 것에 속하기는 하나 행으로 말하는 것이다. 만약 배움을 강론하는 것은 오로지 지로 말하는 것이니, 또한 같지 않다." 「인장기심(人藏其心)」: 이덕홍이 기록하여 말하였다. "사람은 다만 자기만 가리키는 것이 아니라 남의 의리까지 총체적으로 말한 것이다."(『강록』)

○ 「直內方外」: 問, "朱子「名堂室記」曰, '必以格物致知爲先, 然後得明義之端.' 又云, '見得是處, 決定恁地. 不是處, 決定不恁地. 須是截然, 方方正正.' 及諸先生說, 皆以博文言也. 而黃氏云, '都未說近講學處. 夫子恐其識見易差, 於是以博文約禮對言云云.' 博文方外, 文雖變異, 意實同也. 黃氏歧而二之, 其可乎? 抑有義而然歟? 請聞其義." 先生答曰, "黃氏所謂未說近講學處, 指孔子以前, 如堯舜禹湯文武周公諸聖人, 皆不言講學也. 且方外雖屬精義, 然以行言也. 若講學, 則專以知言, 亦不同矣." 「人藏其心」: 李錄云, "人非但指己, 總言物義."(『講錄』)

『석의』37-2-b

○ 「‘인장(人藏)’에서 ‘측도(測度)’까지」 : 『예기(禮記)』의 말이다. 악하고자 하는 마음이 안에 감추어져 있으니 다른 사람이 어떻게 헤아릴 수 있겠는가?(『석의』)

○ ‘人藏 止 測度」 : 『禮記』語. 欲惡之心藏於內, 他人豈能測度?(『釋疑』)

『강록간보』37-2-c

○ 「‘인장기심(人藏其心)’에서 ‘하이재(何以哉)’까지」 : 김종덕(金宗德)의 생각: 『예기』 「예운」에 “사람은 그 마음을 숨기고 있어 헤아릴 수 없다. 아름다움과 추악함이 모두 그 마음에 있으나 그 모습을 볼 수 없다. 하나하나 궁구하고자 하면 예를 버리고 무엇으로 하겠는가?”라고 한 것에 대한 주에 “바라고 미워하는 마음이 안에 감추어져 있으니 다른 사람이 어찌 헤아릴 수 있겠는가? 만일 하나하나 궁구하고 살펴 알고자 한다면 예에서 구하지 않고는 안 된다”고 하였다.(『강록간보』)

○ 「人藏其心 止 何以哉」 : 按: 『記』 「禮運」“人藏其心, 不可測度也. 美惡皆在其心, 不見其色也. 欲一以窮之, 舍禮何以哉?” 註, “欲惡之心藏於內, 他人豈能測度之? 若要一一窮究而察識, 非求之於禮不可.”(『講錄刊補』)

『집해』37-2-d

○ 「‘욕일(欲一)’에서 ‘하이재(何以哉)’까지」 : (『요해』) 일(一)은 가지런하다는 뜻이다. 『논어』의 ‘형으로써 백성들을 가지런하게 한다’고 한 것에 대한 주에서 “형벌은 백성을 가지런하게 하는 수단이다”라고 하였다. 이는 사람의 마음은 헤아릴 수 없으나 모두 궁구하고자 한다면 예가 아니고는 불가능하다는 말이다.(『집해』)

○ 「欲一 止 何以哉」 : (要解) 一, 齊也. 『論語』‘齊之以刑’註, “刑所以一之也.” 言人心不可測度, 如欲一齊而窮究之, 非禮不能也.(『集解』)

『관계』37-2-e

○ 「면재설(勉齋說)」 : 순이 정일(精一)을 말하고, 공자가 경의(敬義)를 말한 것은 애초 강학을 위해 한 말이 아니다. 강학은 정밀함이 아

니면 할 수 없고 또한 의리를 밝히려는 것인데, 이제 '모두 강학에 가까운 부분으로 말하지 않았다'고 한 것은 잘못이다. 게다가 공자는 박문약례(博文約禮)를 말하고, 안자·증자·자사·맹자는 그것을 영원히 전했다. 자사는 계구(戒懼)와 근독(謹篤)을 말하고, 맹자는 존심양성(存心養性)을 말하여 본원공부를 개진하였으나 뒤에는 오히려 전하지 못하였다. 도가 전해질지의 여부는 입언과 상관없다는 것이 분명하다. (요체는 학자가 참되게 알고 힘써 실천하는 것에 달려 있을 뿐이다.)(『관계』)

○ 「勉齋說」 : 舜言精一, 孔言敬義, 初非爲講學言, 而講學非惟精不可, 亦所以明義, 而今曰都未說近者過矣. 且孔子說博文約禮, 而顏曾思孟, 其傳永遠. 子思說戒懼謹獨, 孟子說存心養性, 以發其本原之工, 而後却無傳. 道之傳否, 不繫於立言者明矣. (要在學者眞知力行而已.)(『窽啓』)

『부주』37-3

○ 또 말하였다. "매번 생각해보니, 선사께서 일생동안 고생하면서 글을 지어 후학에게 은혜를 베푸셨으니, 광명이 빛나거늘 여러 생도들 가운데 그 취지를 통달할 수 있는 사람이 없었다. 또 다시 수년이 지남에 전하여 익히는 것이 더욱 와전되니, 선사께서 지하에서 눈을 감지 못하실 것이다."[716]

○ 又曰, "每念先師以一生辛苦著書, 惠後學, 光明煒燁, 而諸生莫有能達其旨趣者. 又復數年, 傳習益訛, 先師之目, 將不瞑於地下矣."

『부주』37-4

○ 과재이씨(果齋李氏)[717]가 말하였다. "공맹 이래로 박문과 약례 두 가지를 지극히 한 사람은 선생 한 분이시다. 선생이 사람들

716) 『勉齋集』 권5, 「與李敬子司直書」.

717) 과재이씨(果齋李氏) : 이름은 방자(方子)이고, 자는 공회(公晦)이며, 광택(光澤) 사람이다. 주희의 고제자이다.

을 가르침에 규모가 광대하고, 과목과 등급이 매우 엄격하며 정연히 순서가 있어서 등급을 뛰어 넘는 것을 용납하지 않았다. 자기에게 절실하며 실질에 힘쓰고 의와 리(利)를 변별하고, 스스로를 속이지 말며, 그 홀로를 삼가라는 경계는 정녕 간절하지 않은 적이 없었고, 귀를 끌어다 극진히 말씀해주셨다. 장남헌의 '하는 바 없이도 그러하다'는 말을 외울 때마다 반드시 세 번 탄식하셨다. 늦게 여러 생도들이 글자의 뜻에 얽매여 있음을 보시고, 이 도가 전해지지 않을까 깊이 염려하여 비로소 자못 본체를 지시하여 깊이 생각해서 그것을 스스로 얻게끔 하셨으니, 배우는 이들에게 건 희망이 더욱 절실하였다."718)

○ 果齋李氏曰, "洙泗以還博文約禮兩極其至者, 先生一人而已. 先生教人, 規模廣大, 而科級甚嚴, 循循有序, 不容躐等. 至於切己務實辨別義利, 毋自欺謹其獨之戒, 未嘗不丁寧懇到, 提耳而極言之. 每誦南軒張公無所爲而然之語, 必三歎焉. 晚見諸生繳繞於文義之間, 深慮斯道之無傳, 始頗指示本體, 使深思而自得之. 其望於學者益切矣."

『석의』37-4-a

- 「격요(繳繞)」: '얽매여'의 뜻이다.(『석의』)
- 「繳繞」: 버믈어.(『釋疑』)

『집해』37-4-b

- 「'왈수사(曰洙泗)'에서 '지계(之戒)'까지」: 자기에게 절실하며 실질에 힘쓴다는 것은 『논어』를 가리키고, 의리를 변별한다는 것은 『맹자』를 가리키고, 자기를 속이지 말며 홀로 있을 때 삼간다는 것은 『대학』을 가리키는데, 『중용』을 거론하지 않은 것은 상달 공부이기 때문이다. 「행장」과 대의가 동일하다.(『집해』)
- 「曰洙泗 止 之戒」: 切己務實指『論語』, 辨別義利指『孟子』. 毋自欺謹其獨

718) 『宋名臣言行錄』 外集卷12, 「晦菴先生徽國文公」.

指『大學』, 其不擧『中庸』, 蓋以上達工夫故也. 與「行狀」大意同.(『集解』)

『관계』37-4-c

○ 주자는 중년에 이미 얽매이는 실수에 대해 변론하면서 본체에 대한 논의를 제기하였는데, '만견(晩見)'이라는 글자와 '비로소 자못[始頗]'이라는 글자는 미약하지만 병폐가 되었다.(『관계』)

○ 朱子中年已辨繳繞之失, 而多拈本體之論, '晩見'字'始頗'字微做病.(『竅啓』)

『비망록』37-4-d

○ 「'수사(洙泗)'에서 '일인이이(一人而已)'까지」 : 이씨의 이름은 방자(方子)이고, 자는 공회(公晦)로 광택(光澤) 사람이다. 주자 문하의 뛰어난 제자였다. 박약은 본래 공자와 안자가 주고받은 것이다. 주선생 역시 양 극단을 끝까지 이해해야 한다고 인정하였는데, 다시 남은 것이 없어 바로 해와 달이 하늘에 있는 것이 공자 이후 한 사람 뿐이었다. 과재(果齋) 역시 그 단서를 얻어 높이고 실행하였음을 알 수 있다.(『비망록』)

○ 「洙泗 止 一人而已」 : 李氏名方子, 字公晦, 光澤人. 朱門高弟. 博約本孔顔之所授受. 朱先生亦允蹈領會兩極其至, 而無復餘蘊, 正是日月中天, 而洙泗後一人耳. 果齋亦得其緖, 而尊行之, 可見矣.(『備忘錄』)

『부주』37-5

○ 자계황씨(慈溪黃氏)[719]가 말하였다. "옛날에 사람들에게 학문하는 것을 가르치는 데 몸소 실천하는 것을 근본으로 삼았으며, 몸소 실천하는 것은 효제를 우선적인 것으로 생각하였다. 글은 실천하고 남은 힘이 있은 뒤에 그것을 배웠다. 이른바 문이란 또 예악사어서수를 말하는 것이지, 언어문자의 말단이 아니었다. 지금의 배우는 사람은 혹 이와 반대되니 어찌 조화성명의

719) 자계황씨(慈溪黃氏) : 이름은 진(震)이고, 자는 동발(東發)이다. 보우(寶祐) 연간(1253~1258) 중년에 진사가 되었으며 벼슬은 사관검열(史館檢閱)을 역임했다. 주자를 크게 존숭했으며 사후에 문결선생(文潔先生)이라고 불렸다.

고원한 것을 강의하느라 도리어 효제근신의 절실하고 가까운 것을 잊어버리겠는가? 이정 선생은 주자의 설을 미루어 밝힘으로써 공맹에까지 도달하였으며, 성명으로 말미암아 그것을 몸소 실천하는 데로 돌렸으며, 그 설은 겸하여 들지 않은 적이 없었다. 뒤에 배우는 사람은 마땅히 다른 데서 구할 필요가 없거늘 불행이 이정이 죽고 나니 문인 제자들 가운데 많은 사람들이 선학에 빠지고도 스스로 알지 못하는 사람들이 많이 있었다. 비록 회암선생일지라도 초년에는 또 거의 빠질 뻔했지만 뒤에 비로소 일체를 돌이켜 평실한 데로 돌아갔다. 평생토록 『논어』 공부를 많이 하였고, 평생토록 『논어』를 말하면서 대체로 효제충신을 위주로 하였다. 태극성명 등을 말함에 이르러서는 한때 함께 공부하던 선유들이 서로 강론하면서 드러낸 것이다. 문공이 이미 죽자 그 학문은 비록 성행했지만 배우는 사람이 그 절실한 데서 하지 않고 고원한 데서 공부하였으며, 강학에 있어서는 『논어』를 버려두고 말하지 않고, 반드시 『주역』을 먼저 하였으며, 『논어』를 강론함에 효제충신을 말하지 않고 오직 강학으로 일관하였다. 이 모두가 문공께서 평일에 깊이 경계한 바이다. 배우는 사람은 스스로 한쪽으로 치우쳐 돌아올 줄을 모르고, 귀로 들어와서 입으로 나가니 궁행과는 무관하였다. 내가 일찍이 비유하건대 물을 길으려는 사람은 반드시 그 근원을 깊게 파야 하는데, 근원을 파는 것은 물을 긷기 위한 계획인데 도리어 물을 버리고 긷지 않는 것은 무슨 뜻인가? 열매를 먹으려는 사람은 반드시 그 뿌리에 물을 부어야 하며, 뿌리에 물을 주는 것을 열매를 먹기 위함인데 도리어 열매를 버리고 먹지 않는 것은 무슨 견해인가? 바로 몸소 실천하려는 사람은 반드시 성리를 정밀하게 해야 하는데 성리를 정밀하게 하는 것은 몸소 실천하기 위해 베푼 것인데 도리어 몸소 실천하는 것은 불문에 부치는 것은 무엇 때문인가? 한당의 권위 있는 스승과 원숙한 유학자들이 훈고에 빠져서 의리를 정밀하게 하지 않음이 많았다. 근래에는 삼척동자라도 실마리를 이어받아 모두 의리를 말할 수 있다. 그러나 말할 수는 있더라도 행할 수 없음이 도리어 한당의 여러 유자들보다 아래에 있으니, 이것을 통렬히 살펴서 속히 바꾸지 않으면 그 유폐를 어떻게 할 것인가? 생각건대 선유들이 강론을 지속하여 이미 정밀하게 되었으니 배우는 사람은 날로 공경하고 믿으며 받들어 행하는 것이 옳다. 선유들이 발명함으로 말미암아 돌이켜 공자께서 가르친 큰 뜻을 구하고, 성명의 근원을 알아서 효성과 공손을 실행하는 것으로 돌아갈 것이니, 또 다시 언어문자 사이에서 무엇을 구할 수 있겠는가?"720)

○ 慈溪黃氏曰, "古者敎人爲學, 以躬行爲本, 躬行以孝弟爲先, 文則行有餘力而後學之. 所謂文者, 又禮樂射御書數之謂, 非言語文字之末. 今之學者, 乃或反是, 豈因講造化性命之高遠, 反忘孝弟謹信之切近乎? 二程先生推明周子之說, 以達於孔孟, 由性命而歸之躬行, 其說未嘗不兼擧. 後有學者, 宜己不待他求, 不幸二程旣歿, 門人弟子多潛移於禪學而不自知, 雖晦翁先生, 初年亦幾陷焉. 後始一切反而歸之平實, 平生用功多於『論語』, 平生說『論語』多主孝弟忠信, 至其言太極性命等說, 乃因一時行輩儒先, 相與講論而發. 文公旣歿, 其學雖盛行, 學者乃不于其切實, 而獨于其高遠, 講學捨『論』不言, 而必先大『易』, 說『論語』捨孝弟忠信不言, 而獨講一貫, 凡皆文公平日之所深戒. 學者乃自偏徇而莫知返, 入耳出口, 無關躬行. 竊嘗譬之, 酌水者必浚其源, 浚其源爲酌水計也. 反舍其水而不酌, 何義也? 食實者必漑其根, 漑其根爲食實地也. 反棄其實而不食, 何見也? 正躬行者必精性理, 精性理爲正躬行設也. 反置躬行於不問, 何爲邪? 漢唐老師儒,

720) 『黃氏日抄』 권82, 「撫州辛未冬至講義」.

泥於訓詁, 多不精義理, 近世三尺童子, 承襲緖餘, 皆能言義理. 然能言而不能行, 反出漢唐諸儒下, 是不痛省而速反之, 流弊當何如邪? 竊意儒先講貫已精之餘, 正學者敬信服行之日, 由儒先之發明, 以反求乎孔子之大旨, 知性命之從來, 以歸宿於孝弟之實行. 又可更求多於言語間哉?"

『강록』37-5-a

○ 「개기근(漑其根)」 : 비평하여 말하였다. "'개기근(漑其根)' 아래에 다시 '개기근(漑其根)' 세 글자가 있어야 한다."(『강록』)

○ 「漑其根」 : 批云, "'漑其根'下, 當再有'漑其根'三字.(『講錄』)

『석의』37-5-b

○ 「겸거(兼擧)」 : 성명과 궁행을 함께 든다는 말이다. 「잠이어선학(潛移於禪學)」 : 사상채와 양구산 등과 같은 사람들이다. 「역기함언(亦幾陷焉)」 : 주자는 처음에 개선선사(開善禪師) 도견(道謙)을 좇아 배웠다. 스스로 말하기를, "일찍이 그 사람을 스승으로 삼았고, 그 도를 존중했다"고 하였다. 「준(浚)」 : '깊이 파다'의 뜻이다.(『석의』) ○ 「'문인(門人)'에서 '선학(禪學)'까지」 : 주자가 말하였다. "유·양·사 세 군자는 애초 모두 선학을 배워 뒤에도 유습이 여전히 남아 있었으므로 그들에게 배운 사람들이 선학에 빠진 경우가 많았다."(『석의』)

○ 「兼擧」 : 兼擧性命躬行也. 「潛移於禪學」 : 如上蔡龜山諸公也. 「亦幾陷焉」 : 朱子初從開善禪師道謙學. 嘗自言, '某嘗師其人, 尊其道.' 「浚」 : 기피프다.(『釋疑』) ○ 「門人 止 禪學」 : 朱子曰, "遊楊謝三君子, 初皆學禪, 後來餘習猶在, 故學之者, 多流於禪."(『語類』)(『釋疑』)

『밀험』37-5-c

○ 황자계(黃慈谿)가 말하였다. "『논어』에서 효제충신을 버려두고 말하지 않으면서 일관만을 강론하는 것은 모두 주자가 평상시 깊이 경계하던 것이다." ○ 생각건대, 성인이 되고 현인이 되는 방법은 일관을 벗어나지 않는다. 만일 일관의 취지를 진실하고 절실하게 강

토할 수 있다면 존덕성은 착수할 곳이 있음을 알 수 있는데, 오징은 어째서 그것을 병폐로 보았는가? 일관에 대한 설에는 고금의 차이가 있다. 옛날의 일관이란 것은 하나의 '서'자로 육친을 관통하고 오륜을 관통하며 삼백 가지 경례를 관통하며 삼천 가지 곡례를 관통하는 것이었다. 그 말은 간략하면서도 넓고 그 뜻은 긴요하면서도 원대하다. 서로 부모를 섬기면 효이고, 서로 군주를 섬기면 충이고, 서로 백성들을 보살피면 자이니 인을 실천하는 방법이란 것이다. 지금 일관이라고 하는 것은 천지 음양의 조화와 초목금수의 삶을 어지럽게 뒤섞어 빽빽하게 들어차 있는 것은 하나의 이에서 시작하여 중간에는 만수로 흩어졌다가 끝에서 다시 하나의 이치로 합치한다. 노자는 말한다. "하늘은 하나를 얻어서 맑고, 땅은 하나를 얻어서 편안하며, 성인은 하나를 가슴에 안고 천하의 모범이 된다." 불씨는 말한다. "만 가지 법은 하나로 귀일한다고 하는데, 하나는 어디로 돌아가는가?" 지금 사람들은 이러한 설 듣기를 즐기면서 우리 도의 협소함을 부끄러워한다. 이에 억지로 일관의 구절을 잡아서 노불과 길게 다리를 만들어 셋이 된다. 이는 유문의 큰 폐단이다. 오징은 본지를 변석하지 못하자 다만 허탄하고 실질이 없는 말이라고 여겼으니 잘못이 아니겠는가?(『밀험』)

○ 黃慈谿曰, "『論語』舍孝悌忠信不言而獨講一貫, 皆文公平日之所深戒." ○ 案, 成聖成賢之法, 不外乎一貫. 若使一貫之旨, 講得眞切, 尊德性者知可以下手矣. 草廬何爲而病之? 顧一貫之說有古今之異. 古之所謂一貫者, 以一恕字貫六親, 貫五倫貫經禮三百, 貫曲禮三千. 其言約而博, 其志要而遠. 以恕事父則孝, 以恕事君則忠, 以恕牧民則慈, 所謂仁之方也. 今之所謂一貫者, 天地陰陽之化, 草木禽獸之生, 紛綸錯雜, 芸芸濈濈者, 始於一理, 中散爲萬殊, 末復合於一理也. 老子曰, "天得一以淸, 地得一以寧. 聖人抱一爲天下式." 佛氏曰, "萬法歸一, 一歸何處?" 今人樂聞此說, 恥吾道狹小. 於是强把一貫之句, 以與老佛, 犄角爲三. 此儒門之大蔀也. 草廬不辨本旨, 徑以是爲夸誕無實之話, 不亦謬乎?(『密驗』)

『비망록』37-5-d

○ 「'고자(古者)'에서 '문자지말(文字之末)'까지」 : 혹자가 말하였다. "이미 학문이라 하면 이는 문학을 가리킨다. 그 아래에 '문학은 행한 뒤에 여력이 있으면 배운다'고 하였고, 또 '문이란 언어 문자의 말단이 아니라'고 하였으니, 상하의 말뜻이 어떤지 모르겠다." 대답하였다. "사람에게 학문하기를 가르친다고 할 때의 학문은 성인의 학문을 가지고 말하는 것이다. 이른바 문이란 시서육예의 문장을 가리킨다. 이것은 학문이 채워진 뒤에 익히는 것으로 그것을 통해 덕이 갖추어진다. 또 이른반 언어 문자의 말단이란 입으로 말하고 귀로 들으며, 문장을 익히는 것을 말한다. 학문에 뜻을 둔 사람이라면 어찌 저것에 생각을 분산시켜 이것에 방해가 되도록 하겠는가?" ○ 「'정궁행(正躬行)'에서 '정궁행설(正躬行設)'까지」 : 궁행(躬行)을 바르게 하는 것은 존덕성의 실질이고, 성리는 정밀하게 하는 것은 도문학의 일이다. 성리를 정밀하게 하지만 궁행을 바르게 하지 못하는 것은 마치 우물을 파놓고 물을 긷지 않거나, 나무 열매를 심어놓고 열린 열매를 먹지 않는 것과 같으니, 이것이 학문의 본의이겠는가? (『비망록』)

○ 「古者 止 文字之末」 : 或曰, "旣謂學矣, 是文學之謂也. 其下曰, '文則行有餘力, 而後學之.' 又曰, '文者, 非言語文字之末', 上下語意未知爲如何?" 曰, "敎人爲學之學, 以聖人之學言. 所謂文者, 指詩書六藝之文. 此學之成科而後所慣習, 以之德備也. 又所謂言語文字之末, 以口耳詞章之習言. 凡志學者, 豈可分念於彼而妨害於此乎?" ○ 「正躬行 止 正躬行設」 : 正躬行是尊德性之實, 精性理是道問學之事. 精性理而不能正躬行, 猶穿井而不酌水, 種果而不食植實, 是學之本意耶?(『備忘錄』)

『부주』37-6

○ 또 말하였다. "이(理)에는 스스로 그러함이 있어서 본래 말을 기다리지 않는데, 부자께서 부득이 질문에 대답하여 드러내 보

인 것은 모두 배우는 사람들이 몸소 행하도록 하기 위하여 밝힌 것이다. 주자와 이정이 이미 죽고 나서 배우는 사람들은 공허함을 말하며 거짓으로 참을 바꾸고 시비가 문란해졌다. 문공 선생께서 이에 지행의 설을 힘써 주장하여 반드시 먼저 의리를 밝히고, 옳고 그름을 변별한 연후에 몸소 실천으로 드러내어야 이단의 폐단에 빠져 들어감을 면할 수 있다고 하였다. 이것은 그가 세상을 구하려는 마음이 매우 절실하고, 이치를 분석하는 설명이 매우 정밀하니, 배우는 사람은 그 말이 이미 분명함으로 말미암아 그 몸의 소행을 바르게 하면 성인이 되고 현인이 됨이 어찌 불가하겠는가? 돌아보면 잘못된 말을 주워 듣고 허황된 말만 늘어놓으며 그저 종신토록 의논하기만 하고 끝까지 하루도 몸소 실행하는 것이 없으며, 심지어 글로써 농간을 치장하고 나아가 이로써 세상을 속이기까지 하니 풍속이 크게 무너져서 차마 말할 수 없을 만큼 심한 지경에 이르렀다. 문공이 강론하여 밝히고자 한 본래의 뜻이 어찌 이와 같겠는가? 그러한 즉 우리가 거듭 경계하고 살피지 아니하고 한갓 많은 말로써 능사로 삼을 수 있겠는가?"721)

○ 又曰, "理有自然, 本不待言, 夫子有不得已, 而見於答問者, 亦皆正爲學者躬行而發. 周程既歿, 學者談虛, 以僞易眞, 是非貿亂. 文公先生於是力主知行之說, 必使先明義理, 別白是非, 然後見之躬行, 可免陷入異端之弊. 此其捄世之心甚切, 析理之說甚精, 學者因其言之已明, 正其身之所行, 爲聖爲賢, 何所不可? 顧乃掇拾緒餘, 增衍浮說, 徒有終身之議論, 竟無一日之躬行, 甚至借以文奸. 轉以欺世, 風俗大壞, 甚不忍言, 文公所以講明之初意, 夫豈若是? 然則吾徒, 其可不重加警省, 而以多言爲能哉?"

---

721) 『黃氏日抄』 권82, 「餘姚縣學講義」.

『석의』37-6-a

○ 「시비무란(是非貿亂)」 : 무(貿)는 『운회』에 난(亂)이라고 하였다. '문간(文奸)'은 그 간사함을 문식한다는 것이다.(『석의』)

○ 「是非貿亂」 : 貿, 『韻會』亂也. 文奸, 文飾其奸也.(『釋疑』)

『비망록』37-6-b

○ 「'이유자연(理有自然)'에서 '궁행이발(躬行而發)'까지」 : 혹자는 말한다. "'이(理)에는 스스로 그러함이 있다'는 것으로부터 '답문에 보인다'는 곳까지, 그 사이의 문리에 이해되지 않는 곳이 있다. 이(理)가 비록 스스로 그러한 것이라고 하더라도 이치를 쪼개고 변별하는 것은 모두 학문을 가르치는 일상적인 방법이다. '어쩔 수 없다'는 것은 무슨 말인가? 이미 학문을 하는 사람들이 몸소 실천하도록 하기 위해서 말한 것이라면 이는 가르침에 게으르지 않다는 것이다. 성인이 '두 단서를 곡진하게 설명하고 즐거이 고해준다'는 것이 아니겠는가? '어쩔 수 없다[不得已]'는 세 글자를 가지고 추론해 보면, 이른바 '이(理)에는 스스로 그러함이 있어서 말하기를 기다리지 않는다'는 것은 공자가 '이익에 대해서는 드물게 말하였고, 명과 인을 함께 말하였다'는 의미가 아닌가? 그러나 아래 위의 어세에서 어울림을 보지 못할까 두려우니 어떠한가 어떠한가? 삼가 생각건대, 성인의 말은 곧 이치이다. 사람을 가르칠 때는 재주의 높고 낮음에 따라 가르치되, 반드시 잘 알 수 있는 것으로부터 받아들여서 몸소 행하게 해야 하니, 그것은 마치 화공이 사물에 따라 형태를 부여하여 빗거나 구부리지 않음이 없는 것과 같다. 세상에 헛되이 문답을 하면서 실제적인 공효가 없는 자들이 이것을 본다면 어찌 부끄럽지 않겠는가?(『비망록』)

○ 「理有自然 止 躬行而發」 : 或曰, "自'理有自然', 至'見於答問', 其間文理有未曉. 理雖曰自然, 析理辨理, 皆教學之常法也. 曰'不得已'者, 何謂耶? 既曰'爲學者, 躬行而發', 則是敎不倦也. 無乃爲聖人之竭其兩端而樂告之者歟? 曰以'不得已'三字推之, 所謂'理有自然, 本不待言', 似是夫子罕言利與命與仁之意耶? 然其上下語勢, 恐未見其襯貼, 如何如何? 竊唯聖人之言, 卽理也. 凡教人隨其材之高下, 必納之自牖, 使之躬行, 如化工之隨物賦形無不陶勾焉. 凡世之徒然問答而無實工者, 觀於此, 寧不懍然乎?(『備忘錄』)

『부주』37-7

○ 임천오씨가 말하였다. "하늘이 사람을 낳은 까닭과 사람이 사람된 까닭은 이 덕성 때문이다. 그러나 성현의 가르침이 계승되지 아니하여 선비의 학문에 근본이 없었고, 한나라와 당나라의 천여 년 동안에 동중서와 한유 두 사람의 유사한 몇 마디 말이 이에 가까웠지만 근원적인 가르침은 결국 희미해져 버렸다. 무릇 주렴계, 이정선생, 장횡거, 소강절이 일어남에 이르러서 비로소 위로 맹자에 통하여 하나가 되었고, 정씨의 학설이 네 번 전해져서 주자에 이르러서는 글의 뜻의 정밀함이 또한 맹자 이래로 지금까지 없던 바였다. 그러나 그 학설을 따르는 무리들이 왕왕 여기서 막히고 마음을 빼앗겼으니, 무릇 이미 세상의 유림들이 시문이나 외우고 읊조리는 것을 속학이라 하면서도 그들의 학문 역시 언어 문자의 말단에서 벗어나지 못하였다. 이것이 바로 주자가 죽은 이후 주자의 문하에 있었던 말학들의 폐단이며 아직 고치지 못한 것이다. 무릇 성인의 학문에서 귀하게 여기는 바는 하늘이 나에게 부여한 것을 능히 보전하는 것이니, 하늘이 나에게 부여한 것은 바로 덕성이다. 이것이 인의예지의 근원이고 형질과 혈기의 주재이니, 이를 버리고 다른 것을 구하면 그 학문은 무슨 학문인가? 가령 행동이 사마문정공과 같고 재주가 제갈충무후와 같다고 하더라도 또한 익히는 것이 착실하지 않고 행함에 살피지 않음을 면치 못하며, 또한 자질과 그릇이 남보다 뛰어났음에 불과하니 성학에서 깨달음이 있다고 할 수는 없다. 하물며 의미를 풀이함에 있어서의 정밀

함과 강설에 있어서의 엄밀함이 북계진씨와 쌍봉요씨에 그친다면 저 시문이나 외우고 암송하는 속학과 무엇이 다른가? 성학이 송대에 와서 크게 밝았으나 그 뒤를 이은 사람이 이와 같으니 한심한 일이다. 내가 글의 의미를 파고들어 털끝 같은 것을 나누고 실낱같은 것을 쪼개어 언제나 진북계도 정밀하지 못하고 요쌍봉도 엄밀하지 못하다고 하였다. 이런 구렁텅이에 빠진지 거의 사십 년이 되어서야 비로소 그것이 잘못되었음을 깨달았다. 이제는 하루에는 자시에서 해시까지, 한 달에는 초하루에서 그믐까지, 일년에는 봄에서 겨울까지, 언제나 나의 덕성이 환히 빛남을 하늘이 운행하여 회전하는 것 같이, 해와 달이 뜨고 지는 것 같이 본다. 잠시라도 중단됨이 없도록 하면 그 덕성을 높이는 도에 거의 가깝다고 할 수 있을 것이다. 이렇게 하지 못한다면 다른 사람에게 묻고 나에게서 공부하여 반드시 거기에 이르려고 해야 한다. 그 공부하는 방법은 말로써 깨우칠 수 있는 것이 아니고 역시 『중용』의 첫 장이나 「정완」의 마지막 장에서 음미하여 스스로 깨닫는 것이 옳다."722)

○ 臨川吳氏曰, "天之所以生人, 人之所以爲人, 以此德性也. 然自聖傳不嗣, 士學靡宗, 漢唐千餘年間, 董韓二子, 依俙數語近之, 而原本竟昧昧也. 逮夫周程張邵興, 始能上通孟氏而爲一. 程氏四傳而至朱, 文義之精密, 又孟氏以來所未有者, 其學徒往往滯於此, 而溺其心. 夫旣以世儒記誦詞章爲俗學矣. 而其爲學, 亦未離乎言語文字之末, 此則嘉定以後, 朱門末學之敝, 而未有能救之者也. 夫所貴乎聖人之學, 以能全天之所以與我者爾. 天之與我, 德性是也. 是爲仁義禮智之根株, 是爲形質血氣之主宰, 舍此而他求, 所學何學哉? 假而行如司馬文正公, 才如諸葛忠武侯, 亦不免爲'習不著行不察', 亦不過爲資器之超於人, 而謂有得於聖學則未也. 況止於訓詁

722) 『吳文正集』 권40, 「尊德性道問學齋記」.

之精, 講說之密, 如北溪之陳雙峯之饒, 則與彼記誦詞章之俗學, 相去何能以寸哉? 聖學大明於宋代, 而踵其後者如此, 可嘆已. 澄也鑽研於文義, 毫分縷析, 每猶以陳爲未精, 饒爲未密也. 墮此科臼中, 垂四十年而始覺者非, 自今以往, 一日之內, 子而亥, 一月之內, 朔而晦, 一歲之內, 春而冬, 常見吾德性之昭昭, 如天之運轉, 如日月之往來, 不使有須臾之間斷, 則於尊之之道, 殆庶幾乎? 於此有未能, 則問於人, 學於已, 而必欲其至, 若其用力之方, 非言之可喩, 亦味於『中庸』首章「訂頑」終篇, 而自悟可也."

『강록』37-7-a

○ 「찬연문의운운(鑽硏文義云云)」: 선생께서 비평하여 말하였다. "지금 사람들이 다만 과거에 급제해서 이록을 취하는 것만 알고 있음은 말할 것도 없지만, 송나라 말기와 원나라 초년에 와서 주자문하의 말학의 폐단도 이와 같았으므로 오초려가 걱정해서 이러한 말을 하게 되었다. 그러나 초려는 전일에 문장의 뜻을 연찬하는데 공부를 쌓아 세밀하게 분석해내어서 천하의 이치에 시원하게 통달하였다. 만약 이와 같이 하여 도문학 상에서만 오로지 공부하면 편벽된 것이고, 존덕성에 무게를 돌리면 좋은 일이다. 그렇다고 해서 바로 천하의 사람들로 하여금 초학지사까지 모두 도문학 공부를 버리고 존덕성 상에만 편벽되게 주의하게 하여 강론하여 밝히는 바도 없이 하늘의 운행과 일월의 왕래도 보려하면 어찌 크게 사람들을 오도해서 선학으로 들어가지 않겠는가? 나정암이 왕양명에게 보낸 편지에 이 말의 그름을 자세히 설명하고 있다." ○ 나정암은 왕양명에게 답한 편지에서 대략 다음과 같이 말하고 있다. "오징의 만년의 견해가 적절한 지의 여부는 정말 쉽게 알 수 있는 것이 아니다. 우리 유자들이 분명하게 말한 것들을 불자들도 매양 말하고 있다. 조금의 차이가 바로 여기에 있다. 초려의 소견이 과연 우리들이 분명하다고 하는 것과 합치한다고 하는 것이 사십년간 문장의 의미를 연찬한 효과로서 이른바 진실로 힘을 쌓아오기를 오

래하여 활연관통하게 된 것이 아님을 알겠는가? 명도 선생같이 고명하고 순수한 사람으로서 일찍 염계의 직접 지도를 받아 음풍농월하는 취미를 가지고 있었지만 또한 반드시 육경에 돌이켜 구한 뒤에야 깨달을 수 있었다. 다만 품부받은 것이 생지와 하나를 들으면 열을 아는 재질에 가깝다는 것만이 힘을 극진히 하여 연찬하는 다른 사람과는 달랐다. 또 이전에 문의를 연찬하고자 마음먹었던 것이 잘못이며, 이러한 단계에 떨어지게 된 것을 후회할 수 있겠는가? 고기를 잡으면 통발은 잊고, 토끼를 얻으면 토끼그물을 잊는 것은 괜찮다. 물고기와 토끼를 잡았다고 자랑스러워하면서도 도리어 통발과 그물을 비난하면서 일이 많다고 여긴다면 되겠는가? 그러나 세상에 연찬하기만을 일삼으면서 돌이켜 검속할 줄을 모르는 사람들은 이 말을 깊이 경계하지 않으면 안 된다. 또한 초려가 저 밝고 밝은 덕성에 대해 본 것이 있고, 또 잠시라도 끊어짐이 있게 하지 않는 것을 거의 덕성을 높이는 방법이라고 여겼으니, 그것 또한 옳다. 그러나 그 아래 문장에서 '이에 관해서는 아직 할 수 없다'고 하였으니 다른 사람에게 묻고 자기에게 배워 반드시 다다르기를 바란 것이다. 잠시 동안 끊임이 있었는지의 여부는 어찌 다른 사람이 할 수 있는 것이겠는가? 게다가 이미 그것을 배우는 방법이 여기에 있어 조금의 쉼이라도 있으면 연속시킬 뿐이다. 또 어찌 할 수 없다고 여기고 달리 배우는 것이 있겠는가? 이는 도를 깨닫는 것이 정말 어렵기는 하지만 도를 체득하는 것은 더욱 어렵다는 것이다. 도는 밝히기기 쉽지 않고 배움은 진실로 강토하지 않아서는 안 되니, 자기의 소견에 안주하고 마침내 지극한 것이라고 여겨서는 안 된다."(내가 생각건대, 통발을 잊고 그물을 잊는다는 설은 아마도 실언인 듯하다. 앎과 실천 두 가지는 서로 돕는 것이니, 나의 지식이 이미 이르러 마침내 다시 뜻을 극진히 하지 않아도 된다고 할 수 있겠는가?)(『강록』)

○ 「鑽硏文義云云」: 先生批云, "今人徒知結科擧取利祿, 此則不須說. 若宋末元初朱門末學之弊，果爲如是，故草廬隱憂之發此語．然草廬，則前日已積功於鑽硏文義，毫分縷析，旣洞然於天下之理矣．若如此而猶專於道問學上用功，則偏矣．於尊德性歸重其意，則害矣．乃欲以此率天下之人，必使初學之士，皆棄道問學之功，偏於尊德性上注意．凡然無所講明，而欲見如天之運，如日月之往來，豈不大誤？又而入於禪學哉！羅整菴「與王陽明書」詳說此說之非．”
○ 羅整菴「答王陽明書」略曰，“竊以草廬晚年所見，端的與否良未易知．盖吾儒昭昭之云．釋氏亦每言之，毫釐之差，正在於此．卽草廬所見，果有合於吾之所謂昭昭者，安知非四十年間，鑽硏文義之效，殆所謂眞積力久，而豁然貫通者也．盖雖以明道先生之高明純粹，又早獲親炙於濂溪，以發其吟風弄月之趣，亦必反求諸六經，而後得之．但其所稟鄰於生知，聞一以知十，與他人極力於鑽硏者不同耳．又安得以前日志鑽硏文義爲非，而以墜此科臼爲悔？夫得魚忘筌，得兎忘蹄可也．矜魚兎之獲而反追咎筌蹄，以爲多事其可乎哉？然世之徒事鑽硏，而不知反說約者，則不可不深有儆於斯言也．抑草廬旣有見夫所謂昭昭者，又以不使有須臾之間斷爲庶幾乎尊之之道，其亦然矣．而下文乃云‘於此有未能’，則問於人學於己，而必欲其至．夫其須臾之間，間斷與否，豈他人之所能與？且旣知所以學之之道，在此一有間斷，則繼續之而已．又安得以爲未能，而別有所謂學哉？是則見道固難，而體道尤難．道誠未易明，而學誠不可不講．恐未可安於所見，而遂以爲極至也．”(隆按，忘筌忘蹄之說，殆亦失言．知行二事互相助，則豈可謂吾知已至，而遂不復致意乎？當質之先覺.)(『講錄』)

『석의』37-7-b

○ 「‘덕성(德性)’에서 ‘근주(根株)’까지」 : 대개 인의예지는 바로 이른바 덕성이다. 이제 덕성을 인의예지의 근원이라고 하면 두 가지로 여기는 것 같으니 의심할 만하다. 「찬연(鑽硏)」 : 찬(鑽)은 뚫다는 뜻이고, 연(硏)은 갈다는 뜻이다. 「과구(科臼)」 : 과(科)는 구덩이(坎)다. 구(臼)는 「계사」에서 ‘땅을 파서 구(臼)를 만든다’고 하였다. 「상견오덕성지소소(常見吾德性之昭昭)」 : 덕성을 하나의 사물이 밝게 빛나는 것으로 여기는 것은 이미 의심할 만하다. 또 덕성이 어찌 볼

수 있는 물건이겠는가? 이것은 모두 승가의 견성관심(見性觀心)의 뜻이다. 「중용수장(中庸首章)」 : 첫머리에서는 천명지성을 말하고, 이어서 계구신독(戒懼愼獨)을 말했으니, 모두 천리를 보존하고 인욕을 막는 공부이다. 그러므로 인용하여 설명한 것이다. 「증완종편(證頑終篇)」 : 증(證)의 음은 '정'이다. 증세를 살펴서 치료하는 것을 완(頑)이라고 한다. 어리석고 어질지 못함을 증완(證頑)한다고 하는 것은 어질지 못한 병을 찾아 치료하는 것이다. 대개 어질지 못한 사람은 사욕이 가려서 고질이 되어 마음의 어리석음이 돌과 같다. 「증완」일편은 천지만물이 일체라는 이치를 미루어 밝혀 사사로운 생각이 융화되고, 본심이 애연하여 사물과 내가 간격이 없는 데에 이르게 하였으니, 이른바 인이다. 이미 「동명(東銘)」의 주에 대략 보인다. 종편은 '존오순사(存吾順事), 몰오영야(吾寧也)'의 한 구절이다. 사(事)는 하늘을 섬기는 것을 말한다. 존덕성은 바로 하늘을 섬기는 것이다. 이 한 구절을 주자가 해석하여 말하기를, "어진 사람은 몸이 생존해 있을 때는 하늘을 섬김이 그 이치를 거스르지 않고, 죽어서는 편안하여 하늘에 부끄러움이 없다"[723]고 하였다. 이것은 대개 이른바 아침에 도를 들으면 저녁에 죽어도 좋다는 것이요, 내 바른 것을 얻고서 죽는다는 것이다.(『석의』)

○ 「德性 止 根株」 : 盖仁義禮智, 卽所謂德性. 今以德性爲仁義禮智之根株. 有若二物然可疑. 「鑽研」 : 鑽, 穿也. 研, 磨也. 「科臼」 : 科, 坎也. 臼, 繫辭掘地爲臼. 「常見吾德性之昭昭」 : 似以德性爲一物. 昭昭然者, 此已可疑. 又德性豈是可見之物乎? 此皆僧家見性觀心之意也. 「中庸首章」 : 首言天命之性, 而繼以戒懼愼獨, 皆所以存天理遏人欲工夫, 故引以爲說. 「證頑終篇」 : 證, 丁定切. 審症而治之之謂. 頑謂冥頑不仁. 證頑云者, 審治不仁之病也. 盖不仁之人, 私欲廢痼心頑如石. 證頑一篇推明天地萬物一體之理, 使之私意, 融化本心, 藹然以至物我無間, 則所謂仁也. 已略見東銘注終篇謂存吾順事沒吾寧也之一句也. 事謂事天也. 尊德性, 乃所以事天也. 此一句朱子釋之曰,

723) 『晦庵集』 권52, 「答吳伯豐」.

"仁人之身存, 則其事天也, 不逆其理, 沒則安而無所愧於天也." 盖所謂朝聞夕死, 吾得正而斃焉者.(『釋疑』)

『표제』37-7-c

○ 「'동한(董韓)'에서 '수어(數語)'까지」 : 박세채(朴世采)의 생각: 「천인책」과 「원도」 등의 글은 여전히 성인의 도에 의존하고 있다.(『표제』)

○ 「董韓 止 數語」 : 按: 如「天人策」「原道」等文字, 依俙於聖道也.(『標題』)

『독서답록』37-7-d

○ 편말에 있는 오징의 설은 한 글자라도 병폐가 없는 것이 없다. '자시에서 해시까지, 봄에서 겨울까지, 언제나 나의 덕성이 환히 빛남을 하늘이 운행하여 회전하는 것 같이, 해와 달이 뜨고지는 것 같이 본다'는 말들은 분명히 석씨의 견심관성(見心觀性)의 법이다. 주자가 평생 고심하며 피 흘려 싸운 곳이 바로 이러한 견해들인데, 이제 황돈은 그것을 인용하여 한 편의 결말로 삼았다. 그가 겉으로는 주자를 존숭하면서도 속으로는 육학을 구제하고자 하는 의도가 밝음을 기다리지 않고도 변석할 수 있다. ○ 주자의 교법이 존덕성과 도문학을 가르치고 닦을 때 함께 진행하는 공부로 보았다는 것은 바꿀 수 없는 정론으로 초년과 만년에 차이가 없다. 중세에 강서의 설이 점점 성대해져 학문은 언어 문자를 넘어서는 곳에 있다고 하였는데, 그것의 폐단이 점점 선가의 돈오의 학으로 흘러 들어갔으므로 한때 논의한 바가 도문학에 대한 것이 많아 공허하고 광망한 폐단을 교정하고자 하였다. 만년에 또 자신을 따르는 선비들이 이치를 강토하는 데는 정밀하였지만 실천은 소홀히 하여 한쪽으로 치우치는 폐단이 있음을 알게 되었으므로 논의한 바가 존덕성 방면에 중점을 두어 입으로 의리를 꾸미는 병폐를 구제하고자 하였다. 이제 황돈이 두 쪽을 아울러 언급한 것이 평일의 교법이라고 한 것은 옳다. 그러나 그가 도문학에 치우쳐 말한 것을 은연중에 중년의 미정론으로 돌리고, 존성에 치우쳐 언급한 것을

말년의 정론이라고 본 것은 옳지 않다.(『독서답록』)

○ 篇終吳草廬之說, 無一字不有病痛. 至所謂子而亥, 春而冬, 常見吾德性之昭昭如天之運轉, 如日月之往來等語, 分明是釋氏見心觀性之法. 朱子一生苦心血戰處, 正在此等見識, 而今篁墩引之以爲一篇結末. 其陽尊朱門而陰濟陸學之意, 不待明者而可辨矣. ○ 竊詳朱子敎法以尊德性道問學爲敎修竝進之功夫者, 卽不易之定論, 無初晩之異, 而中歲江西之說漸盛, 謂學在於言語文字之外, 而弊將入於禪門頓悟之學, 故一時所論多在於道問學, 亦以矯其空虛狂妄之弊. 晩年又見從遊之士, 精於講理而忽於踐履, 却有偏落一邊之弊, 故所論更提, 重於尊德性上, 以救其口文義之病. 今篁墩以兼言兩邊爲平日敎法, 則是矣. 其以偏言道問, 隱然歸之中年未定之論, 而以偏言尊性爲末年之定論, 則不是矣.(『讀書答錄』)

『문답』37-7-e

○ "동중서와 한유 두 사람이 의존하였다는 몇 마디는 어떤 말을 가리키는가?" 대답한다. "동중서는 말한다. '공자는 천지의 성은 사람이 귀하다. 천성에 밝으면 자신이 귀함을 알며 … 자신이 사물보다 귀함을 안 뒤에 인의를 알고, 인의를 안 뒤에 예절을 안다'고 하였다. 한유는 '성이란 태어나면서 함께 가지는 것이다. 성의 등급에는 세 가지가 있고, 성의 구성 요소는 다섯 가지가 있으니, 인, 예, 신, 의, 지이다'라고 하였다."(『문답』)

○ "董韓二子依俙數語, 指何等語耶?" 答, "董子曰, '孔子曰, 天地之性, 人爲貴. 明于天性. 知自貴, … 貴于物, 知自貴于物, 然後知仁義. 知仁義, 然後知禮節云云.' 韓子曰, '性也者, 與生俱生也. 性之品有三, 而其所爲性者五, 曰仁, 曰禮, 曰信, 曰義, 曰智云云."(『問答』)

『강록간보』37-7-f

○ 「'행여(行如)'에서 '불찰(不察)'까지」: 김종덕(金宗德)의 생각: 재주와 덕행이 제갈량과 사마와 같은 사람도 외면의 모자라는 곳에 나아가 익히고 행할 줄만 알지, 이 마음의 덕성에 나아가 공부를 하는 것은 알지 못하였으므로 드러나지 않고 살피지 못하는 병폐가 있

었다.(『강록간보』)

○ 「行如 止 不察」 : 按: 才行如諸葛司馬, 而只就外面零碎處習而行, 不知就此心德性上用功, 故有不著不察之病耳.(『講錄刊補』)

『의의』37-7-g

○ 「'어차유(於此有)'에서 '욕기지(欲其至)'까지」 : 이 몇 가지 말은 정말 이해가 안 된다. 스스로 배우다가 할 수 없으면 다른 사람에게 묻는 것은 공부를 시작하는 순서이다. 이미 '이제부터 항상 나의 덕성의 밝음이 하늘의 운행과 같고 해와 달이 왕래함과 같음을 안다'고 하여, 도달한 지위가 이처럼 고원함을 다하였는데, 다시 할 수 없는 것이 있는가? 하물며 나의 덕성의 밝은 것을 항상 깨닫는 것은 모두 보충하고 도우려는 것에서 나온 것이지만 그 말이 뒤집히고 어지러운 것이 이와 같으니 정말 통탄할 만하다.(『의의』)

○ 「於此有 止 欲其至」 : 此數語實未可曉. 蓋學於已而未能, 則問於人者, 是下工夫次第也. 夫旣曰, '自今已往, 常見吾德性之昭昭, 如天之運轉如日月之往來', 到得地位, 儘高於此, 而復有所未能者乎? 况常見吾德性之昭昭者, 全出於伊浦塞氣味, 而其言之顚倒錯盭, 乃如此殊可歎也.(『疑義』)

『관계』37-7-h

○ 주자를 언급하면서 '문의의 정밀함'이라고만 하였다면 불만족스러운 뜻을 잘 볼 수 있다. 주자의 전체대용의 학문을 가지고 어찌 문의가 정밀하기만 할 수 있겠는가? 그 밑에 마침내 학도가 여기에 막히고 그 마음을 빠뜨린 것과 연계시켰는데, 이는 학도의 병폐를 가지고 그의 스승을 의심한 것이다. 정주 문인이 선학에 빠졌다고 정씨를 공격하고, 맹자 문인이 실전을 하였다고 맹씨는 비난하는 것이 어찌 이치에 맞는 일이겠는가? 인의예지가 바로 덕성인데 (덕성이 인의예지의) 근본이라고 말한 것은 어째서인가? 북계와 쌍봉은 조예가 깊은 학문이라고 말하지는 못할지라도 유학자의 가산(家産)을 잃지 않았는데, 참선으로 본 것은 정말 용납할 수 없다. 하물며 북계의 학문은 요씨에 견줄 것이 아니니, 문의를 세

밀하게 분석한 것이 잘못이 아니라 억지로 살피고 괴롭게 날조한 것이 병통이다. 임천은 이미 그 잘못을 자각하고 예로써 단속하였으니 진실로 덕성을 받든 것은 마땅하였다. 그런데 도리어 선가의 잘못된 견성을 탐내서 본성을 황홀하고 어두운 영역에 빠뜨렸다고 하니, 이것이 어찌 본성을 높일 수 있는 것이겠는가? 본성을 높이는 방도는 경으로써 잡아 기르는 것일 따름이다. 저가 그림자를 엿보아 헤아리고, 정신을 가지고 노는 것은 바로 덕성을 낮추는 것일 따름이다. 『중용』 수장과 「정완(訂頑)」의 종편은 단지 차중(借重)한 말이다. 금침을 헤아리지 못하고 남에게 주어서 보이는 것은 원앙보(鴛鴦譜)가 아님이 없다. 덕성이 이미 끊어짐이 없다면 어찌 송나라 신하로 원나라에서 벼슬을 하겠는가?(『관계』)

○ 言朱子而只曰文義之精密, 則不滿之意益可見, 以朱子全體大用之學, 豈特文義之精密而已哉? 其下遂係之以學徒之滯於此而溺其心. 是以學徒之弊病, 疑其師也. 程門人之陷禪而攻程氏, 孟門人之失傳而咎孟氏, 豈理也哉? 仁義禮智, 便是德性, 則謂以根株何哉? 北溪雙峰雖未可謂深造之學, 而不失爲儒者家計, 則以參禪之見, 固不容譏議. 况北溪之學, 又非饒氏之比, 卽文義之毫分縷析, 不爲非, 而强鑿苦捏, 方爲病. 臨川旣覺其非, 則約之以禮, 眞箇尊性宜矣. 反狃於禪家見性之謬, 而溺性於恍惚范昧之域, 此豈能尊性者乎? 尊性之道, 敬以持養而已. 渠之窺測於影象, 把弄乎精神, 適所以卑之而已. 『中庸』首章「訂頑」終篇, 只是借重之言. 其金針未嘗度與人, 而見於人者, 無非鴛鴦譜也. 德性旣無間斷, 則何乃以宋臣仕元?(『窾啓』)

○ 「정민정의 생각」43 : 배우는 사람의 폐단은 간편한 지름길로 마음을 몰아감으로써 방탕하여 공허한 이단 학문이 되지 않으면, 극단적으로 글의 뜻에 파고들어감으로써 흘러가 비루한 세속 학문이 되는 것이다. 앞선 철인들의 시대에 이미 그러하였으니 하물며 삼백 년이 지난 지금에 있어서랴! 면재황씨와 과재이씨는 고정에게 직접 수업을 받고 그 전수를 받았으되 그의 은근한 근심이 이와 같았고, 자계황씨와 임천오씨는 모두 고정을 사숙하고 성학의 도를

함께 들은 사람이로되 그들의 공통된 주장이 또한 이와 같았다. 그런즉 그 지식의 참됨과 식견의 적확함이 참으로 하늘이 그들을 도와서 성학의 도가 끝내 천하에서 사라지지 않게 하려는 것 같다. 배우는 사람은 이에 마음을 잡고 뼈를 깎아서 주자를 스승으로 삼고, 경을 도에 들어가는 요법으로 삼아, 방심을 구하고, 덕성을 높이며, 배우고 묻는 것으로 보충하되, 힘써 행하는 것을 우선하고, 다잡아 지키는 것을 견고히 하여, 공허한 것으로 하여금 평실한 데로 돌아가게 하고, 비근한 것으로 하여금 고명한 데에 이르게 하면, 성문의 온전한 체와 위대한 용의 학문이 거의 이루어지며, 이 경전에 추려 모은 것들이 또한 헛된 말이 되지 않을 것이니 뜻있는 선비들이 서로 격려하여 힘쓰기를 바란다.

○「按」: 學者之弊, 非馳心簡捷, 蕩而爲異學之空虛, 則極意鑽硏, 流而爲俗學之卑陋. 在先哲之時已然, 而況後之三百年之久哉! 勉齋黃氏果齋李氏, 親受業考亭, 而得其傳者, 其隱憂如此, 慈溪黃氏臨川吳氏, 皆私淑考亭, 而與聞斯道者, 其公誦又如此, 則其知之眞, 見之的, 誠若有天相其間, 而不使斯道之終晦于天下也. 學者於此痛心刻骨, 以朱子爲師, 以敬爲入道之要, 求放心尊德性而輔之以學問, 先之以力行, 堅之以持守, 俾空虛者反就乎平實, 卑近者上達于高明, 則聖門全體大用之學, 或庶幾焉. 而此經所摭, 亦不爲空言矣. 有志之士, 願相與勉之.

『석의』43-1

- 「공송(公誦)」: 공연(公然)히 외우고 말하는 것이다. 「천상(天相)」: 상(相)은 돕는다는 뜻이다.(『석의』)
- 「公誦」: 謂公然誦說也. 「天相」: 相, 佑也.(『釋疑』)

『집해』43-2

- 「'학자(學者)'에서 '여차(如此)'까지」: (요해) '간편한 지름길로 마음을 몰아가다' 운운한 것은 유공도 등의 편지를 가리켜 말한 것이다. '극단적으로 글의 뜻에 파고들어간다' 운운한 것은 이방자의 설을 가리킨 것이다. 공송(公誦)은 공공연하게 사람들에게 강설하는 것이다.(『집해』)

○ 「學者 止 如此」: (要解) '馳心簡捷云云', 指劉公度等書而言. '極意鑽硏云云', 指李方子說而言. 公誦謂公共誦說於人也.(『集解』)

심경후서(心經後序)

서산(西山) 선생의 『심경(心經)』과 『정경(政經)』 두 경전은 간행된 지가 이미 오래되었다. 그러나 일찍이 살펴보니, 『심경』에는 선생이 스스로 붙인 「찬(贊)」이 있어 그것이 선생의 수정(手訂)을 거쳐 나왔음은 의심할 것이 없다. 그러나 『정경』의 경우는 비록 경전의 가르침을 첫머리에 두기는 하였지만, 한(漢), 진(晉), 수(隋), 당(唐)대 수령들의 일을 덧붙였고, 선생이 역임했던 주(州)와 군(郡)의 방문(榜文)과 유고(諭告)의 문장 또한 거기에 잡다하게 덧붙여 경(經)이라 이름하였으나, 내 생각에는 그렇지 않은 듯하다. 선생이 일찍이 경전과 역사서에서 목민의 요점을 손수 기록하여 찾아보기 편리하도록 하였는데, 후인들이 견강부회하여 완성하고는 『심경』과 서로 짝이 되도록 하려 한 것이 아니겠는가? 혹자는 심(心)은 체이고 정치는 용이므로 일가의 설을 이룰 수 있으리라고 하는데 이는 더더욱 그렇지가 않다. 정자(程子)는 "마음은 하나이지만 체를 가리켜 말하는 경우가 있고, 용을 가리켜 말하는 경우가 있다"고 하였고, 주자의 『대학장구』에서도 마음의 온전한 체와 큰 용을 가지고 말하였는데, 여기서만 마음을 가리켜 체라 하니 어찌 매우 어긋한 것이 아니겠는가? 하물며 성인의 정치는 자신으로부터 집안으로 나라로 천하로 확대되니, 예악(禮樂)을 제작하는 것과 내면을 닦고 외부의 유혹을 물리치며, 사람을 등용하고 재물을 관리하는 것이 모두 정치의 큰 내용들인데도 하나도 언급하지 않고 있다. 그리고 백성과 국가에 관련된, 사람을 쓰거나 내친 일과 금지하고 경계한 일에 대한 세세한 기록들 가운데는 정말이지 알 수 없는 일이 있으므로, 지금은 『심경』만을 취하여 주를 덧붙였고 『정경』은 다룰 겨를이 없었다. 진실로 심학(心學)에서 얻은 바가 있다면 사람을 쓰거나 버리는 것과 관련된 조치들이 합당하지 않은 경우가 없을 것이다. 체가 갖추어지고 용이 주도면밀하다면 다른 것에서 구할 필요가 없을 것이다.

홍치 5년 임자 8월 초하루 아침, 정민정이 다시 쓰다.

西山先生心政二經, 梓行已久, 然嘗諦觀之, 心經有先生所自贊, 其出于手訂, 無可疑者. 若政經則雖首以經訓, 而附以漢晉隋唐守令之事. 凡先生所歷, 州郡榜示諭告之文, 亦雜附之, 乃自名之爲經, 竊恐未然. 豈先生嘗手錄經史牧民之要, 備省覽, 而後人附會以成之, 欲與心經相媲故邪. 或者以心爲體, 政爲用, 庶幾成一家之說, 此尤不然. 程子曰, 心一也, 有指體而言者, 有指用而言者, 朱子大學章句, 亦以心之全體大用爲言, 玆乃獨指心以爲體, 豈非舛之甚邪? 況聖人之政, 必由身而家而國而天下, 凡制禮作樂, 修內攘外, 用人理財, 皆政之大者. 不一及之, 而規規于民杜之間, 擧措禁戒之蹟, 誠有不可知者, 故今獨取心經爲附註, 而政經未暇及焉. 以爲誠有得于心學, 則擧而措之, 無施不宜, 其體備其用周, 有不俟乎他求者矣.

弘治五年壬子八月朔旦, 敏政, 再書.

◇ ◇ ◇

『심경부주』는 우리 황돈(篁墩) 선생께서 본래 서산 진문충공의 『심경』을 줄거리로 삼고 정주(程朱) 이후 대유(大儒)의 말 가운데 서로 의미를 밝혀주는 것들을 모아서 밑에 주를 붙인 것이다. 대개 잊을 것을 대비하여 만든 책이다. 생각건대, 도는 하늘에 근원하고 사물에 흩어져 있으며 마음에 갖추어져 있어서 예로부터 지금까지 한 순간도 멈춘 적이 없다. 요(堯), 순(舜), 우(禹), 탕(湯), 문왕(文王), 무왕(武王)이 법을 세워 천하를 다스리고 공자·증자·자사와 맹자가 가르침을 베풀어 후세에 알린 때로부터 서로 주고받은 내용이 비록 다르기는 하지만, 사람들에게 도심의 올바름을 지키고 인욕의 흐름을 막도록 가르쳤다. 중고(中古) 이래로 학문이 높은 사람은 치우치게 좋아하고 숭상하는데 빠져 공리에 물들었고, 낮은 사람들은 자기 뜻에 편리한데로 학문을 하고 견문에 천착하였으므로 심학이 어두워졌다. 1400년이 지나 염락(濂洛)의 여러 위대한 유자들이 나오기 시작하였고, 아울러 우리 문공 주자가 분명하게 드러내셨다. 이를 통해 심학(心學)은 찬란하게 다시 세상에 빛나게 되었다. 서산은 여러 군자들 뒤에 태어나 실제로 그 전해오는 가르침을 이어받고 이 경전을 엮었으니 진실로 학자들에게 큰 공이 있었다. 다만 채록한 경전의 글들이, 말은 간략하지만 이치는 완비되어 주(註)도 또한 혼연하게 경과 같았다. 학자들이 곧바로 이해할 수 없었으므로 선생께서 강론을 하는 틈틈이 예전에 들었던 것을 모으고 자신의 견해로 판단하여 사이사이에 주를 붙였다. 그런 뒤에야 잡으면 보존되고 성찰하는 공효와 온전한 체와 위대한 용의 학문이 손바닥을 가리키는 것처럼 수월하게 되었다. 학자가 훤하게 깨닫고, 어두운 세상에 떨어졌다가 깨어나며, 취해 잠들어 있다가 깨어나는 것 같았다. 대개 여기에서 도(道)는 사람에게 있고 마음이 사라져서는 안 된다는 것을 깨닫게 되었다. 그러나 선생께서 정밀하게 분석하고 크게 합치지 않았다면 누가 여기에 참여할 수 있었겠는가? 내가 이 경전을 가지고 공경하는 마음으로 읽다가 혼자만이 독차지할 수 없으므로 간행할 것을 요청하였다. 그렇게 하여 후학들에게 혜택을 주고 사방에 전하여 천하 후세의 사람들에게 분명하게 심학의 정당한 전통을 알게 하고 보존하고 보존하는 공부를 더한다면 선생의 이 책은 장차 우리 도에 크게 보탬이 될 것이다. 어찌 잊을 것을 대비하는 것뿐이겠는가? 장인(匠人)이 완성되었다고 고하니 선생님에게서 들은 내용을 삼가 서술하고, 아울러 날짜를 말미에 기록한다.

홍치 임자 12월 보름, 문생 흡서 사계 왕조(汪祚)가 쓴다.

心經附註, 我篁墩先生本西山眞文忠公心經爲綱, 採摭程朱以下大儒之言, 互有發明者疏於下, 蓋備忘之書也. 惟道原于天, 散于事, 而具于心, 古今無一息間. 自堯舜禹湯文武立法以治天下, 孔曾思孟垂敎以詔後世, 更相授受, 雖若不同, 大抵敎人守道心之正, 遏人心之流耳. 中古以來, 在上者溺好尙之偏, 而狃于功利, 在下者各以意之所便爲學, 而鑿于見聞, 故心學晦焉. 千四百年, 而濂洛諸大儒始出, 曁我文公朱子, 廓而著之, 由是心學粲然復明於世矣. 西山出數君子之後, 實嗣其傳, 摭爲此經, 誠大有功于學者. 第所摭經語, 詞約理備, 而註亦渾然如經, 學者未能遽了. 先生講授之暇, 爰輯舊聞, 折以己見, 附註其間然後, 操存省察之功, 全體大用之學, 如指諸掌. 學者得之豁然, 冥途之覺, 醉夢之醒. 蓋於此見道之在人, 心不可泯如此. 然非先生析之精而合之大, 惡能與於是哉. 祚執經門下, 敬誦之餘, 不敢自私, 請刻之, 以惠後學·傳四方, 使天下後世之人, 曉然知心學之正傳, 而加存存之功, 則先生此書, 將大有裨于斯道, 豈獨備忘而已哉! 工旣告完, 謹述所聞于先生者, 倂識歲月於末云.

弘治壬子十二月望日, 門生歙西沙溪汪祚識.

심경후론(心經後論)

내가 젊어서 서울에 유학할 때 여관에서 이 책을 처음 보고서 구하여 얻었다. 중간에 병으로 덮어 두는 바람에, 늦게 깨달아 학문을 이루기 어렵다고 탄식한 바 있지만, 애초 이 일에 감발하여 일어선 것은 이 책의 힘이다. 그 때문에 평생토록 이 책을 존중하고 신뢰한 것이 또한 사서와 『근사록』보다 낮지 않았는데, 매번 독서가 편 끝에 이를 때마다 그 내용 중에 의심이 가지 않은 적이 없어 생각하였다. 오씨가 이 주장을 한 것은 무엇을 본 것인가? 황돈이 이 조목을 인용한 것은 어떤 의도인가? 천하 사람들을 데리고 육씨에게 돌아가려 한 것은 아닌가? 얼마 지나서 또한 스스로 해명하기를, 주자의 학문은 크게 중도에 맞으며 매우 정당하여 한쪽으로 치우치는 폐단이 없지만, 오히려 주자 스스로 실속 없이 들뜨는 폐단이 있다고 여겨 그 문인들에게 산만한 마음을 수렴하여 절실하게 하는 공부로 힘써 경계한 것이었는데, 지금에 와서 거슬러 올라가 찾아보면 문하에서 공부하던 선비들과 사숙하던 무리들 가운데 더러 이런 뜻을 깊이 체득하지 못하고 잘못 빠져 건성으로 공부한 사람이 적지 않았던 것이니, 두 사람이 그 뒤에 태어나서 성학의 도를 책임지고 말류의 폐단을 바로잡겠다는 의지가 절실하여 부득이하게 이 말을 한 것이요, 이 역시 주자의 뜻이니, 무슨 문제될 것이 있겠는가? 하고 생각하였다. 의심스러운 것은 초려(草廬)가 육상산의 학문을 한 것에 대해서는 당시에 이미 그러한 논의가 있었고, 후세의 공론도 또한 말이 많았는데, 황돈의 사람됨과 학문이 궁극적으로 어떠하였는지 미처 알지 못한 것이다. 지난번에 횡성에 사는 조사경이 『황명통기』를 읽다가 그 가운데서 황돈에 관계된 사실 서너 조목을 적어 보여준 뒤에야 황돈의 사람됨과 학문이 이러함을 대략 알게 되었다. 이에 분개하여 탄식하고 슬퍼서 마음 상한 것이 여러 달이 지나도 풀리지 않았다.

대개 그 세 조목 가운데 하나는 과거 시험문제를 팔아먹은 일이다. 이 일의 대체적인 줄거리는 『고수부담』에서 보았다. 공과 유건(劉健)은 나란히 명망이 높았는데, 공이 우연히 유건이 시에 서투르다고 말해서 건이 앙심을 품고 있었다. 이 옥사가 이루어진 것은 유건의 소행이었다. 나는 이렇게 생각한다. 뇌물을 받고 과거문제를 파는 일은 조금이라도 염치를 아는 사람이라면 하지 않는 일인데, 공과 같은 현인이 옛 사람의 심학을 궁구하고 천하의 중대한 명망을 받으면서 그런 짓을 했겠는가? 하물며 그때 유건은 조정에 들어가서 힘을 부리고 있었으니 터무니없는 말로 얽어 탄핵한 사람이 유건의 눈치를 받아 그렇게 한 것이 아닌지 어찌 알겠는가? 그 두 번째는 왕순이 논한 것에, "공이 세도와 이익 두 가지를 떨쳐버리지 못했다."라고 한 말인데, 이것이 무엇을 가리키는지 모르겠다. 만약 실제로 그러한 사실이 있었다면, 이는 스스로 사상채의 '앵무새'라는 비난에서 벗어나지 못할 것이다. 그가 심학을 전승한 것에 대해서는 그렇지 않다고 이의를 달기가 참으로 어렵지만, 내가 보기에는 왕순은 단지 이 사람이 일찍이 과거 시험문제를 팔아넘긴 혐의에 연루된 것만 보고 이로 인해 세도와 이익으로써 지목한 것이 아닌가 생각된다. 그렇다면 이 일이 빈말인지 진실인지는 정확하게 알지 못한 것이니, 또한 어찌 이로써 이 사람에 대한 정론이라 할 수 있겠는가? 그 셋째는 진건이 공의 『도일편』을 논한 말인데, 그의 주장에 '황돈은 육씨의 학문을 미봉하려고 주(朱)·육(陸) 두 사람의 발언과 논의를 가져다가 시기상의 차이를 전부 뒤집어 변란시키고 주자의 본의를 속여서, 주자도 초년에는 모르고 상산을 의심하였으나 만년에 와서 비로소 잘못을 깨닫고 상산과 합치하였다고 하여, 후학을 오도함이 심하다. 그 때문에 『학부통변』과 『편년고증』을 저술하여 같고 다름과 옳고 그른 귀결점을 끝까지 밝혔다'고 한다. 아! 이 말이 사실이라면 황돈은 정말로 잘못한 것이며 그의 학문은 정말로 의심스러운 점이 있게 된다.

대개 생각건대, 주자와 육씨 두 사람의 같지 아니함은 일부러 같지 않은데 유의해서가 아니라, 이쪽은 유학이고 저쪽은 불교이며, 이쪽은 정당한 학문이고 저쪽은 사특한 학문이며, 이쪽은 공평이하고 저쪽은 사사롭고 비뚤어졌으니, 무릇 이와 같은데 어찌 서로 같을 수 있겠는가? 공자는 "글로 학문을 넓히고 예로써 간략하게 표현한다"고 했고, 자사는 "덕성을 높이고 학문에 말미암는다"고 했고, 맹자는 "널리 배우고 상세히 강설하여 장차 간략함으로 돌아간다"고 했다. 양자가 서로 의지함이 수레의 두 바퀴와 같고 새의 두 날개와 같아서 한쪽을 없애면 굴러갈 수도 날아갈 수도 없으니, 이것이 실로 주자의 학설이다. 우리 유가의 법이 본래 이러하며 노선생은 일생동안 이 두 가지에 종사하여 한쪽으로 편중되어 있음을 깨달으면 곧 맹렬하게 반성하고 통렬하게 고쳤다. 그 때문에 편지를 주고받는 가운데 표현된 것은 서로 억제하기도 하고 북돋우기도 하였으니, 이것이 우리 유가의 법으로써 서로 도움을 주고 서로 구하여 크게 중도를 지키며 지극히 정당한 도로 나아가는 것이다. 어찌 초년에는 완전히 글의 뜻의 말단에 빠져들었다가 상산을 만남에 이르러 비로소 깨닫고 마음을 거두어 본원으로 돌아왔단 말인가? 나는 아직 『도일편』을 보지 못하여 그 내용이 어떠한지 알지 못하지만 그 서명을 가지고 진술된 내용을 헤아려 보면, 반드시 도는 하나요 둘이 아니고, 육씨는 돈오하여 하나만 있다 하고 주자는 초년에는 둘이었으나 만년에는 하나라 했다는 것일 터이니, 정말로 이와 같다면 이는 육씨가 주자에게 도움받은 것은 없고 주자가 도리어 육씨에게 도움을 받았다는 것이니, 이는 또한 매우 어긋나는 것이 아니겠는가? 옛날 정윤부가 소식을 끌어다 정자에게 붙이려 하여 '소정지실'이란 말이 있었으니, 주자는 그것을 변척하여 "이는 향내 나는 풀과 구린내 나는 풀, 얼음과 숯을 하나의 그릇에다 섞어 놓은 것과 다르지 않으니 향기롭고 깨끗하며 더러워지지 않도록 하려 해도 또한 어렵다"고 하였다. 내가 생각건대, 황돈이 두 사람을 동일시하려고 한 것은 또한 마찬가지로 윤부의 견해로 돌아가지 않을까 생각한다. 만약 주자에게 정말로 만년에 이르러 육씨와 같아진 사실이 있다면 육씨가 죽었을 때 사람들에게 보낸 편지에서 왜 "평소에는 크게 기세를 부리며 마구 소리 지르다가 졸지에 여기에 이르렀구려"라고 탄식하였으며, 그리고 왜 "나의 학설이 자못 세상에 유행하여 현명한 사람의 뜻에 손상을 입혔고 어리석은 사람의 과오를 더하게 하였다"고 걱정하였으며, 또 상산이 일찍이 그의 문인들에게 "주원회는 태산교악과 같지만, 자신의 견해만 옳다 하고 남의 말을 들으려 하지 않는 것이 유감일 뿐이다"(본래 했던 말을 다 기록할 수는 없고 대체적인 줄거리는 이렇다)라고 했겠는가? 이렇다면 두 사람이 평소에 한 마디도 서로 도가 같음을 인정한 적이 없다는 것인데, 후세 사람들이 억지로 끌어다 붙여 같은 것으로 귀결시키려 하니 어찌 될 법이나 한 일이겠는가? 그의 견해가 잘못되어 있다면 그 마음 역시 구차할 것이니, 이런 상태로 저술하여 책을 만들면 장차 천하 후세 사람들을 그르칠 것이다. 특히 이왕에 지나간 일은 한번 정해지면 바꾸기 어렵고 옳고 그름의 분명함은 속일 수 없다는 것을 알지 못하고 애써 겨우 생각해낸 것이 내 마음의 허점만 드러내고 천하의 비웃음만 초래했을 뿐이다. 이로써 보면, 뇌물을 받고 시험문제를 팔았다고 하는 옥사는 비록 무고에 빠졌다 하더라도 세도와 이익을 완전히 버리지 못했다는 비난은 혹 자초한 것이 아닌가? 이 점이 내가 탄식하고 근심하여 여러 달이 지나도 풀리지 않는 바이다.

어떤 사람이 말하기를 "그대의 말대로라면 『심경』은 높이고 믿을 바가 못되는가?"라고 물었다. 나는 대답한다. "이 문제는 그렇지 않다. 내가 이 책을 보건대, 그 경문은 『시경』, 『서경』, 『역경』에서 정자와 주자의 학설까지 걸쳐 있으니 모두가 성현의 위대한 가르침이요, 거기에 딸린 주는 주돈이, 이정, 장재, 주자에서 후대 여러 현인들의 학설까지 아울러 뽑았으니 지당하지 않는 말이 없다. 어찌 황돈의 잘못으로 위대한 교훈과 지당한 말씀까지 함께 존신하지 않으려 하는가?" 라고 하였다. 말하기를 "다른 것은 진실로 그러하지만 마지막 장의 주에 이르면 주자의 학설을 초년과 만년의 다른 점으로 나누고 초려의 설로 끝을 맺었으니 이것이야말로 『도일편』과 동일한 방식의 주장이다. 그대는 어째서 도가 하나라는 주장은 배척하면서 이 주는 오히려 취할 만하다고 하는가?" 하였다. 대답하였다. "한갓 글로써 박식하게 하는 데만 힘쓰고 예로써 간략하게 하는 데는 소홀하면 그 폐단은 반드시 입과 귀로 익히는 데 이른다. 그 때문에 주자는 당시에 그 점을 우려하고 경계하기를 절실하게 하였다. 진실로 이 주에서 인용한 열두 조목의 내용과 같다. 그 문인이 기술한 행장에서 또한 '만년에 여러 문생들의 글뜻에 얽매여 있음을 알고 비로소 본체를 가리켜 주었다. 운운'한 것은 존덕성하여 글의 뜻에 얽매이는 폐단을 구하였다는 것이니, 황돈의 말이 아니고 주자의 뜻이 실로 그러하였다. 황돈이 여기서 다만 부당하게 초년과 만년으로 구분하였을 뿐인 것이다. 만약 그가 주자의 뜻을 좇아 서산의 경전에 찬동하여 이를 편말에 주로 닮으로써 말학의 잘못을 구하려 했다면 실로 지당하고 바꿀 수 없는 것이다. 하물며 그저 주자의 말을 인용하려고 여러 유자들이 주자의 설에 대해 발명해 놓은 조목을 가지고 보충을 했을 뿐, 한 마디라도 육씨의 학문에 관해 언급하고 주자 만년의 깨달음이 이와 합치한다고 하여 『도일편』에서 말하는 것과 같다고 한 적은 없다." 그러므로 내가 가만히 생각건대, 지금의 학자들은 마땅히 글로써 넓히고 예로써 간략하게 하는 두 가지를 다 지극히 하는 것이 주자가 이룩한 공능이며 두 가지 공능이 서로 도우는 것이 마치 우리 유가의 근본 법칙임을 알아야 한다. 이런 생각으로 이 경문과 이 주를 읽을 것이며 황돈의 『도일편』의 오류를 거기에 개제시켜 혼란을 일으키지 않으면 성인이 되고 현인이 되는 공능이 바로 여기에 있을 것이다. 그것을 높이고 믿기를 어떻게 해야 되는가? 허노재가 일찍이 말하기를 "나는 『소학』에 대해서 신명과 같이 공경하고 부모와 같이 받든다"라고 하였는데, 나는 『심경』에 대해 또한 그러하다. 다만 초려공의 설은 반복해 연구해보니 결국 '우바새'의 기미가 있다고 한 나정암의 말이 옳다. 배우는 사람은 마땅히 그 뜻을 잘 알고 그 말을 택해야 하니, 같은 것은 취하고 같지 않는 것은 버리면 그 또한 가하지 않겠는가?

心經後論

滉少時游學漢中, 始見此書於逆旅, 而求得之, 雖中以病廢而有晩悟難成之嘆, 然而其初感發興起於此事者, 此書之力也. 故平生尊信此書, 亦不在四子·『近思錄』之下矣, 及其每讀至篇末也, 又未嘗不致疑於其間, 以爲吳氏之爲此說何見, 篁墩之取此條何意, 其無乃有欲率天下, 歸陸氏之意歟? 旣而又自解以爲朱子之學大中至正, 無墮於一偏之弊矣, 猶自謂有浮泛之失, 力戒門人以收斂著實功夫, 自今而遡求之, 其從游之士私淑之徒, 或未能深體此意, 流而爲口耳之習者不少, 二公生於其後, 而任斯道捄流弊之意切, 不得已而爲此言, 是亦朱子之意耳, 亦何傷之有哉? 所可疑者, 草廬之爲陸學, 當時已有其議, 後世公論亦多云云, 又未知篁墩之爲人與爲學, 畢竟何如耳. 頃者橫城趙士敬, 因讀『皇明通紀』, 錄示其中篁墩公事實數三條, 然後略知篁墩之爲人與爲學乃如此. 於是慨然而嘆, 惄焉而傷者, 累月而猶不釋也. 蓋其三條內, 其一, 賣題事也, 而此事梗槩, 曾於孤樹裒談見之矣. 公與劉健齊名, 而嘗偶言健短於詩, 健啣之. 此獄之成, 健爲之也. 滉以爲賂賣之事, 稍知自家有廉隅者不爲, 而謂以公之賢, 求古人心學, 負天下重名而爲之乎? 況彼時, 健方入閣用事, 安知其誣構發劾者, 不由於承健風旨而然乎? 其二, 汪循之論謂公於勢利二字, 未能擺脫得去, 此未知所指爲何事, 若果有實事之可指, 則是自不免上蔡鸚鵡之譏. 其於心學之傳, 固難議爲不然, 吾恐循也徒見斯人曾被賣題之累, 因以勢利目之也. 則其事之虛實, 旣未的知, 又安可以是爲斯人之定論乎? 其三, 則陳建論公『道一編』說也. 其說云, 篁墩欲彌縫陸學, 乃取朱陸二家言論, 早晩一切顚倒變亂之, 矯誣朱子以爲早年誤疑象山, 晩年始悔悟而與象山合, 其誤後學甚矣. 因爲之著『學蔀通辨』, 『編年考訂』, 以究極同異是非之歸云'. 噫, 信斯言也, 篁墩其果誤矣. 其爲學果有可疑者矣. 蓋嘗思之, 朱陸二氏之不同, 非故有意於不同也. 此儒而彼禪, 此正而彼邪, 此公平而彼私狠, 夫如是, 安得而相同耶? 孔子曰, "博學於文, 約之以禮." 子思曰, "尊德性而道問學." 孟子曰, "博學而詳說之, 將以反說約也." 二者之相須, 如車兩輪, 如鳥兩翼, 未有廢一而可行可飛者, 此實朱子之說也. 吾儒家法, 本自如此, 老先生一生從事於斯二者, 纔覺有一邊偏重, 卽猛省而痛改之, 故其見於書尺往復之間者, 互有抑揚, 乃自用吾法, 而自相資相捄, 以趨於大中至正之道耳. 豈初年全迷於文義之末, 及見象山, 然後始悟而收歸本原乎哉? 余未見『道一編』, 未知其爲說如何. 然執書名而揆陳語, 其必謂道一而無二, 陸氏頓悟而有一, 朱子早二而晩一, 苟如是, 則是陸無資於朱, 而朱反有資於陸矣. 斯不亦謬之甚耶? 昔程允夫欲援蘇而附於程, 有蘇程之室之語. 朱子斥之曰, 是無異於雜薰蕕冰炭於一器之中, 欲其芳潔而不汙, 蓋亦難矣. 愚謂篁墩之欲同二家, 殆亦同歸於允夫之見矣. 向使朱子眞有晩同之實, 則陸氏之死也, 與人書, 何以嘆其平日大拍頭胡叫喚, 而遽至此哉. 又何以憂其說頗行於江湖間, 損賢者之志, 而益愚者之過哉? 又象山嘗告其門人曰, 朱元晦如泰山喬嶽, 惟恨其自是己見, 不肯聽人說話[不能盡記本語, 大意如此], 是則二氏之平日, 未嘗有一語, 相許以道同也, 而後人欲牽合附會, 强使之同歸, 豈可得耶? 其見旣誤, 則其心亦苟, 至以是著爲成書, 將以誤天下後世之人也. 殊不知已往之跡, 一定而難易, 是非之明, 無時而可欺. 其所勤苦而僅就者, 適足以見吾心之罅隙, 而來天下之譏議. 由是觀之, 賂賣之獄, 雖曰誣陷, 而勢利之誚, 恐或有以自召之也. 此滉所以嘆傷累月, 而猶未釋者也. 或曰, 如子之言, 『心經』其不足尊信乎? 曰, 是則不然也. 吾觀是書, 其經則自『詩』, 『書』, 『易』, 以及于程朱說, 皆聖賢大訓也. 其註則由濂洛關閩, 兼取於後來諸賢之說, 無非至言也. 何可以篁墩之失, 而幷大訓至論, 不爲之尊信乎? 曰, 其他固然矣. 至於末章之註也. 旣以朱子說分初晩之異,而以草廬之說終焉. 此正與『道一編』, 同一規模議論也. 子何譏斥於道一, 而反有取於此註耶? 曰, 徒務博文, 而少緩於約禮, 則其弊必至於口耳之習, 故朱子於當時, 其憂之戒之之切, 誠有如此註所引十二條之說, 其門人之述行狀又云, 晚見諸生繳繞於文義, 始頗指示本體云云. 則尊德性以救文義之弊, 非篁墩之說也. 乃朱子之意固然也. 篁墩於此, 但不當區區於初晚之分耳. 若其遵朱子之意, 贊西山之經, 註此於篇終, 欲以捄末學之誤, 實亦至當而不可易也. 況只引朱說, 而補以諸儒發明朱說之條, 未嘗一言, 及於陸氏之學, 以爲朱子晚悔而與此合, 如『道一編』之所謂乎? 故滉竊以謂, 今之學者當知博約兩至, 朱子之成功, 二功相益, 吾儒之本法, 以此讀此經此註, 而不以篁墩『道一編』之繆, 參亂於其間, 則所以爲聖爲賢之功, 端在於此矣. 其尊之信之, 當如何哉. 許魯齋嘗曰, "吾於『小學』, 敬之如神明, 尊之如父母", 愚於『心經』亦云. 惟草廬公之說, 反復硏究, 終有伊蒲塞氣味, 羅整菴之說得之, 學者當領其意而擇其言, 同者取之, 不同者去之, 其亦庶乎其可也.

皇明嘉靖四十五年歲丙寅孟秋日, 眞城李滉謹書.

【부록】

❖ [표1] 『심경』과 『심경부주』의 이해와 보급 연표

연도	인물	이해와 보급상황
15C		손조서(孫肇瑞)의 『격재집(格齋集)』을 보면 15세기에도 학자들이 『심경』을 읽은 사실이 확인됨. -정종로(鄭宗魯): 손조서의 「묘갈명(墓碣銘)」에서 손조서는 『심경』 『근사록』을 밤낮으로 공부했다고 함.
1479년 전후	孫胤漢	「구간집발문(舊刊集跋文)」에 손조서가 『심경연의(心經演義)』 등 성리서를 저술한 것으로 기록.
1458∼1491	崔忠成	최충성은 김굉필의 가르침을 받아 『소학』을 근본으로 하고, 『심경』, 『근사록』 등에 힘써 성리학을 연구한 것으로 적음(『산당집(山堂集)』, 「가장(家狀)」)
		『심경표제(心經標題)』의 「범례(凡例)」는 『심경부주』에 대하여 조광조가 이를 드러내고, 퇴계가 이를 애독하였다고 기록함.
		박세채는 성수침이 『심경』 두 권을 가지고 있었으며, 우계선생이 이를 보관하였으며, 기묘사화 후에는 회재(晦齋)·퇴계(退溪)·남명(南冥) 등이 『심경부주』를 열심히 읽어 학문을 이룬 것으로 언급함.(『남계집(南溪集)』, 「발청송선생심경(跋聽松先生心經)」)
	許 曄	허엽(許曄)은 허충길의 「묘명(墓銘)」에서 허충길이 김안국으로부터 수학하며 『심경』을 받았으며, 그 자신도 허충길로부터 그 책을 얻어 보았다고 기록함.
1530년(중종25)	周世鵬	조식(曺植)이 거주하던 산해정을 방문하여 『심경』, 『중용』, 『대학』 등의 책을 강론함. 조식은 이준경(李浚慶, 1499∼1572)으로부터 『심경』을 전해받고 이 책의 중요성을 강조함.(『남명집(南冥集)』, 「서이군원길소증심경후(書李君原吉所贈心經後)」
1541년(중종36)	李彦迪	허엽(許曄)에 의하면 이언적이 동궁(東宮)을 모시고 『심경부주』를 읽기를 청함.(『회재집(晦齋集)』, 「발(跋)」)

1537년(중종32)	周世鵬	주세붕은 이언적(李彦迪)에게 『심경』의 의심나는 부분을 서신으로 질문함.(『무릉잡고(武陵雜稿)』 부록 권2)
1544년(중종39)	曺 植	이림(李霖, ?~1546)이 보내준 『심경』을 받고 이 책이 배척당하는 현실을 보고 애석해함.
1533년(중종28)	李 滉	33세 무렵 『심경』을 처음 접함.(『간재집(艮齋集)』, 「언행록(言行錄)」)
1542년(중종37)	洪仁佑	노수신(盧守愼), 권덕흥(權德輿)과 함께 『심경』을 토론함(1월) /허충길(許忠吉), 노수신과 함께 『심경』을 강론함(2월).
1545년(인종1)	洪仁佑	허엽을 방문하여 『맹자』의 「호연장」과 『심경부주』에 대하여 토론함.
1546년(명종1)	周世鵬	왕이 홍문관에 『심도』의 찬진(撰進)을 명하여 주세봉이 그해 10월에 「심경심학도(心經心學圖)」를 제작하여 바침.
1565년(명종20)	李 滉	조목(趙穆, 1524~1606)에게 편지를 보내서 황해도의 유감사(柳仲郢)가 『심경』을 간행한 것을 보내왔으나 교정을 하지 못하고 있음을 언급하여 당시 『심경』을 간행한 사실을 보여줌.
1566년(명종21)	李 滉	제자들과 『심경』을 강론하며 치밀한 분석을 행한 후, 여기에서 얻어진 결론을 「심경후론(心經後論)」으로 정리함.
1566년(명종21)	李德弘	『심경(心經)』중에 의심나는 부분에 대하여 퇴계에게 질문하여 『심경질의(心經質疑)』로 정리함.
	張興孝	정구(鄭逑)가 지은 「심경발휘(心經發揮)」를 독서한 사실을 남김.(『경당집(敬堂集)』 권1, 「남행록(南行錄)」)
1566년 전후	全慶昌	『심경』, 『근사록』을 가지고 가야산에 들어가 학문에 정진함.
1563년	李 滉	제자 황준량, 조목, 김부필, 권호문 등과 『심경』에 관한 문답서신을 남김.(「答黃仲擧問目-心經-癸亥」, 「答趙士敬問目-心經」, 「答金彦遇問目-心經」, 「答權章仲心經問義」 등)
1567년(명종22)	朴舜元	유희춘의 『미암일기(眉巖日記)』에서 박순원이 『심경부주』의 구두점 찍는 것을 마쳤다고 기록함.(10월)
1571년(선조4)	柳希春	퇴계의 「심경후론(心經後論)」을 읽고 그 설이 매우 정당한 것으로 극찬함.

1573년(선조6)	柳希春	선조(宣祖)에게 경연하는 자리에서 유희춘은 퇴계의 「심경후론」을 『심경』의 판본에 덧붙여 간행할 것을 청함.
1575년(선조8)	李 珥	선조가 이이에게 좋아하는 글을 묻자 『심경』, 『근사록』 등을 읽고 있다고 언급함.
1579년(선조12)	張龍翰	이이에게 『대학』, 『주역』, 『심경』, 『근사록』 등을 배웠다고 함.(『기촌집(岐村集)』, 「연보(年譜)」)
	宋翼弼	김장생이 『심경』의 의심나는 부분을 물어오자 답변함.(『심경표제(心經標題)』의 인용서목에 김사계(金沙溪)의 『심경기의(心經記疑)』란 책이 들어 있는 것으로 보아, 김장생은 『심경』에 많은 관심을 가진 것으로 보인다.)
	朴 淳	학문에 있어서 『소학』『시경』, 『근사록』을 기본으로 삼았다고 함.(『사암집(思菴集)』 권5, 「행장(行狀)」)
	成彭年	『심경』, 『근사록』, 『주자대전』 등을 열심히 읽음.(『석곡집(石谷集)』 권2, 「행장(行狀)」)
1564~1570		『심경』의 간행: 평안도 관찰사 정종영(鄭宗榮)이 평양간본을 간행하고, 이후 1570년경 경주에서도 이 책을 간행함.(尹炳泰, 퇴계와 심경부주-退溪書誌의 硏究 其三」, 「心經附註, 有後論本의 板本-退溪書誌의 硏究 其四」, 『한국의 철학』 8. 1979)

❖ [표2] 『심경』 관련 저작의 내용의 특성에 따른 분류

순서	내 용	저술 및 저서	비 고
1	『심경』에 대한 전체적인 주석서	『心經質疑』(李德弘)(5),/『心經講錄』(李咸亨)(6)(언해),/『心經發揮』(鄭逑)(8),/『心經質疑考誤』(曺好益)(9)(언해),/『心經記疑』(金長生)(10),/『心經釋義』(宋時烈)(17)(언해),/『心經標題』(朴世采)(20),/『心經釋義校本問答後說』(李世龜)(25),/『心經講錄刊補』(金宗德)(50),/『心經密驗』(丁若鏞)(58),/『心經集解』(閔百炣)(63),/心經箚義』(金榮洙)(89),/『心經備忘錄』(李馥)(100)	왼쪽 저서에서 언해라고 적은 부분은 한글 언해를 간간이 붙인 것이다. 아래도 동일하다.
2	『심경』의 구체적인 조항에 대한 의문점을 질의답변한 저술	『心經稟質』(趙穆)(1),/『心經問答』(朴世采)(22)(서신),/『心經問答』(金幹)(24),/『心經問目』(李世龜)(26),/『心經問目』(尹東洙)(36),/『心經問答』(金元行)(45)(서신),/『心經記聞錄』(鄭必奎)(57),/『溪門心經講義』(尹秉頤)(62)(서신),/『心經說』(李著秀)(66),/『心經箚錄』(李驥相)(82),/『心經問答』(李鍾和)(83),/『心經講義』(金輝轍)(85),/『心經疑目』(金在洪)(90)	'서신'이라고 한 것은 문답한 편지 글을 모아 놓은 것이다.
3	『심경』에 대한 자신의 견해를 적은 논설문 중심	「心經箚記」(金富倫)(2)(언해)/「心經後小說」(鄭好信)(16),/「心經記疑」(鄭纘輝)(32),/「心經讀書答錄」(林象德)(40)(언해),/「心經疑目」(金謹行)(49),/「心經講義」(李鼎益)(55),/「心經時習錄」(姜必孝)(59),/「心經疑義」(金虎運)(60),/「心經疑義」(柳栻)(61),/「心經隨得錄」(鄭裕昆)(64),/「心經附註記疑」(李恒老)(70),/「心經釋義」(金在洛)(72),/「心經疑義」(曺克承)(75),/「心經箚錄」(李敦禹)(77),/「心經簶啓」(李震相)(80),/「述辨心經論」(金鼎寅)(86),/「心經箚疑」(朴鼎休)(100)(언해)	

4	『심경』의 특정한 장에 대한 의견을 피력한 저술	「心經坤之六二章解」(金昌緝)(33),/「心經釋義補遺」(鄭萬陽, 鄭葵陽)(34),/「心經坤之六二章附註五峯說質疑」(金樂行)(46),/「讀心經敬義章附註」(柳致皜)(74),/「心經講錄劄疑」(申弼欽)(76),/「讀心經講錄刊補」(李性和)(81),/「心經末章附註辨證」(姜始煥)(101)	
5	이황의 「심경후론」에 관한 견해를 기록한 저술	「書心經後論後」(朴世采)(23),/「退溪心經跋後說」(鄭齊斗)(29),/「心經後論後說」(尹光紹)(47),/「讀退溪先生心經後論」(李恒老)(71)	
6	圖와 圖說로 된 저술	「人心道心圖說」(李珥)(4),/「持敬圖說」(趙翼)(12),/「心學圖」,「堯舜禹傳授心法圖」(許穆)(14),/「心經章圖」(李休運)(15),/「心經贊圖」(李敦禹)(78),/「心經彙啓」(「心經圖說」)(李震相)(80),/「心經贊圖說」(金時洛)(88),/「第九心經贊圖」(金秉宗)(91)	
7	서원 또는 향교 등에서 강의할 때 질의문답한 저작	「心經講說」(尹鳳九)(37),/「心經講錄」(崔孝述)(65),/「心經講義」(李源祚)(67),/「心經講義」(李源祚)(68),/「心經講義」(李鍾祥)(73),/「心經講義附標」(趙相悳)(79),/「心經發問對」(金鎭文)(95),/「講心經」(丁大秀)(96)	
8	『심경』의 체제를 바꾼 저술	「心經發揮」(鄭逑)(8),/「心法」(趙翼)(11),/「心學至訣」(朴世采)(21),/「心經集義」(鄭齊斗)(28),/「心經分類輯略」(朴鼎休)(99)	
9	『심경부주』에 대하여 의심나는 점에 대해서 견해를 피력한 저작	「心經篇末吳氏說後辨」(鄭澔)(27),/「心經疾書」(李瀷)(38),/「心經附註劄疑」(韓元震)(39),/「心經劄疑」(姜奎煥)(42),/「題心經後」(楊應秀)(43),/「心經附註刪補說」(鄭世永)(92)	
10	이전 학자들의 저술에서 의심스러운 대목을 뽑아 자신의 견해를 적은 저술	「心學至訣記疑」(金昌協)(30),/「心經經義」(任聖周)(48),/「心經發揮記疑」(李萬運)(51),/「心經發揮考異」(鄭煒)(52),/「批震姪與崔幼天問答心經疑義」(李源祚)(69)	
11	경연에서 강의한 내용을 적은 저술	「心經經筵講義」(金昌協)(31),/「心經講義」(正祖)(54)	
12	학부통변에 대한 견해를 적은 저술	「陳淸瀾學蔀通辨辨」(南國柱),「題學蔀通辨後」(楊應秀)(44)	

❖ [표3] 心經註解叢編 資料 1∽7卷

心經註解叢編卷數	文集	著書名	著者	生年	卒年
一		『心經附註』	程敏政	1445	1499
		「心經後論」	李　滉	1501	1570
二	『月川集』 4卷	『心經稟質』	趙　穆	1524	1605
	『雪月堂集』 5卷	『心經箚記』,	金富倫	1532	1599
	『栗谷全書』 14卷	「學蔀通辨跋」	李　珥	1536	1584
	『栗谷全書』 14卷	「人心道心圖說」			
	『艮齋續集」』 3卷	『心經質疑』	李德弘	1541	1596
		『心經講錄』 1冊			
	『艮齋集』 7卷	『陳淸瀾學蔀通辨心圖說辨』			
		『心經發揮』	鄭　逑	1543	1620
		『心經質疑考誤』 1冊	靑好益	1545	1609
		『心經記疑』	金長生	1548	1631
	『浦渚集』 18卷	「心法」	趙　翼	1579	1655
	『浦渚集』 19卷	「持敬圖說」, 「心學宗方」			
	『浦渚集』 26卷	「心經增減節註附說序」			
三	『記言』 50卷	「心學圖」, 「堯舜禹傳授心法圖」	許　穆	1595	1682
	『石屛文集』 上卷	『心學章圖』	李休運	1597	1668
	『常華集』 5卷	「心經後小說」	鄭好信	1605	1650
		『心經釋疑』 4卷1冊.	宋時烈	1607	1689
	『松月齋集』 1卷	「讀心經」	李時善	1625	1715
	『魯魯齋文集』 3卷	「謹次心經贊」	金萬烋	1625	1694
		『心經標題』, 필사본1冊	朴世采	1631	1695
四	『南溪集』 2卷1冊.	『心學至訣』			
	『南溪集』 書簡文.	『心經問答』			
	『南溪集』 68卷	「書心經後論後」			
	『厚齋集』 10卷	『心經問答』	金　幹	1646	1732
	『養窩集』 6卷.	「心經釋疑校本問答後說」	李世龜	1646	1700
	『養窩集』 6卷	『心經問目』			
	『丈巖集』 26卷	「心經篇末吳氏說後辨」	鄭　澔	1648	1736
	『霞谷集』 18卷	『心經集義』	鄭齊斗	1649	1736
	『霞谷集』 8卷	「退溪心經跋後說」			
	『農巖集』 26卷	『心學旨訣記疑』	金昌協	1651	1709

	『農巖集』 10卷	『心經經筵講義』			
	『窮村集』 6卷	『心經記疑』	鄭纘輝	1652	1723
	『圃陰集』 5卷	「心經坤之六二章解」	金昌緝	1662	1713
	『塤篪別集』 1卷	『心經釋義補遺』	鄭萬陽, 鄭葵陽	1664 1667	1730 1732
	『弼雲詩文稿』 9卷	「請鄭文巖跋舊藏心經」	金令行	1673	1755
	『敬庵集』 7卷	『心經問目』	尹東洙	1674	1739
	『屛溪集』 38卷	『心經講說』	尹鳳九	1681	1767
		『心經疾書』 1冊, 筆寫本	李 瀷	1681	1763
	『南塘集』 23卷	『心經附註剳疑』	韓元震	1682	1751
	『老村集』 10卷	『心經讀書答錄』	林象德	1683	1719
	『鳳洲集』 7卷	『心經辨證』	南國柱	1690	1759
	『貢需先生文集』 7卷	『心經剳疑』	姜奎煥	1697	1731
	『白水集』 13卷	「題心經後」	楊應秀	1700	1767
	『白水集』 13卷	「題學蔀通辨後」			
		『心經問答』	金元行	1702	1772
	『九思堂續集』 2卷	「心經昆之六二章附註五峯說質疑」	金樂行	1708	1766
	『素谷遺稿』 4卷	「心經後論後說」	尹光紹	1708	1786
	『鹿門集』 12卷	『心經經義』	任聖周	1711	1788
	『庸齋集』 11卷	『心經疑目』	金謹行	1712	1782
		『心經講錄刊補』 1卷	金宗德	1724	1797
	『默軒集』 6卷	『心經發揮記疑』	李萬運	1736	1820
	『芝厓集』 4卷	『心經發揮考異』	鄭 煒	1740	1811
五	『濟庵集』 7卷	『讀心經說』	金宗燮	1743	1791
	『弘齋全書』 66卷	『心經講義』	正 祖	1752	1820
	『甘華文集』 4卷.	『心經講義』	李鼎益	1753	1826
	『廣瀨集』 7卷	「讀心經講錄刊補」	李野淳	1755	1831
	『魯庵集』 5卷	『心經記聞錄』	鄭必奎	1760	1831
	『與猶堂全書』 第2集 2卷	『心經密驗』	丁若鏞	1762	1836
	『海隱集』 12卷	『心經時習錄』	姜必孝	1764	1848
	『雨澗集』 4卷	『心經疑義』	金虎運	1768	1811
	『近窩集』 6卷	『心經疑義』	柳 栻	1775	1822
		『溪門心經講義』 1冊	尹秉頤	1775	1843
		『心經集解』 5卷3冊	閔百祐	1779	1851
	『晩悟集』 5卷	『心經隨得錄』	鄭裕昆	1782	1865

	『止軒文集』 9卷	『心經講錄』	崔孝述	1786	1870
	『慕亭集』 7卷	『心經說』	李蓍秀	1790	1849
	『凝窩續集』 10卷	『心經講義』	李源祚	1792	1871
	『凝窩續集』 11卷	『心經講義』			
	『凝窩集』 12卷	『批震姪與崔幼天問答心經疑義』			
六	『華西集』 23卷	『心經附註記疑』	李恒老	1792	1868
		『讀退溪先生心經後論』			
	『養蒙齋文集』3卷	『心經釋疑』	金在洛	1798	1860
	『定軒集』 12卷	『心經講義』	李鍾祥	1799	1870
	『東林文集』 7卷	『讀心經敬義章附註』	柳致皜	1800	1862
	『龜厓集』 5卷	『心經疑義』	曺克承	1803	1877
	『泉齋集』 5卷	『心經講錄箚疑』	申弼欽	1806	1866
	『肯庵集』 7卷	『心經箚錄』	李敦禹	1807	1884
	『肯庵集』 7卷	『心經贊圖』			
	『危齋集』 3卷	『心經講錄附標』	趙相悳	1808	1870
	『求志錄』 22卷	『心經竅啓』	李震相	1818	1886
	『水山文集』 3卷	『讀心經講錄刊補』	李性和	1821	1899
	『敏窩集』 5卷	『心經箚錄』	李驥相	1826	1903
	『絅晦遺稿』 10卷	『心經策問』	李鍾和	1830	1886
	『一齋集』 6卷	「心經發揮或問序」	蔡鍾植	1832	1890
	『睡山文集』 5卷	『心經講義』	金輝轍	1842	1903
	『兢齋文集』 3卷	「述辨心經論」	金鼎寅	1849	1903
	『谷圃集』 3卷	『心經講義』	李能允	1850	1930
	『莊庵集』 5卷	『心經贊圖說』	金時洛	1857	1896
七	『松溪集』 10卷	『心經箚疑』	金榮洙	1865	1956
	『遂吾齋集』 8卷	『心經疑目』	金在洪	1867	1939
	『秀山集』 5卷	「心經贊」, 「第九心經贊圖」	金秉宗	1870	1930
	『石泉後稿』 2卷	「心經附註刪後說」, 「心經附註刪補說」	鄭世永	1872	1948
		「讀心經尊德性齋銘章附註吳氏說」			
	『誠齋集』 4卷	『心經懸吐顚末說』	任泰柱	1881	1944
	『弘菴集』 2卷	『心境發問對』	金鎭文	1881	1957
	『陽泉遺稿』 4卷	『講心經』	丁大秀	1882	1959
	『醒齋集』 5卷	『心經箚疑』	李麟鎬	1892	1949
	泗陽書院刊	『心經發揮附刊辨破錄』1冊			
	『屯皐集』 13卷	『心經分類輯略』	朴鼎休	1805	1865
	『鶴隱漫稿』 36,39卷	『心經備忘錄』	李　馥	?	?
	『白鹿集』 6卷	『心經末章附註辨證』	姜始煥	?	?
		『心經箚疑』	朴鼎休	1805	1865

❖ [표4] 心經註解叢編補遺編 收錄資料

心經註解叢編補遺	文集	著書名	著者	生年	卒年
一冊	『退溪集』 20/23/30/37	「答黃仲擧心經問目」	李 滉	1501	1570
		「答趙士敬心經問目」			
		「答金彦遇心經問目」			
		「答權章仲心經問疑」			
	『退溪集續集』	「與大成幹之士敬聞遠應休心經誤字疑義」			
	『南冥集』 2	「題李君所贈心經後」	曺 植	1501	1572
		「書李君原吉所贈心經後」			
	『龜峯集』 4	「答希元心經問目書」	宋翼弼	1534	1599
	筆寫本	『心經指南』	李咸亨	1550	1577
	『浦渚集』 26	「心經增減節註附說序」	趙 翼	1579	1655
	『明齋遺稿』 16	「附評君輔與懷川論心經釋疑別紙」	尹 拯	1629	1714
	『南溪集』 11/68	「請依前定進講心經綱目疏」	朴世采	1631	1695
		「跋聽松先生心經」			
	『遁翁別集』	「心經經義釋解」	韓汝愈	1642	1709
	『明谷集』 18	「陳胄筵講規仍進心經贊圖箚」	崔錫鼎	1646	1715
	『農巖集』 12	「上尤齋心經釋疑問目」	金昌協	1651	1708
	『定齋集』 7	「答子聞兄論心經書」	朴泰輔	1654	1689
	『芝村集』 5	「上尤庵先生心經問目」	李喜朝	1655	1724
	6	「上玄石朴公論心經要解疑義」			
	8	「答李君輔論心經釋疑」			
	15	「答李子博心經問目」			
	15	「答鄭元猷心經問目」			
	『密庵集』 within餘	「請改正宋時烈刪定心經質疑疏」	李 栽	1657	1730
	『圃陰集』 4	「答鄭彦煥心經問目」	金昌緝	1662	1713
	『昆侖集』 11	「上李掌令世弼論心經」	崔昌大	1669	1720
	『巍巖遺稿』 4	「上遂菴先生別紙心經疑目」	李 柬	1677	1727
	『農隱集』 1	『心經箚記』	金聲玉	1678	1743
	『星湖集』 54	「跋心經釋疑」	李 瀷	1681	1763
	『魯溪集』 3	「心經質疑」	李復煥	1682	1727
	『霽山集』 9	「答李景文書心經疑義」	金聖鐸	1684	1747
	『素谷遺稿』 15	「心經箚錄」	尹光紹	1708	1786

	『大山集』 26	「答金道彦心經別紙」	李象靖	1710	1781
	27	「答權支國心經別紙」			
	30	「答金直甫箚疑心經講錄」			
	31	「答金子河心經別紙」			
	『蘆厓集』 4	「答範休心經稟疑」	柳道源	1721	1791
	『川沙集』 3	「上大山先生心經講錄問目」	金宗德	1724	1797
	『樂山堂集』 4	「心經疑傳贊」	李翼龍	1732	1784
	『默軒集』 3	「答金道彦心經講錄刊補疑義」	李萬運	1736	1820
		「答鄭士元心經問目」			
		「答鄭復汝心經發揮圈空當否及可疑諸條」			
		「答鄭士元心經發揮疑義問目」			
		「答宋君謙心經疑義」			
二冊	『巴江集』 3	「書師門所與崔士敎心經後」	李經祿	1736	1804
	『壺谷集』 7	「心經稟疑」	柳範休	1744	1823
	『竹村先生文集』6	「心經記疑」	權思學	1758	1832
	『栗園集』 6	「心經講義」	金養休	1777	1854
	『定齋集』 2	「上損齋南先生心經稟疑」	柳致明	1777	1861
	『定齋集續集』 1	「上損齋先生心經稟疑」			
	『敬菴集』 8	「心經刊補箚疑」	李漢膺	1778	1864
	『素隱集』 2	「東皐處士心經序」	金鎭龜	1779	1851
	『錦谷集』 7	「答成錫駿心經問目」	宋來熙	1791	1867
	『三官隨錄』 4	「心經」	南履穆	1792	1858
	『菊圃逸稿』 2	「對心經策」	李翼萬	1795	1870
	『老雲集』 6	「心學圖辨」	洪　璧	1804	1865
		『心經註解』	朴世綸	1807	1857
三冊	『溪堂集』 5	「答李良伯濬九心經問目」	柳疇睦	1813	1872
	『寒洲集』 11	「答金南輝別紙心經問目」	李震相	1818	1886
	28	「答川谷書院儒生問目心經疑義」			
	『勉菴集』 24	「跋金栢軒心經箚記」	崔益鉉	1833	1906
	『枕溪集』 6	「心經讀說」	趙秉時	1837	1911
	『石村集』 4	「心經問難」	權錫夏	1841	1903
	『枕山集』 2	「家藏心經改粧後感書·識心經質疑謄出卷後」	李世鋼	1846	1917
	『膠宇集』 16	「心經講錄後說」	尹胄夏	1846	1906

	『遯軒遺稿』 5	「心經問答」	林炳瓚	1851	1916
	『汎庵集』 5	「謹書大埜先生心經集解後」	柳淵楫	1853	1933
	『常敬軒集』 6	「心經講義」	李能灝	1854	1919
	『琴岡遺稿』 4	「心學全說」	裵相瑾	1868	1936
	『晩窩集』 2	「心經質疑」	金永龜	1884	1968
	『重齋集』 38	「心經追繹」	金　榥	1896	1978
	『九峯集』	「辨丁茶山心經解」	李禮中	1899	1986
	『聾巖集』 4	「書心經發揮或問後」	李相奭	?	?
	『洛左集』	「書心經後」	金聖年	?	?
	筆寫本	「心經續後論」	? 柱夏	?	?

❖ [표5] 『心經註解總攬』에 발췌 인용한 書目 및 著者, 板本

차례	저술	저자	생몰연대	판본문제	비고
1	心經稟質(1)	月川　趙穆	1524∼1605	『月川集』 4卷	
2	心經箚記(2)	雪月堂 金富倫	1532∼1599	『雪月堂集』 5券	
3	心經質疑(5)	艮齋 李德弘	1541∼1596	『艮齋續集』 3卷	
4	心經講錄(6)	"	1541∼1596	1책 單行本	
5	心經發揮(8)	寒岡 鄭逑	1543∼1620	4卷2冊 單行本	
6	心經質疑考誤(9)	芝山 曺好益	1545∼1609	1冊 單行本	
7	心法(11)	浦渚 趙翼	1579∼1655	『浦渚集』 18卷	
8	心經章圖(15)	石屛 李休運	1597∼1668	『石屛文集』 上券	
9	心經釋疑(17)	尤庵 宋時烈	1607∼1689	4卷1冊 單行本	
10	心經標題(20)	南溪 朴世采	1631∼1695	筆寫本 1冊	
11	心經集義(28)	霞谷 鄭齊斗	1649∼1736	『霞谷集』 18卷, 筆寫本	
12	心經釋疑補遺(34)	鄭萬陽, 鄭葵陽	1664∼1730	『塤篪別集』 1卷	
13	心經講說(37)	屛溪 尹鳳九	1681∼1767	『屛溪集』 38卷	
14	心經疾書(38)	星湖 李瀷	1681∼1763	1冊 筆寫本	
15	心經附註箚疑(39)	南塘 韓元震	1682∼1751	『南塘集』 23卷	
16	心經讀書答錄(40)	老村 林象德	1683∼1719	『老村集』 10卷	
17	心經箚疑(42)	貢需 姜奎煥	1697∼1731	『貢需先生文集』 7卷	
18	心經問答(45)	渼湖 金元行	1702∼1772	『渼湖集』 ?	
19	心經經義(48)	鹿門 任聖周	1711∼1788	『鹿門集』 12卷	
20	心經講錄刊補(50)	川沙 金宗德	1724∼1797	1卷 單行本	
21	心經發揮記疑(51)	默軒 李萬運	1736∼1820	『默軒集』 6卷	
22	心經發揮考異(52)	芝厓 鄭煒	1740∼1811	『芝厓集』 4卷	
23	心經記聞錄(57)	魯庵 鄭必奎	1760∼1831	『魯庵集』 5卷	
24	心經密驗(58)	茶山 丁若鏞	1762∼1836	『與猶堂全書』 第2集 2卷	
25	心經疑義(60)	雨潤 金虎運	1768∼1811	『雨潤集』 4卷	
26	溪門心經講義(62)	槐軒 尹秉頤	1775∼1843	1冊 單行本	

27	心經集解(63)	咬菜窩 閔百炶	1779～1851	5卷3冊 單行本	
28	心經隨得錄(64)	晩悟 鄭裕昆	1782～1865	『晩悟集』 5卷	
29	心經說(66)	慕亭 李蓍秀	1790～1849	『慕亭集』 7卷	
30	心經附註記疑(70)	華西 李恒老	1792～1868	『華西集』 23卷	
31	心經釋疑(72)	養蒙齋 金在洛	1798～1860	『養蒙齋文集』 3卷	
31	心經箚錄(77)	肯庵 李敦禹	1807～1884	『肯庵集』 7卷	
32	心經家啓(80)	寒洲 李震相	1818～1886	『求志錄』 22卷	
33	心經講義(87)	谷圃 李能允	1850～1930	『谷圃集』 3卷	
34	心經箚疑(89)	松溪 金榮洙	1865～1956	『松溪集』 10卷	
35	心經備忘錄(102)	鶴隱 李馥	? ～ ?	『鶴隱漫稿』 36～39卷	

■ 저술 뒤의 숫자는 『심경주해총편』의 일련번호 순서이다.

▪ 참고문헌 ▪

1. 원전류

『論語』, 『大學』, 『中庸』, 『孟子』, 成均館大 大同文化硏究院
『詩經』, 『書經』, 『易經』, 『禮記』, 『春秋左傳』, 漢文大系本.
周敦頤, 『通書』, 『性理大全』, 保景文化社, 1994.
張載, 『橫渠易說』, 『張載集』, 中華書局, 2006.
張載 撰, 『張載集』, 四部刊要, 子部.
程頤, 『易傳』, 學生書局, 1983.
程顥·程頤, 『二程全書』, 『文淵閣四庫全書』本(698), 驪江出版社.
胡廣 等篇, 『周易傳義大全』, 保景文化社, 2000.
朱熹, 『朱子大全』, 保景文化社, 1984.
朱熹, 『朱子語類』, 『文淵閣四庫全書』 700-702.
朱熹, 『朱子家禮』, 『文淵閣四庫全書』
眞德秀(1178∼1235), 『心經』, 學民文化社, 1995.
程敏政(1445∼1499), 『心經附註』, 宋熹準, 『心經註解叢編』1卷, 1998.
李珥, 『栗谷集』, 『韓國文集叢刊』 44-45卷, 民族文化推進會, 1989.
李滉, 『退溪集』, 『韓國文集叢刊』 29-31卷, 民族文化推進會, 1989.
李滉, 『退溪全書』, 成均館大 大同文化硏究院 영인본.
李滉(1501∼1570), 「心經後論」
奇大升(1527∼1572), 『高峯集』, 『韓國文集叢刊』 41卷, 民族文化推進會, 1989.
趙穆(1524∼1605), 『月川集』, 『韓國文集叢刊』 卷38.
金富倫(1532∼1599), 『雪月堂集』, 『韓國文集叢刊』 卷41.
李珥(1536∼1584), 『栗谷全書』, 『韓國文集叢刊』 卷44-45.
李德弘(1541∼1596), 『艮齋續集』, 『韓國文集叢刊』 卷51.
鄭逑(1543∼1620), 『寒岡集』, 『韓國文集叢刊』 卷53.
曺好益(1545∼1609), 『芝山集』, 『韓國文集叢刊』 卷55.
金長生(1548∼1631), 『沙溪遺稿』, 『韓國文集叢刊』 卷57.
趙翼(1579∼1655), 『浦渚集』, 『韓國文集叢刊』 卷85.
許穆(1595∼1682), 『記言』, 『韓國文集叢刊』 卷98-99.
李休運(1597∼1668), 『石屛文集』
鄭好信(1605∼1650), 『常華集』

宋時烈(1607∽1689), 『宋子大全』, 『韓國文集叢刊』 卷108-116.
李時善(1625∽1715), 『松月齋集』
金萬烋(1625∽1694), 『魯魯齋文集』
朴世采(1631∽1695), 『心經標題』, 筆寫本1冊.
朴世采, 『南溪集』, 『韓國文集叢刊』 卷138-142.
金榦(1646∽1732), 『厚齋集』 155-156.
李世龜(1646∽1700), 『養窩集』
鄭澔(1648∽1736), 『丈巖集』, 『韓國文集叢刊』 卷157.
鄭齊斗(1649∽1736), 『霞谷集』, 『韓國文集叢刊』 卷160.
金昌協(1651∽1708), 『農巖集』, 『韓國文集叢刊』 卷161-162.
鄭纘輝(1652∽1723), 『窮村集』
金昌緝(1662∽1713), 『圃陰集』, 『韓國文集叢刊』 卷176.
鄭萬陽, 鄭葵陽(1664∽1730), 『塤篪別集』
金令行(1673∽1755), 『弼雲詩文稿』
尹東洙(1674∽1739), 『敬庵集』, 『韓國文集叢刊』 卷188.
尹鳳九(1681∽1767), 『屛溪集』
李瀷(1681∽1763), 『心經疾書』 1冊, 筆寫本.
韓元震(1682∽1751), 『南塘集』
林象德(1683∽1719), 『老村集』
南國柱(1690∽1759), 『鳳洲集』.
姜奎煥(1697∽1731), 『賁需先生文集』
楊應秀(1700∽1767), 『白水集』
金元行(1702∽1772), 『心經問答』.
金樂行(1708∽1766), 『九思堂續集』
尹光紹(1708∽1786), 『素谷遺稿』
任聖周(1711∽1788), 『鹿門集』
金謹行(1712∽1782), 『庸齋集』
金宗德(1724∽1797), 『心經講錄刊補』 1卷.
李萬運(1736∽1820), 『默軒集』
鄭煒(1740∽1811), 『芝厓集』
金宗燮(1743∽1791), 『濟庵集』
正祖(1752∽1820), 『弘齋全書』
李鼎益(1753∽1826), 『甘華文集』
李野淳(1755∽1831), 『廣瀨集』
鄭必奎(1760∽1831), 『魯庵集』

丁若鏞(1762∼1836),『與猶堂全書』
姜必孝(1764∼1848),『海隱集』
金虎運(1768∼1811),『雨澗集』
柳栻(1775∼1822),『近窩集』6卷.
尹秉頤(1775∼1843),『溪門心經講義』1冊.
閔百우(1779∼1851),『心經集解』5卷3冊.
鄭裕昆(1782∼1865),『晩悟集』5卷.
崔孝述(1786∼1870),『止軒文集』9卷.
李著秀(1790∼1849),『慕亭集』7卷.
李源祚(1792∼1871),『凝窩續集』10卷.
李源祚(1792∼1871),『凝窩集』12卷.
李恒老(1792∼1868),『華西集』23卷.
金在洛(1798∼1860),『養蒙齋文集』3卷.
李鍾祥(1799∼1870),『定軒集』12卷.
柳致皜(1800∼1862),『東林文集』7卷.
曺克承(1803∼1877),『龜厓集』5卷.
申弼欽(1806∼1866),『泉齋集』5卷.
李敦禹(1807∼1884),『肯庵集』7卷.
李敦禹(1807∼1884),『肯庵集』7卷.
趙相悳(1808∼1870),『危齋集』3卷.
李震相(1818∼1886),『求志錄』22卷.
李性和(1821∼1899),『水山文集』3卷.
李驥相(1826∼1903),『敏窩集』5卷.
李鍾和(1830∼1886),『絅晦遺稿』10卷.
蔡鍾植(1832∼1890),『一齋集』6卷.
金輝轍(1842∼1903),『睡山文集』5卷.
金鼎寅(1849∼1903),『兢齋文集』3卷.
李能允(1850∼1930),『谷圃集』3卷.
金時洛(1857∼1896),『莊庵集』5卷.
金榮洙(1865∼1956),『松溪集』10卷.
金在洪(1867∼1939),『遂吾齋集』8卷.
金秉宗(1870∼1930),『秀山集』5卷.
鄭世永(1872∼1948),『石泉後稿』2卷.
鄭世永,『石泉續稿』2卷.
任泰柱(1881∼1944),『誠齋集』4卷.

金鎭文(1881∽1857), 『弘菴集』 2卷.
丁大秀(1882∽1959), 『陽泉遺稿』 4卷.
李麟鎬(1892∽1949), 『醒齋集』 5卷.
泗陽書院刊, 『心經發揮附刊辨破錄』 1冊.
朴鼎休(1805∽1865), 『屯皐集』 13卷.
李馥(?∽?), 『鶴隱漫稿』 36-39卷.
姜始煥(?∽?), 『白鹿集』 6卷.

2. 단행본 또는 번역서

『奎章閣所藏文集解說』 1-3, 서울대 규장각, 1995-1997.
『韓國儒學思想論文選集』 卷82-85, 불함문화사, 1997.
『韓國儒學思想論文選集』 卷18-22, 불함문화사, 1997.
『韓國思想論文選集』 卷81-92, 불함문화사, 1999.
韓國哲學會 編, 『韓國哲學研究』, 동명사, 1978.
韓國哲學會 編, 『韓國哲學史』, 東明社, 1987.
琴章泰, 『退溪學派의 思想』, 集文堂, 1996.
금장태, 『朝鮮前期 儒學思想』, 서울대 출판부, 1997.
김윤제, 『朝鮮 前期 性理書 연구』, 관악사, 2011.
김종석(역주), 『심경강해: 퇴계선생의 심경부주 강의』, 이문출판사, 1999.
裵宗鎬, 『韓國儒學의 哲學的 展開』(上·中·下), 연세대출판부, 1985.
宋錫球, 『栗谷의 哲學思想研究』, 螢雪出版社, 1987.
尹絲淳, 『韓國儒學思想論』, 열음사, 1986.
李東俊, 『儒教의 人道主義와 韓國思想』, 도서출판 한울, 1997.
李丙燾, 『韓國儒學史』, 아세아문화사, 1987.
李樹健, 『嶺南學派의 形成과 展開』, 一潮閣, 1995.
李泰鎭, 『朝鮮儒教社會史論』, 지식산업사, 1989.
玄相允, 『朝鮮儒學史』, 玄音社, 1982.
黃義東, 『栗谷哲學研究』, 經文社, 1987.
忠南大儒學研究所 編, 『畿湖學派의 哲學思想』, 예문서원, 1995.
國史編纂委員會, 『韓國史』 卷28-31, 1996-1998.
高橋進, 안병주 이기동(역), 『이퇴계와 敬의 철학』, 신구문화사, 1986.
高橋亨 著, 조남호(역), 『조선의 유학』, 소나무, 1999.
山田慶兒, 김석근역, 『주자의 자연학』, 통나무, 1991.
성백효, 『심경부주(역주)』, 전통문화연구회, 2006.

이광호, 『퇴계와 율곡 생각을 다투다』, 홍익출판사 2013.
임민혁(역), 『주자가례』, 예문서원, 1999.
崔重錫(역주), 『心經附註』, 국학자료원, 1998.
한형조, 『심경 : 주자학의 마음 훈련 매뉴얼』, 한국학중앙연구원, 2009.
홍원식, 『『심경부주』와 조선유학』, 예문서원, 2008.
홍원식, 『조선시대 『심경부주』 주석서 해제』, 예문서원, 2007.

3. 학위논문 및 일반논문

구정수 · 남태우, 「『心經』의 書誌的 硏究」, 『韓國情報管理學會 學術大會論文集』 10, 2003.
구정수, 「朝鮮時代에 刊行된 "心經" 註解의 諸板本에 관한 硏究」, 중앙대 석사논문, 2004.
琴章泰, 「霞谷 鄭齊斗의 心學과 經學」, 『종교학연구』 17, 1998.
琴鍾友, 「寒岡의 정치사상에 관한 연구」, 『한국의철학』 13, 1985.
김경호, 「16세기 조선 지식인 사회의 『심경』 수용과 철학적 담론의 형성」, 『동양철학』 19, 2003.
金基柱, 「『心經』에서 『心經附註』로 -미완의 朱子學的 心學」, 『퇴계학논집』 13, 2013.
김기주, 「退溪學派와 『心經附註』, 시기별 문제의식과 특징」, 『동양철학연구』 55, 2008.
김기주, 「中期 退溪學派의 『心經附註』 이해」, 『동방한문학』 35, 2008.
김기주, 「心學, 退溪心學 그리고 『心經附註』」, 『동양철학연구』 41, 2005.
김기주, 「退溪心學의 특징과 그 전승 -『心經講錄刊補』를 중심으로-」, 『범한철학』 37, 2005.
김기주, 「朱熹와 王守仁의 비교를 통해서 본 '퇴계심학'의 가능성」, 『철학연구』 94, 2005.
金基鉉, 「退溪와 栗谷의 人心道心說 比較硏究」, 『철학연구』 9, 고려대철학회, 1984.
김락진, 「程敏政 사상의 朱陸和會的 특성과 조선 성리학자들의 반응」, 『유교사상문화연구』 31, 2008.
김선희, 「『心經附註』의 修養論에 관한 硏究」, 성균관대 유학대학원 석사논문, 2002.
김수청, 「敬思想硏究 -心經中心」, 『퇴계학논총』 4, 1998.
김연재, 「『心經集義』에 나타난 鄭齊斗 心學의 성격 및 그 특징 -心傳經, 修養經 및 功夫經」, 『양명학』 17, 2006
김옥희, 「茶山의 心經密驗에 나타난 心性論」, 『교회사연구』 6, 1988.
金允濟, 「조선전기 『心經』의 이해와 보급」, 『한국문화』 18, 서울대한국문화연구소,

1996.
김종석, 「퇴계철학의 독자성과 『심경부주』」, 『퇴계학논집』 13, 2013.
김종석, 「『心經附註』와 퇴계학 연구 방법론」, 『고문연구』 10, 1997.
김종석, 「退溪心學硏究」, 영남대 박사논문, 1996.
김종석, 「退溪學 연구분야의 새로운 논의 -『心經附註』와 心學」, 『퇴계학과 유교문화』 21, 1993.
김종석, 「조선유학 이해를 위한 또 하나의 방법론 -『심경부주』」, 『오늘의 동양사상』 19, 2008.
김종석, 「朝鮮儒學史에 있어서 '心經附註'의 思想史的 位置」, 영남대 석사논문, 1990.
김종석, 「송대유학의 心論 -「心經附註」를 중심으로」, 『철학논총』 8, 1992.
김태동, 「심경연구」, 영남대 석사학위논문, 1985.
김효식, 「儒敎 心學에 關한 硏究-心經附註를 中心으로」, 성균관대 석사논문, 1987.
박상현, 「『심경부주』의 메시지, 그리고 그 메시지를 통한 근대 수업의 성찰」, 『인격교육』 7, 2013.
박성순, 「조선중기 경연과목 『심경』의 정착과정과 그 정치적 의미」, 『한국사상사학』 22, 2004.
박양자, 좌등인, 「이퇴계와 『心經附註』」, 『퇴계학보』 68, 1990.
朴裕相, 「心經에 나타난 心性의 구조」, 서울대학교 석사학위논문, 1999.
박지현, 「진덕수 『心經』의 수양론적 분석과 동유의 「심경」이해」, 한국정신문화연구원 석사학위논문, 1993.
백진호, 「退溪心學의 형성과 특성」, 대구교대 석사논문, 2004.
서근식, 「茶山 丁若鏞의 『心經密驗』에 관한 硏究」, 『동양고전연구』 28, 2007.
서근식, 「丁若鏞 『小學枝言』, 『心經密驗』에 관한 연구 -윤리적 실천론을 중심으로-」, 『한국철학논집』 23, 2012.
서명석, 「『심경부주』에 드러나는 경의 개념·작용·효과 그리고 그 너머의 교육적 메시지」, 『교육철학연구』 34, 2008
선병삼, 「양명학자 정제두의 『심경』 이해 -『심경집의』의 구성 분석과 공부론 고찰을 중심으로-」, 『한국사상사학』 43, 2013.
송상형, 「茶山 丁若鏞의 『心經密驗』 硏究 -朱子學의 敬 工夫에 대한 批判을 中心으로」, 한국학중앙연구원 석사논문, 2006.
송희준, 「『心經』 「尊德性齋銘」 장의 尊德性과 道問學에 대한 시비」, 『퇴계학논집』 13, 2013.
송희준, 「우리나라에 있어서 『심경(心經)』 주석서(註釋書)의 사적(史的) 전개」, 『동방한문학』 15, 1998
李相益, 「畿湖學派에 있어서의 退栗折衷論의 特性」, 『퇴계학보』 99, 1998.

申龜鉉, 「퇴계 이황의 『심경부주』 연구와 그의 심학의 특징」, 『민족문화논총』 8, 1987.
신귀현, 「西山 眞德秀의 「心經」과 퇴계 이황의 心學」, 『퇴계학보』 53, 1987.
安炳周, 「퇴계의 학문관 -심경후론을 중심으로-」, 『퇴계학연구』 1, 1987.
엄연석, 「한강 정구 『心經發揮』의 경학사상적 특징과 의의」, 『퇴계학논집』 13, 2013.
엄연석, 「『心經集義』를 통해 본 鄭齊斗 心性修養論의 특징」, 『양명학』 19, 2007.
오석원, 「『심경』의 구성과 수양론 연구(二)」, 『동양철학연구』 37, 2004.
오석원, 「『심경』의 구성과 수양론 연구(一)」, 『동양철학연구』 36, 2004.
유권종, 「구성적 실재론의 관점에 입각한 『心經』의 유교 도덕심성 구성원리 고찰」, 『철학탐구』 20, 2006.
유권종, 「韓國 儒學의 心學圖說에 관한 考察」, 『유교사상문화연구』 34, 2008.
윤병태, 「퇴계와 『심경부주』 -퇴계서지의 연구」, 『퇴계학』 6, 1979.
윤병태, 「心經附註 有後論本의 版本 -退溪書誌의 연구 其四」, 『퇴계학과 유교문화』 8, 1979.
윤병태, 「退溪와 心經附註 -退溪書誌의 연구 其三」, 『퇴계학과 유교문화』 8, 1979.
윤병태, 「『心經附註』 有後論本의 版本」, 『退溪學報』 28, 1980.
李光虎, 「이퇴계 학문론의 체용론적 구조에 관한 연구」, 서울대학교 박사학위논문, 1993.
李光虎 「이퇴계의 철학사상이 정다산의 경학사상에 미친 영향에 관한 고찰」, 『퇴계학보』 90, 1996.
李東熙, 「남명의 한국사상사적 위치」, 『남명학연구』 4, 1994.
이기훈, 「중기 기호학파의 『심경부주』 이해」, 『철학연구』 106, 2008.
이기훈, 「기호학파의 『심경』 『심경부주』 이해」, 『퇴계학논집』 13, 2013.
이대해, 「茶山 丁若鏞의 「心經密驗」 硏究 -修養論을 中心으로」, 성균관대 석사논문, 2002.
李東熙, 「남명의 한국사상사적 위치」, 『남명학연구』 4, 1994.
李俸珪, 「宋時烈의 성리학설 연구」, 서울대 박사학위논문, 1996.
이봉규, 「『心經附注』에 대한 조선성리학의 대응-李滉과 宋時烈을 중심으로」, 『태동고전연구』 12, 1995.
이상호, 「'퇴계학' 계승 관점에서 본 실학파의 『심경(부주)』 이해 -이익과 윤광소, 정약용을 중심으로」, 『퇴계학논집』 13, 2013.
이상호, 「『心經附註』 해석사에서 바라본 정제두의 『心經集義』」, 『양명학』 19, 2007.
임부연, 「성호 이익의 心學 -『心經附註疾書』를 중심으로」, 『한국문화』 65, 2014.
전재강, 「『心經發揮』에 나타난 한강 심학의 특성 연구 -『심경부주』와의 대비적 관점에서-」, 『남명학연구논총』 7, 1999.
鄭炳連, 「다산의 심경밀험과 존심양성」, 『다산학보』 6, 1984.
정순우, 「주세붕의 「心圖」 편찬과 그 사상적 의미」, 『퇴계학보』 123, 2008.
정원재, 「이이의 수양론 -궁리 · 거경 · 역행의 체계를 중심으로-」, 『철학』 55, 1998, 여름.
정일균, 「다산 정약용의 『심경(心經)』론 -『심경밀험(心經密驗)』을 중심으로-」, 『사회와 역사』 73, 2007.
鄭一均, 「茶山 丁若鏞의 心經小學論」, 『태동고전연구』 16, 1999.
조남호, 「퇴계학파와 율곡학파의 인심도심논변」, 『퇴계학보』 101, 퇴계학연구원, 1999.
曺永日, 「율곡의 심성론과 교육론」, 서울대 교육학과 석사논문, 1984.
주월금, 「성리문화에 대한 퇴계심학의 사상사적 기여」, 『퇴계학보』 100, 1998.
주월금, 「『心經附註』가 退溪心學 形成에 미친 影響에 관한 硏究」, 계명대 박사논문, 2000.
崔英辰, 「栗谷理氣論에 있어서의 依樣과 自得」, 『東西哲學硏究』 2, 1985.
추제협, 「『心經發揮』와 鄭逑의 心學」, 『한국학논집』 51, 2013.
홍원식, 「李滉과 그의 直傳 제자들의 『심경부주』 연구」, 『퇴계학보』 121, 2007.
홍원식, 「21세기 문사철에서 본 퇴계학 연구 -퇴계 심학과 『心經附註』-」, 『민족문화논총』 30, 2004.
황금중, 「『심경부주』를 통해 본 주자학적 배움의 성격」, 『교육철학연구』 43, 2008.
黃昞起, 「『심경밀험』 해제」, 『정본 여유당전서』 6, 다산학술문화재단, 2012.
黃義東, 「牛溪의 道學思想」, 『우계학보』 16, 1997.
黃俊淵, 「栗谷哲學에 있어서 太極의 問題와 四七論의 理氣論的 解釋」, 『栗谷學』 1, 1988.
황준연, 「宋明 新儒學에 있어서 人心道心說 -朱熹의 해석과 眞德秀의 『心經』 및 그 註釋을 중심으로」, 『전북대논문집』 37, 1994.
황지원, 「『심경후론』과 퇴계 직전제자들의 『심경』연구」, 『퇴계학논집』 13, 2013.

4. 해외 단행본 및 논문

束景南, 『朱子大傳』, 泉州, 福建敎育, 1992.
張立文, 『朱熹哲學硏究』, 中國社會科學出版社, 1981.
陳來, 『朱熹哲學硏究』, 中國社會科學出版社, 1988.
陳榮捷, 『朱子新探索』, 臺北, 學生書局, 1982.
市川安司, 『程伊川哲學の硏究』, 동경대출판부, 1965.

阿部吉雄, 『日本朱子學と朝鮮』, 東京, 1965.
友枝龍太郎, 『朱子の思想形成』, 東京, 春秋社, 1969.
荒木見悟, 『中國思想叢書』 47, 『心經附註』, 1987.
古賀崇雅, 「退溪學と『心經附註』をめぐって」, 『퇴계학논총』 20, 2012.
모치즈키 고메이, 「퇴계학을 형성하는 것 2 -『심경부주』의 사적 지위」, 『퇴계학논총』 16, 2010.
澤井啓一, 「退溪 李滉과 山崎闇齋 -山崎闇齋는 왜 『心経』을 포기했는가」, 『퇴계학논집』 2, 2008.
徐遠和, 「李退溪與心經」, 『退溪學報』 58, 1988.
高令仁, 「李退溪的心理學和眞西山的『心經』」, 『退溪學報』 55, 1987.

Theodore De Bery, *The Message of the Mind in Neo-Confucianism*, Columbia University Press, 1989.
Donald Munro(ed.), *Individualism and Holism: Studies in Confucian and Taoist Values*, The University of Michigan, 1985.
Donald J. Munro, *The Concept of Man in Early China*, California, Stanford University Press, 1969.
Mark Setton, *Chong Yagyong-Korea's Challenge to Orthodox Neo-Confucianism*, State U. of New York Press, 1997.
Michael C. Kalton, *To Become a Sage-The Ten Diagrams on Sage Learning by Yi T'oegye*, Columbia University Press, 1988.
David S. Nivison, *The Ways of Confucianism*, Carus Publishing Company, 1996.
Peter H. Lee, *Sourcebook of Korean Civilization(I-II)*, Columbia Unversity Press, 1993.